Autonomy

edited by Daniel Poyner

Autonomy

the cover designs of *Anarchy* 1961–1970

Hyphen Press . London

Published by Hyphen Press, London, in 2012

This book was designed, typeset & made into pages in Adobe InDesign
by Peter Brawne, Matter, London. The text was set in the typefaces
FF Quadraat Pro and FF Quadraat Sans Pro Condensed (designed by Fred
Smeijers, Antwerp), Grotesque 720 and Grotesque Number 9. The scans
of the Anarchy covers were made by Robin Kinross, London, and Daniel
Poyner, Dunstall. The book was printed in Belgium by Die Keure, Bruges,
and bound in the Netherlands by Binderij Hexspoor, Boxtel

ISBN 978-0-907259-46-6

www.hyphenpress.co.uk

Thanks and acknowledgements

Covers and pages of Anarchy and Freedom are reproduced with the friendly
collaboration of Freedom Press.
    Thanks to Alison Light for allowing us to reprint Raphael Samuel's
article, and Jayne Clementson at Freedom Press for lending us issues of
Anarchy to scan. Evan Parker also kindly provided copies.
    Daniel Poyner writes: Thanks to Rufus and Sheila, for their help in telling
the story; to Harriet Ward, for her enthusiasm and insight; to my wife and
family, for their trust and support.

Contents

Front page of the first issue of the German-language newspaper *Die Autonomie*, 6 November 1886 (British Library copy). *Die Autonomie* was published in London by R. Gundersen between 1886 and 1893. Colin Ward knew about this earlier anarchist journal and had wanted to use the name *Autonomy* for the new monthly journal that he would edit for Freedom Press. His proposed title was not accepted by others in the Freedom Press group, who preferred something more direct

Daniel Poyner

Introduction

The word 'anarchy' has negative connotations. It is often used to describe scenes of civil unrest, while anarchists are viewed as nothing but troublemakers. But this mainstream view obscures a larger and more nuanced picture of anarchy and the people who subscribe to its principles. This book is concerned with one small, yet profoundly influential piece of that picture.

The first issue of *Anarchy: a journal of anarchist ideas* was published in March 1961. The journal offered new thinking on contemporary social and political problems, from an anarchist point of view. This was at a time when anarchism, as an organized political force, was in decline, while many of its ideas were slowly being adopted by a nascent counterculture on both sides of the Atlantic.

Anarchy was the creation of Colin Ward. He first came into contact with anarchism during the Second World War, while serving as a conscript in the British army, stationed first in Glasgow, then Shetland, and finally Orkney. Glasgow was home to a very active anarchist movement and it was here that Ward began to read publications by Freedom Press, first subscribing and eventually contributing to the anarchist newspaper *War Commentary*. In the spring of 1945, along with four other soldiers, all subscribers to *War Commentary*, Ward was called to the Old Bailey in London as a witness at the trial of its editors Marie Louise Berneri, John Hewetson, Vernon Richards, and Philip Sansom, who had been charged with conspiring to cause disaffection among members of the armed forces. Under the banner of the Freedom Press Defence Committee several well-known figures stepped up in support of the accused, including George Orwell, E.M. Forster, Benjamin Britten, Herbert Read, and Bertrand Russell. Ward testified against the charge. Despite a vigorously contested trial, three of the editors were found guilty and sentenced to nine months in prison. Berneri was acquitted and continued to run *War Commentary* with the help of George Woodcock.

After demobilization, Ward returned to London where he found work as a draughtsman in an architect's office. In 1947, at the age of 23, he joined the Freedom Press editorial team on the anarchist weekly newspaper, which had now reverted it its pre-war name of *Freedom*.

Ward wrote for and edited the paper for the next ten years. By the late 1950s he had begun to see that 'a new potential readership for anarchist propaganda had emerged, not least because of the enormous expansion of higher education where, it seemed to me, political activity was dominated by automatic Marxism.'* Having made this observation Ward began to advocate that 'rather than use up all our energy in producing a weekly, with no time left either to propagate the journal effectively or to give ourselves the chance to stop to think, we should produce a monthly'. In one of several articles written by Ward and published in *Freedom*, proposing the creation of a new journal, he asserted that a monthly 'would enable us to make more comprehensive and clearer statements of anarchist attitudes to the social facts of the contemporary world'.

* Colin Ward's words here are quoted from his foreword to the book he compiled: *A decade of Anarchy 1961–1970: selections from the monthly journal Anarchy* (London: Freedom Press, 1987).

9

On other pages:

The Congo Tragedy - p. 2

Around the Galleries - p. 2

Portugal: The Curtain of Silenced is Raised - p. 4

Freedom

THE ANARCHIST WEEKLY

"Laws . . . Good people don't need them, and bad people don't obey them, so what good are they?"
—AMMON HENNACY

Vol. 22, No. 6 | February 11th, 1961 | Threepence

Mr. Exchequer - Philanthropist

AT last the Government has given the Opposition something to get its dentures into. Announcing increased NHS contributions, the doubling of payments for prescriptions, increased charges for dentures and spectacles, the Government will thereby "save the Exchequer" £72 million in a full year. After all, Mr. Exchequer has been providing no less than £663 million out of the £867 million which was spent on the Health Service last year, and he would have had to find more this year since it appears that the Health bill will rise by a further 11 per cent.

Now who is this generous, philanthropic Mr. Exchequer who has been making it possible for us to get something for nothing, or almost? Where does he get his great wealth from? Last year just from those of us who smoke and drink he collected more than £700 million in Excise Duty, enough to pay for the whole Health Service. He is the super monopolist collecting from us in the course of the year more than £3,000 million one way or another, either by stealth or by the threat of force and then he alone decides how he will spend our money, only informing us after he has spent it where it has gone. Mr. Exchequer considers for instance that £1,500 million spent on the Defence racket is money well spent. Why only the day after his spokesman the Minister of Health was telling us that we have got to buck up our ideas about "free" health services, his former boss, Mr. Peter Thornycroft (with whom he resigned from the government in 1958 in protest at the Cabinet's refusal to set a ceiling on social service estimates), was attending the 16-nation meeting at Strasbourg at which he declared that Britain was prepared "to increase her contribution to a European-British Commonwealth satellite launching project from £17 millions to £23 millions." A mere £6 millions which Mr. Exchequer feels is money well spent and which he can well afford by saving £1.6m. on spectacles, £1.5m. on welfare food charges, £1m. on dentures and the rest from the £12.5 million he is going to save on prescription charges.

It's all a question of priorities, and the government knows best what is good for us. Did somebody say the trouble is that the wrong party is in power? Judging by the indignation of the Opposition when the announcement was made (we go to press before the debate in the Commons) it would seem that our heckler is right, except for one small detail which he has forgotten or was too young at the time to have noticed: that it was the *Labour government* which introduced the shilling charge on prescriptions, and over which the then Minister of Health, Aneurin Bevan, resigned from the government!

There is no such thing as a *free* health service. We all pay for it one way and another. And the poor pay more than anybody else, indirectly if one has one's gaze fixed only on the balance sheet, but directly if one pauses to ask oneself why it is that in our society some are poor while others are wealthy!

OUR SUGGESTION FOR THE CREW FOR THE FIRST MANNED EUROPEAN ROCKET

1500 Volunteers for Sit-Down

BY February 1st the Committee of 100 had received 1,200 pledges to participate in the non-violent sit-down demonstration outside the Ministry of Defence on February 18th. The sit-down will be led by Bertrand Russell and Michael Scott in protest against the Polaris agreement and all policies that depend on weapons of mass destruction. In the light of this dramatic response to its appeal for volunteers the Committee has firmly decided to go ahead with the demonstration. Meanwhile recruiting for further volunteers continues. As we go to Press we understand that a further 300 pledges have been received.

The sit-down is to be preceded by a march from Marble Arch to Trafalgar Square starting at 1 p.m. and a rally in the Square starting at 2 p.m. Speakers will include Bertrand Russell, Herbert Read, Michael Scott, and Hugh MacDiarmid. After the rally demonstrators will march down Whitehall to the Ministry of Defence where the sit-down will commence. A declaration signed by all demonstrators and posted up on the main door of the Defence Ministry will serve notice on the Government that the demonstration is the first in a campaign of non-violent civil disobedience against weapons of mass destruction.

A supporting march of those not intending to take part in the sit-down will follow the demonstrators down Whitehall and continue past Parliament Square into Victoria Street and Tothill Street.

Local branches of a number of Trade Unions have sent donations and messages of support for the demonstration. The Seven Sisters Lodge of the National Union of Mineworkers representing 650 miners in South Wales is sending two delegates to take part in the demonstration. Donations and messages of support have come from seven A.E.U. branches. Last week-end delegates to a meeting of A.S.S.E.T. (Association of Supervisory Staffs, Executives & Technicians) voted to support the demonstration; at least eight of those present at the meeting are expected to take part in the sit-down.

Two playwrights who are members of the Committee have confirmed that they will be taking part in the demonstration. They are Arnold Wesker and Robert Bolt.

Who cares about the Pawns in ALGERIA

SINCE the Arab Nationalists have now declared themselves ready for a new attempt at negotiating the organization of free elections in Algeria; since everyone, including General de Gaulle, seems to hold that such election are the only way of achieving "self-determination" for Algerians; since it should not be technically impossible to provide some form of neutral supervision of the ballot; since everyone seems to agree with everyone else on the main point at issue, why is it, one may wonder, that they are not falling into one another's arms and organizing these elections at once? Why don't they stop the war and consult the people?

The answer, or part of it, is that the people never do have a say in such things. Although everyone is officially clamouring for self-determination, it is obvious to anyone knowing the rules of the political game that the next Algerian ballot will have no more significance than any other ballot: the outcome will be independence, and so the real issue is the organization of power in the future independent state; but it stands to reason that, on such serious matters, the people cannot possibly be left to decide for themselves. Elections will be called simply to approve of what will have been agreed upon by the political leaders of both sides. Such an agreement is not yet in sight, although negotiations are notoriously going on "in secret" between the French government and the Algerian rebels. The reason for that secrecy is that both sides are afraid of losing their prestige should the negotiations fail, and of letting it be known to the world at large, and to the Algerian victims in particular, that there is in fact little or not question of peace in these talks: the stake being power, the politicians prefer playing their game patiently and quietly, far from the madding crowd and its cries for peace.

★

IN order to safeguard as many of their economic and political interests as possible, the French will only negotiate peace from a "position of strength"—which means waving the threat of an alternative French solution should the rebels prove intractable. Hence the setting up of a semi-autonomous administration, the increase of military pressure on, and control of, the Muslim population; hence also de Gaulle's insistence on a "peaceful confrontation of *all* tendencies", the function of which would simply be to reduce the importance of the FLN to that of a tendency among others, of an ineffectual minority. But the FLN will not accept being placed in such a position, and so the game goes on.

One must bear in mind that the rebel leaders are seasoned politicians too, and that their aim is not simply independence for Algeria, but power for the FLN. Ever since the beginning of the armed rebellion, the FLN leaders have ruthlessly pursued the physical elimination of all rival anti-French organisations. Their attitude towards the more socially conscious MNA (the Algerian National Movement, led by the famous syndicalist Messali Hadj) is a case in point: members of the FLN have fought full-scale battles against MNA rebels in Algeria over the past few years, and have apparently succeeded in almost totally suppressing them; in France, members of the MNA have always been accused by agents of the FLN of being the stooges of the French police, and executed as traitors, in the purest Bolshevik tradition. Having appointed themselves the sole representatives of the Algerian

Continued on p. 3

An Ambitious Experiment Concerning FREEDOM'S FUTURE

FOR many months past FREEDOM's columns have included a number of letters and articles on the subject of how anarchist ideas can best be communicated to the public by the written word. We have in the main published contributions from those readers who had suggestions to make for changing the format, the frequency as well as the editors of FREEDOM. Similarly so far as the editors were concerned the floor was taken by those who favoured change. But to restore the balance, we should point out that very many readers when ordering books, or renewing their subscriptions have, in passing, put in their plea that FREEDOM should continue as a weekly publication. The editors of FREEDOM are not unanimous on the subject. Most of us have worked together on the paper for the past fifteen years, each with his or her particular way of approaching the problems of propaganda, of organisation; each with his individual interpretation of anarchism. We hope we will not appear immodest when we suggest that to have "put to bed"—as the printin fraternity so quaintly describe the process of getting a paper ready for print—something like 650 issues of FREEDOM, is no mean achievement in the circumstances! But neither is it unreasonable that some of us, after watching so many millions of words emerge from the presses over the years, should feel less enthusiastic as to their efficacity, or question the method of approach, or even just feel tired! After all, the results have hardly been brilliant, and the enthusiastic young people prepared to take over for the next decade while we graze, in our old age, on the green pastures reserved for us (on paper!) by our good friend S.F. have not, so far, materialised. The point is of course that we do not spend our time (and for the sake of new readers we should point out that no-one connected with the many activities of the FREEDOM PRESS is holding down a paid job) publishing a paper, simply for the sake of entertaining our readers; the measure of the success of our efforts is the extent to which anarchist ideas are accepted and acted upon by a growing number of people. Some of us think that the results of 15 years of propaganda have been a dismal failure, and among them some think that it has been because we have not suceeded in "putting over the idea" while others maintain that if the public won't respond there is nothing much that you can do about it. In the third group are those who think that we should intensify our propaganda whether the public is apathetic or enthusiastic. None of us, however, doubts the "rightness", the validity, of anarchism.

★

FOR as many years as we have been connected with the FREEDOM PRESS we have been stressing the need for the newspaper which makes its anarchist propaganda by underlining and commenting on day to day news at home and abroad and the review which is the vehicle for unrestricted (in terms of space) thought and research on basic social, economic and organisational problems which will loom as large in the

Continued on p. 2

Early in the 1960s, faced with the stagnating circulation of its weekly newspaper *Freedom* (published since 1886), Freedom Press launched an experiment in more effective dissemination of anarchist views. It was decided that every fourth issue of *Freedom* would be replaced by a new monthly publication, announced to the readers as *Autonomy*.

Above: the front page of *Freedom*, 11 February 1961, announced changes to the newspaper. Inside, the editorial column continued the theme and referred to the imminent arrival of *Autonomy*, the new monthly journal.

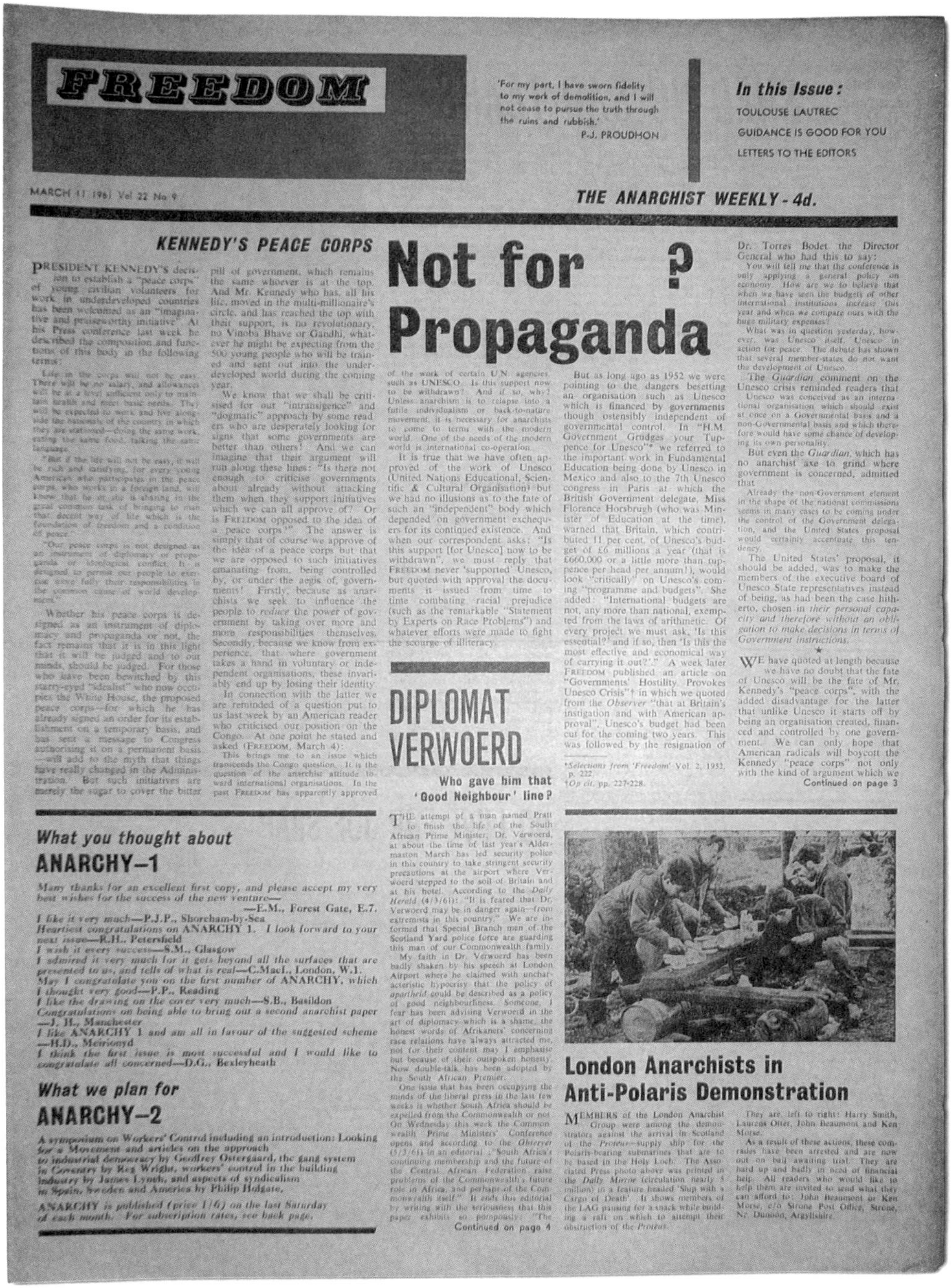

FREEDOM

'For my part, I have sworn fidelity to my work of demolition, and I will not cease to pursue the truth through the ruins and rubbish.'
P.-J. PROUDHON

In this Issue:
TOULOUSE LAUTREC
GUIDANCE IS GOOD FOR YOU
LETTERS TO THE EDITORS

MARCH 11 1961 Vol 22 No 9

THE ANARCHIST WEEKLY - 4d.

KENNEDY'S PEACE CORPS

PRESIDENT KENNEDY'S decision to establish a "peace corps" of young civilian volunteers for work in underdeveloped countries has been welcomed as an "imaginative and praiseworthy initiative". At his Press conference last week he described the composition and functions of this body in the following terms:

> Life in the corps will not be easy. There will be no salary, and allowances will be at a level sufficient only to maintain health and meet basic needs. They will be expected to work and live alongside the nationals of the country in which they are stationed—doing the same work, eating the same food, talking the same language.
>
> "But if the life will not be easy, it will be rich and satisfying, for every young American who participates in the peace corps, who works in a foreign land, will know that he or she is sharing in the great common task of bringing to man that decent way of life which is the foundation of freedom and a condition of peace."
>
> "Our peace corps is not designed as an instrument of diplomacy or propaganda or ideological conflict. It is designed to permit our people to exercise more fully their responsibilities in the common cause of world development."

Whether his peace corps is designed as an instrument of diplomacy and propaganda or not, the fact remains that it is in this light that it will be judged and to our minds, should be judged. For those who have been bewitched by this starry-eyed "idealist" who now occupies the White House, the proposed peace corps—for which he has already signed an order for its establishment on a temporary basis, and has sent a message to Congress authorising it on a permanent basis—will add to the myth that things have really changed in the Administration. But such initiatives are merely the sugar to cover the bitter pill of government, which remains the same whoever is at the top. And Mr. Kennedy who has, all his life, moved in the multi-millionaire's circle, and has reached the top with their support, is no revolutionary, no Vinoba Bhave or Gandhi, whatever he might be expecting from the 500 young people who will be trained and sent out into the underdeveloped world during the coming year.

We know that we shall be criticised for our "intransigence" and "dogmatic" approach by some readers who are desperately looking for signs that some governments are better than others! And we can imagine that their argument will run along these lines: "Is there not enough to criticise governments about already without attacking them when they support initiatives which we can all approve of? Or is FREEDOM opposed to the idea of a peace corps?" The answer is simply that of course we approve of the idea of a peace corps but that we are opposed to such initiatives emanating from, being controlled by, or under the aegis of, governments! Firstly, because as anarchists we seek to influence the people to *reduce* the power of government by taking over more and more responsibilities themselves. Secondly, because we know from experience, that where government takes a hand in voluntary or independent organisations, these invariably end up by losing their identity.

In connection with the latter we are reminded of a question put to us last week by an American reader who criticised our position on the Congo. At one point he stated and asked (FREEDOM, March 4):

> This brings me to an issue which transcends the Congo question. It is the question of the anarchist attitude toward international organisations. In the past FREEDOM has apparently approved of the work of certain U.N. agencies such as UNESCO. Is this support now to be withdrawn? And if so, why? Unless anarchism is to relapse into a futile individualism or back-to-nature movement, it is necessary for anarchists to come to terms with the modern world. One of the needs of the modern world is international co-operation.

Not for ? Propaganda

It is true that we have often approved of the work of Unesco (United Nations Educational, Scientific & Cultural Organisation) but we had no illusions as to the fate of such an "independent" body which depended on government exchequers for its continued existence. And when our correspondent asks: "Is this support [for Unesco] now to be withdrawn", we must reply that FREEDOM never 'supported' Unesco, but quoted with approval the documents it issued from time to time combating racial prejudice (such as the remarkable "Statement by Experts on Race Problems") and whatever efforts were made to fight the scourge of illiteracy.

But as long ago as 1952 we were pointing to the dangers besetting an organisation such as Unesco which is financed by governments though ostensibly independent of governmental control. In "H.M. Government Grudges your Tuppence for Unesco"* we referred to the important work in Fundamental Education being done by Unesco in Mexico and also to the 7th Unesco congress in Paris at which the British Government delegate, Miss Florence Horsbrugh (who was Minister of Education at the time), warned that Britain, which contributed 11 per cent. of Unesco's budget of £6 millions a year (that is £660,000 or a little more than tuppence per head per annum!), would look "critically" on Unesco's coming "programme and budgets". She added: "International budgets are not, any more than national, exempted from the laws of arithmetic. Of every project we must ask, 'Is this essential?' and if so, then 'Is this the most effective and economical way of carrying it out?'." A week later FREEDOM published an article on "Governments' Hostility Provokes Unesco Crisis"† in which we quoted from the *Observer* "that at Britain's instigation and with American approval", Unesco's budget had been cut for the coming two years. This was followed by the resignation of Dr. Torres Bodet the Director General who had this to say:

> You will tell me that the conference is only applying a general policy on economy. How are we to believe that when we have seen the budgets of other international institutions increase this year and when we compare ours with the huge military expenses?
>
> What was in question yesterday, however, was Unesco itself. Unesco in action for peace. The debate has shown that several member-states do not want the development of Unesco.

The *Guardian* comment on the Unesco crisis reminded readers that

> Unesco was conceived as an international organisation which should exist at once on a Governmental basis and a non-Governmental basis and which therefore would have some chance of developing its own personality.

But even the *Guardian*, which has no anarchist axe to grind where government is concerned, admitted that

> Already the non-Government element in the shape of the national commissions seems in many cases to be coming under the control of the Government delegation, and the United States proposal would certainly accentuate this tendency.

The United States' proposal, it should be added, was to make the members of the executive board of Unesco State representatives instead of being, as had been the case hitherto, chosen in *their personal capacity and therefore without an obligation to make decisions in terms of Government instructions.*

★

WE have quoted at length because we have no doubt that the fate of Unesco will be the fate of Mr. Kennedy's "peace corps", with the added disadvantage for the latter that unlike Unesco it starts off by being an organisation created, financed and controlled by one government. We can only hope that American radicals will boycott the Kennedy "peace corps" not only with the kind of argument which we

Continued on page 3

*Selections from 'Freedom' Vol. 2, 1952, p. 222.
†*Op cit.* pp. 227-228.

DIPLOMAT VERWOERD

Who gave him that 'Good Neighbour' line?

THE attempt of a man named Pratt to finish the life of the South African Prime Minister, Dr. Verwoerd, at about the time of last year's Aldermaston March has led security police in this country to take stringent security precautions at the airport where Verwoerd stepped to the soil of Britain and at his hotel. According to the *Daily Herald* (4/3/61): "It is feared that Dr. Verwoerd may be in danger again—from extremists in this country." We are informed that Special Branch men of the Scotland Yard police force are guarding this man of our Commonwealth family.

My faith in Dr. Verwoerd has been badly shaken by his speech at London Airport where he claimed with uncharacteristic hypocrisy that the policy of *apartheid* could be described as a policy of good neighbourliness. Someone, I fear has been advising Verwoerd in the art of diplomacy which is a shame, the honest words of Afrikaners' concerning race relations have always attracted me, not for their content may I emphasise but because of their outspoken honesty. Now double-talk has been adopted by the South African Premier.

One issue that has been occupying the minds of the liberal press in the last few weeks is whether South Africa should be expelled from the Commonwealth or not. On Wednesday this week the Commonwealth Prime Ministers' Conference opens and according to the *Observer* (5/3/61) in an editorial: "South Africa's continuing membership and the future of the Central African Federation raise problems of the Commonwealth's future role in Africa, and perhaps of the Commonwealth itself." It ends this editorial by writing with the seriousness that this paper exhibits so pompously: "The

Continued on page 4

What you thought about ANARCHY—1

Many thanks for an excellent first copy, and please accept my very best wishes for the success of the new venture—
—E.M., Forest Gate, E.7.
I like it very much—P.J.P., Shoreham-by-Sea
Heartiest congratulations on ANARCHY 1. *I look forward to your next issue*—R.H., Petersfield
I wish it every success—S.M., Glasgow
I admired it very much for it gets beyond all the surfaces that are presented to us, and tells of what is real—C.MacI., London, W.1.
May I congratulate you on the first number of ANARCHY, *which I thought very good*—P.P., Reading
I like the drawing on the cover very much—S.B., Basildon
Congratulations on being able to bring out a second anarchist paper—J. H., Manchester
I like ANARCHY 1 *and am all in favour of the suggested scheme*—H.D., Meirionyd
I think the first issue is most successful and I would like to congratulate all concerned—D.G., Bexleyheath

What we plan for ANARCHY—2

A symposium on Workers' Control including an introduction: Looking for a Movement and articles on the approach to industrial democracy by Geoffrey Ostergaard, the gang system in Coventry by Reg Wright, workers' control in the building industry by James Lynch, and aspects of syndicalism in Spain, Sweden and America by Philip Holgate.

ANARCHY *is published (price 1/6) on the last Saturday of each month. For subscription rates, see back page.*

London Anarchists in Anti-Polaris Demonstration

MEMBERS of the London Anarchist Group were among the demonstrators against the arrival in Scotland of the *Proteus*—supply ship for the Polaris-bearing submarines that are to be based in the Holy Loch. The Associated Press photo above was printed in the *Daily Mirror* (circulation nearly 5 million) in a feature headed 'Ship with a Cargo of Death'. It shows members of the LAG pausing for a snack while building a raft on which to attempt their obstruction of the *Proteus*.

They are, left to right: Harry Smith, Laurens Otter, John Beaumont and Ken Morse.

As a result of these actions, these comrades have been arrested and are now out on bail awaiting trial. They are hard up and badly in need of financial help. All readers who would like to help them are invited to send what they can afford to: John Beaumont or Ken Morse, c/o Strone Post Office, Strone, Nr. Dunoon, Argyllshire.

The first issue of the redesigned *Freedom* came out on 4 March 1961. There a small piece on the front page records the 75th anniversary of Freedom Press with the announcement of the monthly journal – now with a new name: *Anarchy*.

Above: front page of *Freedom*, 11 March 1961. At bottom left, readers respond to issue 1 of *Anarchy* and plans for issue 2, on the theme of workers' control, are advertised. This was a pattern which would continue: current and forthcoming issues of *Anarchy* were now announced in the bottom left corner of the front page of every issue of *Freedom*

Ward mocked up copies of what he thought the new monthly should look like and presented them to the rest of the editorial team. The idea was met with an open-minded response and passed with only two significant changes, to the format and the title. The page size was reduced from his proposed quarto format to an octavo one: a change that Ward later agreed was a good idea, since the smaller format evidently survived better on the bookshelf. Ward had proposed the name *Autonomy*, originally chosen as a reference to an earlier anarchist publication *Die Autonomie*, a German-language newspaper published in London between 1886 and 1893. This was changed to *Anarchy*, a more direct title, and one which made the subtitle a little surplus to requirements.

Ward later wrote: 'I had envisaged a monthly *Freedom*. I found myself producing an entirely different journal of which I was the sole editor. And once the original decisions had been made, I was given an absolute autonomy. Nobody questioned what went in to *Anarchy*.'

Ward's editorial style was laissez-faire. Contributors' articles were printed without much correction or alteration: he conducted the material, holding back some essays in order to compile issues later on single subjects such as education, housing, or justice. Sometimes issues were just one extended article on a subject, allowing for more depth on single themes than had been possible in *Freedom*.

Just as 'nobody questioned what went in to *Anarchy*', so nobody questioned what went on the outside either, and over the course of its life, several designers, artists, and illustrators enjoyed a free rein in making the cover for the journal. Martin Leman, John Riley, Ivor Claydon, Philip Sansom, and Colin Munro were among those who had covers credited to them. However, by far the most prolific designer of covers was Rufus Segar.

Segar began designing for *Anarchy* from issue 2 and soon became its most regular contributor, eventually producing over 100 of *Anarchy*'s 118 covers. Employing a wide range of styles and techniques, Segar made liberal use of illustration, photography, and typography – whatever was to hand – in ways that change constantly, from issue to issue. This nimble approach in expressing *Anarchy*'s subjects through the exploration of various techniques gave the covers an energy and a look that fit the informality and flexibility of anarchism.

All 118 covers are shown here, front and back: the back often an extension of the front. In addition, we include an illuminating piece by the late social-history pioneer, Raphael Samuel. In it, he reflects on the character of *Anarchy*, the impact it had at the time and the legacy it leaves, seen alongside other social and political developments of the 1960s. Then follows an interview with Rufus Segar, recorded in 2009 at his home in Pershore, in which he talks about his early influences, art education in Liverpool, early career in London, and his approach to designing for *Anarchy*. Next, the designer Richard Hollis sets the covers in the context of the times, considering the techniques and technologies available to the graphic designer in the 1960s and early 1970s.

Finally, we give a complete index of *Anarchy* compiled by Robin Kinross. Many wrote for it, including some unexpected names. It was Colin Ward's

Colin Ward, post *Anarchy*, at his typewriter at the Town and Country Planning Association (TCPA) where he worked as education officer from 1971 to 1979

2 ONLY

* From Colin Ward's article 'After a hundred issues', *Freedom*, 14 June 1969, reprinted in A *decade of Anarchy 1961–1970*.

intention that those 'outside the usual circle of contributors to the anarchist press' should write for *Anarchy*. This meant 'using the journal as a kind of anarchist shop-window, displaying to the world the quality and range of goods which the anarchist approach can offer.'* All manner of further reading can be found here. This index will be a useful resource, and should whet readers' appetites for the journal itself.

The title of this book is *Autonomy*, chosen, not so much as a reference to Ward's original title for *Anarchy*, but because it is the word that best describes the conditions under which *Anarchy* – both contents and covers – was created. Ward had his 'absolute autonomy' in what went in to *Anarchy* inside, and Segar had his in what went on to the outside. For an editor to have such freedom is rare, rarer still for a designer. The results could easily have been an unfettered self-indulgence, rather than the intelligent and arresting explorations of the topics by Ward and his contributors, then visualized by Segar.

In the 1960s in Britain, anyone coming cold to the ideas of the radical left might have found *Anarchy*. Its covers offered readers a more immediate and visceral way in to the serious and often dense material inside: they are the sugar coating on the beneficial pill. Fifty years later they still do that job. And now, seen together in their own right, they provide a rare example of mid-twentieth-century independent British graphic design working hard at the margins of publishing to process, visualize, and propagate the new political theories and emerging sociological ideas that have defined our time. They remain a unique and consistent contributor to that cause.

Rufus Segar in 1978 photographed by Don Lawson in a photo-shoot arranged by the Economist Intelligence Unit (EIU) where he worked as a freelance designer from 1964 to 1982

Background notes

The identity of designers and contributors

The following pages show reproductions of the front and back covers of *Anarchy* 1 to 118, the period in which Colin Ward was its editor. After this Freedom Press continued for some time to publish *Anarchy*, but in a different format, and edited by Graham Moss.

In captions to the reproductions we have added the name of the designer or in some cases the illustrator whose work is used on the covers. This is not always straightforward: in some cases no designer is credited; in others a designer's name is given, but this must refer to the person who made the illustration rather than the person who designed the ensemble of text and image. As he says in our interview with him, from issue 6 Rufus Segar was the 'doer' of the covers – the person in charge of assembling the artwork and getting it to the printer, and this could include covers designed by someone else. He was also the named designer (and sometimes illustrator) of the majority of the 118 covers. In our captions we have followed the credits given within *Anarchy* itself, including the indexes that were published at the end of each completed volume, citing Rufus Segar as 'R.S.' and the other designers or illustrators with their full names.

A characteristic of *Anarchy* was the number of articles published under pseudonyms. Some of these belonged to Colin Ward, who also used his own name, his initials, and clearly wrote many of the unsigned pieces. In a recent article* David Goodway reports that Ward used these names: John Ellerby, Frank [in fact: John] Schubert, and Tristram Shandy. This was evidently a way to disguise the fact that so much of the journal was being written by its editor.

* David Good-
way, 'Colin Ward
and the New
Left', *Anarchist
Studies*, vol. 19,
no. 2, 2011,
pp. 42–56.

We have informal evidence of two pseudonyms for credited designers. 'Gew', the designer of the cover of *Anarchy* 9 could have been Colin Ward or George West, a life-long friend of Colin Ward. 'J.T.', the cover designer of *Anarchy* 86 was almost certainly Ward. 'J.T.' also contributed a short article to *Anarchy* 54.

David Goodway also notes another pseudonymous contributor to *Anarchy*: 'Lewis Herber' was a name used by Murray Bookchin. All these pseudonyms have been kept in our index to the journal at the end of this book, and are shown there with an asterisk. And, as well as 'C.W.' for Colin Ward, there are other articles with obvious initial credits: V.R. for Vernon Richards, N.W. for Nicolas Walter. These have been gathered in the index under the author's full name.

Format

Anarchy was published in an octavo format: its page size can be termed demy octavo, which is normally given as 8¾ × 5⅝ inches. After the sheets had been folded, stapled and trimmed, the finished size of the pages of an issue was usually about 8½ × 5½ inches. The covers are reproduced here same size, and the slight variations in size of the issues is evident.

The covers of *Anarchy*

The cover designs of *Anarchy* 1961–1970

Each horizontal row represents a year and a volume. The top row is 1961 and volume 1. The second row is 1962 and volume 2, and so on until the bottom row, 1970, where the last image shows vol. 10, no. 12

1

2

3

4

11

12

13

14

15

16

23

24

25

26

27

28

35

36

37

38

39

40

47

48

49

50

51

52

59

60

61

62

63

64

71

72

73

74

75

76

83

84

85

86

87

88

95

96

97

98

99

100

107

108

109

110

111

112

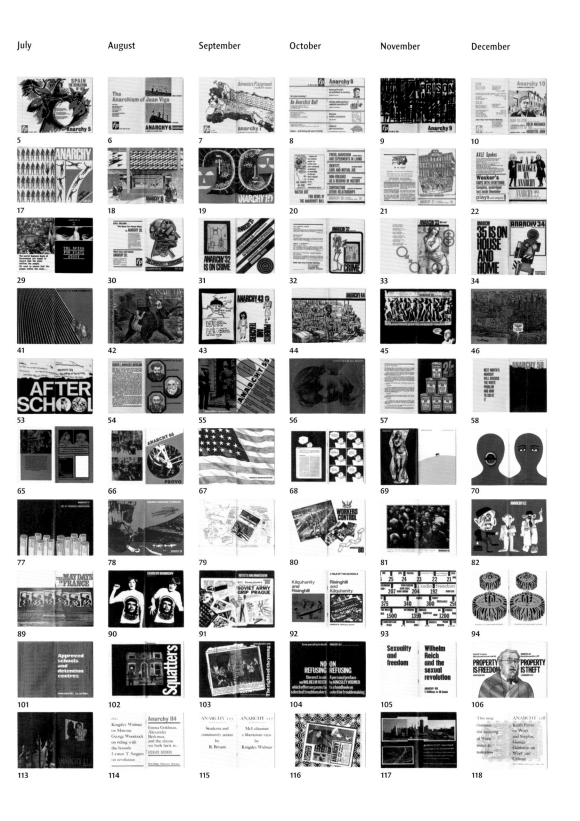

anarchy

a journal of anarchist ideas

1

Workers' Control

anarchy 2

a journal of anarchist ideas

1s 6d

1s 6d

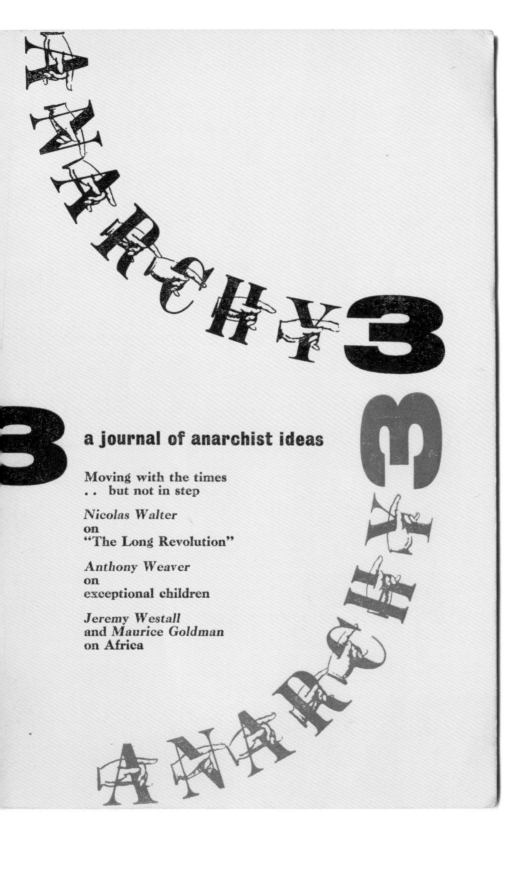

a journal of anarchist ideas

Moving with the times
.. but not in step

Nicolas Walter
on
"The Long Revolution"

Anthony Weaver
on
exceptional children

Jeremy Westall
and Maurice Goldman
on Africa

ONLY THE WEARER KNOW

fp

1s 6d

WHY DO PRISONS MAKE CRIMINALS?
WHY DO ASYLUMS MAKE LUNATICS?
WHAT IS WRONG WITH INSTITUTIONS?

HERE THE SHOE PINCHES

narchy 4

A JOURNAL OF ANARCHIST IDEAS

fp

1s 6d - 25c

SPAIN
THE REVOLUTION
OF 1936

golden lemon is not made
t grows on a green tree :
ong man with his crystal eyes
a man born free.

oxen pass under the yoke
d the blind are led at will :
a man born free has a path of his own
d a house on the hill.

men are men who till the soil
d women are women who weave :
men own the lemon grove
d no man is a slave.

Anarchy 5
A JOURNAL OF ANARCHIST IDEAS

The
Anarchism o

Jean Vigo

**The innocent eye of
Robert Flaherty**

**The tragic eye of
Luis Bunuel**

**Two experimental films
discussed by
their makers**

1s 6d   USA 25 cents

ZÉRO DE CONDUITE

Jean Vigo

L'ATALANTE

NARCHY 6

ANARCHY & CINEMA

URNAL OF ANARCHIST IDEAS

fp

1s 6d
25 cents

Adventure Playground

A PARABLE OF ANARCHY

anarchy 7

journal of anarchist ideas

Are you coming?

An Anarchist Ball

WILL BE HELD AT FULHAM TOWN HALL
ON FRIDAY OCTOBER 20 AT 7.30
TO CELEBRATE 75 YEARS OF 'FREEDOM'
AND FREEDOM PRESS.

MUSIC WILL BE PROVIDED BY
MICK MULLIGAN AND HIS BAND
WITH GEORGE MELLY
AND GUEST ARTISTS.
REFRESHMENTS WILL BE AVAILABLE
AND THERE WILL BE A LICENSED BAR.

ADMISSION SIX SHILLINGS.
TICKETS NOW AVAILABLE FROM
FREEDOM PRESS 17a MAXWELL ROAD FULHAM LONDON SW6

Come - and bring all your friends

Anarchy 8

JOURNAL OF ANARCHIST IDEAS

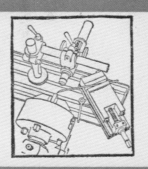

PRISON

Anarchy 9

A JOURNAL OF ANARCHIST IDEAS

Anarchy 10

A JOURNAL OF ANARCHIST IDEAS

ALAN SILLITOE HIS KEY TO THE DOOR
AN ACCIDENTAL JAILER BY COLIN MACINNES
COMMITTEE OF 100
SEMINAR ON INDUSTRY
AUGUSTUS JOHN
OURIER'S UTOPIA - & MINE

THE WORLD OF PAUL GOODMAN

Reviews of COMMUNITAS, UTOPIAN ESSAYS
and GROWING UP ABSURD
Paul Goodman THE CHILDREN AND PSYCHOLOGY
Harold Drasdo THE CHARACTER BUILDERS
A. S. Neill SUMMERHILL vs. STANDARD EDUCATION

Anarchy 11

A JOURNAL OF ANARCHIST IDEAS

1s 6d or 25 cents

fp

1s 6d or 25 cents

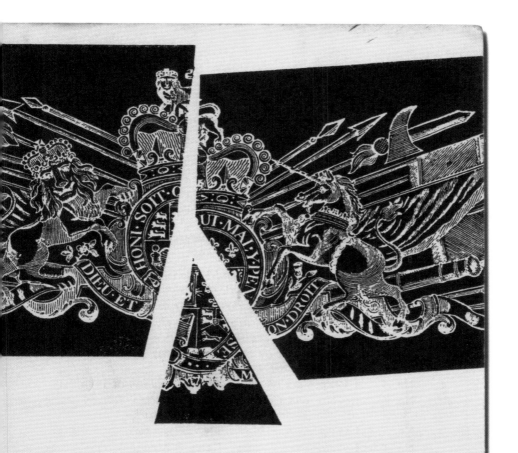

WHO ARE THE ANARCHISTS ?

Anarchy 12
A JOURNAL OF ANARCHIST IDEAS

1s 6d or 25 cents

DIRECT ACTION

Anarchy 13
JOURNAL OF ANARCHIST IDEAS

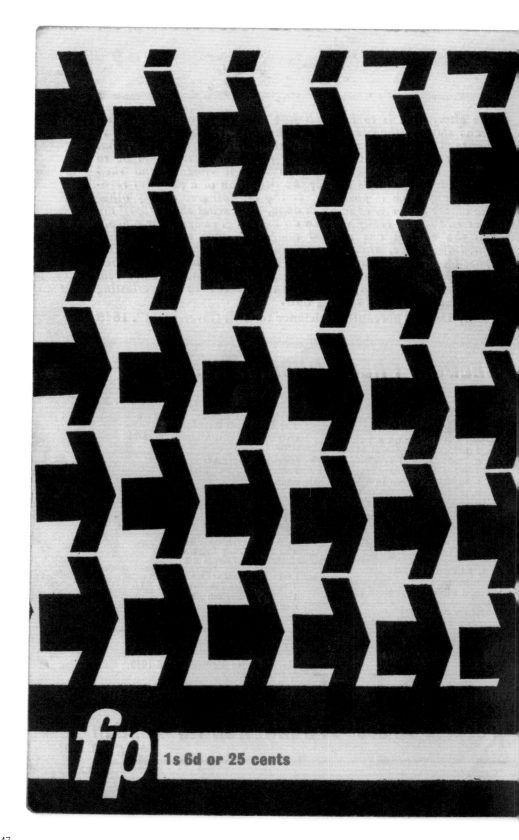

fp

1s 6d or 25 cents

DIS OBE DIE NCE

NARCHY 14 A JOURNAL OF ANARCHIST IDEAS

The greater part of this issue of ANARCHY is devoted to two men who have spent most of their lives in the liberation of the young: David Wills, who is about to begin another of his experiments, and A. S. Neill, who book **Summerhill** (an extract appeared in ANARCHY 11) has just been published in London, and is discussed here by Dachine Rainer.

Why are such men rare? Paul Reiwald asks himself this question and answered "Because we do not want them." And Howard Jones in **Reluctant Rebels**, notes that "It has been necessary for A. S. Neill, G. A. Lyward, W. David Wills, and other pioneers, to carry out their group experiments with children outside the official educational system. Wills, when running Hawkspur camp, a therapeutic community of unsettled adolescents, once approached the British Home Office for sponsorship and was told that this camp would not receive such official support until it was much more orderly."

The fact is, Wills writes, "that we are all offenders under the skin. We all have ungenerous, malicious, even murderous thoughts and impulses which we are careful to keep in check, but which nevertheless are there under the surface, as roaring lions seeking whom they may devour. These impulses are often stronger than we suspect, and we are frightened of them. When we see them 'escape' in other people, those people become for us symbols of our own unconscious impulses, and we want to stamp on them. 'Punish him', we cry, 'whip him, hang him' and we feel a little better. Therefore, send not to know for whom the hangman's bell tolls; it tolls for thee. It is ourselves we want to punish."

Our society does not really want the liberators, because it does not want freedom and responsibility. It wants conformity and gets it, and it gets besides, the pathetically inadequate characters whose case histories appear in Wills' books, as well as people like Robert Allerton, who has formed, as Tony Parker puts it "a viable asocial pattern of his own." David Downes in ANARCHY's review of **The Courage of His Convictions** by Parker and Allerton, concludes that before we stand any chance of changing him we must change ourselves.

But our society gets too, the questioning, non-conforming characters who are the agents of social change, and among them we affectionately number Neill and Wills. "I have every sympathy," Wills writes in his little book **Common Sense About Young Offenders** "with those who, seeing the State as an evil, would like to do away with it and substitute some form of voluntary association. But in the meantime it is with us . . . "

In the meantime it is with us and this is the aspect of our theme which links it with the last two issues of ANARCHY which were on **Direct Action** and **Disobedience**. For the State is not a thing, it is, in the words we quoted from Gustav Landauer, "a condition, a certain relationship between human beings, a mode of human behaviour; we destroy it by contracting other relationships, by behaving differently." Neill and Wills are exemplars of this different mode of human behaviour.

THE WORK OF DAVID WILLS

ANARCHY 15 1s6d 25¢

A JOURNAL OF ANARCHIST IDEAS

WHAT THEY SAY
ABOUT ANARCHY:

"Now that it has completed a year of publication one can say confidently that it is one of the most stimulating magazines now appearing in this country . . . In almost every article ANARCHY shows a passionate concern for the way in which individual human beings are prevented from developing, and at the same time there is a vision of the unfulfilled potentialities of every human being . . ."

—RICHARD BOSTON in *Peace News,* 23 Feb., 1962.

"To evoke its tone and contents I can best say this. In my own writing about the social scene I have tried to discover, even guess at, realities behind our lives in the past decade, and if I have succeeded at all in this I'm bound to say I have little to help me in the 'informed journals of opinion'. In fact, a prodigious gift for *not* seeing what's really going on in England seems to me their most striking—and soothing—characteristic. To this intellectual-spiritual torpor ANARCHY is an absolute exception, and you do not need to accept anarchist ideas at all to find more surprising, revealing information about our country than in any other journal that I know of. That ANARCHY is relatively little read does not surprise or dismay me, though it may do its editorial board. For I have found through long and frustrating experience that the degree to which the ideas of any journal are realistic, and of ultimate power of germinal penetration into human minds, is in direct inverse relation to its circulation and apparent material success."

—COLIN MACINNES in *The Queen,* 15 May, 1962.

BUT WE DO NEED
MORE SUBSCRIBERS!

AFRICANS and ANARCHISM Henry Dowe

ANARCHISM and the AFRICAN Maurice Goldman

The BOUNDS of POSSIBILITY Kenneth Maddock

ANARCHY 16

JOURNAL OF ANARCHIST IDEAS 1s6d * 25c

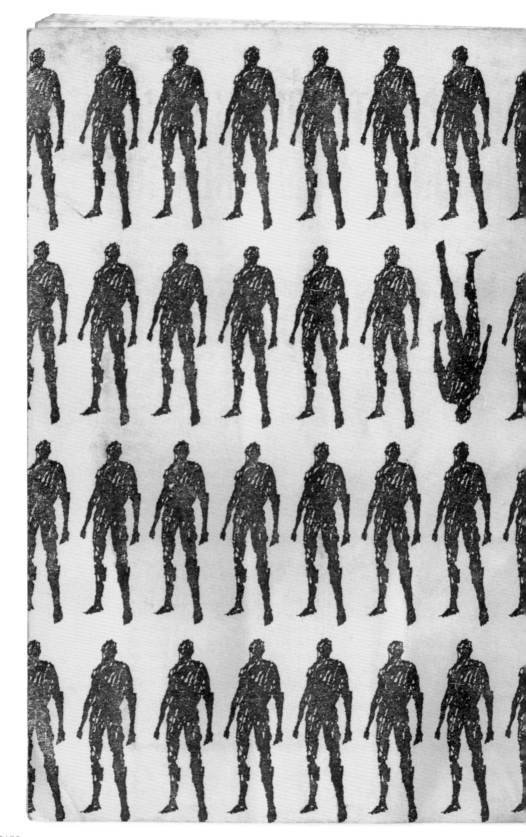

ANARCHY

A JOURNAL OF ANARCHIST IDEAS

1s6d-25¢

NARCHY 18

JRNAL OF ANARCHIST IDEAS 1s6d * 25¢

ANARCHY 19

25¢

1s6d

FREUD, ANARCHISM   MARTIN SMALL
AND EXPERIMENTS IN LIVING

IDENTITY,   DACHINE RAINER
LOVE AND MUTUAL AID

NON-VIOLENCE   PETER CADOGAN
AS A READING OF HISTORY

CONTRACTING   GEOFFREY OSTERGAARD
OTHER RELATIONSHIPS

ANARCHY 20 A JOURNAL   1s6d
            OF ANARCHIST IDEAS   25c

1903

SECONDARY MODERN

ANARCHY 21 A JOURNAL OF ANARCHIST IDEAS 1s6d 25c

MAURICE CRANSTON

A DIALOGUE ON ANARCHY

ANARCHY 22

A JOURNAL OF ANARCHIST IDEAS 1s 6d - 25c

1s6d·25c

A Journal of Anarchist Ideas
ANARCHY 23

SQUATTERS

BIG BROTHER IS WATCHING Y
A MANS AMBITION
MUST BE SMALL
DO IT YOUR SELF   YEARS   TO WRITE HIS NAME
UPON THIS WALL
HOUSING   1984   BETHNAL
GREEN
Bomb

A GUIDEBOOK FOR SOCIAL ASTRONAUTS *decrees*
definitions like "With it" and "In and (
have become obsolete and should be revise
the light of current space terminology and
ditions. People and behaviour patterns are
to be graded into three categories: GO—*as u*
referring to a rocket launched correctly on co
and on target which travels in the right o
ROGUE—*as when referring to a rocket rele*
on the right course which then goes badly as
and ends up off target and in the wrong o
ABORT—*as when referring to a rocket wh*
never gets into orbit at all, or which never
off the launching pad. Here we have pic
some relevant extracts from the Guidebook.

READING MATTER. GO *people read these ne*
papers and magazines: ENCOUNTER, Life (U
Edition), Movie, *Anarchy,* Economist, P
Match, Elle. ROGUE *reading:* Daily Expr
Financial Times, Playboy, The Daily Telegra
Time, Esquire, Show, Private Eye, Specta
All other British newspapers are ABORT: *so*
Newsweek. *Reading* The Times *is especi*
ABORT: *doing* The Times *crossword is* GO *if*
are under 30, ABORT *if over.*

GO *writers: James Purdy, Nabokov,* S
Bellow, Joseph Heller. ROGUE *writers: J*
Osborne, Noel Coward, Michael Frayn, Fr
çoise Sagan, Norman Mailer, Salinger. AB
writers: C. P. Snow, Vance Packard, C. Nor
cote Parkinson, Jack Kerouac.

the

COUNTRY

of

scholars

Dear Sir,

THE English are lovers and encouragers of learning and learned men, and have many colleges seminaries of learning.

There are but two universities in England; Oxford Cambridge; but the great men educated in them, numerous and magnificent buildings, and rich en- ments, are the admiration of all foreigners that vi- hem.

Oxford there are twenty colleges, and five halls, upwards of two thousand students of all sorts.

Cambridge there are sixteen colleges, and though of them are denominated halls, they are all en- ed, and there is no manner of difference between a ge and hall in Cambridge; whereas in Oxford the are not endowed, but the students maintain them- s.

he number of fellows, scholars, and students of all in the university of Cambridge, are usually a- 500.

here are professors in all languages in each of these ersities, r................................inge I. in the 1724. c.......................odern history language...........................ech of them d a reve...........................s *per annum*; hough t...........................heir salaries since the...........................ctures in mo-

Anarchy

a journal of anarchist ideas

1s6d · 25c

24

Politics of the upright man, by Richard Drinnon in Anarchy next month

TECHNOLOGY SCIENCE AND ANARCHISM

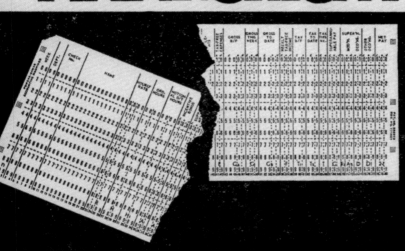

ANARCHY 25

A JOURNAL OF ANARCHIST IDEAS

1s6d-25¢

'To my horror I saw six policemen throw two middle-aged women and a middle-aged man into one of the fountains." "Later, after dark, with only Nelson and the fountains flood-lit, their (the police) mood changed. My press card was suddenly disregarded. . . I saw Canon Collins being seized by certainly three and I think possibly four policemen. . . . Various local connoisseurs of police behaviour said that once the TV cameras were switched off the coppers would let fly." "The police used force to fingerprint at least two demonstrators. . . Barry Walker, aged 17, had his clenched hand forced open by two policemen. More serious was the case of John Tremain, who, on refusing to be finger-printed, was taken into a room by four policemen who forced a paper-clip under his nail and said that if he didn't give his fingerprint they would rip his nail off and say it came off in a scuffle." "I was extremely roughly handled by the police. I was pulled up and down stone steps and bruised. . . My skirt was torn off." "At this point a policeman said: 'All right, take him where there aren't any witnesses.' Six policemen dragged me with the roughness I had by now come to expect down a corridor. At first two held my arms in Chinese twists while the other four kicked. Then they let my arms go, but went on kicking - though I hardly remember anything except the well-built policewoman saying 'Kick him harder, kick him harder.'" Lord Kilbracken (*Evening Standard*, Sept. 18); Charon (*New Statesman*, Sept. 22); *Peace News*, July 6, 1962; Dr. Rachel Pinney (*Peace News*, Sept. 29); and Adam Roberts (*New Statesman*, Sept. 22) - giving eye-witness accounts of arrests at the Committee of 100 sit-downs at Trafalgar Square last September and at the Greenham Common USAF base in June this year.

DO A MAN SIZED JOB FOR LONDON

If you can keep your head in a crisis and have powers of leadership — and the willingness to serve others—then you are made for a man's life in the Metropolitan Police. The pay is fine — up to £1,000 a year with allowances as a constable and promotion is open to top posts (£2,500-£4,600). If you are 5' 8" or over, physically fit between 19 and 30,

FILL IN THIS COUPON NOW

To Dept. 5643, New Scotland Yard, SW1
Please send full details about the Metropolitan Police.

NAME
ADDRESS
AGE

JOIN LONDON'S POLICE

ANARCHY 26

Journal of Anarchist Ideas   1s 6d · 25c

Clashes between police and members of the Committee of 100 and the London Anarchist Group led to 72 arrests today during the final stages of the anti-nuclear Aldermaston March. Members of the Campaign for Nuclear Disarmament, under the leadership of Canon Collins and Professor Ritchie Calder of Edinburgh University, followed the instructions of police, but the other two groups made

One thousand policemen were waiting for the marchers in the centre of London.

A batch of 500 under a London Anarchists' banner were in pitched battles with the police who tried to hem the column to one side.

up as one section of the march, headed by the London anarchists, neared Parliament Square. Police had to order them repeatedly to keep to one side of the road. Horses edged them back.

In Whitehall, the marchers swarmed across the entire width of the road. A line of police brought into position to check them was almost bowled over.

of the Committee of 100 was not at issue here. This was an attempt to act, to achieve in one of the few ways that is open to youth. It was an attempt to break out of the husk of political impotence that surrounds a citizen in even the

further contingents passed Admiralty House, but the next big clash came in Regent Street as the same anarchist and Committee of 100 group again spread across the road. Once more the police restored order by using coaches across the road as temporary barricades. Many of the arrests took place in this incident and in a smaller one in Oxford Street.

above the national average. The London Anarchists came ringleted and bearded and pre-Raphaelite. It was a frieze of nonconformists, enviable in their youth and gaiety and personal freedom. They were natural protesters and non-

Enemy of Freedom." A small woman pushed through the crowd crying "Anarchy," not in criticism of the organisation but to sell the magazine of her faith.

Procession of youth

The first of these marches was in 1958 and they have been done each

The leaders of the march had this time reached Victoria, where t were halted by the police. "Shoul go back and see what is happening asked Canon Collins. He was suaded. Indeed, it was unnecessary, the Anarchists were by then walk twenty-abreast down Grosvenor Pl towards Victoria with the cover p of the "Official Secret" docum pinned to their banner.

In Buckingham Palace Road, 12 mounted police charged at a trot into a group of anarchists after policemen on foot had failed to keep them marching in narrow procession.

Tempers rise at appearance of mounted police

ANARCHISTS STEP IN

ANARCHY 27

A Journal of Anarchist Ideas

1s6d·25c

Anarchism

George Woodcock

To many young people the name 'anarchist' has
a romantic ring: to many older people it
signifies beards and bombs.
In this history of libertarian ideas and
movements George Woodcock shows us the
true face of anarchism as a political philosophy.
He presents it as a system of social thought
which aims at fundamental changes in the
structure of society and particularly at the
replacement of authoritarian states by co-
operation between free individuals.   As such
anarchism has a respectable pedigree.
Proudhon, with characteristic defiance,
adopted the label with pride.   But before him
there had been William Godwin (and his
disciple, Shelley) and the German egotist,
Max Stirner; and after him there followed
the Russian aristocratic thinkers—Bakunin,
Kropotkin, and the great Tolstoy by whom
Gandhi was so much influenced.
It is the ideas of these six men which are
minutely examined in this study, along with the
anarchist movements which sprang from them.

A Pelican Book out on June 30th, 480 pages, 7s 6d

*For copyright reasons this edition is not for sale in the USA
or Canada*

PENGUIN BOOKS

FEDERATION OF LONDON ANARCHISTS

FUTURE of ANARCHISM

ANARCHY 28
1/6·25c

The secret Regional Seats of Government are meant to ensure that the state outlives the people.

We want to ensure that the people outlive the state . . .

ANARCHY 29

1/6
25¢

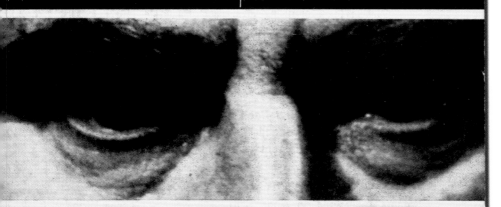

THE SPIES
FOR PEACE
STORY

THE COMMUNITY WORKSHOP

NARCHY 30   1/6 25ᶜ

ANARCHY 32 IS ON CRIME

ANARCHY 31

SPONTANEOUS UNIVERSITY and PRACTICABILITY

ANARCHISM & THE CYBERNETICS OF SELF-ORGANISING SYSTEMS

ANARCHIST as BEATNIK?

Randolph Bourne VS The State

1s6d-25c

THE UNKNOWN CITIZEN
Tony Parker

"Excellent and moving—contains a beautifully succinct and moving attack on the insiane cruelty of our whole system of punishment and detention."—Philip Toynbee in *The Observer*

Hutchinson 18s.

DELINQUENCY
Alex Comfort

An attempt, within the short space of a lecture, to show from an anarchist viewpoint, what psychiatry can contribute towards the solution of problems of delinquency.

Freedom Press 6d. (plus 2½d. postage)

PRISON : A SYMPOSIUM
edited by *George Mikes*

"It is impossible to praise this collection of essays too highly. They are admirably written by highly intelligent and sensitive men. The material is so fascinating that one comes to the end with a sigh of regret."—W. J. H. Sprott in *The Listener*

Routledge 30s.

ORGANIZED VENGEANCE CALLED JUSTICE
Peter Kropotkin

This little essay, first published by Freedom Press in 1902 was written with "the special desire to draw attention to the origin of the institution of 'justice' and to incite discussion which would throw light on that subject".

Freedom Press 2d. (plus 2½d. postage)

Order them from Freedom Bookshop

(Open 2 p m.—5.30 p.m. daily;
10 a.m.—1 p.m. Thursdays;
10 a.m.—5 p.m. Saturdays).

**17a MAXWELL ROAD
FULHAM SW6   Tel: REN 3736**

Printed by Express Printers, London, E.I.

ANARCHY 32 1s6d:25c

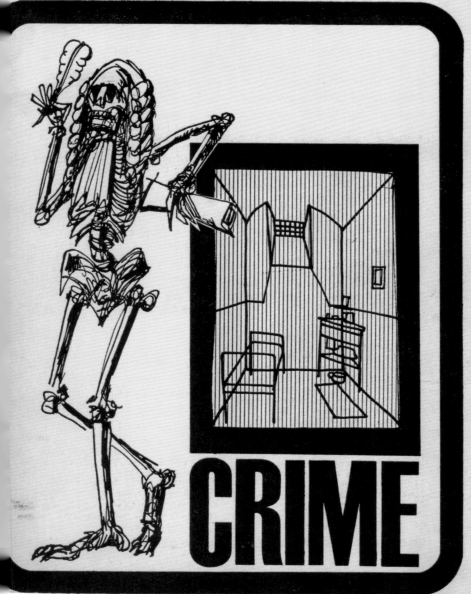

CRIME

Let them turn to the bottle
the Yogi and the rope,
some of them go to Uncle Joe,
some of them to the Pope—

one by one grown prosperous
of excellent intent
they set their names on the payroll
of God and Government;

one is turned evangelist,
another is turned Knight:
let them go wherever they wish—
we will stay and fight.

I may come to the light at last
as others have come there;
I think they will not put my bones
in Moscow's Red Square:

I can turn both coat and mind
as well as any man—
I think they will not put my head
towards the Vatican.

All fierce beasts grow corpulent,
mature and come to hand.
Lions lie down with sheepskin wolves—
we will see them damned.

ANARCHY 33 1/6·25ᶜ

THE ANARCHISM OF
ALEX COMFORT

ANARCHY
35 IS ON
HOUSE
AND
HOME

ANARCHY 34

TWENTYFIVE CENTS   ONE AND SIXPENCE

leman

SCIENCE
FICTION

Anarchy 35 (vol. 4, no. 1), January 1964. Illustration by M. Lindsay

ANARCHY 35 2/-
30 cents

It might be you!

Every day appeals for help come by letter, telephone or personal calls at our office.

WE HELP to maintain your liberty.
WE FIGHT racial and religious prejudice.
WE INVESTIGATE victimization.
WE HELP if you are wrongfully arrested.

IN FACT—

We defend your rights

WE NEED MONEY to do all this.
JOIN NOW or send a donation.
WRITE to the General Secretary for details and / or affiliation rates for organisations.

Minimum subscription for members £1 per annum, with the exception of students who pay 5s. and joint membership for husband and wife at 30s.

National Council for Civil Liberties

4 CAMDEN HIGH STREET, N.W.1.
Telphone: EUSton 2544.

Anarchy 36 (vol. 4, no. 2), February 1964. Illustration by David Boyd

Anarchy 36

TWO SHILLINGS
THIRTY CENTS

ARMS OF
THE LAW

why
I won't
vote

ANARCHY 37

2/- 30¢

This issue of ANARCHY is all about one English provincial cit
written by people who live there or who were born there. In on
way it can be read as an extended footnote to Paul Goodman
manifesto quoted in our last issue : " The society I live in is mine
open to my voice and action, or I do not live there at all." Thoug
our contributors are unlikely to vote for either group on the ci
Council, it is evident that they are convinced that the city
theirs and that it is up to *them* to make it more like a town tha
would satisfy their needs and aspirations, their idea of a good li
This is the difference between the approach advocated in th
journal and that of the politicians. Anarchism is decentralist, base
on the person and his individual fulfilment ; the politicians, from
left to right, are centralisers, seeking the support of masses, see
ing to manipulate masses, to control masses. They want to gove
others, we want people to liberate themselves. If we ever are t
achieve a society run from the bottom up instead of from the to
down, it must begin with local control, personal and social aut
nomy. "This is the beginning of a provincial renaissance" declare
an enthusiastic young Nottingham citizen, when the TV camer
visited the new Playhouse. Would that he were right ! Anywa
ANARCHY'S portrait of Nottingham is our contribution towar
such a rebirth.

If this is the first copy of ANARCHY you have seen, and yo
enjoyed reading it, take out a subscription and get it every mont
See inside front cover for subscription rates and details of oth
issues.

Some books by contributors to this issue . . .

PHILIP CALLOW : A Pledge for the Earth. 18s. " One of the mo
exciting talents among our younger novelists." **Turning Point. 18s.**
volume of poems.

RAY GOSLING : Sum Total. 18s. "An intelligent and forceful an
very self-critical young man who is trying to understand urban life
England, and make something of it."—COLIN MACINNES.

PAUL RITTER : Planning for Man and Motor. £5 5s. "Concerns mo
than traffic specialists and architects   it concerns us all."—WILLIA
HOLFORD. **The Free Family** (with Jean Ritter). 18s. " Stimulating an
inventive."—FREEDOM.

HAROLD DRASDO : The Eastern Crags. 8s. 6d. A guide to roc
climbing in the Lake District.

ALAN SILLITOE : The Ragman's Daughter. 16s. Key to the Doo
7s. 6d. **Saturday Night and Sunday Morning.** 15s. (paperback 2s. 6d.
The Loneliness of the Long-Distance Runner. 13s. 6d. (paperbac
2s. 6d.).

Order them from

Freedom Bookshop, 17a Maxwell Road, London, S.W.

lip Harold Ray   Alan   Paul
.LOW: DRASDO: GOSLING: SILLITOE: RITTER

OTTINGHAM

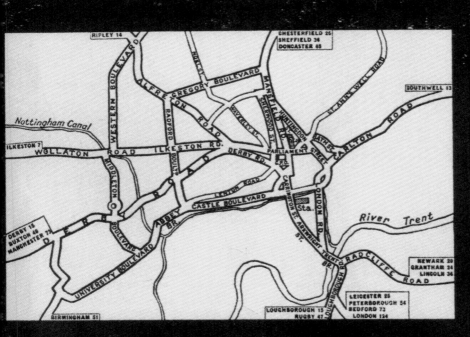

ANARCHY 38

A JOURNAL OF ANARCHIST IDEAS

irty Cents   Two Shillings

Pilkington vs. Beeching

This twelfth volume of selected articles from the anarchist weekly FREEDOM is now available. Two hundred and sixty pages long, it costs 7s. 6d. as a paperback or 10s. 6d. cloth bound. The paper edition is available to readers of FREEDOM at 5s. 6d. post free.

OTHER FREEDOM PRESS PUBLICATIONS

The legacy of Homer Lane

Two Shillings
Thirty Cents

HOMER LANE

W. David Wills

In *The Comprehensive School* Dr. Robin Pedley refers to " Great teachers like Homer Lane and David Wills ". David Wills is proud of this juxtaposition. He regards the writing of Lane's biography as an act of filial piety in the sense that his own work derives largely from Lane, whom he " discovered " just as his own ideas were taking shape. A. S. Neill, too, is proud to be his disciple, and through these two men and a host of others, the liberalising leaven that has been at work in English education and the treatment of delinquency owes much to this enigmatical American. Ill-educated himself, he became a leader of the *avant garde* in education, as well as a highly successful psychotherapist. Yet his career was dogged by disaster. He ran a most remarkable co-educational reformatory, which was closed in an aura of scandal. At the height of his success as a psychotherapist he was driven from the country in disgrace following a *cause celebre* at the Old Bailey. He died a ruined man, yet none of the charges against him was ever proved.

Of infinite charm, bubbling over with fun, he captivated everybody. " You must be on their side ", he said of the sick and delinquent people he tried to help, and maintained in spite of misunderstanding and calumny, that the solution to all their problems was to be found in love.

Illustrated 40s.

Allen & Unwin

ANARCHY 40 TWO SHILLINGS or THIRTY CENTS
e Unions & Workers Control

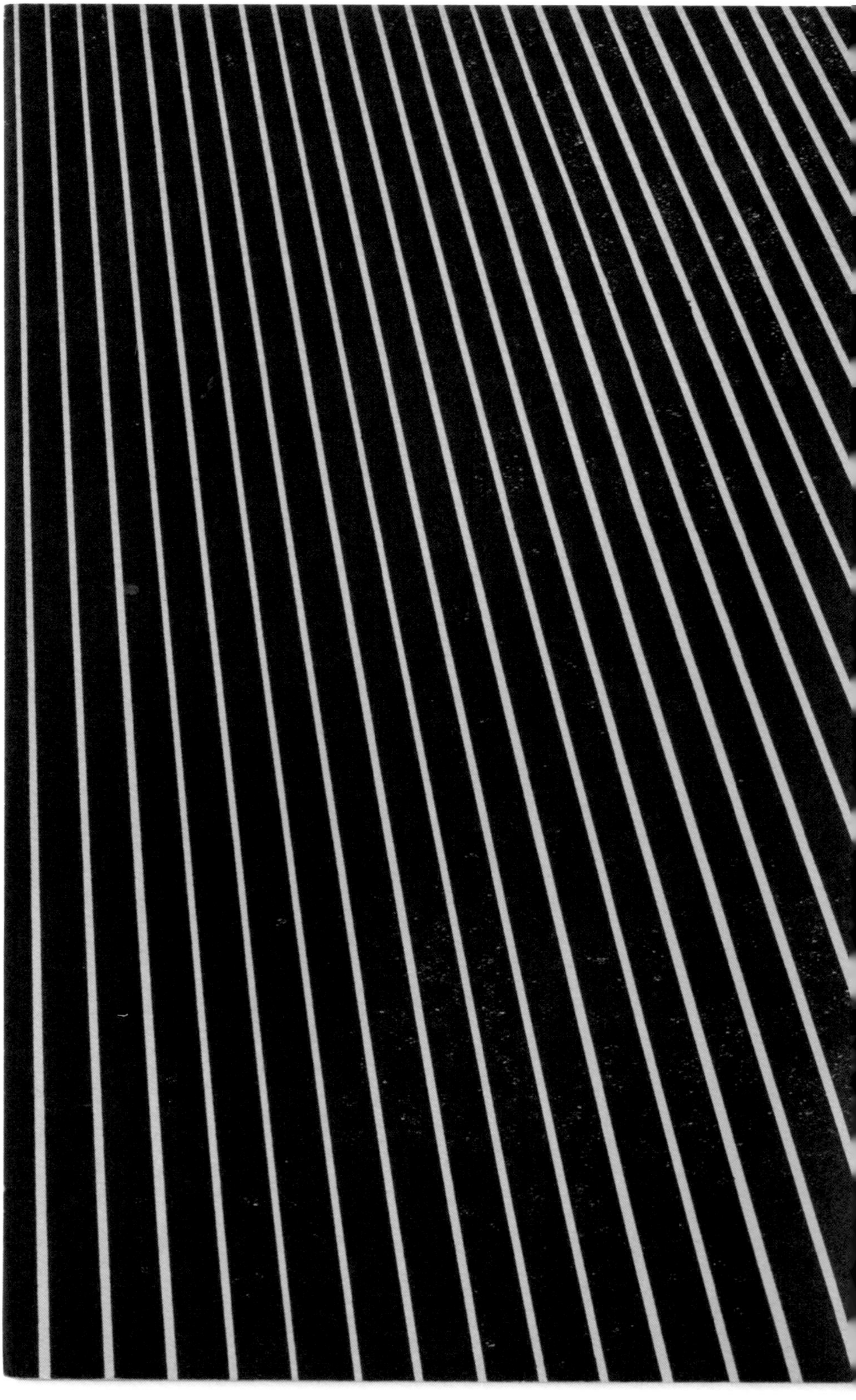

Anarchy 41 (vol. 4, no. 7), July 1964. R.S.

Anarchy 41 : THE LAND

TWO SHILLINGS
THIRTY CENTS

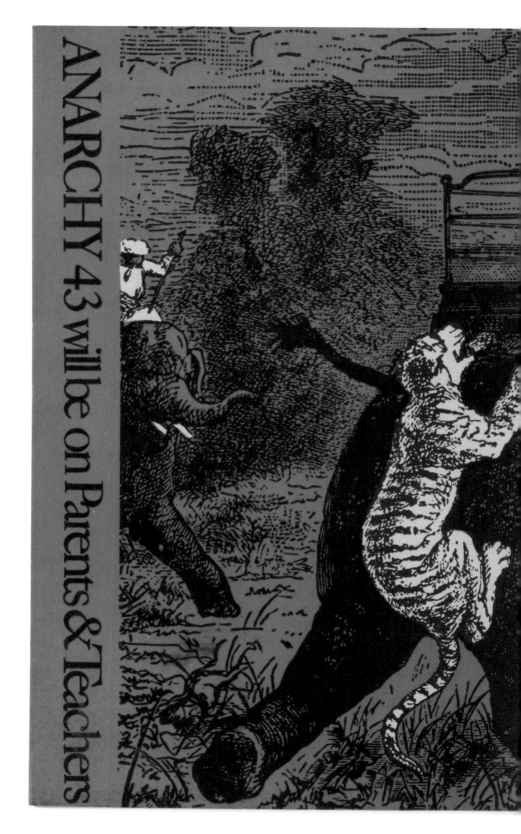

ANARCHY 43 will be on Parents & Teachers

ANARCHY

2[/]- or 30¢

42

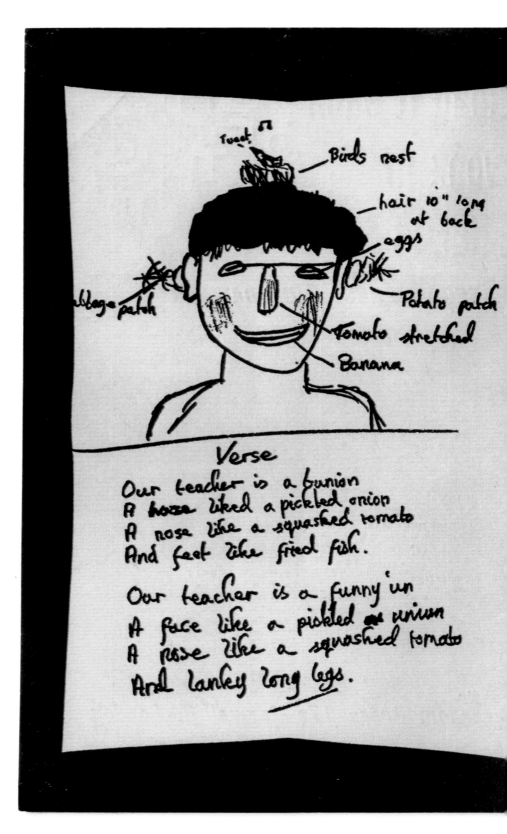

ANARCHY 43

TWO SHILLINGS   THIRTY CENTS

Mum

of our teachers

PARENTS AND TEACHERS

ANARCHY 44

TWO SHILLINGS   THIRTY CENTS

NARCHY 45 TWO SHILLINGS THIRTY CENTS

THE GREEKS HAD A WORD FOR IT

Why don't you buy
ANARCHY
46
for two shillings or
thirty cents

Anarchy 47 (vol. 5, no. 1), January 1965. R.S.

ANARCHY 47

JAMES GILLESPIE

OWARDS FREEDOM IN WORK

Anarchy 48 (vol. 5, no. 2), February 1965. R.S.

Two shillings or Thirty cents

Also in this issue: Miss Lang
of Kidbrooke School and
Mr. Duane of Risinghill

ANARCHY 48 IS ABOUT

PETER BROOK'S film of

LORD of the FLIES
(x)

from the novel by WILLIAM GOLDING

Top level conference at a Police Headquarters, where it's fresh ideas and insight that mark a man for early promotion.

ANARCHY 49

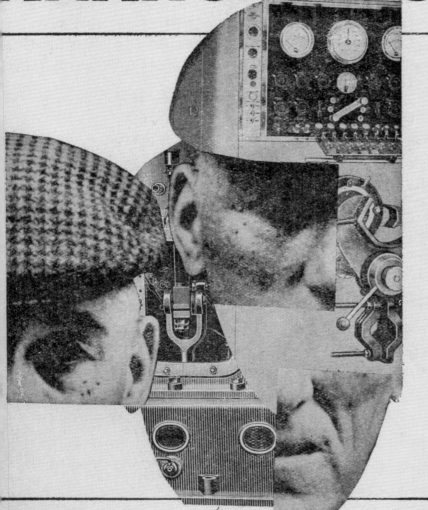

AUTOMATION

O SHILLINGS   THIRTY CENTS

You know the word Malnutrition

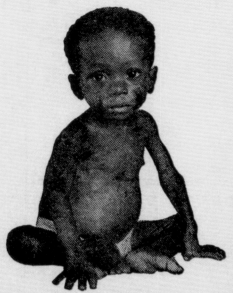

he knows what it means

Malnutrition can mean children with swollen legs and bodies, peeling skin, sores and continual suffering.

Malnutrition can mean slowly going blind.

Malnutrition can mean nerves wasting and eventual paralysis.

Malnutrition can mean going mad.

Malnutrition can mean being so weak that there is no energy left. To sow. Or to reap. Or to do anything but slowly die.

Oxfam is fighting malnutrition. With food and medicines. But most important of all with the kind of long-term aid that helps people rid themselves of malnutrition once and for all. Someone, somewhere can hope again if you help today.

OXFAM

Room 3 · c/o Barclays Bank Ltd · Oxford

ANARCHY 50

2s.
30c.

THE ANARCHIST OUTLOOK

INFLUX or EXODUS

THE ANARCHISTS AND THE COMMITTEE OF 100

Diana Shelley

THE ANARCHIST OUTLOOK

Philip Holgate

DISCOVERING MALATESTA

THE ANARCHIST OUTLOOK

Irving Horowitz

PS

A POSTSCRIPT TO THE ANARCHISTS

BLUES
FOR
BLACK
FOLK

ANARCHY 51

2s.
30c.

BLUES
B'n'B
POP
FOLK

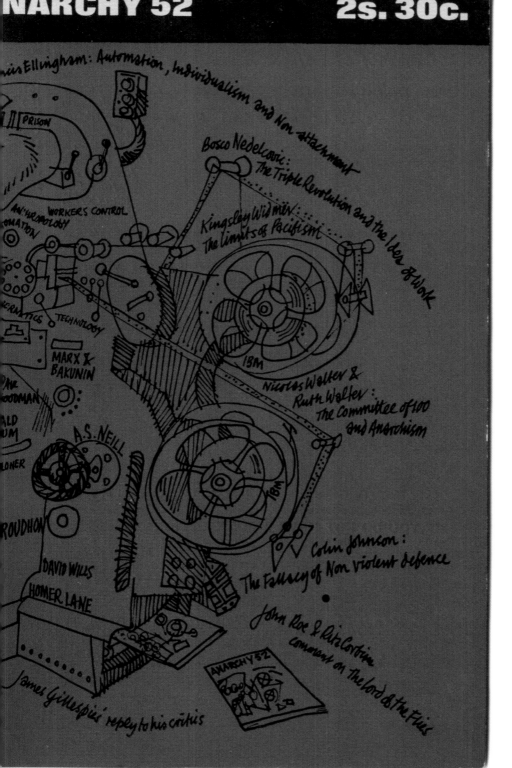

Denis Ellingham: Automation, Individualism and Non-attachment

PRISON

WORKERS CONTROL

ANTHROPOLOGY

AUTOMATION

CYBERNETICS   TECHNOLOGY

MARX &
BAKUNIN

PAUL
GOODMAN

GERALD
BRUM

LONER

A.S. NEILL

PROUDHON

DAVID WILLS

HOMER LANE

James Gillespie' reply to his critics

Bosco Nedelcovic:
The Triple Revolution and the Idea of Work

Kingsley Widmer:
The Limits of Pacifism

IBM

Nicolas Walter &
Ruth Walter:
The Committee of 100
and Anarchism

IBM

Colin Johnson:
The Fallacy of Non Violent Defence

John Roe & Pite Cortina
comment on The Lord of the Flies

ANARCHY 52

In this issue:

David Downes: What will happen to Jones and Robinson?

The Sink Schools: G.

Doctor Musgroves Depth charge

Social Conflict and Authority: Walter Coy

AF
SCH

Colin Ward:
Modest Proposal for the Repeal of the Education Act

ANARCHY 53

by two shillings or thirty cents

anarchism and academic failure: Peter Neville

TER
OOL

BUBER, LANDAUER, MÜHSAM

THIS issue of ANARCHY discusses the philosopher Martin Buber, and two German anarchists Gustav Landauer and Erich Mühsam, and their part in the ill-fated Munich Council-Republic of 1919. Why did this revolution fail? Was the Munich Council a government?

Martin Buber has left this recollection of those days: "About two weeks after Landauer's memorial address on Karl Liebknecht and Rosa Luxemburg, I was with him, and several other revolutionary leaders in a hall of the Diet Building in Munich. Landauer had proposed the subject of discussion—it was the terror. But he himself hardly joined in; he appeared dispirited and nearly exhausted—a year before his wife had succumbed to a fatal illness, and now he relived her death in his heart. The discussion was conducted for the most part between me and a Spartacus leader, who later became well-known in the second communist revolutionary government in Munich that replaced the first, socialist government of Landauer and his comrades. The man walked with clanking spurs through the room; he had been a German officer in the war. I declined to do what many apparently had expected of me—to talk of the moral problem; but I set forth what I thought about the relation between ends and means. I documented my view from historical and contemporary experience. The Spartacus leader did not go into that matter. He, too, sought to document his apology for the terror by examples.

"'Dzertshinsky,' he said, 'the head of the Cheka, could sign a hundred death sentences a day, but with an entirely clean soul.' 'That is, in fact, just the worst of all,' I answered. 'This "clean" soul you do not allow any splashes of blood to fall on! It is not a question of "souls" but of responsibility.' My opponent regarded me with unperturbed superiority. Landauer, who sat next to me, laid his hand on mine. His whole arm trembled. . . . "

ANARCHY 54/2s/30¢

erich mühsam

martin buber

gustav landauer

From Freedom Press
for 21 shillings

MALATESTA Life and ideas

ANARCHY 55

2s. / 30c.

John Hewetson
MUTUAL AID AND
SOCIAL EVOLUTION
Richard DeHaan
KROPOTKIN MARX
AND DEWEY
John Majoram: I WAS ONE
OF THE
UNATTACHED

ANARCHY 56 | 2s. 30cents

IN A MAN'S WORLD...

Emma Goldman

FLUFF IN THE WIND

ONE Saturday night my pretty, intelligent, vivacious brat of a fifteen-year-old daughter ignored an understanding about not going to the West End. This being based not only on the dangers of getting hooked by dopepedlars, seduced by syphilitics or conned in to prostitution.

Three a.m. phonecall from her older sister: "Susan was waiting for us on the pavement to come out of the jazz club and they say she was bundled into a policevan—it's from West End Central". We agreed to meet there—I made good time in the car.

We waited in the entrance hall; big sister, her boyfriend, Susan's current admirer, perhaps eight other youngsters, boys and girls; some looked shy, some sheepish, some a little awed by their surroundings; but all of them by their presence showed that they had enough love or concern for their friends to sit in the small hours in West End Central and await their return.

We were tired; munched apples—I had filled my pockets before leaving home.

And waited.

A man in a tweed jacket and cavalry drill trousers, a bunch of files under his arm walked through the hall. He looked left and right with authority—and muttered as he passed, looking at no-one in particular: *"CHARMING!"* No italics can convey the tone—sarcastic? Defensive? Derisive? He disappeared up the stairs. I wondered idly if that was where Rooum had his ears boxed.

We waited.

Enquiry revealed that the policevan would be some time yet. Rumour was that it had to be full before returning to base. Which it did around 4.30.

We waited.

I was ushered into a room off the hall, where a kindly woman sergeant explained why Susan had been picked up. Of course I appreciated the protection afforded her. But then as a final warning the sergeant said:

"You have only to look at the people out there in the hall to see the sort of bad company she's mixing with."

NEXT MONTH'S ANARCHY WILL DISCUSS THE WHITE PROBLEM AND HOW TO SOLVE IT

Anarchy 58 (vol. 5, no. 12), December 1965. R.S.

2s. or 30cents

ANARCHY 58

statelessness
and
homelessness

ANARCHY 59

TWO SHILLINGS OR THIRTY CENTS   IN THIS ISSUE: THE WHITE PROBLEM

Morphine, or alkaloids akin to it, is usually the basis of s
mixtures given before operation. Some patients compl
nausea or vomiting after morphia, and it is said that suc
parations as **omnopon** (syn. **pantopon** in America) or o
(syn. **alopan, papaveretum**) are less likely to cause these tr
Dilaudid (di-hydromorphine) has considerable vogue in A
Although morphine is usually given *hypodermically* about
quarters of an hour before operation, it can be injecte
diluted solution *intravenously*, if an immediate effect is re
The initial adult dose is about gr. $\frac{1}{24}$ and a pause of thirty s
is allowed for the response to be judged. The injection
continued slowly until the desired effect is obtained.[1] T
good method of premedication if the operation is to be per
under local analgesia, or if the patient is shocked or col
air-raid or battle casualties. In such cases it has been
that the first and subsequent doses of hypodermic morphi
not be absorbed owing to the impaired circulation, bu
when resucitation is carried out signs of morphine ov
may appear.

AND IN
THIS ISSUE:
RECOLLECTIONS
OF PECKHAM

O SHILLINGS OR THIRTY CENTS

ANARCHY 60

NON & ANARCHISM / NARCOTIC ADDICTION

Anarchy 61 (vol. 6, no. 3), March 1966. R.S. Photographs by Lewis Woudhuysen

ANARCHY 61

CREATIVE VANDALISM FOR 2 SHILLINGS OR 30 CENTS

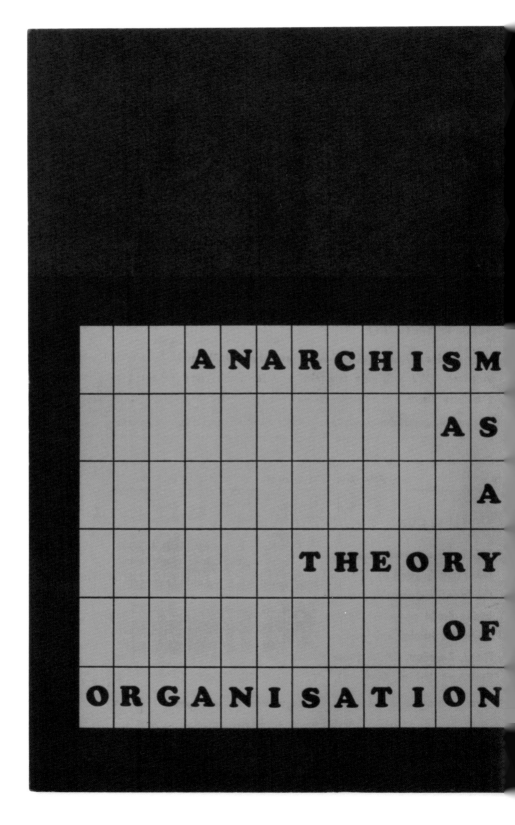

Anarchy 62 (vol. 6, no. 4), April 1966. R.S.

ANARCHY 62　　　2s·30c

ANARCHISM AS A THEORY OF ORGANISATION

A
LATE
VICTORIAN
ENDPIECE:
THE
PLANNERS
DREAM—
TO FIT THE MAN
TO THE PLAN

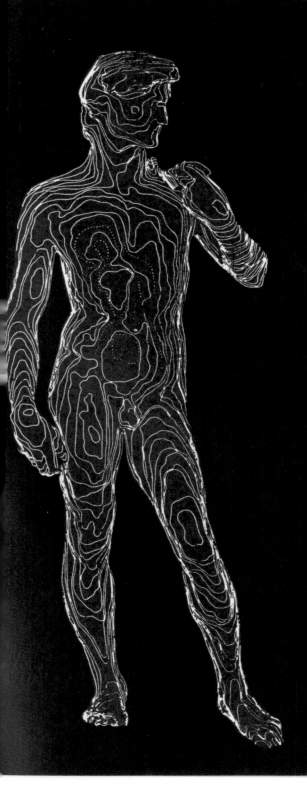

ANARCHY 63
TWO
SHILLINGS
OR THIRTY
CENTS

AN
EARLY
RENAISSANCE
TEXT:
THE
DISCOURSE
OF
VOLUNTARY
SERVITUDE
BY
ETIENNE
DE LA BOETIE
INTRODUCED
BY
NICOLAS
WALTER

A detail from William Bell Scott's "Iron and Coal", one of
a series of murals painted in 1861 at Wallington Hall,
Northumberland. Martin Small comments: "Nineteenth-
century Victorian capitalism—helped perhaps by that
very crudeness and immaturity which also may have
excited hopes and expectations of revolution could assume
the aspect of an adventure and bestow upon the
individual capitalist the glamour and the romance of a
pioneer. Perhaps this is a part of the explanation of the
fact noted in connection with the social criticism of
19th-century England by both Edward Thompson and
F. E. Gillespie—namely, its concentration upon the
inherited wealth of the landed aristocracy as the real social
iniquity and its generally equivocal if not actually
tolerant attitude towards the accumulated wealth of the
industrial capitalist."

111 years ago

Karl Marx said

"The English Revolution began yesterday in Hyde Park"

ANARCHY Nº 65
2s. or 30c.

DEREVOLUTIONISATION
MARTIN SMALL

this issue discusses   **why it came to nothing**

ANARCHY 66

WO SHILLINGS OR THIRTY CENTS

PROVO

ANARCHY 67:30CENTS OR 2SHILLINGS

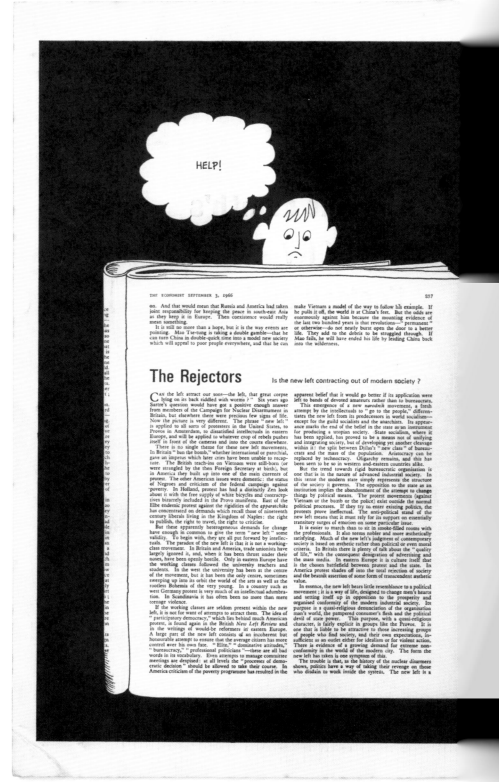

Anarchy 68 (vol. 6, no. 10), October 1966. R.S.

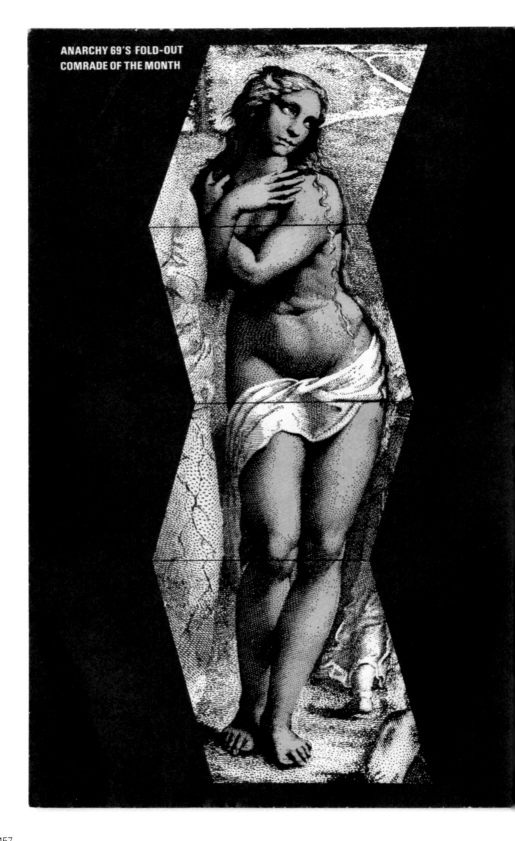

ANARCHY 69'S FOLD-OUT
COMRADE OF THE MONTH

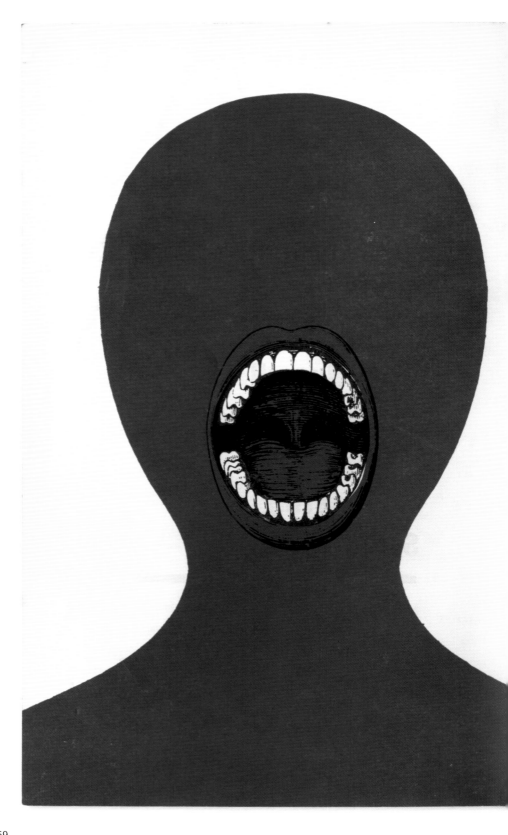

Anarchy 70 (vol. 6, no. 12), December 1966. R.S.

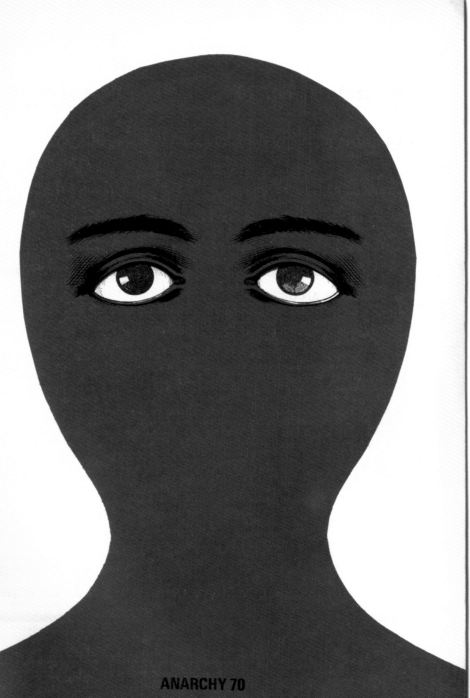

ANARCHY 70

TWO SHILLINGS OR THIRTY CENTS

RTARIAN PSYCHIATRY-AN INTRODUCTION TO EXISTENTIAL ANALYSIS

ANARCHY 72
TWO SHILLINGS OR THIRTY CENTS
STRIKE CITY, MISSISSIPPI

IN AN OPEN CITY ALL PEOPLE ARE FREE

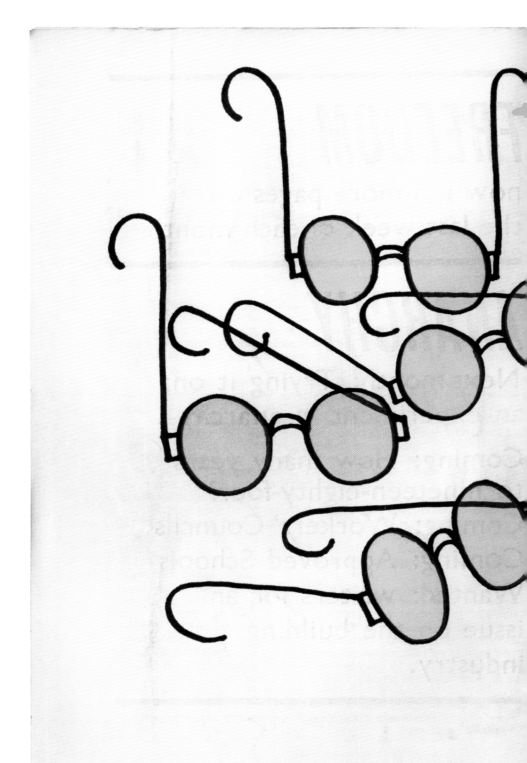

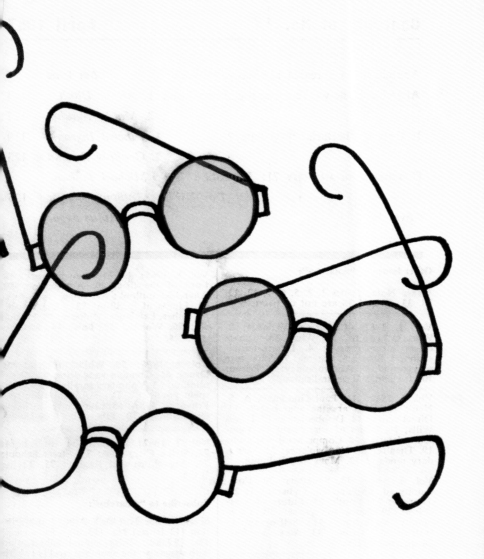

NARCHY 74

VO SHILLINGS OR THIRTY CENTS

OW REALISTIC IS ANARCHISM?

Anarchy 75 (vol. 7, no. 5), May 1967. R.S.

ANARCHY 75 TWO SHILLINGS OR THIRTY CENTS
KATE VANDEGRIFT: TRYING IT ON
IMPROVISED DRAMA

ANARCHY 76

TWO SHILLINGS OR THIRTY CENTS

HOW MANY YEARS TO 1968 ?
HOW MANY YEARS TO 1969 ?
HOW MANY YEARS TO 1970 ?
HOW MANY YEARS TO 1971 ?
HOW MANY YEARS TO 1972 ?
HOW MANY YEARS TO 1973 ?
HOW MANY YEARS TO 1974 ?
HOW MANY YEARS TO 1975 ?
HOW MANY YEARS TO 1976 ?
HOW MANY YEARS TO 1977 ?
HOW MANY YEARS TO 1978 ?
HOW MANY YEARS TO 1979 ?
HOW MANY YEARS TO 1980 ?
HOW MANY YEARS TO 1981 ?
HOW MANY YEARS TO 1982 ?
HOW MANY YEARS TO 1983 ?
HOW MANY YEARS TO 1984 ?

ANARCHY 77

TWO SHILLINGS OR THIRTY CENTS

DO-IT-YOURSELF ANARCHISM

OWARDS A LIBERATORY TECHNOLOGY

ANARCHY 78
TWO SHILLINGS OR THIRTY CENTS

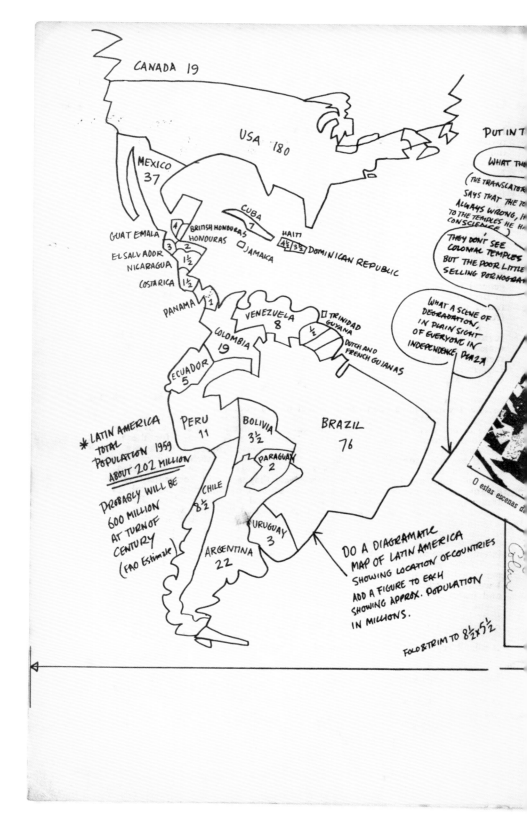

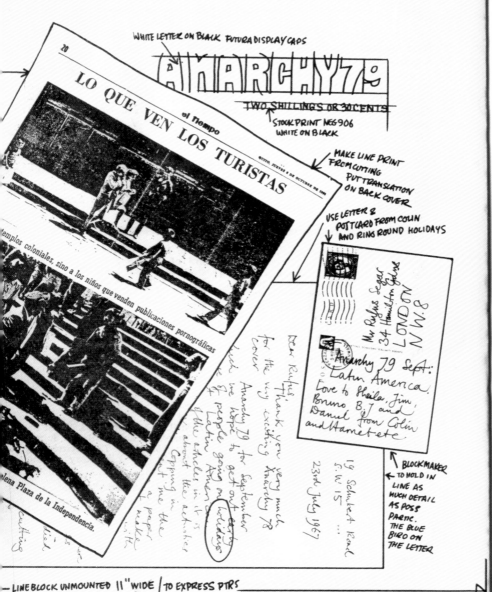

WHITE LETTER ON BLACK FUTURA DISPLAY CAPS

ANARCHY 79

TWO SHILLINGS OR 30 CENTS

STOCK PRINT NEG 906
WHITE ON BLACK

MAKE LINE PRINT
FROM CUTTING
PUT TRANSLATION
ON BACK COVER

USE LETTER &
POSTCARD FROM COLIN
AND RING ROUND HOLIDAYS

20

el tiempo

LO QUE VEN LOS TURISTAS

QUITO, JUEVES 8 DE OCTUBRE DE 1966

templos coloniales, sino a los niños que venden publicaciones pornográficas

lena Plaza de la Independencia.

Mr Rufus Segar
34 Hamilton Gdns
LONDON
N.W.8

Anarchy 79 Sept:
Latin America.
Love to Sheila, Jim,
Bruno, B.J and
Daniel from Colin
and Harriet etc

Dear Rufus,
Thank you very much
for the very exciting 'Anarchy 78
cover

Anarchy 79 for September
such we hope to get out early

If people going on holidays
of Latin America

of the articles in it
about the activities

capping in
out me the
a paper
I make

19 Schubert Road
S.W.15 ...

23rd July 1967

BLOCKMAKER
TO HOLD IN
LINE AS
MUCH DETAIL
AS POSS
PARTIC.
THE BLUE
BIRO ON
THE LETTER

LINE BLOCK UNMOUNTED 11" WIDE / TO EXPRESS PTRS
PRINT ONE COLOUR ONLY, BLACK TO SAVE TIME

WORKERS CONTROL

TWO SHILLINGS OR THIRTY CENTS

ANARCHY 80

David Kohn, Olonetzki, Mark Mratchny, Olga released from prison for one day to go to Kropot

Fanny Baron & Guyevski
...ral. Moscow 1921.

ANARCHY 81

TWO SHILLINGS OR THIRTY CENTS

ANARCHY 82

SHILLINGS OR THIRTY CENTS

Drawings by Paul Douglas illustrating "The Master of Braehead" and "The Sins of the Fathers"

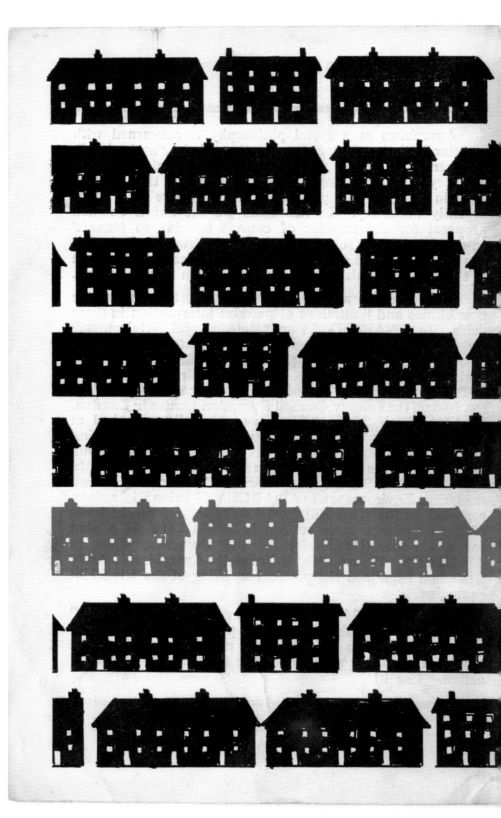

ANARCHY 83
TWO SHILLINGS OR THIRTY CENTS
TENANTS TAKE OVER

POVERTY

s

on / Child Poverty

House, Duluth

Change is gonna come

e Fake Revolt

ANARCHY 84

TWO SHILLINGS OR THIRTY CENTS

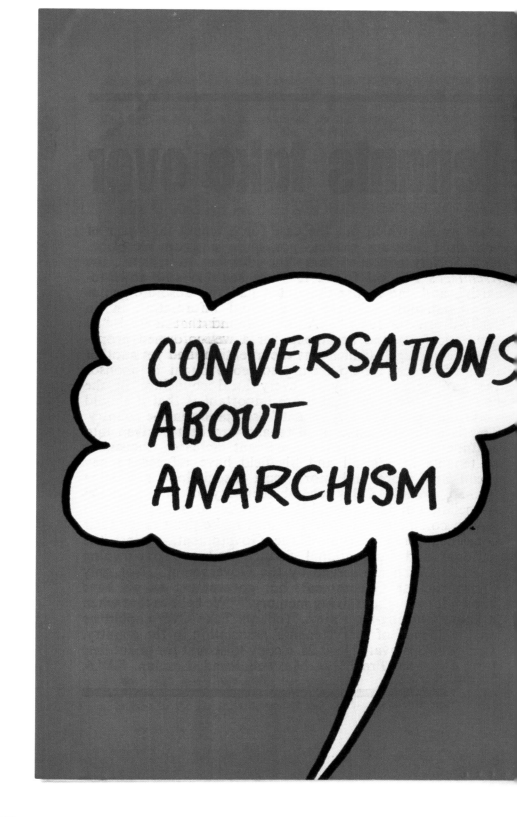

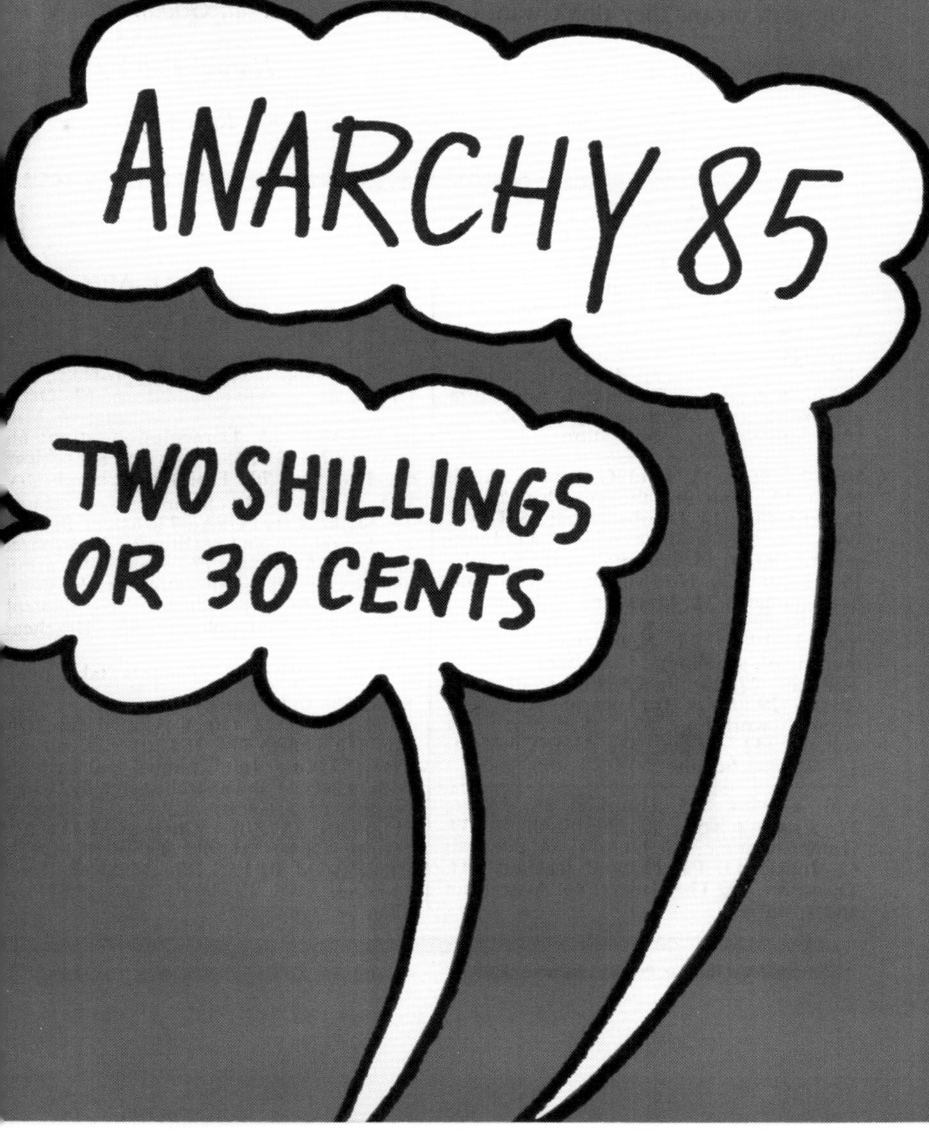
ANARCHY 85
TWO SHILLINGS OR 30 CENTS

FISHERMEN

"We own our fishing boats in common and whenever the weather is uncertain our captains meet together and decide whether it's safe for the town to fish. That way no crazy greedy individual can risk the lives of his crew and anyone who follows him..."

— SPANISH FISHERMAN (SEE INSIDE)

& WORKERS CONTROL

"Nothing is now more important in British society than the detailed thinking and practice of workers control: the key idea of the self-managing co-operative enterprise..."

— RAYMOND WILLIAMS (SEE INSIDE)

Anarchy 86 TWO SHILLINGS

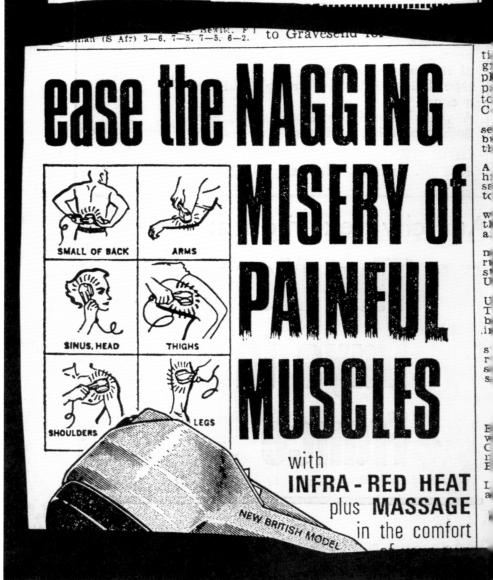

A	Washing machine—with dryer.	J	Modern venetian blinds for all windows.
B	A convector heater for each room.	K	Fibre-glass dinghy with outboard motor.
C	Garden furniture including two swing hammocks.	L	Motor mower.
D	Modern cooker with automatic timer.	M	Divan converting to double bed.
E	TV and radio/record player.	R	Car port added.
H	Refrigerator with deep freeze.	S	Sink waste disposal unit.

man (S Afr) 3—6. 7—5. 7—5. 6—2.   to Gravesend for

ease the NAGGING MISERY of PAINFUL MUSCLES

SMALL OF BACK   ARMS

SINUS, HEAD   THIGHS

SHOULDERS   LEGS

with **INFRA - RED HEAT** plus **MASSAGE** in the comfort

NEW BRITISH MODEL

ANARCHY 88

TWO SHILLINGS OR THIRTY CENTS

Wasteland Culture by George Benello

work. "In my job we have to keep up with new processes," he said.

Wilf Smith, also 44 and a

near future.

They are going to need more space in the workers' car parks.

GET CRACKING!

with NEW PLASTIC PADDING ELASTIC

Cracks filled with ordinary fillers come back all too soon. So before

Anarchy 89 (vol. 8, no. 7), July 1968. R.S. Photograph by Eliane Barrault

THE MAYDAYS IN FRANCE

ANARCHY 89
TWO SHILLINGS
THIRTY CENTS

STUDENT ANARCHY

RCHY 90 2s. or 30c.

ARTISTS AND ANARCHISM

FINAL NIGHT EXTRA

Evening Standard

44.839   WEDNESDAY, AUGUST 21, 1968   5d.

THE LIQUEUR YOU PREFER
Drambuie
TO BE OFFERED

Shooting as the Russian tanks roll in

SOVIET ARMY GRIP PRAGUE

Evening Standard Foreign News Desk

RUSSIAN TROOPS and tanks invaded Czechoslovakia
night. Shortly after they entered Prague
broke out in the

Spend a
in the
Soviet Union
for 5/-

THE SOVIET EXHIBITION
EARLS COURT LONDON
AUGUST 6–24

KENNING
CAR MART LTD
501/7 OLD FORD   E.3.   01-980 4499
BMC   Vehicle Specialist Distributor

ANARCHY 91
2/- or 30¢
TO GEE&W (SEE ORDER)

MAKE A LINE BLOCK
OF THE WHOLE LOT
8¾" x 11¼" SEE
TRACE FOR POSITION

BLACK ONLY
SEND DIRECT
TO PREMIER

AUG 21 1968

Kilquhanity and Risinghill

Anarchy 92 (vol. 8, no. 10), October 1968. Ivor Claydon and B. J. Segar

A TALE OF TWO SCHOOLS

Risinghill and Kilquhanity

ANARCHY 92 2 Shillings or 30 cents

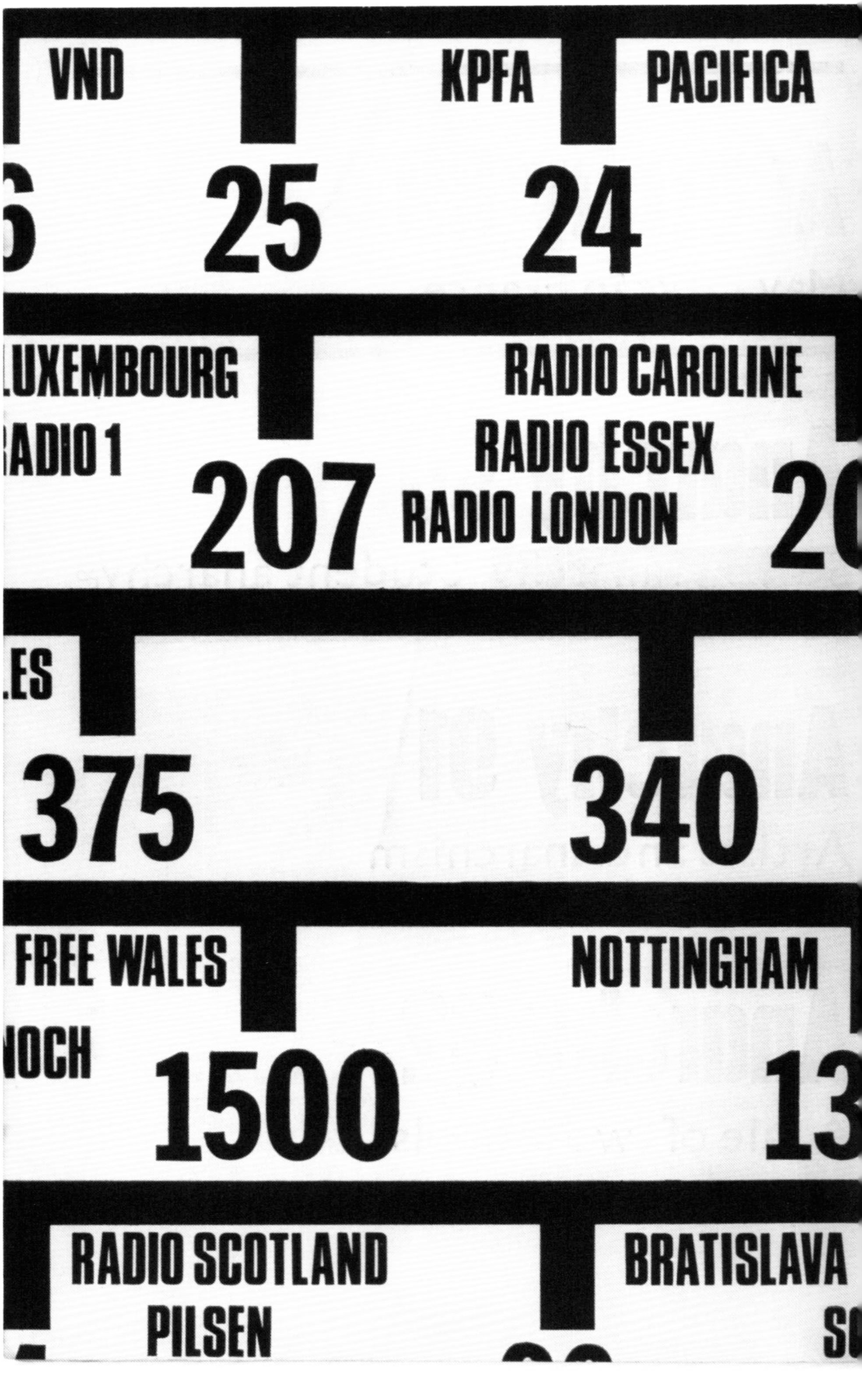

Anarchy 93 (vol. 8, no. 11), November 1968. Ivor Claydon

ANARCHY 93

two shillings
thirty cents

KPFK

WBA

22

21

radio freedom

192

RADIO LOVE

3

RADIO 2

SOUTH & WEST

300

250

IGHTON

IRA

VERONICA

KROPOTKIN

BRNO

1200

BUDA

BRUSSELS

PRAGUE

LYON

MOSCOW

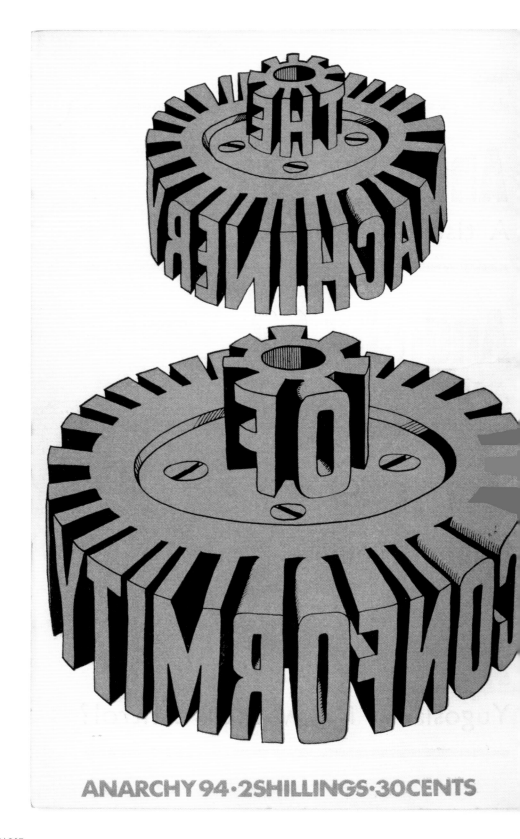

THE MACHINERY OF CONFORMITY

ANARCHY 94·2SHILLINGS·30CENTS

ANARCHY 94·25SHILLINGS·30CENTS

Anarchy 95 (vol. 9, no. 1), January 1969. R.S.

NARCHY 95

ugoslavia: is it workers control?

TWO SHILLINGS OR THIRTY CENTS

PLAYING A

NARCHY 96 TWO SHILLINGS OR THIRTY CENTS

REVOLUTION

ARCHITECTS are very busy, they have h
and economists and geographers and surveyor
directors and civil engineers, structural eng
and mechanical engineers and draughtsme
material manufacturers representatives a
accountants and filing clerks and secreta
of stationery and sometimes work with a se
amount of revision and compromise they g

ANARCHY 97

TWO SHILLINGS OR THIRTY CENTS

ARCHITECTS
AND
PEOPLE

...sponsibilities, they have to deal with planners

...ivil servants and committees and boards of

...and electrical and heating and ventilating

...model makers and perspective artists and

...imators and quantity surveyors and cost

...nd building contractors. They use up a lot

...e and ruler. Eventually after a great

...ctures built, in which are put **PEOPLE**

ANARCHY 98

TWO SHILLINGS OR THIRTY CENTS

H L N

H
49

RIMINOLOGY ?

ARCHY 99 2 shillings or 30 cents

ABOUT ANARCHISM
WHAT ANARCHISTS BELIEVE
HOW ANARCHISTS DIFFER
WHAT ANARCHISTS WANT
WHAT ANARCHISTS DO
ANARCHY 100

Anarchy 100 (vol. 9, no. 6), June 1969. R.S.

Nicolas Walte

TWO SHILLINGS OR 30 CENTS

ABOUT ANARCHISM

WHAT ANARCHISTS BELIEVE
HOW ANARCHISTS DIFFER
WHAT ANARCHISTS WANT
WHAT ANARCHISTS DO

ANARCHY 100

Nicolas Walter

TWO SHILLINGS OR 30 CENTS

Other offences	4,573	5,666	6,800	7,993	8,881	8,688	10,619	10,097	9,746	8,872	8,33

Disposal by Courts

Magistrates' Courts:											
Total dealt with	77,416	89,430	98,372	105,754	118,691	119,672	127,664	119,210	120,698	117,786	113,302
Absolute discharge	6,683	6,966	6,599	5,727	5,423	5,184	4,593	3,132	3,132	2,579	2,56
Conditional discharge ...	16,130	18,485	19,234	20,131	21,830	22,440	23,162	19,533	18,312	16,727	18,46
Placed on probation	17,597	19,321	19,620	20,967	22,812	22,987	23,904	22,261	22,280	21,015	20,052
Fined	30,220	36,342	43,985	48,794	57,323	57,338	62,203	60,670	62,767	62,726	58,360
Committed to											
Remand homes	546	661	650	711	626	654	616	514	463	426	276
Approved schools ...	2,988	3,613	3,583	4,192	4,501	4,671	5,083	4,749	4,709	4,967	4,565
Borstal institutions......	3	1	4	6	3	3	5	13	6	5	4
Otherwise dealt with(³) ..	3,249	4,041	4,697	5,226	6,173	6,395	8,098	8,338	9,029	9,341	9,005
Assizes and Quarter Sessions:											
Total dealt with	772	1,130	1,187	1,246	1,507	1,275	730	788	830	866	835
Conditional discharge ..	33	96	99	78	105	62	45	42	37	43	44
Placed on probation	371	510	537	590	654	545	275	250	308	264	260
Committed to borstal institutions	118	193	158	171	248	228	164	172	151	163	165
Sentenced to imprisonment	8	14	29	27	27	14	12	3	—	2	1
Otherwise disposed of ..	242	317	364	380	473	426	234	321	334	394	361

(¹) Persons under 17 years of age.

(²) Including offences against Defence Regulations. From 1960, these are included in 'other offences', mostly non-indicable.

(³) These figures include persons found guilty at Magistrates' Courts and committed to Quarter Sessions for sentence. The disposals by the higher courts of persons so committed are not shown in this table.

Source: Home Office

68

TABLE 65

Juveniles found guilty of offences(¹)

England and Wales

Number

	1957	1958	1959	1960	1961	1962	1963	1964	1965	1966	1967
Juveniles found guilty											
All offences(¹)	78,188	90,560	99,559	107,000	120,198	120,947	128,394	119,998	121,528	118,652	114,137
Indictable offences	43,107	51,775	53,183	57,360	64,234	66,222	67,784	62,813	62,870	62,133	61,818
Larceny	27,993	31,497	31,265	33,261	37,340	38,220	37,429	36,044	36,555	35,129	35,154
Breaking and entering	12,043	14,284	15,363	16,779	18,944	19,592	21,992	18,898	18,725	19,819	19,172
Receiving	1,554	1,977	2,186	2,320	2,939	3,040	3,333	3,157	3,176	3,035	3,150
Sexual offences	1,185	1,118	1,267	1,217	1,180	1,166	1,022	894	901	889	907
Frauds, etc.	154	203	225	232	268	264	309	266	273	265	278
Violence against the person	760	1,039	1,231	1,583	1,717	1,787	1,896	1,978	2,004	1,793	1,840
Other offences	1,418	1,657	1,646	1,968	1,896	2,153	1,803	1,576	1,236	1,183	1,317
Non-indictable offences	33,081	38,785	46,376	49,640	55,914	54,725	60,610	57,185	58,658	56,519	52,319
Highway Acts:											
Total	14,568	17,033	22,727	25,223	30,140	29,352	35,333	35,002	36,901	37,205	34,000
Offences with pedal cycles	7,544	7,856	8,954	7,500	8,600	7,993	7,057	5,158	4,070	3,1..	2,579
Other	7,024	9,177	13,773	17,723	21,540	21,359	28,276	29,844	32,831	34,09.	31,42.
Breach of local and other regulations											
Total	1,670	2,114	2,228	2,493	2,71.	2,852	2,974	2,728	2,224	1,815	1,729
Games in street	146	164	163	120	131	131	42	35	34	44	49

squatters

2 shillings or 30 cents

"Revolution"—a show which the 140 chil-
the cast worked out for themselves under the d
of Jane Howell—was such a success at its o
stand in the Royal Court last Sunday. It will, t
children wanted to do it again.

The rights of the young

y in repertoire with the Round House company's
n "Romeo and Juliet." Both companies will be
perimenting with the shape of the stage and will
change it with every production.

Photograph : Morris Newcombe.

TWO SHILLINGS OR THIRTY CENTS

Screw yourself up for No-1[

NO[
REFUSING[

the next issue[
on WILHELM REICH[
which offers orgasms t[
selected troublemaker[

Anarchy 104 (vol. 9, no. 10), October 1969. R.S.

ANARCHY 104 TWO SHILLINGS OR THIRTY CENTS

ON
REFUSING

A personal preface
by KINGSLEY WIDMER
to a handbook on
selective troublemaking

Sexuality and freedom

Anarchy 105 (vol. 9, no. 11), November 1969. See also pages 270|271

Wilhelm Reich and the sexual revolution

ANARCHY 105
2 Shillings or 30 Cents

See No.107 for why you
didn't get a comic sexy cover on No.105

PROPERTY IS FREEDOM

RUFUS SEGAR 1969

ANARCHY No.106
liberate this copy with 2/- or 30¢

PROPERTY IS THEFT

J. P. PROUDHON 1840

THE PRESENT M

MENT IN EDUCATION
PAUL GOODMAN

ANARCHY 107
3 shillings 15 pence 40 cents

HOME NEWS

Times 20-9 69

New strike threat looms over GEC on Merseyside

From HENRY STANHOPE

Liverpool, Sept. 19

A new threat of industrial action loomed over the three G.E.C./English Electric factories, where 3,000 workers are facing redundancy, after members of the shop stewards action committee discussed a strike call at a meeting after a round of talks on Merseyside today. Mr. Wedgwood Benn, Minister of Technology, was involved in some negotiations.

A member of the

being used perennially by successive government's since the war.

The Minister arrived here almost at first light, and spent the day touring the factories, two of them on the east Lancashire road and one in Netherton, Bootle. At Liverpool town hall he held discussions with Mr. Arnold Weinstock, G.E.C. managing director of the combine, and Sir Jack Scamp, personnel director, local members

---

, 1969

25.9.69 STdram

Merseyside Soviet that failed

CLOSE-UP INQUIRY

"IT'S not cancelled, just postponed," said one of the men behind last week's abortive bid to stage the first workers' factory takeover in Britain. He was standing with the picket line outside Liverpool's Town Hall, under banners proclaiming "Sack Weinstock" (head of the General Electric-English Electric combine).

Inside, Mr. Weinstock and Mr. Benn, the Minister of Technology, local M.P.s and union

---

INTERIM STATEMENT

THE GENERAL ELECTRIC AND ENGLISH ELECTRIC COMPANIES LIMITED

G.E.C.   ENGLISH ELECTRIC   AEI

Interim Statement

The estimated trading results for the six months ended 30th September, 1969, are as follows:

	6 months to 30th September 1969 (Including English Electric) £'000	6 months to 30th September 1968 (excluding English Electric) £'000	12 months to 31st March 1969 (excluding English Electric) £'000
Sales	386,000	229,000	498,000
Trading Profit including trade investment income	29,400	18,200	42,970
Share of profits, less losses, of Associated Companies	3,200	900	2,209
Profit before interest	32,600	19,100	45,179
Interest on loan capital and other borrowings	8,500	2,500	5,281
	24,100	16,600	39,898
Interest on 7½% Convertible Stock 1987/92	2,900	1,250	2,528
Profit before taxation	21,200	15,350	37,370

The comparative figures for the six months to 30th September, 1968, and the twelve months to 31st March, 1969, exclude those applicable to English Electric.

The results for the six months indicate that progress has been made under conditions which, on the whole, have been unfavourable. The Company's performance has been affected by industrial disputes which have interfered with output and deliveries in a number of product fields. In view of the upheaval inevitably involved in reorganisation, some such disturbance was only to be expected, but there have been other disputes, usually unofficial, concerning wage and other claims. Besides such cost increases as have come to be accepted as normal, there have been this year particular burdens, such as the soaring prices of copper and nickel, which have had an adverse effect on margins.

Apart from some sectors of the Power Engineering Group, where home orders have continued at depressed levels, order intake generally has been good, although sales of consumer products did not pick up until the autumn. Overseas and export activities are developing at an encouraging rate.

The Company's drive to achieve greater efficiency is based on the better use of resources and is supplemented by the disposal of assets and interests which do not fit into a rational structure for the business. Measures already taken are now having the effect of reducing our borrowings. High interest rates and extra costs associated with bank indebtedness emphasise the importance of the Company's policy to improve its cost efficiency.

In the Chairman's statement of 31st July 1969, Lord Nelson, referring to the outcome for 1969/70, said: " It is too early to predict results with accuracy but your directors feel that in the absence of any unforeseen circumstances, the profit should not be below £65m. on the other hand, they would think it unlikely that it would exceed £75m."

Taking into account the current and expected levels of trading and output during the remainder of the current financial year, the directors estimate that the profit for the year 1969/70, before convertible loan stock interest and taxation, will exceed £65m. This

forecast compares with £40m. for GEC-AEI for the year ended 31st March 1969 and £19m. for English Electric for the fifteen months ended on that date.

The directors have declared interim dividends of 5 per cent on the Ordinary and 'B' Ordinary Shares payable on 25th March, 1970.

In 1968/69, interim dividends of 5 per cent were followed by a final dividend on the Ordinary Shares of 9 per cent, making 14 per cent for the year, and a final dividend of 10½ per cent on the 'B' Ordinary Shares making 15½ per cent. Although the latest date for conversion of the 'B' Ordinary Shares into Ordinary Shares is 31st March, 1972, it remains the intention of the directors that the rate of dividend on the Ordinary Shares should be brought progressively into line with that paid on the 'B' Ordinary Shares, and the Board will have this in mind when the final dividends are considered.

The turnover of the Groups for the six months ended 30th September, 1969, was:

	£m.
Engineering	79
Industrial	52
Telecommunications, Electronics and Automation	132
Cables, Wire and Components	59
Consumer Products	38
Overseas	75

These figures include certain inter-group sales, such as U.K. exports to overseas companies, and deliveries of ancillary equipment, cables and components to other units for incorporation into finished equipment and systems. They exclude the sales of the Special Products Group of English Electric, the Supertension Cables Division of AEI, and other activities disposed of during the current financial year, as well as the turnover of English Electric Canberra and Lightning aircraft, central research laboratories, etc.

W... th...

By Eric J...

ON FRID...
Arnold We...
Scamp and...
wood-Benn...
pool town...
local counci...
and P.s, w...
harsh impa...
3,000 redu...
the area.

Meanwhile...
plans work,
taken over...
ployees an...
without ben...
It could be...

A new gambit...

GEOFFREY WHITELEY

27.8.69

on the proposed workers' takeover

Arnold Weinstock

WHATEVER critic... made of the B... ker's militancy—jus... otherwise—the form... "industrial action"... predictable. Seldom... before in this coun... group of workers... from the strike o... tactics to attempt o... English Electric em... Merseyside now prop...

Shop stewards who... ing the red-hot wave... over the company's... to make 3,000 of its... of Merseyside em... announced that t... occupy and "take o... group's three big fa... the area on Septemb... the face of it, the... wildly improbable a... relive some of the... glories of Paris last... the Renault plant w... taken over; alterna... political pamphleteer

ANARCHY No.108

3 shillings 15 pence 40 cents

BIG FLAME FLICKERING

The Financial Times Monday December 15 1969

bour News

GEC-EE shop ewards fear ore jobs cuts

CHAEL HAND LABOUR REPORTER

GEC workers kill leaders' takeover plan

Guardian 18 9 69

By GEOFFREY WHITELEY

A shop stewards' plan for a workers' takeover at three GEC-English Electric plants on Merseyside appeared to collapse yesterday in the face of boos and angry scenes at a meeting of about 5,000 rank-and-file workers. The stewards' "action committee" retreated into emergency meetings of its own as a new workers' leader, opposed to the takeover, emerged.

Opponents of the plan to occupy the three factories marched in procession to the meeting, outside the biggest factory on the East Lancashire Road. They carried

es 14 Sept 69

ock workers n takeover

number of "prominent

the other side of the Institute for Workers' ol is lending technical ad- and publishing a pamphlet will analyse the role of and the Government in ng about the threat of dancies. To date, the te can claim no concrete ement. But there are prominent middle-rank officials among its mem- and it has attracted to its rences speakers of the of Hugh Scanlon, presi- of the engineers' union). It also has wide inter contacts

try, which buys most of it, ordered in the middle-1960s according to the prescriptions of Labour's National Plan. Even the Plan's modest four per cent. growth rate for the economy turned out to be too much however, so it had to be shaved down, and the demand for gene- rating machinery had to go down with it. Hence the loss of jobs. But isn't that just what you have to expect, they say, under the present system of unplanned, privately - owned economic relationships?

But it would

banners and placards with slogans including : " Action committee out," " GEC not USSR," and " Union take-off, not take-over."

The planned workers' coup has become a rout of militant solidarity not because it was tried and failed, nor because anyone was afraid to lead the British working classes into a new form of industrial action. The most probable reason—unpalatable though it may be in some quarters— why the plan for a workers' takeover was overturned yesterday is that individual self-protection proved stronger than the solidarity of labour.

Yesterday's meeting was held outside the former

TUC puts out fire

By KEITH HARPER

The TUC's newly-estab- lished fire brigade team, one of its " on-the-spot " dispute committees, has met with success at the first time of asking.

GEC-EE management has clearly won the battle for con- trol at the only plant that really mattered. Merseyside still faces the problem of how to come to terms with the redundancies, if the rational- isation proposals are carried out.

This is the heart of the problem which remains un- solved, workers' takeover or not. The recent high unem- ployment figures have pushed Merseyside's percentage of jobless workers to 4.1 per cent —almost double the national average—which means that 30,000 people in the area are without work.

The effect of making 3,000 GEC-EE workers unemploy would

e industrial game *GUARDIAN*

side shop stewards er, in deadly the seriousness of can only be truly inst the back ep anger and bit- h the redundancy ve generated on They have come clusion that the ethods of protest British worker are a situation. Some- s to be tried. rtime bans, and tests have been experienced trade realistic enough s such moves are have any serious company's pro- stewards see their plan as the sort ove which—even ould cause acute it to the GEC- ric management, lar to Mr Arnold

Weinstock, managing director of the group, who is the object of most criticisms.

The take-over is planned for September 19, shortly before the joint committee is due to meet to discuss the final plans for trimming down the group's labour force. The stewards intend to tell the management formally of their decision to take over control on September 18, giving them the option of staying at home on the following day, or of being prevented from carrying out their normal duties.

Whatever security measures GEC-English Electric intend to take at the three large fac- tories—which employ a total of 12,000 — the stewards' announcement presents the management with a difficult problem. To stop them from entering the factory would amount to a lockout of 12,000 employees—a move that would

be guaranteed to provoke sup- porting strike action at the group's other factories. To evict them with police help would create exactly the sort of anti-management publicity that the workers want. But to allow the "take-over" to go ahead would be to embarrass GEC-English Electric as no British management has ever been embarrassed before.

Workers' take-overs in the past have had some measure of success. One of the best examples was the occupancy of the Ford factory in Michigan led by the American labour leader, John L. Lewis, during the depression, as an attack on Henry Ford's anti-union policy Lewis won the day and secured recognition for the unions. Indian workers have for years specialised in a par- ticularly violent form of take- over—known as the gherao— in which factories are

surrounded and managements smoked out.

Legally, the workers' posi- tion in a take-over is obscure, simply because there are no known precedents. The main risks they seem likely to run are civil actions for trespass (assuming damage can be proved) and incitement to breach industrial contracts. It is thought that the police would only evict workers from occupied factories if they were satisfied that a breach of the peace was certain. Experience in university take-overs has, however, shown that police are reluctant to intervene.

Trade union leaders on Merseyside have little to say about the proposed take-over, but are privately in favour of a "workers' takeover" of three GEC-English Electric factories on Merseyside would achieve nothing.

Works control plan 'futile'

GUARDIAN 11 Sept 69

BY OUR LABOUR STAFF

Mr Peter Shore, Secretary of State for Economic Affairs, said yesterday that the proposed "workers' takeover" of three GEC-English Electric factories on Merseyside would achieve nothing.

At a press conference in L pool at the start of North-we

ANARCHY No.109

3shillings 15pence 40cents

Russell and the Anarchists

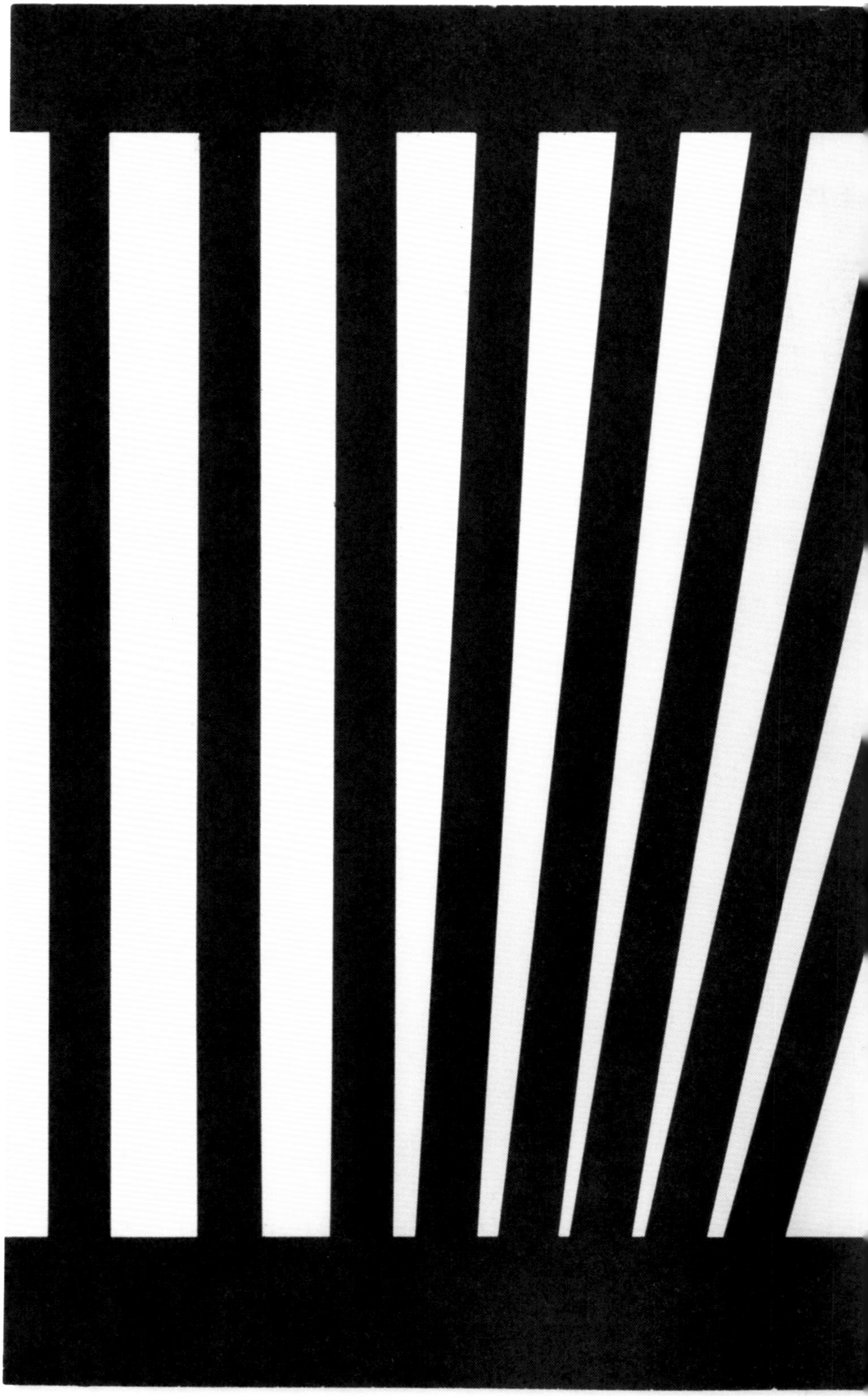

Anarchy 110 (vol. 10, no. 4), April 1970

JUMP
MY BROTHERS
JUMP

**Poems from prison
by Tim Daly**

**edited and introduced
by Adrian Mitchell**

ANARCHY 110 3 shillings 15 pence 40 cents

ANARCHY 111 : 3s. 15np. 40cents

ANARCHISM: FREEDOM AND POWER

BY WILLIAM O. REICHERT

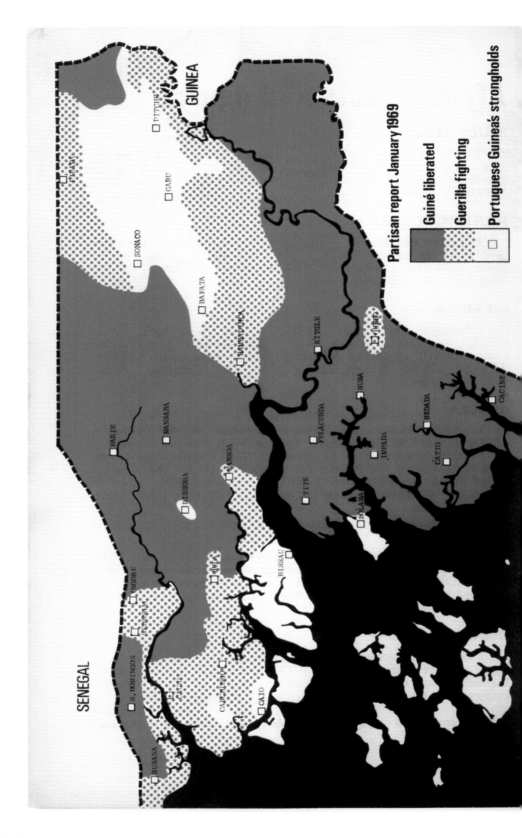

SENEGAL

GUINEA

Partisan report January 1969

Guiné liberated

Guerilla fighting

☐ Portuguese Guineás strongholds

PITCHE

FULADI

GABU

SONACO

BAFATA

BADERONCA

KITTLE

OMBEO

CACINE

BERADA

BUBA

FULACUNDA

ČATIO

IMPADA

FARIM

MANSABA

TITE

BOLAMA

MNSOA

DISSORA

BISSAU

ANGORE

SEDENGAL

S. DOMINGOS

CACHE

CANCHUNGO

CAIO

BUSANA

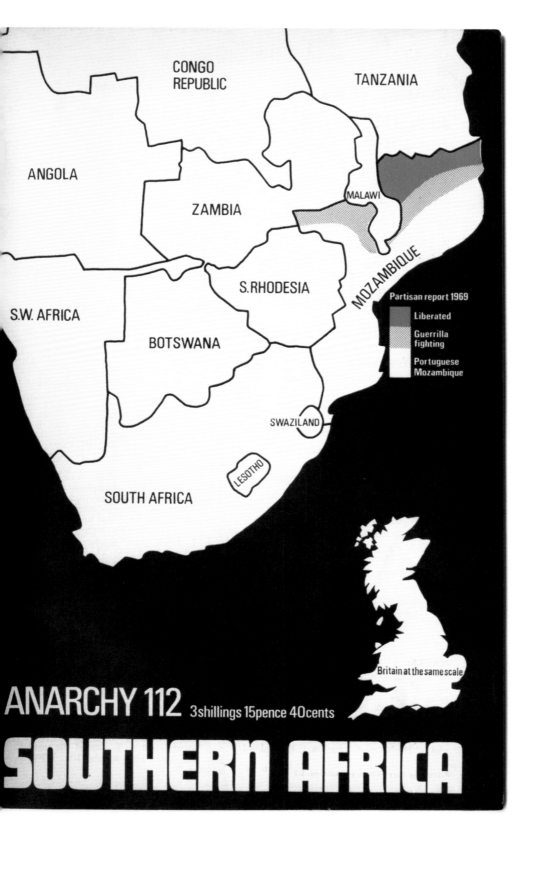

CONGO
REPUBLIC

TANZANIA

ANGOLA

ZAMBIA

MALAWI

S.W. AFRICA

S.RHODESIA

MOZAMBIQUE

BOTSWANA

Partisan report 1969

Liberated

Guerrilla
fighting

Portuguese
Mozambique

SWAZILAND

LESOTHO

SOUTH AFRICA

Britain at the same scale

ANARCHY 112 3shillings 15pence 40cents

SOUTHERN AFRICA

ARCHY 113

3shillings 15pence 40cents

also

Kingsley Widmer on Marcuse

George Woodcock on riding with the hounds

Lyman T. Sargent on revolution

Anarchy 114

Emma Goldman,
Alexander
Berkman,
and the dream
we hark back to ...

RICHARD DRINNON

Three shillings   Fifteen pence   Forty cents

ANARCHY 115

Three shillings Fifteen pence Forty cents

Students and community action by R. Bryant

ANARCHY 115

Three shillings Fifteen pence Forty cents

McLuhanism
a libertarian view
by
Kingsley Widmer

ANARCHY

Tory chief attacks the TUC leaders

EMPLOYMENT Minister Robert Carr blasted "irresponsible" and "unrealistic" union chiefs last night.

And he made a blistering attack on the TUC's failure to give leadership in dealing with wildcat strike anarchy.

This is the first time in industrial history that a Minister has made such a broadside attack on the TUC. And on Wednesday he meets certain union chiefs to explain his pay policy.

Mr. Carr let fly at the unions

Sunday Mirror
Industrial Correspondent

in a speech to North Hendon Conservatives.

Preparing the public for the introduction of tough new unofficial strikes in his Industrial Relations Bill.

HE DEMANDED the recent interference of "total opposition" by the Trade Union Congress, finding ... ways to give any union leadership the trouble to remedy the

HE WARNED the unions that if the counsels of the listened to the spoke with the must speak "with the realism and responsibility, voice of

HE POINTED OUT that earnings this year have been rising faster than production six times faster.

HE DECLARED that the Government has an absolute duty to tackle this inflationary fever, no matter how hard and unpleasant that task may be.

Mr. Carr, who already has a ... speech to ... pointed out that TUC leaders would think flattering, asked "... who from the workers ... who were obliged in their have increase bigger than ever offered an ... sort of attitude is neither realistic nor responsible.

Carr's Speech—Page Four.

BIRMINGHAM · SEPTEMBER 1970

TORONTO · MAY 1970

Anarchy 117 (vol. 10, no. 11), November 1970. R.S.

Anarchy No 117 : Mainly About

The Future of the Urban Environment

Conurb by CW ~ Motorway Madness by Alan Thomas

Freedom and Environment by Brian Richardson

Notes From Notting Hill by John O'Connor

THE USUAL PRICE : 3/-, 15p or 40¢ : GIVE A SUBSCRIPTION TO A FRIEND

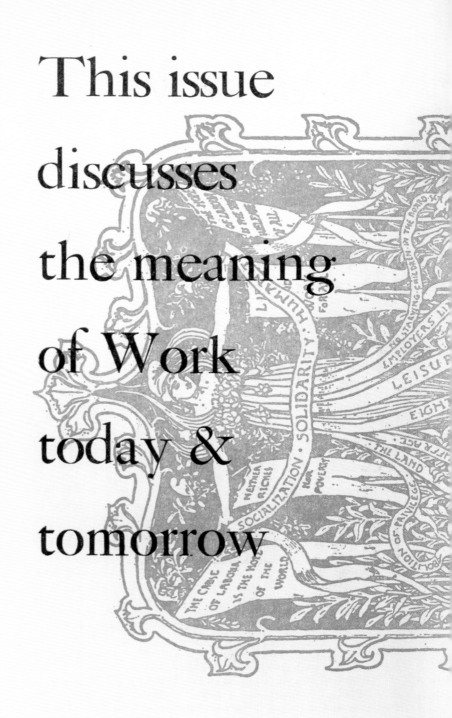

This issue discusses the meaning of Work today & tomorrow

ANARCHY 118

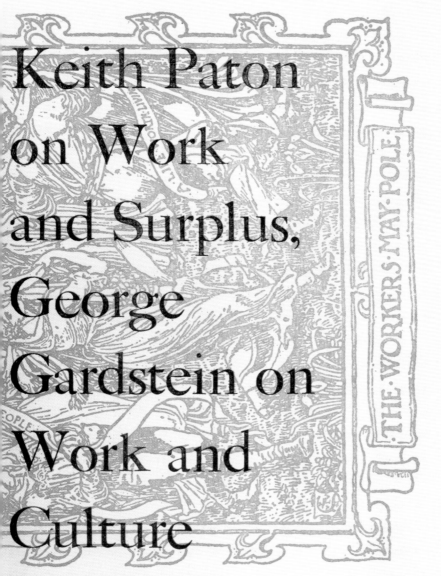

Keith Paton
on Work
and Surplus,
George
Gardstein on
Work and
Culture

THE·WORKERS·MAY·POLE

Three shillings Fifteen pence Forty cents

Raphael Samuel

Utopian sociology

Britain has not been hospitable to anarchism, either as a social movement or a current of thought. So far as labour history is concerned it might never have existed, though as late as 1927 it was so far integral to international socialism that communists and social democrats throughout the world were rallying to the cause of Sacco and Vanzetti, the anarchist martyrs to class injustice.

Thomas Paine, the apostle of radical individualism, enjoys an honoured status in labour history as a pioneer of the welfare state and spiritual ancestor of the working-class movement. 'Red Shelley' (in Paul Foot's recent celebration of him) was 'groping' towards socialism (and even, save the mark, anti-racism). William Godwin, the novelist and philosopher of democratic anarchism is left to the political scientists. Robert Owen, with his utopian sociology, his hatred for the principle of authority, and his belief in self-governing communes – all of them, one might have thought, hallmarks of anarchism – is acclaimed as a founding father of British, and indeed international, socialism, albeit 'utopian' rather than 'scientific'; and much the same fate befalls William Morris, though his utopian romance, News from nowhere, has cows grazing in Westminster – hardly the same as the dictatorship of the proletariat – donkeys instead of railway trains, and children running wild.

In the twentieth century, too, anarchism, if noticed at all, typically appears under another name – the case, for instance, with 'progressive' education, to which anarchists have contributed inconceivably more than socialists. 'Syndicalism' enjoys historical legitimacy; 'workers' control' can be endorsed even by such a respectable figure as Lord Bullock; anarcho-syndicalism, on the other hand, is strictly for the Latins.

The 1960s are a singular exception to this neglect of anarchism, and were generally recognized at the time, as they have been since, as a moment when libertarianism, or 'permissiveness', shaped the hidden agenda of national politics. Many of today's attacks on 'loony leftism', and indeed the phenomenon of Thatcherism itself, could be seen as a retrospective settling of accounts with it, particularly its decriminalization of sexual nonconformity: in Ken Livingstone's recently published autobiography, If voting changed anything, they'd abolish it, the line of descent from anarchism is avowed.

This article was originally published in New Society (2 October 1987, pp. 32–4) as a review of Colin Ward's book A decade of Anarchy 1961–1970: selections from the monthly journal Anarchy (London: Freedom Press, 1987).

Anarchy, the monthly journal edited by Colin Ward, represented better than any other publication the cultural revolution of the 1960s; and it did so far earlier than anyone else and – as the selection published here may suggest – more thoughtfully. Indeed to go back to volume 1 of Anarchy in 1961, is to find the major themes of 1960s radicalism thoroughly in place – the pleasure principle, for example, as a solvent of authoritarianism (Anarchy was an early campaigner for 'adventure' playgrounds as well as giving a platform, in its first issue, to sexual radicalism); the advocacy of decarceration (or what Anarchy called, in its articles on prisons, de-institutionalization); the celebration of spontaneity.

Anarchy began with an enthusiasm for direct action: it was born from the militant wing of unilateralism, and it progressed via 'do-it-yourself' movements in every sphere, as for example in its support for the revival of squatting. *Anarchy* also anticipated more recent politics: a decade or more before Mrs Thatcher discovered that council housing was Labour's Achilles heel, Colin Ward was advocating transfers of ownership and control from councils to their tenants – 'dweller control' as he called it – while Murray Bookchin offered pioneering essays on social ecology.

Anarchy was a success almost, it seems, in spite of itself. Though a minority magazine, speaking for no discernible constituency, it created or drew strength from a whole new terrain of social politics in which local initiative counted for more than national direction. It radicalized a wide periphery of those who came within its orbit – most interestingly perhaps *New Society*, a journal of 'straight' and even commercial origins, edited at the outset by an establishment figure, which, by virtue of shared contributors and preoccupations, took on something of *Anarchy*'s hue.

By a species of osmosis, *Anarchy* attracted vitality to itself; by preserving a particular kind of openness, it kept a touch on the times. No one hyped it, in the manner favoured by more recent left-wing monthlies. No one advertised it. No one promoted it or even (except as amateurs and enthusiasts) worked for it (Martin Small, one of its more prolific writers, supported himself by working as a waiter at the Pizza Express). It was put together on a kitchen table and looked it; except for the occasional line drawings, and Rufus Segar's splendid black-on-yellow covers, it was visually austere.

The editing seems to have been a kind of triumph of negative capability. Writers were allowed, or encouraged, to pursue their quirky ways; issues (each issue of *Anarchy* was ideally organized around a 'theme') crystallized around arcane and almost private enthusiasms – 'Fishermen and workers' control', for example, in the case of issue 86, with quotes from Raymond Williams and a Spanish fisherman sharing the cover space; 'Democracy in ancient Greece', in the case of issue 45, one of those which bears the imprints of Martin Small's passions. The editing, according to an admiring, though not uncritical contributor, was minimal: nothing was rewritten, nothing even subbed. 'Colin almost didn't do anything. He didn't muck it about, didn't really bother to read the proofs. Just shoved them all in. Just let it happen.'

Colin Ward, in his kindly way, does not enter into polemic with socialists, and *Anarchy* itself is singularly free of sectarian controversy. In its self-presentation it made much of its organic links with militant pacifism – of the kind represented by CND and the Committee of 100 – and was surprisingly generous in its references to the New Left. Yet for anyone like me, more familiar with socialist than with anarchist publications, the present collection, like the journal from which it is drawn, is quite distinct.

Anarchy had no imperialist designs on anybody, no hegemonic project or 'strategy'. There were no articles of faith to subscribe to, no canonical texts to refer to, no gods or heroes to placate. Criticism and self-questioning tempered the wilder flights of belief. The writers were not so much teachers expounding a position or drawing up lines, but rather – in the very prolixity of their prose – students of society. Maverick right-wing libertarians were printed as, for example, Simon Raven (an article on classical education in volume 1) or Maurice Cranston (an imaginary dialogue between Marx and Bakunin in volume 2), not as a token of tolerance, but rather because there was no hierarchy of contributors or scale of values to which they must conform.

Another feature of *Anarchy* was its focus on the practical. It was concerned with realizable projects, living examples of 'is' rather than apocalyptic imaginings of 'ought'. *Anarchy* was about doing things – 'applied anarchism' in a phrase which appears in an early issue. It operated, ideally, in small-scale environments, human settings. It arrived at its positions not by a process of abstraction but rather by drawing upon practical experience. Remedial education was one great source of its thought, self-managed collectives another.

'Constructive antinomianism' would be another way of describing the political imagination at work. *Anarchy* eschewed exposure. It dispensed with both the minatory and the denunciatory modes. It was concerned neither with enemies without or within, nor even with the exposure of oppression, but primarily with constructive projects – adventure playgrounds as 'parables' of anarchy; the 'little commonwealth' as a recognition of the 'therapy' of work; free schools as a foretaste of the open city. *Anarchy* was neither exactly empirical nor theoretical, but shuttled between the two. Questions were posed not by reference to long-term programmes or theoretical protocol but by returning to first principles – a theory of human nature, a view of psychology, an ideal of the childhood state. Personal freedom was an absolute good; mutual aid a condition of civilized life.

Anarchy seemed to derive its historic optimism from a view of human nature – or of human possibility – rather than from developmental laws. The principles of anarchy could be illustrated as easily by ancient Greece as by modern society. Nor did they depend, for their worth, upon winning mass support: it was enough that they were inscribed in practice. One of the strengths of *Anarchy*'s position, by comparison with the New Left, was the absence of existential or ontological doubt, the cheerful acceptance of a minority position. Anarchists did not have to impersonate an ideal constituency, to pretend that they spoke in the name of the masses: they were content to believe that they were right.

'Utopian sociology', a term which crops up in an early issue of *Anarchy* is a phrase worth pausing on, as pinpointing something distinctive both about *Anarchy*'s characteristic offerings and Colin Ward's subsequent work. Thus anthropological studies are raided – somewhat in the manor of Engels's *Origins of the family* – to give living examples of anarchy: tribes without rulers, architecture without architects, education without schools. 'Islands of freedom' are discovered in the midst of mass society, self-made environments at the heart of the megalopolis.

The dreariest of circumstances can thus appear alive with the principle of hope; mutual aid can be asserted in the face of fragmentation; individuality is a solvent of regimentation and rule. The future is not a projection of ideal principles, but rather a magnificent enlargement of the here-and-now. Possibilism and impossibilism appear as different points on the same spectrum rather than polar opposites. It is the imagination of Kropotkin's *Mutual aid* applied to the seemingly unpromising circumstances of contemporary society or – in an earlier anarchist metaphor – eternity in a grain of sand. The visionary and the practical are one.

This selection does not do justice to *Anarchy*. For one thing each of the issues was a unity, a pamphlet in itself. Whether the subject was the 'little commonwealth' – Homer Lane's therapeutic community – the world of Paul Goodman or (to take one of the genial early issues) 'anarchist cinema', each offered an imaginative whole. Then, the bias of this collection is towards the general, whereas the genius of *Anarchy* was to discover general truths in humdrum local realities.

Cultural commentary, an organic feature of the original *Anarchy* (films such as Truffaut's *Les quatre cents coups* or Vigo's *Zero de conduite* were fundamental to the project), is nowhere represented here; and there is also inexplicably a certain bias in favour of the more academic contributors (for the most part, like Stan Cohen and Jock Young, latecomers to *Anarchy*) in preference to philosophically minded, practical people – the heartland of *Anarchy*'s constituency of writers.

Reading this collection might serve as a disturbing reminder of the extremely masculine character of 1960s radicalism – libertarian no less than that of the New Left. *Anarchy* did publish a feminist or proto-feminist issue, with a notable article by Dora Russell, but for the rest the 'woman question' – classical anarchist terrain – was left alone. Not only are almost all the writers in *Anarchy* men, but the values – self-help and self-determination especially – are arguably masculine, too. Even the child, the liberated child of the adventure playground and the free school – the child who in anarchist thought occupies a symbolic place somewhat equivalent to that of the worker for socialists and communists – is a boy rather than a girl.

The year 1968, from the point of view of the cultural revolution of the 1960s – a pan-European as well as a British phenomenon – was perhaps more of an end than a beginning, the climax of a long cycle of subversive developments. It ought to have been *Anarchy*'s finest hour. The journal was not backward in welcoming the May events in Paris, or relating the campus revolt to wider movements for autonomy. 'It is forbidden to forbid' – one of the most brilliant slogans of student anti-officialism, which travelled from the Sorbonne round the world – corresponded to libertarian first principles; while 'Soyez réaliste, demandez l'impossible', another of the Sorbonne watchwords, was the very essence of what *Anarchy*, in its modest compass, had been attempting, combining the practical and the utopian in immediately realizable projects.

1968 was the seeming triumph of all that *Anarchy* had stood for – direct action, spontaneity, popular initiative. Yet in Britain, as in France and Germany, it was not libertarianism, but a born-again Marxism, of Maoist or neo-Trotskyist hue, which put itself at the head of the campus revolt, replacing real-life self-assertion with make-believe bids for power. Not anarchy but the Revolutionary Socialist Students Federation, the Communist University of London, and International Socialism claimed to give direction to campus activists, while the more bureaucratic turned to the machine politics of the National Union of Students and Labour Party General Management Committees.

A number of reasons might be hypothesized for this. One was the intoxication of taking part in an apparently worldwide movement, an unbroken front stretching from the Hornsey College of Art to the rice fields of Vietnam (as the opening number of the *Black Dwarf* had it: 'We shall fight / We will win / Paris / London / Rome / Berlin'). Against this vision of world revolution, the shanty-like structure of an adventure playground, or the subversive potential of education through art, looked pitiably fragile. Then there was the lure of authority – whether in the form of theoretical orthodoxy or of the self-styled Vanguard Party.

Finally, and most sadly for anarchism, there was the fact that what were basically libertarian initiatives, particularly feminism, and later the gay liberation movement, grew up, by an accident of history, within the ambit of a socialist politics rather than an anti-authoritarian one. Sheila Rowbotham's *Women and the new politics*, 1969, a pioneer text for this new turn, had more affinities with libertarianism than Marxism, but it appeared in the burgeoning pamphlet literature of something which believed itself revolutionary socialist.

Another and later disaster, from an anarchist standpoint, was the invasion of libertarian territory by the funded project. It brought about – in the 'voluntary' sector – precisely that 'inflation' of professionalism against which *Anarchy* had set its face, and encouraged paid 'workers' to act as surrogates for real-life self-help movements. Free schools, therapeutic communities, even the squatters movement were in some sort incorporated within the local state. Still worse was the migration of militancy to the top so that the custodians and practitioners of 'spontaneous' initiative and 'direct' action became, by a cruel twist of fate, paid officials – people for the most part from the comfortable classes impersonating a largely absentee constituency.

The old *Anarchy* ceased in 1970, before it had exhausted its creative potential, and it is far too early to chart the different directions in which they have run. One residue, however, which can be commented on, is the subsequent work of Colin Ward, as distinctive and original as his editorship.

He has taken *Anarchy*'s concerns with the built environment into the heart of architecture and planning with a whole series of publications – such as the Architectural Press book on *Vandalism*, 1974, drawing on *Anarchy*'s subversive insights. He has done the same for *Anarchy*'s belief in schools without walls, learning by doing, and the indivisibility of child and environment. (*The child in the city*, 1978, as well as being one of the most beautiful collections of contemporary photographs in existence, is also one of the most hopeful about the ways in which an environment can be transformed by those whom it attempts to imprison.)

Above all – if I may be permitted a sectarian observation – Colin Ward has turned himself into a quite remarkable historian. Scholarly and erudite, he is an excellent storyteller with a capacity to discover or invent the truly memorable subject. *Arcadia for all*, his book about the 'libertarian suburbs' of the 1920s is a work of real *daring*, a rare and authentic example of 'history from below' – one which is attentive to 'ordinary' people without any attempt to corral them for a political project of the author's own. It is also a truly subversive account of the suburb, one which undermines both the aesthetic and the social orthodoxies of our time.

Rescuing such places as Peacehaven or Canvey Island from the 'enormous condescension' of posterity, seeing 'self-build' housing projects in Britain in a relationship to the 'bidonvilles' of interwar Paris, the shanty towns of the third world, and the chicken ranches of the United States, Ward shows that these places – eyesores to the environmentalists, health hazards to the municipal authorities, and a byword for 'jerry building' to housing reformers – were nevertheless a kind of paradise to the poor people who built them and made them their ideal homes.

Like *Anarchy*, this is a fine example of the democratic intellect at work, moving in wayward directions, yet always returning to base. What shines through all these works is a willingness to listen and an eagerness to look; an ability to be unequivocally on the side of the people, without huffing and puffing about the working class; and a readiness to take up arms against oppression out of respect for people as they are, rather than as revolutionaries or reformers might like them to be.

Daniel Poyner

A conversation with Rufus Segar

Could you start by telling me about your background. Where you were born and where you grew up?

I was born in Ipswich, August 1932, the second son of an itinerant pharmacist. The family moved to Walsall in 1936. Then to Bilston in 1938, Bristol in 1939, Colwyn Bay in 1946, and then Prestatyn in 1948. We were used to settling in a small town, then we'd move on every two or three years.

I came from a lower-middle-class home and the things my parents looked at were the *Daily Express*, the *Daily Mirror*, and about four or five books that were in the house. And I can remember at about 10 or 12 years old really wanting to be a cartoonist.

I was quite good at drawing. And and so in 1949 I was pushed into Liverpool art school, by my art teacher. I went on and accepted four years hard slog. And I quite enjoyed it! I mean I just learned how to draw, and I kept on learning how to draw.

They gave you a very good basic training at art school. In the first two years there were things like plant drawing with a teacher called Katie Hume – another teacher, John Wiffen took us out to parks to draw trees and landscapes. It was life, anatomy, perspective, composition: a very round pictorial education for about two years. Then at the end of two years you had to choose whether you went into one of the two-year craft courses: painting, pottery, sculpture, illustration, theatre design, and so on. There were about eight basic disciplines. And one of the tutors said to me: 'Well, you can draw bloody well. Don't go for the painting. Painting is all mad romantic tosh.' Well I really wanted to be a painter, but no, they said 'be an illustrator'. And so the die was cast. I went into illustration.

At that time the idea of illustration was a book with maybe one picture on the cover and five or six inside, and that was an illustrated book. I said 'bloody nonsense'. I was much more interested in techniques like aquatinting, etching, engraving, lithography, block-making, tone and line process work. And so I did all of those things. I gave myself a brief of roving about what other people did. I went off to pottery and went off to theatre design, to textiles, and just roved.

Who were you influences? Were there illustrators, artist, book or periodical designers you looked to for inspiration?

This interview was recorded in 2009 at Rufus Segar's home in Pershore. Some editorial clarifications have been added in square brackets.

My influences were more or less anything and everybody going, but I had a particular weakness – which is still with me – for the tradition of cartoonists and illustrators. The strongest one was Dudley D. Watkins. He was educated at Nottingham Art School before moving to Scotland where he illustrated for D.C. Thomson of Dundee, which was a family firm that published newspapers and comics. In the late 1930s his creations 'The Broons' and 'Oor Wullie' first appeared in the *Sunday Post*. Then in 1937 D.C. Thomson published the first issue of *The Dandy* and six months later *The Beano*; Dudley D. Watkins drew strips in both of those comics.

As well as all that regular work Watkins also had a passion for literature and so in *The Topper* he did *Oliver Twist*. Then after that he did *Kidnapped* by Robert Louis Stevenson and then the biblical tale *Samson the strong man*. Somebody wrote up the adventures and he illustrated it. He just turned out these weekly and monthly cartoons. Fantastic production. He worked away and eventually dropped dead at his desk after this great career.

What attracted you to Watkins? Was it the style of his illustration for instance?

Well no. He was capable of laying out 'Desperate Dan', 'Lord Snooty', *Kidnapped*, or *Oliver Twist*. He could draw anything. Watkins and his contemporaries were what I call good drawers: people like Francis Marshall, Giles, and Strube.

I was also quite impressed by the strip cartoons in the *Daily Mirror* – we're now taking about the 1940s. Every day the *Daily Mirror* had a strip cartoon: Garth, Belinda, Ruggles. But Dudley D. wiped the floor with them. He knocked spots off them. I looked at his drawings and I could see that some were done very quickly and others were really filled in. I was quite impressed by that and I thought that was the mark to go for.

So I had the *Daily Mirror* strip cartoonists, plus *The Beano* and *The Dandy*. They weren't just by themselves, they had five or six competitors. There was *London Laughs* and David Low: a great left-wing cartoonist. Then there was *Punch*, which was chock-full of absolutely beautiful illustrations and drawings. So there was all this surge of stuff coming out, highly coloured, middle coloured, low coloured, black and white.

So who influenced me? The source was Dudley D. Watkins – but: all sorts of designers, illustrators, and cartoonist in the daily press. I just homed in on what I call the commercial illustrators.

You left art school in 1953. Did you get a job straight away as an illustrator?

After art school I had two jobs, the first was at a cardboard box factory, Hunt Partners in Hackney, working in the sample department, and then in 1957 I got a job as an assistant designer at Horatio Myer & Co. Ltd. That three-year stint was the making of me. Myer's was the only large bedding firm; it was set up in London in the 1870s. My job was eye opening, all aspects of designing were thrown at me, and I learned a great deal about design and manufacturing.

Next I got a job working at a top rank advertising agency, S.H. Benson. They were number two at the time, number one was J. Walter Thompson. And it was like some sort of army. It was like a battleship or an aircraft carrier. Up there was the captain and he was about 65. He was running it on army principles. And there was us, all feverishly running about these five or six layers, and that's how the agency was. It had six creative groups and the creative group was a good old professional, someone about 30 to 40 years old, with five or six assistant designers called visualizers. At the end there were over 600 employees.

The visualizers could take an idea and sketch out a whole page very slickly, knock out a rough. And it really looked absolutely marvellous. So I'd get all the techniques, all the paper, detail paper, HB and 6B pencils, and I would vigorously work away. But then I'd look at my example: all bloody laboured and overdone. Smudgy. And theirs had this very light touch which indicated what was wanted. That was very revealing.

I soon realized that I wasn't really cut out for advertising work. Basically advertising is a con. It's a con job. You have the idea and you sketch it in, how you think it should be, then the client says 'oh yeah, that's a good idea'. They ignore the designer and give it to art buying. Now art buying was quite a different system. Art buying would look at the visual and say 'yes, so and so can draw that'. They would then take it to an illustrator and ask 'how much for six of those in six different poses?' So then it becomes a commodity. The illustrator would do the finished artwork, it would come back, and then you'd get a typographer to do the typography. So where were you? Eventually you'd pick up *Picture Post* and there's this full page advert, marvellous picture, slick typography, and where are you? You're nowhere, an assistant in the system. I just watched that for three years, just seeing how it worked, then I said 'it's not for me'.

So you were working at S.H. Benson in 1961, the year that Colin started *Anarchy*. How did you meet Colin and start designing for *Anarchy*?

While at art school I'd shared a house with Harold Sculthorpe and others at 101 Upper Parliament Street [Liverpool]. We were three couples, two students, and three children, and we lived there communally and all shared the running of the house. We shared the house for about three years. And all during that time we'd have meetings. Harold had been the head of the biology lab at a hospital in Liverpool. He'd started the Liverpool Anarchist Group in 1949 or 1950 and when I graduated in 1953 we moved down to London and shared a flat in Hackney. Soon after moving to London I married Sheila Bullard and we started a family. But we all still shared this flat in Hackney. And really there were too many of us there, so eventually Sheila and I moved to a flat in Pimlico.

At that time the London Anarchist Group ran a club near Oxford Circus called the Malatesta Club where we'd go. And that was a sort of social, chess playing, eatery. A meeting place. Then they'd have Speakers' Corner at the weekends and maybe one or two pub meetings during the week, and they also ran a weekly newspaper called *Freedom*. That's how I met Colin.

Colin was working at the Freedom Press Group. He started the monthly *Anarchy* in 1961 as a foil to *Freedom*. He used an existing illustration by an artist called Michael Foreman for the first cover, then one or two other people, including me, for the early ones. I became the resident art director, the doer, from issue 6 onwards.

Would you meet up with Colin and take a brief on what was needed for each issue?

No. I didn't meet Colin often, just one or two times about the covers. He'd write me a postcard once a month and send it. It would be enough time. I would just think about it for about a week and then say: 'Well I've put it in the work diary. I've got to send the artwork off to the block-maker, Gee & Watson.' I'd put in there: 'Gee & Watson, call them at two o'clock on Tuesday. Delivery that Wednesday afternoon.' So Tuesday to Wednesday, that twenty-four hours, was devoted to *Anarchy*. Things would be shelved until it was done.

So the design and artwork was always contained within that time frame?

Some covers would take almost a day to do, some covers were done in half an hour; a photograph, a caption, just physically drawn out, the picture here and the caption there. I'd do everything to artwork size [typically 125–200% of the finished size of *Anarchy*], then off to Gee & Watson. Usually it was done and out on Wednesday, proofed on Friday, proofs to me and Colin on Friday, blocks to Freedom Press on Friday.

It was a very old-fashioned system. For an anarchist publication it was really ludicrous that you had me designing it, then you had the block-maker, then you had the printer. The printer would print the insides and then he would send it off for the cover to be stitched on. There were about six different organizations involved. It was only a two thousand run, but it was a regular publication.

You had a lot of freedom but, once you had the idea for that month's cover, would you discuss it with Colin? Would he get involved as editor to add or take anything away?

No, I'd send it straight to the block-maker. Colin wouldn't see it. I'd do the artwork, two days later Gee & Watson would send me a proof and Colin would get a proof. And at no time did Colin ever say 'I don't like this, do that'.

So you worked effectively alone, with complete freedom. Do you think that's because Colin wasn't interested in the cover?

No. Look at it from Colin's point of view. He was working anyway, *Anarchy* was on the side, and he would keep a correspondence going with his selected would-be contributors. He would keep milking the cow to get contributions. So when Colin had got enough words he would write a note to me. He was doing his editorial work: a one-man-band operation. Getting his contributors in, not paying them, then out to the printers, paying the printers, proofing it – he was juggling. Some months he'd be short, some months he'd be over. If he was over, it was as oppressive as being short. What he wanted was one article or three or six to put in. He was asking for two or three thousand words per contributor, or as much as they could spare. And that's how it went.

I've always respected Colin. He had very wide horizons, so in sowing his fields he got a very mixed crop in. And only he could put it into baskets. Maybe the crime articles could wait another six months and he'd do a complete issue on crime. That's what he did. Housing, crime, statelessness, police control, that sort of thing. These were solitary issues and they were easier to do than the mixed ones. The mixed ones got mixed covers.

What appealed to me and what was continual about *Anarchy* was the autonomy of it all! Colin was producing his text, and in the early issues I'd not only do the artwork for the cover, I'd send artwork for three or four pictures inside. But after a while I could see what was happening with *Anarchy*. Hit them with a cover and it doesn't matter about the inside.

162

gence to get them into the cinema. Like a man under sentence of death, the cinema is becoming bolder in its behaviour and thought.

The Rank Organisation with its near monopoly of large-scale distribution, is slow to grasp the changed situation, the big production companies still dream of colossal epics, like the ill-fated *Cleopatra*, but it is still true that the amateur or near-amateur low-budget film (*Come Back Africa, The Savage Eye, The Day*) has a far greater chance today of getting distributed and covering its costs, than it did ten years ago.

In the United States the average weekly cinema attendance fell from 85 millions in 1946 to less than 45 millions in 1958, but the number of 'art houses' rose from about a dozen after the war to about 450 in 1959. In France, the 'new wave' films, according to Jacques Siclier, "were really designed for the art houses, where the price of seats is lower than in the circuit cinemas and where audiences are looking for something more than entertainment".

Ten years ago you may remember, Bernard Miles had to fight a battle with the Rank Organisation through the Film Selection Committee to get a showing for his film *Chance of a Lifetime* (about a factory taken over by its workers), which had been refused exhibition since it was "bad box office". It wasn't a remarkable film but it was a good deal better than *The Angry Silence*, and would have had more success today.

Someone described the present trend in the newspaper industry as "Gresham's Law in reverse"—the good driving out the bad, for a change: the small-circulation 'quality' newspapers and weeklies gaining in circulation, while all but a few of the mass-circulation ones dwindle and disappear. This is happening in the film press too: the fan magazines have gone out of business, but serious magazines devoted to the cinema grow in number: *Sight and Sound, Definition, Films and Filming, Film, Motion*, they all have something to say, and they are all serious about it. Perhaps the same thing is going to happen in the industry itself. If it does, it will be thanks to that small minority of film makers and film goers who have already taken the cinema seriously.

This issue of ANARCHY is about some of them. It is not an essay in film criticism. It is an attempt to describe the background and ideas of three great directors, Vigo, Buñuel and Flaherty, all of whom are likely to have a particular interest to readers of this journal by virtue of the quality of the assumptions on which they acted. All three, you will notice, throughout their working lives have suffered from the censorship, both of governments and of distributors. If it were not for the film society movement in different countries and for the minority cinemas and 'art houses', most of us would never have seen their films.

We have too, articles by the makers of two recent non-professional films, about their aims and the difficulties they encountered in realising them. These difficulties are so immense, and the prospect of financial recompense so slender, that such films can only be conceived as works of love. The *rigor mortis* of professionalism has not touched them.

163

The Anarchism of Jean Vigo

JOHN ELLERBY

drawings by Rufus Segar

FILMS, WHEN THEY LEAVE THE HANDS of those who make them, begin a life of their own. The life of most is extensive (on the cinema circuits) but short, and their influence is shallow. The life of a few is intensive (in the specialised cinemas and film societies) but long, and their influence is deep, and can be seen as successive new generations get an opportunity to make films. Jean Vigo's *Zéro de Conduite* and *L'Atalante*, the first banned by the French government after its first showing in 1933, the second mutilated when it appeared in 1934, started a new life after the war, and have left traces in every new movement in the post-war cinema. We saw it in the Italian 'neo-realist' school (*Bicycle Thieves*), in 'free cinema' (*Together*), in the 'Polish school' (*The Last Day of Summer*), and in the French 'new wave' (*Les Quatre Cents Coups*).

The revival of Vigo's films together in the same programme at the National Film Theatre last month, provided an opportunity to look at them in a new light, that of the origins and personal life of the man who made them. For when we saw them at the Academy Cinema in the autumn of 1946 it was still said regretfully that "extremely little is known of his life", but a few years ago the results of the patient research of a Brazilian critic P. E. Salès Gomès were published,* and apart from satisfying our curiosity about Vigo, they add considerably

*Jean Vigo by P. E. Salès Gomès (Paris: Editions du Seuil, 1957).

Some of the inside pages of earlier issues of *Anarchy* carried drawings. Articles on anarchism in the cinema in *Anarchy* 6 were illustrated by different artists, including Rufus Segar (*see also* p. 281). In other issues he contributed titling pieces

A significant number of the first 50 issues have red and black covers on yellow stock. Did you make the decision to stick with this colour combination? Were you attempting to keep visual continuity with the covers?

Well initially I was rationed to anything that worked on the yellow stock and so I'd do it black and white [black and yellow]. But when you come to issue 41, the agricultural one, there's a green, and then on *Anarchy* 69, pink for the belly. So occasionally I would use a distinct colour that relates to the subject. But it was always black and one other colour, just for the impact of two high-contrast colours. It was just as simple as that. I don't think that I ever used tones. It was a simple line-work separation.

Yellow was just an extra and treated as a nonexistent colour. So to begin with the character of *Anarchy* was the yellow stock, black and red printing, up to 58, and then once I got on to white stock I became more inclined to specify a colour.

Your blowing up of half-tones, and merging multiple elements predates the Xerox style that developed in the 1970s and 1980s. What was your process with achieving that effect? What was your intention?

Well, that's really about what you do with your elements, like blowing it up. Blowing up multiple images, particularly typography. Really enjoy your halftones, not at an invisible level but at a visible level. All that was grist for the mill in the 1960s and 1970s. You take the thing and you blow it up until you could see what was going on; then cut a piece out and stick it down. Put it across, something big, something exciting. In the first ten years of work as a designer, what I was working on commercially and earning money at, was maps, charts, diagrams, and adverts. I was using the same techniques but these were a liberated version of what I was conventionally doing.

There is little influence of contemporary trends like psychedelia in the covers. At the time did you feel like you were looking backwards or forwards, trying to chart new territory?

I don't think I was trying to chart new territory. I've always been a passive consumer of culture. I never followed anybody.

So no, I don't think so. You weren't looking backwards or forwards, you're looking at what Colin was doing then. You'd got a list of the articles. Just concentrate on what you're doing and do it as best as you can for the resources of type, illustration, pictures, anything. Get it in, concentrate, boil it up, stick it down, and send it to Gee & Watson on Thursday. That's what you did. And there was no looking forwards, no looking backwards. No future. No past. It was do the job that minute.

As for psychedelia, we submitted to psychedelia but we didn't really like it.

There was one particular friend of ours who ended up dealing with marijuana. He couldn't make a living as a designer but he would make his money at dealing and he gave us marijuana cigarettes and took us to psychedelic shows. But I didn't need it. My eyes by themselves – chimney pots danced without the benefit of drugs.

The covers change wildly, was that a deliberate decision on your part? Did you want to create something that had this visually eclectic feel? Or did you think that something like this, an anarchist publication, should change itself at each available opportunity?

It was deliberate on my part not to repeat the previous one. Each one different. I saw no reason why they should be the same. So yes, I thought that it should change. And in any case, it was a monthly delight. It's like a spoonful of sugar in black coffee. Each month, black coffee, black coffee, black coffee, and then, oh! this has got not just sugar but saccharine or cognac. It's an additive, each one a strident kick, but all the time being very disciplined about the ingredients.

The discipline, I think was that everything had to work as a four-inch block. That was one of the ingredients they used in *Freedom*, and *Freedom* was weekly then. They ran the four-inch block as an advert for the next issue of *Anarchy* for four issues, then the new one came in to replace it. But that wasn't a prison, it was a playground. Every month you have a square room, it's got four corners. But it's empty. And you put in what Colin puts in; a varied lot. I mean, look what he's done with issue 57. Bucky Fuller – a sort of modern architect, Marx – a good old faithful, crime, the law, Buber & Huxley is history, then jurisprudence. Three of the six are about the law and crime. You've got the makings of a criminal cover there. Marx and Buber & Huxley belong with each other, and Bucky Fuller is out on a limb. So that cover should be about the law. All right, on analysis you can say three crime, two history, one about Buckminster Fuller. You could have made a composite solution or you could make it mainly crime with Bucky Fuller on the side. Even now I can think of a criminal, lawyer and hanging judge: that's crime. Bucky Fuller with a sort of globe on the side, looking. That would do. Any solution here had two or three others queuing up. Obvious and less obvious. So there was never any problem over what the covers were about.

Anarchy 57 solved itself. It was a mixed bag of stuff: 57 varieties, two shillings or thirty cents for six – *Anarchy* 57. It was just a take-off of Heinz Baked Beans. Six cans of baked beans, arrange it, and that's all there is in the cover. That is literally all there is.

The same you can say across the whole thing. Overall what you see is the ingredients arranged in an empty white room every time. It's four corners. Every month it's the same bloody empty room. And you fill it with the flower, you put your hand beneath there, under your bib, then out comes a bouquet! And you push that in somebody's nose and you say: 'That's the solution. If you

Anarchy 105 (vol. 9, no. 11), November 1969. R.S.'s unused cover, reproduced from its later publication with an article by Colin Ward, 'Tragi-comedies of the orgone box' (New Society, 14 January 1982, pp. 67–8)

ARCHY 105

SHILLINGS OR THIRTY CENTS

WILHELM REICH

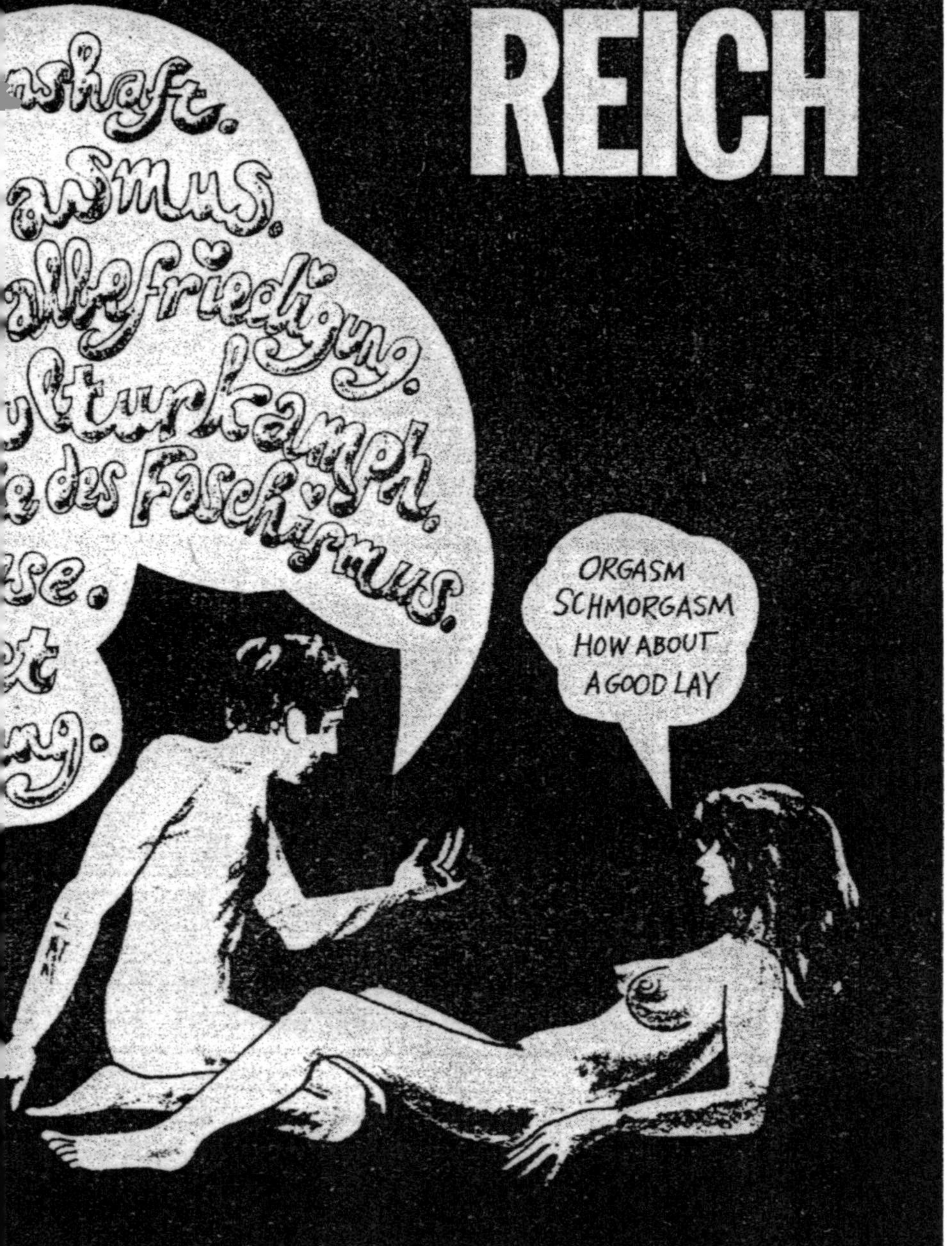

don't like it clear off!' Like Robert Ollendorf. He was in the position just to say to Colin: 'If you have Rufus's cover, you don't have any insides.' So Colin gave in to Ollendorf.

> **You're talking about *Anarchy* 105. That was the only cover that you ever had rejected. What's the story behind that? Who was Robert Ollendorf?**

Robert Ollendorf was a Jewish refugee from Germany. He worked as a GP and psychiatrist and was a partner in a practice in Peckham with John Hewetson, who was one of the London anarchists. Ollendorf, who was an exponent of Reichian therapy, had had an idea for a book: thirty-six sexual positions and the joy you can get out of them. So, he had a book which showed this couple – black and white photographs – in a position and then you had text by Ollendorf. And that was his book. It was a good book.

Colin decided that *Anarchy* 105 would be one big article about Wilhelm Reich and the sexual revolution, written by Ollendorf. The cover that I did was mocking everyone. It was mocking the author and Reich as well. That's what *Anarchy* was and should have been about.

But Ollendorf took against it. He put his foot down and said to Colin: 'If you're going to publish this with Rufus's cover on, I'm not having it. I withdraw the permission.' Colin's response was: 'Oh well, it's only one issue.' So Colin did a typographic cover and it was published like that.

But the deepest irony of all was that ten years after *Anarchy* had finished, Colin wrote up the incident in his column in *New Society*. The art editor, Richard Hollis, who I knew, phoned me up and said: 'Have you got a copy of that cover?' I said: 'Absolutely, yes.' So I sent the cover off to *New Society* and they published it. And not only that, they sent me £30! So that was an absolutely marvellous thing, after ten years of all that free work I got £30 for the suppressed cover.

> **You said before that you sent your work straight off to the block-maker without anyone else having to see it first. Why then did you send this cover to the author?**

I sent a proof to Ollendorf thinking he would like it! Silly fool me, I should have not bothered. Colin would have seen it, I would have seen it, and it would have been published, and it would have gone down the river. I was a fool for thinking that Ollendorf would deserve the compliment. So that case is queered by foolishness on my part.

> **Did you encounter any other cases of censorship?**

There was one, *Anarchy* 63. The one with the Michaelangelo David on the front. The foreman of the shop that was stitching on the covers looked at it and said: 'I can't pass this. The ladies are objecting.' And I said: 'The lady that objects, please get her to phone me and I'll talk to her.' And she never did! It was just him in loco parentis to the so-called lady or ladies. He was objecting. So it nearly got censored, but didn't.

Anarchy 69, the one with the bare bottom, I thought would suffer the same fate because it's got a semi-nude lady on it. But in fact it went through. But none of them, with the exception of the two I've mentioned, were possibly objectionable. And I still don't apologize for anything!

Did you ever get a positive response to the covers at the time?

Yes. There was a lecturer at the Central School of Arts & Crafts called Anthony Froshaug. I happened to be in the Central, late 1960s, early 1970s. I was there because I knew John Laing, who lectured in some aspect of graphics there; he was on the point of getting me to perform, and who should be coming along the corridor in the Central – Anthony Froshaug. He says: 'Oh! Are you Rufus Segar? Oh, what a coincidence!' And he opened a baggy briefcase and produced a few copies of *Anarchy*. 'Absolutely marvellous', he says. And it was more or less – 'Oh, you're the one that does these. Congratulations! Carry on with the good work.' And we just passed. I think that's the only positive feedback, plus the later thing with Richard Hollis, who got the thirty quid for me. But again, in turn, I didn't care. At the time I was I was quite happy doing my maps, charts and diagrams for *The Economist*.

You worked for *The Economist* and the Economist Intelligence Unit throughout the 1960s, 1970s, and 1980s. This other work is interesting to see, because where you had this free and creative space in designing covers for *Anarchy*, you also had this more structured, although equally creative job, of translating data into graphics.

All my artist friends said: 'Why are you working for *The Economist*? Why are you doing charts, maps, and diagrams, when you can draw marvels? Why are you doing that?' But I was absolutely gone. There I found my forte in charts, maps, and diagrams. So the joy of being in the mainstream and avant-garde of graphic design was what I was about.

While you worked for the Economist Intelligence Unit you worked on a book, the *Atlas of Europe: a profile of Western Europe*. Quite the opposite of *Anarchy*, that was pure information graphics, wasn't it?

Yes. The publisher, Bartholomew–Warne, put it together along with the Economist Intelligence Unit. Essentially it's a picture built by comparing each population of Europe – nineteen countries at the time. I was asked just to put a little graphic in a quarter page, but I said 'no'. I got really cross. What I wanted to do was the whole book. So I designed it. I did graphics for railways, roads, ports, airports, E–route systems, wages, housing, and what

Atlas of Europe

Cover:

The graphic compares gross domestic product per head in the countries of western Europe.

Inside spreads:

Between 1964 and 1982 Segar worked extensively for the Economist Intelligence Unit designing maps, charts, and diagrams. Although published in 1974, after his tenure at *Anarchy* had come to an end, the *Atlas of Europe* is a good example of one type of work that he produced in parallel to his covers for *Anarchy*.

(*Atlas of Europe: a profile of Western Europe*, Edinburgh & London: Bartholomew–Warne, 1974)

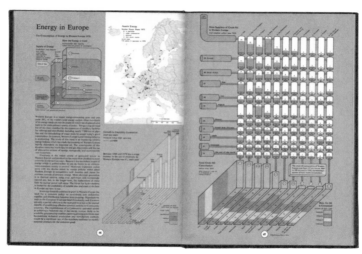

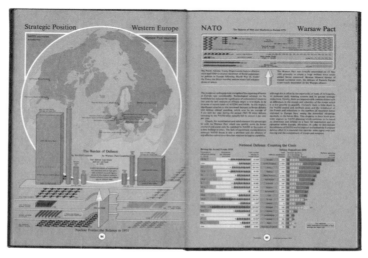

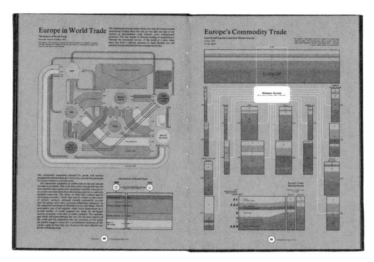

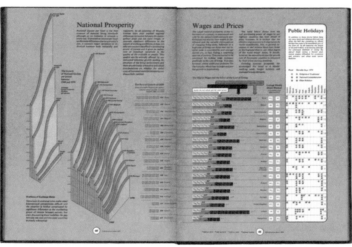

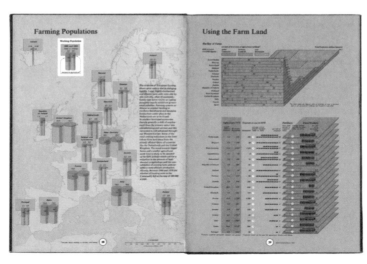

275

COCKNEY ALPHABET
MAX PARRISH LONDON

COCKNEY ALPHABET
Designed and illustrated by Rufus Segar

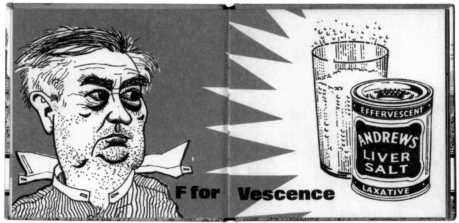

F for Vescence

EFFERVESCENT
ANDREWS
LIVER SALT
LAXATIVE

Cockney alphabet

In this book Segar demonstrated the Cockney alphabet – a children's primer of the alphabet, but then given a Cockney inflection ('chief of police' = 'G for Police'). Graphically, the book shares much with Segar's work for *Anarchy*. Its cover carries a detailed illustration of the London skyline similar to that seen on the cover of *Anarchy* 46, and like many of the *Anarchy* covers, the illustration wraps around, over back and front.

Throughout *Cockney alphabet* familiar elements can be seen: for example, the open mouth in 'T for Dentures' appears on the back cover of *Anarchy* 70, and the photograph used to illustrate 'G for Police' also appears on the cover of *Anarchy* 28.

(Rufus Segar, *Cockney alphabet*, London: Max Parrish, 1965)

G for Police

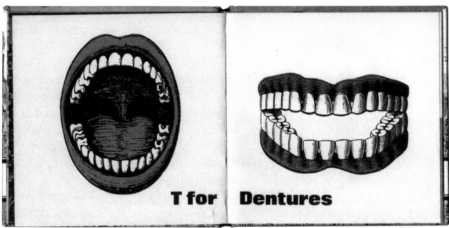

T for Dentures

M for SIS

people spend their money on. The language of chart making is thoroughly exploited. It's a splendid book. It's what I call 'information graphics gone berserk'. And as a catalogue of how to show statistics graphically I think it still stands the test of time. It's a great pity that the thing didn't carry on for edition after edition.

So what happened to the series?

Margaret Thatcher [as Secretary of State for Education and Science] cut the budget for further education aimed at sixth form upwards. So this poor thing never succeeded. It was designed to be updated and to carry on the story statistically every two or three years. It was designed in 1974, came out in 1975, a new edition would be out certainly before 1980. But it never did. It never succeeded. So it's there, just the one edition, like a tombstone.

Besides your work for The Economist and Anarchy, what other work did you do as a designer or illustrator?

In the mid-1960s I published some books. I can remember doing a book called *Cockney alphabet*. The way the book came about is that the Cockney alphabet was run as a competition in the *Daily Mail* by a heavyweight journalist called Vincent Mulchrone. He had a half-page column, and one week he said: 'What about running a daily Cockney alphabet? It starts: A is for 'orses, B for mutton, C for th' highlanders.' He made a whole half-page feature talking about it and then invited his readers to write in with their version.

I read it at the time and got carried away. I did my version and thought, that would make a good little book. So I did a rough of the book and I went to Max Parrish who was a publisher. I went to a lunch and I produced this book and I said: 'There it is, there's the rough, that's how the book works.' And they published it in 1965.

You've said in the past that overall your cover designs for Anarchy were 'ten per cent brilliant, eighty per cent did the job, and ten per cent bloody awful!' Of the ten per cent 'brilliant' and ten per cent 'bloody awful' which do you like or dislike the most?

I would still hold to that. I think *Anarchy* 70 works well because it's a spread, you've got two heads together. The eye and the mouth are stock shots – what they call scrap art – from a Dover book. What I had in mind was a sort of Henry Moore sculpture head. So I literally cut two heads. And there was also a Henry Moore colour. When he did drawings or lithographs the colour he chose was this sort of dark purple. And I could see the colour. I could see the stock shots, the eye and the mouth. The Designers & Art Directors Association (D&AD) run a competition every year and I think the cover of issue 70 won a prize which they sent to Colin and he sent on to me.

Anarchy 68 is nice and simple, literally six Xeroxes carefully doctored about. It's just a strip cartoon. There's a bit of self portraiture in it. And then on the back, that week's *Economist* editorial, 'The rejectors', all about the anarchists and libertarians.

Anarchy 37 is very strong. 'Why I won't vote': an engraved fist flicking the v's. *Freedom* really took to that and they used it several times editorially; it just travelled. They even posterized it, but it was never a Rufus drawing, it was a Rufus cut-up: a collage.

I think that the busy ones are bad. *Anarchy* 35 is awful. Putting a three-line headline on top of an interesting picture ruins the thing. I just think that's terrible!

Anarchy 64. That's a family photograph. It was my photograph I think.

When you say 'family', do you mean *your* family?

My family, yes. That's the eldest boy. He'd be about 6 or 7 then. And this was the local mob, the gang he ran about with in South-West London. There he is again in a school photograph: *Anarchy* 71, education. I mean it didn't take half an hour to do. An available photograph, that's a fifth-form shot, Marylebone Grammar School. And there it is.

There's Rupert again on *Anarchy* 90. He actually had a t-shirt like that and that's the same print doubled up on the front and back.

I hadn't realized until just now that you've never seen all of the covers brought together like this before.

No, I never saw them en masse. I would just be working: one ahead and one behind. I had a very close focus on the thing. And then, looking at it en masse, you realize how very consistent the ingredients are. You've got the one strong image, the title of what it's about and then the sign off, *Anarchy*.

But you must remember, keep in mind, it's an empty room every month, regular four corner. And you would think about it for about a week and you come up with a simple solution.

So after ten years of *Anarchy*, how did it all end?

Colin lost interest when he got to volume 10. Also, there was a change in management style and a change in size, format, and technique too. All the time I'd worked with Colin, I'd worked on my own. But at this point it took off, it changed its format, it went to A4 size. The new lot who took over said 'will you keep on doing the covers?' and I said 'yes'. So I did four or five covers for them, but inside, instead of just texts like Colin had run it, anything went. Because it was offset litho, typeset and pasted up; anything went.

They also changed Colin's notion of what an issue of *Anarchy* should be about. Three, four, five, or six articles on a theme became a general mishmash and it just disintegrated. It was really too-many-cooks-spoil-the- broth inside. In the end I just lost patience with it. I said 'well obviously you can do what you like inside, you can do what you like on the cover'. And I just dropped it. Not like a hot potato; I just wasn't interested anymore. The reason I stayed with *Anarchy* for the whole ten years was because I was dedicated to what Colin was doing. I supported him.

Looking back, there were times when I thought 'what's going on? Here we are, we're supposed to be anarchists putting the world to rights, and all we're doing is producing this.' But Colin did a good job. We're talking about fifty articles a year, times ten. That's around five hundred bloody good articles on social and anarchist history. But who cares about all that? Although, here we are in 2009 talking about *Anarchy*. And I suppose, even after nearly forty years, Sheila my wife and I are still anarchists, although for people to say so in their seventies seems rather peculiar. But there you are.

A note about pages 281–284

Through all of its ten volumes *Anarchy* was set in metal type (the text typeface seems to have been Intertype Times) and printed letterpress by Expression Printers. The spreads shown here are from issues 6 (facing page), 52 (p. 282), and 117 (p. 283). As these samples suggest, the design of the pages was simple. The layout of each issue could have been quickly agreed between the editor and the printer.

On p. 284 we show the first issue of the second series of *Anarchy*.

Some inside pages from *Anarchy*

Subscribe to ANARCHY

single copies 1s. 8d. (30c.) post free: 12 issues 19s. ($3)

and to FREEDOM

readers of ANARCHY will find FREEDOM, the anarchist
weekly, indispensable. A year's subscription
to both journals is offered at 30s. ($5).

Cheques, POs and Money Orders should be made out to:

FREEDOM PRESS

17a Maxwell Road London SW6 England. Tel: RENown 3736

161

*When Shirley Clarke made her screen version of The Connection in
New York a few months ago, she financed the production by methods
familiar in the theatre but almost untested in the cinema. A couple of
hundred small investors took shares in the enterprise; they were given no
guarantee that they would ever see their money again, and there was no
advance commitment to a distributor. John Cassavetes' Shadows was only
completed after money had been raised through a broadcast appeal.
Lionel Rogosin went into the business of running a cinema to ensure that
On the Bowery and Come Back, Africa got a showing in New York. In
France, some young directors have been able to finance their films out of
legacies, money lent or given by parents or friends.*

*Nothing like this has yet happened in England—nor does it seem very
likely to happen. The hazards dogging the steps of young film-makers are
too well known to need elaboration: costs of production, difficulty of
getting a distribution guarantee, and so on. But these are largely the
problems of an industry geared to the production of commercial pictures;
and people who are prepared to approach the cinema in a different way—
who have, that is, a passionate and desperate concern—have found overseas
that it is possible not to fight an industrial system from within, but as
nearly as possible to disregard it.*

—SIGHT & SOUND, Summer 1961.

A future for the cinema?

THE FILM AS MASS-ENTERTAINMENT HAS PERISHED. Its place has been
taken by television, which has captured the middle-brows with BBC
and the low-brows with ITV. That leaves only the high-brows, and
they're no mass-market. Cinemas are being pulled down, or converted
into bowling-alleys, warehouses or bingo-dives all over the country.
Even the Empire, Leicester Square is coming down to make way for an
office block with an economically-sized cinema in the basement. Six
thousand people petitioned the House of Commons on July 10th
against the closing of the only cinema in Welwyn. Their time would
have been better employed in starting their own film society. The
State Cinema, Leytonstone has turned itself into a club and film society
which sells shares to members. With four paid employees, the rest
of the work is done by volunteers.

Speaking under the double-breasted eagle in Grosvenor Square,
Dwight Macdonald recently pronounced the funeral oration for Hollywood, and even if this was a little premature, it is true that the low-cost
non-Hollywood film instead of being a cinderella, is becoming a welcome
product, if only because it helps to keep down cinema overheads. More
and more of the surviving small cinemas are turning over to 'classics',
showing old films, foreign films, off-beat films, becoming in fact what
are called in America (with a suitable sneer) 'art houses'. This, as well
as the proliferation of film societies, and the existence of the National
Film Theatre fortifies the makers of films which would never find an
audience in the old days of the mammoth super-cinema, and emboldens
managements who find it is not necessary to insult the public's intelli-

---

168

money-making holiday resorts"). Speaking in Paris on the theme *Vers
un Cinéma Social,* Vigo declared that

In this film, by interpreting the significant facts of the life of a town,
we are spectators of the trial of this particular world. Indeed, by displaying
the atmosphere of Nice and the kind of lives lived down there—and, alas,
elsewhere—the film . . . (illustrates) the last gasps of a society whose neglect
of its responsibilities makes you sick, and drives you towards revolutionary
solutions.

He started a film society in Nice, *Les Amis du Cinéma,* and in the
following year became a member of the committee of the Fédération
Française des Ciné-Clubs. He was commissioned by Gaumont to make
a short documentary, for a sports series, on a champion swimmer, Jean
Taris: it was made in a swimming-bath with port-holes in the sides,
and the principle interest of the film is in the under-water shots made
through these. After this, Vigo and his friend the Belgian director
Henri Storck sought in vain for work at the studios, and he had to sell
his camera to pay for Lydou's confinement. Their daughter was born
in June 1931, and in the following winter he was asked to submit a
script for another sports film, on the tennis champion Cochet. Salès
Gomès describes the scenario which Vigo and Charles Goldblatt prepared, in which crowds of children invade the tennis court with a variety
of improvised ball games, ending with a satire on the adulation of
sporting heroes.

The subject became simply a point of departure to which Vigo attached
a theme which was close to his heart: respect for a child and its freedom.
He liked sport but suspected all discipline imposed from outside and saw
group gymnastics simply as military training. In his eyes sport consisted
in a harmonious development from children's play, (as in the scenario where
Cochet shows the children how to strike the ball with more economy of
effort and skill), and must be self-selected by the child in complete freedom.
The script was accepted by Gaumont, but at the last minute was
turned down again.

* * *

Then in the summer of 1932 he met a businessman and horse-breeder
Jacques-Louis Nounez who was an admirer of Chaplin and René Clair,

---

169

and wanted to produce middle-length comic and fictionalised documentary films. Vigo prepared at his request, a script about the Camargue
which was abandoned, but the next choice was the film which Vigo
wanted to make about school children, which became *Zéro de Conduite*
—"nought for conduct." The film was made, working against time
over the Christmas holiday in a Gaumont studio hired for a fortnight
and the exterior shots were done at the school at Saint-Cloud which
Vigo had attended. As to the 'story' of the film, let us borrow the
summary from Roger Manvell's book:

This film has a theme rather than a story. The theme is the revolt of a
number of boys against the repression of narrow discipline and evil living
conditions in a sordid little French boarding-school. It is realistic in so far
as these conditions (the dormitory, the classrooms, the asphalt playground
with its sheds and lavatories, and leafless trees) are faithfully observed. But
it is non-realistic (or, more surely surrealistic) in its presentation of human
relations. The masters are seen from the distorted viewpoint of the boys
themselves; the Junior Master is a 'sport', so he develops into an acrobat
who stands on his head in the classroom, imitates Charlie Chaplin and,
when he takes the boys out for an airing, leads them in the pursuit of a
girl down the street.

The Vice-Principal is tall, darkly dressed, and elaborately sinister in his
broad-brimmed hat. He sneaks round the school, purloining and prying.
He minces round the Principal, who is represented as a dwarf with a big
black beard and a bowler hat. He is a dwarf because they fear him and his
final authority over them. An interview with one boy culminates in a
ferocious scream and melodramatic lighting, for the Principal possesses, or
seems to possess, the magical powers of a witch-doctor.

The plan for the revolt passes through various phases or episodes,
culminating first of all in the major revolt at night in the dormitory and
then later in the shambles on Speech Day, which is a celebration attended
by local officials dressed either like ambassadors or firemen. The dormitory
revolt has the beauty of a pagan ritual touched with imagery which the boys
have learned from the Catholic Church. It begins with a pillow fight, then
passes into a processional phase when in slow motion as the boys move in
formation, their nightshirts looking like vestments and the feathers from
their torn pillows pouring over them in ritual blessing. And it ends finally
in the morning, when the ineffectual dormitory master is strapped to his
bed, which is tilted on end so that he leans forward in sleep like the effigy
of a saint put over an altar . . . The revolt in the playground on Speech Day
closes the film with a riot of schoolboy anarchy.

Vigo used only three professional actors. The boys were mostly
children from the 19th *arrondissement,* an intimate 'East End' district
of Paris, and other parts were played by painters and poets of his
acquaintance. The Prefect of Police was played by Gonzague-Frick,
an anarchist poet, friend and executor of Laurent Tailhade the defender
in 1901 of the young Almereyda. The fireman was played by Raphael
Diligent, cartoonist of *La Guerre Sociale,* Henri Storck played the priest,
the assistant directors were Albert Riéra and Pierre Merle (son of
Almereyda's colleague). The music was written by Maurice Jaubert.

Salès Gomès relates the episodes in the film to the incidents of
Vigo's schooldays at Millau and Chartres. The boy's names are those
of his own school friends, their individual sorrows and persecutions
were those of the son of Almereyda. But there are also reminders of

Contents of No. 52   June 1965

Other issues of ANARCHY

VOLUME 1, 1961: 1. Sex-and-Violence, Galbraith*; 2. Worker's control†; 3. What does anarchism mean today?; 4. Deinstitutionalisation; 5. Spain 1936†; 6. Cinema†; 7. Adventure playgrounds†; 8. Anthropology; 9. Prison; 10. MacInnes, Industrial decentralisation.

VOLUME 2, 1962: 11. Paul Goodman, A. S. Neill; 12. Who are the anarchists? 13. Direct action; *14. Disobedience; *15. The work of David Wills; 16. Ethics of anarchism, Africa; 17. Towards a lumpenproletariat; 18. Comprehensive schools; 19. Theatre: anger and anarchy; 20. Non-violence, Freud; 21. Secondary modern; 22. Cranston's dialogue on anarchy.

VOLUME 3, 1963: 23. Housing, squatters, do-it-yourself; 24. Community of Scholars; 25. Technology, cybernetics; 26. CND, Salesmanship, Thoreau; 27. Youth; 28. The future of anarchism; 29. The Spies for Peace Story; 30. The community workshop; 31. Self-organising systems, Beatniks; the State; 32. Crime; 33. Alex Comfort's anarchism†; 34. Science fiction, Workless teens.

VOLUME 4, 1964: 35. House and home; 36. Arms of the law; 37. Why I won't vote; 38 Nottingham; 39. Homer Lane; 40. Unions and workers' control; 41. The land; 42. Indian anarchism; 43 Parents and teachers. 44. Transport. 45. Anarchism and Greek thought; 46. Anarchism and the historians.

VOLUME 5, 1965: 47. Towards freedom in work; 48. Lord of the flies; 49. Automation; 50. The anarchist outlook.

PLEASE NOTE: Issues 1, 2, 5, 6, 7, 13, 14, and 33 are out of print.

IF YOU DO NOT HAVE A SUBSCRIPTION

you are probably being supplied by one of our volunteer agents or an enterprising newsagent. But there is a very small number of distributors who fail to pay us for sales. So if your source of supply dries up, don't think we have expired. Keep our address and write for a subscription.

Subscribe to ANARCHY

Single copies 2s. (30c.). Annual Subscription (12 issues) 26s. ($3.50). By airmail 47s. ($7.00). Joint annual subscription with FREEDOM the anarchist weekly (which readers of ANARCHY will find indispensable) 42s. ($6.00). Cheques, P.O.s and Money Orders should be made out to FREEDOM PRESS, 17a Maxwell Road, London, S.W.6. England. Tel.: RENown 3736.

Printed by Express Printers, London, E.1.

The limits of Pacifism

KINGSLEY WIDMER

To APPRECIATE THE VIRTUE AND POSSIBILITIES of libertarian pacifism we must also consider some of its limitations. Appropriately enough these days, pacifists are busy defying-and-loving their enemies, and seemingly have little time for public self-criticism. Indeed, some shortcomings of intellectual richness, which might otherwise result in more controversy, wit, satire, art, imaginative play and dialectics, provides one of my criticisms. This is an inordinately boring and, bored, society; its defiers need more range and verve. The obvious historical reasons for the anti-intellectual and anti-esthetic cast sometimes characterizing pacifism—moral puritanism, evangelistic psychology, fundamentalistic utopianism, etc.—may no longer apply. Changes are now evident; further provocation may be in order.

For example. The ideology of nonviolence, with its dynamics of civil disobedience and moral dramatization, sometimes obscures other possibilities, and perhaps some of the essential nature, of the pacifist impulse. But it is often difficult to argue how limited and limiting nonviolence may be with its pietists. If, for instance, one points out present inadequacies of small-group nonviolent resistance against extreme forms of authoritarianisms, the pietists respond that *when* nonviolence becomes a sufficiently large *mass* movement dedicated fully to love and sacrifice, it will become effective against any extreme of authority. Possibly, but if that improbability does happen, many of us should be protesting (nonviolently, of course) against it. For pacifism, surely, has no arcane charm to ward off the historical characteristics of mass movements: the simplified ideology, the moral puritanism, the chiliatic righteousness, the charismatic leadership—and the inevitable downgrading of spontaneity, variety, and individual freedom. To point to present individuals and small groups (or occasional loose large associations) and simply multiply their characteristics into the future is dishonest. After all, we must suppose the self-conscious libertarian pacifist to have partly achieved his convictions by being opposed to mass-movements, including mass-movements to end all mass-movements.

In appropriate situations the methods of nonviolence may be not only heroic protest and powerful moral force but even libertarian

KINGSLEY WIDMER is a professor at San Diego State College. He served a prison sentence in 1948-9 under the US Selective Service law, though a combat veteran of World War Two. He is the author of books on D. H. Lawrence, Henry Miller and of the recent book The Literary Rebel.

---

has not the imagination to fathom people. The same lack of imagination leads him to completely unestimate the general fear of the Beast, and blinds him to the intensity of Jack's friendship. (He eventually accepts Piggy's intellectual and therefore unbalanced view of Jack, and treats him with the tired reasonableness of an adult, of Piggy's auntie.) Even his democracy is an unimaginative, paper thing. Jack wins the tribe partly because he offers them participation, even if only as inferiors. At the end, we identify with him because he is all we have left on the Goody side, but he is a very inadequate Goody, and Simon better represents the qualities Golding admires. It is Simon who forgives Jack, who has pity on Piggy, who adores Ralph, who tries to show the tribe that their Fear is groundless, who sacrifices himself for others. But Simon doesn't try and ride on or direct society as Ralph and Jack do: he feels what is true around him, and is then content to be true to his own dictates, and to try to help individuals. The Golding enters into his soul when he seems to be adding mentally all the time, "but what's the use"—yet he goes on following his own 'natural' way.

I would have thought there was more to interest anarchists in this than in the self-destructive mechanisms of miniature states, especially as the only hope Golding allows in the book comes from Simon, true to himself to the end, and with beliefs not eroded and driven back as are those of Ralph (who, at the finish, is using the stick on which hung the Lord of the Flies) and Piggy (who refuses to face the implications of his having taken part in Simon's murder).

Golding is a pessimist, and a Christian, and therefore Simon's efforts come to nothing, and Simon is ceremonially killed. But if anyone's ethic is offered us as an alternative to the "Garrison State", it is Simon's.

An anarchist may believe that Simon's way—binding wounds instead of giving them, committing oneself to people, instead of committing them to someone else—strikes a chord in the human, as much as does Jack's (or, as it really is, Roger's) way.
Rio de Janeiro

         JONN ROE

---

top of the pyramid.

" 'The actual difference in classes is not new. There always has been a privileged few and an unprivileged mass, and there have always been people willing to accept a position as servants of the few and think themselves lucky on account of it. But now we have an absolute division: gentry and their servants on the one hand, Conurbans on the other. The Commuters regard themselves as gentry and look forward to the time when they can retire inside the County and not have to go back to the Conurbs. There are two worlds, with a barrier between them. The barrier may not be strong in the physical sense but in people's minds it's enormous. We the rulers and they the ruled, and never the twain shall meet.'

" 'A boy called Logan who was almost as old as Penfold said, 'What do you want to do about it?' 'Change it,' Penfold said. 'Just like that?' Logan laughed. 'Tall order.'

" Penfold said: 'There are two ways in which societies can be changed. If the masses are badly enough treated they may be forced into some kind of revolt. That's the desperate way and there's not much chance of it happening at present. The Conurbans aren't starved or ill-treated. They get their bread and circuses like the citizens of Rome used to in the days of the Roman Empire. And there's butter and jam on the bread and you can see the circuses without stirring from your armchair, 3-D on the holovision. The Conurbans won't start any revolutions.'

" Someone said: 'They have riots, don't they?'

" 'So I believe. Safety valves to let off steam, and police enough to handle them comfortably. It's all cleverly worked out. Like the life we lead here in the County. We don't have holovision. That's for the vulgar lower classes, for the Conurbans who don't know how to occupy their empty lives. Or is it because we and they mustn't be allowed to share anything? As far as we're concerned the clock stopped just before the sun went down on the British Empire. We'll go on living for ever in the afternoon glow—with horses and carriages, servants by the dozen, ladies in silk dresses and port and cigars after dinner. . . .' "

It would be unfair to potential readers to reveal the outcome of the revolt of the angry young in the County, or to disclose Rob's discovery of the mechanism of conformity which keeps the population, both sides of the fence, docile and free from subversive thoughts. The point is that Mr. Christopher's imaginative novel presents one of our possible futures of controlled life-styles in a totally manipulated environment.

The germ of the Conurb and County division can be seen today: the urban poor in their run-down city slums or their high-rise council flats in the inner urban belt, the middle-classes moving out to commuter land. The process can be seen more clearly still in the United States with its city ghetto and swimming-pool suburbia. Some of our tomorrows are already here. The options that are still open depend on people's willingness and ability to shape their own future.

Freedom and environment

BRIAN RICHARDSON

1970 IS WORLD CONSERVATION YEAR, and unprecedented attention is being given to the relation of man to the environment. It has at last come to public attention that, with rising populations and the new technology, this effect is potentially, and in some areas actually, disastrous.

It is a good time for libertarians, sharing this general concern to look with special interest at the result of these environmental changes on man's freedom. In order to be able to discuss the possible effect on the civil liberty of the citizen of his physical surroundings, we have to reconsider what constitutes civil liberty—what are the rights of modern man in his setting, today and tomorrow? Civil liberty is being able to do what you want to do, so long as you do not harm anyone else. The degree of outside restraint on your freedom must be directly related to this need to respect the rights of others—any imposed restriction other than this is arbitrary, and an infringement of civil liberty.

Further, you should be able to do what you want to do up to the limit of your potentiality, and any arbitrary obstruction of the development of your potentialities (such as commonly happens at school, where only the privileged attend reasonably sized classes, for instance) infringes civil liberties.

The distinction between rights and liberties is academic in this context. If one proposes that it is man's right to benefit to the full from the achievements of art, science and technology, and to take a significant place in the natural order, then any unjustifiable denial of these rights is an infringement of his liberty to enjoy them.

Seen this way, civil liberties are constantly changing. With the advent of printing it became a civil liberties issue whether the presses should be available to the citizen to publish his opinions. The invention of radio and TV now raise the question of the freedom of the air and the accessibility of the media for the free expression of opinion.[1]

The physical framework of life largely determines one's opportunities to act freely. If a theatre, for instance, is built with only a

(my italics). He claims they came to oppose terrorism, on the grounds of some private letters in the mid-twenties (when it was totally irrelevant to the situation, as Berkman granted), shot through with pessimism resulting from age and defeat.

In fact, Berkman reassumed his association with "individual acts of terrorism" during the thirties though he could hardly publish it at the time, not only in regard to his approval to acts carried out against the Duce and in Spain, but his personal involvement in abortive actions in Germany. Emma Goldman's attitude was made quite clear in her article on Herschel Grynszpan (who shot the German Ambassador in Paris), in "Spain and the World".

Apart from this, however, to say of her she was "in no strict sense" a pacifist is a euphemism since she, in fact, regarded pacifists in the strict sense with the utmost contempt and derision which she made no attempt to conceal even from the poor liberal pacifists around her. On one occasion, during her propaganda campaign for the CNT-FAI, due to the unremitting work of Ethel Mannin she had occasion to address a large meeting mostly composed of Quakers and pacifists, and was implored to restrict her appeal solely for relief of suffering in Spain and not to offend their consciences. To anyone who ever knew Emma Goldman it is hardly necessary to relate what happened. She made a barely disguised appeal for arms and berated them as humbugs.

The appeal was not over-successful, though the sentiments were impeccable.

London   ALBERT MELTZER

So what is happening? I came away with the impression that I'd seen a two hour commercial for anarchy, and on retrospect I still feel that. I get the impression that the gullible American student population is being force fed anarchy, through the medium of films, books, TV and whatever. There are some pretty good reasons why this should be so:

(a) anarchy is easy to repress. It's not real revolution, because it has few positive aims, and is by definition so badly organised that it can't survive. So if you push people into anarchy, you make sure their energies are burnt out before a political consciousness evolves.

(b) anarchy is boring in the long run—it exists as a short spurt of energy, and pretty soon non-political people look for a return to normal. Everyone knows a million reasons why 500,000 people went to Woodstock—but they all went home for the same reason—they were bored and the music had stopped.

(c) anarchy makes waste—and we should all know that the military/industrial complex will support any form of waste. War is the biggest waste disposal unit known to man—its one drawback is that it destroys potential consumers. Student riots keep battalions of National Guardsmen and repairmen employed with much less loss of life.

—IAN STOCKS reviewing the film *Getting Straight* in TIME OUT, October 1970

Anarchy 118: is about WORK and has news of Anarchy's new look in the New Year

Anarchy, February 1971, first issue, second series (with new editor Graham Moss), 283 × 216 mm. Cover credited to Christine Charlton. The new format and design gave *Anarchy* both a look and feel more akin to a magazine. This series continued until 1985, by which time it was being published quarterly

Richard Hollis

Anarchy and the 1960s

Conventional signs of solidarity and protest: the worker's raised clenched fist and the symbol of the Campaign for Nuclear Disarmament (CND), on *Anarchy* covers

The face of the Cuban revolutionary Che Guevara, at first adopted to identify the anti-American Left, became a fashionable icon. Without it no student bedsit was fully furnished. Che appeared twice on *Anarchy* covers (issues 90 and 96) in 1968 and 1969

The satire in *Private Eye* magazine, launched in 1961, encouraged scepticism about public life. The technique of adding speech-bubbles to agency photographs had no followers in Britain

The *Economist* commissioned a team of young designers for its covers. The illustration, *left*, by Dennis Bailey was livelier in style than was common. Expressive typography was made easier by phototypesetting

The time 'between the end of the "Chatterley" ban / and the Beatles' first LP' was, according to the poet Philip Larkin, the time when 'sexual intercourse began'. The years 1960–3 were also when graphic design began, at least in England. The first annual exhibition of the new Designers & Art Directors Association took place (1963), covers of Penguin books were in the course of a modernist makeover (under Germano Facetti, from 1960), and *The Sunday Times Magazine* was launched (in 1962, with Lord Snowdon as design adviser). Design was fashionable, it was lifestyle.

When the novelist Colin MacInnes claimed that *Anarchy* was 'revealing more information about our country than any other journal I know of', he was thinking of the established weeklies, *New Statesman*, *Listener*, *The Economist*, and *Spectator*, or heavy-weight journals such as *Encounter* or *New Left Review*. The front covers of *Anarchy* feature the same subjects that these other magazines dealt with – mainly contemporary politics and society – but *Anarchy* often devoted a single issue to one theme, perhaps historical or theoretical. The topics are still topical: planning, prison reform, nuclear disarmament, education, housing and homelessness, the policing of protest, crime, sexual politics, the law, trades' unions, foreign policy, transport policy, popular arts, racism, drugs, technology, the theatre, workers' control, poverty, students. *Anarchy* had to find the graphic means to represent these subjects. For some, graphic design had already provided a shorthand, such as the CND symbol, or the worker's raised fist. *Anarchy* covers took advantage of these conventions, and invented others.

If anarchism is an idea far removed from style, *Anarchy* covers are none the less recognizably of their period. Indeed, it would be impossible for the work of a designer, especially one working in London, not to reflect something of the graphic methods of his professional colleagues. *Anarchy*'s designer, Rufus Segar, worked in London for the Economist Intelligence Unit. Covers of *The Economist*, by some of a new generation of designers, won awards. Segar could not have failed to feel their influence, any more than he would have

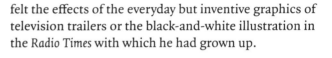

felt the effects of the everyday but inventive graphics of television trailers or the black-and-white illustration in the *Radio Times* with which he had grown up.

The kind of drawn illustration that survived in *Radio Times* for many years was the natural medium for early *Anarchy* covers

In the 1960s, photographic images, made in high contrast, were replacing drawn illustration. TV programme titles and trailers brought graphic design to the domestic fireside

Designers made layouts as guides to the printer by tracing from type specimen sheets. The printer assembled type and blocks and locked them up for printing. This imposed a horizontal–vertical, rectangular basis for design. When this was replaced by rub-down lettering and phototypesetting, a new freedom became possible

Rub-down lettering: the Compacta typeface appeared frequently on *Anarchy* covers. The cover of *Anarchy* 13 assembles several different media

Printing and the designer

The decade of *Anarchy*'s publication was not only a turning point of political, social, and aesthetic attitudes, but it coincided with revolutions in ways of printing. Letterpress was slowly giving way to offset lithography, phototypesetting was taking the place of metal composition. It is only since the mid-1980s that designers have been able to generate all the elements of a design and assemble them as a digital file ready for the printer. Typesetting, image scanning, retouching are now done by designers. But before the introduction of the personal computer, the production process was divided. On one side was the designer, who gave instructions and specifications. On the other side were the print-trade specialists – typesetter, photo-engraver, and printer. The first *Anarchy* covers clearly show this division of labour. Headings and text are printed directly from the printer's typesetting. This was combined with one or more photo-engraved blocks made from whatever Segar supplied as 'artwork'. In a tight production budget, savings could be made by re-using the typesetting or blocks. For example, the same typeset line 'a journal of anarchist ideas' is used in different locations from one issue to another, just as the Freedom Press block of 'fp' in a rectangle is repeated on early covers.

In order for the printer to set the type, the designer had to provide a specification of the typeface, its size, and the spacing between words and lines. A layout was also needed to show the arrangement of type and blocks. Type on the layout would be traced from printed specimen sheets, the position of the block marked and indications given to show what was to print in colour and what in black. For a two-colour illustration, the second colour would be drawn on a separate translucent sheet overlaid on the 'artwork'. Type and blocks were 'locked up' in a frame for printing. The photo-engraver – and the printer, if there was time – would supply a proof for checking.

The rectangularity of letterpress printing was often

Extremes in the designers' use of two-colour printing. The freely drawn and hand-lettered *Anarchy* 19 was printed from photo-engraved blocks. *Anarchy* 20 was printed entirely from type and rules

Metal type limited the designer. It was possible to put space between letters, but not to close up the spacing (except in very large sizes). The numerals '11' in *Anarchy* 11 have been replaced by capital 'I's, perhaps to avoid the wide spacing of two '1's

In the 1960s the Grant projector, used to size type or images, was transformed into a process camera in some designers' studios. Headlines and images could be made to the final size, prepared as 'camera-ready copy'

Enlarging the half-tone screen of existing images is one of the graphic designers' useful clichés. *Left*, a poster by F.H.K. Henrion, 1942. The *Lord of the Flies* image is enlarged from the coarse-screen newsprint reproduction of a film still, for *Anarchy* 48

disguised by a much looser arrangement of type and images (for example, in *Anarchy* 13). Large headings were also made as photo-engraved blocks. This was made possible by the availability of transfer (rub-down) lettering, such as Letraset. Phototypesetting also allowed letters to be spaced very tightly together, which was impossible with metal type unless proofs of the type were cut up letter by letter, pasted down, and then photo-engraved. The same closely spaced letters of the title were repeated on four consecutive issues (15–18). The subtitle, 'a journal of anarchist ideas', was repeated from the same typesetting and incorporated in blocks for other layouts. Extreme contrasts in technique are shown in issues 19 and 20: the first has the freedom more natural to offset printing, with almost no typeset lettering; the second is an absolutely straightforward, typically letterpress design, printed from type.

With the move from letterpress to offset, designers still worked at the drawing board to produce layouts, but they could have greater control over production. Type and images were pasted up as 'camera-ready copy', to be photographed to make a litho plate. This procedure bypassed the process-engraver. In designers' studios a common tool was the visualizer, variously known as a Grant projector or Lucigraph, used to enlarge and reduce images or typeset proofs for tracing to the final size on layouts. It could be used as a process camera to make line or screened half-tone prints. Although not used for *Anarchy*, this brought a new freedom that made possible the visual extravagances of the underground press, in such titles as *Oz* and *International Times*.

Drawn illustration had been the most common medium for images. In the 1960s drawing was largely replaced by photography, particularly in advertising. Fashion illustration, for example, disappeared. Collage or distortion techniques made photographs more expressive. One common effect was to remove the grey half-tones to make a purely black-and-white image (sometimes known as 'posterization'). Enlarging the half-tone screen of a printed photograph was a familiar method that not only gave a rich texture but also suggested a connection to the newspaper press and therefore to topicality.

While *Anarchy* limited itself to two-colour covers, the other significant change in print in the 1960s was

Nuclear disarmament. *Right*: letterpress poster produced by a local jobbing printer in two colours on brown paper, designed by Robin Fior. *Below*: screen-printed poster designed by Ken Garland depends on the recognition of the CND symbol

The *Sunday Times Magazine* in November 1967, *right*, illustrated methods of revolutionary Russian propaganda. Small uncaptioned images show two pieces without words – the satirical cartoon (Viktor Deni), the abstract print (El Lissitzky). At the foot is the traditional poster with illustration and slogan. The large poster promoting books combines abstract design with photography (Rodchenko).

The *Sunday Times Magazine* article was designed by David King. Rodchenko's methods, with and without photographs, were the basis for dozens of political posters designed by King, *above*, which became a stereotype of radical propaganda in Britain in the 1970s and 1980s

the widespread use of full-colour. After decades of black-and-white in *Picture Post*, the launch of *The Sunday Times Magazine* in 1962 marked a new era. In 1967 an issue on the 50th anniversary of the Russian revolution introduced readers, almost by chance, to a 'revolutionary style' of graphics. Working on the magazine as an assistant designer was David King. In the 1970s King developed a way of working on posters and books for left-wing organizations which extended Soviet agitprop graphic means into a mannerism – red, black, stars and heavy black lines – which signalled anti-establishment messages. For posters, letterpress direct from poster type (such as Robin Fior's 'Call to action!') was uncommon; silkscreen printing, suited to areas of solid colour – the medium for Ken Garland's Aldermaston march poster – was more typical.

Allusions to modernism appear with *Anarchy* 55, and more obviously in *Anarchy* 66, an issue on the Dutch Provo movement, symbolised by the white bicycle with the code to its lock clearly painted. If there was a stereotype of political graphics late in the period it was the Atelier Populaire posters of the French student uprising of May 1968. Although *Anarchy* 89 used a photograph of a celebrated poster, the students' method of simple silhouette and pithy slogan had little influence, either on *Anarchy* covers or on other anti-Establishment publications. The useful cliché of the clenched fist at last found its way to *Anarchy* with issue 95. In Britain a do-it-yourself vernacular also emerged in posters by activists and community groups. *Anarchy* adopted the style for issue 86.

Awareness of modern design arrived late in Britain. In the 1950s and 1960s the journal *Typographica* published a series on some of the pioneers. Jan Tschichold's cinema poster of 1928 has much in common with the cover of *Anarchy* 66 devoted to the Dutch provo movement, which supported the idea of free white-painted bicycles

Handwritten messages provide a more direct expression than the formality of words in printed type. *Anarchy* 86 exploited this. In the 1960s small offset printing gave community groups access to a cheap medium for propaganda

Graphic language

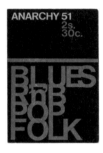

Closely spaced type, stacked together, was a popular way to turn type into an image. Other than both designs being contemporary, there is no accounting for the similarity of this titling piece and the *Anarchy* cover

Image and alphabet, picture and text on a background, are the designer's raw material. For the first half of *Anarchy*'s life, covers were printed on yellow paper. With varied and unpredictable graphics, this colour gave some unity and recognizable identity to the magazine. Where line illustration was used the yellow was simply a background. In a few rare cases it becomes part of the graphics, as in the cover of *Anarchy* 5, designed by Philip Sansom, and *Anarchy* 19, the theatre issue, with a cover drawn by Colin Munro. Similarly, *Anarchy* 17, which looks more like modern 'graphic design', employs the yellow as a positive element. Sansom's design for issue 5 is one of the few not to use red as the second colour. The next to use green was *Anarchy* 36; David Boyd's drawing of a judge is printed arbitrarily in green, without the colour reinforcing the image, as it does when it represents an unploughed field in the issue on the land (*Anarchy* 41). This uses the second colour as part of the drawing, as do several others of this period (for example, 69, 70, 72, 74).

Almost 40 per cent of covers (46 issues) use one black printing only. These are issues 9, 18, 23, 25, 26, 28, 29, 30, 31, 32, 34, 39, 40, 43, 44, 45, 49, 53, 59, 68, 71, 73, 79, 80, 84, 86, 87, 88, 90, 91, 95, 96, 102, 103, 104, 105, 106, 107, 108, 109, 110, 111, 113, 115, 116, 117.

For the most part, the means used were eclectic, and it is hard to discern any consistent patterns in the deployment of drawings or photographs. But it is

Two-colour printing (1): the two colours are separated by the artist, ignoring the possibilities of overprinting colours

Two-colour printing (2): the overlay of images as well as their juxtaposition gives an added dimension not only to the graphics but to their meaning or context. *Anarchy* 78 and book cover by Robin Fior, 1972

'Candid' images of working-class life found an echo in several *Anarchy* covers, including 73, *above right*. Roger Mayne made a celebrated series of photographs of children in the London streets in the 1950s, *above left*

Police behaviour, especially at demonstrations, attracted criticism and itself inspired protest. The Penguin Special cover, *above left*, by Bruce Robertson used the good cop / bad cop juxtaposition

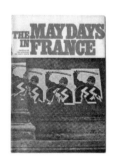

Posters of the events of May 1968, although shown on the cover of *Anarchy* 89, had little influence either on the design of *Anarchy* covers or more generally in graphic design

possible to see that the early issues were fairly conventional in adding type to a given image or set of images. From around *Anarchy* 13, the approach becomes more properly 'graphic design', integrating image and text. Rufus Segar used his own drawings in some of these earlier issues (most obviously issues 22 and 32), and then from *Anarchy* 41 they are a more constant feature of the covers. With *Anarchy* 59 and the change to white paper, the sense of the covers as integrated works of design is heightened. The covers of issues 79 and 91, being partly about their own method of production, have a special place here in telling us something about the processes by which they were produced. The need to work quickly may have been a factor in these designs, as it also looks to have been in the simplest text-only covers.

Typography

Phototypesetting and rub-down lettering allowed designers scope for turning headings into graphic images by very closely spaced, even overlapping letters – here using Compacta type

The squareish Futura Display was the default typeface for a few issues towards the end of Anarchy's life

Throughout its run *Anarchy* was printed by letterpress, in which process (at this time) only small-sized text was printed directly from type. Larger lettering was achieved by various methods: drawn letters, photo-prints made from type proofs or from rubbed-down transfer letters. These were then converted, as were the images, to photo-engraved blocks. There were two types of block. Lettering and some images would be 'line' – that is, without tone, such as a pen-and-ink drawing – or they would be 'tone'. Tone blocks reproduced a range from light to dark by means of almost invisible dots of various sizes, as used in most printing today, and easily recognized in newspaper photographs.

As to typefaces, *Anarchy* covers rarely used serif type. Early issues, printed directly from type, used the nineteenth-century sanserif typefaces Grotesque no. 9 (Headline Bold) and the condensed Grotesque no. 33. This was a clear and consistent choice until the geometrical and heavy Futura Bold was used for the words 'direct action' on *Anarchy* 13. The next issue, *Anarchy* 14, was the first to use Compacta, a bold condensed typeface recently issued by Letraset. These two covers marked a slight but permanent change. On all subsequent covers (apart from the aberrant issue 36) the title is in capitals. Indeed, one conspicuous aspect of the typography on the covers more generally is the rare use of upper- and lowercase. Compacta then became the type used for the name of the journal for four issues and returned significantly with issue 25, the letters cut and overlapped. After this Compacta was used only intermittently, and was last used in issue 44 in 1964. *Anarchy* 37 introduced so-called Futura Display, a bold condensed type that was used sporadically until the last few issues.

Anarchy 14, on civil disobedience, not only brought in the use of Compacta, but used it to make the image. On other covers, Compacta, well-named, had the advantage of taking up little space, and at the same time giving words a strong graphic presence, obliterating the background space (*Anarchy* 25). By contrast, the more open letterforms of other types could integrate image and background (*Anarchy* 53). After this issue, for more than a year between 1966 and 1967, title and headings

ANARCHY 115

McLuhanism
a libertarian view
by
Kingsley Widmer

Cover titling set in small
sizes of Franklin Gothic,
and almost disappear-
ing, was used in some
later issues

The final *Anarchy*
covers, typeset sym-
metrically in Caslon,
are reminiscent of an
academic journal

were more restrained, almost to the point of disappearing (*Anarchy* 64). These covers were less anarchic, more
in the mainstream of tasteful graphic design, the type
in Franklin Gothic Condensed. Futura Display reap-
peared, and not only for the title (97, 98, 111, 112). Three
late covers (114, 115, 118) were almost retro in style,
printed in a traditional English typeface, Caslon, and
with the text set in upper- and lowercase.

Such a mix of typestyles typifies the magazine's
eclectic inclinations. The covers did not introduce an
original graphic style. Their inconsistency matches the
variety of the content. Seen against a background of
an emerging dominance of the image in commercial
media and rapid changes in technology, *Anarchy's* covers stand out as a significant record of the early years of
graphic design in Britain.

Robin Kinross

An index to *Anarchy*

This is an index to all the articles published in the journal. Not included are the extracts from other publications that were often used as 'fillers'. Also omitted are the unsigned short pieces, something between advertisements and editorials, that were sometimes placed on the inside covers or on the back cover. Editorials and other unsigned articles have been indexed separately. For some discussion of the use of pseudonyms in *Anarchy*, see p. 16 above.

Editorial and other unsigned articles

Book reviews

Film & play reviews

Cover designs

LA BARRE-Y-VA

MAURICE LEBLANC

Chapitre I

Visite nocturne

Après une soirée au théâtre, Raoul d'Avenac rentra chez lui, s'arrêta un instant devant la glace de son vestibule, et contempla, non sans quelque plaisir, sa taille bien prise dans un habit du bon faiseur, l'élégance de sa silhouette, la carrure de ses épaules, la puissance de son thorax qui bombait sous le plastron.

Le vestibule, par ses dimensions restreintes et son aménagement, annonçait une de ces garçonnières confortables, meublées avec luxe, où ne peut demeurer qu'un homme de goût, ayant l'habitude et les moyens de satisfaire ses fantaisies les plus coûteuses. Raoul se réjouissait comme tous les soirs, de fumer une cigarette dans son cabinet de travail et de se laisser choir au creux d'un vaste fauteuil de cuir pour y goûter un de ces repos qu'il appelait l'apéritif du sommeil. Son cerveau s'y délivrait alors de toute pensée gênante et s'assoupissait au gré d'une vague rêverie où glissaient les souvenirs de la journée défunte et les projets confus du lendemain.

Sur le point d'ouvrir, il hésita. Seulement alors, et tout à coup, il se rendit compte que ce n'était pas lui qui venait d'allumer le vestibule, mais que, à son arrivée, les trois ampoules du lustre répandaient déjà leur triple lumière.

« Bizarre, se dit-il. Personne pourtant n'a pu venir ici depuis mon départ, puisque les domestiques avaient congé. Dois-je admettre que je n'ai pas éteint derrière moi lorsque je suis sorti tantôt ? »

D'Avenac était un homme à qui rien n'échappait, mais qui ne perdait pas son temps à chercher la solution de ces menus problèmes que le hasard nous pose, et que les circonstances se chargent presque toujours de nous expliquer le plus naturellement du monde.

« Nous fabriquons nous-mêmes nos mystères, disait-il. La vie est beaucoup moins compliquée que l'on ne croit, et elle dénoue elle-même ce qui nous paraît enchevêtré. »

Et, de fait, lorsqu'il eut franchi la porte qui se trouvait en face de lui, il ne fut pas surpris outre mesure d'apercevoir au fond de la pièce, debout, appuyée contre un guéridon, une jeune femme.

« Seigneur Dieu ! s'écria-t-il, voici une gracieuse vision. »

Comme dans le vestibule, la gracieuse vision avait allumé toutes les ampoules, préférant sans doute la pleine clarté. Et il put admirer, à son aise, un joli visage encadré de boucles blondes, un corps mince, bien proportionné, assez grand, et qu'habillait une robe de coupe un peu démodée. Son regard était inquiet, sa figure contractée par l'émotion.

Raoul d'Avenac ne manquait pas de prétentions, les femmes l'ayant toujours comblé de leurs faveurs. Il crut donc à quelque bonne fortune et accepta l'aventure comme il en avait accepté tant d'autres sans les avoir sollicitées.

« Je ne vous connais pas, madame n'est-ce pas ? dit-il en souriant. Je ne vous ai jamais vue ? »

Elle fit un geste qui signifiait que, en effet, il ne se trompait point. Il reprit :

« Comment diable avez-vous pu pénétrer ici ? »

Elle montra une clef et il s'exclama :

« En vérité vous avez une clef de mon appartement ! Cela devient tout à fait amusant.»

Il était de plus en plus persuadé qu'il avait séduit à son insu la belle visiteuse et qu'elle venait à lui, comme une proie facile, avide de sensations rares et toute prête à se laisser conquérir.

Il avança donc vers elle, avec son assurance coutumière en pareil cas, résolu à ne point laisser échapper une occasion qui se présentait sous une forme aussi charmante. Mais contre toute attente, la jeune femme eut un recul et raidit ses bras d'un air effrayé :

« N'approchez pas ! je vous défends d'approcher… Vous n'avez pas le droit… »

Sa physionomie prenait une expression d'épouvante qui le déconcerta. Et puis, presque en même temps, elle se mit à rire et à pleurer, avec des mouvements convulsifs et une telle agitation qu'il lui dit doucement :

« Calmez-vous, je vous en prie… Je ne vous ferai aucun mal. Vous n'êtes pas venue ici pour me cambrioler, n'est-ce pas ? ni pour m'abattre d'un coup de revolver ? Alors pourquoi vous ferais-je du mal ? Voyons, répondez… Que voulez-vous de moi ? »

Essayant de se dominer, elle murmura :

« Vous demander secours.

– Mais ce n'est pas mon métier de secourir.

– Il paraît que si… et que tout ce que vous tentez, vous le réussissez.

– Bigre ! C'est un privilège agréable que vous m'octroyez. Et si je tente de vous prendre dans mes bras, est-ce que je réussirai ? Pensez donc, une dame, à une heure du matin, chez un monsieur… jolie comme vous êtes… séduisante… Avouez que, sans être fat, je puis m'imaginer… »

Il s'approcha de nouveau sans qu'elle protestât, lui prit la main et la serra entre les siennes. Puis il lui caressa le poignet et l'avant-bras qui était dénudé, et il eut l'impression soudaine que, s'il l'attirait contre lui, elle ne le repousserait peut-être point, tellement elle était affaiblie par l'émotion.

Un peu grisé, il le tenta, très discrètement, après avoir passé sa main derrière la taille de la jeune femme. Mais, à ce moment, l'ayant observée, il vit des yeux si effarés et un si pauvre visage, plein de détresse et de prière, qu'il interrompit son geste et prononça :

« Je vous demande pardon, madame. »

Elle dit, à voix basse :

« Non, pas madame… mademoiselle… »

Et elle continua tout de suite :

« Oui, je sais, une pareille démarche à cette heure !… il est naturel que vous vous soyez mépris.

– Oh ! absolument mépris, dit-il en plaisantant. À partir de minuit, mes idées changent du tout au tout sur les femmes, et j'en arrive à imaginer des choses absurdes, et à me conduire sans aucune délicatesse… Encore une fois, pardonnez-moi. J'ai mal agi. C'est fini ? Vous ne m'en voulez plus ?

– Non », dit-elle.

Il soupira :

« Dieu, que vous êtes délicieuse, et comme c'est dommage que vous soyez venue pour une raison qui n'est pas celle que je croyais ! Ainsi vous venez me voir comme tant de personnes venaient consulter Sherlock Holmes dans son home de Baker Street ? Alors, mademoiselle, parlez et donnez-moi toutes les explications nécessaires. Mon dévouement vous est acquis. Je vous écoute. »

Il la fit asseoir. Si rassurée qu'elle fût par la bonne humeur et la gentillesse respectueuse de Raoul, elle demeurait très pâle. Ses lèvres, d'un dessin gracieux, fraîches comme des lèvres d'enfant, se crispaient par moments. Mais il y avait de la confiance dans ses yeux.

« Excusez-moi dit-elle, d'une voix altérée, je n'ai peut-être pas toute ma raison… Cependant je sais bien ce qu'il en est, et qu'il y a des choses… des choses incompréhensibles… et d'autres qui vont venir, et qui me font peur… oui, qui me font peur d'avance, sans que je sache pourquoi… car enfin rien ne prouve qu'elles se produiront. Mon Dieu ! mon Dieu… comme c'est effrayant… et comme je souffre !… »

Elle passa la main sur son front avec un geste de lassitude, comme si elle voulait chasser des idées qui l'exténuaient. Raoul eut vraiment pitié de son désarroi, et se mit à rire pour la tranquilliser.

« Ce que vous paraissez nerveuse ! Il ne faut pas. Cela n'avance à rien. Allons, du courage, mademoiselle, il n'y a plus rien à craindre, même de ma part, du moment qu'on me demande secours. Vous venez de province, n'est-ce pas ?

– Oui. Je suis partie de chez moi ce matin, et je suis arrivée à la fin de l'après-midi. Tout de suite, j'ai pris une auto qui m'a conduite ici. La concierge, qui croyait que vous étiez là, m'a indiqué votre appartement. J'ai sonné. Personne.

– En effet, les domestiques avaient congé et, moi, j'ai dîné au restaurant.

– Alors, dit-elle, je me suis servie de cette clef…

– Que vous teniez de qui ?

– De personne. Je l'avais dérobée à quelqu'un.

– Ce quelqu'un ?

– Je vous expliquerai.

– Sans trop tarder, dit-il… J'ai tellement hâte de savoir ! Mais, une seconde… Je suis sûr, mademoiselle, que vous n'avez pas mangé depuis ce matin, et que vous devez mourir de faim !

– Non, j'ai trouvé du chocolat sur cette table.

– Parfait ! Mais il y a autre chose que du chocolat. Je vais vous servir, et nous causerons après, vous voulez bien ? Mais, en vérité, que vous avez l'air jeune… une enfant ! Comment ai-je pu vous prendre pour une dame ! »

Il riait et tâchait de la faire rire, tout en ouvrant une armoire d'où il tirait des biscuits et du vin sucré.

« Comment vous appelez-vous ? Car enfin il faut bien que je sache…

– Tout à l'heure… je vous dirai tout.

– Parfait. Du reste je n'ai pas besoin de connaître votre nom pour vous servir. Des confitures, peut-être ?… ou du miel ?… Oui, vos jolies lèvres doivent aimer le miel, et j'en ai d'excellent dans l'office. J'y cours… »

Il allait quitter l'appartement, lorsque la sonnerie du téléphone retentit.

« Bizarre murmura-t-il. À cette heure… Vous permettez, mademoiselle ? »

Il décrocha et, changeant légèrement son intonation, prononça :

« Allô… allô… »

Une voix lointaine lui dit :

« C'est toi ?

– C'est moi… affirma-t-il.

– Quelle veine ! reprit la voix. Depuis le temps que je t'appelle !

– Toutes mes excuses, cher ami, j'étais au théâtre.

– Et te voilà revenu ?…

– J'en ai l'impression.

– Je suis bien content.

– Et moi donc ! dit Raoul. Mais pourrais-tu me donner un renseignement, mon vieux, un tout petit renseignement ?

– Dépêche-toi.

– Qui donc es-tu ?

– Comment ! tu ne me remets pas ?

– J'avoue, vieux copain, que jusqu'ici…

– Béchoux… Théodore Béchoux… »

Raoul d'Avenac réprima un mouvement et déclara :

« Connais pas. »

La voix protesta :

« Mais si !… Béchoux, le policier… Béchoux, le brigadier de la Sûreté…

– Oh ! je te connais de réputation, mais je n'ai jamais eu le plaisir…

– Tu blagues, voyons ! Nous avons fait assez de campagnes ensemble ! *La partie de baccarat ? L'homme aux dents d'or ? Les douze Africaines ?*… autant de triomphes… remportés en commun…

– Tu dois te tromper. Avec qui donc crois-tu avoir l'honneur de communiquer ?

– Avec toi, parbleu !

– Qui, moi ?

– Le vicomte Raoul d'Avenac.

– C'est en effet mon nom. Mais je t'assure que Raoul d'Avenac ne te connaît pas.

– Peut-être, mais Raoul d'Avenac me connaissait quand il portait d'autres noms.

– Bigre ! Précise.

– Eh bien, Jim Barnett, par exemple, le Barnett de *l'Agence Barnett et Cie.* Et puis Jean D'Enneris, le d'Enneris de *La Demeure mystérieuse.* Et puis dois-je citer ton véritable nom ?

– Vas-y. Je n'en rougis pas. Au contraire.

– Arsène Lupin.

– À la bonne heure ! Nous sommes d'accord, et la situation est nette. C'est, en effet, sous cette appellation que je suis le plus honorablement connu. Et alors, mon vieil ami, qu'est-ce que tu veux ?

– Ton assistance, et tout de suite.

– Mon assistance ? Toi aussi ?

– Que veux-tu dire ?

– Rien. Je suis à ta disposition. Où es-tu ?

– Au Havre.

– Pour quoi faire ? tu spécules sur les cotons ?

– Non, je suis venu pour te téléphoner.

– Ça c'est gentil. Tu as quitté Paris pour me téléphoner du Havre ? »

Ce nom de ville, que Raoul prononça devant la jeune fille, parut la troubler, et elle chuchota :

« Le Havre… On vous téléphone du Havre ? C'est étrange, et qui vous téléphone ? Laissez-moi écouter. »

Un peu contre le gré de Raoul, elle saisit l'autre récepteur, et, de même que lui, elle entendit la voix de Béchoux qui disait :

« Ce n'est pas pour ce motif. J'étais dans la région. Comme il n'y avait pas de téléphone de nuit, j'ai mobilisé une auto qui m'a conduit au Havre. Et maintenant je retourne chez moi.

– C'est-à-dire ? interrogea d'Avenac.

– Connais-tu Radicatel ?

– Parbleu ! un banc de sable au milieu de la Seine, pas très loin de l'embouchure.

– Oui, entre Lillebonne et Tancarville, et à trente kilomètres du Havre.

– Tu penses si je connais ça ! L'estuaire de la Seine ! Le pays de Caux ! Toute ma vie est là, c'est-à-dire toute l'histoire contemporaine. Ainsi tu couches sur un banc ?

– Qu'est-ce que tu chantes ?

– Je veux dire que tu habites sur un banc de sable !

– En face du banc, il y a un petit village charmant, d'où il tire son nom de Radicatel, et là j'ai loué pour plusieurs mois, afin de m'y reposer, une chaumière…

– Avec un cœur ?

– Non, mais avec une chambre d'ami que je te réserve.

– Pourquoi cette délicate attention ?

– Une affaire curieuse, compliquée, que j'aimerais débrouiller avec toi…

– Parce que tu ne peux pas la débrouiller tout seul, hein, mon gros ? »

Raoul observait la jeune fille dont le trouble croissant commençait à le tourmenter. Il essaya de lui reprendre le récepteur. Mais elle s'y cramponna, et Béchoux insistait :

« C'est urgent. Entre autres événements, une jeune fille a disparu aujourd'hui…

– C'est un événement quotidien. Et il n'y a pas de quoi s'alarmer.

– Non, mais certains détails sont inquiétants, et puis…

– Et puis, quoi ? s'écria Raoul, impatienté.

– Eh bien, tantôt, à deux heures, il y a eu un crime. Le beau-frère de cette jeune fille, qui la cherchait dans le parc, le long d'une rivière, a été tué d'un coup de revolver. Alors comme tu as un rapide à huit heures du matin, et… »

À cette évocation d'un crime, la jeune fille s'était dressée. Le récepteur s'échappa de sa main. Elle voulut parler, poussa un soupir, vacilla sur elle-même, et tomba sur le bras d'un canapé.

Raoul d'Avenac avait pris juste le temps de crier à Béchoux d'un ton furieux :

« Tu n'es qu'un imbécile ! Tu as une façon d'annoncer les choses ! Alors, quoi ! tu ne devines rien, idiot ? »

Il raccrocha vivement l'appareil, étendit la jeune fille sur le canapé et la contraignit à respirer un flacon de sels.

« Eh bien, qu'y a-t-il, mademoiselle ? les paroles de Béchoux n'ont aucune importance, puisque c'est de vous qu'il parle et de votre disparition ! En outre, vous le connaissez, et vous savez bien que ce n'est pas un esprit de tout premier plan. Je vous en supplie, remettez-vous, et tâchons d'éclaircir la situation. »

Mais Raoul ne tarda pas à voir qu'aucun effort ne pouvait éclaircir la situation en ce moment, et que la jeune fille, déjà très frappée par des événements qu'il ignorait, ne reprendrait pas son équilibre après l'annonce imprévue et maladroite de ce crime. Il fallait patienter jusqu'à ce que l'heure d'agir fût venue.

Il réfléchit quelques secondes et, résolument, prit son parti. Ayant arrangé vivement sa tête devant une glace, à l'aide de quelques mixtures qui changeaient plutôt son expression que son visage, il passa dans la pièce voisine, changea de vêtements, saisit dans un placard une valise toujours prête, sortit, et courut jusqu'à son garage.

Raoul revenait aussitôt avec son auto et remontait chez lui. La jeune fille, bien que réveillée, demeurait inerte, incapable de faire un mouvement. Sans opposer la moindre résistance, elle se laissa porter jusqu'à la voiture où il l'étendit aussi bien que possible.

Se penchant à son oreille, il chuchota :

« D'après la communication de Béchoux, vous demeurez aussi à Radicatel, n'est-ce pas ?

– Oui, à Radicatel.

– Nous y allons. »

Elle eut un geste d'effroi, et il la sentit qui tremblait des pieds à la tête. Mais il dit des mots d'apaisement, tout bas, d'une voix qui la berçait et qui la fit pleurer sans qu'elle pensât davantage à protester…

Trois heures suffirent à Raoul pour franchir les quelque quarante-cinq lieues qui séparent la capitale du village normand de Radicatel. Pas un mot ne fut échangé entre eux. La jeune fille, du reste, finit par s'endormir et, lorsque sa tête s'inclinait sur l'épaule de Raoul, il la redressait avec douceur. Elle avait un front brûlant. Ses lèvres balbutiaient des mots qu'il n'entendait point.

Le jour commençait à poindre quand il déboucha en face d'une charmante petite église accroupie dans de la verdure naissante, au bas d'une étroite vallée qui monte sur les falaises cauchoises, et près d'une mince rivière sinueuse qui va se jeter dans la Seine. Derrière lui, par-delà les vastes prairies, et sur le large fleuve qui tourne autour de Quillebeuf, des nuages fins et longs, d'un rose de plus en plus rouge, annonçaient la proche ascension du soleil.

Dans le village encore assoupi, personne. Aucun bruit.

« Votre maison n'est pas loin d'ici ? dit-il.

– Tout près… là… en face… »

Une magnifique allée à quatre rangées de vieux chênes suivait la rivière et conduisait à un petit manoir que l'on apercevait à travers les barreaux d'une grille. La rivière obliquait à cet endroit, passait sous un terre-plein, remplissait des douves garnies de pointes de fer, puis tournait encore et pénétrait dans un domaine qu'encerclait un haut mur de pierre à contreforts de briques.

La jeune fille eut alors une nouvelle crise d'appréhension, et Raoul devina qu'elle eût souhaité de s'enfuir plutôt que de retourner dans des lieux où elle avait dû souffrir. Pourtant, elle se domina.

« Il ne faut pas que l'on me voie rentrer, dit-elle. Il y a tout près une porte basse dont j'ai aussi la clef sans que personne le sache.

– Vous pouvez marcher ? lui dit Raoul.

– Oui… un moment…

– La matinée est déjà tiède. Vous n'aurez pas froid, n'est-ce pas ?

– Non. »

Un sentier se détachait à droite du terre-plein, enjambant l'extrémité des douves, filant entre le mur et des vergers. Raoul soutenait la jeune fille par le bras. Elle semblait épuisée.

Devant la porte il lui dit :

« J'ai jugé inutile de vous fatiguer par mes questions. Béchoux me renseignera et, d'ailleurs, nous nous reverrons. Un simple mot. C'est de lui que vous tenez la clef de mon appartement ?

– Oui et non. Il m'avait parlé de vous souvent, et je savais que votre clef se trouvait sous la pendule de sa chambre. Il y a quelques jours, je l'ai prise à son insu.

– Donnez-la-moi, voulez-vous ? Je l'y remettrai, et il ne saura rien. Il ne faut pas qu'il sache non plus, ni personne, d'ailleurs, que vous êtes venue à Paris et que je vous ai ramenée, ni même que nous nous connaissons.

– Personne ne le saura.

– Un mot encore. Les événements viennent de nous réunir d'une façon imprévue, et sans que nous sachions qui nous sommes l'un et l'autre. Abandonnez-vous à mes conseils, et n'agissez jamais en dehors de moi. C'est convenu ?

– Oui.

– En ce cas, signez ce papier. »

Raoul prit une feuille blanche dans son portefeuille et écrivit avec son stylo :

« Je donne tous pouvoirs à M. Raoul d'Avenac pour rechercher la vérité et prendre les décisions conformes à mes intérêts. »

Elle signa.

« Bien, dit Raoul. Vous êtes sauvée. »

Il regarda la signature.

« Catherine… vous vous appelez Catherine… Je suis ravi. C'est un nom que j'adore. À tantôt. Reposez-vous. »

Elle rentra.

Il entendit, de l'autre côté du mur, le bruit étouffé de ses pas. Puis ce fut le silence. Le jour croissait. Elle lui avait désigné le toit de la chaumière que Béchoux avait louée. Raoul revint donc, suivit de nouveau l'avenue, sortit du village, et remisa son auto sous un hangar. Près de là, dans une petite cour plantée d'arbres fruitiers et ceinte d'une haie d'épines, il y avait une vieille bâtisse à colombages, avec des pavés sur le devant et un banc tout luisant d'usure.

Sous le chaume relevé du toit, une fenêtre était entrouverte. Raoul escalada la façade, et, sans réveiller la personne qui dormait dans le lit, après avoir glissé la clef sous la pendule, visita la chambre et fouilla les placards. Persuadé qu'aucun piège ne lui était tendu, supposition qui n'aurait rien eu d'impossible, il redescendit.

La porte de la chaumière n'était pas close. Une grande pièce occupait le rez-de-chaussée, à la fois cuisine et salle, et se terminait par une alcôve.

Ayant défait sa valise et plié ses vêtements sur une chaise, il épingla une feuille de papier où il avait inscrit ces mots : *Prière de ne pas me réveiller*. Il enfila un pyjama luxueux. Une grande horloge à balancier sonnait cinq heures.

« Dans trois minutes je dors, se dit-il. Juste le temps de me poser, sans essayer de la résoudre, cette question : vers quelle aventure nouvelle et passionnante la destinée me mène-t-elle ? »

À ce moment la destinée avait, pour lui, des cheveux blonds, des yeux éperdus et une bouche enfantine.

Chapitre II

Les explications de Théodore Béchoux

Raoul d'Avenac bondit hors de son lit et empoigna Béchoux à la gorge en proférant :

« J'avais ordonné qu'on me laissât tranquille, et tu as le culot de me réveiller ! »

Béchoux protesta :

« Mais non, mais non… Je te regardais dormir, et je ne te reconnaissais pas. Tu es plus brun… d'un rouge foncé. Tu as l'air d'un type du Midi.

— Depuis quelques jours, en effet. Quand on est de vieille noblesse périgourdine, on se doit d'avoir un teint de vieille brique. »

Ils se prirent les mains affectueusement, charmés de se revoir. Ils avaient fait de si beaux coups ensemble ! Que de formidables aventures !

« Hein, souviens-toi, disait Raoul d'Avenac, souviens-toi du temps où je m'appelais Jim Barnett et où je dirigeais une agence de renseignements ! Souviens-toi du jour où je t'ai barboté tout ton paquet de titres au porteur !… Souviens-toi de mon voyage de noces avec ta femme ! À propos ! comment va-t-elle ? Vous êtes toujours divorcés ?

— Toujours.

— Ah ! la belle époque !

— La belle époque ! approuvait Béchoux, attendri. Et l'histoire de la Demeure Mystérieuse, tu t'en souviens ?

— Si je m'en souviens ! l'histoire des diamants escamotés sous ton nez !…

– Il n'y a pas deux ans de cela, reprenait Béchoux, la voix larmoyante.

– Mais comment m'as-tu retrouvé ? Comment as-tu su que j'étais Raoul d'Avenac ?

– Le hasard… dit Béchoux… une dénonciation d'un de tes complices, qui est parvenue à la Préfecture, et que j'ai interceptée. »

D'Avenac l'embrassa dans un élan spontané.

« Tu es un frère, Théodore Béchoux ! et je te permets de m'appeler Raoul… Oui, un frère. Je te revaudrai ça. Tiens, je n'attendrai pas une seconde de plus pour te rendre les trois mille francs qui se trouvaient dans la poche secrète de ton portefeuille. »

Ce fut le tour de Béchoux de saisir son ami à la gorge. Il était hors de lui.

« Voleur ! Escroc ! tu es monté dans ma chambre, cette nuit ! Tu as vidé mon portefeuille ! Mais tu es donc indécrottable ? »

Raoul riait comme un fou.

« Que veux-tu, vieille branche ? On ne dort pas la fenêtre ouverte… j'ai voulu te faire voir le danger… J'ai pris ça sous ton oreiller… Avoue que c'est drôle ! »

Béchoux l'avoua, gagné tout à coup par la gaieté de Raoul, et, comme Raoul, il se mit à rire, avec colère tout d'abord, puis naturellement et sans arrière-pensée :

« Sacré Lupin ! Tu seras toujours le même ! Pas sérieux pour deux sous ! Tu n'as pas honte, à ton âge ?

– Dénonce-moi.

– Pas possible, dit Béchoux en soupirant. Tu t'échapperais encore. On ne peut vraiment rien contre toi… Et puis, ce serait dégoûtant de ma part. Tu m'as rendu trop de services.

– Et je t'en rendrai encore. Tu vois, il a suffi de ton appel pour que je vienne reposer dans ton lit et boulotter ton petit déjeuner. »

De fait, une voisine qui faisait le ménage de Béchoux venait d'apporter du café, du pain et du beurre, et Raoul se faisait de confortables tartines et vidait la tasse. Ensuite, il se rasa, se lava dehors à même un baquet d'eau froide, et, restauré, ragaillardi, lança dans l'estomac de Béchoux un vigoureux coup de poing.

« Vas-y de ton discours, Théodore. Sois bref et méticuleux, éloquent et sec, tumultueux et méthodique. N'oublie pas un seul détail et n'en donne pas un de trop… Mais d'abord que je te regarde !… »

Il le saisit aux épaules et l'examina :

« Toujours le même… Tu n'as pas changé… Des bras trop longs… Une figure à la fois bonasse et revêche, l'air prétentieux et dégoûté… une élégance de garçon de café… Vrai, tu as de l'allure. Et maintenant, jaspine. Je ne t'interromprai pas une fois. »

Béchoux réfléchit et commença :

« La demeure voisine…

– Un mot, dit Raoul. À quel titre es-tu mêlé à cette affaire ? Comme brigadier de la Sûreté ?

– Non. Comme familier de la maison depuis deux mois, c'est-à-dire depuis le mois d'avril où je suis venu à Radicatel en convalescence, après une double pneumonie qui a failli…

– Aucun intérêt. Continue. Je ne t'interroge plus.

– Je disais donc que le domaine de la Barre-y-va…

– Drôle de nom ! s'écria d'Avenac. Le même nom que celui de cette petite chapelle juchée sur la côte, près de Caudebec, et où va la barre, c'est-à-dire le flot, le mascaret qui remonte la Seine deux fois par jour et surtout à l'équinoxe. La barre y va, ou plutôt elle monte jusqu'a cet endroit, malgré la hauteur. C'est bien ça, hein ?

– Oui. Mais ici ce n'est pas à proprement parler la Seine qui remonte jusqu'au village, c'est la rivière que tu as peut-être remarquée, l'Aurelle, laquelle va se jeter dans la Seine, et laquelle rebrousse chemin et déborde aux heures de marée, avec plus ou moins de violence.

– Dieu, que tu es long ! dit Raoul en bâillant.

– Donc hier, sur le coup de midi, on vint me chercher du manoir…

– Quel manoir ?

– Celui de la Barre-y-va.

– Ah ! il y a un manoir ?

– Évidemment. Un petit château où habitent deux sœurs.

– De quelle congrégation ?

– Hein ?

– Évidemment. Tu parles de sœurs. Est-ce des Petites sœurs des pauvres ? des Visitandines ? Explique-toi.

– Zut ! Impossible de rien expliquer…

– Eh bien, veux-tu que je te la raconte, ton histoire, moi ? Tu m'arrêteras si je me trompe. Mais je ne me trompe jamais. C'est un principe. Écoute. Le manoir de la Barre-y-va, qui faisait partie, autrefois, de la seigneurie de Basmes, a été acheté, au milieu du XIXᵉ siècle, par un armateur du Havre. Son fils, Michel Montessieux, y fut élevé, s'y maria, y perdit coup sur coup sa femme et sa fille, et resta seul avec deux petites-filles, Bertrande et Catherine, les sœurs actuelles. Désemparé, il s'installa à Paris, mais continua cependant de venir deux fois par an : durant un mois, aux environs de Pâques, et un mois à l'occasion de la chasse. L'aînée de ses petites filles, Bertrande, épousa de bonne heure un M. Guercin, industriel à Paris, ayant de grosses affaires en Amérique. Nous sommes d'accord ?

– D'accord.

– La petite Catherine vivait donc avec Michel Montessieux et un domestique encore jeune, Arnold, très dévoué à son maître, M. Arnold comme on l'appelait. Elle s'éleva et s'instruisit tant bien que mal, libre de toute entrave, un peu fantasque, exubérante et rêveuse, passionnée d'exercice et de lecture, ne se plaisant qu'à la Barre-y-va, se jetant à la nage dans l'eau glacée de l'Aurelle, pour se sécher dans l'herbe, les jambes en l'air, contre un vieux pommier. Son grand-père l'aimait beaucoup, mais, bizarre, taciturne, ne s'occupait que de sciences occultes, de chimie, et même d'alchimie, disait-on. Tu me suis bien ?

– Parbleu !

– Or, il y a vingt mois, à la fin de septembre, le soir du jour où ils avaient quitté la Normandie après leur séjour ordinaire, le grand-père Montessieux mourut subitement dans son appartement de Paris. L'aînée, Bertrande, se trouvait à Bordeaux avec son mari. Elle revint précipitamment, et les deux sœurs vécurent ensemble. Le grand-père avait laissé moins de fortune qu'on ne croyait, et aucun testament. Quant au domaine de la Barre-y-va, on l'abandonna. Les grilles et les portails du manoir étaient fermés à clef. Personne n'y pénétra plus.

– Personne, dit Béchoux.

– C'est cette année seulement que les deux sœurs résolurent d'y passer l'été. M. Guercin, le mari de Bertrande, revenu en France, puis reparti, puis revenu, devait les rejoindre. Elles emmenèrent M. Arnold et une femme de chambre-cuisinière, qui était au service de Bertrande depuis plusieurs années. Au village, elles engagèrent provisoirement deux fillettes du pays, et tout le monde se mit à travailler, pour mettre le manoir en ordre et nettoyer le jardin, qui était devenu un véritable Paradou. Voilà, mon vieux. Nous sommes toujours d'accord ? »

Béchoux avait écouté Raoul d'un air stupide. Il reconnaissait la substance même des renseignements recueillis par lui à ce propos, et résumés par lui sur un cahier qu'il avait glissé dans un placard de sa chambre, parmi des liasses de vieux dossiers. Au cours de sa visite nocturne, Raoul d'Avenac avait donc eu le temps de découvrir et de lire ces pages ?

« Nous sommes d'accord, bredouilla Béchoux, qui n'eut pas la force de protester.

– En ce cas, achève, dit Raoul. Ton cahier secret ne souffle pas un mot de la journée d'hier… Disparition de Catherine Montessieux… Assassinat de je ne sais pas qui. Achève, mon vieux.

– Eh bien, voilà, dit Béchoux, qui avait du mal à se reprendre. Voilà… Tous ces événements tragiques se sont déroulés en quelques heures, hier… Mais il faut d'abord que tu saches que le sieur Guercin, le mari de Bertrande, était revenu la veille. Un type de bon vivant que ce Guercin, un homme d'affaires, bien d'aplomb, solide, éclatant de santé… La soirée, à laquelle j'assistais, avait été fort gaie, et Catherine elle-même, malgré son humeur noire et certains incidents, plus ou moins graves, qui l'ont bouleversée depuis quelque temps, Catherine elle-même avait ri de bon cœur. Je rentrai me coucher vers dix heures et demie. La nuit, rien. Aucun bruit suspect. C'est le matin seulement, sur le coup de midi, que Charlotte, la camériste de Bertrande Guercin, se précipita chez moi, en criant :

– Mademoiselle a disparu… elle a dû se noyer dans la rivière… »

Raoul d'Avenac interrompit Béchoux :

« Supposition peu vraisemblable, Théodore. Tu m'as parlé d'elle comme d'une nageuse accomplie.

– Sait-on jamais ?… une défaillance, quelque chose qui vous accroche… Toujours est-il que, en arrivant au manoir, je trouvai sa sœur affolée, son beau-frère et le domestique Arnold tout agités, et que l'on me montra au bout du parc, entre deux rochers où elle a l'habitude de descendre dans l'eau, son peignoir de bain.

– Cela ne prouve pas…

– Cela prouve tout de même quelque chose. Et puis, je te l'ai dit, depuis plusieurs semaines elle était absorbée, anxieuse… Et alors inévitablement l'idée nous est venue…

– Qu'elle se serait tuée ? demanda paisiblement Raoul.

– C'est du moins ce que redoute sa pauvre sœur.

– Elle aurait donc eu un motif pour se tuer ?

– Peut-être. Elle était fiancée, et son mariage… »

Raoul s'écria, avec émoi :

« Hein ! Quoi, fiancée… elle aime quelqu'un ?

– Oui, un jeune homme qu'elle a connu cet hiver à Paris, et c'est la raison pour laquelle les deux sœurs sont venues s'ensevelir au manoir. Le comte Pierre de Basmes habite avec sa mère le château de Basmes, dont dépendait jadis le Manoir, et qui est situé sur le plateau… Tiens, on l'aperçoit d'ici.

– Et il y a des obstacles au mariage ?

– La mère ne veut pas que son fils épouse une jeune fille qui n'a ni fortune ni titre. Hier matin une lettre de Pierre de Basmes fut apportée à Catherine. Dans cette lettre, que nous avons retrouvée par la suite, il annonçait son départ immédiat. Six mois de voyage que sa mère exigeait… Il s'en allait, désespéré, disait-il, et suppliait Catherine de ne pas l'oublier et d'attendre. Une heure après, c'est-à-dire â dix heures, Catherine s'éloignait. On ne l'a plus revue.

– Elle est peut-être sortie sans qu'on le sache.

– Impossible.

– Donc, tu crois au suicide ? »

Béchoux répondit nettement :

« Pour moi, non. Je crois au meurtre.

– Diable ! et pourquoi ?

– Parce que, au cours des recherches que nous avons effectuées, nous avons eu la preuve matérielle, visible, qu'il y avait, qu'il y a peut-être encore, dans le parc c'est-à-dire dans l'enclos qui bordent les murs, un bandit qui rôde et qui tue.

– Vous l'avez vu ?

– Non, mais il a agi une seconde fois.

– Il a tué ?

– Oui, il a tué. Comme je te l'ai téléphoné hier, il a tué. Hier, sous le coup de trois heures, sous mes yeux, M. Guercin longeait la rivière et traversait le vieux pont vermoulu …

– Halte !

– Comment, halte ? Mais je commence.

– Arrête-toi.

– Absurde ! C'est tout le drame que je vais te raconter, et un drame sur lequel nous avons une certitude, des faits. Si tu refuses de connaître ces faits, comment veux-tu ? …

– Je ne refuse pas de les connaître, mais je refuse d'en entendre deux fois le récit. Or, comme tu les exposeras tout à l'heure à ces messieurs du Parquet, lesquels ne sauraient tarder à venir, il est tout à fait inutile que tu t'épuises à me dire ce que tu diras sur place et avec commentaires.

– Cependant…

– Non, mon vieux, il émane de toi, quand tu racontes une histoire, un ennui incommensurable. Laisse-moi respirer.

– Alors ?

– Alors fais-moi visiter le parc. Et surtout pas un mot durant cette visite. Tu as un grand tort, vois-tu, Béchoux, tu es trop bavard. Prends exemple sur ton vieil ami Lupin, toujours si discret, réservé dans ses propos, et qui ne jacasse pas à tort et à travers, comme une pie. On ne réfléchit bien que quand on se tait et qu'on se trouve en face de ses pensées, sans être importuné par des considérations oiseuses d'un hurluberlu qui enfile les mots les uns aux autres comme des grains de chapelet. »

Béchoux songea bien que ce discours s'adressait à lui et qu'il était l'hurluberlu qui jacassait comme une pie. Cependant, comme ils s'en allaient bras dessus, bras dessous, en vieux camarades qu'unissent une solide amitié et une naturelle estime, il demanda la permission de poser une question dernière, une seule question.

« Pose.

– Tu répondras sérieusement ?

– Oui.

– Eh bien, en bloc, quel est ton avis sur ce double mystère.

– C'est qu'il n'est pas double.

– Mais si ! il y en a deux. D'abord la disparition de Catherine, et, ensuite, l'assassinat de M. Guercin.

– C'est donc M. Guercin qui a été assassiné ?

– Oui.

– Eh bien, cela fait un mystère. Où est l'autre ?

– Je te le répète. La disparition de Catherine.

– Catherine n'a pas disparu.

– Où serait-elle ?

– Dans sa chambre, en train de dormir. »

Béchoux regarda de côté son vieil ami et soupira. Décidément ce garçon ne serait jamais sérieux.

À ce moment, comme ils approchaient des grilles, ils aperçurent une grande femme brune qui, ne pouvant sortir du domaine que gardait un gendarme, planté près de la grille, leur faisait signe de se hâter.

Béchoux s'inquiéta aussitôt.

« La femme de chambre de Bertrande Guercin, murmura-t-il. Exactement comme hier, quand elle est venue m'annoncer la disparition de Catherine. Qu'est-ce que ça peut bien être ? »

Et il s'élança, suivi de Raoul.

« Eh bien, Charlotte, qu'est-ce qu'il y a ? lui dit-il, en l'entraînant à part. Rien de nouveau, j'espère ?

– Mlle Catherine, balbutia la bonne. C'est madame qui m'envoie vous prévenir.

– Parlez donc ! Un malheur, hein ?

– Au contraire. Mademoiselle est rentrée cette nuit.

– Elle est rentrée, cette nuit !

– Oui, madame priait au chevet de monsieur, quand elle a vu mademoiselle qui arrivait près d'elle en pleurant. Elle était à bout de forces. On a dû la coucher et la soigner.

– Et actuellement ?

– Mademoiselle est dans sa chambre et dort.

– Crebleu ! dit Béchoux, en regardant de nouveau Raoul. Crebleu !… crebleu de crebleu !… Elle est dans sa chambre, et elle dort ! Crebleu ! »

Raoul d'Avenac fit un geste qui signifiait :

« Que t'avais-je annoncé ? Quand donc admettras-tu, une fois pour toutes, que j'ai toujours raison ? »

« Crebleu de crebleu ! » répétait Béchoux, qui ne trouvait pas d'autre mot pour exprimer sa stupeur et son admiration.

Chapitre III

L'assassinat

Le domaine de la Barre-y-va forme un rectangle, très allongé, d'environ cinq hectares, que divise inégalement la rivière de l'Aurelle. Celle-ci prend sa source en dehors des murs et traverse le parc en suivant toute sa longueur.

À droite, le terrain est assez plat. Il y a d'abord un petit jardin de curé, dans son désordre de plantes vivaces et multicolores, puis le manoir, puis de belles pelouses à l'anglaise. À gauche, un pavillon de chasse abandonné se dresse à l'entrée d'un terrain onduleux qui devient peu à peu plus sauvage et se hérisse de rochers couverts de sapins. Le mur encercle toute la propriété, sur laquelle on peut, de certains points plus élevés des collines avoisinantes, jeter des regards indiscrets.

Au centre de la rivière, une île se relie aux deux rives par les arches d'un pont de bois dont presque tous les madriers sont pourris, au point qu'il est dangereux de le franchir. Dans cette île achève de tomber en ruine un ancien pigeonnier en forme de tour.

Raoul erra de tous côtés, non point à la façon de ces détectives qui semblent des limiers en chasse, reniflant et cherchant d'où vient le vent, mais comme un promeneur qui admire, s'oriente, prend possession du paysage et fait connaissance avec les chemins et les sentiers.

« Tu es fixé ? murmura Béchoux à la fin.

– Oui, c'est un joli domaine, pittoresque, et qui me plaît.

– Je ne te parle pas de cela.

– De quoi donc ?

– Du meurtre de M. Guercin.

– Ce que tu es crampon ! On parlera de cela quand le moment sera venu.

– Le moment est venu.

– Alors, entrons au manoir. »

Ce manoir n'avait pas grand style, simple maison basse, flanquée de deux ailes, recouverte d'un crépi blanchâtre et coiffée d'un toit trop petit.

Deux gendarmes déambulaient devant ses portes et ses fenêtres.

Un large vestibule, d'où partait un escalier à rampe de fer forgé, séparait la salle à manger des deux salons et du billard. Aussitôt après le meurtre, on avait transporté la victime dans un de ces salons, et le corps demeurait là, étendu sous son suaire, entouré de cierges allumés et veillé par deux femmes du pays. Bertrande Guercin priait à genoux, vêtue de noir.

Béchoux lui dit quelques mots à l'oreille. Bertrande, passa dans l'autre salon où il lui présenta Raoul d'Avenac.

« Mon ami… mon meilleur ami… Je vous ai souvent parlé de lui… Il nous aidera. »

Elle ressemblait à Catherine, plus belle que sa sœur peut-être, avec un charme égal, mais un visage abîmé déjà par les peines, et quelque chose de tragique dans le regard, où l'on devinait toute l'horreur du crime commis.

Raoul s'inclina.

« Si votre chagrin peut être atténué, soyez certaine, madame, que le coupable sera découvert et puni.

– C'est toute mon espérance, dit-elle, à voix basse. Je ferai ce qu'il faudra pour cela. Et tous ceux qui m'entourent aussi, n'est-ce pas, Charlotte ? ajouta-t-elle en s'adressant à sa bonne.

– Madame peut compter sur moi », dit celle-ci gravement et en tendant le bras comme pour une promesse sacrée.

On entendait un ronflement de moteur. La grille fut ouverte et deux automobiles apparurent.

Le valet de chambre, Arnold, entra vivement. C'était un homme d'une cinquantaine d'années, mince, très brun de peau, habillé comme un garde plutôt que comme un domestique.

« Les magistrats, monsieur, dit-il à Béchoux. Il y a aussi deux médecins : celui de Lillebonne, qui est venu hier, et un médecin légiste. Madame doit-elle les attendre ici ? »

Ce fut Raoul qui répondit, d'une voix nette, sans hésitation :

« Un instant. Deux questions sont à envisager. L'attentat contre M. Guercin, d'abord. De ce côté, laissons toute latitude à la justice et que l'enquête se déroule comme il se doit. Mais, du côté de votre sœur, madame, prenons toutes les précautions nécessaires. Les gendarmes ont-ils été avertis de sa disparition, hier ?

– Forcément, dit Béchoux, puisque cette disparition nous semblait la conséquence d'un meurtre, et que nos recherches visaient le coupable de ce meurtre-là et du meurtre de M. Guercin.

– Mais, quand elle est rentrée, ce matin, a-t-elle été surprise par un des plantons ?

– Non, affirma Bertrande. Non. Selon ce que m'a raconté Catherine, elle s'est glissée par une petite porte du jardin dont elle avait la clef, et elle a pu pénétrer par une fenêtre du rez-de-chaussée sans que personne l'aperçût.

– Et depuis, il n'a pas été question de son retour ?

– Si, déclara le domestique Arnold. J'ai dit tout à l'heure au brigadier de gendarmerie que nos craintes avaient été fausses, et que mademoiselle, un peu souffrante s'était endormie hier, dans une pièce isolée, une ancienne lingerie où on l'a retrouvée dans la soirée.

– Bien, dit Raoul, l'histoire vaut ce qu'elle vaut, mais il faudra s'y maintenir, et je vous demanderai de vous entendre avec votre sœur, madame. Ce qu'elle a fait dans sa journée, ce qu'elle est devenue, ne regarde pas la justice. Il n'y a qu'une affaire, celle du crime, et l'enquête ne sortira pas des limites que nous lui assignons. N'est-ce pas ton avis, Béchoux ?

– Tu vois la situation exactement comme moi », prononça Béchoux, d'un air important.

Tandis que les deux médecins examinaient le corps, il y eut, dans la salle à manger, une première prise de contact entre les hôtes du manoir et les magistrats. Un des gendarmes lut son rapport. Le juge d'instruction (il s'appelait M. Vertillet) et le substitut du procureur de la République posèrent quelques questions. Mais tout l'intérêt de l'enquête résidait dans la déposition de Béchoux, lequel était connu des magistrats, et qui parla, non pas comme policier, mais comme témoin même des faits auxquels il avait assisté.

Béchoux présenta son ami Raoul d'Avenac qui, par un heureux hasard, dit-il, était de séjour chez lui, et, lentement, avec des mots choisis, avec des parenthèses qui entravaient son discours, et avec une intonation d'homme qui ne parle que de ce qu'il sait, mais qui en parle comme il faut en parler, il s'exprima de la sorte :

« Je dois préciser que, hier, au manoir, nous étions – je dis nous, car ces dames veulent bien me considérer depuis deux mois comme un familier de la maison –, nous étions dans un état d'inquiétude tout à fait particulier, et d'ailleurs sans cause valable. Pour des motifs sur lesquels il est inutile de s'appesantir, nous nous imaginions qu'il était arrivé à Mlle Montessieux un accident quelconque, et j'avoue que moi, tout le premier, par une aberration contre laquelle mon expérience en la matière aurait dû me mettre en garde, je m'abandonnais à des appréhensions que la réalité ne justifiait pas, puisque Catherine Montessieux, après un bain dans la rivière, fatiguée sans doute, et mal en train, était revenue se reposer sans qu'aucun des habitants de ce manoir – je n'y étais pas alors – l'eût aperçue, et en laissant derrière elle un peignoir qui pouvait nous faire supposer… »

Béchoux s'arrêta, empêtré dans son interminable phrase. Puis, jetant un coup d'œil d'intelligence à Raoul, comme pour lui dire : « Hein, voilà Catherine tirée d'affaire… » il reprit, sans la moindre gêne :

« Bref, il était trois heures. Appelé en hâte au manoir, j'avais collaboré aux inutiles recherches et nous avions déjeuné, assez anxieux comme je vous l'ai dit, mais d'une anxiété qui se mêlait tout de même d'un certain espoir.

« Puisqu'on ne trouve rien, insinuais-je, nous devons envisager l'hypothèse d'un malentendu qui s'éclaircira de lui-même. Mme Guercin, un peu plus calme, était montée dans sa chambre. Arnold et Charlotte déjeunaient dans la cuisine – comme vous avez pu vous en rendre compte, cette cuisine est à droite, au bout du manoir et ouvre sur ce côté de la façade ; – M. Guercin et moi, nous devisions sur l'incident et tâchions de le réduire à ses véritables proportions, lorsque M. Guercin me dit :

« – Somme toute, nous n'avons pas visité l'île.

« – Pour quoi faire ? lui dis-je. – Je vous rappelle, monsieur le juge d'instruction, que M. Guercin n'était arrivé que de l'avant-veille, qu'il n'avait pas pénétré depuis des années dans le domaine de la Barre-y-va et, par conséquent, qu'il ignorait des détails que nous connaissions tous, puisque nous étions là depuis plus de deux mois.

« – Pour quoi faire ? lui dis-je, le pont est à moitié démoli, et on ne le traverse qu'en cas d'urgence.

« – Cependant, reprit M. Guercin, comment va-t-on de l'autre côté de la rivière ?

« – On n'y va guère, répondis-je, et il n'y a aucune raison pour que, après son bain, Mlle Catherine ait eu l'envie de se promener, soit dans l'île, soit sur l'autre rive.

« – En effet... en effet... murmura-t-il. Mais, tout de même, je vais faire un tour par là. »

Béchoux s'interrompit de nouveau et, s'avançant jusqu'au seuil, pria M. Vertillet et le substitut de le rejoindre sur une étroite bande de ciment qui courait le long du rez-de-chaussée.

« Cette conversation eut lieu ici, monsieur le juge d'instruction. Je ne bougeai pas de cette chaise de fer que voilà, tandis que

M. Guercin s'éloignait. Vous vous rendez bien compte des lieux et des distances, n'est-ce pas ? J'estime qu'une ligne droite qui irait de cette terrasse à l'entrée du pont mesurerait tout au plus quatre-vingts mètres. C'est vous dire – et vous le constatez vous-même – qu'une personne placée sur cette terrasse voit clairement tout ce qui se passe au-dessus de la première arche du pont, de même qu'au-dessus de la seconde arche qui enjambe l'autre bras de la rivière, et qu'elle aperçoit aussi nettement tout ce qui se passe à la surface de la petite île. Pas d'arbres. Pas même d'arbustes. Comme seul obstacle à la vue, la vieille tour du pigeonnier. Mais, dans la partie où le drame se produisit, c'est-à-dire devant cette tour, nous avons le droit d'affirmer que le paysage est absolument nu. Personne ne peut s'y cacher… personne, j'appuie sur ce point.

– Sauf à l'intérieur de la tour, nota M. Vertillet.

– Sauf à l'intérieur, approuva Béchoux. Mais cela nous en causerons. En attendant, M. Guercin suit cette allée de gauche, qui contourne la pelouse, prend ce sentier mal entretenu, puisque à peu près inutilisé, qui conduit au pont, et pose le pied sur la première planche du sommier. Essai méfiant, à tâtons, avec une main qui se cramponne à la rampe branlante. Puis la tentative se poursuit, plus rapide, et voilà M. Guercin dans l'île. C'est alors seulement que le but de cette expédition m'apparaît, M. Guercin va droit à la porte du pigeonnier.

– Nous pourrions nous en approcher ? fit remarquer M. Vertillet.

– Non, non, s'écria vivement Béchoux. Nous devons voir le drame d'ici. Vous devez, monsieur le juge d'instruction, vous le représenter tel que je le vis, de la même place, et sous le même angle visuel. Sous le même angle visuel, répéta-t-il, très fier de son expression. Et je dois dire en outre que je n'étais pas, que je ne fus pas le seul témoin du drame. M. Arnold, qui avait fini de déjeuner, fumait une cigarette, debout sur cette même terrasse où nous nous trouvons et devant la cuisine, c'est-à-dire comme vous pouvez vous en assurer, à vingt mètres à notre droite. Et lui aussi, il suit des yeux M. Guercin. La situation est bien nette dans votre esprit, monsieur le juge d'instruction ?

– Continuez, monsieur Béchoux. »

Béchoux continua :

« Par terre, comme sur tout le sol de l'île, il y a des ronces, des orties, tout un emmêlement de plantes rampantes qui entravent la marche, et j'ai tout le temps de me demander pourquoi M. Guercin se dirige vers le pigeonnier. Nulle raison pour que Mlle Catherine s'y soit réfugiée. Alors ? La curiosité ? Un besoin de se rendre compte ? Toujours est-il que M. Guercin est à quatre pas, à trois pas de la porte. Vous la voyez distinctement cette porte, n'est-ce pas ? Elle est face à nous, basse, en forme de voûte, pratiquée dans le soubassement de gros moellons sur lequel s'appuie le mur arrondi. Un cadenas la tient close et deux larges verrous. M. Guercin se baisse et manipule le cadenas qui cède aussitôt, pour une cause très simple que vous constaterez tout à l'heure : un des pitons s'est desserti de la pierre où on l'avait enfoncé. Restent les deux verrous. M. Guercin manœuvre celui du haut, puis celui du bas. Il saisit la clenche et tire le battant vers lui. Et alors, brusquement, le drame ! Un coup de feu, avant qu'il ait eu le temps de se protéger par un geste du bras ou par un mouvement de recul, avant même qu'il paraisse avoir le temps de discerner qu'il y a attaque, un coup de feu brusque. M. Guercin tombe. »

Béchoux se tut. Son récit, bien débité, avec une conviction haletante qui trahissait l'effroi ressenti par lui, la veille, avait produit de l'effet. Mme Guercin pleurait. Les magistrats, intrigués, attendaient des explications. Raoul d'Avenac écoutait sans manifester ses impressions. Et, dans le silence, maître de ses auditeurs, Béchoux acheva :

« Il est hors de doute, monsieur le juge d'instruction, que le coup fut tiré de l'intérieur. De cela, vingt preuves pour une. J'en noterai deux. D'abord, l'impossibilité de se dissimuler en dehors de cet endroit, puis toute la fumée qui s'échappa de l'intérieur et qui monta par l'entrebâillement, le long du mur. Bien entendu je ne perdis pas une seule seconde à établir en moi cette certitude. Mais elle s'imposa tout de suite, et, tandis que je m'élançais, tandis que M. Arnold, me rejoignant, courait à mes côtés, suivi de près par la femme de chambre, je me disais : « L'assassin est là, derrière cette porte… et comme il est armé, j'essuierai le feu de son revolver… »

Bien que je ne l'eusse pas vu, puisque le battant de la porte me cachait ce qui se passait à l'intérieur, il ne pouvait y avoir le moindre doute qui ébranlât mon absolue conviction. Et cependant, lorsque, M. Arnold et moi, nous eûmes franchi le pont – et je vous jure, monsieur le juge d'instruction, que ni l'un ni l'autre nous ne prîmes de précaution pour le franchir – lorsque nous fûmes arrivés devant l'ouverture béante, personne n'était là, revolver au poing… personne !

– C'est, évidemment, qu'on se cachait dans la tour, fit vivement M. Vertillet.

– Je n'en doutai pas, dit Béchoux. Par précaution, je donnai l'ordre à M. Arnold et à Charlotte de veiller par-derrière, au cas où il y aurait une fenêtre ou quelque issue, et je m'agenouillai près de M. Guercin. Il agonisait, incapable de prononcer autre chose que des mots incohérents. Je défis sa cravate, son col, et entrouvris sa chemise, toute tâchée de sang. À ce moment, Mme Guercin qui avait entendu la détonation me rejoignait. Son mari mourut dans ses bras. »

Il y eut une pause. Les deux magistrats échangèrent quelques paroles à voix basse. Raoul d'Avenac réfléchissait.

« Maintenant, dit Béchoux, si vous voulez m'accompagner, monsieur le juge d'instruction, je vous donnerai sur place les renseignements complémentaires. »

M. Vertillet acquiesça. Béchoux, de plus en plus gonflé d'importance, grave et solennel, montra le chemin, et ils allèrent tous jusqu'au pont, qu'un examen rapide montra plus solide qu'on ne le croyait. En réalité, s'il remuait, certaines planches, et surtout les poutres transversales, étaient en assez bon état, et on pouvait s'y aventurer sans péril.

La tour de l'ancien pigeonnier était trapue et peu élevée, avec un appareillage de cailloux noirs et de cailloux blancs disposés en damier, et des lignes de menues briques très rouges. Les trous qui servaient jadis de niches aux pigeons avaient été bouchés avec du ciment. Une partie du toit manquait, et le faîte des murs s'effritait.

Ils entrèrent. La lumière tombait d'en haut, entre les poutres du toit, sur lesquelles il n'y avait presque plus d'ardoises. Le sol était boueux et jonché de débris, avec des flaques d'eau noire.

« Vous avez visité et fouillé, monsieur Béchoux ? demanda M. Vertillet.

– Oui, monsieur le juge d'instruction, riposta le brigadier d'un ton qui signifiait que la visite et que les fouilles avaient été pratiquées comme personne n'aurait pu le faire à sa place. Oui, monsieur, et il me fut facile, au premier coup d'œil, de voir que l'assassin n'était pas dans la partie visible qui s'étend devant nous. Mais, ayant interrogé Mme Guercin, j'appris qu'elle se souvenait de l'existence d'un étage inférieur, où, tout enfant, elle descendait par une échelle, avec son grand-père. Aussitôt, ne voulant pas que l'on touchât à rien d'essentiel, je donnai l'ordre à M. Arnold de courir à bicyclette et de prévenir un médecin de Lillebonne ainsi que la gendarmerie. Et, tandis que Mme Guercin priait près de son mari, et que Charlotte allait chercher des couvertures pour l'étendre et un drap pour le recouvrir, je commençai mes investigations.

– Seul ?

– Seul, dit Béchoux, et ce mot prit dans sa bouche autant d'ampleur que si Béchoux avait représenté – et avec quelle autorité ! – toutes les forces de la police et toutes les puissances de la justice.

– Et ce fut long ?

– Ce fut bref, monsieur le juge d'instruction. Tout d'abord par terre, dans cette flaque d'eau, je découvris l'arme qui avait servi au crime. Un browning à sept coups. Vous l'y voyez à la même place. Ensuite, je trouvai, sous cet amas de pierres, une trappe que je soulevai et où s'accrochent les deux montants d'un petit escalier de bois qui tourne sur lui-même et descend à cet étage inférieur dont se souvient Mme Guercin. Il était vide. Voulez-vous prendre la peine de m'y accompagner, monsieur le juge d'instruction ? »

Béchoux alluma sa lanterne de poche et conduisit les magistrats. Raoul les suivait.

C'était une salle carrée, inscrite dans la circonférence de la tour, voûtée, basse, et qui mesurait peut-être cinq mètres sur cinq. L'eau du premier étage s'infiltrait par les crevasses de la voûte, ce qui formait bien un demi-pied de vase. Ainsi que le fit remarquer Béchoux, cette sorte de cave était éclairée jadis à l'électricité, car les fils et toute l'installation se voyaient encore. Une odeur d'humidité et de pourriture vous prenait à la gorge.

« Et personne, monsieur Béchoux, ne s'était réfugié là non plus ? interrogea M. Vertillet.

– Personne.

– Pas de cachette ?

– Une seconde visite, effectuée cette fois avec un des gendarmes, m'a convaincu qu'il n'y en avait pas, et d'ailleurs comment pourrait-on respirer dans un réduit encore plus souterrain ? C'est déjà un problème que j'ai du mal à résoudre pour cette cave.

– Mais que vous avez résolu ?…

– Oui. Il y a une conduite d'air qui traverse la voûte et le soubassement de la tour, et qui ouvre de la sorte au-dessus du niveau de l'eau, même aux époques de forte marée. Je vous la montrerai dehors, par derrière le pigeonnier. Elle est, du reste, à moitié obstruée.

– Et alors, monsieur Béchoux, vos conclusions ?

– Je n'en ai pas, monsieur le juge d'instruction, je vous avoue humblement que je n'en ai pas. Je sais que M. Guercin a été assassiné par quelqu'un qui se trouvait dans la tour, mais ce qu'est devenu ce quelqu'un, je l'ignore. Et pourquoi a-t-il tué M. Guercin ? Est-ce qu'il le guettait ? Est-ce qu'il a été surpris ? Est-ce un crime de vengeance, ou de cupidité, ou de hasard ? Je l'ignore. Quelqu'un, je le répète, qui était dans cette tour, derrière cette porte, a tiré un coup de revolver… voilà, jusqu'à nouvel ordre, tout ce qu'on peut dire, monsieur le juge d'instruction, et toutes nos recherches, ainsi que les recherches subséquentes de la gendarmerie, n'ont pas abouti à une portion plus grande de vérité. »

La déclaration de Béchoux était si catégorique qu'il semblait qu'on se heurtât à un mystère qu'on n'éclaircirait jamais. C'est ce que M. Vertillet lui fit remarquer, non sans une certaine ironie.

« Il faut pourtant bien que l'assassin soit quelque part. À moins de s'être enfoncé sous terre, ou de s'être envolé dans le ciel, il est inadmissible qu'il se soit volatilisé, comme votre récit tendrait à le faire croire.

– Cherchez, monsieur le juge d'instruction, dit Béchoux, d'un ton piqué.

– Nous chercherons, bien entendu, brigadier, et je suis sûr que notre collaboration produira d'heureux résultats. Il n'y a pas de miracle en matière criminelle. Il y a des procédés et des trucs plus ou moins habiles. Nous trouverons ceux-là. »

Béchoux sentit que l'on n'avait plus besoin de lui, son rôle était fini pour l'instant. Il prit Raoul d'Avenac par le bras et l'entraîna.

« Qu'est-ce que tu en dis ?

– Moi ? rien.

– Mais tu as une idée ?

– Sur quoi ?

– Sur l'assassin… sur la façon dont il s'est enfui ?…

– Des tas d'idées.

– Cependant je t'observais. Tu avais l'air de penser à autre chose, de t'ennuyer.

– C'est ton récit qui m'ennuyait, Béchoux. Dieu, que tu as été long et filandreux ! »

Béchoux regimba.

« Ma déposition a été un modèle de concision et de lucidité. J'ai dit tout ce qu'il fallait dire et rien de plus, de même que j'ai fait tout ce qu'il fallait faire.

– Tu n'as pas fait tout ce qu'il fallait faire, puisque tu n'as pas abouti.

– Et toi ? Avoue que tu n'es guère plus avancé que moi.

– Beaucoup plus avancé.

– En quoi ? Tu m'as confié toi-même que tu ne savais rien.

– Je ne sais rien. Mais je sais tout.

– Explique-toi.

– Je sais comment les choses se sont passées.

– Hein ?

– Avoue que c'est énorme de savoir comment ça s'est passé.

– Énorme… énorme… balbutia Béchoux, qui s'écroula soudain tout d'une pièce et qui le regardait comme toujours d'un œil rond. Et tu peux me dire ?…

– Ah ! ça, non, par exemple !

– Pour quelle raison ?…

– Tu ne comprendrais pas. »

Chapitre IV

Attaques

Béchoux ne protesta point contre cette affirmation et ne songea même pas à s'en offusquer. Pour lui, Raoul en cette occurrence, comme dans toutes les autres, discernait des choses que personne n'apercevait. Alors, comment se froisser si Raoul ne le traitait pas avec plus de considération qu'il ne traitait le juge d'instruction ou le substitut du Procureur ?

Mais il se cramponna au bras de son ami, et, tout en le menant à travers le parc, il pérorait sur la situation dans l'espoir d'obtenir quelque réponse aux questions qu'il posait d'un air réfléchi, et comme à lui-même.

« Que d'énigmes, en tout cas ! Que de points à éclaircir ! Pas besoin de te les énumérer, n'est-ce pas ? Tu te rends compte aussi bien que moi, par exemple, que l'on ne peut pas admettre qu'un homme, à l'affût dans la tour, y soit resté après son crime, puisqu'on ne l'y a pas retrouvé – et pas davantage qu'il soit enfui, puisqu'on ne l'a pas vu s'enfuir… – Alors ? Et la raison du crime ? Comment ! M. Guercin était là depuis la veille et l'individu qui voulait se débarrasser de lui – car on tue pour se débarrasser de quelqu'un – cet individu aurait deviné que M. Guercin franchirait le pont et ouvrirait la porte du pigeonnier ? Invraisemblable ! »

Béchoux fit une pause et observa le visage de son compagnon. Raoul ne bronchait pas. Il reprit :

« Je sais… tu vas m'objecter que ce crime fut peut-être le résultat d'un hasard et qu'il fut commis parce que M. Guercin pénétrait dans le repaire du bandit. Hypothèse absurde (Béchoux répéta ce mot d'un ton dédaigneux, comme s'il méprisait Raoul pour avoir imaginé une telle hypothèse). Oui, absurde, car M. Guercin mit bien deux ou trois minutes à forcer le cadenas, et l'individu aurait eu vingt fois le temps de se cacher à l'étage inférieur. Tu confesseras que mon raisonnement est irréfutable, et qu'il faut que tu m'opposes une autre version. »

Raoul n'opposa rien du tout. Il se taisait.

Sur quoi Béchoux changea ses batteries et attaqua un autre sujet.

« C'est comme pour Catherine Montessieux. Là encore, rien que des ténèbres. Qu'a-t-elle fait dans la journée d'hier ? Par où a-t-elle disparu ? Comment est-elle rentrée, et à quelle heure ? Mystère. Et mystère plus encore pour toi que pour moi, puisque tu ignores tout le passé de cette jeune personne, ses craintes plus ou moins fondées, ses lubies, enfin tout.

– Absolument tout.

– Moi aussi, d'ailleurs. Mais tout de même il y a certains points essentiels sur lesquels je pourrais te renseigner.

– Ça ne m'intéresse pas pour l'instant. »

Béchoux s'irrita.

« Mais enfin, saperlipopette, rien ne t'intéresse ? À quoi penses-tu ?

– À toi.

– À moi ?

– Oui.

– Et dans quel sens ?

– Dans le sens habituel où je pense à toi.

– C'est-à-dire comme à un imbécile.

– Pas du tout, mais comme à un être éminemment logique, et qui n'agit qu'à bon escient.

– De sorte que ?

– De sorte que je me demande depuis ce matin pourquoi tu es venu à Radicatel ?

– Je te l'ai dit. Pour me guérir des suites d'une pleurésie.

– Tu as eu raison de vouloir te soigner, mais tu pouvais le faire ailleurs, à Pantin ou à Charenton. Pourquoi as-tu choisi ce patelin ? C'est le berceau de ton enfance ?

– Non, dit Béchoux, embarrassé. Mais cette chaumière appartenait à un de mes amis, et alors…

– Tu mens.

– Dis donc !…

– Fais voir ta montre, délicieux Béchoux. »

Le brigadier tira de son gousset sa vieille montre d'argent qu'il fit voir à Raoul.

« Eh bien, dit celui-ci… veux-tu que je te dise ce qu'il y a sous ce boîtier ?

– Rien, dit Béchoux, de plus en plus gêné.

– Si, il y a un petit carton, et ce petit carton, c'est la photographie de ta maîtresse.

– Ma maîtresse ?

– Oui, la cuisinière.

– Qu'est-ce que tu chantes ?

– Tu es l'amant de Charlotte, la cuisinière.

– Charlotte n'est pas une cuisinière, elle est une sorte de dame de compagnie.

– Une dame de compagnie qui fait la cuisine et qui est ta maîtresse.

– Tu es fou.

– En tout cas tu l'aimes.

– Je ne l'aime pas.

– Alors pourquoi gardes-tu cette photographie sur ton cœur ?

– Comment le sais-tu ?

– J'ai consulté ta montre, la nuit dernière, sous ton oreiller. »

Béchoux murmura :

« Fripouille !… »

Il était furieux, furieux d'avoir été dupé de nouveau, et plus encore d'être, pour Raoul, un objet de raillerie. L'amant de la cuisinière !

« Je te répète, dit-il, l'intonation saccadée, que Charlotte n'est pas une cuisinière mais une dame de compagnie, une lectrice, presque une amie de Mme Guercin, qui apprécie ses grandes qualités de cœur et d'esprit. J'ai eu le plaisir de faire sa connaissance à Paris, et, lorsque je suis entré en convalescence, c'est elle qui m'a parlé de cette chaumière à louer et du bon air que l'on respirait à Radicatel. Dès mon arrivée, elle m'a fait recevoir chez ces dames qui voulurent bien m'accueillir tout de suite comme un familier. Voilà toute l'histoire. C'est une femme d'une vertu éprouvée, et je la respecte trop pour lui demander d'être son amant.

– Son mari alors ?

– Cela me regarde.

– Certes. Mais comment cette dame de compagnie de si grand cœur et de si bel esprit accepte-t-elle de vivre dans la société du valet de chambre ?

– M. Arnold n'est pas un valet de chambre, mais un intendant pour qui nous avons tous de la considération et qui sait se tenir à sa place.

– Béchoux, s'écria Raoul gaiement, tu es un sage et un veinard. Mme Béchoux te fera de bons petits plats, et je prendrai pension chez vous. D'ailleurs je la trouve très bien, ta fiancée… de l'allure… du charme… de jolies formes rebondies… Si, si, je suis un connaisseur, tu sais… »

Béchoux pinça les lèvres. Il n'aimait pas beaucoup ces plaisanteries, et il y avait des moments où Raoul l'agaçait avec son air de supériorité gouailleuse.

Il coupa court à l'entretien.

« Assez là-dessus. Voici justement Mlle Montessieux, et ces questions n'ont aucun intérêt pour elle. »

Ils avaient regagné le manoir et, dans la pièce où se tenait une heure auparavant Mme Guercin, Catherine apparaissait, hésitante et toute pâle. Béchoux allait présenter son ami lorsque celui-ci s'inclina, embrassa la main de la jeune fille, et lui dit affectueusement :

« Bonjour, Catherine. Comment allez-vous ? »

Béchoux demanda, confondu :

« Quoi ! Est-ce possible ! tu connais donc mademoiselle ?

– Non. Mais tu m'as tellement parlé d'elle ! »

Béchoux les observa tous les deux et demeura pensif. Qu'est-ce que cela voulait dire ? Raoul avait-il eu l'occasion de se mettre au préalable en rapport avec Mlle Montessieux, et n'était-il point intervenu déjà en sa faveur, se jouant de lui une fois de plus ? Mais tout cela était bien compliqué et bien inconcevable. Trop d'éléments lui manquaient pour reconstituer la vérité. Exaspéré, il tourna le dos à Raoul, et s'en alla avec des gestes de courroux.

Aussitôt Raoul d'Avenac s'excusa en s'inclinant.

« Vous me pardonnerez, mademoiselle, ma familiarité. Mais je vous dirai franchement que, pour garder mon ascendant sur Béchoux, je le tiens toujours en haleine par de jolis coups de théâtre, un peu puérils à l'occasion, qui lui semblent autant de prodiges et me donnent à ses yeux des allures de sorcier et de démon. Il fulmine, s'en va et me laisse tranquille. Or, j'ai besoin de mon sang-froid pour dénouer cette affaire. »

Il eut l'impression que tout ce qu'il faisait ou pourrait faire aurait toujours l'approbation de la jeune fille. Depuis la première heure, elle était comme sa captive, et se soumettait à cette autorité pleine de douceur.

Elle lui tendit la main.

« Agissez à votre guise, monsieur. »

Elle lui parut si lasse qu'il la pressa de rester à l'écart et d'éviter, autant que possible, l'interrogatoire du juge d'instruction.

« Ne bougez pas de votre chambre, mademoiselle. Jusqu'à ce que je voie plus clair, nous devons prendre des précautions contre toute offensive imprévue.

– Vous avez des craintes, monsieur ? dit-elle, en vacillant.

– Aucune, mais je me défie toujours de ce qui est obscur et invisible. »

Il lui demanda et fit demander à Mme Guercin l'autorisation de visiter le manoir de fond en comble. M. Arnold fut chargé de l'accompagner. Il visita le sous-sol et le rez-de-chaussée, puis monta au premier étage où toutes les chambres ouvraient sur un long corridor. Les pièces étaient petites et basses, toutes compliquées par des alcôves, des coins et recoins qui servaient de cabinets de toilette, toutes habillées encore de leurs boiseries du XVIIIe siècle, ornées de trumeaux, et meublées de chaises et de fauteuils que garnissaient des tapisseries faites à la main et défraîchies. Entre l'appartement de Bertrande et de Catherine, il y avait la cage de l'escalier.

Cet escalier conduisait à un second étage composé d'un vaste grenier qu'encombraient des tas d'ustensiles hors d'usage et que flanquaient, à droite et à gauche, des mansardes pour les domestiques, inoccupées et démeublées presque toutes. Charlotte couchait à droite, au-dessus de Catherine, M. Arnold à gauche, au-dessus de Bertrande. Toutes les fenêtres, aux deux étages, avaient vue sur le parc.

Son inspection terminée, Raoul retourna dehors. Les magistrats continuaient leur enquête, accompagnés par Béchoux.

Comme ils s'en revenaient, il obliqua vers le mur où se trouvait la petite porte que Catherine avait utilisée pour s'introduire le matin dans le domaine. Des massifs d'arbustes et les décombres d'une serre écroulée dont le lierre avait pris possession encombraient cette partie du jardin. Il avait conservé la clef et put sortir à l'insu de tous.

À l'extérieur, le sentier continuait à longer le mur et montait avec lui les premières rampes des collines. On quittait la Barre-y-va, que l'on surplombait ensuite, et l'on passait entre des vergers et la lisière d'un bois, pour aboutir à un premier plateau où se groupaient une vingtaine de chaumières et de maisons que dominait le château de Basmes.

Le corps principal, encadré de quatre tourelles, présentait exactement les mêmes lignes que le manoir, qui semblait n'en être qu'une copie réduite. C'est là que demeurait cette comtesse de Basmes qui s'opposait au mariage de son fils Pierre avec Catherine et qui avait séparé les deux fiancés. Raoul fit le tour, puis déjeuna dans une auberge du hameau où il bavarda avec des paysans. On connaissait dans le pays les amours contrariées des jeunes gens. Souvent on les avait surpris qui se rejoignaient dans le bois voisin et qui restaient assis, les mains enlacées. Depuis quelques jours, on ne les avait pas aperçus.

« Tout cela est clair, pensa Raoul. La comtesse, ayant obtenu de son fils qu'il partît en voyage, les rendez-vous ont été suspendus. Hier matin, lettre du jeune homme annonçant à Catherine son départ. Catherine, affolée, s'échappe de la Barre-y-va et court au lieu ordinaire de leurs entrevues. Le comte Pierre de Basmes n'y est pas. »

Raoul d'Avenac redescendit vers ce petit bois qu'il avait longé en montant et pénétra sous des frondaisons épaisses où un passage était frayé parmi les taillis. Il arriva ainsi au seuil d'une clairière, qu'un talus d'arbres entourait et où s'allongeait, en face, un banc rustique. Sans nul doute, c'était là que se retrouvaient les deux fiancés. Il s'y assit et fut très étonné au bout de quelques minutes, de discerner, à l'extrémité d'une coulée qui filait entre les tiges des arbres, quelque chose qui bougeait, dix ou quinze mètres plus loin. C'étaient des feuilles mortes, accumulées au même endroit, et que soulevait un mouvement insolite.

Il se glissa jusque-là. Le remous s'accrut, et il entendit un gémissement. Quand il eut atteint l'endroit, il vit surgir une étrange tête de vieille femme, que couronnait une chevelure ébouriffée et comme tressée de brindilles et de mousse. En même temps, un corps maigre, vêtu de haillons, se dégageait du lit de feuilles qui le recouvrait comme un suaire.

Le visage était blême, bouleversé par l'effroi, avec des yeux hagards. Elle retomba sans forces, en se plaignant, et en se tenant la tête comme si on l'avait frappée et qu'elle souffrît cruellement.

Raoul la questionna. Elle ne répondit que par des lamentations incohérentes, et, comme il ne savait que faire d'elle, il retourna au hameau de Basmes et revint avec l'aubergiste, qui lui raconta :

« Bien sûr, c'est la mère Vauchel, une vieille radoteuse, qui n'a plus toute sa raison depuis que son fils est mort. Il était bûcheron, le fils, et un chêne qu'il abattait l'a écrasé par le travers. Elle a bien souvent travaillé au manoir, où elle sarclait les allées du temps de M. Montessieux. »

L'aubergiste reconnut en effet la mère Vauchel. Raoul et lui la transportèrent dans la misérable cabane qu'elle habitait à quelque distance du bois et la couchèrent sur un matelas. Elle continuait à pousser des bégaiements où Raoul, à la fin, recueillit ces quelques mots qui revenaient plus souvent :

« Trois chaules, que je vous dis, ma belle demoiselle… trois chaules… et ch'est c'monsieur-là, que j'vous dis… et c'est à vous qu'il en a… il vous tuera, ma belle demoiselle… prenez garde…

– Elle a la berlue, ricana l'aubergiste, en s'en allant. Adieu, la mère Vauchel, tâchez moyen de dormir. »

Elle pleurait doucement, la tête toujours pressée entre ses mains tremblantes, et la figure douloureuse. En se penchant sur elle, Raoul vit qu'un peu de sang s'était coagulé entre les mèches grises. Il l'étancha avec un mouchoir trempé dans une cruche, et lorsqu'elle se fut assoupie, plus paisible, il retourna vers la clairière. Il lui suffit de se baisser pour retrouver, près du tas de feuilles, une grosse racine fraîchement coupée et qui formait massue.

« Nous y sommes, se dit-il, la mère Vauchel a été frappée, puis traînée jusque-là, ensevelie sous les feuilles, et laissée pour morte. Qui a fait le coup, et pourquoi l'a-t-on fait ? Doit-on supposer que c'est un seul et même individu qui mène l'intrigue ? »

Mais le souci de Raoul provenait des paroles qu'avait prononcées la mère Vauchel… « Ma belle demoiselle. » Cela ne concernait-il point Catherine Montessieux, Catherine rencontrée vingt-quatre heures avant par la folle, alors que la jeune fille errait dans ce bois en quête de son fiancé, Catherine qui avait pris peur de l'effroyable prédiction : « Il vous tuera, ma belle demoiselle… il vous tuera… » et qui s'était enfuie à Paris, pour lui demander secours, à lui, Raoul d'Avenac ?

De ce côté, les faits semblaient bien établis. Quant au reste des élucubrations, quant à ce mot incompréhensible des trois « chaules », répété par la vieille, Raoul ne voulut pas s'y attarder. Selon son habitude, il pensa que c'était là de ces énigmes qui se résolvent d'elles-mêmes lorsque le moment est venu.

Il ne rentra qu'à la nuit tombante. Les magistrats et les médecins étaient partis depuis longtemps. Un gendarme demeurait de faction près de la grille.

« Un gendarme, ça n'est pas suffisant, dit-il à Béchoux.

– Pourquoi ? fit Béchoux vivement. Il y a donc du nouveau ? Tu as des inquiétudes ?

– Et toi, Béchoux tu n'en as pas ? dit Raoul.

– Pourquoi en aurait-on ? Il s'agit de découvrir quelque chose qui s'est passé, et non de prévenir quelque chose qui pourrait se passer.

– Quelle gourde tu fais, mon pauvre Béchoux.

– Enfin, quoi ?

– Eh bien, il y a une menace grave contre Catherine Montessieux.

– Allons donc, c'est sa marotte que tu reprends à ton compte.

– À ton aise, excellent Béchoux, fais comme tu l'entends. Va dîner, fumer ta pipe et roupiller à Béchoux Palace. Pour moi, je ne démarre pas d'ici.

– Tu veux que nous y couchions ? s'écria le brigadier en haussant les épaules.

– Oui, dans ce salon, sur ces deux confortables fauteuils. Si tu as froid, je te confectionne un cruchon. Si tu as faim, je te donne une tartine de confitures. Si tu ronfles, je te fais faire connaissance avec mon pied. Si tu…

– Halte ! dit Béchoux en riant. Je ne dormirai que d'un œil.

– Et moi de l'autre. Ça fera le compte. »

On leur servit à dîner. Ils fumèrent et devisèrent amicalement, rappelant leurs souvenirs communs et se racontant des histoires. Deux fois, ils firent des rondes autour du manoir, s'aventurèrent jusqu'à la tour du pigeonnier, et réveillèrent le planton de gendarmerie qui s'assoupissait sur une des bornes de la grille.

À minuit, ils s'installèrent.

« Lequel fermes-tu, Béchoux ?

– Le droit.

– Et moi, le gauche. Mais je laisse ouvertes les deux oreilles. »

Un grand silence s'accumulait dans la pièce et autour de la maison. Deux fois Béchoux, qui ne croyait guère au danger, s'endormit si fort qu'il ronfla et reçut un coup de pied à hauteur des mollets. Mais lui-même, Raoul, s'était abandonné depuis une heure au sommeil le plus profond, lorsqu'il bondit sur place. Un cri avait été poussé quelque part.

« Pas vrai, bafouilla Béchoux. C'est une chouette. »

Un autre cri, soudain.

Raoul s'élança vers l'escalier en proférant :

« C'est en haut, dans la chambre de la petite… Ah ! crebleu, si on touche à celle-là !…

– Je sors, dit Béchoux. On pincera le type quand il sautera par la fenêtre.

– Et si on la tue pendant ce temps ? »

Béchoux rebroussa chemin. Aux dernières marches, Raoul tira un coup de revolver pour que cessât l'attaque, et pour donner l'alarme aux domestiques. À grands coups de poing il ébranla la porte dont un panneau céda. Béchoux, passant le bras, fit manœuvrer le verrou, puis la clef. Ils entrèrent.

La pièce était vaguement éclairée par une veilleuse, et la fenêtre était ouverte. Il n'y avait personne, personne que Catherine, étendue sur son lit et dont les plaintes avaient un air de suffocation comme si elle eût râlé.

« À toi, Béchoux, ordonna Raoul, dégringole dans le jardin. Je m'occupe d'elle. »

À ce moment, il fut rejoint par Bertrande Guercin, et, penchés sur la jeune fille, ils eurent tout de suite l'impression qu'il n'y avait rien à craindre de grave. Elle respirait. Toute haletante encore, elle murmura :

« Il m'étranglait… il n'a pas eu le temps.

– Il vous étranglait, répéta Raoul bouleversé. Ah ! le bandit ! Et d'où venait-il ?

– Je ne sais pas… la fenêtre… je crois…

– Elle était fermée ?

– Non… jamais…

– Qui est-ce ?

– Je n'ai vu qu'une ombre. »

Elle n'en dit pas davantage. L'épouvante, la douleur l'avaient épuisée. Elle s'évanouit.

Chapitre V

Les trois « chaules »

Tandis que Bertrande soignait sa sœur, Raoul se précipitait vers la fenêtre et retrouvait Béchoux suspendu sur la corniche et se cramponnant au fer du balcon.

« Eh bien, quoi ! dégringole, idiot, fit-il.

– Après ? la nuit est noire comme de l'encre. Que fera-t-on de plus, en bas ?

– Et ici ?

– D'ici, il se peut qu'on voie… »

Il avait tiré sa lanterne de poche qu'il braqua sur le jardin. Raoul en fit autant. Les deux lanternes étaient puissantes et jetaient sur les allées et dans les massifs des plaques de lumière assez vives.

« Tiens, là-bas, dit Raoul… une silhouette…

– Oui, du côté de la serre en ruine… »

Elle bondissait, cette silhouette, par sauts désordonnés qui semblaient plutôt ceux d'une bête folle, et qui étaient certainement destinés à empêcher toute identification du personnage.

« Ne le lâche pas, enjoignit Raoul. Je cours dessus. »

Mais, avant qu'il eût enjambé le balcon, un coup de feu claqua, tiré d'en haut, de l'étage supérieur, indubitablement par le domestique Arnold. Un cri jaillit là-bas, dans le jardin. La silhouette pirouetta sur elle-même, tomba, se releva, tomba de nouveau, et demeura pelotonnée, inerte.

Cette fois Raoul se jeta dans le vide, avec des exclamations de triomphe.

« Nous l'avons ! Bravo, Arnold ! Béchoux, ne lâche pas la bête fauve avec ta lumière. Dirige-moi. »

Malheureusement, l'ardeur de la lutte ne permit pas à Béchoux d'obéir. Il sauta également, et, quand leurs lampes furent rallumées et qu'ils eurent atteint, près de la serre, l'endroit exact où la bête fauve, selon l'expression de Raoul, gisait, ils ne trouvèrent qu'une pelouse piétinée, foulée, mais pas de cadavre.

« Imbécile ! Crétin ! hurla Raoul, c'est de ta faute. Il a profité des quelques secondes d'obscurité que tu lui as octroyées.

– Mais il était mort ! gémit Béchoux, piteusement.

– Mort comme toi et moi. Tout ça, c'était du chiqué.

– Qu'importe, on va suivre ses traces dans l'herbe. »

Avec l'aide du gendarme qui les avait rejoints, ils passèrent quatre ou cinq minutes courbés sur la pelouse. Mais la piste, à quelques mètres de distance, aboutissait à une allée de petits graviers où elle se perdait. Raoul ne s'obstina point et revint au manoir. Arnold descendait l'escalier avec un fusil.

C'était le coup de revolver de Raoul qui l'avait réveillé. Croyant d'abord qu'il y avait lutte entre le gendarme et le meurtrier de M. Guercin, il ouvrait sa fenêtre et, en se penchant, il apercevait vaguement l'ombre d'un homme qui se jetait de la chambre de Mlle Montessieux. Alors il restait à l'affût et, dès que la projection des lanternes eût repéré le fugitif, il épaulait.

« Dommage, dit-il, que vous ayez éteint. Sans quoi, ça y était. Mais ce n'est que partie remise. Il a du plomb dans l'aile, et il va crever comme une bête puante, sous quelque buisson où on le dénichera. »

On ne dénicha rien. Lorsque Raoul se fut assuré que Catherine, veillée par sa sœur Bertrande et par Charlotte, dormait paisiblement, lorsqu'il eut pris lui-même quelque repos, ainsi que Béchoux, et que, au petit jour, il se mit en chasse, il ne tarda pas à reconnaître que les recherches ne donnaient pas plus de résultat qu'auparavant.

« Bredouilles ! dit à la fin Béchoux. Le brigand qui a tué M. Guercin et essayé de tuer Catherine Montessieux doit s'être aménagé, entre les murs de l'enceinte, quelque retraite impénétrable où il se moque de nous. À la première occasion, et dès qu'il sera remis de ses blessures, si tant est qu'il soit blessé, il recommencera.

– Et, cette fois, si nous ne sommes pas plus malins que la nuit dernière, il ne manquera pas Catherine Montessieux, dit Raoul d'Avenac qui n'avait pas oublié les paroles de la mère Vauchel. Béchoux, Béchoux, veillons sur elle. La petite doit être sacrée ! »

Le lendemain, après la cérémonie funèbre qui eut lieu à l'église de Radicatel, Bertrande accompagnait à Paris, où il fut enterré, le corps de M. Guercin. Durant son absence, Catherine, prise de fièvre et fort abattue, ne quitta pas son lit. Charlotte couchait près d'elle. Raoul et Béchoux s'étaient installés dans deux chambres contiguës à la sienne. L'un et l'autre, tour à tour, étaient de faction.

L'instruction cependant continuait, mais bornée au seul assassinat de M. Guercin, Raoul ayant fait en sorte que ni le parquet ni la gendarmerie n'eussent connaissance de la tentative effectuée contre Mlle Montessieux. On croyait simplement qu'il y avait eu une alerte nocturne, et un coup de feu motivé par la vision plus ou moins confuse d'une silhouette. Catherine demeurait donc en dehors de l'enquête. Souffrante, elle ne fut interrogée que pour la forme et répondit qu'elle ignorait tout des événements.

Béchoux, lui, s'acharnait. Comme Raoul semblait se désintéresser de l'affaire, du moins en ce qui concernait les recherches, il avait fait venir de Paris deux de ses camarades, en congé comme lui, avec lesquels il mit en œuvre, suivant l'expression de Raoul, tous les procédés du parfait détective. Le parc fut divisé en secteurs jalonnés, et chacun d'eux en sous-secteurs. Les uns après les autres, puis tous trois ensemble, les trois camarades passèrent de secteurs en sous-secteurs, interrogeant chaque motte de terre, chaque caillou et chaque brin d'herbe. Ce fut en vain. Ils ne découvrirent ni grotte, ni tunnel, ni creux suspect.

« Pas même un trou de souris, plaisantait Raoul, qui s'amusait franchement. Mais as-tu pensé aux arbres, Béchoux ? Qui sait ? Il s'y cache peut-être quelque anthropoïde meurtrier ?

– Enfin, protestait Béchoux indigné, tu te fiches donc de tout ?

– De tout… sauf de la délicieuse Catherine, sur qui je veille.

– Je ne t'ai pas fait venir de Paris pour les beaux yeux de Catherine, et encore moins pour pêcher dans la rivière. Car voilà à quoi tu perds ton temps, à regarder un bouchon qui flotte. Est-ce que tu t'imagines que le mot de l'énigme est là ?

– Certainement, ricanait Raoul, il est à l'extrémité de ma ligne. Tiens, pige-le dans ce petit tourbillon… et plus loin, au pied de cet arbre qui plonge ses racines. Aveugle que tu es ! »

La figure de Théodore Béchoux s'illuminait.

« Tu sais quelque chose ? notre homme se cache au fond de l'eau ?

– Tu l'as dit ! Il a fait son lit dans celui de la rivière. Il y mange. Il y boit. Et il s'y fiche de toi, Théodore. »

Béchoux levait les bras au ciel, et Raoul l'apercevait aussitôt rôdant autour de la cuisine et se glissant auprès de Charlotte à qui il développait ses plans de campagne.

Au bout d'une semaine, Catherine allait beaucoup mieux, et, couchée sur sa chaise longue, put recevoir Raoul. Dès lors il vint chaque après-midi. Il la distrayait par sa bonne humeur et sa verve.

« Vous n'avez plus peur, hein ? Voyons, quoi, s'exclamait-il d'un ton à la fois comique et sérieux, ce qui vous est arrivé est tout naturel. Il n'y a pas de jour où ne se produise une tentative semblable à celle dont vous avez été victime. C'est courant. L'essentiel, c'est que cela ne se reproduise pas contre vous. Or, je suis là. Je sais de quoi notre adversaire ou nos adversaires sont capables, et je réponds de tout. »

La jeune fille resta longtemps sur la défensive. Elle souriait, rassurée, malgré tout, par les plaisanteries et l'air insouciant de Raoul, mais ne répliquait pas quand il l'interrogeait sur certains faits. Ce ne fut qu'à la longue, et avec beaucoup d'adresse et de patience, qu'il la mit, pour ainsi dire, en besoin de confidence. Un jour, la sentant plus expansive, il s'écria :

« Allons, parlez, Catherine – ils étaient arrivés tout naturellement à s'appeler par leur petit nom – parlez comme vous aviez l'intention de le faire quand vous êtes venue me demander secours à Paris. Je me souviens des termes mêmes de votre appel : « Je sais qu'il y a autour de moi des choses incompréhensibles… et d'autres qui vont se produire et qui me font peur. » Eh bien, certaines de ces choses qui vous effrayaient d'avance, sans qu'il vous fût possible de les préciser, se sont produites. Si vous voulez écarter de nouvelles menaces, parlez. »

Elle hésitait encore, il lui saisit la main et son regard se posa si tendrement sur la jeune fille qu'elle rougit, et que, pour masquer son embarras, elle parla aussitôt.

« Je suis de votre avis, dit-elle. Mais j'ai gardé de mon enfance solitaire des habitudes, non pas de cachotterie, mais, de réserve et de silence. J'étais très gaie, mais en moi-même et pour moi-même. Quand j'ai perdu mon grand-père, j'ai vécu plus renfermée encore. J'aimais beaucoup ma sœur, mais elle s'était mariée et voyageait. Son retour m'a fait du bien, et ce fut pour moi une grande joie de venir habiter ici avec elle. Cependant il n'y eut pas, et il n'y a pas entre nous, malgré notre affection, l'intimité parfaite où l'on se détend et où l'on sent le bonheur d'être ensemble. C'était de ma faute. Vous savez que je suis fiancée, que j'aime de tout mon cœur Pierre de Basmes et qu'il m'aime profondément. Pourtant, entre lui et moi, il y a encore comme une barrière. Et c'est encore une conséquence de ma nature, qui ne se livre pas, et qui se défie de tout élan trop vif et trop spontané. »

Après une pause, elle reprit :

« Cet excès de réserve, acceptable quand il s'agit de sentiments et de secrets féminins, devient absurde quand il s'agit de faits de la vie quotidienne, et surtout de faits exceptionnels et anormaux. C'est néanmoins ce qui s'est passé depuis que je suis à la Barre-y-va. J'aurais dû dire la vérité sur certains événements étranges qui m'ont frappée. Au lieu de cela, je me suis tue, et l'on m'a traitée de fantasque et de déséquilibrée, parce que j'éprouvais des épouvantes qui étaient fondées sur des réalités que je gardais pour moi. Et ainsi je suis devenue inquiète, nerveuse, presque sauvage, incapable de supporter les peines et les terreurs dont je ne voulais cependant partager le poids avec ceux qui m'entouraient. »

Elle demeura longtemps silencieuse. Il brusqua les choses.

« Et voilà que vous êtes encore indécise ! dit-il.

– Non.

– Ainsi vous voulez bien me raconter ce que vous ne racontiez à personne ?

– Oui.

– Pourquoi ?

– Je ne sais pas. »

Catherine dit cela gravement et répéta :

« Je ne sais pas. Mais je ne peux pas faire autrement. Je suis forcée de vous obéir, et en même temps je comprends que j'ai raison de vous obéir. Peut-être mon récit vous semblera-t-il d'abord un peu enfantin, et mes craintes bien puériles. Mais vous comprendrez, j'en suis sûre, vous comprendrez. »

Et aussitôt, sans plus de résistance, elle commença :

« Nous sommes arrivées, ma sœur et moi, à la Barre-y-va le 25 avril dernier, un soir, dans une maison froide, abandonnée depuis la mort de mon grand-père, c'est-à-dire depuis plus de dix-huit mois. On passa la nuit tant bien que mal. Mais le lendemain matin, lorsque j'ouvris ma fenêtre, j'éprouvai la plus grande joie de ma vie à revoir le jardin de mon enfance. Si abîmé qu'il fût, avec ses hautes herbes, ses allées encombrées de mauvaises plantes, ses pelouses jonchées de branches pourries, c'était le cher jardin où j'avais été si heureuse. Tout ce que j'avais eu de bon dans mon passé, je le retrouvais vivant encore, et toujours pareil à mes yeux, dans cet espace clos de murailles où personne, absolument personne, n'avait plus pénétré. Et je n'eus plus qu'une idée, ce fut de rechercher ces souvenirs et de ressusciter ce que je croyais anéanti.

« À peine vêtue, mes pieds nus dans mes sabots d'autrefois, toute frissonnante d'émotion, j'allai refaire connaissance avec mes vieux amis les arbres, avec ma grande amie la rivière, avec les vieilles pierres et les débris de statues dont mon grand-père aimait à joncher les taillis. Tout mon petit monde était là. On eût dit qu'il m'attendait et qu'il accueillait mon retour avec le même attendrissement que je ressentais à marcher à sa rencontre. Mais il y avait un endroit qui, dans ma mémoire, gardait une place sacrée. Il n'était pas de jour, à Paris, où je ne l'évoquais, car il représentait pour moi tous mes rêves d'enfant solitaire et de jeune fille romanesque. Partout ailleurs je jouais et je m'amusais, en proie à mes instincts turbulents. Ici, je ne faisais rien. Je songeais. Je pleurais sans raison. Je regardais, sans les voir, s'agiter les fourmis et voler les mouches. Je respirais pour le plaisir de respirer. Si le bonheur peut être négatif et s'exprimer par de la béatitude engourdie et l'absence totale de pensée, j'ai été heureuse là, entre ces trois saules isolés, couchée dans leurs branches ou me balançant dans un hamac que j'avais accroché d'un arbre à l'autre.

« Je me rendis vers eux comme on se rend à un pèlerinage, ardemment et lentement, l'âme recueillie et les tempes battant d'un peu de fièvre. Je me frayai un chemin parmi les ronces et les orties qui obstruaient les approches du vieux pont, ce vieux pont vermoulu où je dansais autrefois par défi et parce qu'on me défendait de m'y aventurer. Je le franchis. Je traversai l'île et je suivis la rivière en m'élevant par le sentier qui la domine et qui conduit à la région rocheuse du jardin. Des arbustes, poussés depuis mon départ, me cachaient le petit tertre que je voulais atteindre. Je me glissai dans ce taillis épais. J'écartai les branches. Je débouchai, et tout de suite jetai une exclamation de stupeur. *Les trois saules n'étaient pas là.* Ils n'y étaient pas, et voilà qu'en regardant autour de moi avec des yeux effarés, et un véritable désespoir, comme si les êtres les plus chers avaient manqué à mon rendez-vous, voilà que cent mètres plus loin, de l'autre côté des roches, et après un tournant de la rivière, je les apercevais tout à coup, mes trois arbres disparus… les mêmes, je vous assure, les mêmes, placés comme autrefois en éventail, et tournés dans la direction du manoir d'où je les avais si souvent contemplés. »

Catherine s'interrompit et observa Raoul, non sans quelque inquiétude. En vérité, il ne souriait pas. Non, il n'avait pas l'air de se moquer, et l'on eût dit au contraire que l'importance dramatique qu'elle donnait à sa découverte lui paraissait toute légitime.

« Vous êtes certaine que personne n'a pénétré dans le domaine de la Barre-y-va depuis la mort de votre grand-père ?

– On a peut-être franchi le mur. Mais nous avions à Paris toutes les clefs, et, quand nous sommes revenues ici, aucune serrure n'était fracturée.

– Alors il est une explication qui se présente forcément à l'esprit, c'est que vous vous êtes trompée, et que les trois arbres ont toujours été où vous les avez retrouvés. »

Catherine tressaillit et protesta avec une vivacité excessive.

« Ne dites pas cela ! Non, ne faites pas une pareille supposition ! Je ne me suis pas trompée ! Je ne pouvais pas me tromper ! »

Elle l'entraîna dehors, et ils firent ensemble le trajet indiqué par elle. Ils remontèrent le cours de la rivière, laquelle coulait tout droit, perpendiculairement à l'angle gauche du Manoir, et ils suivirent la pente douce qui conduisait au petit tertre à travers des herbages que la jeune fille avait fait débarrasser de tous les fourrés. Le tertre ne portait aucune trace d'arbres arrachés ou déplacés.

« Examinez bien la vue que l'on a, et que j'avais d'ici, sur le parc. On le domine de douze à quinze mètres, n'est-ce pas ? et on le voit tout entier, ainsi que le manoir et que le clocher de l'église. Et puis, vous allez faire la comparaison. »

Le sentier devenait abrupt et passait par-dessus des roches, au milieu desquelles avaient pris racine des sapins dont les aiguilles s'amoncelaient sur le granit. Il y avait là un tournant brusque de la rivière qui coulait ainsi au creux d'un défilé, et une sorte de tumulus qui se dressait en face, sous un épais manteau de lierre, et qu'on appelait la Butte-aux-Romains.

Ils redescendirent ensuite jusqu'à la berge, à l'origine du défilé. Du doigt Catherine désigna les trois saules placés en éventail, ceux de droite et de gauche à égale distance de l'arbre central.

« Les voici tous les trois. Ai-je vraiment pu me tromper ? Ici, on est en contrebas. Presque pas de vue. L'œil se heurte aux roches ou à la Butte-aux-Romains. À peine une petite éclaircie vers le tertre. Oserez-vous dire que ma mémoire eût conservé le souvenir absolument net de l'autre emplacement, alors que les trois arbres se trouvaient ici, dans un endroit que je connaissais bien, et où ils n'étaient pas quand je venais me baigner ?

– Pourquoi, demanda Raoul, sans lui répondre directement, pourquoi me posez-vous cette question ? J'ai l'impression que vous le faites avec une certaine anxiété ?

– Mais non, mais non, dit-elle d'un ton véhément.

– Si. Je le sens. Et vous vous êtes informée ? Vous avez interrogé d'autres personnes ?

– Oui, sans en avoir l'air parce que je ne voulais pas laisser paraître mon trouble. Ma sœur d'abord. Mais elle ne se souvenait pas, ayant quitté la Barre-y-va depuis plus longtemps que moi. Cependant…

– Cependant ?

– Elle croyait se rappeler que les arbres se trouvaient bien où ils se trouvent aujourd'hui.

– Et Arnold ?

– Arnold, lui, me fit une réponse différente. Il n'affirmait rien, quoique l'emplacement actuel ne lui parût pas le véritable.

– Et vous n'avez pas eu l'occasion d'invoquer un autre témoignage ?

– Si, dit-elle, après une hésitation, celui d'une vieille femme qui avait travaillé dans le jardin quand j'étais enfant.

– La mère Vauchel ? » fit Raoul.

Catherine s'écria, soudain, tout agitée :

« Vous la connaissez donc ?

– Je l'ai rencontrée. Et je me rends compte maintenant de ce que signifiaient les « trois chaules » dont elle parlait. C'était sa façon de prononcer.

– Oui ! fit Catherine, de plus en plus émue. Il s'agissait des trois saules. Et c'est un peu à cause d'eux que la malheureuse, qui n'avait déjà pas l'esprit bien solide, est devenue folle. »

Chapitre VI

La mère Vauchel

Raoul la vit dans une telle surexcitation qu'il la ramena vers le manoir. C'était la première sortie de la jeune fille, et elle ne devait pas abuser de ses forces.

Durant deux jours, il usa de son influence sur elle pour la calmer, et pour lui montrer l'aventure sous un aspect moins tragique. Elle s'apaisait sous les yeux de Raoul. Elle se sentait à l'aise, détendue et sans force contre cette volonté bienfaisante et affectueuse. Alors il insista pour qu'elle reprît son récit, ce qu'elle commença par faire en termes plus posés.

« Évidemment, au début, tout cela n'aurait pas dû me paraître bien grave. Mais, tout de même, puisque je ne pouvais pas admettre qu'il y eût erreur de ma part, puisque ni ma sœur ni Arnold ne me contredisaient absolument, que penser de cette transplantation ? De quelle façon l'avait-on effectuée, et dans quel but ? Mais l'incident ne devait pas tarder à m'apparaître sous un autre jour, et sous un jour bien plus angoissant. En fouillant le manoir, autant par curiosité que pour ranimer tant de jolis souvenirs, je découvris dans un coin du grenier où mon grand-père avait installé un petit laboratoire, avec table, fourneau à pétrole, cornues, etc., un carton à dessin et à épures, et parmi les feuilles éparses de ce carton, il y avait un plan topographique du jardin.

« Je me rappelai tout à coup. Ce plan, j'y avais collaboré, quatre ou cinq ans auparavant. Ensemble, grand-père et moi, nous avions pris des mesures, et relevé des cotes. Toute fière de la tâche que l'on me confiait, je tenais un des bouts de la chaîne d'arpentage ou le viseur à trépied, ou l'un quelconque des instruments nécessaires. Le résultat de nos travaux communs, c'était ce plan, que j'avais vu mon grand-père tracer, qu'il avait signé de sa main, et où je m'étais si fort amusée devant la rivière bleue et devant le point rouge du pigeonnier. Le voici. »

Elle déroula la feuille sur une table et l'y fixa par quatre épingles. Raoul se pencha.

Le long serpent bleu de la rivière passait sous l'esplanade d'entrée, se redressait, touchait presque à l'angle du manoir, s'évasait un peu à l'endroit de l'île, puis, brusquement, virait entre les roches et la Butte-aux-Romains. Les pelouses étaient dessinées, et de même le contour du manoir et celui du pavillon de chasse. Le mur à contre forts limitait le domaine. Un point rouge marquait le pigeonnier. Des croix fixaient l'emplacement de certains arbres, signalés d'ailleurs par leurs noms : le Chêne à la cuve… le Hêtre rouge… l'Orme royal.

Le doigt de Catherine s'était posé tout au bout du parc, sur la gauche, près du serpent bleu. Elle désignait une triple croix avec cette inscription à l'encre, de son écriture : *les trois saules*.

« Les trois saules, dit-elle sourdement. Oui, là, après les roches et après la Butte-aux-Romains…, c'est-à-dire à l'endroit où ils sont aujourd'hui… »

Et, de nouveau nerveuse, elle continua avec une même intonation assourdie et saccadée :

« Alors, quoi, j'étais devenue folle ? Ces arbres que j'avais toujours connus sur le tertre, que j'y avais vus encore deux années auparavant, n'y étaient déjà plus à cette époque, puisque le plan établi par grand-père et par moi datait de plus de cinq années ? Il était donc possible que mon cerveau fût en proie à de telles aberrations ? Je luttais contre l'évidence des faits. J'aurais préféré croire au transport des arbres pour des raisons que j'ignorais. Mais le plan contredisait le témoignage de mes yeux et la conviction de ma mémoire, et, obligée, par moments, d'admettre mon erreur, je défaillais d'angoisse. Toute ma vie me semblait une hallucination, tout mon passé un cauchemar où je n'avais connu que visions fausses et réalités mensongères. »

Raoul écoutait la jeune fille avec un intérêt croissant. Dans les ténèbres où elle se débattait, lui-même, malgré quelques lueurs qui lui donnaient la certitude d'atteindre le but, lui-même il n'apercevait encore que confusion et incohérence.

Il lui dit :

« Et de tout cela vous ne parliez pas à votre sœur ?

– Ni à ma sœur ni à personne.

– À Béchoux, cependant ?

– Pas davantage. Je n'ai jamais compris la raison de sa présence à Radicatel, et je ne l'écoutais que quand il nous racontait quelques-unes de vos campagnes communes. D'ailleurs, je devenais sombre, soucieuse, et l'on s'étonnait de voir mon humeur presque sauvage et mon déséquilibre.

– Mais vous étiez fiancée ? »

Elle rougit.

« Oui, j'étais, je suis fiancée, ce qui était encore pour moi une cause de tourments, puisque la comtesse de Basmes ne veut pas que j'épouse son fils.

– Vous l'aimez ?

– Il me semblait que je l'aimais, dit Catherine à voix basse. Mais je ne me confiais pas à lui non plus. Je ne me suis confiée à personne, et je tâchais, toute seule, de dissiper cette atmosphère lourde qui m'oppressait. Et c'est ainsi que j'ai voulu m'enquérir auprès de cette vieille paysanne qui nettoyait autrefois le jardin. Je savais qu'elle habitait le petit bois Morillot qui est au-dessus du parc.

– Un petit bois où vous alliez souvent, n'est-ce pas ? »

Elle rougit de nouveau.

« Oui. Comme Pierre de Basmes ne pouvait venir à la Barre-y-va autant qu'il l'aurait voulu, je le rencontrais au bois Morillot. C'est là qu'un jour, après l'avoir quitté, je gagnai le logis de la mère Vauchel. À cette date, son fils vivait et travaillait comme bûcheron dans les bois de Tancarville. Elle n'était pas encore folle, mais n'avait pas la tête bien solide. Cependant, je n'eus même pas besoin de l'interroger ni même de lui rappeler mon nom. Au premier coup d'œil, elle chuchota :

« – Mademoiselle Catherine… la d'moiselle du « Manoir…

« Elle garda un assez long silence, s'efforçant de réfléchir, puis, se levant de la chaise où elle écossait des haricots, elle se pencha sur moi et, tout bas, me dit :

« – Les trois chaules… les trois chaules… faut faire attention, ma belle demoiselle… »

« J'étais confondue. Tout de suite, elle avait parlé de ces trois saules à propos desquels il y avait, pour moi, une telle énigme, et ses idées, vacillantes d'habitude, étaient si nettes à ce sujet qu'elle ajoutait : « Faut faire attention. » Que signifiaient ces mots, sinon que, dans son esprit, la vision des trois arbres s'associait à l'idée d'un danger que je courais ? Je la pressai de questions. Elle aurait voulu y répondre. Elle essayait. Mais les phrases n'arrivaient à ses lèvres qu'inachevées et informes. Tout au plus pus-je comprendre qu'elle articulait le nom de son fils.

« – Dominique… Dominique…

« Je lui dis aussitôt :

« – Oui… Dominique… votre fils… il sait quelque » chose sur ces trois arbres, n'est-ce pas ? Et je dois le voir ?… c'est ce que vous voulez dire ? Je le verrai demain… Je viendrai ici demain… à la fin de la journée, quand il sera revenu de son travail. Il faut l'avertir, n'est-ce pas ? et lui dire de m'attendre demain… Demain, à sept heures du soir, comme aujourd'hui. Demain… »

« J'appuyai sur ce mot, dont elle paraissait saisir la signification, et je la quittai avec un peu d'espoir. Il faisait presque nuit à ce moment, et je dois dire qu'il me sembla discerner dans l'ombre une silhouette d'homme qui se renfonçait derrière la cabane. J'eus le grand tort de ne pas vérifier cette impression fugitive. Mais rappelez-vous combien alors j'étais peu maîtresse de moi, et prête à m'effrayer sans raison très précise. J'avoue que j'eus peur, et que je redescendis vivement le sentier.

« Le lendemain je montai bien avant l'heure fixée, afin de repartir plus tôt, en plein jour. Dominique n'était pas encore arrivé de son travail. J'attendis longtemps près de la mère Vauchel, qui demeurait taciturne et comme anxieuse.

« Ce fut un paysan qui survint. Il annonça que deux camarades le suivaient et qu'ils transportaient le bûcheron Dominique que l'on avait trouvé blessé, sous le chêne qu'il abattait. À l'embarras du messager, je compris le drame. De fait, c'est un cadavre qui fut déposé devant la masure de la mère Vauchel. La pauvre femme devint tout à fait folle. »

Le désarroi de Catherine s'accroissait comme si les circonstances passées revivaient devant elle. Raoul, qui sentait que toute tentative pour la réconforter serait vaine, la pressa d'achever.

« Oui, oui, dit-elle, cela vaut mieux, mais vous comprenez à quel point cette mort me parut suspecte. À l'heure même où Dominique Vauchel allait, sans aucun doute, me donner le mot de l'énigme, il mourait. Ne devais-je pas soupçonner qu'il avait été tué, et tué, justement pour empêcher toute explication entre lui et moi ? Ce meurtre, je ne pus en avoir la preuve matérielle. Cependant le docteur de Lillebonne, tout en déclarant que la mort avait été accidentelle, et produite par la chute d'un arbre, s'étonna, devant moi, de certaines anomalies troublantes, comme la découverte d'une blessure à la tête. Il n'y porta d'ailleurs pas attention et signa son procès-verbal. Mais je me rendis sur le lieu de l'accident et trouvai, non loin de là, un gourdin.

– Qui accuser ? interrompit Raoul, mais évidemment l'individu dont vous aviez surpris la silhouette derrière la cabane de la mère Vauchel et qui savait que, le lendemain, vous seriez renseignée sur le mystère des trois saules.

– C'est ce que je supposai, dit Catherine, et cette supposition, la pauvre mère de la victime ne manqua pas, à son insu du reste, de l'entrevoir et de la renforcer en moi. Chaque fois que je montais rejoindre mon fiancé, j'étais sûre de la rencontrer. Elle ne me cherchait pas, mais un hasard obstiné la mettait toujours sur ma route. Alors elle s'arrêtait quelques secondes, fouillait dans sa

mémoire abolie, et scandait, en hochant la tête : « Les trois chaules…
faut prendre garde, ma jolie demoiselle, les trois chaules. »

« Dès lors, j'ai vécu en pleine détresse, tantôt me croyant folle
aussi, et tantôt convaincue qu'il y avait contre moi et contre ceux qui
habitaient le domaine de la Barre-y-va, une menace terrible. Je n'en
parlais toujours pas. Mais comment ne se fût-on pas aperçu de mes
terreurs et de ce qu'on appelait mes lubies ? Ma pauvre sœur, de
plus en plus inquiète, et ne pouvant s'expliquer mon état maladif,
me suppliait de quitter Radicatel. Elle avait même préparé plusieurs
fois notre prochain départ. Je ne voulais pas. N'étais-je pas fiancée,
et, bien que, précisément, mon humeur changeât un peu la nature
de mes relations avec Pierre de Basmes, je ne l'en aimais pas moins.
Seulement, je l'avoue, j'aurais eu besoin d'un guide, d'un conseiller.
J'étais lasse de lutter seule. Pierre de Basmes ? Béchoux ? ma sœur ?
Je vous ai dit que je ne pouvais pas, pour des causes puériles
d'ailleurs, me confier à eux. C'est à ce moment que je pensai à vous.
Je savais que Béchoux possédait la clef de votre appartement et qu'il
l'avait placée sous sa pendule. Un jour, en son absence, j'allai la
prendre.

– Eh bien, s'écria Raoul, il fallait venir, ou même simplement,
m'écrire.

– L'arrivée de M. Guercin retarda mes projets à votre égard.
J'avais toujours été en bons termes avec le mari de ma sœur. C'était
un homme aimable, serviable, qui me montrait de l'affection, et que
je me serais peut-être décidée à mettre au courant.
Malheureusement vous savez ce qu'il est advenu. Le surlendemain,
ayant reçu une lettre de Pierre de Basmes m'annonçant la résolution
implacable de sa mère et son propre départ, je sortis du jardin pour
le voir une dernière fois. Je l'attendis au lieu habituel de nos rendez-
vous. Il ne vint pas. C'est le soir de ce jour que je pénétrai dans votre
appartement.

– Mais, dit Raoul, il doit y avoir eu un fait plus spécial qui
détermina votre visite ?

– Oui, dit-elle. En attendant Pierre dans le bois, je fus abordée
par la mère Vauchel. Elle était plus agitée encore que d'ordinaire, et
son apostrophe fut plus violente, plus précise à mon endroit. Elle me

prit par le bras, me secoua et me dit, avec une méchanceté que je ne lui connaissais pas, et comme si elle voulait se venger sur moi de la mort de son fils :

« – Trois « chaules », ma belle demoiselle… C'est à vous qu'il en a, le monsieur… et il vous tuera… Prenez garde, il vous tuera… il vous tuera…

« Elle se sauva en ricanant. Moi, je perdis la tête. J'errai dans la campagne et, vers cinq heures du soir, j'étais à Lillebonne. Un train partait. Je sautai dedans.

– Ainsi, demanda Raoul, quand vous avez pris le train, M. Guercin était assassiné, et vous l'ignoriez ?

– Je ne l'ai su que le soir, chez vous, par le coup de téléphone de Béchoux, et vous vous rappelez combien j'en fus bouleversée. »

Raoul réfléchit, et dit :

« Une dernière question, Catherine. Quand vous avez été attaquée, la nuit, dans votre chambre, rien ne vous a permis d'identifier votre agresseur avec l'individu que vous avez entraperçu, un soir, derrière la cabane de la mère Vauchel ?

– Rien. Je dormais, la fenêtre ouverte, et je n'ai été avertie par aucun bruit. Je me suis sentie prise à la gorge, je me suis débattue, j'ai crié, et l'individu s'est enfui sans que je puisse même voir son ombre dans la nuit. Mais comment ne serait-ce pas le même ? le même qui a tué Dominique Vauchel, et M. Guercin, et qui a voulu me tuer, selon la prédiction de la mère Vauchel ? »

Elle parlait d'une voix altérée. Raoul la regarda doucement.

« On croirait que vous souriez, dit-elle, toute surprise. Pourquoi ?

– Pour vous donner confiance. Et, vous le voyez, vous êtes plus calme, vos traits se détendent, et toute cette histoire vous paraît moins effroyable par le fait seul que je souris.

– Elle est effroyable, dit-elle, avec conviction.

– Pas tant que vous le pensez.

– Deux assassinats…

– Êtes-vous bien certaine que Dominique Vauchel ait été assassiné ?

– Ce gourdin ?… cette blessure à la tête…

– Et après ? Au risque d'ajouter à vos craintes, je vous dirai que la même tentative a eu lieu contre la mère Vauchel et que, le lendemain de mon arrivée, je l'ai découverte sous des feuilles, blessée à la tête, elle aussi, par un gourdin. Et cependant je ne suis pas bien sûr qu'il y ait eu crime.

– Mais, mon beau-frère ?… s'écria Catherine, vous ne pouvez vraiment pas nier…

– Je ne nie rien, et je n'affirme rien. Mais je doute. En tout cas ce que je sais, Catherine, et cela, vous devez en être heureuse, c'est que vous avez toute votre raison, que vos souvenirs ne vous trompent pas, et que les trois saules devraient être là où ils se trouvaient quand vous vous balanciez sur leurs branches, il y a quelques années. Tout le problème tourne autour de ces trois saules déplacés. Une fois résolu, tout le reste s'éclaircira de lui-même. Pour l'instant, amie Catherine…

– Pour l'instant ?

– Souriez. »

Elle sourit.

Elle était adorable ainsi. Il ne put s'empêcher de lui dire, dans un élan de tout son être :

« Mon Dieu, que vous êtes jolie !… et si émouvante ! Vous ne sauriez croire, chère petite amie, combien je suis heureux de pouvoir me consacrer à vous, et comme un seul de vos regards me récompense… »

Il n'acheva pas. Toute parole trop audacieuse lui semblait une offense pour elle.

L'enquête à laquelle procédait la justice n'avançait guère. Après plusieurs jours d'investigations et d'interrogations, le juge ne revenait pas et s'en remettait plus au hasard qu'aux recherches de la gendarmerie et de Béchoux. Au bout de trois semaines, celui-ci, qui avait renvoyé ses deux camarades, ne cachait plus son découragement et s'en prenait à Raoul.

« À quoi sers-tu ? Que fais-tu ?

– Je fume des cigarettes, répondit Raoul.

– Quel est ton but ?

– Le même que le tien.

– Ton programme ?

– Différent du tien. Toi, tu suis péniblement le chemin des secteurs, des sous-secteurs et autres calembredaines, moi l'agréable chemin où l'on s'abandonne à ses réflexions et, plus encore, à son intuition.

– En attendant, le gibier court.

– En attendant, je suis au cœur de la place et je me débrouille, Béchoux.

– Quoi ?

– Tu te rappelles le conte d'Edgar Poe, *Le Scarabée d'or* ?

– Oui.

– Le héros de l'aventure monte dans un arbre, déniche une tête de mort et fait descendre par l'œil droit de cette tête un scarabée qui lui sert de fil à plomb.

– Inutile. Je connais. Où veux-tu en venir ?

– Accompagne-moi jusqu'aux trois saules. »

Lorsqu'ils furent arrivés, Raoul escalada l'arbre du milieu, et prit place sur le tronc.

« Théodore ?

– Quoi ?

– Suis de l'œil, au-dessus de la rivière, la tranchée qui permet d'apercevoir, sur l'autre versant des roches, un petit tertre… à cent pas environ…

– Je vois.

– Vas-y. »

Béchoux, obéissant à cet ordre formulé d'un ton impérieux, passa par-dessus les roches et redescendit sur le tertre, d'où il avisa de nouveau Raoul. Celui-ci s'était couché à plat ventre le long d'une des principales branches et regardait dans différentes directions.

« Tiens-toi debout, cria-t-il, en te faisant le plus grand possible. »

Béchoux se dressa comme une statue.

« Lève le bras, ordonna Raoul, lève le bras et raidis ton index vers le ciel, comme si tu désignais une étoile. Bien. Ne bouge pas. L'expérience est tout à fait intéressante et confirme mes suppositions. »

Il sauta de son arbre, alluma une cigarette, et paisiblement, l'air d'un promeneur qui flâne, rejoignit Béchoux, lequel n'avait pas remué et piquait du doigt une étoile invisible.

« Qu'est-ce que tu fiches ? demanda Raoul, l'air stupéfait. En voilà une pose !

– Enfin, quoi, bougonna Béchoux, je me conforme à tes instructions.

– Mes instructions ?

– Oui, l'épreuve du Scarabée d'or…

– Tu es loufoque. »

Raoul s'approcha et dit à l'oreille de Béchoux :

« Elle te contemplait.

– Qui ?

– La cuisinière. Regarde-la. Elle est dans sa chambre. Dieu ! qu'elle devait te trouver beau en Apollon du Belvédère ! Une ligne… un galbe… »

Le visage de Béchoux exprima une telle colère que Raoul se sauva en éclatant de rire. Puis se retournant un peu plus loin, il lui jeta gaiement :

« T'en fais pas… Tout va bien… L'épreuve du Scarabée d'or a réussi… Je tiens le bout du fil… »

Est-ce que l'épreuve tentée aux dépens de Béchoux avait réellement fourni le bout du fil à Raoul ? ou bien espérait-il découvrir la vérité par d'autres moyens ? En tout cas, il alla souvent avec Catherine jusqu'au logis de la mère Vauchel. À force de douceur et de patience, il était parvenu à l'apprivoiser, sans que la pauvre folle s'effarouchât. Il lui apportait des friandises, de l'argent qu'elle prenait d'un geste brusque, et il lui posait des questions, toujours les mêmes, qu'il répétait inlassablement.

« Les trois saules, hein, on les a déplacés ?… Qui les a déplacés ? Votre fils le savait, n'est-ce pas ? Peut-être a-t-il fait l'ouvrage ? Répondez. »

Les yeux de la vieille brillaient parfois. Des lueurs passaient dans sa mémoire. Elle aurait voulu parler, et dire ce qu'elle savait. Quelques mots eussent suffi pour que tout le mystère apparût en pleine clarté, et l'on sentait qu'à la première occasion ces quelques mots se formeraient en elle et lui viendraient aux lèvres. Raoul et Catherine en avaient l'impression profonde et anxieuse.

« Elle parlera demain, affirma d'Avenac, un jour. Soyez sûre qu'elle parlera demain. »

Ce lendemain-là, lorsqu'ils arrivèrent devant la cabane, ils avisèrent la vieille étendue sur le sol, auprès d'une échelle double. Elle avait voulu brancher un arbuste. Un des montants de l'échelle avait glissé, et maintenant la pauvre folle gisait, morte.

Chapitre VII

Le clerc de notaire

La mort de la mère Vauchel n'éveilla aucun soupçon, ni dans le pays, ni au Parquet. Comme son fils, elle était morte accidentellement, au cours d'une de ces petites besognes de paysanne que sa folie ne l'empêchait pas d'accomplir. On les plaignit tous les deux. On la mit en terre et l'on n'y pensa plus.

Mais Raoul d'Avenac avait constaté que les vis de la tringle de fer avec laquelle on maintenait l'écartement des deux montants avaient été enlevées, et qu'un des montants, plus court que l'autre, avait été scié récemment à sa base. La catastrophe était inévitable.

Catherine ne s'y trompa pas non plus, et retomba dans ses transes.

« Vous voyez bien, disait-elle, que nos ennemis s'acharnent. Une fois de plus, il y a eu meurtre.

– Je n'en suis pas sûr. Un des éléments du meurtre, c'est la volonté de tuer.

– Eh bien, cette volonté est flagrante.

– Je n'en suis pas sûr », répétait-il.

Cette fois il n'essaya pas trop de calmer la jeune fille dont il sentait la frayeur et le désarroi devant tant de menaces dirigées contre elle, et dirigées aussi, pour des raisons obscures, contre tous ceux qui habitaient le manoir.

Coup sur coup il y eut deux autres incidents inexplicables. Le pont creva sous les pas d'Arnold, et le domestique tomba dans la rivière, sans que cette chute, heureusement, amenât des conséquences autres qu'un rhume de cerveau. Le lendemain un vieux hangar, qui servait de remise pour les provisions de bois, s'écroulait au moment même où Charlotte en sortait. Ce fut un miracle si les décombres ne l'ensevelirent pas.

Dans une véritable crise où elle s'évanouit deux fois, Catherine Montessieux raconta, devant sa sœur et devant Béchoux, tout ce qu'elle savait. La porte de la salle à manger où la scène se passait était ouverte sur la cuisine. M. Arnold et Charlotte purent entendre.

Elle raconta tout, la transplantation certaine des trois saules, les prédictions de la mère Vauchel, son assassinat, l'assassinat de son fils et les preuves irrécusables qui faisaient de ces deux crimes des faits qu'il était impossible de mettre en doute.

Si elle ne dit rien de son voyage à Paris et de sa première entrevue avec Raoul, en revanche, par une réaction imprévue contre l'influence qu'il exerçait sur elle, sans détour, elle dit leurs recherches communes, leurs conversations et les enquêtes personnelles et concluantes qu'il avait poursuivies sur les deux Vauchel. Tout cela finit par des larmes. Désolée d'avoir trahi Raoul, elle eut un accès de fièvre qui la mit au lit pour deux jours.

De son côté Bertrande Guercin était gagnée par les terreurs de Catherine. Elle ne voyait que dangers et agressions. M. Arnold et Charlotte partageaient le même état d'esprit. Pour eux comme pour elle, l'ennemi rôdait entre les murs et autour du domaine, y pénétrant ou en sortant par des issues ignorées. Il allait et venait à sa guise, surgissait, disparaissait, frappait aux heures choisies par lui, toujours invisible et toujours inaccessible, sournois et audacieux, poursuivant une œuvre souterraine dont lui seul connaissait le but.

Béchoux exultait. Son échec lui semblait effacé par celui de Raoul, et il ne se faisait pas faute de harceler d'Avenac.

« Nous pataugeons, mon vieux, ricanait-il avec une joie féroce. Toi comme moi. Plus encore même. Vois-tu, Raoul, quand on est en plein dans un orage, on ne lui tient pas tête. On fiche le camp… Et l'on revient quand le danger est fini.

– Donc, elles s'en vont ?

– Ce serait déjà fait si cela ne dépendait que de moi. Mais…

– Mais Catherine hésite ?

– Justement. Elle hésite parce qu'elle subit encore ton influence.

– Espérons que tu la décideras.

– Je l'espère, et Dieu veuille qu'il ne soit pas trop tard ! »

Le soir même de cette conversation, les deux sœurs travaillaient dans le petit salon du rez-de-chaussée qui leur servait de boudoir et où elles aimaient se tenir. Deux pièces plus loin, Raoul lisait et Béchoux poussait distraitement des billes sur un vieux billard. Ils ne parlaient pas. À dix heures, d'ordinaire, chacun montait dans sa chambre. Les dix coups sonnèrent au village, puis à une pendule du manoir.

Une deuxième pendule commençait à tinter lorsqu'une détonation toute proche retentit, accompagnée d'un bruit de carreau cassé et de deux cris stridents.

« Cela se passe chez « elles », proféra Béchoux, qui s'élança vers le boudoir.

Raoul, ne songeant qu'à couper la route de l'homme qui avait tiré, courut à la fenêtre de la pièce où il se trouvait. Les deux volets étaient clos comme ils l'étaient chaque soir. Il fit basculer la barre, mais on les avait fermés du dehors et, si violemment qu'il les secouât, il ne réussit pas à ouvrir. Il y renonça aussitôt et sortit par la pièce voisine. Mais il avait perdu trop de temps, et il ne vit rien de suspect dans le jardin. Un simple coup d'œil lui suffit pour constater que deux larges verrous avaient été posés, sans doute la nuit précédente, à l'extérieur des volets du billard, ce qui rendait tout effort inutile et facilitait la fuite de l'ennemi.

Raoul regagna donc le boudoir, où Catherine, Béchoux et les deux domestiques s'empressaient autour de Bertrande Guercin, qui, cette fois, avait été l'objet de l'attaque. Le projectile, brisant la vitre, avait sifflé à son oreille, sans l'atteindre heureusement, et s'était aplati contre le mur opposé.

Béchoux, qui le recueillit, affirma posément :

« C'est une balle de revolver. Dix centimètres de déviation à droite, et la tempe était trouée. »

Et il ajouta, d'une voix sévère :

« Qu'en dis-tu, Raoul d'Avenac ?

– Je pense, Théodore Béchoux, répondit Raoul nonchalamment, que Mlle Montessieux n'aura plus d'hésitation à partir.

– Aucune », déclara-t-elle.

Ce fut une nuit d'affolement et de panique. Sauf Raoul qui se coucha et dormit en paix, tout le monde veilla, l'oreille tendue, les nerfs surexcités. Le moindre craquement les faisait tous tressaillir.

Les domestiques firent les malles et s'en allèrent en carriole à Lillebonne, où ils prirent le train pour Le Havre.

Béchoux réintégra sa chaumière afin de surveiller aisément le domaine de la Barre-y-va.

À neuf heures, Raoul conduisit les deux sœurs au Havre et les installa dans une pension de famille dont il connaissait la directrice.

Au moment de le quitter, Catherine, tout à fait détendue, lui demanda pardon.

« Pardon de quoi ?

– D'avoir douté de vous.

– C'était naturel. En apparence, je n'ai obtenu aucun résultat dans la tâche entreprise.

– Et désormais ?

– Reposez-vous, dit-il. Vous avez besoin de recouvrer des forces. Dans quinze jours au plus tard, je viendrai vous rechercher toutes deux.

– Pour quelle destination ?

– La Barre-y-va. »

Elle frémit. Il ajouta :

« Vous y passerez quatre heures, ou quatre semaines, à votre choix.

– J'y passerai le temps que vous voudrez », dit Catherine, en lui tendant sa main qu'il baisa affectueusement.

À dix heures et demie, il s'en allait à Lillebonne et s'informait de l'étude des deux notaires du canton. À onze heures, il se présentait chez maître Bernard, gros homme tout rond, cordial, aux yeux vifs, qui le reçut aussitôt.

« Maître Bernard, lui dit Raoul, je vous suis envoyé par Mme Guercin et par Mlle Montessieux. Vous avez su l'assassinat de M. Guercin et les difficultés auxquelles se heurte la justice. En relation avec le brigadier Béchoux, j'ai coopéré à l'enquête, et Mlle Montessieux m'a prié de venir vous voir, puisque vous étiez le notaire de son grand-père, et d'éclaircir un certain point qui demeure obscur. Voici la lettre que je dois vous remettre. »

C'était la sorte de blanc-seing qu'il s'était fait délivrer par Catherine au matin de leur arrivée à Radicatel, lorsqu'ils venaient de Paris, et qui était ainsi conçu :

« *Je donne tous pouvoirs à M. Raoul d'Avenac pour rechercher la vérité et prendre les décisions conformes à mes intérêts.* »

Raoul n'avait eu qu'à inscrire la date.

« En quoi puis-je vous être utile, monsieur ? demanda le notaire après avoir lu le document.

– Il m'a semblé, maître Bernard, que le crime commis, et que plusieurs événements inexplicables qui en ont été la suite et dont il serait oiseux de vous entretenir, se rapportaient peut-être à une cause générale qui serait l'héritage de M. Montessieux. C'est pourquoi je me permettrais de vous poser quelques questions.

– Je vous écoute.

– C'est bien dans votre étude que fut signé l'acte d'achat du domaine de la Barre-y-va ?

– Oui, du temps de mon prédécesseur et du temps du père de M. Montessieux, ce qui remonte à plus d'un demi-siècle.

– Vous avez eu connaissance de cet acte ?

– J'ai eu plusieurs fois l'occasion de l'étudier, sur la demande de M. Montessieux et pour des raisons secondaires. Il ne présente d'ailleurs rien de spécial.

– Vous étiez le notaire de M. Montessieux ?

– Oui. Il avait quelque amitié pour moi et voulait bien me consulter.

– Y a-t-il eu entre vous et lui des conversations relatives à des dispositions testamentaires ?

– Il y en a eu, et je ne commets aucune indiscrétion en le disant, puisque j'en ai fait part à Mme et à M. Guercin, ainsi qu'à Mlle Catherine.

– Ces dispositions avantageaient-elles l'une ou l'autre de ses petites-filles ?

– Non. Il ne cachait pas sa préférence pour Mlle Catherine, qui vivait avec lui et à laquelle il désirait léguer ce domaine où elle se plaisait beaucoup. Mais il eût sûrement, par quelque moyen, rétabli l'équilibre entre les deux sœurs. Du reste, en définitive, il n'a pas laissé de testament.

– Je sais. Et j'avoue que j'en suis étonné, dit Raoul.

– Moi aussi. Également M. Guercin que j'ai vu à Paris le matin de l'enterrement, et qui devait venir me voir à ce propos… tenez, le lendemain du jour où il a été assassiné. Il m'avait prévenu par lettre de sa visite, ce pauvre monsieur.

– Et comment expliquez-vous cet oubli de la part de M. Montessieux ?

– Je pense qu'il avait négligé d'écrire ses dispositions et que la mort l'a surpris. C'était un homme assez bizarre, très préoccupé par ses travaux de laboratoire et ses expériences de chimie.

– Ou plutôt d'alchimie, rectifia Raoul.

– C'est vrai, dit maître Bernard, en souriant. Il prétendait même avoir découvert le grand secret. Je le trouvai un jour dans une agitation extraordinaire, et il me montra une enveloppe remplie de poudre d'or, en me disant d'une voix qui frémissait d'émotion :

– Tenez, cher ami, voilà l'aboutissement de mes travaux. N'est-ce pas admirable ?

– Et c'était vraiment de l'or ? demanda Raoul.

– Incontestablement. Il m'en a donné une pincée que j'eus la curiosité de faire examiner. Aucune erreur possible. C'était de l'or. »

La réponse ne sembla pas étonner Raoul.

« J'ai toujours pensé, dit-il, que cette affaire tournait autour d'une découverte de ce genre. »

Et il reprit, en se levant :

« Un mot encore, maître Bernard. Il n'y a jamais eu, dans votre étude, des indiscrétions, ce qu'on appelle des fuites ?

– Jamais.

– Vos collaborateurs sont pourtant bien des fois au courant d'une partie de ces drames de famille dont on vient vous entretenir. Ils lisent les actes. Ils copient les contrats.

– Ce sont d'honnêtes gens, fit maître Bernard, qui ont l'habitude et l'instinct de se taire sur tout ce qui se passe dans l'étude.

– Leur existence est cependant bien modeste.

– Comme leurs ambitions. Et puis, fit observer maître Bernard en riant, la chance les favorise quelquefois. Tenez, un de mes clercs, un vieux travailleur obstiné, économe jusqu'à l'avarice, qui avait mis de côté, sou par sou, de quoi acheter un lopin de terre et une masure où prendre sa retraite, est venu me trouver un matin pour m'annoncer son départ. Il avait, m'a-t-il dit, gagné vingt mille francs avec une obligation à lots.

– Bigre ! Il y a longtemps ?

– Quelques semaines… le 8 mai… je me rappelle la date parce que l'après-midi même M. Guercin était assassiné…

– Vingt mille francs ! dit Raoul sans relever cette coïncidence de dates. Une vraie fortune pour lui !

– Une fortune qu'il est en train de dissiper. Ma foi, oui ! Il paraît qu'il est installé dans un petit hôtel de Rouen et qu'il mène joyeuse vie. »

Raoul se divertit fort de l'aventure, fit en sorte de connaître le nom du personnage, et prit congé de maître Bernard.

À neuf heures du soir, après une enquête rapide à Rouen, il trouvait, dans un hôtel meublé de la rue des Charrettes, le sieur Fameron, clerc de notaire, un homme maigre, long, lugubre de visage, vêtu d'une redingote de drap noir et coiffé d'un chapeau haut de forme. À minuit il buvait dans une taverne où Raoul l'avait invité, et achevait de s'enivrer dans un bal public où il dansait un cancan échevelé en face d'une fille énorme et tumultueuse.

Le lendemain, la fête recommença, ainsi que les jours suivants. L'argent du sieur Fameron coulait en apéritifs et en verres de champagne offerts à un tas de gens qui s'accrochaient à ce généreux personnage. Mais Raoul était son ami préféré. Quand il revenait au petit matin, expansif et titubant, il lui prenait le bras et s'épanchait :

« Une veine, que je te dis, mon vieux Raoul. Vingt mille francs qui me tombent dessus… Eh bien, je me suis juré qu'il n'en resterait pas une goutte. J'ai gagné de quoi vivre sans rien faire. Mais ça, c'est du boni que j'ai pas le droit de garder. Non, c'est pas de l'argent propre. Il faut que ça fiche le camp en ripailles avec des zigs qui comprennent la vie… comme toi, mon vieux Raoul, comme toi. »

Ses confidences n'allaient pas plus loin. Si Raoul faisait mine de l'interroger, il s'arrêtait net et se mettait à sangloter.

Mais, deux semaines plus tard, Raoul, qui s'amusait fort auprès de ce funèbre fantoche, profita d'une ripaille plus complète pour lui arracher des aveux. Le sieur Fameron les bégaya en pleurant, effondré dans sa chambre, agenouillé devant son chapeau haut de forme, auquel il avait l'air de se confesser.

« Une crapule… oui, je ne suis qu'une crapule. Le tirage de l'obligation ? des blagues ! C'est un type que je connaissais qui m'a abordé la nuit à Lillebonne, et qui m'a donné une lettre à glisser dans le dossier Montessieux. Je ne voulais pas. « Non, ça non, que je lui dis, c'est pas dans mes cordes. On peut fouiller ma vie jusqu'au fin fond des fonds… on n'y trouvera pas un seul truc de ce genre-là. » « Et puis… et puis, je ne sais pas comment ça s'est fait… il m'a offert dix mille… quinze mille… vingt mille… J'ai perdu la tête… Le lendemain, j'ai glissé la lettre dans le dossier Montessieux. Seulement je me suis juré que c't'argent ne me salirait pas. Je l'boirai je l'boulotterai… Mais j'vivrai pas avec ça dans ma nouvelle maison… Ah ! non, non, j'en veux pas de cette pourriture d'argent… vous m'entendez, monsieur… j'en veux pas ! »

Raoul tenta d'en savoir davantage. Mais l'autre, qui s'était remis à pleurer, s'endormit avec des hoquets de désespoir.

« Plus rien à faire, se dit Raoul. Mais à quoi bon m'entêter ? J'en sais assez pour agir, et pour agir à mon aise. Le bonhomme a encore cinq mille francs à dépenser et ne viendra pas à Lillebonne avant une quinzaine. »

Trois jours plus tard, Raoul se présentait à la pension de famille du Havre. Catherine lui apprit aussitôt que sa sœur et elle avaient reçu, le matin même, une lettre de maître Bernard, qui les convoquait pour le lendemain après-midi au domaine de la Barre-y-va. « Communication importante », disait le notaire.

« C'est moi, fit Raoul, qui ai provoqué cette convocation. Et voilà pourquoi je viens vous chercher, selon ma promesse. Vous n'avez pas peur de retourner là-bas ?

– Non », affirma-t-elle.

De fait, elle offrait un visage apaisé, qui souriait et qui avait repris son air de confiance et d'abandon.

« Vous savez quelque chose de nouveau ? » dit-elle.

Il déclara :

« Je ne sais pas ce que nous allons apprendre. Mais il est hors de doute que nous allons entrer dans une région plus claire. Vous déciderez alors si vous voulez prolonger votre séjour à la Barre-y-va et avertir Arnold et Charlotte. »

À l'heure fixée, les deux sœurs et Raoul arrivaient au manoir. En les voyant, Béchoux se croisa les bras, furieux.

« Mais c'est de l'aberration ! s'écria-t-il. Après ce qui s'est passé, venir ici !

– Rendez-vous avec le notaire, dit Raoul. Conseil de famille. Je te convoque. N'es-tu pas de la famille ?

– Et si on les attaque encore, les malheureuses ?

– Rien à craindre.

– Pourquoi ?

– Il est convenu avec le fantôme de la Barre-y-va qu'il nous avertira d'abord.

– Comment ?

– En tirant sur toi. »

Raoul saisit le brigadier par l'épaule et lui dit à l'écart :

« Ouvre bien tes oreilles, Béchoux, tâche de comprendre et admire la façon géniale dont je vais travailler. Ce sera long, très long. Une heure de séance peut-être. Mais je crois que le résultat sera précieux… j'en ai l'intuition. Ouvre tes oreilles, Béchoux. »

Chapitre VIII

Le testament

Maîtres Bernard entra dans ce salon où il avait l'habitude de venir du temps de son client, M. Montessieux, et présenta ses hommages à Bertrande et à Catherine. Il les fit asseoir, puis il tendit la main à Raoul.

« Je vous remercie de m'avoir envoyé l'adresse de ces dames. Mais pouvez-vous m'expliquer ?… »

Raoul l'interrompit.

« Je crois, maître, que l'explication doit être donnée surtout par vous… au cas, bien entendu, où il se serait passé quelque chose de nouveau depuis notre entretien. »

Raoul interrogeait du regard le notaire, qui répondit :

« Vous savez donc qu'il s'est passé quelque chose de nouveau ?

– J'ai tout lieu de supposer, mon cher maître, que la question que je vous ai posée, dans votre étude, a reçu une solution.

– Grâce à vous, sans doute, dit le notaire, et je me demande par quel sortilège. Toujours est-il que, conformément aux intentions qu'il m'avait souvent exprimées, M. Montessieux a laissé un testament, et les conditions dans lesquelles nous le retrouvons ne font qu'augmenter ma surprise.

– Par conséquent, je ne me suis pas trompé en supposant qu'il y avait corrélation entre les dispositions de ce testament et les incidents qui entourent le crime mystérieux dont M. Guercin a été victime ?

– Je l'ignore. Ce que je sais, c'est que vous avez bien fait de venir me voir au nom de Mlle Montessieux. Lorsque je reçus, il y a quelques jours, la lettre déconcertante que vous m'avez envoyée, j'étais tenu, malgré l'impossibilité de l'hypothèse, de la vérifier.

– Ce n'était pas une hypothèse, dit Raoul.

– C'en était une pour moi, et tout à fait inadmissible. Voici votre lettre : « Maître Bernard, le testament de M. Montessieux se trouve dans le dossier même qui est marqué à son nom dans votre étude. Je vous prierai d'en prévenir vos deux clientes, dont suit l'adresse actuelle. » En toute autre circonstance, j'aurais jeté cette lettre au feu. Au lieu de cela, j'ai cherché…

– Et le résultat ? »

Maître Bernard tira de sa serviette une enveloppe assez grande, d'un blanc ivoire sali par le temps et par les contacts. Tout de suite, Catherine s'écria :

« Mais c'est une des enveloppes dont se servait toujours mon grand-père !

– En effet, dit maître Bernard. Moi-même, j'en ai conservé plusieurs qu'il m'envoya. Vous lirez sur celle-ci quelques lignes écrites en travers. »

Catherine lut à haute voix :

« Ceci est mon testament. Huit jours après ma mort, mon notaire, maître Bernard, l'ouvrira en mon manoir de la Barre-y-va. Il en donnera lecture à mes deux petites-filles et tiendra la main à ce que mes volontés soient respectées. »

Catherine affirma de la façon la plus formelle :

« Cette écriture est celle de mon grand-père. J'en pourrais donner vingt preuves.

– Je fais la même déclaration, dit le notaire. Par excès de scrupule, je me suis rendu hier à Rouen, et j'ai consulté un expert. Son avis est absolument conforme aux nôtres. Donc aucune hésitation. Mais, avant d'ouvrir, je dois spécifier que, plus de dix fois depuis deux ans, autant pour chercher cette pièce nécessaire à l'exploitation des fermes Montessieux dont mon client m'avait toujours chargé, que pour répondre à mon besoin de trouver ce testament, plus de dix fois, j'ai eu l'occasion de feuilleter le dossier Montessieux. Je déclare, sur mon honneur professionnel, qu'il ne contenait pas ce document.

– Cependant, maître Bernard… objecta Béchoux.

– Je dis ce qui est, monsieur. Le dossier ne contenait pas ce document.

– Alors, maître Bernard, quelqu'un l'y a introduit ?

– Je n'avance rien, et je ne nie rien, répliqua le notaire. J'énonce simplement une vérité indiscutable. D'ailleurs mes souvenirs sont corroborés par une habitude à laquelle je n'ai jamais dérogé. Aucun des testaments qui me sont remis ne prend place dans les dossiers de mes clients. Tous sont enfermés et rangés par ordre alphabétique dans mon coffre-fort. Par conséquent, si j'avais été en possession du testament, dont je vais vous donner lecture, c'est là, et non pas dans le dossier Montessieux, que je l'eusse découvert. »

Il allait ouvrir l'enveloppe, lorsque Théodore Béchoux l'arrêta d'un geste.

« Un instant. Ayez l'extrême obligeance de me confier cette enveloppe. »

Quand il l'eut en main, il l'examina avec une attention minutieuse et conclut :

« Les cinq cachets sont intacts. De ce côté, rien de suspect. Mais l'enveloppe a été ouverte.

– Que dites-vous ?

– Elle l'a été sur toute sa longueur… une fente pratiquée le long du pli supérieur par une lame de canif et qui fut ensuite habilement recollée. »

Avec la pointe d'un couteau, Béchoux sépara les deux lèvres de la fente à l'endroit qu'il indiquait et il put ainsi retirer de l'enveloppe, sans avoir brisé les cachets, une feuille double de papier sur lequel étaient tracées des lignes.

« Même papier que l'enveloppe, dit Béchoux. Et même écriture, n'est-ce pas ? »

Le notaire et Catherine furent du même avis. C'était l'écriture de M. Montessieux.

Il n'y avait plus qu'à lire le testament. C'est ce que fit maître Bernard au milieu d'un silence profond et de l'émotion qu'avaient provoquée les circonstances mêmes de cette découverte.

« Un dernier mot. Vous acceptez, toutes deux, mes chères clientes, que ma lecture ait lieu devant MM. Béchoux et Raoul d'Avenac ?

– Oui, prononcèrent les deux sœurs.

– Je lis donc. »

Et maître Bernard déplia la double feuille.

« Je soussigné, Michel Montessieux, âgé de soixante-huit ans, sain d'esprit et de corps, agissant selon des idées mûrement réfléchies, d'après mon droit légal et moral, je lègue à mes deux petites-filles (en priant l'une et l'autre de les laisser dans l'indivision, et d'en toucher par moitié les revenus) les terres, bien réduites, hélas ! qui entourent le domaine jadis si florissant de la Barre-y-va.

« Pour ce domaine, je le divise en deux parts inégales, qui suivent à peu près le cours de la rivière. L'une, à droite, qui comprend le manoir et tout ce qu'il contiendra à l'heure de mon décès, sera la propriété de Catherine, qui, j'en suis sûr, l'habitera et l'entretiendra comme nous avons toujours fait, elle et moi. L'autre moitié sera celle de Bertrande, qui, mariée et souvent absente, aura plaisir à posséder ici, comme pied-à-terre, l'ancien pavillon de chasse. Pour le remettre en état et pour le meubler, en même temps que pour compenser l'inégalité des deux parts, il sera prélevé sur ma succession, en faveur de Bertrande, une somme de trente-cinq mille francs, représentée par la poudre d'or que j'ai réussi à fabriquer, et dont je dirai, dans un codicille, l'emplacement exact. J'exposerai en même temps, quand le moment sera venu, le secret de cette découverte sans pareille, dont maître Bernard, seul actuellement, pourrait certifier l'authenticité, puisque je lui ai montré quelques grammes de ma poudre.

« Je connais assez mes petites-filles pour savoir qu'il n'y aura entre elles aucune difficulté dans l'observation de mes volontés. Mais l'une est mariée, l'autre se mariera, et afin de leur éviter des erreurs d'interprétation pouvant provoquer des malentendus pénibles, j'ai établi un plan topographique du domaine, lequel plan je laisse dans le tiroir de droite de mon bureau. Et je spécifie ceci de la façon la plus catégorique : la limite qui séparera les deux propriétés incluses dans le domaine suivra une ligne droite qui partira du saule central des trois saules où Catherine aimait à se réfugier, et aboutira au dernier pilier ouest des quatre piliers où s'accrochent les grilles de l'entrée principale dans le parc. J'ai l'intention, d'ailleurs, de marquer cette limite soit par une haie de troènes soit par une palissade. Chacun chez soi. C'est une règle à laquelle je tiens formellement. »

Maître Bernard acheva très vite la lecture du testament, qui n'offrait plus, d'ailleurs, que des points d'un intérêt secondaire. Catherine et Raoul s'étaient regardés lorsqu'il avait été question des trois saules. Pour eux c'était là l'essentiel de ces quelques pages. Mais l'attention des autres avait été surtout attirée par la clause de la poudre d'or, et Béchoux prononça, d'un ton dogmatique :

« Il faudra livrer ce document aux experts et s'assurer qu'il n'y a aucun doute sur son authenticité. Mais une preuve qui aurait sa valeur immédiate, et, à mon sens, définitive, ce serait de trouver, dans ce manoir ou dans le parc, les quelques kilos d'or qui gageraient la somme de trente-cinq mille francs. »

Béchoux prit son air le plus sardonique pour énoncer ces dernières paroles. Mais Raoul d'Avenac dit à Catherine :

« Vous n'avez aucune déposition à faire à ce propos, mademoiselle ? »

On eût cru que Catherine attendait la demande de Raoul, et qu'elle ne voulait parler qu'approuvée et encouragée par lui, car, aussitôt, elle déclara :

« Oui, je puis apporter un témoignage personnel, et donner de la sincérité de mon grand-père la preuve palpable que réclame M. Béchoux. Depuis trois mois que nous sommes ici, j'ai fouillé partout pour faire renaître toutes les traces d'un passé où j'ai été si heureuse. C'est ainsi que j'ai pris, à l'endroit où grand-père aimait à travailler, la carte topographique que j'avais établie avec lui, et que voilà. Et c'est ainsi qu'un hasard m'a montré… »

Elle regarda de nouveau Raoul, et, se sentant soutenue, acheva :

« … qu'un hasard m'a montré la poudre d'or.

– Comment ! fit vivement Bertrande, tu as vu… et tu n'as rien dit ?…

– C'était le secret de grand-père. Je ne pouvais le révéler que sur son ordre. »

Elle les pria tous de la suivre jusqu'à l'étage supérieur, et ils pénétrèrent, entre les mansardes des domestiques, dans la haute pièce centrale dont les madriers supportaient la partie la plus élevée du toit. Tout de suite, elle désigna de vieux pots de grès, fendus, cassés, comme ces récipients hors d'usage que l'on relègue en un coin où ils ne gênent pas. De la poussière les revêtait et des toiles d'araignée les reliaient les uns aux autres. Personne n'avait eu et ne pouvait avoir eu l'idée de les tirer de leur retraite. Sur trois d'entre eux s'étendaient des morceaux de verre empilés et des débris d'assiettes.

Béchoux prit un escabeau branlant qu'il approcha, et il atteignit l'un des pots qu'il tendit à maître Bernard. Au premier coup d'œil, celui-ci reconnut, sous la poussière, la lueur brillante de l'or, et il murmura, en enfonçant ses doigts comme dans du sable.

« C'est de l'or… c'est de la poudre d'or pareille à l'échantillon d'autrefois, c'est-à-dire composée de grains assez gros. »

Une même quantité remplissait les autres récipients. Le poids annoncé par M. Montessieux devait être exact. Béchoux conclut, stupéfait :

« Alors, quoi… vraiment, il en fabriquait ? Est-ce possible ? Cinq ou six kilos d'or peut-être… mais c'est un miracle ! »

Et il ajouta :

« Pourvu que le secret ne soit pas perdu !

– Je ne sais s'il sera perdu, prononça maître Bernard. En tout cas, le testament ne contenait aucun codicille à ce sujet, et l'enveloppe aucune feuille supplémentaire. Sans le concours de Mlle Montessieux, il est bien probable que personne n'aurait jamais eu l'idée d'examiner les vieux pots où le trésor était caché.

– Pas même mon ami d'Avenac, grand devin et grand sorcier, dit Béchoux non sans ironie.

– C'est ce qui te trompe, riposta Raoul. J'en ai fait la visite le surlendemain de mon arrivée.

– Allons donc ! s'écria Béchoux, d'un ton sceptique.

– Monte sur ton escabeau, ordonna Raoul, et descends le quatrième pot. Bien. Il y a, en dessous, fiché dans la poudre, un petit carton, n'est-ce pas ? Eh bien, tu liras sur ce carton, de l'écriture de M. Montessieux, le millésime de l'année, et, à côté, cette date : 13 septembre. C'est évidemment la date où de la poudre d'or a été versée dans ce pot. Deux semaines plus tard, M. Montessieux quittait le domaine de la Barre-y-va. Le soir de son arrivée à Paris, il mourait subitement. »

Béchoux écoutait, la bouche bée. Il bredouilla :

« Tu savais ?… Tu savais ?…

– C'est mon métier de savoir », ricana Raoul.

Le notaire fit descendre tous les pots et les fit enfermer au premier étage dans le placard d'une chambre dont il prit la clef.

« Il est plus que probable, dit-il à Bertrande, que cette somme vous sera remise. Mais je dois, n'est-ce pas, vu les circonstances, prendre des précautions relativement à l'authenticité du testament. »

Maître Bernard allait se retirer lorsque Raoul lui dit :

« Puis-je vous demander encore une minute d'attention ?

– Certes.

– Tout à l'heure, alors que vous lisiez le testament, j'ai aperçu, en dernière page, quelques chiffres.

– En effet, répliqua le notaire, qui montra la page. Mais ce sont de ces chiffres qu'on pose au hasard, et qui répondent à une préoccupation du moment. Ceux-ci, évidemment, n'ont aucun rapport avec les dispositions de M. Montessieux… Telle est ma certitude après les avoir bien examinés. Comme vous pouvez le voir, ils sont tracés bien au-dessous de la signature, rapidement, mal formés, à la façon d'une note qu'on aurait jetée là parce qu'on n'avait pas d'autre papier sous la main.

– Vous devez avoir raison, maître Bernard, dit Raoul. Mais tout de même, voulez-vous me permettre de les copier ? »

Et Raoul copia cette ligne de chiffres :

31415169131415310111129121314

« Je vous remercie, dit-il. Quelquefois un hasard favorable vous donne de ces indications fortuites qu'il ne faut pas négliger. Celle-ci, bien que fort obscure, est peut-être de ce nombre. »

L'entretien était fini. Béchoux, désireux de développer certaines considérations propres à le mettre en relief, reconduisit le notaire jusqu'à la grille. À son retour, il trouva, dans le boudoir du rez-de-chaussée, Raoul et les deux jeunes femmes, tous trois silencieux, et il s'écria, d'un ton dégagé :

« Eh bien ? Qu'est-ce que tu en dis ? Ces chiffres ? ça m'a tout l'air de chiffres alignés sans raison, hein ?

– Probable, dit Raoul. Je t'en donnerai le double, et tu chercheras.

– Et pour le reste ?

– Ma foi, la récolte n'est pas mauvaise. »

Cette petite phrase, jetée négligemment, fut suivie d'un silence. Il fallait des raisons sérieuses pour que Raoul l'eût prononcée. Un sentiment de curiosité anxieuse tourna les autres vers lui.

Il répéta :

« La récolte n'est pas mauvaise. Et ce n'est pas fini… La séance continue.

– Tu vois donc des renseignements dans tout ce fatras ? demanda Théodore Béchoux.

– J'en vois beaucoup, riposta Raoul, et tous, ils nous ramènent à ce qui est le centre même de l'aventure.

– C'est-à-dire ?

– C'est-à-dire le déplacement des trois saules.

– Toujours ta marotte, ou plutôt celle de Mlle Montessieux.

– Et qui a sa justification très nette dans le testament de M. Montessieux.

– Mais, sacré nom, puisque le plan de M. Montessieux situe les trois saules au lieu même où ils sont.

– Oui, mais examine bien ce plan comme je viens de le faire, et tu verras que le même travail que l'on a effectué sur le terrain, fut accompli également sur le papier. Regarde, on a gratté là, à l'endroit du tertre, la triple croix qui représentait le groupe des saules, grattage habile, mais que l'on discerne aisément avec une loupe.

– Alors ? dit Béchoux, ébranlé.

– Alors rappelle-toi le jour récent où j'étais couché sur la branche d'un des saules, et où je t'avais dressé comme un Apollon sur le tertre. Eh bien, à ce moment, je cherchais au hasard et dans toutes les directions ce que nous allons trouver là, sur ce plan, avec une précision mathématique. Prends cette règle et ce crayon, et, conformément aux instructions de M. Montessieux, tire une ligne qui va du pilier désigné au saule central actuel. »

Béchoux obéit, et Raoul continua :

– Bien. Maintenant, tout en gardant le bas de la règle au pilier, fais-la pivoter à gauche, dans le haut, de manière à atteindre le tertre. Parfait. Retire ta règle. Tu as ainsi dessiné un angle aigu qui part du pilier, et dont les deux branches se dirigent, l'une à gauche, vers l'emplacement primitif des trois saules, l'autre à droite vers l'emplacement actuel. Dans l'ouverture de ce compas s'étend une bande, un fuseau de terrain, si tu veux, qui, selon qu'on adopte le plan initial de M. Montessieux ou le plan rectifié clandestinement, appartient au lot numéro 1, c'est-à-dire aux propriétaires du manoir, ou bien au lot numéro 2, c'est-à-dire aux propriétaires du pavillon de chasse. Comprends-tu ?

– Oui, dit Béchoux, que l'argumentation de Raoul semblait soudain captiver.

– Donc, repartit Raoul, voilà un premier point élucidé. Passons au second. Que contient ce fuseau de terrain ?

– Les roches, dit Béchoux, la moitié de la Butte-aux-Romains, la partie de la gorge étroite où coule la rivière, l'île, etc.

– C'est-à-dire, formula Raoul, que le fuseau dérobé (car c'est un pur vol), englobe approximativement toute la rivière, durant son évolution dans le domaine, et que, en définitive, M. Montessieux désirait laisser le cours de cette rivière à ses héritiers du manoir, et qu'il la laisse contre son gré à ses héritiers du pavillon de chasse.

– Donc, prononça Béchoux, tu prétendrais que toute la machination ourdie avait pour but le vol de la rivière au détriment d'une personne et au bénéfice d'une autre personne ?

– Exactement. À la mort de M. Montessieux, quelqu'un a intercepté le testament, et, plus tard, est venu ici et a déplacé, avec des complices, les trois saules.

– Mais ce testament ne pouvait laisser prévoir l'utilité de ce déplacement, et rien ne te l'indique, à toi non plus, Cette utilité ?

– Non, mais, souviens-toi de la phrase de M. Montessieux : « J'exposerai le secret de l'or quand le moment sera venu. » Cette explication n'a peut-être pas été faite, mais le voleur du testament l'a sans doute devinée, et dès lors il agissait à bon escient en transplantant les trois saules. »

Béchoux, bien que convaincu, cherchait encore des objections, et il reprit :

« Hypothèse séduisante. Mais, selon toi, qui est-ce qui aurait agi ?

– Tu connais le proverbe latin : *Is fecit cui prodest.* Le coupable est celui à qui l'acte profite.

– Impossible ! car, en l'occurrence, l'acte profitait à Mme Guercin, dont l'héritage s'est accru de la portion dérobée. Et tu ne vas pas nous faire croire ?… »

Raoul ne répondit pas aussitôt. Il réfléchissait, tout en épiant le visage de ses interlocuteurs, comme s'il eût voulu voir l'effet que produisait sur eux chacune de ses paroles.

À la fin, il se tourna vers Bertrande.

« Excusez-moi, madame. Je ne veux rien faire croire, comme le prétend M. Béchoux. J'enchaîne simplement les événements les uns aux autres, et je mets, dans mes déductions, le plus de rigueur et de logique possible.

– Les choses se sont sûrement passées comme vous le dites déclara Bertrande. Mais c'est en apparence seulement que l'on a travaillé pour moi. En réalité, je ne profiterai pas plus du vol commis que Catherine n'en eût profité dans le cas contraire. Il n'y aura ni haie ni palissade entre nous. Par conséquent l'instigateur de ce complot inexplicable travaillait pour son intérêt personnel.

– Pas d'hésitation possible à ce propos », dit Raoul.

Béchoux intervint :

« Et tu n'as aucune idée ?… Cependant tu sais que le document a été introduit dans le dossier Montessieux.

– Je le sais.

– Par qui le sais-tu ?

– Par celui-là même qui a fait le coup.

– Eh bien, par celui-là nous pouvons arriver au centre même de l'affaire.

– Ce n'est qu'un comparse.

– Oui, un agent d'exécution à la solde d'un autre ?

– Justement.

– Son nom ? »

Raoul ne se pressait pas de donner des précisions. On eût dit qu'il cherchait à donner à la scène, par ses réticences et ses hésitations, le plus d'intensité possible. Pourtant Béchoux insistait. Les deux sœurs attendaient sa réponse.

« En tout cas, Béchoux, fit-il, nous poursuivons notre enquête entre nous, hein ? Tu ne vas pas nous jeter tes amis de la police dans les jambes !

– Non.

– Tu le jures ?

– Je le jure.

– Eh bien, la trahison s'est produite dans l'étude elle-même.

– Tu en es certain ?

– Absolument.

– Pourquoi n'as-tu pas prévenu maître Bernard ?

– Parce qu'il n'aurait pas agi avec la discrétion nécessaire.

– Alors on peut interroger un de ceux qui l'entourent, un de ses clercs, par exemple. Je m'en charge.

– Je les connais tous, dit Catherine. L'un deux même est venu ici, il y a quelques semaines, pour voir ton mari, Bertrande. Tenez, je me souviens tout à coup (elle baissa la voix) c'était le matin du jour où il a été tué… Il était huit heures. Moi, j'attendais un mot de mon fiancé, et c'est dans le vestibule que j'ai rencontré ce clerc de l'étude Bernard. Il semblait très agité. À ce moment ton mari est descendu, et ils sont partis ensemble dans le jardin.

– Donc, dit Béchoux, vous savez comment il s'appelle ?

– Oh ! depuis longtemps. C'est le second clerc, un grand maigre, mélancolique… le père Fameron. »

Raoul s'attendait à ce nom et ne sourcilla pas. Au bout d'un instant il questionna :

« Un petit renseignement, je vous prie, madame. Est-ce que, la nuit précédente, M. Guercin était sorti du manoir ?

– Peut-être, dit Bertrande, je ne me rappelle plus bien.

– Moi, je me rappelle, dit Béchoux, et parfaitement. Il avait un peu mal à la tête. Il m'a reconduit jusqu'au village, et il a continué sa promenade du côté de Lillebonne… Il était dix heures du soir. »

Raoul d'Avenac se leva et marcha de long en large durant deux ou trois minutes. Puis il revint s'asseoir et dit posément :

« C'est curieux. Il y a vraiment des coïncidences bizarres. L'homme qui a introduit le testament dans le dossier Montessieux s'appelle Fameron. Au cours de cette nuit-là, vers dix heures du soir, et du côté de Lillebonne, il a rencontré la personne qui désirait que ce testament, dérobé par elle évidemment, fût placé parmi les papiers du dossier, et le père Fameron, après avoir hésité, se chargea de la mission, moyennant le versement d'une somme de vingt mille francs. »

Chapitre IX

Deux des coupables

Les paroles de Raoul d'Avenac se prolongèrent dans un lourd silence où palpitaient les pensées les plus diverses. Bertrande avait mis l'une de ses mains devant ses yeux et réfléchissait. Elle dit à Raoul :

« Je ne comprends pas très bien. Est-ce qu'il y a dans vos paroles une accusation plus ou moins nette ?…

– Contre qui, madame ?

– Contre mon mari ?

– Dans mes paroles aucune accusation, répliqua Raoul. Mais j'avoue que, moi-même, en exposant les faits tels qu'ils se présentent à mon esprit, je suis étonné de voir l'aspect qu'ils prennent à l'encontre de M. Guercin. »

Bertrande ne parut pas très étonnée, et elle expliqua :

« L'affection qui nous avait unis, Robert et moi, lors de notre mariage, n'a pas résisté à l'épreuve. Je le suivais dans la plupart de ses voyages, parce que c'était mon mari et que nos intérêts étaient communs, mais j'ignorais tout de sa vie personnelle, en dehors de moi. C'est pourquoi je ne m'indignerais pas outre mesure si les événements nous obligeaient à examiner sa conduite. Quelle est votre pensée exacte ? Répondez sans réticence.

– Puis-je vous interroger ? demanda Raoul.

– Certes.

– M. Guercin se trouvait-il à Paris à la mort de M. Montessieux ?

– Non. Nous étions à Bordeaux. Avertis par un télégramme de Catherine, nous sommes arrivés le surlendemain matin.

– Et vous êtes descendus ?

– Dans l'appartement de mon père.

– La chambre de votre mari était-elle loin de celle où reposait M. Montessieux ?

– Toute proche.

– Votre mari a veillé le corps ?

– La dernière nuit, alternativement avec moi.

– Il est resté seul dans la chambre ?

– Oui.

– Il y avait une armoire, un coffre où l'on supposait que M. Montessieux rangeait ses papiers ?

– Une armoire.

– Fermée à clef ?

– Je ne me rappelle pas.

– Je me rappelle, moi, dit Catherine. Lorsque grand-père a été surpris par la mort, l'armoire était ouverte. J'ai enlevé la clef et l'ai mise sur la cheminée où maître Bernard l'a prise le jour de l'enterrement afin d'ouvrir l'armoire. »

Raoul fit un geste sec, de la main, et prononça :

« Il y a donc lieu de croire que c'est durant la nuit que M. Guercin aurait dérobé le testament. »

Aussitôt, Bertrande se révolta :

« Que dites-vous ? Mais c'est abominable ! De quel droit affirmez-vous *a priori* qu'il l'ait dérobé ?

– Il faut bien qu'il l'ait dérobé, dit Raoul, puisqu'il a payé le sieur Fameron pour l'introduire dans le dossier Montessieux.

– Mais pourquoi l'aurait-il dérobé ?

– Pour le lire d'abord et pour voir s'il n'y avait pas quelque disposition désavantageuse pour vous, c'est-à-dire pour lui.

– Mais il n'y en avait aucune !

– À première vue, non. Vous receviez une part, votre sœur une autre part plus importante, et vous étiez dédommagée par une somme en or. Mais d'où venait cet or ? C'est ce que vous vous demandez et ce que se demanda M. Guercin. À tout hasard, il empocha le document, se réservant d'y réfléchir et de se procurer la feuille supplémentaire qui devait, par annexe, expliquer le secret de fabrication de l'or. Il ne trouva rien. Mais ses réflexions, dont on devine le processus en lisant le document, le poussaient, deux mois plus tard, à rôder autour de Radicatel.

– Qu'en savez-vous, monsieur ? Il ne me quittait pas. Je voyageais avec lui.

– Pas toujours. À cette époque il simula un voyage en Allemagne (j'ai connu cette absence en interrogeant votre sœur à son insu). En réalité il s'établit de l'autre côté de la Seine, à Quillebeuf, et, le soir, il venait dans le bois voisin et se cachait dans la cabane de la mère Vauchel et de son fils. La nuit il franchissait le mur derrière les rochers, à un endroit que j'ai repéré, et il venait visiter le manoir. Visites inutiles, qui ne lui procurèrent ni l'explication du secret ni la poudre d'or. Mais, pour ajouter à votre héritage la bande de terrain à laquelle, dans l'esprit même du testament rédigé, semblaient liées la découverte et la possession du secret, il déplaça les saules, enclavant ainsi dans votre lot les rochers, la Butte-aux-Romains et la rivière. »

Bertrande s'irritait de plus en plus.

« Des preuves ! des preuves !

– C'est le fils Vauchel, bûcheron de son état, qui a fait le travail. Sa mère était au courant. Avant de devenir tout à fait folle, elle a bavardé. Des commères du village que j'ai questionnées m'ont fixé sur ces points.

– Mais, était-ce bien mon mari ?

– Oui. On le connaissait dans la région, parce qu'il avait habité jadis avec vous le manoir. En outre, j'ai retrouvé ses traces à l'hôtel de Quillebeuf, où il s'était inscrit sous un faux nom sans déguiser son écriture. J'ai déchiré la page du registre et je l'ai dans mon portefeuille. Le registre contenait aussi d'ailleurs la signature d'une autre personne qui l'a rejoint vers la fin de son séjour.

– Une autre personne ?

– Oui, une dame. »

Bertrande eut un accès de colère.

« C'est un mensonge ! Mon mari n'a jamais eu de maîtresse. Et puis tout cela n'est que calomnie et mensonge ! Pourquoi vous acharnez-vous après lui ?

– Vous m'avez questionné.

– Après ? Après ? dit-elle, en essayant de se dominer. Continuez. Je veux savoir jusqu'où on peut avoir l'audace… »

Raoul poursuivit calmement :

« Après, M. Guercin a interrompu son entreprise. Les saules reprenaient vigueur à l'endroit où il les avait fait planter. Le tertre d'où il les avait arrachés recouvrait peu à peu son aspect naturel. En outre, la solution du problème demeurait en suspens et le secret de l'or fabriqué restait impénétrable. Le désir de se remettre à l'œuvre l'amena ici lorsque vous y fûtes installée avec votre sœur.

« Le moment était venu d'utiliser le testament, de vivre à l'endroit même où avait vécu M. Montessieux, et d'étudier sur place le terrain conquis et les conditions dans lesquelles l'or avait pu être fabriqué. Dès le second soir, il embauchait le sieur Fameron et, moyennant vingt mille francs, achetait la conscience du bonhomme.

Le lendemain matin, le sieur Fameron le relançait ici – derniers scrupules, instructions à recevoir, on ne pourrait le préciser. Après le déjeuner, M. Guercin se promenait dans le parc, traversait la rivière, poussait une pointe vers le pigeonnier, ouvrait la porte…

– …Et recevait une balle en pleine poitrine, qui le tuait net, interrompit Béchoux, d'une voix forte, en se levant, les bras croisés, l'attitude provocante. Car, enfin, c'est à cela qu'aboutit toute ta démonstration !

– Qu'est-ce que tu veux dire ? »

Béchoux répéta, de la même voix ardente et triomphante :

« …Et il recevait une balle en pleine poitrine, qui le tuait net ! Ainsi M. Guercin serait l'âme du complot ; il aurait dérobé le testament ; il aurait transplanté trois arbres ; il aurait cambriolé mille mètres de ce jardin ; il aurait remué ciel et terre, et non seulement ce n'est pas lui qui, complétant son œuvre, aurait tendu le piège suprême, mais c'est lui, au contraire, qui aurait été la victime de ses propres embûches ! Et voilà tout ce que tu nous proposes. Et tu voudrais me faire gober, à moi, Béchoux, à moi le brigadier Béchoux, me faire gober de semblables bourdes ! À d'autres, mon vieux ! »

Béchoux, le brigadier Béchoux, s'était planté en face de Raoul d'Avenac, les bras toujours croisés et la physionomie gonflée d'une sainte indignation. À côté de lui, Bertrande s'était redressée, prête à défendre son mari. Catherine, assise et la tête basse, sans manifester aucun de ses sentiments, paraissait pleurer.

Raoul regarda Béchoux longuement avec une expression de mépris indicible, comme s'il pensait : « Mais je ne ferai donc jamais rien de cet imbécile ! » Puis il haussa les épaules et sortit.

On le vit à travers la fenêtre. Il arpentait l'étroite terrasse qui longeait la maison. La cigarette aux lèvres, les mains au dos, ses yeux fixés sur les dalles de la terrasse, il réfléchissait. Une fois il alla vers la rivière, qu'il suivit jusqu'au pont, s'arrêta, puis revint. Quelques minutes encore s'écoulèrent.

Quand il rentra, les deux sœurs et Béchoux ne prononcèrent pas une parole. Bertrande, assise près de Catherine, semblait effondrée. Quant à Béchoux, il n'offrait plus le plus petit symptôme de résistance, de provocation, de morgue agressive. On eût dit que le regard dédaigneux de Raoul l'avait dégonflé, et qu'il ne songeait plus, à force d'humilité, qu'à se faire pardonner sa révolte contre le maître.

Celui-ci, d'ailleurs, ne se donna même pas la peine de poursuivre son argumentation et d'en expliquer les contradictions.

Il demanda simplement à Catherine :

« Dois-je répondre, pour que vous ayez confiance en moi, à la question brandie par Théodore Béchoux ?

– Non, dit la jeune fille.

– C'est votre avis, madame ? demanda-t-il à Bertrande.

– Oui.

– Vous avez en moi une foi absolue ?

– Oui. »

Il reprit :

« Désirez-vous rester au manoir, retourner au Havre, ou vous rendre à Paris ? »

Catherine se leva vivement, et, les yeux dans ses yeux, lui dit :

« Nous ferons ce que vous nous conseillerez, ma sœur et moi.

– En ce cas, restez au manoir. Mais restez-y sans vous tourmenter de ce qui pourrait advenir. Quelles que soient les apparences, si violentes que soient les menaces dont vous vous sentirez entourées et les prédictions de Théodore Béchoux, n'ayez pas une seconde d'appréhension. Une seule précaution à prendre : préparez-vous à quitter le manoir dans quelques semaines, et dites bien haut que vous partez le 10 septembre, le 12 au plus tard, certaines affaires vous rappelant à Paris.

– À qui devons-nous dire cela ?

– Aux gens du village que vous pouvez rencontrer.

– Nous ne sortons guère.

– Alors dites-le à vos domestiques, que je vais aller chercher au Havre. Que vos intentions soient connues de maître Bernard, de ses clercs, de Charlotte et de M. Arnold, du juge d'instruction, etc. Le 12 septembre prochain le manoir sera fermé, et votre intention est de n'y revenir qu'au printemps prochain. »

Béchoux insinua :

« Je ne saisis pas très bien.

– Le contraire m'étonnerait », dit Raoul.

La séance était finie. Comme l'avait prévu Raoul, elle avait été longue.

Béchoux lui demanda, le prenant à part :

« Tu as terminé ?

– Pas tout à fait. La journée ne s'achèvera pas là-dessus. Mais le reste ne te regarde pas. »

Le soir même, Charlotte et M. Arnold rentraient. Raoul avait décidé que Béchoux et lui, dès le lendemain, s'installeraient sommairement dans le pavillon de chasse, et que la femme de ménage de Béchoux s'occuperait de leur service. C'était le maximum de précaution qu'il consentait à prendre, affirmant que les deux sœurs ne couraient et n'avaient jamais couru aucun danger à demeurer seules, et qu'il était préférable, pour des raisons qu'il ne donna pas, de vivre séparément. Et tel était son ascendant sur elles, malgré l'anomalie d'une telle affirmation, qu'elles ne protestèrent ni l'une ni l'autre.

Catherine, se trouvant seule avec lui un moment, murmura, sans le regarder :

« Je vous obéirai, Raoul, quoi qu'il arrive. Il me semblerait impossible de ne pas vous obéir. »

Elle défaillait d'émotion. Elle sourit également.

Ce dernier dîner, pris en commun, fut taciturne. Les accusations de Raoul avaient créé de la gêne. Le soir, comme d'habitude, les deux sœurs restèrent dans le boudoir. À dix heures, Catherine d'abord, puis Béchoux se retirèrent. Mais, au moment où Raoul allait quitter le billard, Bertrande le rejoignit et lui dit :

« J'ai à vous parler. »

Elle était très pâle, et il vit que ses lèvres tremblaient.

« Je ne pense pas, dit-il, que cette conversation soit indispensable.

– Mais oui, mais oui, fit-elle vivement. Vous ne savez pas ce que j'ai à vous dire, et si c'est grave ou non. »

Il répéta :

« Êtes-vous sûre ? Êtes-vous sûre que je ne le sache pas ? »

La voix de Bertrande s'altéra un peu.

« Comme vous répondez ! On croirait que vous avez de l'animosité contre moi.

– Ah ! aucune, je vous le jure, dit-il.

– Si, si. Sans quoi m'auriez-vous révélé la présence de cette femme à Quillebeuf, auprès de mon mari ? C'était me faire une peine inutile.

– Vous êtes libre de ne pas ajouter foi à ce détail.

– Ce n'est pas un détail, murmura-t-elle. Ce n'est pas un détail. »

Elle ne quittait pas Raoul des yeux. Après une pause, elle demanda, hésitante et anxieuse :

« Alors, vous avez pris cette page du registre ?

– Oui.

– Montrez-la-moi. »

Il tira de son portefeuille une page, soigneusement coupée. Elle était divisée en six cases, dont chacune offrait les questions imprimées, et les réponses manuscrites des voyageurs.

« Où est la signature de mon mari ?

– Ici, dit-il, M. Guercigny. Vous voyez, c'est une altération de son nom. Vous reconnaissez l'écriture ? »

Elle hocha la tête et ne répliqua pas. Puis elle reprit, les yeux toujours levés vers lui :

« Je n'aperçois aucune signature de femme sur cette page.

– Non. La dame n'est venue que quelques jours plus tard. Voici la page que j'ai enlevée également, et voici la signature : Mme Andréal, de Paris. »

Bertrande chuchota :

« Mme Andréal. Mme Andréal…

– Ce nom ne vous dit rien ?

– Rien.

– Et vous ne reconnaissez pas l'écriture ?

– Non.

– Elle est, en effet, visiblement déguisée. Mais, en l'étudiant avec attention, il est impossible de ne pas retrouver certains signes particuliers et très caractéristiques, comme l'A majuscule, comme le point de l'i placé très à droite. »

Elle balbutia, au bout d'un instant :

« Pourquoi dites-vous des signes particuliers ? Vous avez donc des points de comparaison ?

– Oui.

– Vous possédez l'écriture de cette dame ?

– Oui.

– Mais… alors… vous savez qui a tracé ces lignes ?

– Je le sais.

– Et si vous vous trompez ? s'écria-t-elle, en un sursaut d'énergie… Car enfin… vous pouvez vous tromper… Deux écritures peuvent être ressemblantes et n'être pas de la même personne. Réfléchissez. Une telle accusation est si grave ! »

Elle se tut. Ses yeux, tour à tour, imploraient Raoul et le défiaient. Et puis, soudain vaincue, elle tomba sur un fauteuil et se mit à sangloter.

Il lui donna le loisir de se reprendre, peu à peu, et, penché sur elle, lui mettant sa main sur l'épaule, il murmura :

« Ne pleurez pas. Je vous promets de tout arranger. Mais dites-moi bien que toutes mes suppositions sont exactes, et que je puis continuer dans la voie où je me suis engagé.

– Oui, fit-elle d'un ton à peine perceptible… oui… c'est l'entière vérité. »

Elle avait saisi la main de Raoul et, la tenant entre les siennes, la pressait et la mouillait de ses larmes.

« Comment les choses se sont-elles passées ? dit-il. Quelques mots seulement, pour que je sache… Plus tard, s'il le faut, nous en reparlerons. »

Elle prononça, d'une voix brisée :

« Mon mari n'est pas tout à fait aussi coupable qu'on peut le croire… C'est grand-père qui lui avait confié une lettre, laquelle devait être ouverte à sa mort, en présence du notaire. Mon mari l'a ouverte et a trouvé le testament.

– C'est l'explication que votre mari vous a donnée ?

– Oui.

– Elle est peu vraisemblable. Votre mari était en bons termes avec M. Montessieux ?

– Non.

– Alors, comment votre grand-père lui aurait-il confié son testament ?

– En effet… en effet. Mais je vous dis ce qu'il m'a raconté… plusieurs semaines après.

– En vous taisant sur les volontés de M. Montessieux, vous vous faisiez complice de votre mari…

– Je le sais… et j'en souffrais beaucoup. Mais nous avions de gros ennuis d'argent, et il nous semblait que nous étions frustrés au profit de Catherine. C'est cette histoire d'or qui a tourné la tête à mon mari. Malgré nous, nous étions persuadés que grand-père avait trouvé le secret de la fabrication, et qu'en léguant à Catherine le manoir et tout le côté du parc à droite de la rivière, il lui livrait par là même, et à elle seule, des trésors illimités.

– Mais elle eût certainement partagé avec vous.

– J'en suis sûre, mais j'ai subi la domination de mon mari, et je me suis laissée entraîner par faiblesse, par lâcheté… Quelquefois même avec une sorte de rage. C'était si injuste… si révoltant… !

– Mais puisque le testament était supprimé, la propriété restait indivise entre votre sœur et vous.

– Oui, mais elle pouvait se marier – ainsi qu'il arrive actuellement – et nous n'étions plus libres de faire les recherches que nous voulions. D'ailleurs, mon mari devait en savoir plus long qu'il ne le disait.

– Par qui ?

– Par la mère Vauchel, qui travaillait ici autrefois, et qui, dans sa demi-folie, lui racontait certaines choses sur grand-père, où il était surtout question de rochers, de la Butte-aux-Romains et de la rivière. Cela concordait avec la volonté de mon grand-père sur cette limite des saules qu'il voulait imposer entre les deux propriétés.

– Et c'est pour cela que M. Guercin a changé cette limite ?

– Oui. Moi, je suis venue à Quillebeuf, comme vous l'avez appris par ma signature. Mon mari me rendait compte…

– Et par la suite ?

– Il ne m'a plus rien dit. Il se défiait de moi.

– Pourquoi ?

– Parce que je m'étais reprise et que je le menaçais de tout dire à Catherine. D'ailleurs, nous vivions de plus en plus éloignés l'un de l'autre. Cette année, quand je suis venue ici avec Catherine, en vue de son mariage, c'était, dans mon idée, une séparation définitive. L'arrivée de mon mari deux mois après m'a surprise. Il ne m'a rien dit de son affaire avec Fameron, et je ne sais pas qui l'a tué, et pourquoi on l'a tué. »

Elle frissonnait. Le souvenir du crime la bouleversait de nouveau, et elle eut un accès de désespoir et de terreur qui la rejeta vers Raoul.

« Je vous en prie… je vous en prie… supplia-t-elle, aidez-moi… protégez-moi…

– Contre qui ?

– Contre personne… mais contre les événements… contre le passé… Je ne veux pas qu'on sache ce qu'a fait mon mari, et que j'ai été sa complice… Vous qui avez tout découvert, vous pouvez empêcher cela… Vous pouvez tout ce que vous voulez… J'ai l'impression d'une telle sécurité près de vous ! Protégez-moi. »

Elle appuyait la main de Raoul sur ses yeux mouillés, sur ses joues couvertes de larmes.

Raoul fut troublé. Il la redressa. Le beau visage de Bertrande se trouva près du sien, visage tragique et déformé par l'émotion.

« Ne craignez rien, murmura-t-il, je vous défendrai.

– Et puis vous ferez la lumière, n'est-ce pas ? Tout ce mystère pèse sur moi. Qui a tué mon mari ? Pourquoi l'a-t-on tué ? »

Il lui dit très bas, en contemplant les lèvres qui frissonnaient :

« Votre bouche n'est pas faite pour le désespoir… Il faut sourire… sourire et ne pas avoir peur… Nous chercherons ensemble.

– Oui, ensemble, dit-elle ardemment. Près de vous, je suis si apaisée. Je n'ai confiance qu'en vous… En dehors de vous, personne ne peut m'aider… Je ne sais pas ce qui se passe en moi…, mais il n'y a plus que vous… il n'y a plus que vous… Ne m'abandonnez pas… »

Chapitre X

L'homme au grand chapeau

Le sieur Fameron revint de Rouen beaucoup plus tôt que ne l'avait calculé Raoul. Dévalisé par un de ses camarades de ripaille, il prit possession, sur la route de Lillebonne à Radicatel, de la petite maison qu'il s'était préparée, au cours d'une longue vie de privations et de droiture, et se coucha, ce soir-là, avec la conscience satisfaite d'un homme qui n'a pas dans sa poche un sou qu'il n'ait gagné en dehors de son honnête travail.

Il fut donc surpris d'être réveillé, en pleine nuit, par un individu qui lui lançait dans les yeux un jet de lumière, et qui lui rappela certain épisode assez confus de sa joyeuse vie de fêtard.

« Eh bien, quoi, Fameron, on ne reconnaît pas son vieux camarade de Rouen, l'ami Raoul ? »

Il se leva sur son séant, effaré et pantois, et bredouilla :

« Qu'est-ce que vous me voulez ?… Raoul ?… je ne connais personne de ce nom-là.

– Comment ? tu ne te souviens pas de nos ripailles selon ton expression, et des confidences que tu m'as faites, une nuit, à Rouen ?

– Quelles confidences ?

– Tu sais bien, Fameron… les vingt mille francs ? le monsieur qui t'a abordé ?… la lettre introduite dans le dossier Montessieux ?

– Taisez-vous !… taisez-vous ! gémit Fameron, d'une voix étranglée.

– Soit. Mais alors réponds. Et si tu réponds gentiment, je ne dirai pas un mot de ton affaire à mon ami Béchoux, le brigadier de la Sûreté avec qui j'enquête sur l'assassinat de M. Guercin. »

La terreur du bonhomme Fameron s'exaspéra. Il roulait des yeux blancs et semblait sur le point de s'évanouir.

« Guercin ?… M. Guercin ?… je vous jure que j'ignore tout.

– Je le crois, Fameron… tu n'as pas la tête d'un assassin… C'est autre chose que je voudrais savoir… une petite chose de rien du tout… après quoi tu pourras dormir comme une petite fille sage.

– Quoi ?

– Tu connaissais M. Guercin autrefois ?

– Oui, je l'avais vu à l'étude, comme client.

– Depuis ?

– Jamais.

– Sauf la fois où il t'a abordé et sauf la fois où tu as été le voir à Radicatel, le matin du crime ?

– C'est ça.

– Eh bien voici tout ce que je te demande : cette nuit-là, était-il seul ?

– Oui… ou plutôt non.

– Précise.

– Il était seul, pour me parler. Mais, à dix mètres de distance, entre les arbres – ça se passait sur la route, près d'ici – il y avait quelqu'un que j'entrevoyais dans l'obscurité.

– Quelqu'un qui était avec lui, ou qui l'épiait ?

– Je ne sais pas… Je lui ai dit : « Il y a quelqu'un… » Il m'a répondu : « Je m'en moque. »

– Comment était-il, ce quelqu'un ?

– Je ne sais pas. Je n'ai vu que son ombre.

– Comment était-elle, cette ombre ?

– Je ne pourrais pas dire. Tout de même j'ai vu qu'elle portait un grand chapeau.

– Un très grand chapeau ?

– Oui, comme un chapeau à très larges bords, et à très haute calotte.

– Tu n'as rien d'autre de particulier à me signaler ?

– Rien.

– Tu n'as pas la moindre opinion sur l'assassinat de M. Guercin ?

– Aucune. J'ai pensé seulement qu'il y avait peut-être un rapport entre le criminel et l'ombre que j'avais aperçue.

– Probable, dit Raoul. Mais ne t'occupe pas de tout cela, Fameron. N'y pense plus et dors. »

Avec une poussée douce, il obligea Fameron à s'étendre, lui remonta ses draps jusqu'au menton, le borda et s'en alla sur la pointe des pieds, en lui recommandant de faire dodo bien sagement.

Lorsque Arsène Lupin raconta, par la suite, le rôle qu'il joua, sous le nom de Raoul d'Avenac, dans l'aventure de la Barre-y-va, il fit à ce moment une petite digression psychologique :

« J'ai toujours constaté que, en pleine crise d'action, on se trompe sur l'état d'âme de ceux qui s'y trouvent mêlés. On les juge avec perspicacité pour tout ce qui concerne l'action où l'on est engagé, mais leurs pensées secrètes, en dehors de cela, leurs sentiments, leurs goûts, leurs projets nous demeurent inconnus. Ainsi, en l'occurrence, je ne distinguais absolument rien dans la psychologie de Bertrande, et pas davantage dans celle de Catherine. Je ne songeais même pas qu'il y eût quelque chose à distinguer qui fût étranger à notre affaire. Elles avaient l'une et l'autre des sautes d'humeur, des accès de confiance à mon égard et de défiance, de crainte et de tranquillité, de gaieté et de sombre mélancolie, au sujet desquels je fis entièrement fausse route. Dans tous les mouvements de leur esprit, je ne cherchais qu'une relation avec notre affaire, et je ne les interrogeais qu'à propos de cette affaire, alors que, la plupart du temps, leurs pensées ne s'y rapportaient nullement. Mon erreur, à moi qu'obsédait un problème criminel sur lequel mon opinion n'était pas loin de se former, fut de ne pas voir que le problème était en partie sentimental. Cela retarda quelque peu la solution. »

Mais, en revanche, que de compensations ce retard valut à Raoul ! Conseiller quotidien des deux sœurs, obligé de soutenir leur moral et de remonter leur courage, il vécut entre elles, soit avec l'une, soit avec l'autre, des semaines charmantes. Le matin, avant le déjeuner, elles le retrouvaient sur une barque qu'il avait fait amarrer au pilier de gauche et où il se livrait à la pêche, son divertissement favori.

Parfois, ils s'en allaient à la dérive, portés par le flot qui faisait remonter la rivière vers sa source. Ils passaient sous le pont, ils passaient contre la Butte-aux-Romains, dans la gorge profonde qui menait aux saules. Et puis ils s'en retournaient nonchalamment avec le flot qui redescendait.

L'après-midi, c'était une promenade aux environs, vers Lillebonne ou Tancarville, ou vers le hameau de Basmes. Raoul causait avec les paysans. Quoique les Normands se défient des étrangers, de ceux qu'ils nomment les horsains, Raoul savait délier leur langue, et il apprit ainsi que plusieurs vols avaient été commis depuis quelques années, au préjudice de châtelains ou de riches fermiers. On sautait les murs, on escaladait les talus, on pénétrait dans les maisons, et de vieux bijoux de famille ou des pièces d'argenterie disparaissaient.

Les enquêtes poursuivies n'avaient jamais donné de résultats, et la justice n'avait même pas évoqué ces vols lors de l'affaire Guercin, mais on savait dans le pays que plusieurs d'entre eux avaient été commis par un homme à grand chapeau. On affirmait avoir vu la silhouette de ce grand chapeau qui semblait de couleur foncée, noire sans doute. L'homme était mince et d'une taille très au-dessus de la moyenne.

À trois reprises, on recueillit les empreintes de ses pas : elles étaient lourdes, énormes, et provenaient évidemment de sabots démesurés.

Mais ce qui intrigua le plus, ce fut de constater qu'une fois, pour pénétrer dans un château, l'homme n'avait pu s'introduire que par une ancienne canalisation, si étroite qu'elle aurait tout juste livré passage à un enfant. Et, dans la cour intérieure de cette propriété, on avait aperçu la silhouette gigantesque de son chapeau et relevé les traces de ses sabots démesurés. Et tout cela s'était glissé par l'ancienne canalisation !

Aussi la légende de l'homme au grand chapeau courait-elle dans la région comme celle de quelque fauve terrible et capable des pires méfaits. Pour les commères, nul doute que ce ne fût lui le meurtrier de M. Guercin. La supposition ne manquait pas de vraisemblance.

Béchoux, mis au courant, crut pouvoir affirmer que, la nuit où Catherine avait été attaquée dans sa chambre, l'agresseur poursuivi au milieu des ténèbres du parc lui avait laissé, à lui Béchoux, la vision d'un homme coiffé d'un grand chapeau. Vision très fugitive, mais qu'il retrouvait maintenant enregistrée dans sa mémoire.

Ainsi toutes les présomptions tournaient autour de cet individu mystérieux, coiffé et chaussé d'étrange façon. Entrant dans le domaine comme il voulait, s'en éloignant à son gré, rôdant aux environs, opérant de droite et de gauche, et à des intervalles très irréguliers, il semblait bien réellement le génie malfaisant de la contrée.

Un après-midi, Raoul, que son instinct dirigeait souvent vers la cabane de la mère Vauchel, appela les deux sœurs. En examinant tout un groupe de planches dressées les unes contre les autres et appuyées au tronc d'un arbre, il avait mis à découvert une vieille porte, fendue et démolie, sur laquelle un dessin à la craie était tracé, grossièrement, d'une main maladroite.

« Tenez, dit-il, voilà notre homme, c'est bien les lignes de son chapeau… de cette espèce de sombrero pour fort de la halle qu'on lui attribue.

– C'est impressionnant, murmura Catherine. Qui a pu faire cela ?

– Le fils Vauchel. Il s'amusait à crayonner sur des bouts de planches ou des morceaux de carton. Aucun art, d'ailleurs, même rudimentaire. Et alors tout concorde. La cabane Vauchel était au centre des machinations. Notre homme et M. Guercin s'y sont rencontrés peut-être. C'est ici qu'un ou deux bûcherons de passage ont été embauchés par le fils Vauchel pour déplacer les trois saules. La mère à demi folle assistait aux conciliabules. Elle devinait ce qu'elle ne comprenait pas, interprétant, imaginant, remâchant tout cela dans sa pauvre cervelle, et c'est tout cela qu'elle exprima plus tard devant vous, Catherine, en phrases inachevées et incohérentes où il y avait ces menaces qui vous ont tellement effrayée. »

Et le lendemain Raoul découvrait une demi-douzaine de croquis, le schéma des trois saules, des roches, du pigeonnier, deux silhouettes du chapeau, et un enchevêtrement de lignes où l'on discernait la forme d'un revolver.

Et Catherine se rappelait que le fils Vauchel, fort adroit de ses mains, venait jadis au manoir, comme sa mère, et, sous la direction de M. Montessieux, faisait des travaux accessoires de menuiserie ou de serrurerie.

« Or, conclut Raoul, des cinq personnes que nous venons de citer, quatre sont mortes, M. Montessieux, M. Guercin, la mère et le fils Vauchel. Seul l'homme au chapeau reste, et sa capture seule peut dénouer la situation. »

De fait cette ténébreuse figure dominait tout le drame. Il semblait, à chaque instant, qu'elle allait surgir d'entre les arbres, de dessous la terre, ou du lit même de la rivière. Au tournant des allées, comme au niveau des pelouses ou sur la cime des arbres, flottait un fantôme qu'un regard plus attentif dissipait aussitôt.

Catherine et Bertrande demeuraient nerveuses. L'une et l'autre se pressaient contre Raoul, comme on se met à l'abri du danger. Il y avait parfois entre elles un désaccord qu'il pressentait, des silences gênants, des embrassades soudaines, des effrois qu'il apaisait avec des mots et des gestes affectueux, mais qui renaissaient, sans motif précis. D'où venait ce déséquilibre ? Est-ce que la peur du fantôme suffisait à l'expliquer ? Subissaient-elles une influence ignorée de lui ? Luttaient-elles contre des forces cachées ? Connaissaient-elles des secrets qu'elles se refusaient à révéler ?

La date du départ approchait. De belles journées se succédaient à la fin du mois d'août. Après le dîner, ils aimaient rester dehors, sur la terrasse. On ne voyait pas Béchoux, mais on l'apercevait non loin de la maison, qui fumait en compagnie de la jolie Charlotte, tandis que M. Arnold terminait complaisamment le service.

Vers onze heures, on se quittait. Puis Raoul faisait une ronde furtive dans le jardin, et, prenant la barque, remontait le cours de la rivière et demeurait à l'affût, l'oreille tendue.

Un soir, le temps était si magnifique que les deux sœurs voulurent le rejoindre. La barque glissa sans bruit, à menus coups de rames qui laissaient tomber, avec un murmure frais, des gouttes d'eau. Un ciel d'étoiles versait une lueur confuse qu'un peu de lune naissante qui se levait quelque part, dans la brume de l'horizon, rendait peu à peu plus précise.

Ils gardaient le silence.

Au creux du défilé, les rames ne pouvant s'éployer, ils ne bougeaient presque pas. Puis il y eut comme un remous de la marée qui les fit voguer doucement et se balancer d'une rive à l'autre.

Raoul passa ses mains sur les mains des jeunes femmes et chuchota :

« Écoutez. »

Elles ne perçurent rien, mais éprouvèrent une certaine oppression comme à l'approche d'un péril qui ne s'annonçait ni dans le souffle égal de brise, ni dans l'apaisement de la nature. Raoul serrait davantage son étreinte. Il devait, lui, entendre ce qu'elles n'entendaient pas, et savoir qu'il y a des silences chargés de menaces. L'ennemi, s'il était en embuscade, les voyait, tandis qu'on ne pouvait scruter les pentes qui, de chaque côté, offraient tant de repaires invisibles.

« Allons-nous-en », dit-il en piquant l'un des avirons dans le talus de la berge.

Il était trop tard. Quelque chose s'écroula d'en haut, de dessus la falaise, quelque chose qui dégringola avec fracas et qui, en l'espace de trois ou quatre secondes, s'abattit dans la rivière. Si Raoul n'avait pas tenu ses rames en main, et s'il n'avait pas eu la présence d'esprit de faire pirouetter la barque, un quartier de roc en écrasait l'avant. Une gerbe d'eau, tout au plus, les éclaboussa.

Raoul bondit sur le talus. De son œil perçant, il avait avisé parmi les pierres et les pins du sommet, la forme d'un chapeau démesuré. La tête seule avait émergé durant une seconde, puis avait disparu. L'homme se croyait en sûreté dans son trou. Avec une vitesse invraisemblable, Raoul escalada la paroi presque verticale, s'aidant des fougères et s'accrochant aux aspérités. L'ennemi ne dut l'entendre qu'au dernier moment, car, se dressant à demi, il s'aplatit de nouveau, et Raoul ne vit plus que le sol bossué que couvrait l'ombre des arbres.

Il s'orienta un instant, hésita, puis fit un saut prodigieux, et tomba sur une masse noire et immobile qui semblait plutôt une levée de terre. C'était lui. Il le tenait.

Il le tenait à la taille, et il lui cria :

« Fichu, mon bonhomme ! Rien à faire, entre mes pinces. Ah ! gredin, on va rigoler. »

L'homme glissa, comme dans une rainure du sol, et rampa durant quelques mètres, toujours tenu solidement par les hanches. Raoul l'insultait et se moquait de lui. Cependant Raoul avait l'impression que sa proie, dans l'ombre épaisse où elle était dissimulée, fondait pour ainsi dire entre ses mains. À cause de deux grosses pierres, entre lesquelles elle s'enfonçait, Raoul la serrait moins bien, les mains écorchées par les rugosités, et les bras rapprochés de plus en plus l'un contre l'autre.

Mais oui, mais oui, elle s'enfonçait ! On eût dit qu'elle entrait dans la terre, qu'elle diminuait de seconde en seconde, plus menue et insaisissable. Hors de lui, Raoul grognait et jurait. Mais l'homme s'allongeait, s'amincissait, filait entre les doigts crispés, et il arriva un moment où Raoul n'eut plus rien à tenir. Tout s'était évanoui. Par quel miracle ? En quel refuge impénétrable ? Il écouta. Aucun bruit, sauf l'appel des deux jeunes femmes qui l'attendaient prés de la barque, anxieuses et tremblantes.

Il les rejoignit.

« Personne, dit-il, sans avouer sa défaite.

– Mais vous l'avez vu ?

– J'avais cru le voir. Mais sous les arbres, parmi toutes ces ombres, peut-on affirmer ?… »

Il les ramena vivement au Manoir et courut dans le jardin.

Il était furieux, furieux contre l'homme et contre lui-même. Il fit le tour des murs, guettant certaines issues par où il savait qu'on pouvait s'enfuir. Tout à coup, il précipita sa course, du côté de la serre écroulée. Voilà qu'une silhouette remuait, comme agenouillée… deux silhouettes même.

Il se jeta sur elles. La seconde se sauva. Raoul empoigna, à bras le corps, le premier des deux êtres et roula dans les ronces avec lui en criant :

« Ah ! cette fois, tu y es ! tu y es ! »

Une voix faible se lamenta.

« Ah ! ça mais, qu'est-ce que tu as ? vas-tu me ficher la paix ? »

C'était la voix de Béchoux.

Raoul fut exaspéré.

« Crebleu de crebleu ! Tu ne peux pas être couché à cette heure-là ! Triple imbécile, avec qui étais-tu ? »

Mais, à son tour, Béchoux eut un accès de rage, et dressé contre Raoul, le secouant avec une force irrésistible, il mâchonnait :

« L'imbécile, c'est toi ! De quoi te mêles-tu ? Pourquoi nous as-tu dérangés ?

– Qui, vous ?

– Mais *elle*, parbleu ! J'étais sur le point de l'embrasser. Elle avait perdu la tête pour la première fois… J'allais l'embrasser, et voilà que tu rappliques ! Bougre d'idiot, va ! »

Malgré sa fureur, malgré ses déboires, Raoul évoquant enfin la scène de séduction qu'il avait interrompue, se mit à rire, d'un rire fou, qui le ployait en deux.

« La cuisinière !… La cuisinière !… Béchoux allait embrasser la cuisinière ! Et j'ai coupé court à cette petite cérémonie… Dieu, que c'est rigolo ! Béchoux allait embrasser la cuisinière ! Don Juan, va ! »

Chapitre XI

Pris au piège

Après quelques heures de sommeil, Raoul d'Avenac sauta de son lit, s'habilla et se rendit sur les rochers du défilé. Pour reconnaître l'endroit où la lutte s'était produite, il avait laissé son mouchoir.

Il ne l'y retrouva pas à la même place, mais plus loin, noué deux fois (alors qu'il pouvait affirmer n'avoir fait aucun nœud) et fiché dans le tronc d'un sapin par la pointe d'un poignard.

« Allons, se dit-il, on me déclare la guerre. C'est donc qu'on a peur de moi. Tant mieux ! Mais tout de même le sieur X a de l'audace… Et quelle virtuosité pour glisser entre les mains comme une anguille ! »

Cela surtout intéressait d'Avenac. Et le résultat de ses observations l'intéressa davantage encore. L'issue par où son adversaire lui avait échappé était constituée par une fissure naturelle, une sorte de faille, comme il y en avait beaucoup dans le monticule de granit. Celle-ci, creusée entre deux rocs, était profonde tout au plus de soixante à quatre-vingts centimètres, mais longue, et surtout extrêmement étroite. Elle se terminait, dans sa partie descendante, par une sorte de goulot, si rétréci qu'on ne pouvait imaginer que l'homme eût passé par là, et qu'il y eût passé avec un chapeau certainement plus large que ses épaules et avec des chaussures grossières comme des sabots. Pourtant il en était ainsi. Aucune autre issue n'existait.

Et la faculté de s'étirer, que prouvait son incroyable évasion, concordait bien avec cette impression d'amincissement et de fluidité que Raoul avait éprouvée en le sentant se dissoudre, pour ainsi dire, entre ses doigts.

Catherine et Bertrande le rejoignirent, très émues encore par l'incident de la nuit, et le visage fatigué par l'insomnie. L'une et l'autre supplièrent Raoul d'avancer la date du départ.

« Pourquoi ? s'écria-t-il… À cause de ce quartier de roc ?

– Évidemment, fit Bertrande. Il y a là une tentative.

– Aucune tentative, je vous jure. Je viens d'examiner l'endroit, et je vous affirme que ce quartier de roc s'est détaché tout seul. C'est donc un hasard malencontreux, et pas davantage.

– Cependant, si vous avez couru jusqu'au haut, c'est que vous avez cru voir…

– Je n'ai pas cru voir, affirma-t-il. J'ai voulu me rendre compte s'il n'y avait pas quelqu'un et si la chute n'avait pas été provoquée artificiellement. Mes recherches de cette nuit et celles de ce matin ne me laissent aucun doute à ce propos. D'ailleurs, pour préparer la chute d'un tel bloc, il faut du temps. Or, personne ne pouvait se douter que vous feriez cette promenade nocturne, qui fut, vous le savez, décidée au dernier moment.

– Non, mais on savait bien que vous la faisiez, vous, depuis plusieurs nuits. Ce n'est plus nous qu'on attaque, mais vous, Raoul.

– Ne vous tourmentez pas pour moi, dit Raoul en riant.

– Mais si ! mais si ! Vous n'avez pas le droit de vous exposer, et nous ne le voulons pas. »

Elles s'effaraient toutes les deux, et l'une ou l'autre, tandis qu'il se promenait dans le jardin, lui tenait le bras et le suppliait.

« Allons-nous-en ! Je vous assure que nous n'avons plus aucun plaisir à rester. Nous avons peur. Il n'y a que des pièges autour de nous… Allons-nous-en. Pour quelle raison ne voulez-vous pas partir ? »

En fin de compte, il répondit :

« Pourquoi ? Parce que l'aventure est sur le point de se dénouer, que la date est irrévocablement fixée, et qu'il faut que vous sachiez comment mourut M. Guercin, et d'où provient l'or de votre grand-père. N'est-ce pas votre désir ?

– Certes, fit Bertrande. Mais ce n'est pas seulement ici que vous pouvez le savoir.

– Seulement ici, et aux dates fixées qui sont ou le 12, ou le 13, ou le 14 septembre.

– Fixées par qui ? Par vous ?… ou par l'autre ?

– Ni par moi ni par lui.

– Alors ?

– Par le destin, et le destin lui-même ne peut les changer.

– Mais si votre conviction est telle, comment se fait-il que le problème reste obscur pour vous ?

– Il ne l'est plus, déclara-t-il, en appuyant sur les mots avec une conviction vraiment stupéfiante. Sauf sur quelques points, la vérité m'apparaît clairement.

– En ce cas, agissez.

– Je ne puis agir qu'aux dates fixées, et ce n'est qu'à ces dates qu'il me sera possible de mettre la main sur le sieur X et de vous fournir une quantité de poudre d'or. »

Il prophétisait du ton allègre d'un sorcier qui s'amuserait à intriguer et à dérouter. Et il leur proposa :

« Nous sommes aujourd'hui le 4 septembre. Vous n'avez plus que six ou sept jours. Patientez, voulez-vous ? Et, sans plus penser à toutes ces choses agaçantes, profitons de cette dernière semaine de campagne. »

Elles patientèrent. Elles avaient des heures de fièvre et d'inquiétude. Elles se querellaient parfois, sans motif apparent. Elles demeuraient, aux yeux de Raoul, incompréhensibles, fantasques et, par cela même, plus attirantes. Mais elles ne pouvaient se quitter, et surtout elles ne quittaient pas Raoul.

Aussi ces quelques jours furent-ils charmants. En attendant un combat dont elles s'évertuaient à deviner les péripéties, et tout en se demandant s'il aurait lieu avant ou après le départ, elles en arrivaient, sous l'influence de Raoul, à se détendre et à jouir délicieusement de la vie. Elles riaient de tout ce qu'il disait, légères et graves, ardentes et nonchalantes, et elles se laissaient aller vers lui avec des élans dont il goûtait toute la spontanéité.

Quelquefois, au milieu de leurs effusions amicales, il s'interrogeait gaiement et sans aller trop au fond de lui.

« Bigre, mais voilà que je les aime de plus en plus, mes belles amies. Seulement, qui des deux est-ce que j'aime davantage ? Au début c'était Catherine. Elle m'émouvait et je me suis dévoué à elle, insouciant de ce qu'il en adviendrait. Et puis Bertrande, plus femme et plus coquette, me trouble maintenant. En vérité, je perds la tête. »

Au fond, peut-être les aimait-il toutes deux, et, en les aimant toutes deux, l'une si pure et si ingénue, l'autre si tourmentée et si complexe, peut-être n'aimait-il qu'une seule et même femme, qui était, sous deux formes différentes, la femme de l'aventure à laquelle il consacrait toutes ses forces et toutes ses pensées.

Ainsi s'écoulèrent le 5, le 6 le 7, le 8 et le 9 septembre. À mesure que la date devenait plus proche, Bertrande et Catherine se maîtrisaient davantage, jusqu'à partager la sérénité de Raoul. Elles préparaient leurs malles, tandis que M. Arnold et Charlotte rangeaient le manoir.

Théodore Béchoux, très complaisant, ne dédaignait pas de donner un coup de main à Charlotte. Celle-ci devant aller dans sa famille durant une semaine, et Béchoux, qui voulait l'accompagner, ayant déclaré qu'il prendrait le train, Raoul avait obtenu des sœurs qu'elles fissent avec lui, en auto, le tour de la Bretagne. Pendant ce temps, le domestique mettrait en ordre l'appartement de Paris.

Le 10 septembre, après le déjeuner, Bertrande sortit du manoir et se rendit au village pour régler les factures des fournisseurs. Quand elle revint, elle aperçut d'abord Raoul qui pêchait à la ligne, installé dans la barque, puis vingt mètres plus loin, à l'entrée du pont, Catherine qui le regardait.

Elle s'assit vingt mètres avant la barque, et le regarda comme faisait sa sœur. Il était penché sur l'eau et ne semblait pas s'occuper de son bouchon qui se balançait. Considérait-il un spectacle quelconque au fond de la rivière ? ou suivait-il quelque idée en lui-même ?

Raoul dut sentir qu'on l'observait car il tourna la tête du côté de Catherine à qui il sourit, puis du côté de Bertrande à qui il sourit également. Elles montèrent dans la barque.

« Vous pensiez à nous, n'est-ce pas ? demanda l'une d'elles en riant.

– Oui, dit-il.

– À laquelle ?

– Aux deux. Je ne puis vraiment pas vous séparer l'une de l'autre. Comment ferais-je pour vivre sans vous deux ?

– Nous partons toujours demain ?

– Oui, demain matin, 11 septembre. C'est ma récompense, ce petit voyage en Bretagne.

– On part… cependant rien n'est résolu, fit Bertrande.

– Tout est résolu », dit-il.

Un long silence s'établit entre eux ; Raoul ne pêchait rien et n'avait aucun espoir de rien pêcher, la rivière étant dépourvue du moindre goujon. Mais tout de même ils contemplaient tous trois les jeux du bouchon de liège. De temps à autre ils échangeaient une phrase, et le crépuscule les surprit dans cette intimité heureuse.

« Je vais donner un coup d'œil à mon auto, dit Raoul. Vous m'accompagnez ? »

Ils se rendirent à ce hangar où il remisait son automobile, non loin de l'église. Tout allait bien. Le moteur tournait avec un murmure régulier.

À sept heures Raoul quitta Bertrande et Catherine, en leur disant qu'il viendrait les chercher le lendemain vers dix heures et demie, et qu'ils traverseraient la Seine sur le bac de Quillebeuf. Puis il rejoignit Béchoux dans sa chaumière, où, pour plus de commodité, ils devaient passer cette dernière nuit.

Après le dîner, l'un et l'autre gagnèrent leurs chambres. Bientôt Béchoux ronflait.

Alors Raoul sortit de la maison, prit sous le toit de chaume une échelle suspendue à deux crochets, l'emporta, suivit le sentier qui longeait, à droite, le mur de la Barre-y-va, tourna en haut vers la gauche, et monta sur ce mur. Arrivé au faîte, dans l'ombre épaisse d'un arbre dont les branches tombaient autour de lui et le cachaient, il laissa glisser l'échelle au-dehors, à l'aide d'une corde, et la coucha parmi les ronces.

Durant une demi-heure il resta dans l'arbre. Il voyait tout le parc, sous une lune étincelante qui diffusait une clarté blanche et calme, semblait fouiller les ténèbres, et se baignait dans l'eau argentée de la rivière.

Au loin, les lumières du manoir, une à une, s'éteignirent. L'horloge de Radicatel sonna dix coups.

Raoul veillait. Il ne croyait pas que le moindre danger menaçât les deux jeunes femmes, mais il ne voulait rien laisser au hasard. En supposant même qu'aucune embûche ne fût tendue, l'ennemi pouvait rôder, poursuivre ses préparatifs, se rapprocher du but qu'il croyait atteindre déjà, et s'assurer que lui-même n'était pas surveillé.

Soudain, Raoul tressaillit. L'événement allait-il lui donner raison de s'être mis à l'affût, et n'allait-il pas surprendre quelque manœuvre ? À cinquante pas de lui, à l'intérieur de l'enceinte qu'il avait suivie, non loin de la petite porte par où, le premier matin, Catherine avait passé, il apercevait une forme immobile, collée contre le tronc d'un arbre, mais qui ne semblait pas en faire partie. De fait, elle oscilla plusieurs fois, puis parut diminuer de hauteur, jusqu'à s'étendre sur le sol. Si Raoul n'avait pas assisté à ce mouvement imperceptible, il n'aurait jamais détaché cette ombre allongée de l'ombre d'un grand if, et qui se mit à ramper dans la ligne même de l'obscurité.

Elle gagna ainsi le monticule qui s'était formé autour et au-dessus de la serre démolie, chaos de pierres et d'herbes et de buissons, où un passage se dessinait en courbe blanchâtre. Elle s'éleva peu à peu, traînant sur le sol, puis disparut dans les fourrés.

Raoul aussitôt, certain de n'être pas vu, sauta de son arbre, et se mit à courir en choisissant les endroits où n'arrivait pas le rayonnement de la lune. Ses yeux ne quittaient pas le point culminant des ruines. Quelques minutes lui suffirent pour en atteindre la base. Là, sans plus prendre de précautions, il s'engagea dans le passage pratiqué au milieu des éboulements et monta la piste qui serpentait.

Le revolver en main, car il éprouvait quelque méfiance, il parvint au sommet et chercha d'un coup d'œil. N'apercevant rien de suspect, il pensa que l'ennemi redescendait l'autre pente, et il fit encore trois pas.

Il eut une seconde ou deux d'hésitation. Il y a des instants où l'excès de calme, où la trop grande impassibilité des feuilles et des herbes vous paraissent autant de menaces. Il avança, cependant, tous ses sens aux aguets, et brusquement il eut l'impression qu'un craquement de branches se produisait sous ses pieds et qu'une fissure s'ouvrait au milieu des décombres.

Il tomba dans le vide, et sans doute sa chute avait été combinée de telle façon qu'il reçut à la hauteur du torse comme un formidable coup de bélier, qui l'empêcha de tomber debout, lui fit perdre l'équilibre, et l'abattit comme une masse inerte. Aussitôt il fut enveloppé d'une sorte de couverture, roulé et ficelé avant qu'il eût eu le temps de s'y reconnaître et d'opposer seulement un essai de résistance.

Tout cela fut exécuté avec une rapidité extraordinaire, et, autant qu'il put en juger, par un unique agresseur. Et non moins rapide fut la suite de l'opération. D'autres cordes s'enroulèrent qui durent être fixées à des points d'attache solidement établis, pieux, piquets de fer ou moellons cimentés. Puis il y eut un éboulement de cailloux et de sable que l'on précipitait sur lui d'en haut.

Et puis, plus rien, le silence, les ténèbres, le poids d'une pierre tombale. Raoul était enseveli.

Ce n'était pas un homme à se considérer comme perdu et à supprimer en lui la notion de l'espoir. En toute occurrence, sans se dissimuler la gravité d'une situation, d'abord il apercevait les côtés rassurants. Et comment ne se fût-il pas dit sur-le-champ que, somme toute, on aurait pu le tuer, et qu'on ne l'avait pas fait. C'eût été si facile ! Un coup de poignard, et l'on en finissait avec l'obstacle en quelque sorte invincible qu'il constituait pour son adversaire. Si on ne l'avait pas tué, c'est que sa suppression n'était pas indispensable, et qu'on pouvait se contenter de le réduire à l'impuissance durant les quelques jours que nécessitait la besogne envisagée.

Et cette hypothèse était d'accord avec ce que savait pertinemment Raoul.

Mais, néanmoins, l'ennemi ne reculait pas devant la solution criminelle. Il s'en remettait à la décision du destin. Si Raoul succombait, tant pis pour lui.

« Je ne succomberai pas, se dit Raoul. L'essentiel c'est que je n'aie pas d'autre attaque à redouter. »

Et, dès le début, son instinct lui faisant prendre la meilleure position possible, il avait tendu toutes ses forces pour plier un peu les genoux, raidir ses bras et gonfler sa poitrine. Il gardait ainsi une certaine liberté de mouvements et la place de respirer. D'autre part, il se rendait compte exactement de l'endroit où il se trouvait. Plusieurs fois, en effet, se glissant sous les débris de la serre, en quête des refuges où l'homme au chapeau pouvait se cacher, il avait remarqué ce vide situé non loin de l'entrée d'autrefois.

Donc deux espoirs de salut, par en haut à travers les briques, les cailloux, le sable et toute la ferraille écroulée ; par en bas, sur le sol même où jadis était bâtie la serre. Mais pour tenter l'évasion, il fallait se mouvoir. Et c'était là, peut-être, l'insurmontable difficulté, les cordes étant nouées de telle manière qu'au moindre effort, elles resserraient leur étreinte.

Cependant, il s'ingénia par tous les moyens à se retourner et à se faire de la place. En même temps, le cours de ses idées se poursuivait. Il imaginait toutes les phases de l'embuscade, la surveillance exercée sur tous ses actes, la façon dont il avait été repéré au faîte du mur, sous les branches de l'arbre, et la façon habile dont l'adversaire l'avait attiré dans le piège.

Chose curieuse, malgré la couverture qui l'enveloppait, et malgré le rempart que dressait autour de lui la masse accumulée, il entendait, non pas confusément, mais avec une incroyable netteté, les bruits du dehors, ou du moins tous ceux qui s'élevaient du côté de la Seine et de ce côté seulement. Ils étaient amenés, sans aucun doute, par, quelque interstice qui restait ouvert entre les décombres, le long du sol, et qui formait, dans la direction de la Seine, une sorte de conduit de cheminée presque horizontale.

Ainsi, des sirènes de bateau mugirent sur le fleuve. Des trompes d'auto retentirent sur la route. L'église de Radicatel sonna onze fois, et le dernier coup n'avait pas frappé qu'il perçut les premiers ronflements d'un moteur que l'on mettait en marche et qui était le sien. Il le reconnaissait. Il l'eût reconnu entre mille.

Et ce fut bien son moteur qui partit, qui tourna dans le village, qui prit la grande route, et qui, à une allure croissante, s'en alla vers Lillebonne.

Mais Lillebonne, était-ce le but ? L'ennemi, car ce ne pouvait être que lui, ne continuait-il pas jusqu'à Rouen, jusqu'à Paris ? Et pour quoi faire ?

Un peu las depuis son dur travail de libération, il se reposa et réfléchit. Au fond, la situation se présentait ainsi : le lendemain, 11 septembre, à dix heures et demie du matin, il devait venir au manoir et emmener Catherine et Bertrande. Donc, jusqu'à dix heures et demie et jusqu'à onze heures, rien d'anormal. Catherine et Bertrande ne s'inquiéteraient pas, ne le chercheraient pas. Mais après ? Au cours de la journée, est-ce que sa disparition, sa disparition à lui, si évidente, ne provoquerait pas des investigations qui pourraient le sauver ?

En tout cas, l'ennemi devait prévoir que les deux jeunes femmes resteraient à la Barre-y-va et attendraient. Or, cela, c'était l'échec de toute la combinaison, puisque le projet de l'ennemi supposait une liberté absolue d'action. En fin de compte, il fallait que, l'une et l'autre, elles partissent. Le moyen ? un seul. Les appeler à Paris. Une lettre, on reconnaît l'écriture. Donc, un télégramme… un télégramme, signé Raoul, leur disant qu'il a dû soudainement s'en aller, et leur prescrivant de prendre le train dès le reçu de la dépêche.

« Et comment n'obéiraient-elles pas ? pensait Raoul. L'injonction leur paraîtrait tellement logique ! Et puis, pour rien au monde, elles ne resteraient à la Barre-y-va sans ma protection. »

Il travailla une partie de la nuit, dormit assez longtemps, bien qu'il eût un certain mal à respirer, et se remit à l'œuvre. Sans en avoir la certitude, il croyait bien avancer du côté de l'issue, car les bruits de l'extérieur lui arrivaient avec plus de netteté encore. Mais de combien de centimètres se composait cette avance, obtenue au prix de tant de peine et par de menus mouvements du corps ?

Quant à ses liens, ils ne bougeaient pas. Seules les cordes fixées à des points d'attache, comme des amarres, se relâchaient peut-être un peu.

Vers six heures du matin, il crut reconnaître le ronflement familier de son auto. Erreur sans doute. Le bruit s'arrêta bien avant Radicatel. D'ailleurs, pourquoi l'ennemi aurait-il ramené cette voiture dont la présence aurait compromis l'effet du télégramme ?

La matinée se passa. À midi, bien qu'il n'eût perçu le roulement d'aucun véhicule, il supposa que les deux sœurs avaient quitté Radicatel dès le reçu de la dépêche, pour aller prendre le train à Lillebonne.

Contrairement à ses prévisions, vers une heure, l'horloge de l'église continuant à le renseigner régulièrement, il entendit une voix qui criait, non loin de lui :

« Raoul ! Raoul ! »

C'était la voix de Catherine.

Et la voix de Bertrande cria également :

« Raoul ! Raoul ! »

Il hurla leurs deux noms à son tour. Rien.

D'autres appels furent lancés par les deux jeunes femmes, mais ils s'éloignaient.

Et, de nouveau, le silence.

Chapitre XII

La revanche

« Je me suis trompé, pensa Raoul. Elles n'ont pas reçu de télégramme les priant de venir à Paris, près de moi, et, surprises par ma disparition, elles me cherchent. »

Tout de suite il eut l'idée que leurs investigations ne seraient pas vaines et que Béchoux, particulièrement, spécialiste en la matière, aboutirait aisément. Le domaine, somme toute, était de proportions restreintes, et les cachettes où l'on avait pu l'enfouir – en supposant qu'on le crût mort ou blessé – n'étaient pas si nombreuses. Les roches du défilé, la Butte-aux-Romains, les ruines de la serre, deux ou trois autres endroits peut-être qu'ils connaissaient tous, et qu'il avait inspectés souvent avec Béchoux, en dehors de cela, de la rivière, du pavillon de chasse et du manoir, où aurait-on pu dissimuler un cadavre ?

Mais les heures passaient, et l'espoir de Raoul diminuait. « Béchoux, se disait-il, n'est pas en forme actuellement. Quelque acharnement qu'il mette à me retrouver, l'amour lui enlève une partie de ses moyens. Et puis sans doute s'égare-t-il avec les deux jeunes femmes et les deux domestiques, hors du jardin, vers les collines proches, vers le petit bois, vers la Seine… Et puis… et puis… qui sait ? ils ne se sont peut-être pas arrêtés à l'hypothèse d'un crime. Ils peuvent croire que je suis parti pour des raisons impérieuses, sans avoir eu le temps de les avertir, et que j'effectue une expédition préalable… Et ils m'attendent ! »

De fait, la journée s'acheva sans nouveaux appels. Aucun bruit ne lui parvint que des bruits de bateaux ou d'automobiles.

Les heures aussi continuaient à sonner. Et lorsque, le soir, sonna la dixième heure, il se dit que Catherine et Bertrande n'étaient plus protégées par lui, et que, avec la nuit qui commençait, elles devaient tressaillir de peur.

Il redoubla d'efforts. Ses cordes le serraient avec moins de rigueur, et les points d'attache avaient fini par céder, de sorte qu'il lui était possible d'évoluer plus vite vers l'issue qu'il imaginait. Il respirait mieux, à travers l'étoffe assez lâche de la couverture. Mais la faim, sans toutefois le faire souffrir, rendait sa besogne plus âpre et moins efficace.

Il s'endormit. Sommeil fiévreux, coupé de cauchemars qui le réveillaient en sursaut… et sommeil auquel il s'arracha tout à coup en criant d'angoisse, sans savoir pourquoi.

« Eh ! eh ! dit-il à haute voix, afin de se remettre en équilibre, est-ce que mon cerveau va chavirer pour deux malheureux jours de fatigue et de diète ? »

Sept heures sonnaient. C'était le matin du 12 septembre, le premier des jours fatidiques annoncés par lui. Tout laissait prévoir maintenant que l'ennemi gagnerait la bataille.

Cette idée le fouetta d'une énergie où il y avait de la rage et de l'exaspération. La bataille gagnée par l'autre, c'était la défaite et la ruine des sœurs, le grand secret dérobé, l'impunité du coupable… et c'était sa mort à lui. S'il voulait ne pas mourir et vaincre, il fallait soulever la pierre du tombeau, et s'échapper.

Il avait conscience, à l'air plus vif qu'il respirait, que l'issue n'était pas loin. Une fois dehors, il appellerait, on viendrait, il serait sauvé.

Il donna l'effort suprême. Peut-être allait-il passer, lorsque soudain il eut l'impression qu'il se produisait autour de lui comme un cataclysme. Tout le monticule où, avec sa tête, avec ses épaules, avec ses coudes, ses genoux et ses pieds, il creusait sa taupinière, s'effondra. Étaient-ce ses manœuvres qui avaient provoqué la débâcle ? Était-ce l'ennemi qui, surveillant et constatant les progrès du cheminement vers l'issue, avait démoli d'un coup de pioche l'édifice fragile ? Toujours est-il que Raoul se sentit écrasé de toutes parts, étouffé, perdu.

Il résista. Il s'arc-bouta de nouveau. Il retint son souffle. Il épargna l'air qui lui restait. Mais c'est à peine s'il pouvait soulever sa poitrine et respirer sous le poids qui l'oppressait.

Il pensa encore :

« J'en ai pour quinze minutes… Si, dans quinze minutes… »

Il compta les secondes. Mais bientôt ses tempes se mirent à battre, ses idées tourbillonnèrent dans le délire, il ne sut pas ce qui se passait.

Il se retrouva sur son lit, dans l'ancienne chambre qu'il occupait au manoir. Quand il ouvrit les yeux, il constata qu'il était tout habillé, que Catherine et Bertrande le regardaient anxieusement, et que la pendule marquait sept heures trois quarts. Il chuchota :

« Quinze minutes… pas davantage, hein ? Sans quoi… »

Il entendit la voix de Béchoux qui ordonnait :

« Vite, Arnold, courez au pavillon et rapportez sa valise. Charlotte, une tasse de thé et des biscottes, et au galop, n'est-ce pas ? »

Et, revenant au lit, Béchoux lui dit :

« Il faut manger, mon vieux… Pas trop… mais il le faut… Ah ! sacrebleu, tu nous en as fait une frousse ! Qu'est-ce qu'il t'est donc arrivé ? »

Catherine et Bertrande, le visage décomposé, pleuraient. Chacune d'elles prit une de ses mains.

Bertrande murmura :

« Ne répondez pas… ne parlez pas… Vous devez être à bout de forces. Ah ! ce que nous avons eu peur ! Nous ne comprenions pas votre disparition. Dites-nous… Mais, non, ne dites rien… reposez-vous… »

Elles se turent. Mais elles étaient l'une et l'autre dans un tel état de surexcitation qu'elles posaient de nouvelles questions, auxquelles, sur-le-champ, elles lui défendaient de répondre. Il en était de même de Béchoux, que les dangers courus par Raoul semblaient avoir complètement désorganisé. Il jetait des paroles incohérentes, et s'interrompait pour crier des ordres absurdes.

Lorsque Raoul eut bu sa tasse de thé et mangé ses biscottes, un peu réconforté, il murmura :

« On vous a envoyé un télégramme de Paris, n'est-ce pas ?

– Oui, fit Béchoux, tu nous demandais de te rejoindre par le premier train. Rendez-vous chez toi.

– Et pourquoi n'êtes-vous pas venus ?

– Moi, je voulais. *Elles* n'ont pas voulu.

– Pourquoi ?

– Elles se sont défiées, dit Béchoux. Elles ne croyaient pas que tu aies pu les quitter comme ça. Alors, nous avons cherché… surtout dehors, dans le bois. Et puis on était désorienté. N'étais-tu pas parti ? On ne savait pas. Et les heures filaient. On ne dormait plus.

– Tu n'as pas prévenu la gendarmerie ?

– Non.

– À la bonne heure. Et comment m'a-t-on trouvé ?

– C'est Charlotte. Ce matin, elle a crié dans la maison : « Ça remue du côté de l'ancienne serre… j'ai vu de ma fenêtre. Alors on a couru… on a pratiqué une ouverture… »

Raoul dit tout bas :

« Merci, Charlotte. »

Puis, comme on lui demandait ses projets, il articula d'une voix plus ferme :

« Dormir d'abord et puis partir… Nous irons au Havre… quelques jours… L'air de la mer me remettra. »

On le laissa. Les volets furent clos, les portes fermées. Il s'endormit.

Quand il sonna, vers deux heures de l'après-midi, et que Bertrande entra dans la pièce, elle le trouva étendu sur un fauteuil, la mine meilleure, le visage rasé, habillé de vêtements propres. Elle le contempla un instant avec des yeux ravis, puis alla vers lui, et, très simplement, l'embrassa sur le front. Puis elle embrassa ses mains, et des larmes se mêlèrent à ses baisers.

Charlotte les servit tous dans la chambre de Raoul. Il mangea peu. Il semblait très las, et il avait hâte de quitter le manoir, comme si les souvenirs de ses souffrances l'obsédaient.

Béchoux dut le soutenir, presque le porter dans l'auto. On l'installa au fond. Béchoux se mit au volant et conduisit tant bien que mal. Arnold et Charlotte devaient prendre le train du soir pour Paris.

Au Havre, Raoul ne voulut pas, pour des raisons qu'il ne formulait point, que l'on descendît les valises, et qu'on s'installât dans un hôtel. Il se fit mener sur la plage de Sainte-Adresse et s'étendit sur le sable, où il resta toute la journée, sans mot dire, respirant à pleins poumons le vent plus frais qui s'élevait peu à peu.

Ainsi le soleil se coucha parmi les longs nuages roses alignés tout au long du ciel, et, quand la dernière flamme se fut éteinte à l'horizon, les deux sœurs et Béchoux assistèrent au spectacle le plus inattendu. Raoul d'Avenac se dressa tout à coup sur le coin de plage désert où ils se trouvaient tous quatre, et se mit à danser une danse échevelée, composée des pas et des gestes les plus hétéroclites, et accompagnée de petits cris aigus, pareils à ceux des mouettes qui se balançaient au-dessus de l'eau.

« Eh bien, quoi, tu es fou ! » s'exclama Béchoux.

Raoul l'empoigna par la taille, le fit tourbillonner, puis le souleva du sol, et l'allongea sur ses bras tendus en l'air.

Catherine et Bertrande riaient et s'ébahissaient. D'où lui venait cette force subite, à lui qui semblait, depuis le matin, exténué par la dure épreuve ?

« Alors, dit-il en les entraînant, vous vous imaginiez que j'allais croupir dans le coma durant des jours et des jours ? Finie, la débâcle. Elle était même finie au manoir, après ma tasse de thé et mes deux heures de sommeil. Fichtre ! si vous croyez, mes jolies amies, que je vais perdre mon temps à jouer les jeunes accouchées. À l'œuvre ! Et d'abord mangeons. J'ai une de ces faims ! »

Il les mena tous trois dans une taverne réputée où il fit un repas à la Gargantua, et jamais elles ne l'avaient vu si plein de verve et d'esprit. Béchoux lui-même en était confondu.

« Tu as rajeuni dans ta tombe ! s'écria-t-il.

– Faut bien compenser ton ramollissement, mon vieux Béchoux, dit Raoul. Vrai, durant toute cette crise, tu as été pitoyable. C'est comme pour conduire l'auto, quelle mazette tu fais ! Tantôt, je tremblais de peur. Tiens, veux-tu que je te donne une leçon ? »

La nuit était venue quand ils remontèrent en voiture. Cette fois, Raoul prit le volant, et fit asseoir Béchoux près de lui, les deux sœurs au fond.

« Et surtout, dit-il, qu'on ne s'effraie pas ! J'ai besoin de me dégourdir, et plus on avancera, mieux ça vaudra. »

De fait, l'auto parut bondir, et tout de suite s'élança sur les rues pavées et sur la route qui mène à Harfleur. Une longue côte s'aplanit devant eux, et ce fut sur le plateau cauchois une trombe qui passa. On traversa le bourg de Saint-Romain et l'on prit la route de Lillebonne.

Parfois Raoul lançait un chant de triomphe ou apostrophait Béchoux.

« Hein, mon vieux, ça t'épate ? Pour un moribond je ne vais pas mal. Voilà, Béchoux, comment conduit un gentilhomme. Mais peut-être as-tu la frousse ? Catherine ! Bertrande ! Béchoux a la frousse. Préférable de stopper, en ce cas, qu'en dites-vous ? »

Il tourna sur la droite, avant que l'on s'engageât dans la longue descente de Lillebonne, et se dirigea vers une église dont le clocher jaillissait sous la lune et au milieu des nuages.

« Saint Jean-de-Folleville… vous connaissez ce village, hein, Bertrande et Catherine ? Vingt minutes à pied de la Barre-y-va. J'ai préféré surgir par en haut, pour qu'on ne nous entende pas venir par la route de la Seine.

– Qui, on ? demanda Béchoux.

– Tu vas le voir, bouffi. »

Il rangea sa voiture le long d'un talus de ferme, et ils suivirent le chemin vicinal qui dessert le château et le hameau de Basmes, le bois de la mère Vauchel et le vallon de Radicatel. Ils marchaient doucement, avec précaution. Le vent soufflait, et des nuages peu épais voilaient la lune.

Ils arrivèrent ainsi tout en haut de l'enceinte, non loin des ronces où Raoul, l'avant-veille, avait couché l'échelle. L'ayant retrouvée, il la dressa contre le mur, monta et observa le parc. Puis il appela ses compagnons.

« Ils sont deux qui travaillent, leur dit-il à voix basse. Je n'en suis pas trop surpris. »

Les autres montèrent, tour à tour, avides de voir, et passèrent la tête.

Deux ombres, en effet, étaient debout, de chaque côté de la rivière, à hauteur du pigeonnier, l'une dans l'île, l'autre sur la berge du parc. Elles ne bougeaient pas, et ne semblaient pas se cacher. Que faisaient-elles ? à quelle besogne mystérieuse se livraient-elles ?

Une brume légère reliant les nuages, on ne pouvait reconnaître les deux êtres, si tant est qu'on les connût déjà. Leurs silhouettes paraissaient de plus en plus courbées au-dessus de la rivière. Ils devaient y plonger leurs regards et surveiller quelque chose. Cependant ils n'avaient aucune lanterne qui pût les aider dans leur tâche. On eût dit deux braconniers à l'affût, ou qui tendaient des pièges.

Raoul remporta l'échelle jusqu'à la maison de Béchoux. Ensuite, ils se rendirent au manoir. Deux chaînes à cadenas renforçaient la fermeture de la serrure. Il avait fait faire le double de toutes les clefs, et il possédait de même la clef qui ouvrait la porte de la maison par derrière. Ils marchaient avec précaution, mais il n'y avait aucun danger que les autres, qui opéraient dans le parc, en avant du manoir, pussent les entendre. Une lampe de poche très faible les éclairait.

Raoul entra dans le billard et prit, au milieu d'une panoplie de vieilles armes hors d'usage, un fusil placé là d'avance.

« Il est chargé, dit-il. Avoue, Béchoux, que la cachette est bonne, et que tu ne t'en doutais pas.

– Vous n'allez pas les tuer, murmura Catherine, qui s'effarait.

– Non, mais je vais tirer.

– Oh ! je vous en supplie. »

Il éteignit sa lampe de poche et, tout doucement, ouvrit une des croisées de la fenêtre, et poussa l'un des volets.

Le ciel était de plus en plus gris. Cependant, là-bas, à soixante ou quatre-vingts mètres environ, on voyait toujours les deux ombres immobiles, pareilles à des statues. Le vent croissait en force.

Quelques minutes s'écoulèrent. Une des ombres fit un geste lent. L'autre, qui était dans l'île, se courba davantage au-dessus de la rivière.

Raoul épaula.

Catherine, éplorée, supplia :

« Je vous en prie… je vous en prie…

– Que voulez-vous que je fasse ? demanda-t-il.

– Courir sur eux et les saisir.

– Et s'ils s'enfuient ? S'ils nous échappent ?

– Impossible.

– Je préfère une certitude. »

Il visa.

Le cœur des deux jeunes femmes se crispa. Elles eussent voulu que l'acte terrible fût accompli déjà, et elles redoutaient d'entendre l'explosion.

Dans l'île, l'ombre s'inclina davantage encore, puis s'éloigna. Était-ce le signal du départ ?

Coup sur coup, il y eut deux détonations. Raoul avait tiré. Et là-bas, les deux êtres roulèrent sur l'herbe, avec des gémissements.

« Ne bougez pas d'ici, enjoignit Raoul à Bertrande et à Catherine… Ne bougez pas ! »

Et, comme elles insistaient pour le suivre :

« Non, non, dit-il, on ne sait jamais comment ces bougres-là peuvent réagir. Attendez-nous et préparez ce qu'il faut pour les soigner. D'ailleurs ce n'est pas bien grave. Je leur ai tiré aux jambes avec du menu plomb. Béchoux, tu trouveras dans le coffre du vestibule des courroies de cuir et deux cordes. »

Lui-même, en passant, il se saisit d'un fauteuil transatlantique qui pouvait servir de brancard, et il alla, sans se presser, vers la rivière, sur les bords de laquelle les deux blessés, gisaient, inertes.

Sur son ordre, Béchoux tenait un revolver au poing, et Raoul dit à celui des adversaires qui était le plus proche :

« Pas de sale coup, hein, camarade ! À la moindre tentative, le brigadier t'achève comme une bête puante. Du reste, à quoi cela te servirait-il de rouspéter ? »

Il s'agenouilla, lança un jet de lumière et ricana :

« Je me doutais bien que c'était toi, monsieur Arnold. Mais tu manœuvrais si habilement que mes soupçons se dissipaient toujours et que ma conviction ne date que de ce matin. Et alors, qu'est-ce que tu faisais là mon vieux ? Tu pêchais de la poudre d'or dans la rivière ? Tu vas t'expliquer là-dessus, hein ? Béchoux, fixe-moi ce client sur le brancard. Deux courroies aux poignets, ça suffira. Et puis, de la douceur, n'est-ce pas ? Il a du plomb dans l'aile, ou plutôt dans les fesses. »

Ils le portèrent avec précaution dans le salon principal où les deux jeunes femmes avaient allumé les lampes, et Raoul leur dit :

« Voilà le colis numéro un, M. Arnold. Mon Dieu, oui… le domestique, le fidèle domestique du grand-père Montessieux, son homme de confiance. Vous ne vous attendiez pas à celle-là, hein ? Au numéro deux, maintenant. »

Dix minutes plus tard, Raoul et Béchoux cueillaient le complice qui avait réussi à se traîner jusqu'au pigeonnier et dont la voix larmoyante bégayait :

« C'est moi… oui, c'est moi… Charlotte… Mais, je n'y suis pour rien… je n'ai rien fait.

– Charlotte, s'écria Raoul, en pouffant de rire. Comment, c'est la jolie cuisinière, en salopette et en pantalon de toile ! Dis donc, Béchoux, mes félicitations… Elle est charmante ainsi, ta bien-aimée ! Mais tout de même, Charlotte, la complice de M. Arnold ! Celle-là est raide, et je n'y avais pas pensé. Ma pauvre Charlotte, je ne vous ai pas trop salé la partie la plus charnue de votre confortable personne ? Tu la soigneras, hein, Béchoux ? Oh ! quelques compresses rafraîchissantes, délicatement posées, et souvent renouvelées… »

Raoul inspecta les bords de la rivière et ramassa une longue bande de toile fine, composée de deux draps cousus bout à bout, et qui traînait d'une berge à l'autre en trempant dans l'eau.

Un large pli formait poche à la partie inférieure.

« Ah ! ah ! s'exclama-t-il gaiement. Voilà donc notre filet de pêche ! À nous les poissons d'or, Béchoux ! »

Chapitre XIII

Le réquisitoire

Les deux captifs s'allongeaient sur deux canapés du salon. M. Arnold, touché assez durement à la cuisse, exhalait des plaintes sourdes. Charlotte souffrait moins, quelques plombs seulement lui ayant cinglé le mollet.

Bertrande et Catherine les contemplaient avec stupeur. Elles n'en croyaient pas leurs yeux. Arnold et Charlotte, deux serviteurs dont l'attachement leur avait toujours paru sans limites, deux confidents, deux amis presque… c'étaient eux les coupables ? Ils avaient machiné toute la sombre aventure ? Ils avaient trahi, volé, tué ?

Béchoux, lui, montrait un visage décomposé et gardait l'attitude accablée d'un monsieur sur qui se sont appesantis les pires malheurs. Il se pencha sur la cuisinière et lui parla tout bas, avec des gestes où il y avait de la menace, des reproches et du désespoir.

Elle haussa les épaules et sembla lui répondre par une insulte dédaigneuse qui le mit hors de lui. Raoul le calma.

« Défais ses liens, mon vieux Béchoux. Ta pauvre amie n'a pas l'air à son aise. »

Béchoux défit les deux courroies qui serraient les poignets. Mais, aussitôt libérée, Charlotte tomba à genoux devant Bertrande et recommença ses lamentations.

« Je n'y suis pour rien, madame. Que madame me pardonne !… Madame sait bien que c'est moi qui ai sauvé M. d'Avenac… »

Béchoux se redressa brusquement. Dans son désarroi, l'argument lui semblait irréfutable et le soulevait d'une force imprévue.

« Mais c'est vrai ! De quel droit vient-on nous dire que Charlotte est coupable ? Et puis, coupable de quoi ? Car, après tout, quelles preuves a-t-on contre elle ? et quelles preuves aussi a-t-on contre Arnold ? Ou plutôt, quelles charges ? De quoi les accuse-t-on ? »

Béchoux, comme on dit, reprenait du poil de la bête, à mesure qu'il pérorait. Il s'excitait, provoquait, gagnait du terrain, et, tourné vers Raoul, attaquait son adversaire en face.

« Oui, je te le demande, de quoi l'accuses-tu, cette malheureuse ? De quoi même accuses-tu Arnold ? Tu les as surpris au bord de l'eau, à la Barre-y-va, tandis qu'ils devaient être dans le train de Paris… Et après ? S'ils ont préféré retarder leur départ d'un jour, est-ce un crime ? »

Bertrande hochait la tête, impressionnée par la logique de Béchoux, et Catherine murmura :

« J'ai toujours connu Arnold… Grand-père avait toute confiance en lui… Comment imaginer que cet homme-là ait pu tuer le mari de Bertrande, c'est-à-dire de la fille même de grand-père ? Et pourquoi aurait-il agi ainsi ? »

Raoul prononça le plus tranquillement du monde :

« Je n'ai jamais prétendu qu'il eût tué M. Guercin.

– Alors ?

– Alors, expliquons-nous, dit Raoul avec décision. L'affaire est obscure, compliquée, débrouillons-la ensemble. J'ai idée que M. Arnold nous y aidera. N'est-ce pas, monsieur Arnold ? »

Le domestique, délivré de ses entraves par Béchoux, se tenait assis, tant bien que mal, sur un fauteuil. Son visage d'ordinaire indifférent et qui cherchait plutôt à passer inaperçu, montrait maintenant une expression de défi et d'arrogance qui devait être la véritable.

Il répliqua :

« Je ne crains rien.

– Pas même la police ?

– Pas même la police.

– Si on te livrait ?

– Vous ne me livrerez pas.

– C'est une sorte d'aveu que tu fais !

– Je n'avoue rien. Je ne nie rien. Je me moque de vous et de tout ce que vous pourrez dire.

– Et vous, sympathique Charlotte ? »

La cuisinière semblait avoir recouvré quelque courage en écoutant le sieur Arnold. Elle répliqua fortement :

« Moi non plus, monsieur, je ne crains rien.

– Parfait. Vos positions sont prises. Nous allons voir si elles correspondent à la réalité. Ce sera vite fait. »

Et Raoul, tout en se promenant les mains au dos, commença :

« Ce sera vite fait, quoique nous soyons obligés de reprendre l'affaire à son début. Mais je me contenterai d'un simple résumé qui donnera aux événements leur place chronologique et leur valeur naturelle. Il y a sept ans, c'est-à-dire cinq ans avant sa mort, M. Montessieux engagea comme valet de chambre, M. Arnold, âgé de quarante ans à cette époque, et qui lui avait été recommandé par un de ses fournisseurs, lequel s'est pendu depuis, à la suite de spéculations assez louches. Arnold, intelligent, adroit, ambitieux, dut se rendre compte assez vite qu'il y aurait quelque chose à faire, un jour ou l'autre, chez un vieillard aussi mystérieux et aussi original que son patron. Il le soigna, se plia aisément à ses habitudes et à ses manies, obtint sa confiance, devint son serviteur, son garçon de laboratoire et son factotum, bref, se fit indispensable. Je retrace cette période d'après ce que vous m'avez raconté, Catherine, et vous me l'avez raconté sans trop savoir que je vous interrogeais, et au hasard de vos souvenirs. Or, ces souvenirs évoquaient souvent une certaine part de méfiance que votre grand-père gardait toujours, même avec Arnold, et même avec vous, qui étiez pourtant sa préférée, et qui ne pouviez pas songer qu'il avait des secrets et qu'il serait peut-être utile de connaître ces secrets. »

Raoul s'interrompit, constata l'attention profonde que lui prêtaient ses auditeurs et poursuivit :

« Ces secrets, ou plutôt ce secret, c'était la production de l'or. Nous le savons aujourd'hui. Mais il est de toute certitude que le domestique Arnold le savait à cette époque, puisque M. Montessieux ne s'en cachait pas absolument, et qu'il montra même à son notaire, maître Bernard, le résultat de ses recherches. Ce qu'il cachait, c'était son procédé. Et c'est cela que M. Arnold voulait à tout prix connaître. Secret de fabrication ? Il y avait bien le laboratoire établi dans le grenier. Il y avait bien le laboratoire, plus mystérieux, établi dans le sous-sol du pigeonnier, ainsi que vous me l'avez dit, Catherine, et pour lequel M. Montessieux fit amener l'électricité, au moyen de fils que l'on a retrouvés. Mais fabrique-t-on de l'or ? Les laboratoires n'étaient-ils pas un trompe-l'œil. Ne servaient-ils pas à d'autres buts, dont le principal était précisément de laisser croire à la fabrication de l'or ? Ce sont là des questions que M. Arnold devait se poser, et pour la solution desquelles il épiait son maître obstinément… et vainement aussi.

« Au fond, je suis persuadé qu'à la mort de M. Montessieux, il n'en savait pas plus que je n'en savais, moi, avant la lecture du testament. Et cela se réduisait, somme toute, à supposer, d'après un certain nombre de déductions, qu'il y avait relation entre la présence de l'or à la Barre-y-va et le cours d'une rivière à travers le domaine, et dans la partie de cette rivière qui traverse le domaine. Dès le début, mes yeux se fixèrent sur l'eau limpide de l'Aurelle, et dès le début je notai ce nom de la rivière dont l'étymologie est significative. Aurelle, c'est la rivière de l'or, n'est-ce pas ? J'ai donc vécu sur la barque, j'ai pêché sur la berge, tâchant de découvrir quelque parcelle du métal qui eût roulé sur le fond ou flotté entre deux eaux.

« M. Arnold devait agir comme moi durant les vacances que son maître et Catherine prenaient aux approches de Pâques et aux mois d'été. Il poursuivait d'ailleurs son œuvre tout en exécutant de fructueux coups de main dans la région où l'on avait fini par le désigner sous le nom de l'homme au grand chapeau. Je suis convaincu, Béchoux, que, si l'on cherchait les dates de ces exploits, dont je ne t'avais pas encore parlé, je crois, elles correspondraient aux séjours d'Arnold à la Barre-y-va.

« Et puis survint la mort de M. Montessieux, que suivit le vol du testament, vol dont j'aurais tendance à attribuer la responsabilité à M. Arnold. C'est lui qui dut prévenir M. Guercin, offrir ses services, révéler certains détails relatifs à son maître, et finalement proposer un plan d'action. Résultat : M. Guercin se rend à la Barre-y-va et organise avec le bûcheron Vauchel la transplantation des trois saules. Désormais la rivière fait partie du lot dont, un jour ou l'autre, héritera Mme Guercin.

« Tout se combine ainsi entre les deux hommes, lentement, car il leur manque les éléments de la vérité. La rivière est bien au centre des opérations futures. L'or est là, quelque part. Mais comment résoudre le problème sans les explications qu'a promises M. Montessieux et qu'Arnold et M. Guercin ne réussissent pas à découvrir ?

« Un seul renseignement… si c'en est un, et s'il se rapporte à l'affaire : la série de chiffres tracés à la fin du testament par M. Montessieux. C'est peu, et il est à présumer que M. Guercin n'en a jamais trouvé la signification, et que même il n'y a jamais attaché d'importance. Cependant il faut agir. Le mariage éventuel de Catherine précipite les choses. Les deux sœurs décident de s'installer ici. Tant mieux ! Arnold sera sur place. Il correspond avec M. Guercin. Celui-ci arrive, soudoie le clerc de notaire, Fameron, fait en sorte de donner sa valeur au testament en l'introduisant dans le dossier Montessieux, commence ses investigations dans le parc…

– Et meurt assassiné par le domestique Arnold ! » s'écria ironiquement Béchoux, lançant la même objection qu'il avait déjà lancée lors d'un premier débat.

Et Béchoux ajouta :

« Par le domestique Arnold, qui était sur le seuil de la cuisine quand le meurtre fut commis, et qui me suivit lorsque je m'élançai vers le pigeonnier sur le seuil duquel on avait tiré un coup de revolver !

– Tu te répètes, Béchoux, dit Raoul. Et moi, je me répéterai en te répondant que le domestique Arnold n'a pas tué M. Guercin.

– En ce cas, montre-nous le coupable. Ou bien c'est Arnold – et tu affirmes que non – ou bien c'est un autre et tu n'as pas le droit d'accuser Arnold d'un crime qu'il n'a pas commis.

– Il n'y a pas eu de crime.

– M. Guercin n'a pas été assassiné ?

– Non.

– De quoi est-il mort ? D'un rhume de cerveau ?

– Il est mort par suite d'une série de hasards funestes déclenchés par M. Montessieux.

– Allons bon, voilà que le coupable serait M. Montessieux, lequel n'existait plus depuis près de deux ans.

– M. Montessieux était un maniaque et un illuminé, et c'est là toute l'explication. Maître de l'or, il n'admettait pas qu'un autre pût s'emparer de ce qu'il avait tant cherché et de ce qu'il avait enfin découvert. Figure-toi qu'un avare ait entassé dans le sous-sol du pigeonnier un trésor inestimable et que M. Montessieux pouvait croire inépuisable ; ne penses-tu pas que cet avare accumulerait les précautions pour défendre son bien durant son absence ? Or, les dernières années de sa vie, M. Montessieux ne pouvait plus supporter l'hiver assez rude des bords de la Seine, et, pendant l'été qui précéda sa mort, il profita des fils électriques que le fils Vauchel avait posés dans son laboratoire souterrain pour installer seul, en grand secret, un système capable de défendre automatiquement, mécaniquement, l'entrée du pigeonnier. Il suffisait qu'un intrus tentât d'ouvrir la porte pour qu'un revolver placé à hauteur d'homme fît feu sur lui et l'atteignît en pleine poitrine. C'était mathématique, inéluctable. Son chef-d'œuvre achevé, M. Montessieux, pour plus de sûreté, fit mettre, de chaque côté du pont vermoulu, une pancarte avec cette inscription : « À réparer. Passage dangereux. » Puis, ainsi qu'à la fin de chaque mois de septembre, il ferma la maison, emporta les clefs et partit pour Paris avec Arnold et avec Catherine. Le soir même il mourait d'une congestion.

« Je ne doute pas que sa volonté ne fût de laisser des instructions pour que, en cas de décès, nul n'essayât de pénétrer dans le pigeonnier, sans avoir bloqué le système. Mais il n'en eut pas le temps, pas plus qu'il n'eut le temps de révéler le secret de l'or. Vingt mois se passèrent. Un hasard voulut que personne n'essayât d'ouvrir le pigeonnier, personne n'osant évidemment s'aventurer sur le pont vermoulu de l'île. Un autre hasard voulut que l'humidité ne détériorât ni les fils électriques ni les balles du revolver. Bref, lorsque M. Guercin, ayant appris que Catherine traversait fréquemment le pont, s'y risqua à son tour, s'approcha du pigeonnier, et ouvrit, il reçut la balle en pleine poitrine. Et c'est ainsi qu'il ne fut pas assassiné, mais qu'il mourut victime du hasard. »

Les deux sœurs écoutaient Raoul avec une attention passionnée, et la conviction manifeste qu'il ne se trompait pas. Béchoux demeurait renfrogné. Le domestique, penché en avant, ne quittait pas des yeux Raoul d'Avenac. Celui-ci reprit :

« Arnold connaissait-il le piège tendu ? D'après ce que je sais, il n'allait jamais dans l'île. Méfiance raisonnée ? Abstention fortuite ? Je n'en sais rien. Toujours est-il qu'après la mort de M. Guercin, il restait le seul chef du complot destiné à capter les trésors de M. Montessieux. La justice représentée par le juge d'instruction ne comprenait rien à l'affaire, et, pas davantage la police représentée par le brigadier Béchoux, lequel en toutes ces circonstances, je dois le dire, se montra d'une insuffisance déplorable… »

Béchoux interrompit, en haussant les épaules :

« Tu prétendrais avoir deviné cela sur l'heure, toi ?

– À la minute même. Du moment qu'il n'y avait personne pour commettre le crime, c'est qu'il s'était commis tout seul. De là à comprendre la situation, il n'y avait qu'un pas. Et je l'ai franchi aussitôt en examinant les fils électriques et le revolver. Donc, pour en revenir à M. Arnold, il était libre d'agir à sa guise, tout en parant aux périls qui pouvaient survenir. Ainsi Dominique Vauchel, qui avait travaillé avec M. Montessieux, savait certaines choses et devait en avoir deviné certaines autres. Bien que peu loquace, il avait parlé à sa mère, et la vieille folle bavardait à tort et à travers sur les trois « chaules « et sur les dangers courus par Catherine. Il fallait donc veiller au grain…

– Et c'est pourquoi, ricana Béchoux, Arnold a commencé par se débarrasser de Dominique Vauchel, puis de la mère Vauchel. »

Raoul frappa du pied et prononça d'une voix forte :

« Eh bien, non, c'est ce qui te trompe, Arnold n'est pas un assassin.

– Cependant, puisque Dominique Vauchel et sa mère ont été tués.

– Il n'a tué ni l'un ni l'autre, dit Raoul avec le même emportement. Arnold n'a tué personne, si on appelle tuer commettre un crime avec préméditation. »

Béchoux s'obstina :

« Pourtant, c'est le jour même où Catherine Montessieux avait pris rendez-vous avec Dominique Vauchel – et quelqu'un qui était caché, Arnold ou un autre, a entendu ce rendez-vous – c'est ce jour-là que Dominique Vauchel a été écrasé sous un arbre.

– Et après ? N'est-ce pas un accident tout naturel ?

– Donc coïncidence ?

– Oui.

– L'hésitation du médecin ?

– Erreur.

– La massue trouvée ?

– Écoute, Théodore, dit Raoul d'une voix plus posée. Après tout, tu n'es pas aussi crétin que tu veux bien le laisser croire, et tu saisiras la valeur de mon raisonnement. La mort de Dominique Vauchel a précédé celle de M. Guercin, mais elle fut l'un de ces incidents qui, avec la transplantation des trois saules et avec la prédiction de la mère Vauchel, ont effrayé le plus Catherine Montessieux. Je suppose que, à cette époque, il s'est produit dans l'esprit de M. Guercin et d'Arnold une certaine clarté relative au testament ou du moins aux explications qui devaient être ajoutées par M. Montessieux. Peut-être est-ce l'énigme des chiffres inscrits sur le document qu'ils ont résolue. Toujours est-il qu'un autre plan s'est imposé au domestique Arnold, un plan fondé sur cette terreur croissante, que le meurtre de M. Guercin devait porter à son comble, et, tout de suite, le jour même de ce meurtre, la mère Vauchel devenue tout à fait folle, était enfouie sous les feuilles sans qu'il soit possible d'affirmer la volonté de meurtre. Et, quelque temps après, la pauvre folle tombait de son échelle sans qu'il soit possible d'affirmer autre chose que l'intention de la faire tomber de son échelle.

– Soit, s'écria Béchoux. Mais quel est le plan du domestique Arnold ? À quoi veut-il arriver ?

– À ce que tout le monde quitte le manoir. Il est venu ici pour prendre de l'or. Mais il s'est aperçu qu'il ne prendra cet or, qu'il ne pourra accomplir l'œuvre nécessaire pour le prendre, que si le manoir est vide et que personne ne puisse le surveiller. Il faut que le manoir soit vide avant une date fixe, qui est le 12 septembre, et, pour obtenir ce résultat, il faut créer ici une atmosphère d'épouvante qui, fatalement, obligera les deux sœurs à partir. Il ne les tuera pas, parce qu'il n'a pas les instincts d'un meurtrier. Mais il les chassera d'ici. Et, un soir, il entre par la fenêtre dans la chambre de Catherine et la prend à la gorge. Attentat, diras-tu. Oui, mais attentat simulé. Il prend à la gorge, mais il ne tue pas. Il en avait le temps. Mais à quoi bon ? Ce n'est pas son but. Et il s'enfuit.

– Soit, s'écria Béchoux, toujours prêt à céder, et qui toujours s'insurgeait. Soit. Mais si c'était réellement Arnold que nous avons discerné dans le parc, qui a tiré sur lui, de sa propre chambre, un coup de fusil ?

– Charlotte, sa complice ! En cas d'alerte, c'était chose convenue entre eux. Arnold fait le mort. Quand nous arrivons, plus personne. Il est remonté chez lui, et nous le rencontrons qui redescend, le fusil à la main.

– Mais par où est-il remonté ?

– Il y a trois escaliers, dont un à l'extrémité, et dont il se sert évidemment chaque fois qu'il fait quelque coup, la nuit.

– Mais si c'était réellement lui le coupable, il n'aurait pas été attaqué, et Charlotte non plus !

– Simulation ! Il ne faut à aucun prix qu'on les soupçonne. Il démolit une planche du pont, et il en est quitte pour un bain. Une poutre du hangar se détache, le hangar s'écroule, mais Charlotte n'est pas atteinte, bien entendu. Seulement la terreur augmente ici. Les deux sœurs ne veulent plus rester. Et comme elles hésitent, nouvelle agression, un coup de feu tiré, à travers la vitre, sur Bertrande Montessieux, un coup de feu qui ne l'atteint pas, bien entendu. Le manoir est fermé. On s'installe au Havre.

– Arnold et Charlotte également, observa Béchoux.

– Et après ? ils demanderont un congé, voilà tout, un congé qui leur permettra d'être au manoir furtivement le 12, le 13 et le 14 septembre. Et j'ai tellement l'intuition, ou plutôt la conviction raisonnée que ces dates gouvernent tout, que, lorsque je vous ramène toutes deux ici, sur la convocation du notaire, il suffit pour avoir la paix que vous annonciez catégoriquement votre départ pour le 10 ou le 11 au plus tard. Dès lors, trois semaines de tranquillité. Le manoir sera vide…

« Cependant la date approche. Arnold a peur. Il a d'autant plus peur que Charlotte doit lui rapporter certaines réserves que Mme Guercin semble faire. Le départ n'est-il pas simulé ? Ne reviendra-t-on pas à l'improviste ? Je ne suis pas homme à lâcher la partie. Il le sent. Il s'inquiète. Et cette fois il agit avec moins de scrupule. Au moment de gagner la bataille, il ne recule pas devant une attaque plus grave. Et comme il épie mes promenades en barque, un soir, il fait rouler un quartier de roc sur moi… sur moi et sur ses deux patronnes qui m'accompagnent à son insu. Là vraiment, il y a attentat, et si nous échappons, c'est bien par miracle. Mais la guerre est déclarée. Je suis décidément l'ennemi. Il faut me supprimer. Arnold m'épie, ne perd pas un de mes gestes, ne craint pas de se découvrir à moitié en me lançant sur la piste de l'homme au chapeau. Et c'est alors l'agression suprême où il risque le tout pour le tout. Après m'avoir attiré vers les ruines de la serre, il m'y ensevelit. Puis il prend mon auto (car il sait conduire, ce qu'il vous avait caché), file sur Paris et vous envoie, signé de mon nom, un télégramme qui vous prie, toutes les deux, de me rejoindre. Si vous ne vous étiez pas défiées, il restait seul au manoir, comme il le voulait. Dépité, furieux, constatant que je réussis à creuser une galerie par où m'échapper, il fait tomber sur moi tous les décombres. Sans Charlotte, j'étais perdu. »

De nouveau Béchoux se redressa :

« Tu vois bien !… Sans Charlotte, c'est toi-même qui le dis. Donc Charlotte n'est pour rien dans l'affaire.

– Elle est sa complice, de la première heure à la dernière.

– Non, puisqu'elle t'a sauvé.

– Un remords ! Jusqu'ici elle acceptait tout d'Arnold, l'approuvait et collaborait à tous ses actes. Au suprême moment, elle n'a pas voulu du crime qui s'accomplissait, ou plutôt elle n'a pas voulu qu'Arnold fût un criminel.

– Mais pourquoi ? que lui importait ?

– Tu veux le savoir ?

– Oui.

– Tu veux savoir pourquoi elle n'a pas voulu qu'Arnold fût un criminel ?

– Oui.

– Parce qu'elle l'aime.

– Hein ? Que dis-tu ? Qu'est-ce que tu oses dire ?

– Je dis que Charlotte est la maîtresse d'Arnold. »

Béchoux leva les poings et hurla :

« Tu mens ! tu mens ! tu mens ! »

Chapitre XIV

De l'or

Le domestique Arnold avait suivi l'argumentation de Raoul d'un air de plus en plus passionné. Les mains cramponnées à son fauteuil, le buste à demi soulevé sur les bras, le visage crispé par une attention que les paroles de Raoul semblaient exaspérer de minute en minute, il écoutait sans souffler mot.

« Tu mens ! tu mens ! continuait de crier Béchoux. Et c'est abominable de couvrir d'insultes une femme qui ne peut te répondre.

– Comment ! protesta Raoul, mais il lui est loisible de me donner toutes les réponses qu'elle veut. Je les attends de pied ferme !

– Elle te méprise, et moi aussi. Elle est innocente et Arnold également. Toutes tes histoires sont peut-être justes, et je ne doute pas même qu'elles le soient, mais elles ne s'appliquent ni à l'un ni à l'autre. Tu entends, je m'inscris en faux contre tes accusations, et je les couvre l'un et l'autre de mon autorité et de mon expérience. Ils ne sont pas coupables.

– Bigre ! qu'est-ce qu'il te faut ?

– Des preuves !

– Une seule te suffirait-elle ?

– Oui, si elle est irrécusable.

– L'aveu d'Arnold serait-il une preuve irrécusable ?

– Parbleu ! »

Raoul s'approcha du domestique et, face à face, les yeux dans les yeux, il lui demanda :

149/179

« Tout ce que j'ai dit est vrai, n'est-ce pas ? »

Le domestique articula sourdement :

« Du premier jusqu'au dernier mot. »

Et il reprit, du ton stupéfait d'un homme qui ne comprend pas :

« Du premier jusqu'au dernier mot. On croirait que vous avez assisté à tous mes actes depuis deux mois et que vous avez lu toutes mes pensées.

– Tu as raison, Arnold. Ce que je ne vois pas, je le devine. Ta vie m'apparaît telle qu'elle a dû être. Ton présent explique ton passé. Tu as dû faire partie de quelque cirque où tu exerçais le métier d'acrobate, n'est-ce pas ?

– Oui, oui, répondit Arnold, dans une sorte de délire où il était comme fasciné par Raoul.

– N'est-ce pas ? tu savais étirer, allonger ton corps, de façon à te glisser dans un tonneau trop étroit ? Malgré ton âge, tu peux encore, au besoin, monter dans ta chambre par l'extérieur, en t'aidant des tuyaux et des gouttières ?

– Oui, oui.

– Alors, je ne me suis pas trompé ?

– Non.

– En rien ?

– En rien !

– Et tu es l'amant de Charlotte ? Et c'est sur ton conseil qu'elle a ensorcelé Béchoux, qu'elle l'a fait venir ici, pour te permettre de travailler à ton aise, sous la protection de la police qu'il représentait ?

– Oui… oui…

– Et Charlotte te renseignait sur ce que tes patronnes lui confiaient, c'est-à-dire sur mes projets ?

– Oui… oui… »

À mesure que le domestique confirmait les précisions données par Raoul, la colère de Béchoux devenait plus violente. Livide, chancelant, il empoigna le domestique par le collet et, le secouant, bredouilla :

« Je t'arrête… Je te livre au Parquet… tu répondras de tes crimes devant la justice. »

M. Arnold hocha la tête et ricana, ironiquement :

« Non… rien à faire… Me livrer, c'est livrer Charlotte. Et vous ne le voudriez pas. Et ce serait aussi faire du scandale et compromettre Mlle Catherine, Mme Guercin. À cela M. d'Avenac s'y opposera. N'est-ce pas, monsieur d'Avenac, vous qui êtes le chef et à qui Béchoux est forcé d'obéir, n'est-ce pas, vous vous opposerez à toute action contre moi ? »

Il semblait défier Raoul et accepter le duel au cas où celui-ci se déciderait à combattre. Raoul ne savait-il pas que Bertrande avait été la complice de son mari et que la moindre révélation porterait un coup terrible à l'affection des deux sœurs ! Le livrer à la justice, c'était la honte publique pour Bertrande.

Raoul d'Avenac n'hésita pas. Il affirma :

« Nous sommes d'accord. Il serait absurde de provoquer un scandale. »

M. Arnold insista.

« Par conséquent, je n'ai pas à craindre de représailles ?

– Non.

– Je suis libre ?

– Tu es libre. »

– Et comme, en résumé, j'ai concouru pour une grosse part à une affaire qu'un homme de votre calibre ne tardera pas à réaliser, j'ai droit à un prélèvement personnel sur les bénéfices prochains ?

– Ah ! ça non ! fit Raoul en riant de bon cœur. Tu exagères, monsieur Arnold.

– C'est votre avis, ce n'est pas le mien. En tout cas, j'exige. »

Ces deux syllabes furent scandées fortement, et d'une voix qui ne plaisantait pas. Raoul épia le visage obstiné du domestique et s'inquiéta. L'ennemi avait donc en réserve une arme secrète qui l'autorisait à dicter ses conditions jusqu'à un certain point ? Il s'inclina sur lui et tout bas :

« Du chantage, hein ? À quel titre ? Sur quoi t'appuies-tu ? »

Arnold murmura :

« Les deux sœurs vous aiment. Charlotte, qui est une fine mouche, a ses preuves. Il y a souvent des querelles très vives à votre propos. Elles n'en connaissent pas la raison, elles ne savent même pas ce qui se passe en elles. Mais un seul mot peut les éclairer, et elles deviendraient ennemies mortelles. Dois-je le dire, ce mot ? »

Raoul fut près de lui envoyer un coup de poing vigoureux en signe de châtiment. Mais il sentit la vanité d'un tel geste. Et puis, au fond, la révélation du domestique le troublait infiniment. Les sentiments des deux sœurs ne lui étaient pas inconnus. Le matin même, Bertrande l'avait embrassé avec une ardeur dont il ne pouvait ignorer la cause, et il avait eu souvent l'impression de toute la tendresse amoureuse que lui portait Catherine. Mais c'étaient là de ces choses profondes, de ces émotions confuses qu'il laissait volontairement dans l'ombre, de peur d'en altérer la douceur et le charme.

« N'y pensons pas, se dit-il. Tout cela se flétrirait au plein jour. »

Et il s'écria gaiement :

« Ma foi, monsieur Arnold, vos arguments ne manquent pas de valeur. En quoi était votre grand chapeau ?

– En toile, ce qui me permettait de le mettre dans ma poche.

– Et vos énormes sabots ?

– En caoutchouc.

– Ce qui vous permettait de marcher sans bruit et de les faire glisser par les orifices où se glissait votre buste d'acrobate ?

– Justement.

– Monsieur Arnold, votre chapeau de toile et vos chaussures de caoutchouc seront remplis de poudre d'or.

– Merci. Je vous aiderai de mes conseils pour découvrir l'or.

– Pas la peine. Vous avez échoué, la poche du drap que vous avez traînée dans la rivière est vide. Moi, je réussirai. Un détail cependant à ce sujet : Qui est-ce qui a déchiffré l'énigme des chiffres alignés par M. Montessieux ?

– Moi.

– À quelle époque ?

– Quelques jours avant la mort de M. Guercin.

– Et c'est cela qui vous a guidé ?

– Oui.

– Parfait… Béchoux !

– Quoi ? grogna le policier, qui ne dérageait pas.

– Tu es toujours persuadé de l'innocence de tes amis ?

– Plus que jamais.

– À la bonne heure. Eh bien, occupe-toi d'eux, soigne-les, nourris-les… et ne les laisse pas sortir de ce salon avant que j'aie fini ma tâche. D'ailleurs, « salés « comme ils le sont, je ne les crois guère capables de bouger pendant quarante-huit heures. C'est plus qu'il ne m'en faut, et on se passera de leurs services, chacun de nous faisant son ménage. Bonne nuit. Je tombe de sommeil. »

Le domestique Arnold l'arrêta d'un geste.

« Pourquoi ne tentez-vous pas la chance dès ce soir ?

– Allons, je vois que tu as agi sans comprendre et que tu n'as pas saisi toute la portée des chiffres alignés. Ce n'est pas là une question de chance, monsieur Arnold, mais une certitude. Seulement…

– Seulement ?

– Il n'y a pas assez de vent, ce soir.

– Alors, ce sera pour demain soir ?

– Non, pour demain matin.

– Demain matin ! »

L'exclamation de M. Arnold prouva qu'en effet, il n'avait pas compris.

Si le vent était un auxiliaire désirable, Raoul fut favorisé. Toute la nuit, on l'entendit siffler et mugir. Au matin, à peine vêtu, Raoul le vit, des fenêtres du couloir, qui bousculait les arbres et se ruait de l'occident, à travers la vallée de la Seine, âpre, intraitable, tumultueux, bouleversant le large fleuve qui venait à sa rencontre.

Dans la salle, Raoul trouva les deux sœurs. Elles avaient préparé le petit déjeuner. Béchoux arrivait au village avec du pain, du beurre et des œufs.

« C'est pour tes deux amis, ces victuailles ?

– Le pain leur suffira, fit Béchoux d'un air farouche.

– Tiens, tiens, on te dirait moins enthousiaste…

– Deux canailles, mâchonna-t-il. Je leur ai lié les poignets, pour être plus sûr. Et j'ai fermé la porte à clef. D'ailleurs, ils ne peuvent marcher.

– Tu leur as mis des compresses aux endroits sensibles ?

– Tu es fou. Qu'ils se débrouillent !

– Alors tu nous accompagnes ?

– Parbleu !

– À la bonne heure ! Te voilà revenu du bon côté de la barricade. »

Ils mangèrent tous de bon appétit.

À neuf heures, ils se risquèrent dehors, sous une pluie si violente qu'elle se confondait avec les nuages bas qu'entraînait le souffle de la tempête, une tempête de cataclysme qui semblait chercher les obstacles pour les anéantir.

« C'est la marée, dit Raoul. Elle s'annonce à coups de tonnerre. Quand la bourrasque aura passé, avec la grande vague du flot montant, la pluie diminuera peut-être. »

Ils franchirent le pont, et, tournant à droite, dans l'île, arrivèrent au pigeonnier. De son propre chef, Raoul avait fait faire, un mois auparavant, une clef qui ne le quittait pas.

Il ouvrit. À l'intérieur, les fils électriques, rétablis par lui, fonctionnaient. Il alluma.

Un cadenas solide tenait clos le battant de la trappe. Il en gardait aussi la clef.

Le sous-sol était illuminé. Lorsque les deux sœurs et Béchoux furent descendus, ils aperçurent un escabeau, et Raoul leur fit remarquer, sur le mur opposé à l'échelle, un tamis de fil de fer, à mailles aussi rapprochées qu'un canevas de tapisserie, et qui couvrait à peu près toute la longueur du mur sur une hauteur de quarante centimètres, au maximum. Un cadre de fer l'entourait.

« L'idée de M. Arnold, dit-il, n'était pas mauvaise. Avec deux draps cousus l'un à l'autre et formant poche, il barrait la rivière. Mais les draps, flottant, n'arrivaient pas au fond, ce qui est l'essentiel. Cet inconvénient n'arrive pas avec le cadre construit par M. Montessieux. »

Il monta sur l'escabeau. Dans la partie supérieure de la cave, située à un mètre au-dessus du niveau de l'eau, il y avait une meurtrière allongée, fermée par une vitre poussiéreuse. Il ouvrit. Le vent, la fraîcheur du dehors, le clapotement de l'eau, entrèrent d'un coup. Avec l'aide de Béchoux, il fit glisser le cadre par cette meurtrière, en introduisant les montants dans deux pieux fichés de chaque côté de l'Aurelle et creusés de coulisses, et le laissa tomber.

« Bien, dit-il, comme cela c'est le fond même qui est barré, ainsi que par un filet de pêche qui capture des poissons. Notez d'ailleurs que, si le tamis a été fabriqué récemment, les pieux munis de coulisses datent de longtemps, un siècle ou deux peut-être. Au XVIIIe siècle, au XVIIe, les hobereaux de la Barre-y-va faisaient déjà manœuvrer tout ce système qui devait être plus compliqué que celui que nous apercevons. »

Ils sortirent de la tour. Il pleuvait moins. Sur les bords, parmi les pierres et la vase, émergeait la tête usée de deux pieux. Comme il y en avait d'autres, on ne les remarquait pas spécialement.

À cet instant, l'Aurelle, très basse, s'était arrêtée de couler vers la Seine. Après un moment d'équilibre, il y avait lutte entre l'eau qui voulait suivre son cours ordinaire et l'eau qui commençait à affluer du grand fleuve dont on entendait l'effervescence produite par le mascaret. Sous la poussée formidable de la marée, que le vent soulevait et décuplait, l'énorme vague devait déferler dans la Seine, emplissant la vallée de remous, de montagnes d'eau qui bondissaient et tourbillonnaient.

Et l'Aurelle, hésitante, envahie à son tour par le flot irrésistible où la mer et la Seine se mêlaient, gonflée par cette onde plus forte qu'elle, céda du terrain, recula, fut vaincue, absorbée, et, soudain fugitive, remonta vers sa source.

« Quel étrange phénomène ! s'écria Raoul. Nous avons de la chance. Il est rare, j'en suis sûr, qu'il se produise avec cette ampleur et cette fougue. Il ne faut pas perdre un détail, si nous voulons tout comprendre. »

Il répéta :

« Tout comprendre ! Il y a là vraiment quelques minutes où toutes les raisons déterminantes vont se voir à l'œil nu. »

Il traversa l'île en courant, et, passant sur l'autre rive, escalada la pente qui conduisait au sommet des roches. S'arrêtant à l'endroit où M. Arnold lui avait glissé entre les mains, il se pencha sur le défilé. Étranglée entre les roches et la Butte-aux-Romains, la masse d'eau avait monté jusqu'à mi-hauteur de la falaise, contournait à moitié la Butte, et s'agitait dans cette cuve d'où elle ne pouvait s'échapper que par une étroite issue qui la laissait tomber en une mince cascade sur la prairie des trois saules.

Et d'autres masses montaient à l'assaut, poussées par le vent et enflées par les rafales de pluie que jetaient comme des paquets les nuages affolés.

Béchoux et les deux sœurs se pressaient autour de Raoul et regardaient comme lui. Il murmurait des phrases courtes où sa pensée s'exprimait par bribes.

« C'est bien cela, c'est bien ce que je supposais. Si les événements continuent selon mon hypothèse, tout s'expliquera. Et cela ne peut pas être autrement… S'il en était autrement, il n'y aurait plus de logique. »

Une demi-heure s'écoula. Au loin, sur la Seine, dont on apercevait la courbe immense, la grande bataille s'éloignait, entraînant son escorte de tempête et d'averses, et laissant derrière elle un fleuve élargi, secoué de frissons, mais dont la ruée devenait moins rapide.

Une demi-heure encore. La rivière, elle, s'apaisait plus vite. Elle s'immobilisait sous l'offensive, timide encore, de la source qui cherchait à reprendre son cours normal. Presque encerclée, la Butte-aux-Romains se vidait de l'eau qui l'avait envahie et ruisselait par cent rigoles qui glissaient le long de sa terre gazonnée et entre les fentes de ses fondations. Vivement le niveau baissa, l'Aurelle accéléra son allure, comme aspirée de nouveau par le fleuve où elle allait se perdre.

Et tout reprit son aspect quotidien. La pluie avait cessé.

« Voilà, dit Raoul. Je ne me suis pas trompé. »

Béchoux, qui n'avait pas prononcé une parole, objecta :

« Pour que tu ne te sois pas trompé, il faudrait qu'il y ait de la poudre d'or. Tu as tendu tes filets, tu as repris, selon le mode où elle devait être reprise, la tentative d'Arnold et tu prétends que les éléments t'ont favorisé. Conséquence mathématique : de l'or. Où est-il cet or ? »

Raoul le persifla.

« C'est surtout ça qui t'intéresse, hein ?

– Dame ! et toi ?

– Pas moi. Mais j'admets parfaitement que tu te places à ce point de vue. »

Ils redescendirent le sentier des roches et retournèrent dans l'île à côté du pigeonnier.

Raoul avoua :

« Je ne sais pas trop comment M. Montessieux effectuait ses récoltes, ni s'il pouvait les effectuer intégralement. J'imagine d'ailleurs qu'elles durent être peu nombreuses vu la complexité des conditions nécessaires. En tout cas, il disposait certainement des moyens existant déjà, vannes, tuyaux d'écoulement, etc. et que le temps ne m'a pas permis de retrouver et de perfectionner. Tout au plus, ai-je découvert le tamis pour établir le barrage, et, dans le grenier du manoir, ce qu'on appelle une épuisette. Donne-la-moi, Béchoux. Elle est là, par terre, au pied de cet arbre. »

C'était, en effet, une épuisette avec un cercle de fer et un filet, mais un filet de métal à mailles imperceptibles comme celles du tamis.

« Béchoux, tu n'aimes pas mieux descendre dans la rivière ? Non ? Alors pêche, mon vieux, et racle le fond, tout le long du tamis de barrage.

– Du côté de la source ?

– Oui, comme si la rivière, en coulant dans sa vraie direction, avait charrié de la poudre d'or qui se fût collée au tamis. »

Béchoux obéit. Le manche était long. En posant ses pieds sur un gros caillou de la rive, il pouvait atteindre les trois quarts de la rivière.

Arrivé là, il ramena le filet, en traînant tout au fond le cercle de fer.

Ils se taisaient tous. La minute était solennelle. Les prévisions de Raoul étaient-elles justes ? Était bien sur ce lit de graviers fins et d'herbes aquatiques que M. Montessieux avait recueilli sa précieuse poudre ?

Béchoux acheva sa besogne, et releva son épuisette.

Dans le filet de métal il y avait des graviers, des herbes aquatiques, mais aussi des points qui luisaient. C'étaient de la poudre et quelques paillettes d'or.

Chapitre XV

Les richesses du proconsul

« Tiens, dit Raoul en entrant dans le salon du manoir où le domestique et Charlotte, attachés sur deux canapés distants l'un de l'autre, ne semblaient pas très à l'aise, tiens, monsieur Arnold, voici une partie de ce que je t'ai promis, de quoi remplir la moitié de ton chapeau. Pour le reste, tu n'auras qu'à gratter la rivière à l'endroit que t'indiquera ton ami Béchoux et tu en auras plein tes petits sabots de Noël. »

Les yeux du domestique étincelèrent. Il se voyait déjà seul dans le domaine et continuant de fructueuses récoltes, puisqu'il possédait le secret de M. Montessieux.

« Ne te réjouis pas trop, dit Raoul. Demain… ce soir… j'aurai tari la source précieuse, et tu devras te contenter du cadeau convenu. »

Ils se retirèrent chez eux pour changer leurs vêtements, qui étaient trempés. Le déjeuner les réunit. Raoul parla gaiement de toutes sortes de choses. Mais Béchoux qui brûlait d'en savoir davantage, le pressa de questions.

« Ainsi les événements mettent en lumière un fait qui peut se résumer en ces quelques mots : la rivière est aurifère d'une façon constante, mais infinitésimale. Sous l'action de certains éléments et à certaines dates, elle roule des pépites plus grosses qui s'accumulent surtout aux environs de la tour. C'est bien ça, n'est-ce pas ?

– Pas du tout, mon vieux. Tu n'y as pas compris un fichu mot. Cela, c'est la croyance primitive des possesseurs de la Barre-y-va, croyance transmise à Montessieux ou redécouverte par lui. C'est la croyance de M. Arnold. Mais quand on a un esprit constructeur, ce qui n'est pas ton cas, on ne s'arrête pas à mi-chemin, et on va jusqu'aux limites extrêmes de la vérité. Or, moi, j'ai un esprit constructeur, et je suis le premier qui, dans cette affaire, ne se soit pas arrêté à mi-chemin. Faisons la route ensemble, veux-tu, Béchoux ? »

Raoul tira de sa poche une feuille de papier sur laquelle se trouvaient les chiffres alignés par M. Montessieux et il les lut à haute voix :

« 31415169131415310111291213 14

« Si l'on examine attentivement ce document, on s'aperçoit – M. Guercin et Arnold ont mis des mois et des mois à s'en apercevoir – on s'aperçoit que le chiffre « un » revient une fois sur deux, et que l'on peut former ainsi quatre séries de nombres de deux chiffres qui vont en croissant, et qui sont séparés deux fois par un 3, et deux fois par un 9. Supprime ces chiffres intermédiaires et tu obtiens :

« 14.15.16.-13.14.15.-10.11.12.-12.13.14.

« Tout naturellement, parmi les hypothèses qui viennent à l'esprit, on est porté à croire que ces nombres sont des dates, et que les 3 et les 9 qui les séparent représentent certains mois, le mois de mars et le mois de septembre. Or, ces mois étaient ceux où régulièrement M. Montessieux se trouvait ici. Chaque année, il passait une partie de mars à la Barre-y-va, et chaque année, il ne s'en allait que dans la seconde moitié de septembre. On peut donc admettre que, avant son départ, il y a deux ans, M. Montessieux ait inscrit en annotation, comme aide-mémoire, les quatre prochains groupes de dates où la rivière livrerait ou pourrait livrer un peu de son or, c'est-à-dire les 14, 15 et 16 mars et les 13, 14 et 15 septembre de l'an dernier, les 10, 11, 12 mars et les 12, 13 et 14 septembre de cette année. Le 12 septembre, c'était hier, le 13, c'est aujourd'hui, et voilà sur quoi M. Arnold a bâti tout son plan. Pour lui, M. Montessieux, s'appuyant sur d'anciennes données, sur des traditions vieilles de plusieurs siècles, agissait à des dates fatidiques et vérifiées par l'expérience. Du moment qu'il a recueilli de l'or à telle date et qu'il sait qu'il en recueillera à ces mêmes dates, Arnold ne doute pas. À son tour, il agira. »

Béchoux fit observer :

« Eh bien, Arnold ne se trompait pas. Les époques notées par M. Montessieux sont les bonnes.

– Pourquoi sont-elles les bonnes ?

– Pour des raisons que j'ignore.

– Idiot ! Pour des raisons que tu connais comme moi. Pour des raisons que j'ai pressenties dès le début.

– Lesquelles ?

– Ce sont les dates des grandes marées, triple imbécile.

C'est l'équinoxe de printemps et l'équinoxe d'automne. Deux fois par an, le mascaret remonte la Seine avec plus de violence, matin et soir, et pendant plusieurs jours. Ajoute à cela qu'il y a des marées d'équinoxe plus fortes que les autres, que le vent peut accroître encore l'énormité de la barre, et tu comprendras qu'il faut, pour réussir, des circonstances particulières qui ne se présentent que rarement.

– Et quand elles se présentent, dit Béchoux, après avoir mûrement réfléchi, les parcelles d'or qui flottent dans la rivière ou qui gisent dans quelque trou sont mises en agitation et se déposent à tel endroit que l'on connaît. »

Raoul frappa la table du poing.

« Non, non, mille fois non. Ce n'est pas cela. Cela, c'est l'erreur commise par ceux qui ont connu le secret et qui en ont profité. La vérité est ailleurs.

– Explique-toi.

– Il n'existe réellement pas dans nos pays de rivière qui charrie de l'or. Il peut y avoir de l'or dans une rivière, mais non point naturellement. Ce n'est pas une qualité du sable qui roule au fond, ou des pierres qui tapissent le lit.

– En ce cas, d'où vient celui que nous y avons vu ?

– D'une main qui l'y a mis.

– Qu'est-ce que tu dis ? Tu es fou ! Une main, qui renouvellerait la provision chaque fois qu'une grande marée l'épuiserait ?

– Non, mais une main qui aurait placé là une telle provision qu'aucune série de grandes marées ne pourrait l'épuiser. Il n'y a pas gisement d'or produit par des forces physiques ou chimiques, mais gisement d'or entassé par les hommes. Nous ne sommes pas en face d'une fabrication, comme aurait voulu le faire croire M. Montessieux, ni d'une production spontanée comme il le croyait, et comme d'autres l'ont cru, mais en face d'un trésor tout simplement, un trésor qui s'écoule peu à peu, lorsque certaines conditions sont remplies. Commences-tu à comprendre, Béchoux ? »

Béchoux médita quelques secondes et répondit :

« Je n'y fiche goutte. Précise. »

Raoul sourit, regarda les deux sœurs qui l'écoutaient passionnément et précisa :

« Selon moi, il y a ce qu'on peut appeler une opération à deux temps. Premier temps : un trésor considérable est déposé à tel endroit, dans un récipient solide hermétiquement fermé. Il y reste des dizaines, des centaines d'années… jusqu'au jour où des fissures se produisent dans le récipient et où, sous l'action de forces extérieures survenant à intervalles éloignés, des parcelles du contenu s'échappent. C'est le deuxième temps. Quand cela est-il arrivé pour la première fois ? Qui recueillit pour la première fois un peu de cet or libéré ? Je l'ignore. Mais il ne me semble pas impossible qu'on puisse le savoir en étudiant les archives locales, celles des paroisses ou des familles nobles.

– Je le sais, moi, dit Catherine, en souriant.

– Est-ce vrai ? s'écria vivement Raoul d'Avenac.

– Oui. Grand-père possédait – et je crois qu'il est à Paris – un plan du domaine qui date de 1750. Or, la rivière n'y est pas désignée sous le nom de l'Aurelle. Elle s'appelait encore, en 1759, le Bec-Salé. »

Raoul triompha.

« La preuve est formelle. Ainsi il n'y a guère plus d'un siècle et demi que l'événement se produisit et que le Bec-Salé, c'est-à-dire rivière salée, devint l'Aurelle pour des motifs qui imposèrent peu à peu ce changement de nom. Depuis, ces motifs s'oublièrent, sans doute à cause de la rareté du fait. Mais le fait lui-même persista et nous en fûmes témoins aujourd'hui. »

Béchoux semblait convaincu. Il prononça :

« Je t'ai demandé de préciser : tu as précisé. Je te demande maintenant de conclure.

– Je conclus, Théodore. Tu viens de voir à quel point comptent les désignations, surtout dans les campagnes où les noms d'un lieu, d'une colline, d'un cours d'eau, tirent toujours leur origine d'une cause réelle et se perpétuent bien au-delà du temps où cette cause est oubliée. C'est cette règle invariable qui, dès les premiers jours, a porté mon attention sur la Butte-aux-Romains. Et c'est pourquoi, dès les premiers jours, j'ai examiné la formation de cette butte. Tout de suite, j'y ai reconnu ce que les Romains appelaient un tumulus. Ce n'était pas une butte naturelle, mais un amas artificiel en forme de tronc de cône, avec un soubassement de moellons et des assises alternatives de terre et de pierres. Cela servait, en général, de sépulture, et, au centre, des chambres funéraires y étaient pratiquées. Mais on en usait aussi pour y cacher des armes, ou des coffres d'argenterie, et de l'or. Avec les siècles, notre tumulus s'était tassé, et sans doute écroulé à l'intérieur. Une épaisse végétation le recouvrait et, de son passé, il ne restait apparemment que ce nom de Butte-aux-Romains. N'importe ! toujours mon attention demeurait en éveil.

« Et c'est peut-être à ce propos que germa en moi l'idée d'un trésor, idée qui s'amalgama avec celles des fuites de métal précieux qui pouvaient se produire. La conformation du tumulus, entouré aux trois quarts par une courbe de la rivière, donnait de la force à mon hypothèse. Et vous avez vu tantôt avec quelle précipitation j'ai cherché à la vérifier. J'avais vu juste. L'eau montait, formait, entre la falaise et la butte, comme une cuve, comme un réservoir toujours plus élevé. Quand le flot s'immobilisa, quand la rivière commença à descendre, ce réservoir devait forcément se vider par toutes les issues possibles, c'est-à-dire par toutes les fentes, les excavations, les fissures, les lézardes qui trouaient la Butte comme un filtre. Résultat : en passant, l'eau entraîna à sa suite tout ce qui est poudre et menues paillettes. Et c'est cela que nous avons recueilli contre le barrage du tamis. »

Raoul se tut. L'étrange histoire apparaissait à tous dans sa réalité, au fond si simple et si logique, et nul d'entre eux ne pensait à émettre la moindre objection. Béchoux murmura :

« C'était là une cachette bien peu sûre ce tumulus encerclé d'eau parfois.

– Qu'en savons-nous ? s'exclama Raoul. L'estuaire de la Seine a toujours subi de profondes transformations et, à cette époque, le tumulus se trouvait peut-être plus isolé, moins accessible aux fortes marées. Et puis on ne cache pas un trésor pour l'éternité : on le cache en faveur de quelqu'un qui en aura la jouissance et la surveillance, et qui agira selon les menaces non prévues. Mais souvent le secret, régulièrement transmis d'abord, finit par se perdre. L'emplacement exact du coffre-fort n'est plus connu, et pas davantage le mot qui ouvre la serrure. Rappelez-vous les trésors des rois de France enfermés dans l'Aiguille d'Étretat. Rappelez-vous les trésors religieux du Moyen Âge ensevelis près de l'abbaye de Jumièges. De tout cela que restait-il ? Des légendes qu'un esprit plus avisé que d'autres a converties, un jour, en réalités. Eh bien, aujourd'hui, dans ce même pays de Caux, vieux pays de France où l'histoire a toujours été propice aux grandes aventures et mêlée aux grands secrets nationaux, nous nous heurtons à l'un de ces problèmes passionnants qui font tout l'intérêt de la vie.

– Que supposes-tu ?

– Ceci. Étant donné la proximité de Lillebonne (la *Juliabona* des Romains, capitale importante, et dont le théâtre antique prouve la vitalité durant la période gallo-romaine) quelque proconsul ayant sa maison de campagne, sa villa à Radicatel, aura dissimulé ses richesses personnelles, le fruit de ses rapines, transformé en poudre d'or, dans cet ancien tumulus bâti peut-être par les armées de Jules César. Et puis, il aura succombé au cours de quelque expédition ou à la suite de quelque orgie, sans avoir eu le temps de transmettre son secret à ses enfants ou à ses amis. Et puis, après, c'est tout le chaos du Moyen Âge, toutes les secousses du pays, luttes contre les hommes de l'Est, contre les hommes du Nord, contre les Anglais. Tout s'est évanoui dans les ténèbres. Même plus de légende. Le problème ne se pose même pas. À peine une bribe du passé qui surgit au XVIIIᵉ siècle... un peu d'or qui coule. Puis le drame qui se prépare... M. Montessieux... M. Guercin...

– Et toi qui apparais ! murmura Béchoux de ce ton d'admiration presque mystique qu'il prenait parfois en parlant à Raoul.

– Et moi qui apparais ! » répéta Raoul avec gaieté.

Les deux sœurs le regardèrent, elles aussi, comme on regarderait un personnage d'essence particulière, en dehors des proportions humaines.

« Et maintenant, dit-il, en se levant, travaillons. Qu'est-ce qui subsiste du trésor de mon proconsul ? Peut-être pas grand-chose, soit qu'il fût, à l'origine, assez mince, soit que les marées l'aient dissous peu à peu et emporté on ne sait où. Mais enfin, tentons l'épreuve.

– Comment ? dit Béchoux.

– En ouvrant le tumulus.

– Mais c'est un travail de plusieurs jours. Il faut déraciner des arbres, ouvrir des tranchées, creuser, transporter des terres. Et comme nous ne pouvons demander d'aide à personne...

– C'est un travail d'une heure ou deux, trois tout au plus.

– Oh ! oh !

– Mais oui ! Si nous admettons que le tumulus a été utilisé comme coffre, nous devons admettre qu'un coffre ne se place pas dans les entrailles de la terre, mais à un endroit qui, tout en étant invisible et « insoupçonnable », soit aisément accessible. Or, en fouillant parmi les broussailles, j'ai constaté que la première assise de pierres située à un mètre du sol débordait un peu, et constituait évidemment, jadis, un étroit chemin circulaire. En outre, on se rend compte que de ce côté-ci, face au manoir, et sous d'épaisses couches de lierre, il y a une sorte de renfoncement, de rotonde qui devait abriter quelque statue de Minerve ou de Junon, dressée là à la fois comme gardienne et comme indicatrice. Prends un pic, Béchoux. J'en fais autant et, si je ne m'abuse, nous ne tarderons pas à connaître la solution du problème. »

Ils se rendirent dans la remise où l'on renfermait les ustensiles de jardinage, choisirent deux pics, et, accompagnés des jeunes femmes, gagnèrent les abords de la Butte-aux-Romains.

Des racines et des ronces, toutes mouillées encore, furent arrachées, le sentier débarrassé, la rotonde mise à découvert, et les cailloux, qui formaient le fond, attaqués.

Ce rempart démoli fit place à un autre, de travail plus délicat, où l'on apercevait encore des traces de mosaïques et l'attache du piédestal sur lequel devait s'élever la statue. Leurs efforts se concentrèrent à cet endroit.

L'eau ruisselait de toutes parts et s'étalait en flaques qui s'égouttaient vers la rivière. Presque aussitôt l'un des pics troua la cloison et passa dans le vide. Ils agrandirent l'ouverture. Raoul alluma sa lampe.

Comme il l'avait prévu, ils trouvèrent une excavation assez basse où l'on pouvait juste se tenir debout, et qui, sans doute, avait servi de chambre funéraire. Un pilier central en soutenait le plafond. Autour se groupaient trois de ces jarres provençales en terre vernissée, à large panse, dont on use encore dans le Midi de la France pour conserver l'huile. Les débris d'une quatrième jonchaient le sol visqueux. Des points d'or luisaient.

« C'est bien ce que j'avais dit, prononça Raoul. Regardez les murs de cette petite grotte… tout fendillés et craquelés. Après le flot des grandes marées, les infiltrations commencent, de petites cascades se forment, qui cherchent et s'ouvrent des issues, et des grains d'or, des parcelles de métal glissent par ces issues. »

L'émotion leur serrait la gorge. Ils restèrent un moment silencieux dans ce réduit sombre où quinze ou vingt siècles auparavant un être humain avait déposé ses richesses, et où, depuis, personne n'avait pénétré. Que de mystères s'étaient accumulés là, et quel miracle de s'y trouver maintenant !

Avec la pointe de son pic, Raoul brisa le col de chacune des trois jarres et les éclaira tour à tour d'un jet de sa lampe. Chacune d'elles était remplie d'or en paillettes, d'or en grains, d'or en poudre ! À pleines mains il en saisit deux poignées qu'il laissa ruisseler et qui étincelèrent aux feux de la lampe.

Béchoux était si ébranlé par ce spectacle que ses genoux plièrent et que, sans mot dire, il s'assit à terre, sur ses talons.

Les deux sœurs se taisaient également. Mais ce n'était pas la vue de l'or qui les troublait. Ce n'était même plus cette impression puissante qu'elles avaient éprouvée à se sentir au cœur d'une aventure vingt fois séculaire, dont toutes les péripéties, celles d'autrefois et celles du temps présent, se déroulaient devant leurs yeux déconcertés. Non, c'était autre chose. Et comme Raoul les interrogeait à voix basse sur leurs pensées secrètes, l'une d'elles répondit :

« Nous pensons à vous, Raoul… à l'homme que vous êtes…

– Oui, fit l'autre, à tout ce que vous faites, si aisément, en vous jouant… Nous ne comprenons pas… C'est si simple, et si extraordinaire… »

Il murmura – et chacune d'elles put croire qu'elle seule avait entendu et que c'était à elle qu'il s'était adressé :

« Tout est facile, quand on aime, et qu'on veut plaire. »

Ce n'est qu'au soir, à la faveur de l'ombre – ne pouvait-on être épié du dehors ? – que Raoul approcha son auto et que deux grands sacs pleins à craquer furent emportés de la Butte-aux-Romains. Puis Béchoux et lui rebouchèrent l'excavation, et, tant bien que mal, effacèrent les vestiges des travaux exécutés.

« Au printemps prochain, dit Raoul, la nature se chargera de tout recouvrir. Et comme jusque-là, nul n'entrera au manoir, nul ne connaîtra jamais, en dehors de nous quatre, le secret de la rivière. »

Le vent était tombé. La seconde marée du 13 septembre fut faible, et il était à présumer que les deux marées du 14 ne feraient monter l'eau qu'à un niveau normal, sans que la Butte soit encerclée.

À minuit, Catherine et Bertrande s'installèrent dans l'auto. Raoul alla dire adieu à M. Arnold et à Charlotte.

« Eh bien, mes petits poulets, ça va ? On n'a pas trop mal en s'asseyant ? Fichtre, il me semble que vous geignez encore, jolie Charlotte. Écoutez-moi, tous les deux… Je vous laisse quarante-huit heures ici avec Théodore Béchoux comme infirmier, cordon-bleu, dame de compagnie et garde-chiourme. En outre, Béchoux se chargera de passer la rivière au peigne fin pour y gratter, à votre intention, les pellicules d'or. Après quoi, il vous expédiera, par le train, où vous voudrez, les poches gonflées de pépites et de pépètes, et l'âme lourde de bonnes intentions. Car je ne doute pas que vous ne laissiez tranquilles vos deux patronnes et que vous n'alliez vous faire pendre ailleurs. C'est convenu, monsieur Arnold ?

– Oui, déclara celui-ci, nettement.

– À merveille. Je suis sûr de ta bonne foi. Tu as senti en moi un monsieur qui ne badinait pas et je t'ai quelque peu épaté, hein ? Donc chacun sa route. D'accord aussi, aimable Charlotte ?

– Oui, dit celle-ci.

– Parfait. Si par hasard tu quittais M. Arnold…

– Elle ne me quittera pas, grogna le domestique.

– Pourquoi ?

– Nous sommes mariés. »

Béchoux serra les poings et articula :

« Gredine ! et tu voulais que je t'épouse.

– Que veux-tu, mon pauvre vieux, dit Raoul, si ça l'amuse d'être bigame, la belle enfant ! »

Il entraîna son compagnon, lui prit le bras et formula sévèrement :

« Voilà ce que c'est, Béchoux, que d'avoir des relations équivoques. Compare notre conduite. Il y avait ici deux personnes de mauvais aloi, et deux nobles créatures. Qui as-tu choisi, toi, soutien de la société ? Le mauvais aloi. Qui ai-je choisi ? Les nobles créatures. Ah ! Béchoux, quelle leçon pour toi ! »

Mais Béchoux se trouvait à l'un de ces moments où les problèmes de moralité ne vous intéressent guère. Il ne songeait qu'à l'étrange énigme déchiffrée par Raoul, et il était confondu.

« Alors, dit-il, il t'a suffi de lire cette ligne de chiffres sur le testament de M. Montessieux pour deviner que c'était une succession de dates, pour voir le rapport qui existait entre ces dates et celles des grandes marées d'équinoxe, pour comprendre que les grandes marées atteignaient et entamaient un dépôt d'or, bref pour découvrir la vérité ?

– Cela ne m'a pas suffi, Béchoux.

– Qu'est-ce qu'il t'a fallu encore ?

– Presque rien.

– Quoi ?

– Du génie. »

Chapitre XVI
Épilogue

Laquelle des deux ?

Trois semaines plus tard, à Paris, Catherine se présentait au domicile de Raoul d'Avenac. Une vieille dame à l'allure d'intendante ouvrit.

« M. d'Avenac est-il ici ?

– Qui dois-je annoncer, mademoiselle ? »

Catherine eut à peine le temps de se demander si elle dirait ou ne dirait pas son nom. Raoul apparaissait et s'écriait :

« Ah ! vous, Catherine. Comme c'est gentil ! Mais qu'y a-t-il de nouveau ? Chez vous, hier, vous ne m'avez pas annoncé cette visite.

– Rien de nouveau, dit-elle… Quelques mots à vous dire… Cinq minutes de conversation. »

Il la fit entrer dans le cabinet de travail où, six mois auparavant, elle était venue, hésitante et farouche, implorer son assistance. Elle n'avait certes plus ce même air de bête traquée qui avait touché Raoul, mais elle paraissait aussi hésitante. Et elle commença par prononcer des paroles qui ne se rapportaient évidemment pas au motif qui l'amenait.

Raoul lui prit les deux mains et la regarda dans le fond des yeux. Elle était charmante, heureuse de se sentir près de lui, à la fois souriante et grave.

« Parlez donc, ma chère petite Catherine. Vous savez quelle confiance vous pouvez avoir en moi, et que je suis votre ami… plus que votre ami.

– Plus que votre ami, qu'est-ce que cela signifie ? » murmura-t-elle en rougissant.

À son tour il fut embarrassé. Il la devinait profondément troublée, prête à lui ouvrir son cœur, et sur le point aussi de s'enfuir.

« Plus que votre ami... dit-il, cela signifie que je vous suis attaché plus qu'à personne au monde.

– Plus qu'à personne au monde ? reprit-elle de son air à la fois ingénu et obstiné.

– Oui, certainement oui », répondit-il.

Elle affirma :

« Autant peut-être, mais pas plus. »

Il y eut un silence entre eux, et Catherine, subitement résolue, dit à voix basse :

« Nous avons beaucoup causé, ces temps-ci, Bertrande et moi... Jusque-là nous nous aimions bien... mais la vie... la différence d'âge... le mariage de Bertrande nous avaient séparées. Ces six mois de crise nous ont mises tout près l'une de l'autre... bien qu'il y ait entre nous quelque chose... qui aurait dû, au contraire... »

Elle avait baissé les yeux, toute confuse, mais elle les releva soudain, et, bravement, elle acheva :

« Entre nous, Raoul, il y avait vous... oui, vous. »

Elle se tut. Raoul demeurait indécis et anxieux. Il avait peur de la blesser, ou de blesser Bertrande à travers elle, et son rôle, tout à coup, lui semblait pénible, presque odieux. Il chuchota :

« Je vous aime l'une et l'autre.

– C'est bien cela, dit-elle vivement, l'une et l'autre... l'une autant que l'autre, c'est-à-dire pas plus l'une que l'autre. »

Il protesta d'un mouvement.

« Non, non, dit Catherine... acceptez ce qui est. Nos sentiments pour vous, à Bertrande et à moi, ne peuvent pas ne pas vous être connus... mais vous y répondez par des sentiments qui ne s'adressent qu'à nous deux... Là-bas, au manoir, vous avez combattu pour elle et pour moi, pour notre cause commune, et il vous est impossible de nous détacher l'une de l'autre. Et il arrive que vous ne pouvez plus vous passer de l'une ni de l'autre. Or, quand on aime vraiment, il n'en est pas ainsi... Depuis le retour, vous venez nous voir chaque jour, et nous attendions, sans faux orgueil et sans jalousie, votre décision. Mais nous savons maintenant qu'il n'y aura pas de décision. Vous nous aimerez toujours l'une autant que l'autre. Alors...

– Alors ? fit Raoul, la gorge serrée.

– Alors, je viens vous dire notre décision à nous, puisque vous n'avez pas pu en prendre une, vous.

– Et cette décision ?

– C'est de partir. »

Il sursauta.

« Mais c'est absurde !... Vous n'avez pas le droit... Comment Catherine, vous voulez me quitter ?

– Il le faut.

– Mais, à aucun prix, protesta Raoul. Je ne veux pas.

– Pourquoi ne voulez-vous pas ?

– Parce que je vous aime. »

Elle lui ferma la bouche d'un geste rapide.

« Ne dites pas cela... je ne vous le permets pas. Pour m'aimer, il faudrait m'aimer plus que Bertrande, et ce n'est pas.

– Je vous jure...

– Je vous défends de parler ainsi... En admettant même que ce soit vrai, il serait trop tard.

– Il n'est pas trop tard...

– Si, puisque je suis là, et puisque je vous ai fait mon aveu… et l'aveu de Bertrande. De telles choses ne se disent que quand on est bien résolu… Adieu, mon ami. »

Il sentait que, quoi qu'il fît, il ne la fléchirait pas, et il le sentait si bien qu'il n'osait pas s'insurger ni tenter de la retenir.

« Adieu, mon ami, répéta-t-elle. Et ma peine est si grande que je veux… que je veux qu'il y ait entre nous… un souvenir… »

Catherine avait posé ses mains sur les épaules de Raoul. Elle approcha son visage et lui offrit ses lèvres.

Un instant elle défaillit entre les bras qui la serraient éperdument et sous les lèvres qui baisaient les siennes. Puis, se dégageant d'un geste, elle s'enfuit.

Une heure après, Raoul courait chez les deux sœurs. Il voulait revoir Catherine. Il voulait lui dire tout son amour, sans même penser à quoi le conduirait une telle démarche.

Catherine n'était pas rentrée. Et il ne vit pas non plus Bertrande.

Le lendemain, même visite inutile.

Mais le surlendemain, Bertrande Guercin sonnait à sa porte, et, comme Catherine, elle fut introduite dans son bureau.

Elle y entra avec le même air d'hésitation que sa sœur, mais, beaucoup plus vite que sa sœur, elle reprit son aplomb, et, tandis qu'il lui tenait les mains et qu'il la regardait comme il avait regardé Catherine, elle murmura :

« Elle vous a tout dit… Nous nous étions promis l'une à l'autre de venir une dernière fois… C'est mon tour… Je viens vous dire adieu, Raoul, et vous remercier de tout ce que vous avez fait pour nous deux… de tout ce que vous avez fait pour moi, qui étais coupable, et que vous avez sauvée du remords et de la honte. »

Il ne répondit pas tout de suite. Il était bouleversé, et Bertrande reprit, gênée par le silence et disant des mots au hasard :

« Je lui ai tout raconté. Elle m'a pardonné… elle est si bonne ! C'est comme pour ces richesses, qui lui appartiennent à elle seule puisque notre grand-père le voulait ainsi, elle refuse… elle veut partager… »

Raoul n'écoutait pas. Il observait le mouvement des lèvres et ce beau visage ardent, tout frémissant de passion contenue.

« Vous ne partirez pas, Bertrande… je ne veux pas que vous partiez…

– Il le faut… » dit-elle, comme avait dit sa sœur.

Et il répéta :

« Non, je ne veux pas… je vous aime, Bertrande. »

Elle sourit tristement.

« Ah ! vous avez dit aussi à Catherine que vous l'aimiez… et c'est vrai… et il est vrai aussi que vous m'aimez… et que vous ne pouvez pas choisir… C'est au-dessus de vos forces… »

Et elle ajouta :

« Et ce serait peut-être au-dessus de nos forces, Raoul, si vous aimiez l'une de nous. L'autre souffrirait trop. Nous sommes plus heureuses ainsi.

– Mais moi, je suis plus malheureux… malheureux pour deux amours perdues…

– Perdues ? »

Il ne comprit pas d'abord sa question. Leurs yeux s'interrogeaient. Elle sourit, mystérieuse et captivante. Et il l'attira vers lui, sans qu'elle résistât…

Deux heures plus tard, il reconduisit la jeune femme jusque chez elle, et obtint la promesse qu'elle viendrait le revoir le lendemain, à quatre heures du soir. Et il attendit, heureux et confiant, mélancolique aussi en songeant à Catherine.

Mais la promesse n'était qu'un piège. Le lendemain, quatre heures sonnèrent, et puis cinq…

Bertrande ne vint pas.

À sept heures, il reçut un pneumatique. Les deux sœurs lui annonçaient qu'elles avaient quitté Paris.

Raoul n'était pas homme à s'abandonner au désespoir ou à la colère. Il resta maître de lui, calme comme s'il n'avait pas reçu du destin le choc le plus douloureux. Il alla dîner dans un grand restaurant, se fit servir un bon repas, qu'il prolongea par un excellent havane, puis se promena sur les boulevards, la tête droite et le pas nonchalant.

Vers les dix heures, il entra, sans que son choix fût guidé par la moindre raison, dans un dancing populaire de Montmartre, et, dès qu'il eut franchi le seuil, s'arrêta stupéfait. Parmi les couples qui tournaient, il apercevait, fox-trottant, virevoltant, pleins d'allégresse et d'entrain, Charlotte et Béchoux.

« Nom d'un chien, grogna-t-il, ils en ont du toupet, ceux-là. »

Le jazz se taisait. Les deux danseurs rejoignirent leur table. Et, à cette table, se trouvait, devant trois verres et une bouteille de champagne entamée, M. Arnold.

À ce moment seulement, toute la colère, longtemps étouffée de Raoul, lui monta à la tête. Rouge, furieux, hors de lui, bien que se contenant encore, il marcha vers les trois coupables, d'un pas saccadé. Quand ils le virent, ils eurent tous trois, sur leur chaise, un mouvement de recul. Se reprenant aussitôt, Arnold affecta un sourire arrogant. Charlotte, elle, était pâle et défaillante. Béchoux se dressa comme pour défendre ses compagnons.

Raoul s'approcha de lui, et, son visage tout près du sien, il ordonna :

« Au galop… déménage. »

L'autre essaya de se rebiffer. Alors Raoul lui saisit à pleine main la manche de son veston à l'endroit de l'épaule, le poussa vers sa chaise, qui bascula, le fit pirouetter, et, sans se soucier des gens qui observaient la scène, l'entraîna vers le couloir, puis vers le vestibule, puis vers la rue. Et il mâchonnait :

« Dégoûtant personnage… tu n'as pas honte ? Voilà que tu t'exhibes avec un assassin et une cuisinière… toi, un brigadier ! une légume de la police ! Et tu crois que Lupin va tolérer ça ? Attends un peu, fripouille ! »

Parmi les passants ahuris, il le portait presque à bout de bras, comme un mannequin disloqué, et il continuait ses invectives, ravi au fond de cette diversion à ses chagrins.

« Oui… chenapan… misérable ! Tu n'as donc pas plus de sens moral qu'une citrouille ? Voilà où le plus abominable amour te fait dégringoler ? Voilà tes compagnons de débauche… un assassin et une cuisinière ! Ah ! heureusement que Lupin est là pour te sauver… et pour te sauver malgré toi. Ah ! Lupin, voilà, voilà un bonhomme ! Est-ce qu'il obéit à sa passion, Lupin ? Lui aussi il peut avoir des peines de cœur. Celle qu'il aime est riche maintenant, grâce à lui, et elle retrouvera son fiancé. Est-ce qu'il se plaint ? Bertrande, qu'il aime aussi, l'oubliera. Est-ce qu'il pense seulement à courir après elle ? Non. Leur bonheur avant tout. Le bonheur de Bertrande ! La pureté de Catherine ! Et pendant ce temps-là, tu te cramponnes à une cuisinière ! »

Raoul avait ainsi mené Béchoux dans le quartier de l'Europe où se trouvait son garage. Il le conduisit devant sa voiture et lui dit :

« Monte.

– Tu es fou.

– Monte.

– Pour quoi faire ?

– Nous partons, dit Raoul.

– Où ?

– Je n'en sais rien. N'importe où. L'essentiel est de te sauver.

– Je n'ai pas besoin d'être sauvé.

– Tu n'as pas besoin d'être sauvé ! Qu'est-ce qu'il te faut ? Mais sans moi, tu es fichu, mon garçon. Tu descends dans la boue, dans la fange. Allons-nous-en. Il n'y a plus rien à faire pour nous en ce moment. Tu as besoin de distraction et d'oubli. Il faut travailler. Je connais un bandit à Biarritz qui a tué sa femme et qui l'a mangée. On l'arrêtera. Et puis une jeune fille à Bruxelles qui a égorgé ses cinq enfants. On l'arrêtera. Viens. »

Béchoux résistait, indigné.

« Mais je n'ai pas de congé, crebleu !

– Tu en auras. Je télégraphierai au préfet de police. Viens.

– Mais je n'ai même pas une valise.

– J'en ai une, moi, dans le coffre. J'ai tout ce qu'il me faut. Viens. »

De force il jeta Béchoux dans l'auto et démarra. L'infortuné policier pleurnichait.

« Mais je n'ai rien à me mettre, pas de linge, pas de bottines.

– Je t'achèterai des savates et une brosse à dents.

– Mais…

– Ne te fais pas de bile. Tiens, je me sens beaucoup mieux. Je trouve que Catherine et Bertrande ont joliment bien fait de me fuir. Aussi, on n'est pas plus stupide que je ne le suis. Les aimer toutes les deux, et ne pas pouvoir dire à l'une : « Je vous aime », sans mentir à l'autre… Est-ce bête ? Dans ces cas-là, on finit pas rester tout seul, comme un idiot. Heureusement que j'ai de jolis souvenirs… Ah ! Béchoux, les jolis souvenirs… Je te raconterai tout cela quand je t'aurai mis à l'abri. Ah ! vieux camarade, tu me dois une fière chandelle. »

Et par les rues, par les routes, emportant Béchoux, l'auto filait vers Biarritz ou Bruxelles… vers le sud ou vers le nord… Raoul n'en savait trop rien.

Milton Keynes UK
Ingram Content Group UK Ltd.
UKHW050612220923
429112UK00019B/390

LE BEC EN L

Alphonse Allais

Insultes à la France

Voyant s'approcher le printemps, M. Pivre, négociant en Vins et Spiritueux, résolut de faire repeindre la façade de son magasin.

M. Pivre, disons-le tout de suite, est un bonhomme peu intéressant.

Il appartient à la catégorie de ces méprisables individus qui vendent, sous la fallacieuse dénomination de *vin*, un mélange d'eau de Seine, d'alcool amylique, de bitartrate de soude et de fuchsine.

M. Pivre, au lieu de mettre sa boutique sous le patronage d'un Borgia quelconque, avait eu le toupet de prendre cette enseigne :

AUX VIGNOBLES FRANÇAIS

Donc, l'abominable Pivre fit venir un peintre et le chargea de badigeonner sa façade avec de fraîches et pimpantes couleurs.

L'ouvrier se mit à l'ouvrage.

Il commença par gratter la peinture de la trompeuse enseigne.

Il gratta l'A, il gratta l'U, il gratta l'X, il gratta le V, il gratta...

Non, il allait se mettre à gratter l'I, quand midi vint à sonner.

C'est une vieille coutume administrative chez ce peintre d'aller déjeuner chaque fois que sonne midi.

Il fit ce jour-là comme il faisait tous les jours, et, lâchant là son ouvrage, se dirigea vers un petit restaurant du quartier.

Machinalement, un passant qui passait par là, comme l'indique son nom, leva les yeux vers l'enseigne abandonnée et lut, non sans stupeur, ces mots :

Puis, ce fut un second passant qui joignit son étonnement à celui du premier.

Puis un troisième.

Et savez-vous comment bientôt s'appelèrent les passants arrêtés ?

Ils s'appelèrent légion !

Et ce fut une légion hurlante d'indignation, écumante de fureur !

– Sale Prussien ! criaient les uns.

– Cochon d'Italien ! vociféraient les autres, pas mieux renseignés.

Des cris, la foule ne tarda point à passer aux projectiles.

Quelques cailloux, que je n'hésite pas à attribuer à la malveillance, brisèrent les vitres et même les litres, et en général tous les objets en verre étalés à la vitrine.

M. Pivre, attiré par tout ce fracas, et n'en devinant pas la cause, voulut réagir !

Ah ! il fut bien reçu, M. Pivre !

– À l'eau, le sale Prussien ! À l'eau, le cochon d'Italien !

Et un vieil ouvrier gueulait :

– Dire qu'on s'est fait casser la figure à Magenta pour ces gens-là ! Que ça nous serve de leçon !

Cependant, le badigeonneur avait accompli son déjeuner.

Il venait consciencieusement reprendre son ouvrage.

Sans souci de la cohue, il grimpa sur son échelle et gratta.

Il gratta l'I, il gratta le G, il gratta...

Non, il allait se mettre à gratter l'N quand une clameur s'éleva, d'enthousiasme et de pardon !

On lisait maintenant :

NOBLES FRANÇAIS

La foule se retira satisfaite, sans qu'on eût à déplorer autre chose que des dégâts matériels, comme dit Chincholle.

Et on dit que les Français sont difficiles à gouverner !

Contre les chiens

– Moi qui adore la plupart des bêtes, j'ai toujours professé une ardente répulsion pour le chien, que je considère comme l'animal le plus abject de la création.

Le chien est le type de l'animal larbin, sans fierté, sans dignité, sans personnalité.

... Une dame pleurarde et sentimenteuse interrompit ma diatribe :

– Oh ! le bon regard humide des bons toutous ! larmoya la personne. Comme ça vous console de la méchanceté des hommes !

Il n'en fallut pas plus pour me mettre hors de moi.

Les bons toutous ! Ah ! ils sont chouettes, les bons toutous !

Le chien est aimant et fidèle, dit-on, mais quel mérite à s'attacher au premier venu uniquement parce qu'il s'intitule votre maître, beau ou laid, drôle ou rasant, bon ou mauvais ?

On a vu des chiens, dit-on encore, se faire tuer en défendant leur maître contre un bandit.

Parfaitement, mais le même chien aurait pu être aussi bien tué en attaquant l'honnête homme pour le compte du bandit, si ce bandit avait été son maître et si l'honnête homme avait détenu l'indispensable revolver.

Le chien est un pitre qui fait le *jacque* pendant des heures, pour avoir du *susucre*.

C'est un lâche qui étranglerait un bébé sur le moindre signe de sa fripouille de patron.

Dans tout chien, il y a un fauve, mais un fauve idiot qui, sans l'excusable besoin d'une proie personnelle, fait du mal pour la quelconque lubie d'un tiers.

Le chien est lécheur : il lèche tout.

Il lèche la main qui lui donne un morceau de pain.

Il lèche la botte qui vient de lui défoncer trois côtes.

Il lèche bien d'autres choses, le cochon !

Et bien d'autres choses encore, le salaud !

Le chien a un instinct épatant, mais une âme de boue.

Ah ! quelle différence avec le chat, avec l'admirable chat !

Je sais par cœur tous les vers que les poètes ont faits sur les chats, les vers de Gautier, de Baudelaire, de Rollinat, et même tout le délicieux volume que leur consacra notre bon Raoul Gineste.

Ah ! les chats ! j'aime leur allure harmonieuse, forte, câline et souple.

J'aime leurs attitudes de mystère et de fierté.

Essayez de les frapper, ceux-là, même en jouant, et vous verrez quels crocs surgis et quelles griffes !

Ah ! les chats ! En voilà qui en remontreraient à Maurice Barrès pour l'individualisme et la culture du Moi !

... Mais non, il est généralement convenu que le chien est un bon toutou, et le chat, à peu d'exceptions près, une sale bête !

Depuis les temps les plus reculés jusqu'à nos jours, mon excellent ami le vicomte A. Bry d'Abbatut se refusait farouchement à partager mon horreur du chien.

Le chien, disait-il, avait du bon, beaucoup de bon.

Pour sa part, il était heureux de posséder Médor, un excellent terre-neuve qui avait vu naître son enfant, le petit Henri, et pour lequel Henri, Médor se serait fait hacher menu.

– Quand Médor est auprès d'Henri, je suis tranquille, aussi tranquille que si j'avais Henri dans mes bras.

Or, savez-vous ce qui arriva, la semaine dernière, dans la vaste propriété que possède mon ami le vicomte A. Bry d'Abbatut sur la côte d'azur ?

Non.

Eh bien, je vais vous le dire.

On avait donné au jeune Henri (trois ans et demi), déjà très assoiffé de sport, une petite voiture et un petit harnachement, le tout destiné à son véhiculage par l'excellent Médor.

Médor fut enchanté de cette combinaison.

Peu de chevaux, et non des moindres, se seraient aussi

correctement comportés.

Oui, mais un jour que Médor trimballait Henri dans sa petite voiture, sur un chemin longeant une rivière, il arriva qu'un jeune ramoneur piémontais eut l'idée de faire une pleine eau dans la dite rivière.

Le terre-neuve, n'écoutant que son atavique instinct, ne balança pas une seconde.

Il se jeta à l'eau, lui, son attelage et le jeune Henri.

Et cet imbécile de chien, pour sauver un Savoyard qu'il n'avait jamais vu de sa vie et qui, d'ailleurs, ne courait aucun danger, n'hésitait pas à noyer l'enfant confié à sa garde !

Autre histoire pour corroborer mon dire :

Un monsieur marié se promenant un matin avec son chien (une bête fort intelligente à laquelle il tenait comme à ses prunelles), rencontra une jeune femme très séduisante et d'abord facile.

Si facile, que cinq minutes après la rencontre, le monsieur marié et la drôlesse se préparaient à entrer dans le domicile d'icelle.

Tom avait suivi le couple luxurieux.

Mais la dame refusa l'entrée de ses appartements au toutou.

– Qu'à cela ne tienne ! fit le monsieur.

Et d'un grand coup de pied dans le derrière, il intima au chien l'ordre de regagner sa demeure.

Tom s'éloigna.

(*Passage interdit par la censure.*)

Une demi-heure s'était à peine écoulée, que retentissait un léger grattement contre l'huis de la courtisane.

– Laisse-le tout de même entrer ! implora le monsieur.

Et il ouvrit la porte lui-même.

C'était, en effet, le bon Tom qui se trouvait là, le bon Totom, mais pas seul.

Le bon Tom était flanqué de la femme du mari adultère et de M. le commissaire de police du quartier.

Tenace à son vieux renom de fidélité, Tom éprouvait la plus âpre horreur pour toute espèce de trahison, même la conjugale.

Et il venait de mettre en pratique ses principes héréditaires !

– Mais, pourra-t-on objecter, par quel ingénieux procédé Tom avait-il pu décider l'homme de police à se déranger ?

Sans doute, il avait pris comme interprète son propre collègue... le chien du commissaire.

Ce qui prouve, une fois de plus, qu'on n'est trahi que par les chiens !

Le scandale de demain

Par cette époque où trône la pseudo-imitation de simili-faux strass, l'homme de bonne foi – j'entends *de réelle bonne foi*, – étreint en ses mains brûlantes son crâne prêt à éclater et murmure, abattu :

– Où s'arrêtera l'audace des contrefacteurs ?

Je puis lui dire, moi, à cet être loyal, où elle s'arrêtera, l'audace des contrefacteurs : elle est bien décidée à ne s'arrêter jamais, et elle ne s'arrêtera jamais, jamais, jamais !

Les hommes de réelle bonne foi n'ont qu'à porter le deuil de leurs espérances.

Le scandale que je dévoile en les lignes ci-dessous, et dont toute la presse s'occupera demain, va montrer quels sommets peut atteindre le toupet et l'ingéniosité des fraudeurs.

Pour ne pas faire moisir les charmantes jeunes femmes qui me font l'honneur de me lire, disons tout de suite que la police vient de découvrir à Paris l'existence de quatre gares clandestines.

Pour les personnes qui n'auraient pas bien entendu, je répète : *La police vient de découvrir à Paris l'existence de quatre gares clandestines.*

Quatre gares clandestines, vous avez bien lu, et qui correspondent chacune à une ligne secrète de chemin de fer.

La découverte de ce fait vraiment particulier mérite d'être contée par le menu.

Depuis assez longtemps, les Compagnies de chemins de fer s'apercevaient d'une baisse assez sérieuse dans leurs recettes, baisse que rien ne semblait justifier.

Une enquête, menée de la façon la plus intelligente, n'amena aucun résultat.

L'économiste Paul Leroy-Beaulieu, consulté à ce sujet, écrivit un volumineux rapport dont la conclusion, bien personnelle, était la suivante : la baisse dans les recettes des Compagnies doit correspondre à une diminution dans le nombre de voyageurs ou de marchandises transportés.

Les choses en étaient là quand, un jour, l'inspecteur de la Sûreté Fauvette, attablé chez un mastroquet de la rue de Flandre, observa des faits qui lui parurent éminemment louches.

Sur le coup de six heures et demie ou sept heures du soir, des clients, en assez grande quantité, pénétraient chez le mastroquet.

Ils se dirigeaient vers une salle située dans le fond du débit.

Tout ce monde entrait, entrait, et personne ne sortait, ne sortait.

Quelques centaines de personnes s'introduisirent ainsi et ne sortirent point.

Et d'autres centaines encore.

Et puis des milliers.

Ayant payé sa consommation d'abord, et d'audace ensuite, l'agent prit le même chemin que tous ces mystérieux personnages.

Dans un coin de la salle du fond, se spiralisait un escalier de trois cents et quelques marches qui vous conduisait au sein d'une cave, d'une immense cave puissamment éclairée à l'électricité.

Dans cette cave, la locomotive d'un train en partance haletait rythmiquement.

Le policier n'eut que le temps de se jeter dans un wagon.

Une demi-heure après, il débarquait dans une autre cave, la cave d'un mastroquet de Maisons-Laffitte.

Sa religion était éclairée.

Nul doute, désormais !

Une semaine ne s'écoula pas sans qu'on eût mis la main sur la vaste trame d'une entreprise encore inconnue dans l'histoire de la fraude.

D'importantes arrestations ont été opérées, hier.

On parle d'anciens hauts fonctionnaires des Compagnies, récemment destitués et qui se seraient mis à la tête de cette incroyable et peu délicate concurrence.

D'ailleurs, tout le personnel de ces chemins de fer clandestins serait, paraît-il, recruté parmi les employés, mécaniciens, etc., révoqués des Compagnies.

On s'attend à des révélations piquantes.

L'or anglais ne serait pas étranger à l'affaire.

À bientôt des détails circonstanciés.

Dernière heure. – On vient de découvrir, dans le grenier d'un marchand de grains du Vésinet, les douze locomotives dont la disparition avait fait si grand bruit, la semaine dernière, à la gare du Nord.

Utilisation de la tour Eiffel pour 1900

Au risque de faire beaucoup de chagrin à Maurice Barrès, les pouvoirs publics semblent disposés à exécuter une Exposition universelle en l'an 1900.

Je n'apprendrai rien à personne en ajoutant que ces magnifiques joutes de l'industrie internationale tiendront leurs assises dans les quartiers du Champ de Mars, du Trocadéro et des Champs-Élysées.

On ira même jusqu'à démolir – pleurez, mes yeux ! – cette merveille de grâce et d'aménagement qui s'appelle le Palais de l'Industrie.

La question de la suppression de la tour Eiffel fut un instant agitée en haut lieu. (Peut-être même, ce haut lieu n'était-il autre que la propre troisième plate-forme de ladite tour.)

On discuta longtemps, paraît-il.

Finalement, sur la réflexion d'un judicieux esprit que, le conseil de la Légion d'honneur ayant laissé sa rosette à M. Eiffel, on pouvait bien conserver sa tour, on décida de ne point déboulonner encore le métallique édifice.

Apprenant cette résolution, mon ami le Captain Cap sourit dans ses longues moustaches, vida d'un trait le gobelet qui se trouvait à sa portée et dit :

– J'ai une idée !

– Le contraire m'eût étonné, Cap !

– Une idée pour rendre utile cette stupide tour qui fut, en 1889, une utile démonstration industrielle, mais qui est devenue si parfaitement oiseuse.

– Et puis, on l'a assez vue, la tour Eiffel !

– On l'a trop vue !... Conservons-la, soit, mais donnons-lui un autre aspect.

– Si on la renversait la tête en bas, les pieds en l'air ?

– C'est précisément à quoi j'ai pensé. Mais mon idée ne s'arrête pas là.

– Votre idée, Cap, ne saurait point s'arrêter ! Comme le temps, comme l'espace, elle ne connaît point de bornes !

– Merci, mon garçon !... Donc, nous renversons la tour Eiffel et nous la plantons la tête en bas, les pattes en l'air. Puis, nous l'enveloppons d'une couche de magnifique, décorative et parfaitement imperméable céramique.

– Bravo, Cap !... Et puis ?

– Et puis, quand j'ai obtenu un ensemble parfaitement étanche, j'établis des robinets dans le bas et je la remplis d'eau.

– D'eau, Captain ? quelle horreur !

– Oui, d'eau... Bien entendu, avant cette opération, j'ai débarrassé la tour des constructions en bois, et en général de toutes les matières organiques qui corrompraient mon eau. Devinez-vous, maintenant ?

– Je devine ou je crois deviner que vous exposerez à l'admiration des foules un somptueux gobelet quadrangulaire de 300 mètres de haut.

– Un gobelet rempli de quoi ?

– Un gobelet rempli d'eau.

– D'eau... comment ?

– Je comprends !... D'eau ferrugineuse. Ah ! Cap, vous êtes génial !

– Oui, d'eau ferrugineuse et gratuite à la disposition de nos contemporains anémiés. Au bout de quelques années, toute cette masse de fer, dissoute peu à peu dans l'eau des pluies, aura passé dans l'organisme des Parisiens, leur communiquant vigueur et santé...

– Si, au lieu d'eau, nous mettions du gin, Cap, du bon vieux gin ?

Le Captain me répondit sévèrement :

– Le goût du gin ne va pas avec le goût du fer.

Un de mes amis qui est concierge

Comme je me trouvais de très bonne heure dans son quartier, j'eus l'idée de grimper à son altier cinquième étage et de serrer la main loyale de mon ami Schoze.

Mes appels, soit par voie de sonnette, soit par voie de heurts sur la porte, soit par voie d'indicibles et sympathiques clameurs, restèrent sans écho.

Assurément, il n'y était pas.

Mais comment expliquer l'absence de cet être si peu matinal et si peu découcheur ?

Peut-être mort ?

Pauvre garçon ! Oh ! non, je l'aurais su par sa belle-sœur.

Je redescendis les cinq étages, espérant trouver une explication chez la concierge.

Précisément, et à ma grande surprise, Schoze se trouvait dans la loge.

Il y était, confortablement assis en un vieux et ridicule fauteuil de tapisserie, et il lisait des journaux.

Dès qu'il m'aperçut, la pourpre de la confusion s'épanouit sur sa face, et le timbre de la visible gêne voila son organe.

Après les premières effusions :

– Je descends de chez toi, fis-je, et je ne t'ai pas trouvé.

– Naturellement, puisque je suis là.

– Et qu'y fais-tu, là ?

– Ce que j'y fais... Ce que j'y fais... j'y fais... que c'est moi qui suis concierge de la maison, maintenant !

De la part d'un joyeux farceur comme Brunetière, par exemple, ou Gaston Deschamps, j'aurais cru à une excellente plaisanterie.

Mais venant de mon ami Schoze, un des garçons les plus sérieux du dix-huitième arrondissement, l'assertion me parut digne de créance.

Il ne se fit pas prier, d'ailleurs, pour expliquer son étrange avatar.

En proie à une gêne provisoire, Schoze se trouvait en retard de trois termes.

Il commençait à s'accoutumer à cette situation, et même il se préparait, sans angoisse, à l'aggraver par un retard prochain de quatre termes (en attendant le mois d'avril où il se trouverait en retard de cinq), quand il reçut, vers le 15 décembre, la visite de son propriétaire.

Cet homme aimable, mais fripouille comme la plupart des industriels de sa sorte, lui apportait une proposition des plus avantageuses.

– Vous me devez trois termes, monsieur. Dans quelques semaines, vous m'en devrez quatre : je suis disposé à faire un exemple, et à vous jeter sur le pavé avec les quelques vagues détritus personnels que la loi vous concède. Je dissiperai le reste aux quatre vents des enchères publiques.

Mon pauvre ami Schoze pâlit à l'idée qu'on allait le séparer de ses bons livres, de ses petits bibelots, de ses belles gravures de Thornley.

– Vous ne ferez pas cela ! gémit-il.

– Non, ricana le vampire, je me gênerai !

Devant la douleur réelle du pauvre garçon, le vieux vautour sembla se raviser :

– Si vous tenez tant que ça à votre mobilier, je vous offre une petite combinaison...

– Tout ce que vous voudrez !

– Je vais, ce soir même, renvoyer ma concierge qui me vole. Remplacez-la jusqu'au 8 janvier, jour du petit terme.

– Moi, concierge !

– Pourquoi pas ? On doit tout supporter plutôt que faire tort d'un sou à son pauvre propriétaire !... Donc, vous serez concierge. Rien de plus simple que d'apprendre la situation respective du logement des locataires : M. Un Tel au premier à gauche, M. Tel autre au cinquième au fond du corridor, etc., etc. Et puis, quand vous vous tromperiez, cela n'a aucun inconvénient. Les locataires ne sont pas des gens bien intéressants. Allons, consentez-vous ?

– Dame !

– Voilà le 1ᵉʳ janvier qui arrive. Vous recevrez beaucoup d'argent à l'occasion des étrennes, et vous serez, alors, en mesure de me régler mon petit arriéré !

Schoze accepta.

Et voilà comment un brave garçon, pour conserver ses livres et ses Thornley, en arriva à tirer le cordon à des gens qui ne le valent certainement pas.

Radicale proposition

Notre excellent confrère, M. Émile Gautier, qui est un poète, comme l'indique son nom de Gautier, et un savant, comme l'assure son prénom d'Émile, s'émerveillait l'autre matin, dans le *Figaro*, de la mirifique crinière – et tant polychrome ! – dont s'échevèlent les arbres des boulevards, depuis cette débauche de serpentins de jeudi dernier (jour de la Mi-Carême, si mes souvenirs sont exacts).

Comme poète, il admire.

Comme homme sérieux, il déplore.

Comme savant, il propose un remède.

Certes, le remède que propose Émile Gautier est ingénieux, mais je le trouve insuffisant.

On imposerait, d'après Gautier, aux marchands de serpentins une certaine composition de papier (pâte de bois et colle d'amidon) que la première averse pourrait réduire en une purée sans consistance et tout de suite disparue.

Gautier n'y a pas pensé, mais rien n'empêcherait le gouvernement d'interdire, de la même façon, tous les confettis qui ne seraient pas de cette composition.

Et même, comme on est exposé à en avaler quelques-uns, on pourrait les découper dans de minces pellicules de pâtes pectorales.

Malheureusement, le gouvernement dont nous jouissons pour l'instant a des tendances libertaires qui lui prohibent la moindre immixtion dans toute industrie, et principalement dans celle des frivolités carnavalesques.

C'est dommage, parce que, moi aussi, j'avais une solution au problème, et une solution autrement élégante que celle de Gautier, et combien plus radicale !

D'abord, moi État, je m'octroierais le monopole des serpentins, confetti, spirales, petits balais et autres.

Tous ces ustensiles seraient composés d'un papier spécial qu'on pourrait appeler – si personne ne s'y oppose – du fulmi-papier.

C'est assez dire que mon papier subirait la même préparation qu'on inflige au coton pour le transformer en fulmi-coton (trempage dans un mélange d'acides azotique et sulfurique, lavage, séchage, etc.).

Et, dans la nuit qui suivrait le Mardi-Gras ou la Mi-Carême, à l'heure où le dernier pochard vient de rentrer chez lui, on allumerait le tout.

Ceux de nos lecteurs qui ont eu l'occasion, au cours de leur existence mouvementée, d'allumer cinq ou six kilos de fulmi-coton dans le creux de leur main, savent avec quelle promptitude s'opère la combustion.

Le fulmi-coton a bien des défauts, mais on ne peut pas lui reprocher, quand il brûle, de brûler lentement. (Je tenais à lui rendre ici cette justice.)

Il ne faudrait pas plus de trente secondes pour que tout Paris fût déblayé du million et demi de kilos de papier multicolore qui l'encombre à chaque soir de *bacchanal-day*.

Le seul inconvénient de mon procédé gît dans le bris probable de toutes les vitres de la capitale.

Et peut-être que les immeubles eux-mêmes suivraient l'exemple des simples vitres.

Mais qu'importe la destruction de Paris, si les gens graves sont satisfaits !

Et les gens graves l'exigent : pas de serpentins dans les arbres, ça n'a pas l'air sérieux !

Une nouvelle monnaie

Bien que M. Doumer éprouve une vive répugnance à parler de son métier pendant les repas, il voulut bien cependant – parce que c'était moi – répondre à ma question.

– Pourquoi, mon cher ministre, lui avais-je demandé, cette obstination des *Finances* à ne point admettre l'emploi du nickel dans la fabrication des pièces divisionnaires ?

– Mon Dieu ! fit M. Doumer en reprenant des tripes, je vous dirai que j'ignore les raisons de mes prédécesseurs. Quant à moi, ma posture en la question est bien simple : non seulement je n'adopte pas le nickel, mais encore je suis disposé à supprimer l'or, l'argent et le cuivre.

– Allons donc !

– C'est comme j'ai l'honneur de vous le dire.

– Et par quels autres métaux remplacerez-vous ceux-là ?

– Par aucun métal. Toutes les pièces, depuis celles de 100 francs jusqu'à celles de 1 centime, seront en celluloïd.

– En celluloïd !

– Parfaitement.

– Mais vous n'y pensez pas, ma vieille Excellence ! Le celluloïd est une matière sans valeur intrinsèque.

– Et le papier, jeune homme, a-t-il une valeur intrinsèque ?

– Pardon...

– Essayez de déchirer un paquet de billets de mille francs en petits morceaux et de vendre les débris à un chiffonnier, vous verrez ce qu'il vous en donnera, de votre intrinsèque.

– Ça n'est pas la même chose...

– Fondez en un seul lingot 10 francs de sous et vendez-les à un marchand, vous en trouverez 1 franc à peine.

– Oui, mais...

– Et l'argent donc !

– L'argent, oui, je sais...

– Et l'or ! Croyez-vous que si on trouve en Afrique ou en Australie seulement le quart de tout ce qu'on annonce dans les prospectus, la valeur de l'or ne va pas terriblement baisser ? Voyez-vous d'ici l'or à cent sous la livre ?

Il n'y avait rien à répliquer, M. Doumer était dans le vrai.

Avec une obligeance infinie et une urbanité dont je tiens à le remercier ici, publiquement, au nom des Lettres françaises, notre sympathique ministre me développa le nouveau système qui allait permettre à la France de reprendre enfin son rang à la tête des nations.

Une objection me vint, que je croyais définitive :

– Le celluloïd, cher ami, n'est-il point bien inflammable pour un tel emploi ?

– Celui de l'industrie, oui ; mais le nôtre sera rigoureusement incombustible.

– Vous avez trouvé un truc ?

– Oh ! un truc bien simple : nous le ferons fabriquer par la Régie !

Comment on fait les bonnes maisons

Après avoir longtemps fait la sourde oreille, l'administration municipale de Chatouilly se décida enfin à écouter les injonctions de la nommée *Vox populi* et du sieur *Consensus omnium*.

L'opinion publique était, en cette occurrence, représentée par les boulangers, les bouchers et les limonadiers de Chatouilly, auxquels venaient s'adjoindre la totalité des bonnes du pays et un lot important de jeunes femmes incomprises ou simplement tendres.

Il s'agissait, j'aurais dû commencer par là, de la création d'une garnison et de la construction, naturellement, d'une caserne *ad hoc*.

Grosse affaire, mes amis, et qui n'alla pas toute seule.

Quelques propriétaires et rentiers, amis de la tranquillité, protestaient dans l'ombre, au nom, ah ! Bérenger ! des bonnes mœurs.

Au dire de ces Tartufes, la vertu des filles et des femmes de Chatouilly ne serait qu'une insignifiante bouchée pour les appétits génésiques des attendus lignards.

Des mères de famille tressaillirent d'épouvante, des maris virent en leurs songes se démesurer d'inéluctables cornes (des cornes d'abondance, espérèrent quelques autres à tendances sous-marines).

À force d'être partout chuchotée, cette question de mœurs, un beau soir, éclata en plein Conseil municipal.

Un édile qui, en sa qualité de rude capitaine en retraite, savait mal farder la vérité, s'écria :

– Il va venir un régiment ici, c'est entendu ! Il sera admirablement reçu par la population, c'est entendu ! Il trouvera à manger et à boire, c'est entendu ! Mais (*se croisant brusquement les bras*), tonnerre de sort ! je me demande où il trouvera... à aimer !

À cette sortie, le Conseil municipal tout entier se mit à rire d'une main, tandis que, de l'autre, il se voilait la face.

Le vieil homme d'armes, brandissant sa compétence et projetant sur la question une brutale lumière, insista longuement et déplorablement.

Pour en finir, le maire fit se constituer l'assemblée municipale en comité secret et le reste de la discussion se perdit dans le mystère et l'ombre.

Tout ce qu'on put savoir, c'est qu'une commission de trois membres avait été nommée dans un but des plus délicats.

On vit ces trois messieurs se promener fréquemment dans les rues écartées de Chatouilly, en gens qui chercheraient, comme qui dirait, une maison à louer.

Et puis, ces trois messieurs parurent avoir trouvé leur affaire.

On les aperçut à plusieurs reprises, en grande discussion avec un Auvergnat, marchand de ferrailles et cabaretier, un de ces Auvergnats dont la totale inconscience amène une fatale réussite dans les multiples affaires qu'ils entreprennent.

À la suite de ces conciliabules, le sieur Chamonenque, l'Arverne susdit, fit l'acquisition d'une vieille maison, proche de son cabaret, au bout de la ville.

Des ouvriers travaillèrent fébrilement à remettre en état l'antique immeuble, à le garnir de belles persiennes vertes et surtout à peindre sur sa devanture un fort spacieux numéro qu'il eût fallu être bien distrait pour ne point remarquer.

Tout fier, Chamonenque alla trouver le chef de la municipalité.

– Je suis prêt, monsieur le maire.

– Vous êtes bien pressé... Le régiment n'arrive que dans huit jours.

– Peu importe ; j'ouvrirai ce soir, quand ça ne serait que pour me mettre au courant.

– Les *personnes* sont arrivées ?

– Oh ! non ; je compte commencer modestement avec ma femme et ma bonne... Les dimanches, il y a ma belle-sœur qui ne refusera pas de nous donner un coup de main.

Le Captain Cap et la défense nationale

Le premier être humain que j'aperçus, en sortant de la gare, fut mon vieil ami le Captain Cap, qui remontait d'un pas songeur la rue d'Amsterdam.

En vue de cette occurrence, la main de Dieu eut, jadis, la précaution de placer à cet endroit l'*Irish bar* de notre vieux Austin.

Et puis il faisait si chaud depuis le buffet de Serquigny, ma dernière étape !

Nous entrâmes.

... Huit mois déjà passés que je n'avais vu le Captain !... Huit mois !...

La bonne rencontre ! Et quel parfum fleurait le *Oldest Tom Gin* de ce frais petit bar !

– Donnez-moi votre main, Cap, que je la serre encore.

– Et aussi la vôtre, vieux lâcheur.

– Ne m'accusez pas, Cap.

– Oui, je sais...

Le Captain avait tant de choses à me conter qu'il ne savait par où débuter.

Je vins à son secours.

– D'où arrivez-vous, Cap, en ce costume de voyage ?

– Des grandes manœuvres de l'Est.

– C'était beau ?

– Oh ! je n'ai pas eu le temps de regarder les troupes !... J'avais d'autres chiens à fouetter !

– Je vois avec plaisir, mon cher Cap, que vous n'avez pas changé ! Car, il n'y a que vous au monde, et quelques aveugles, pour aller aux grandes manœuvres, sans jeter un coup d'œil sur les militaires.

– Je ne fus en contact qu'avec les généralissimes, Zurlinden, Félix Faure et Dragomirov.

– Vous avez de jolies relations, Cap !

– Dites plutôt que ces messieurs furent des plus honorés de me connaître.

– Ont-ils au moins su vous apprécier ?

– Il le fallut bien, mon invention étant de celles qui s'imposent à l'admiration des plus grosses légumes.

– Votre invention, Captain ?

– Mon invention, oui.

– Ah ! ah !

Ce *Ah ! Ah !* cachait, de ma part, une intolérable démangeaison de connaître la nouvelle idée de mon prodigieux ami.

Mais lui se cavernait dans l'inexorable cloître du mutisme.

– Voyons, Cap, soyez gentil ! Dites-moi quelques mots de votre invention.

– Impossible !

– Indiquez-moi, seulement, de quoi il s'agit.

– Impossible ! impossible ! ce serait compromettre la défense nationale.

– La défense nationale ! le salut de la Patrie ! c'est vous qui venez me parler de ces sornettes, vous, Cap, l'apôtre de l'anti-européanisme !

– Le salut de la France m'intéresse autant qu'une partie de *poker dice* et j'aime beaucoup le *poker dice*.

Je me levai, tendis la main à Cap et, d'une voix consternée :

– Au revoir, dis-je, ou plutôt adieu, Cap !

– Adieu ! Pourquoi adieu ?

– Parce que je veux ne plus jamais revoir un ami dont je perdis la confiance.

– Allons, asseyez-vous, grand enfant, je vais tout vous dire !... Mais jurez-moi que pas une de mes paroles ne sortira d'ici.

– Je le jure !

– Mon idée, comme toutes les idées géniales, est d'une simplicité vertigineuse. Elle consiste à remplacer, pour le transport des dépêches, les pigeons par les poissons.

– Des poissons volants ?

– Non, des poissons qui nagent tout bêtement, comme tous les poissons. Mieux que le pigeon (qui, comme son nom l'indique, est un imbécile), le poisson est éminemment éducable. De plus, il est d'une discrétion parfaite... Avez-vous jamais entendu un poisson faire des ragots sur son prochain ?

– Jamais, Cap !

– Le poisson était donc tout indiqué pour jouer un rôle important de messager militaire. Il porte les dépêches d'un général à un autre aussi fidèlement, plus sûrement et plus vite que n'importe quel idiot de pigeon.

– Et dire que personne n'a pensé à cela !

– Les gens sont si bêtes !

– Vos essais aux manœuvres de l'Est ont réussi ?

– Pleinement ! Mon équipe de poissons voyageurs a rendu les plus grands services à Saussier. Félix Faure n'en revenait pas.

– Et Dragomirov, qu'est-ce qu'il a dit ?

– Dragomirov était furieux ! Il prétend que de faire porter des dépêches aux poissons, ça leur abîme le caviar.

Le soi-disant bolide de Madrid

GRAVES RÉVÉLATIONS

Le lundi 10 février 1896, vers dix heures et demie du matin, par un ciel pur et bleu où le soleil brillait ainsi qu'aux plus beaux printemps, une formidable explosion se produisit en l'air, au-dessus de Madrid, jetant la terreur parmi les habitants.

Il était exactement neuf heures vingt-neuf quand eut lieu ce phénomène : une lueur fulgurante illumina brusquement le ciel, tandis qu'une formidable détonation, bien supérieure aux plus effroyables coups de tonnerre, retentissait presque aussitôt.

Les vitres des maisons volèrent en éclats... etc., etc.

... Je pourrais continuer ce récit en détaillant les dégâts matériels (de *beaux dégâts*, bien entendu, puisque la scène se passe en Espagne), en insistant sur l'affolement de la population, etc., etc.

Je préfère arriver tout de suite à l'explication de ce phénomène, lequel (n'en déplaise à ces messieurs de l'Observatoire) n'a rien de météorologique.

Tout le monde, jusqu'à ce jour, a cru à un bolide.

Erreur !

D'une conversation que nous venons d'avoir avec M. Ollier, le sympathique consul de la Havane au Vésinet, il résulte l'explication suivante :

Pour peu, chers lecteurs, que vous lisiez assidûment les journaux, vous avez dû vous apercevoir que Cuba est, depuis quelque temps, en guerre avec l'Espagne, sa vieille métropole.

Contrairement à leurs voisins les Portugais, qui sont toujours gais, les Espagnols sont toujours gnols, surtout quand il s'agit de questions coloniales.

Cette monstrueuse expédition de Cuba est en train de leur coûter beaucoup d'or, beaucoup de sang, sans compter beaucoup de boue, comme dit Drumont, dès que viendra la saison des pluies.

Les Cubains ont la prétention de vivre libres dans leur pays libre : quand un peuple s'est mis bien en tête ce, très naturel, en somme, programme, rien au monde ne saurait se mettre en travers de la réussite.

Sans pouvoir favoriser ostensiblement le mouvement cubain, les États-Unis ne négligent rien pour en assurer le proche succès. (Doctrine de Munroe.)

L'ingénieur Blagsmith, un savant auprès duquel Edison n'est qu'un pâle enfant, a reçu de M. Cleveland la mission d'organiser scientifiquement et secrètement la déconfiture espagnole.

Pendant que les patriotes cubains se battent, et bellement, pour leur liberté, une équipe de hardis Américains va attaquer les Espagnols chez eux.

L'ingénieux Blagsmith a construit pour la circonstance un curieux appareil catastrophophore qui tient à la fois de la torpille, de l'obus et de l'aérostat.

D'un navire mouillé au large, il peut lancer son engin à l'endroit de terre qu'il désire et le faire éclater à l'instant voulu.

Le soi-disant bolide du 10 février n'était autre qu'un essai du procédé Blagmisth.

Cette tentative ayant parfaitement réussi, l'inventeur américain est retourné dans ses vastes usines de l'Illinois, pour y activer la fabrication de ce matériel guerrier.

Il compte être de retour sur les côtes d'Espagne dans les premiers jours de mars.

Si rien ne s'oppose à la bonne marche des opérations, Madrid devra être complètement détruit le dimanche 15 mars, à midi précis.

Les Madrilènes qui désireraient accomplir leurs devoirs religieux devront donc assister, ce jour-là, aux offices de la veille.

Un garçon sensible

Ah ! mon pauvre monsieur, me répondit mon ancienne concierge à laquelle je demandais ce que devenait son fils, c'est un garçon qui me donnera bien du tourment, allez ! Des natures impressionnables comme lui, qu'est-ce que vous voulez que ça fasse dans l'existence ?

Tout petit déjà, il était si sensible qu'on n'osait rien dire et rien faire devant lui. Au moment où on s'y attendait le moins, il éclatait en sanglots.

Croiriez-vous, par exemple, qu'il ne voulait jamais manger de la crème fouettée, et il l'adorait, pourtant !

– Pourquoi qu'on la fouette, la crème, disait le pauvre enfant, puisqu'elle n'a pas été méchante ?

C'est comme pour le riz : il l'adorait aussi. Un jour, j'étais à la cuisine en train de lui préparer son plat favori. Tout d'un coup, il me demande :

– Qu'est-ce que tu fais, maman ?

– Tu vois, je fais crever mon riz.

Voilà mon enfant qui se met à pousser des cris, à pleurer, à s'accrocher à mon tablier :

– Je t'en prie, maman, j' t'en prie, ne le fais pas crever, ce pauvre riz ! J'aime mieux ne pas en manger !

Et de tout, c'était la même chose.

Du reste, vous l'avez connu, vous savez ce qu'il en est.

Depuis votre départ de la maison, on a essayé de le mettre en apprentissage dans différentes industries : il n'a pu rester dans aucune.

D'abord, M. Henry Mercier, notre locataire du deuxième, a voulu le prendre avec lui dans sa grande manufacture de serrurerie.

Le soir même de son entrée, mon garçon est rentré, ses pauvres yeux tout rougis d'avoir pleuré.

– Non, maman, disait-il, non, maman, je ne pourrai jamais m'habituer à faire tant de pênes aux serrures !

Quelques jours après, il entrait dans une fabrique de poires tapées à Levallois-Perret. Il fit tous ses efforts pour y rester le plus longtemps possible, mais, au bout de huit jours, il me revint, bien décidé à ne pas y remettre les pieds.

– Ça a beau être des poires, ça n'est pas une raison pour les taper comme ça ! C'est ignoble et ça me dégoûte !

Après, ce fut le tour de l'usine frigorifique d'Auteuil où il trouva une petite place, grâce à la recommandation de M. Maurice Bertrand, notre locataire du rez-de-chaussée.

Ah ! là, ça ne traîna pas ; il resta à peine deux heures et revint à la maison avec un gros chagrin et une indignation plus forte encore :

– Quelle infamie ! quelle lâcheté de frapper toutes ces pauvres carafes sans défense !

Et il parlait d'organiser une *Société protectrice des Carafes* dont chaque membre aurait droit de dresser procès-verbal aux personnes brutales qui s'oublient jusqu'à les frapper.

Au bout de quelque temps, il eut la chance d'entrer comme commis à la banque Raoul Ponchon.

Là, ça commençait à aller pas trop mal, quand son patron eut, un jour, le malheur de lui dire :

– Voici un petit travail qu'il s'agirait d'exécuter le plus vite possible.

Mon fils devient blanc comme un linge et sort de la banque en disant :

– Je ne suis pas un bourreau, monsieur Ponchon !

Sa dernière place, c'était dans la grande maison d'électricité Charles Lahonce, où l'avait présenté M. Vandérem, le grand romancier, vous savez bien, notre locataire du premier.

C'est une maison qui fournit à domicile des piles électriques pour actionner de faibles moteurs à l'usage de petits industriels.

Mon fils ne travaillait pas dans les ateliers ; il était attaché à l'*administration*.

Malgré toute sa bonne volonté, il ne put rester dans cette maison que huit jours.

Comme il me l'expliquait très bien :

– Comment veux-tu qu'avec ma nature si douce, si sensible, si peu batailleuse, je passe toutes mes journées à administrer des piles ?

Bref ! le voilà encore sans place ! Pauvre garçon ! Un tempérament comme ça, c'est une vraie maladie !

Le soir, comme ça, vers cinq ou six heures, une tristesse terrible le prend.

– Qu'est-ce que tu as ? que je lui fais.

– Voilà la nuit qui tombe, me répond-il. Pourvu qu'elle ne se casse rien ! Pauvre nuit !

Encore, hier, un de ses camarades est venu l'inviter à une petite fête qu'il organise pour pendre la crémaillère.

Mon fils a refusé avec horreur. Pendre une crémaillère qui n'a rien fait. Ce spectacle était au-dessus de ses forces.

Ah ! oui, mon cher monsieur, on peut le dire : Pauvre garçon !

Fort ému de ce récit et pour arracher le jeune homme à la vie de Paris, plus cruelle que toute autre, je priai un oncle que je possède à Thouars (Loir-et-Cher) de le prendre comme secrétaire.

Très brave homme, cet oncle n'a qu'un défaut : c'est de se laisser chambrer par sa gouvernante, la fille Azutat (Laure), une grande bringue noiraude et effrontée, très capable de se faire coucher, avec toute la couverture pour elle, sur le testament de mon vieux parent.

Et nous nous y attendons si bien, à cette captation, que, dans la famille, nous appelons cet héritage : *l'héritage Allais, à Thouars !*

Mon oncle est le type de ces vieux savants de province qui, lentement, mais sûrement, apportent leur modeste contribution à la science et qui font plus pour le bonheur de l'humanité que bien des commandants de recrutement dont je pourrais citer les noms.

Auteur de plusieurs opuscules parus chez Gauthier-Villars, notamment d'un *Essai de logologie*, d'un *Petit traité de graphographie*, d'*Éléments de métrométrie*, mon oncle est surtout connu du monde savant par ses bien personnels travaux technotechniques.

Je mis ce brave homme au courant de la situation matérielle et morale du fils de mon ancienne concierge : il en ressentit une vive pitié et prit avec lui tous les ménagements possibles.

Le pauvre garçon eut bien à souffrir au spectacle des travaux rustiques : c'était le moment où d'impitoyables faucheurs coupaient le blé, l'orge, l'avoine.

Pauvre blé ! Pauvre orge ! Pauvre avoine !

Et puis, ensuite, ce fut le grain qu'on battit !

Pauvre grain !

Le bruit de la machine à battre indisposait tellement l'âme de notre ami qu'il fuyait, pour ne point l'entendre, au fond des bois.

Dans la maison de mon oncle, il ne souffrit pas moins. La gouvernante, cette personne dont j'ai parlé plus haut, la fille Azutat (Laure), est affligée d'une manie respectable en soi, mais ridicule dès que poussée à l'excès : l'horreur de ces myriades de petites maculatures spéciales qu'on est bien forcé – si parfaitement élevé qu'on soit – d'appeler des chiures de mouches.

– Encore une chiure de mouche ! s'écriait fréquemment la mégère.

Et vite, elle dressait de terribles appareils de mort pour détruire les pauvres petits êtres ailés et bourdonnants.

Dans toute la maison, ce n'était que papier tue-mouche, que carafes à noyades, que fils attrape-mouches, etc., etc.

– Pauvres mouches ! sanglotait mon protégé.

Et chaque fois qu'il rencontrait un de ces meurtriers engins, il le jetait dehors.

D'où, fureur de la gouvernante et luttes homériques entre la Destruction et la Pitié.

Ce fut cette dernière qui eut le dessus.

Le fils de mon ancienne concierge, sentant que si les mouches ne se livraient plus à leurs petites incongruités, on les laisserait tranquilles, eut une de ces idées que seule fournit la Bonté, égale au Génie.

Il confectionna de petites boulettes, avec un mélange de bismuth et de miel de Narbonne.

Les mouches s'en régalèrent et contractèrent aussitôt une constipation opiniâtre, qui fut leur salut.

Curieuse idée d'un cycliste anglais pris de boisson

PROJET D'IMAGE PAR CARAN D'ACHE

I

Un Anglais jeune encore, mais original et un peu intempérant (provisoirement en villégiature dans un château des environs de Blois), roule sur sa bicyclette à une allure qui relève du vertige.

Il commet, en outre, mille imprudences, dont la moindre peut causer une catastrophe prématurée.

II

Il fallait s'y attendre !

Sa machine, lancée d'une main sûre, vient s'aplatir contre un orme séculaire en bordure sur la route.

Pas trop de mal cependant : un pneu crevé, quelques rayons cassés. D'insignifiantes éraflures personnelles.

Il fallait s'y attendre !

III

Après pansement externe et interne dans une pittoresque auberge où il y a un petit vin blanc, je ne vous dis que ça ! rentrée pédestre au château !

IV

L'Anglais s'empare du seul attelage disponible, une petite voiture en osier qui sert d'habitude aux bébés et que traîne un amour de petit âne.

Il s'y installe avec sa machine fracassée et se dirige vers Blois où d'habiles artisans refont des virginités aux bécanes endolories.

V

Il conduit son attelage à l'hôtel et recommande qu'on soigne bien son petit âne.

VI

L'habile artisan contemple la machine d'un œil professionnel, et :

– Il y en a pour une heure, déclare-t-il.

– Une heure ?

– Oui, une petite heure.

– Je reviendrai dans une petite heure, conclut l'Anglais.

VII

Notre insulaire, à qui le petit vin blanc de tout à l'heure a donné grand-soif, va boire un bock dans le grand café de la rue Denis-Papin.

Et puis, un autre bock.

Et puis, un autre bock.

Le délai se passe ainsi, et notre ami revient chez l'habile artisan.

VIII

L'habile artisan n'a pas encore fini. Il a été dérangé, dit-il, par une incessante clientèle.

– Dans un quart d'heure, ce sera prêt.

– Dans un quart d'heure ?

– Dans un petit quart d'heure.

– Je reviendrai dans un petit quart d'heure.

IX

Loin d'avoir désaltéré l'Anglais, la bière, au contraire, ne fit que l'empâter. Il demande du gin et du soda.

– Nous avons bien du *gin*, dit le garçon, mais pas de soda.

– Alors, donnez-moi du gin sans soda !

Il remplace le soda absent par un petit supplément de gin.

Et il retourne, le petit quart d'heure expiré, chez l'habile artisan.

X

– J'ai encore été dérangé, fait le bécanier ; mais asseyez-vous, ça va être prêt dans cinq minutes.

– Cinq minutes ?

– Cinq petites minutes.

– Je reviendrai dans cinq petites minutes.

XI

Comme l'heure de l'apéritif a fini par sonner, l'Anglais retourne au café et se commande une absinthe copieuse et soignée, à laquelle il consacre ses cinq petites minutes.

XII

La machine est prête.

Heureusement ! car le fils de John Bull se trouve sur le seuil de l'ivre-mortisme.

Pourtant, il enfourche, assez cavalièrement, son ustensile et roule vers l'hôtel pour y retrouver la voiture et l'âne.

XIII

Le palefrenier n'est pas là.

– Ça ne fait rien, dit l'Anglais, je vais atteler moi-même.

Et il est tellement gris, le pauvre garçon, que voici comment il procède :

Il attelle l'âne à sa bicyclette.

Il s'ajuste sur le dos la petite voiture en osier, comme les Espagnols font de leur guitare.

Et il sort ainsi, à la grande stupeur des gens de l'hôtel !

XIV

Ce n'est que rentré au château qu'il s'aperçoit de son erreur.

XV

Il est le premier à en rire.

À-propos ingénieux d'un voyageur de commerce

J'ai toujours aimé le voyageur de commerce : philosophe, gai, souvent spirituel, qu'il pleuve ou vente, toujours il chante, soir et matin, sur son chemin, et lorsque, par hasard, quelqu'un s'informe : « Quel est donc ce farceur ? » vous pouvez répondre hardiment : « Eh bien, c'est un commis-voyageur ! » avec 80 chances pour 100 de ne pas vous tromper.

(J'ai même envie de faire une chanson là-dessus.)

Il y a peu de jours, j'eus l'occasion de déjeuner en compagnie de voyageurs, et je ne vous cache pas que ce fut pour moi une véritablement bonne heure.

D'abord, j'acquis sur différentes spécialités industrielles et commerciales des connaissances dont je me félicite aujourd'hui.

Et je connus, en outre, quelques piquantes anecdotes dont je m'excuse, envers ces messieurs, de dérober une, pour la servir en pâture à mes petites lectrices chéries :

Un voyageur d'une maison assez importante de la rue du Sentier rentrait dernièrement à Paris après une tournée plutôt infructueuse.

Un des patrons lui fit, à ce sujet, quelques observations mi-paternelles, mi-sévères :

– Je ne sais pas ce que vous avez, mon ami, mais depuis quelque temps, vous n'augmentez pas beaucoup notre chiffre d'affaires en province.

– Oui, je sais bien... mais, que voulez-vous ?... ce n'est pas de ma faute... Les affaires ne vont pas... Tout le monde se plaint...

– Ne croyez pas cela, mon ami ! Quand on représente la *Maison Saül Troulalat et Alcindor,* on doit faire des affaires quand même !

– Oh !

– Parfaitement !... Votre insuccès, j'en suis persuadé, tient à votre façon de vous présenter. Comment vous présentez-vous ?

– Je me présente... dame !... je me présente comme tout le monde.

– Montrez-moi comment vous vous présentez. Que dites-vous en entrant ?

Ici, le voyageur eut la forte velléité d'envoyer promener son patron. Après tout, il n'était pas payé pour faire ainsi le jacques devant son patron et ses collègues.

Mais l'autre insistait toujours, plus paternellement maintenant :

– Voyons, mon ami, montrez-moi comment vous vous présentez. Vous êtes un excellent employé, et si vous ne faites pas un chiffre d'affaires plus élevé, c'est que vous ne savez pas vous présenter au client... Que lui dites-vous en entrant, au client ?

– Je lui dis bonjour et je lui demande s'il désire voir ma collection.

– Justement. Eh bien ! ce n'est pas du tout ça. Je vais vous montrer, moi, comment on doit se présenter... Tenez, asseyez-vous là, mon ami. Vous allez jouer le rôle du négociant de province ; moi, je ferai le rôle de voyageur de commerce.

Et la petite scène suivante a lieu :

– J'ai bien l'honneur de vous souhaiter le bonjour, monsieur ! dit le faux voyageur.

– Bonjour, bonjour ! grogne le faux négociant de province.

– J'ai une collection entièrement nouvelle avec moi, et je vous prie, monsieur, de bien vouloir m'accorder un instant pour vous la montrer !

– Qui êtes-vous ?

– Je suis M. X..., voyageur de la maison Saül Troulalat et Alcindor.

– Ah ! vous êtes le voyageur de cette maison ? Eh bien ! tant mieux pour vous !... Car si, au lieu d'être simplement le voyageur, vous étiez le patron, je vous sortirais de chez moi à coups de bottes dans le derrière !

Tout le monde, naturellement, à commencer par M. Alcindor lui-même, s'esclaffa de cette inattendue sortie.

Et le voyageur, malgré son très vif toupet, fait encore partie de la *Maison Saül Troulalat et Alcindor*.

Une mauvaise nuit

Vague scenario pour le theatre de l'Œuvre

J'avais salué ce monsieur, machinalement, sans me rappeler où, ni quand je l'avais connu.

Lui me rendit un coup de chapeau, pas mieux informé.

Ce n'est qu'un bon quart d'heure après cette marque de mutuelle et banale courtoisie que je me souvins.

Ce gros homme rasé avait occupé – pas longtemps, mais il l'avait occupé – un petit appartement contigu à celui que j'habitais sur les hauteurs de Montmartre.

Il était quelque chose comme un substitut de province, ou je ne sais quoi d'autre dans la même industrie.

Affublé, en dehors de ses appointements, d'une rondelette aisance personnelle, il avait loué, à Paris, une petite garçonnière, où il venait consommer ses extra-judiciaires et honteuses fredaines.

Une fois par semaine, à peu près, je l'entendais rentrer chez lui sur le coup de deux heures du matin, avec une provisoire compagne.

Du fond de ma chaste couche, je percevais comme un murmure assourdi de débauche, je gloussais la douce protestation de l'homme surpris en plein sommeil, et je me rendormais de plus belle.

Un soir que je me trouvais dans la loge de ma concierge, dont la fille me demandait des billets de théâtre, je vis mon luxurieux voisin et sa maîtresse d'une nuit.

Lui, pareil à ses semblables.

Elle, une jolie petite bonne femme du Moulin-Rouge, sur laquelle je me sentais poindre, depuis quelque temps, de véhémentes intentions.

Le substitut entrouvrit la porte de la loge et demanda :

– Rien pour moi ?

– Rien, monsieur ! répondit ma concierge.

Et la petite concierge, dès l'huis clos, me dit :

– C'est votre voisin.

C'était lui, mon voisin !

C'était ce gros veau libidineux qui se permettait d'occuper, en compagnie de femmes légères, un appartement séparé du mien que par l'épaisseur d'une pelure d'oignon à peine.

Et je me fis, sur mon propre autel, le serment que ce justicier départemental ne dormirait pas cette nuit, ou qu'il dormirait mal, ce qui est plus terrible que de ne pas dormir du tout.

À peine fus-je entré dans ma chambre, que mon oreille se colla sur la cloison.

Mon voisin n'avait pas perdu de temps.

Déjà, il contait un tas de saloperies à la petite courtisane.

Cette dernière bâillait et tuait le temps à l'aide d'un breuvage dont je ne pus déterminer la teneur exacte.

Ils se couchèrent.

Alors, moi, chaussé de pantoufles dont la semelle semblait empruntée à la peau de dessous les pattes de je ne sais quel félin silencieux, j'ouvris ma porte, me glissai vers la sonnette du débauché.

... Ding ding ding ding ding ding !

Avez-vous entendu retentir jamais les sonnettes de Jéricho ?

Non ! dites-vous.

Eh bien, imaginez-les-vous.

Onze secondes s'écoulèrent et déjà mon oreille s'était remise à son poste contre la cloison.

Avez-vous jamais (pardonnez-moi de vous interpeller ainsi à tout bout de champ), avez-vous jamais, dis-je, perçu une couleur avec votre oreille ?

Non ! dites-vous.

Eh bien ! moi, j'entendis, *j'entendis* que ces deux individus étaient devenus blêmes.

– On a sonné !

– Oui, on a sonné !

– Quelqu'un a sonné !

– Il y a quelqu'un qui a sonné !

Bref, on se serait cru dans un drame de Mæterlinck.

– Il y a quelqu'un qui a sonné !

Un petit branle-bas s'opéra dans la chambre.

L'homme s'arma d'un revolver. (Les magistrats, peu confiants en le glaive de la justice, portent toujours sur eux un pistolet complémentaire.)

Il s'avança vers la porte d'entrée, accompagné de la jeune femme, elle-même armée d'un flambeau en simili-bronze :

– Qui est là ? Qui est là ?

Personne, comme de juste, ne répondit.

Ils insistèrent.

– Est-ce qu'il y a quelqu'un qui est là ? derrière cette porte ?

Le nommé Peau de Balle s'obstina dans son silence à la Mæterlinck. (Il jouait sans doute le rôle de l'*Homme qui ne dit pas qu'il est là.*)

Ils se rassurèrent alors : quelqu'un de la maison, sans doute, s'était trompé de porte.

Et ils reprirent leurs ébats.

Moi, alors, nouveau coup de sonnette.

Eux, seconde et, plus effroyable encore, terreur.

J'*entendis* nettement leur lividité croissante.

Et pour en finir à jamais avec la magistrature de mon pays, je me saisis d'un balai.

Pas un de ces balais qui servent aux sorcières à se rendre au sabbat...

Mais un de ces balais en forme de T, tout à fait propres à heurter un point situé hors de votre portée et sur votre plan.

Pan, pan, pan.

Trois coups frappés, la nuit, sur une persienne d'un cinquième étage d'une maison sans balcon ! Mystère ! Horreur !

À peu près certain que ces personnalités sans mandat ne dormi-raient plus de la nuit, moi je goûtai un repos bien mérité.

Le lendemain matin, l'homme donnait congé de son appartement.

Et, peu après, la petite femme épousait un brave commerçant du quartier.

Le préfet mal reçu

Très fatigué par cette journée de chemin de fer et ces deux heures de voiture, j'avais demandé en grâce à nos hôtes qu'on me laissât aller coucher tout de suite après dîner.

Pas plus tôt ma bougie éteinte je m'endormis à tour de bras.

Mais pas pour longtemps, hélas ! car bientôt des cris m'arrachaient à mon sommeil de brute avinée.

Je dis des *cris* : ce n'est pas le mot exact ; des appels, serait plus juste.

Il y avait, non loin, des gens qui appelaient d'autres gens, et ces autres gens ne répondaient pas :

– Théodore !... Alexandrine !... Alfred !... Pierre !... Élisa !...

À en juger par le timbre différent des voix, chaque personne appelait une personne différente, chacune à son tour, avec un petit temps d'arrêt entre chaque appel.

Tout à coup, comme atteinte d'une soudaine folie, une de ces personnes cria très fort et en scandant soigneusement chaque mot :

– Garçon !... un bock !... Bien tiré... sans faux col !

Et toute la troupe d'éclater de rire !

Dès lors, ce fut du délire ; ces gens entrèrent à bride abattue dans le domaine de l'incohérence.

J'entendis successivement interpeller Félix Faure, Sarah Bernhardt, Léon XIII, Caran d'Ache, etc., etc., etc., le tout sans préjudice pour diverses clameurs absolument imprévues, comme : As-tu vu la lune ?... Ohé ! Lambert !... Et ta sœur !

Voilà, pensais-je, une potée d'individus bien étranges ! Et quelle curieuse occupation, à dix heures du soir, d'interpeller le Président de la République française ou le chef vénéré de la chrétienté, alors que ces deux personnages sont, l'un au *Jardin de Paris*, l'autre au Vatican, si loin de ces imbéciles clameurs !

Il se fit une courte trêve ; après quoi tous ces fous – car, décidément, c'étaient bien des aliénés qui s'esbattaient ainsi – unirent leurs efforts pour proférer un énorme cri collectif de : *Vive la République !*

Et puis, tout rentra dans le silence !

J'en conclus qu'un gardien intervenu avait invité MM. les déments à aller se coucher !

Je ne fus pas long à me rendormir.

Le lendemain, dès le petit matin, mon hôte ouvrant la fenêtre inondait ma chambre de lumière, d'air, de parfums de fleurs et de chants d'oiseaux.

– Allons, lève-toi, grand feignant ! Tu n'es pas honteux d'être encore au lit à sept heures du matin !

Je n'étais pas honteux le moins du monde, mais je fis semblant d'être confus pour faire plaisir à mon ami.

– As-tu bien dormi au moins ? s'informa-t-il.

– Comme le peintre Luigi Loir lui-même ! Mais tu ne m'avais pas dit que ta propriété se voisinait d'une *loufock-house* ?

– D'une *loufock-house* ?

– Oui, d'une maison de fous, si tu préfères.

– Je ne comprends pas.

– Comment, tu n'as pas entendu, hier soir, tous ces insanes qui vociféraient : *Félix Faure ! Et ta sœur ! Caran d'Ache ! As-tu vu la lune ?* Qu'est-ce que c'est que tout ça ?

Mon ami se tenait les côtes.

– Alors, tu as cru que c'étaient des fous ? rassure-toi, ce ne sont que des imbéciles ! Je te les montrerai tout à l'heure.

Et j'appris que les vociférations de la veille se rapportaient tout simplement à un écho, un magnifique écho renvoyant très nettement les trois dernières syllabes des mots prononcés devant lui.

– L'écho du major Chipoteau, me dit mon ami, est célèbre dans la contrée. Pas de soir, où après dîner, les gens du pays ne viennent se faire répéter les trois dernières syllabes de leurs hurlements idiots ! Ah ! il peut se vanter de me raser, le major Chipoteau, avec son écho, ou plutôt avec *mon écho*. Car, en somme, c'est *mon écho*, cet écho-là, puisque c'est le mur de ma remise qui sert de réflecteur à la voix des Chipoteau !

– Qui est ce major Chipoteau ?

– Un ancien huissier de Melun qui se fait appeler *major* parce qu'il est capitaine dans la territoriale.

Et mon ami, arborant soudain une physionomie de ferveur extatique, dit d'une voix ardente cette prière :

« *Dieu des armées ! Si l'heure bénie sonne des revanches, faites que je n'aie point à combattre dans la phalange de cette andouille !* »

Précisément, ce jour-là, le major Chipoteau était en proie à une activité fébrile.

On inaugurait le lendemain, sur la grand-place de la commune, une statue érigée en l'honneur de l'illustre feu Louis-Victor Pétrousquin, un enfant du pays.

Le préfet avait promis de descendre chez Chipoteau, rapport aux opinions cléricales et monarchistes du maire.

Et Chipoteau préparait une réception digne de M. le préfet, duquel il attendait la croix pour le 14 juillet.

« *Chipoteau, capitaine de l'armée territoriale, chevalier de la Légion d'honneur !* » Ah ! dame, ce ne serait pas de la petite bière.

L'ancien huissier en bombait déjà sa vaillante poitrine.

Tout se passa à merveille jusqu'au soir.

L'illustre Pétrousquin se vit glorieusement inauguré dans son bronze commémoratif.

Des discours furent prononcés, comme s'il en pleuvait.

Le préfet parla de la République et Chipoteau de la France !

Et tout le monde officiel s'en alla dîner.

– Chez Chipoteau, bien entendu.

Pendant le dîner, il y eut quelques personnes qui ne perdirent pas leur temps, dans la propriété voisine.

Une idée diabolique nous était venue.

– Certainement, nous disions-nous, Chipoteau ne manquera pas, après dîner, de montrer son écho au préfet. Or, cet écho dépend de nous, puisque c'est sur le mur de notre remise que se réfléchit le son des Chipoteau... Si on démolissait la remise, pendant qu'ils dînent ? Non, ce serait une blague un peu hors de prix !... Mais sans démolir la remise, si on rendait le mur impropre à réfléchir le son ?...

Comment cela ? Oh ! bien simple ! En le capitonnant de bottes de foin... C'est ça ! Allons-y gaiement.

Nous y allâmes si gaiement, qu'en moins d'une heure toute la surface du mur réflecteur se trouvait bardée de bottes de foin.

Et quand, sur le coup de dix heures, le major Chipoteau amena M. le préfet au bon endroit et le pria d'appeler bien distinctement : *Écho !* ledit écho répondit non moins distinctement : *M... pour la République !*

Le major Chipoteau ne sera pas encore décoré cette année.

La vaniteuse localité

– Mais enfin, mille tonnerres de cré tonnerre, vous commencez à me raser, avec vos grands hommes !... Est-ce ma faute, à moi, s'il n'est jamais né le moindre grand homme dans notre pays !

Et, furieux, monsieur le maire frappait à coups redoublés le drap vert de la table.

Cela se passait à une séance du Conseil municipal de Bizemoy-sur-Loreille.

Quelques édiles s'étaient mis en tête d'ériger sur la principale place de Bizemoy une statue, ou tout au moins un fort buste.

D'autres, peu exigeants, se seraient, à la rigueur, contentés d'une bonne plaque commémorative.

On avait mis M. le maire en demeure de découvrir un grand homme né natif de Bizemoy-sur-Loreille, mais M. le maire n'avait rien trouvé du tout.

– Vous ne me ferez pas croire, s'écria un des plus farouches conseillers, qu'il n'est pas né un seul grand homme à Bizemoy depuis le treizième siècle ! Car, enfin, Bizemoy date du treizième siècle ! Et même, notre ville avait une certaine importance avant la Révolution.

– Je ne vous dis pas, ripostait le pauvre maître ; mais, moi, je ne connais aucun grand homme né chez nous, et j'avoue ne pas m'en désoler autrement. Une ville peut très bien se passer de statues.

– De statues, peut-être, mais de plaques commémoratives ! Il m'est pénible, à moi, citoyen de Bizemoy-sur-Loreille, de penser que ma localité ne possède même pas une plaque commémorative, une de ces plaques comme on en rencontre parfois sur des maisons dans de petites bourgades de sept ou huit cents habitants !

– C'est, en effet, intolérable ! appuya la majorité turbulente du Conseil.

– Si on fouillait dans les archives, peut-être trouverait-on un bonhomme du temps passé, digne de bronze ou de marbre !

– C'est une idée.

Le secrétaire de la mairie fut chargé de cette recherche, à laquelle il travailla un long mois.

Finalement, il dut avouer son insuccès.

Le seul personnage vaguement notoire originaire de Bizemoy était un nommé Poncelet, qui fut gouverneur de Carcassonne sous Henri IV.

Malheureusement, ce personnage ayant un beau jour livré la ville à l'armée belge (contre une petite somme d'argent), peut-être ne convenait-il pas de perpétuer la mémoire de ce gentleman dont, d'ailleurs, la femme avait eu une fâcheuse tendance à se mêler de ce qui ne la regardait pas.

La population de Bizemoy-sur-Loreille fut atterrée : pas même une plaque commémorative à coller quelque part !

À la suivante séance du Conseil, un édile se leva, grave, et proposa :

– Messieurs, voulez-vous vous en rapporter à moi ? Notre vaillante petite cité aura sa plaque tout comme une autre, et nous l'inaugurerons dimanche, pas plus tard !

On convint de s'en rapporter au mystérieux édile – il paraissait si sûr de lui ! – et d'attendre au dimanche suivant.

À Bizemoy-sur-Loreille, vivait, en une coquette petite maison de la rue Saint-Michel, un vieux général de brigade en retraite, le général Dumachin (Jean-Baptiste-Auguste), un de ces héroïques débris qui, à l'instar du colonel Ramollot, ne se consolent pas de voir le gouvernement s'obstiner à recruter l'armée dans le civil.

Ce vieux brave était venu là vivre tranquillement de sa retraite.

Or, le dimanche suivant, vers six heures de l'après-midi, comme il revenait de la chasse chez des amis, le général Dumachin vit un grand attroupement autour de sa demeure.

Le maire en écharpe et les autorités semblaient l'attendre.

Dès qu'il parut, la fanfare municipale déchira l'air d'une vigoureuse *Marseillaise*.

La foule s'écarta, respectueuse.

Et le maire, sans un mot, mais avec une émotion visible, dirigea, de son doigt tendu, le regard du général vers une plaque de marbre fraîchement vissée au-dessus de la porte.

Lapidaire et d'or, l'inscription disait :

C'EST DANS CETTE MAISON

QVE MOVRRA

NOTRE ILLVSTRE COMPATRIOTE

DVMACHIN (JEAN-BAPTISTE-AVGVSTE)

GÉNÉRAL FRANÇAIS

Dumachin (Jean-Baptiste-Auguste), général français, la trouva plutôt mauvaise, et je ne compte étonner personne en annonçant que sa coquette petite maison de la rue Saint-Michel est à vendre présentement, sans la plaque.

Canard en wagon

Dans le compartiment où nous montâmes, à Rouen, un monsieur se trouvait déjà installé. Cet homme, arrivant sans doute du Havre, dormait d'un bon sommeil que je devinai – j'en ai tant vu – un bon sommeil de pochard ayant bu, plus copieusement qu'il n'était utile, à la santé de la nouvelle année.

En face de lui, un superbe épagneul, allongé confortablement sur les coussins de la Compagnie, dormait aussi.

La fermeture un peu brusque de la porte réveilla les deux voyageurs.

L'être humain sursauta, frotta ses yeux, regarda autour de lui d'un œil effaré, rassembla ses souvenirs, débrouilla la réalité et, satisfait, se rassit.

Un bon sourire d'heureux poivrot lui plissa les yeux et il nous salua d'une voix enrouée :

– Madame, monsieur, soyez les bienvenus dans cette enceinte, si j'ose m'exprimer ainsi.

Alors, il vit son épagneul et feignit de l'indignation à le voir si luxueusement couché.

– Je t'en prie, Canard, ne te gêne pas ! Mets-toi bien à ton aise ! Veux-tu un oreiller, une couverture ?

Canard ne daigna point répondre à ces ironies. Ayant sans doute assez dormi, il modifia légèrement son attitude dans le sens de la position du chien assis.

Le monsieur intempérant continua à se moquer.

– Ah ! monsieur Canard voyage en première ! Monsieur Canard est donc bien riche ! Montrez-moi votre ticket, monsieur Canard.

Mais M. Canard persévérait dans son mépris pour les propos du maître.

Peut-être le savait-il en ébriété.

Le pochard se tourna vers nous et s'informa poliment si la présence de son épagneul ne nous incommodait pas.

– Pas le moins du monde ! fûmes-nous unanimes à répondre.

– C'est que rien ne serait plus simple de le faire descendre. Il est habitué à suivre les voitures.

– Les voitures, peut-être, mais les rapides ?

– Les rapides ? Pfttt ! Ah ! on voit bien que vous ne connaissez pas Canard ! Canard suit les rapides en se jouant et en butinant comme les abeilles.

– Tous nos compliments !

– N'est-ce pas, mon vieux Canard, que tu suis un rapide, sans te presser, en cueillant des petites fleurs dans les champs pour ton bon mémaître ?

Canard répondit par quelques *ouah ! ouah !* sympathiques.

Le maître de Canard sortit une pipe de son étui.

C'était une longue pipe en terre, infiniment jolie de forme, mais d'une gracilité inquiétante, à la voir entre les mains d'un homme qui a bu !

La tenant par l'extrême bout du tuyau, il la tapotait sur la paume de sa main pour en extirper de petits corps étrangers qui ne s'y trouvaient, d'ailleurs, pas.

Il tapotait, il tapotait de plus en plus fort.

S'inclinant vers son chien :

– La fumée de la pipe n'incommode pas monsieur Canard ?... Monsieur Canard ne répond pas ?... C'est que monsieur Canard m'autorise à fumer.

L'homme continuait à tapoter sa pipe.

– Hein ! mon vieux Canard, toi aussi, tu voudrais fumer une bonne pipe, dis ? Mais tu ne fumeras rien du tout, tu entends, rien du tout ! Voilà ce que tu fumeras ! Rien du tout !... Qu'est-ce que diraient Madame et Monsieur en voyant un chien fumer la pipe en chemin de fer ! C'est à peine si Madame et Monsieur veulent bien m'autoriser à fumer, moi, qui suis un électeur ! N'est-ce pas, Madame, n'est-ce pas, Monsieur ?

– Mais, comment donc ?

Ce que nous prévoyions arriva : la pipe, trop énergiquement tapotée, se cassa en deux morceaux, le tuyau d'un côté, le fourneau de l'autre.

Le pauvre monsieur poivrot contempla le désastre d'un air stupéfié, puis ses yeux se portèrent sur le nommé Canard.

– Ah ! tu ris, toi, espèce de cochon de Canard ! Ne pouvant fumer toi-même, ça te fait rigoler que je ne fume pas non plus ! (*S'adressant à nous.*) Regardez-le ! Est-il permis de se f... du monde à ce point-là ?

Le fait est que Canard avait positivement l'air de rire.

Ses lèvres, en manifestation de gaieté, se retroussaient aux commissures : Canard rigolait comme une baleine.

– Canard, mon petit Canard, si tu continues à te f... de moi, je te jure que ça va tourner mal !

Canard se dressa sur ses quatre pattes et secoua ses puces.

La fureur de l'autre ne connut plus de bornes.

Il ouvrit la porte du wagon, et d'un coup de pied dans le derrière, invita poliment l'épagneul à se retirer.

Canard roula sur la voie, mais la pauvre bête, à notre grand soulagement, se releva tout de suite et se mit à nous galoper parallèlement.

Au bout d'une minute, nous l'avions perdu de vue.

Le pochard prenait maintenant une figure de justicier.

– J'adore Canard, nous déclara-t-il, mais je ne supporterai jamais qu'il se f... de moi devant le monde, comme il vient de le faire !

– Pauvre bête !

– Je lui en ficherai, moi, des *pauvres bêtes !* Et puis, vous savez, s'il se permet de rentrer à la maison avant moi, je lui casserai les reins à coups de parapluie.

En arrivant à la gare Saint-Lazare, l'homme sauta vivement sur le trottoir, et quand nous sortîmes, nous l'entendions encore appeler :

– Pstt ! Canard ! Canard ! come along Canard !

Santa Clau's mistake

Je viens de lire dans un vieux Magazine américain un conte de Noël qui m'a paru tout à fait charmant. Je vais vous le dire à mon tour, pour voir si vous serez du même avis :

Il y avait une fois un bon vieux bonhomme d'environ quatre-vingt-dix ans.

C'était un ancien marin qui était mousse au temps où l'on fit la guerre de l'Indépendance.

Perclus de rhumatismes et de douleurs goutteuses, le pauvre vieux homme se sentait mûr pour la tombe et le repos céleste.

Malgré son âge et ses infirmités, il n'avait pas renoncé aux bonnes plaisanteries.

La veille de Noël, il mit son soulier dans la cheminée, pour voir.

À la porte voisine, demeurait la plus délicieuse jeune fille qui se puisse rêver.

Pleine de vie et d'allégresse, elle n'avait encore vu fleurir que seize printemps.

Sa figure, ses yeux, ses cheveux, sa bouche, sa taille, ses pieds, rien en elle qui ne fût la grâce même et la perfection !

Toute rose d'espérance et de joie, elle mit, la veille de Noël, son soulier dans la cheminée, pour voir.

Le matin de Noël, le vieux bonhomme trouva dans la cheminée une foule de boîtes et de paquets soigneusement ficelés.

Quand il eut déballé tous ces objets, il essuya ses lunettes plus de mille fois, et à la fin, il éclata de rire, pensant qu'il rêvait.

Voici ce qu'il y avait dans les boîtes et dans les paquets :

Des peignes en écaille, des épingles à cheveux, des bracelets, des bagues, des colliers, des boucles d'oreilles, des jarretières, des gants, des robes de toutes les couleurs, un chapeau avec un petit oiseau dessus, un chapeau avec des rubans, un chapeau avec des fleurs, des éventails, un nécessaire de toilette, des souliers de bal en satin, des corsets (*oh ! cette taille !*), des ombrelles, des bas de soie, une foule de flacons de parfumerie, deux manchons, plus de vingt livres de confitures, un toutou havanais et quantité d'autres objets de même nature qu'il serait fastidieux d'énumérer.

L'ancien marin essuya ses lunettes encore une fois et fit cette réflexion :

– Quelle singulière aventure ! Et quels drôles d'objets pour un vieux bonhomme comme moi, si près de la tombe !... Pour sûr, et j'en suis effrayé, le père Noël a bu un petit coup de trop cette nuit !

Le matin de Noël, la jolie fillette trouva dans la cheminée une foule de boîtes et de paquets soigneusement ficelés.

Quand elle eut déballé tous ces objets, elle frotta ses jolis grands yeux plus de mille fois, et, à la fin, elle éclata de rire, pensant qu'elle rêvait.

Voici ce qu'il y avait dans les boîtes et dans les paquets :

Deux paires de bésicles en or, six gros cache-nez de laine, deux tabatières, douze pipes, trois livres de tabac à priser et six livres de tabac à fumer, une douzaine de bonnets de coton, une chancelière, une boîte de rasoirs avec tout ce qu'il faut pour se faire la barbe, trois bonnes et solides cannes, un livre de prières imprimé en gros caractères, tout un assortiment de bonnes vieilles liqueurs hollandaises d'Erven Lucas Bols, et quantité d'autres objets qu'il serait fastidieux d'énumérer.

La jolie fillette se frotta les yeux encore une fois et fit cette réflexion :

– Quelle singulière aventure ! Et les drôles d'objets pour une petite fleur des champs comme moi ! Sans doute, papa Noël a cru que c'était aujourd'hui 1er avril !

La nuit passée, le père Noël s'aperçut de son erreur.

Alors, il se mit à rire, à rire, à rire, d'un rire qui lui secouait tout le corps.

Il en était malade !

Mais, le soir, quand le vieux marin rentra dans sa chambre et qu'il aperçut le changement opéré, son esprit fut frappé de surprise, de joie, et aussi, un peu de mélancolie.

Après dîner, quand la charmante fillette rentra dans sa chambre, pas un paquet de pétards au monde n'aurait produit un fracas comparable à l'explosion de ses cris de joie et de surprise.

Et maintenant, quand le vieux bonhomme se rappelle son aventure, les idées sont très embrouillées, et il se demande si ce n'est pas lui qui avait bu un petit coup de trop, ce jour-là.

Quant à la fillette, ses idées aussi sont très embrouillées.

Elle croit qu'elle a rêvé, la jolie petite Daisy ; mais elle n'en est pas bien sûre.

Misères

Depuis quelque temps, on n'entend parler que de malheurs.

Jetez les yeux autour de vous et un long cortège de misères vous apparaîtra, douloureux, insecourable, hélas !

Pour ma part, deux de mes amis viennent d'être ruinés de fond en comble.

Le premier, un nommé Anatole, avait placé toute sa fortune dans la *Société Générale des Moteurs à eau de mélisse pour voitures de culs-de-jatte*.

La faillite de cette Compagnie réduit Anatole à la plus affreuse indigence.

Mon autre ami, un nommé Gustave, a reçu, ce matin même, du Spitzberg, une dépêche qui lui annonce sa déconfiture intégrale.

Les immenses plantations de lichens qu'il possédait dans ce pays ont été complètement détruites, brûlées par la terrible lune rousse qui a sévi dans la nuit du 15 au 16 décembre, et dont le souvenir est présent à la mémoire des agriculteurs. Tout est à replanter !

Or, le lichen met au moins dix ans avant de rapporter le plus mince profit.

D'ici là, que voulez-vous qu'il fasse, mon pauvre ami Gustave ? je vous le demande un peu, que voulez-vous qu'il fasse ?

Ces deux catastrophes, survenues dans mon entourage, ont assombri mon caractère d'habitude plutôt enjoué.

Mais, soyons un homme, et sachons nous raidir contre l'adversité !

Envolez-vous, *blue devils*, et allez retrouver le Grand Diable, votre maître !

Aussi bien, les gens ne sont pas si malheureux que ça.

Ils ont l'air malheureux, mais quand on va au fond des choses, on s'aperçoit qu'ils sont plus riches que vous.

Témoin ce monsieur qui achetait, hier soir, le *Temps* en même *idem* que moi.

Il explora longuement ses poches et n'y trouva point les quinze centimes exigés par M. Hébrard, pour la livraison de son vespéral organe.

Tristement, le monsieur remit le *Temps* où il l'avait pris, s'excusant auprès de la dame du kiosque :

– Excusez-moi, madame, je n'ai pas d'argent.

Comme ce monsieur avait toutes les allures du véritable gentleman, et aussi une belle jaquette neuve, et aussi de belles bottines laquées, et aussi un beau chapeau bien luisant, je ne crus pas me risquer trop en lui proposant le prêt de ces quinze centimes.

Il accepta, me demanda ma carte en vue d'une prochaine restitution. (Comme je n'avais pas de cartes à moi, je lui remis celle de Raoul Ponchon, qui fera une drôle de tête en recevant ces trois sous. Mais cela n'a aucun rapport avec mon récit.)

Le gentleman semblait littéralement foudroyé par le destin.

– Ah ! c'est bien triste, allez, monsieur, de se trouver dans Paris sans un sou !... J'ai froid, et rien pour me couvrir !... j'ai soif, et rien pour m'abreuver !... j'ai faim, et je ne sais pas où je dînerai ce soir !... Et où coucherai-je, cette nuit !

Comment diable un monsieur si bien mis en était-il venu à telle pénurie ?

Ma nature pitoyable ne manqua pas cette belle occasion de se manifester.

– Monsieur, lui dis-je, je ne suis pas bien riche, mais si je puis vous être utile en quelque chose ?

– Utile... en... en quoi ?

– Si une petite somme...

– Merci bien ! j'ai oublié chez moi mon porte-monnaie, mais si je veux de l'argent, je n'ai qu'à monter à mon cercle.

– Vous disiez tout à l'heure que vous ne saviez pas où dîner.

– Je ne sais pas où dîner, parce que je suis invité dans trois maisons différentes.

– Vous prétendiez avoir froid et ne savoir comment vous couvrir.

– J'ai eu l'imprudence de sortir sans pardessus.

– Vous avez soif ! disiez-vous !

– Horriblement soif ! Et, au lieu d'argent, vous feriez bien mieux de m'offrir un bock.

Je fus tout de même un peu vexé de voir que ce gentleman s'était payé ma tête.

Pour arriver

Un vieux clerc d'huissier, poète mort jeune, et revenu de tout – même de Paris – lui avait donné cette expérimentale et précieuse indication :

– Mon petit ami, tu vas à Paris faire de la littérature, parfait ! Que tu aies du talent ou pas de talent, c'est *kif kif bourrico*, comme dit Sarcey. Pour arriver, faut du culot, des relations et de la publicité. Du culot, ça te viendra tout seul. Des relations, tu t'en feras par les demoiselles d'abord, par les dames ensuite : tu es assez joli garçon et assez roublard pour ça. Quant à la publicité, ne compte pas sur les autres. Fais-la toi-même, ta publicité. Arrange-toi pour faire imprimer ton nom dans les journaux tout le temps, tout le temps, à propos de bottes, à propos de demi-bottes, à propos de savates, à propos de rien du tout... Encore une petite absinthe, veux-tu ?

Le jeune homme accepta... de commander une nouvelle absinthe pour son ami le vieux clerc d'huissier qui connaissait si bien le Paris des Lettres et des Arts.

Le lendemain, notre jouvenceau, à bord d'une confortable troisième classe d'un excellent train omnibus, cinglait vers la capitale.

Bien décidé à mettre en pratique les conseils du sous-officier ministériel, il s'affubla, dès les premiers jours, d'un aplomb ineffable.

Des relations, il s'en créa d'une façon fort intelligente, ma foi, mais dont la description déborderait le mince cadre où je dois me confiner.

Quant à la publicité, il la pratiqua d'une manière à la fois fort ingénieuse et terriblement encombrante.

« *Avoir son nom imprimé dans les journaux, tout le temps, tout le temps, à propos de bottes, à propos de demi-bottes, à propos de savates, à propos de rien du tout !* » Telle fut sa bien arrêtée devise.

Quelques jours après son arrivée à Paris, il lut dans les journaux qu'un cambrioleur avait dévasté une chambre de bonne dans la rue Paul-Hervieu. Fort heureusement, ajoutait le fait divers, le concierge eut le temps de fermer sa porte et le larron fut arrêté par deux gardiens de la paix qui se trouvaient là par le plus grand des hasards. Ce malfaiteur était un nommé Durand, déjà condamné pour nombreux méfaits et recherché par la police.

Notre nourrisson des Muses, qui s'appelait – j'ai oublié de le dire – César Durand (où avais-je la tête ?) se frappa le front d'un doigt génial et écrivit ce billet, qu'il recopia sur une trentaine de feuilles de papier et qu'il adressa à une trentaine de journaux :

« Monsieur le rédacteur,

» Vous racontiez, hier, dans votre estimable journal, qu'un nommé Durand venait d'être arrêté au moment où il dévalisait une chambre de bonne dans une maison de la rue Paul-Hervieu ; voulez-vous avoir l'obligeance de rassurer ma famille et mes amis en annonçant que je n'ai rien de commun avec ce regrettable anonyme ?

» Veuillez agréer, monsieur le rédacteur, etc., etc.

» CÉSAR DURAND,

» *Homme de lettres.* »

Cette rectification passa, comme une lettre à la poste, dans une vingtaine de journaux parisiens.

Certains organes même tinrent à agrémenter la communication de quelques lignes confraternelles et aimables pour le jeune César Durand.

Un tel début l'encouragea.

Plus jamais, on n'imprima dans les feuilles le nom de Durand, sans qu'une rectification signée César Durand ne parût le lendemain même.

Il s'enhardit.

Un jour, les journaux annoncèrent qu'on avait assassiné, à Saint-Ouen, un vieux brocanteur dont on ne connaissait que le sobriquet *Coco*.

Vite, César Durand prit sa plume et conjura les gazettes de rassurer sa famille et ses amis en affirmant que la victime n'avait rien de commun avec lui, confusion possible, car lui aussi avait porté le sobriquet de *Coco* au lycée, et encore maintenant ses petits-neveux ne l'appelaient que l'*oncle Coco*.

Cette communication ne rencontra l'hospitalité que dans de vagues organes peu encombrés et encore moins lus.

Beaucoup de secrétaires de rédaction commençaient à avoir soupé des petits billets de César Durand.

César Durand se rabattit sur les échos de théâtre.

Chaque fois qu'au courrier des théâtres on annonçait qu'un directeur venait de recevoir *Chose*, une pièce en trois actes de M. Machin, César Durand protestait avec la plus sombre énergie.

Lui aussi avait dans ses cartons une pièce en trois actes, intitulée *Chose*. Certes, il ne doutait pas de la bonne foi de M. Machin, mais il tenait à réclamer la priorité de ce titre arrêté depuis plus de trois ans.

Dans cette voie, César Durand alla un peu loin, et le billet qu'il vient d'adresser à MM. les courriéristes théâtraux pourrait bien lui clore à jamais cette inoffensive publicité.

Un journal, ces jours-ci, insérait cette petite note :

« M. Sardou travaille en ce moment à une pièce à grand spectacle qui sera donnée cet hiver. Le sujet de cette pièce est encore tenu secret ainsi que le théâtre auquel elle est destinée. Quant au titre, rien n'est encore décidé. »

César Durand ne pouvait point laisser passer une si belle occasion :

« Monsieur le rédacteur,

» Vous publiez dans vos colonnes l'écho suivant : *M. Sardou travaille...* etc., etc.

» Or, par une rencontre de circonstances où je ne veux voir qu'une coïncidence (assez bizarre, avouez-le), je travaille moi-même à une pièce à grand spectacle. Le sujet de cette pièce est encore tenu secret, ainsi que le théâtre auquel elle est destinée ; quant au titre, rien n'est encore décidé.

» Je ne veux pas recommencer un procès fait souvent à M. Sardou ; mais, pour tout homme loyal, il y a, cette fois, autre chose qu'un hasard fortuit.

» J'attends sans crainte la réponse de M. Sardou.

» Veuillez agréer, mon cher confrère, etc.

» CÉSAR DURAND,

» *Auteur dramatique.* »

Hélas ! les chers confrères furent rebelles à la protestation de César Durand, auteur dramatique.

Ils la jugèrent insuffisamment fondée et ne l'insérèrent pas.

César Durand cherche un autre truc.

Un véritable explorateur

Ce jour-là, certes, il faisait froid – et je ne serai pas assez idiot pour prétendre le contraire – il faisait froid, un de ces braves petits froids secs qui vous ont un léger goût de pierre à fusil et qui font dire au monde que, *si ça continue*, on devra se vêtir plus chaudement.

Encore une fois, il faisait froid, mais – nom d'un chien ! pas assez froid pour nécessiter cette lourde houppelande longue jusqu'aux pieds, ce bonnet d'astrakan, ces bottes fourrées et ces gants de renard bleu.

Plus je me moquais de sa tenue quasi-polaire, plus cet imbécile semblait s'y complaire.

Il se mirait dans la glace, ajustait son col, tirait ses manches et, d'un coup de poing, rectifiait l'économie de son bonnet.

Très agacé de ce manège, j'en arrivai à lui dire des choses plus déplaisantes que ne comportait la situation.

Il riposta aigrement.

Je maintins mes acrimonies.

Et il me tendit sa carte :

Pascal Lagneau

EXPLORATEUR

Nouvelle-Zemble.

Pascal Lagneau, explorateur !

Si je ne suis pas mort de rire en lisant ces mots, c'est que ma destinée n'implique pas la mort par le rire.

À vous, ça ne paraît pas drôle, parce que vous ne connaissez pas Pascal Lagneau ; mais, pour moi, qui l'ai connu pas plus haut que ça, la chose comportait un irrésistible comique.

Pascal Lagneau (entre mille autres détails typiques) vint s'installer à Paris dans les environs de 1878.

Depuis ce moment, il ne quitta plus la capitale qu'une fois par an, au moment des courses de Trouville, et encore c'était pour aller à Bougival.

Et c'est ce monsieur qui tendait sa carte avec la qualité d'explorateur à la Nouvelle-Zemble !

Avec énormément de dignité, je lui rendis son carton, le flagellant de ces paroles vengeresses comme des lanières :

– Mon ami, vous êtes un farceur !

Alors, sans raison apparente (je dis *apparente*, car, vraiment, il n'avait pas l'air plus gris que vous ou moi), le voilà qui fondit en larmes, me serra sur son cœur et m'entraîna dehors.

– Viens, gloussait-il, je vais tout te dire. Toi... *toi...* TOI... tu me comprendras !

Nous entrâmes au *New old Bar* qui, par bonheur, se trouvait à un quart de portée de fusil, et j'appris, longuement contée en de diffus propos, l'histoire suivante :

Pascal est, à l'heure qu'il est, du dernier bien avec une petite femme mariée que son mari – un sale type – fait étroitement surveiller, bien qu'ils soient, tous les deux, en instance de divorce.

Jusqu'à présent, la pauvre petite créature a tous les droits pour elle, mais dame ! si on la pinçait en flagrant délit avec un quidam, les choses procédurières prendraient pour elle un autre reflet, sans doute.

« *Évitons le flagrant délit !* » telle est la devise de nos deux tourtereaux.

À ce but, le brave Pascal imagine un radieux truc qui diminue, en de fortes proportions, les chances de pinçage.

C'est son susdécrit costume d'explorateur. Oyez-en l'avantage !

Alors, qu'il est vêtu d'une seule chemise et que l'arrache à ses occupations l'indiscret toc-toc du commissaire et du mari, Pascal Lagneau peut, en costume d'explorateur, ouvrir lui-même la porte à ces messieurs, moins de *dix* secondes après la sommation, battant ainsi de *cinq* secondes le record des pompiers de Montréal (en d'autres circonstances, il est vrai).

Les bottes, la houppelande à laquelle attiennent les gants, et le bonnet, tout cet attirait est chaussé, enfilé, coiffé en *dix* secondes !

Toujours le sourire sur les lèvres, Pascal Lagneau reçoit le commissaire sceptique et le grincheux mari.

De la meilleure grâce du monde, il leur offre sa carte, leur confie qu'il n'a pas voulu s'embarquer pour les régions polaires sans avoir présenté ses devoirs respectueux à la petite madame.

Et le tour est joué !

Le commissaire, toujours sceptique, le mari plus grincheux encore, n'ont plus qu'à se retirer.

Et mon ami Pascal n'a plus, comme disait cette vieille canaille de père Thiers, qu'à reprendre ses chères études.

Le coup du Larousse

Mon nouvel appartement se trouvant un peu loin de la Bibliothèque nationale, où m'appelle la journalière documentation de mes chroniques si substantielles, j'ai dû me résoudre à acheter un Larousse, un de ces braves Larousse qui donnent au plus induré crétin les airs malins de l'omniscient.

(Vous ne me verrez plus que rarement dans votre hall, ami Louis Denise, érudit bibliothécaire et charmant camarade !)

Ce Larousse, dont la masse imposante s'étale au bas de mon fort joli buffet Louis XIII, converti *ad hoc*, me rappelle d'autres Larousse qu'au temps de ma jeunesse j'acquis dans des conditions exceptionnelles de désordre financier.

Je ne sais pas si les choses, au quartier Latin d'aujourd'hui, se passent encore ainsi : mais, quand notre budget frisait l'imminente catastrophe, nous faisions le *coup du Larousse*.

Nous achetions à des gens dont c'était le métier la Grande Encyclopédie.

Nous l'échangions contre vingt billets mensuels de 30 fr., soit 600 fr., et nous étions bien heureux de revendre notre ouvrage 300 fr.

Comme placement de père de famille, c'était plutôt contestable, mais palper 300 fr. d'un coup, ô délire !

Mon fournisseur à moi était un abominable vieux bouquiniste de la rue Saint-Séverin qui se chargeait, du même coup, de me vendre le Larousse et de me trouver un acheteur le lendemain même.

J'aimais assez cette simplication transactionnelle.

Or, il arriva qu'un jour j'achetai un Larousse chez ce sordide vieillard, que je lui signai immédiatement ses vingt billets, et qu'il me livra *illico* le gros ballot de forte toile où s'enfermait le Larousse.

J'avais, en outre, sa parole que mon acquisition trouverait preneur le lendemain ou, au plus tard, le surlendemain.

Le soir même, comme je parlais de l'affaire devant des amis, un étudiant riche me proposa de lui céder mon Larousse pour 400 fr.

Pensez si je topai ! En un clin d'œil les 400 fr. furent dans ma poche, et le ballot au sein du coquet petit appartement de mon ami, l'étudiant riche.

Par pure complaisance, je passai chez le bouquiniste :

– Ne vous occupez pas, lui dis-je, de me chercher quelqu'un pour mon Larousse… je l'ai vendu.

– Vous… l'avez… vendu ?

– Je l'ai vendu à un de mes amis.

– Vendu ?

– Vendu et livré.

– Livré !

Je crus que le vieux allait s'évanouir. Sa physionomie, ordinairement terreuse, passait maintenant au vert sale.

C'était dégoûtant, mais effroyable ! Bientôt, il reprit ses sens.

– Courez vite chez votre ami, râla-t-il, reprenez le ballot !… Peut-être ne l'a-t-il pas encore ouvert… Et rapportez-le-moi tout de suite ! Allez vite… Prenez une voiture à mon compte !

Il fallait que la situation fût grave pour que ce rapiat parlât de payer une voiture.

Sans rien comprendre, j'obéis.

Mon ami, l'étudiant riche, me reçut froidement :

– Je comprends toutes les plaisanteries, dit-il, mais, vraiment, celle-là dépasse les limites assignées par le simple bon goût.

Du doigt, il me montrait le ballot éventré, et, au lieu du Larousse promis, je ne sais quels innommables *in-quarto* dont la valeur intrinsèque atteignait à peine celle du vieux papier.

Je compris tout.

Le vieillard de la rue Saint-Séverin m'avait vendu un Larousse factice, dont le racheteur factice n'était autre que lui-même.

Canaille, va !

À cette époque, je jouissais d'un caractère emporté.

Je ne perdis point une si belle occasion de gueuler comme toute une ralinguée de putois.

Ah ! le pauvre vieux n'en menait pas large !

Il se traînait à mes pieds, me suppliant de ne pas déshonorer ses cheveux blancs (il avait des cheveux jaunes), sa femme (il était veuf depuis trente-cinq ans) et ses enfants (il n'avait jamais eu d'enfants).

Mais moi, je continuais à le traiter d'usurier et à le menacer du procureur de la République.

À la fin, je proposai un arrangement amiable :

Il livrerait un vrai Larousse à mon ami l'étudiant riche.

Il me laisserait en possession de mes 400 francs.

Il déchirerait les vingt billets par moi souscrits.

Devant mon air résolu à aller jusqu'au bout, cette vieille crapule accepta mes conditions.

Je me demandai longtemps si mon procédé avait été bien délicat : à l'heure qu'il est, je ne suis pas encore fixé.

Le pire, c'est que je ne rencontrai jamais le pauvre malhonnête homme sans le forcer à me payer un bock, et je trinquais ainsi : « À la tienne, immonde fripouille ! »

Alors, lui, souriait gomme-gutte.

Un garçon timide

ou

POUR SE DONNER UNE CONTENANCE

La conversation tomba sur la timidité et les gens timides. C'était à qui conterait l'anecdote la plus comique sur les gaucheries que peut faire commettre la timidité, quand elle est poussée à un point extrême.

Que de mariages manqués, que de carrières brisées, que de vies ratées ne doit-on pas à ce ridicule défaut !

– Évidemment, conclut un vieux monsieur solennel, la timidité est fertile en inconvénients de toutes sortes ; mais, enfin, on n'en meurt pas !

– Vous avez tort, vieux monsieur solennel, de parler ainsi, répliquai-je. On en meurt, et pour moi j'ai un de mes amis... ou plutôt je ne l'ai plus, puisqu'il en est mort.

– Mort de timidité ?

– Mort de timidité, ou, si vous préférez, mort des suites de la timidité.

– Contez-nous cela.

– Volontiers, à condition qu'on remette un peu de genièvre dans mon faible grog.

La maîtresse de la maison se chargea elle-même de cette délicate mission, et s'en acquitta en véritable femme du monde.

Mon verre, qui était plus qu'à moitié vide, se trouva rempli du coup. Charmante personne !

– Parlez, dit-elle.

– Voici : J'avais pour ami au quartier Latin un étudiant en médecine, très brave garçon et très distingué, mais timide jusqu'à la catastrophe. Jamais il ne sortit sans, sous son bras gauche, une grosse serviette bourrée de livres et de papiers, et, à la main droite, un parapluie. Pourquoi cette serviette qu'il n'ouvrait jamais ? Pourquoi ce parapluie quand flamboyait Phœbus ? Il me l'avoua un jour en un sourire touchant : *c'était pour se donner une contenance.*

– Au lieu d'un parapluie, il aurait pu prendre une canne, votre ami, objecta le vieux monsieur solennel.

– C'est l'observation que je lui fis, vieux monsieur solennel, mais il répondit qu'une canne, c'était trop provocant... Vous ne l'auriez pas fait entrer *seul* dans un café quand même les hallebardes auraient plu dans la rue. Résigné, il faisait les cent pas sur le trottoir, attendant qu'un ami vînt pour pénétrer avec lui. En entrant, il se mouchait très fort *pour se donner une contenance*, feuilletait fébrilement les illustrés *pour se donner une contenance*, et parfois buvait plus que de raison, toujours *pour se donner une contenance*.

– Une mauvaise contenance, alors ! observa le vieux monsieur solennel.

– Ça dépend des goûts, vieux monsieur solennel, ripostai-je cruellement ; moi, je trouve que les pochards sont les seuls au monde à avoir un peu de tenue... Mais poursuivons notre tragique récit. Comment ce pauvre garçon parvint-il à passer des examens, on ne le saura jamais ! La chose me semble surtout à l'honneur de messieurs les professeurs qui durent apporter à ce résultat des trésors de pitié. Bref, il arriva à la fin de ses études de médecine et sa thèse, seule, lui restait à passer. Il avait, pour cette thèse, choisi un sujet qui paraîtrait bien démodé, maintenant, mais qui, à l'époque, était assez original : *De l'emploi de la presse hydraulique pour le traitement des constipations opiniâtres.*

– Tiens, interrompit encore le vieux monsieur solennel, il faudra que j'essaie ce procédé.

– Inutile, vieux monsieur solennel : vous êtes constipé de naissance, ça ne se guérit pas !... Un jour que mon pauvre ami était à sa table de travail, tout près de sa fenêtre, bien en train de piocher sa thèse, soudain, il leva les yeux et aperçut, à la maison d'en face, sur le balcon, tout un lot de jeunes hommes et de jeunes femmes qui le contemplaient en riant beaucoup, et dont quelques-uns, même, braquaient sur lui d'indiscrètes jumelles. Mon pauvre ami devint rouge, orange, jaune, vert, indigo, violet, puis rouge, orange, etc. Il passa, comme disent les bonnes gens, par toutes les couleurs de l'arc-en-ciel...

Cependant, la féroce jeunesse du balcon continuait à le lorgner impitoyablement... Mon pauvre ami perdit la tête. Il avisa une grosse corde qui avait servi à lier sa malle, l'accrocha au ciel de lit et se pendit...

    – Oh !

    – *Pour se donner une contenance.*

Un mode d'éclairage relativement peu connu

Je viens de feuilleter avec délices les magnifiques ouvrages que ne manque jamais de m'envoyer, aux approches du premier de l'An, la somptueuse maison Quantin.

Celui de ces livres qui subjugua le plus mon attention, c'est l'*Éclairage à travers les âges*.

Rien de plus intéressant que l'historique de la lumière dans l'humanité.

Le premier flambeau qui éclaira le monde fut, au dire des savants, le soleil pour le jour, et la lune pour la nuit.

Ce procédé, assurément économique, avait le désavantage d'illuminer fort insuffisamment l'intérieur des cavernes en lesquelles gitaient nos pères.

Les soirées du 14 Juillet y perdaient, en outre, beaucoup de leur éclat.

Nos aïeux se mirent à l'œuvre, en vue d'obtenir un éclairage plus pratique.

Avant d'arriver au bec Auer, beaucoup d'essais intéressants furent tentés.

Le plus ancien est celui qui remonte à l'âge de pierre.

Il consistait en un choc sec de deux silex, l'un contre l'autre.

Les ainsi jaillissantes étincelles produisaient une lumière vive, mais, hélas ! trop intermittente et mal appropriée aux travaux tant soit peu minutieux, comme par exemple l'expertise en écritures publiques ou privées.

L'âge de pierre aboli, nous arrivons à l'âge de sapin : apparaît la torche de résine...

... Mais le cadre exigu dont je dispose m'interdit de m'étaler longuement sur ces annales.

Aussi bien, l'*Éclairage à travers les âges* vous racontera mieux que moi les passionnantes luttes de l'être humain contre les ténèbres.

J'ai constaté avec peine, cependant, que ce si complet et si consciencieux ouvrage avait oublié un mode d'éclairage assez peu connu, à la vérité, mais bien digne, tout de même, d'être révélé aux masses.

J'espère qu'en sa prochaine édition, l'auteur de l'*Éclairage à travers les âges* ajoutera à son beau livre un léger appendice relatif à mon histoire.

Un vieil homme, que je connaissais pour l'avoir rencontré dans les pires endroits de Paris, eut un jour une idée (que je serais bien bête d'hésiter à qualifier de géniale) :

Les terrains qui circonvoisinent les dépôts et raffineries de pétrole sont, en général, fort mal cotés pour la culture du petit pois auquel ils (les terrains) communiquent un sale goût d'essence tout à fait inacceptable.

Pour ce qui est des asperges, même inconvénient.

Et, aussi, même inconvénient pour tout légume destiné à l'alimentation.

À quoi attribuer ce phénomène ?

Condensation, sur lesdits terrains, des vapeurs de pétrole ?

Simple infiltration, peut-être ?

Qu'importe !

Mon bonhomme passa avec toutes les usines et tous les entrepôts de pétrole de la banlieue de Paris des marchés à long terme qui lui assuraient, à des prix véritablement dérisoires, la jouissance de ces terrains.

Il y planta des poireaux.

Les poireaux poussèrent superbes et saturés d'éblouissants carbures.

Il les vendit pour des chandelles perfectionnées.

Ce nouveau mode d'éclairage conquit rapidement une vogue immense.

Et notre ingénieux bonhomme gagna des sommes énormes qu'il consacra uniquement à la satisfaction de ses plus bas appétits.

La nouvelle machine du Captain Cap

Comme j'avais rencontré mon excellent ami le Captain Cap devant la *Leicester Tavern*, je lui dis simplement :

– Nous entrons ?

– Oh ! que non pas ! répondit vivement Cap.

– Alors au *Chicago Bar*, c'est tout près ?

– Au *Chicago Bar* pas plus qu'à la *Leicester Tavern !*

– Vous m'inquiétez, Cap.

– Tant que durera le conflit Anglo-Américain, je ne mettrai les pieds en aucun établissement John-Bullesque ni Uncle-Sameux. Dans la situation que j'occupe, l'intégrale neutralité s'impose à moi.

– Et dans les brasseries vénézuéliennes, Cap, y allez-vous ?

– Le moins possible... D'ailleurs, je ne bois plus rien à Paris. Dès que j'ai soif, je vais dans les départements, j'enfourche ma nonuplette...

– Pardon, Cap, de vous interrompre. Votre... quoi enfourchez-vous ?

– Ma nonuplette... Ah ! vous ne connaissez pas ma nonuplette ! Comme son nom l'indique, c'est un cycle monté par neuf personnes, comme la sextuplette est montée par six.

– Neuf personnes !

– Ah ! c'est une fameuse machine que ma nonuplette ! Uniquement composée de brins d'osier assemblés et renforcés par des bandes de papier gommé !

– Pas de métal ?

– Pas ça de métal ! Pas ça !

– Et c'est solide ?

– Pourquoi donc pas, je vous prie ? Une panthère, c'est solide ! Un albatros, c'est solide ! Un requin, c'est solide ! Et pourtant, citez-moi une pièce métallique entrant dans la construction de ces organismes !... Le bon Dieu est trop malin pour employer du métal dans la confection de ses petits trucs.

– Vous devez aller vite, avec votre nonuplette ?

– Deux cent trente-quatre kilomètres à l'heure.

– Cap, mon vieux Cap, j'ai une peur terrible que vous n'abusiez de mon ingénuité.

– Mais pas du tout, cher ami, je vous jure !

– Deux cent trente-quatre kilomètres à l'heure !

– Pas un millimètre de moins. Je dois d'ailleurs ajouter que ma nonuplette, machine et coureurs, pèse, tout compris, environ un kilo.

– Tout s'explique, alors ! Mais un kilo, y songez-vous, un simple kilo, pour tout ce monde-là ?

– Je dois encore ajouter, pour terrasser vos doutes, que ma nonuplette est allégée par un ballon dont la force ascensionnelle représente, à un kilo près, le poids de la machine et des coureurs.

– Vous m'en direz tant ! Mais la résistance de l'air contre ce ballon ?

– Nulle ! Mon ballon affecte la forme d'un tire-bouchon à deux pointes, une par-devant, une par-derrière. Il se visse dans l'air comme le tire-bouchon se vrille dans le liège, c'est-à-dire sans résistance appréciable... D'où qu'il souffle, le vent n'arrive même pas à nous faire hausser les épaules.

– Pauvre vent !

– Allons, mon cher Allais, décidez-vous ! Venez avec nous prendre un verre à Dunkerque !

– Volontiers !

Mon acquiescement parut enchanter Cap, mais le capitaine se rappela bientôt qu'un léger accident était survenu, le matin même, à un brin d'osier de sa nonuplette.

Finalement, nous entrâmes dans un petit café blanc et or, où un garçon, entre deux âges, nous servit deux excellents bocks de bière Dreher.

Ilotes modernes

Tous les bons citoyens qui ont le souci de relever, au physique et au moral, la race de France, applaudiront, comme moi, à l'énergique campagne qu'on commence à mener dans l'Université contre les abus des spiritueux de toute sorte.

Dans les écoles normales, où se forment nos futurs instituteurs, ont lieu des conférences démontrant les dangers de l'alcool et les moyens d'enrayer les déplorables habitudes d'intempérance qui s'infiltrent chaque jour, de plus en plus avant, dans nos mœurs.

À partir de l'année prochaine, l'éducation anti-alcoolique aura pénétré dans tous les lycées, collèges, écoles, etc., etc., de France.

Bravo ! Monsieur Combes, bravo !

Mais ce n'est pas tout que la conférence ; le livre doit aussi prêter son concours à cette œuvre moralisatrice.

Un *De pochardis illustribus*, paraît-il, est sous presse.

Les jeunes gens indignés y liront la vie des célèbres poivrots qui déshonorèrent l'humanité, depuis Noé jusqu'à...

(Chut, ne nous brouillons pas avec une nation amie, ou réputée telle !)

Il ne faudrait pas, pourtant, que MM. les Universitaires, instigateurs de ce mouvement, s'imaginassent l'avoir inventé de toutes pièces.

Avant eux, bien avant eux, les instituteurs lacédémoniens, mettant la pratique au-dessus de la théorie, avaient coutume d'enivrer devant leurs élèves plusieurs ilotes (et non pas *pilotes*, comme on l'écrit parfois à tort.)

Ce spectacle dégoûtait tellement les jeunes Lacédémoniens que, plutôt que d'accepter la moindre consommation, ils préféraient se faire dévorer la poitrine par des renards en bas âge.

Un tel résultat ne vous semble-t-il pas bien fait pour encourager la pratique de cette leçon de choses renouvelée des Grecs ?

Oui, n'est-ce pas ?

Mais, il n'y a plus d'ilotes, dites-vous ?

Tous gens libres, alors ?

Vous n'êtes pas difficiles, vous, si vous considérer la société moderne comme dénuée d'esclaves.

Vous avez lu ça dans le si subtil et tant personnel Paul Leroy-Beaulieu, un jeune économiste de beaucoup d'avenir.

... Revenons à notre sujet.

Mettons, il n'y a plus d'ilotes !

Mais il existe toute une classe de citoyens gémissant dans la détresse. Je veux parler des professeurs que l'Université chassa de son sein pour cause d'ivrognerie.

Tous les pédagogues se trouvant dans ce cas éprouvent d'extrêmes difficultés à trouver une autre place, soit dans la diplomatie, soit dans les conseils d'administration des Compagnies de chemins de fer.

Ne voilà-t-il pas une situation toute faite pour eux, ces bons types de vieux poivrots !

On ferait, du même coup, en les saoulant devant la studieuse jeunesse, deux bonnes œuvres.

On moraliserait les adolescents tout en flattant les goûts de braves individus des plus intéressants, en somme.

Mort de M. Coquelin Cadet

Avant que ne s'installent, autour de ce trépas prématuré, des légendes – en lesquelles le ridicule le disputera à l'odieux – je tiens à raconter, aussi brièvement que possible, cette catastrophe dont je fus le témoin et aussi – hélas ! – la cause.

Depuis pas mal de temps, Coquelin Cadet me tourmentait pour que je déjeunasse avec lui. Il tenait à me présenter à sa nouvelle petite bonne amie, assuré, disait-il, qu'elle me plairait beaucoup.

Il fut donc décidé que j'acceptais ce matin. Nous nous mîmes à table à onze heures et le repas fut un de ceux dont on dit que la cordialité ne cessa d'y régner.

Aussitôt après déjeuner, nous prîmes congé de la jeune femme et nous nous dirigeâmes vers le Théâtre-Français où son service de semaine appelait le célèbre sociétaire.

Vers midi et demi environ (exactement midi trente-quatre), nous vîmes, se dirigeant vers la scène, MM. Émile Bergerat et Camille de Sainte-Croix dont les comédiens se disposaient à répéter la pièce : *Manon Roland*.

Tout d'abord, Coquelin Cadet ni moi n'avions aperçu ces messieurs.

À un moment prêté...

(Ordinairement, on dit à *un moment donné*, mais je ne veux rien accepter en une aussi pénible circonstance. Je rendrai ce moment dès que j'aurai un peu de temps devant moi.)

À un moment prêté, dis-je, c'est moi qui, dans l'ombre des coulisses, découvris la présence des deux spirituels dramaturges.

– Tiens ! fis-je sans penser à mal, voici 5000.

– 5000 quoi ? demanda Cadet un peu interloqué.

– 5000... Je dis : voici 5000.

– J'entends bien, mais 5000 quoi ?

– 5000 !

Cadet haussa les épaules, geste qui, chez lui, indiquait comme un dédain des propos d'autrui.

Mais comme il semblait en proie à l'insoutenable angoisse de ne pas comprendre, je vins à son secours :

– 5000... Le compte est facile à faire : 4000 de Sainte-Croix et 1000 Bergerat, ça fait bien 5000 !

Coquelin Cadet tomba raide sur le sol.

Un médecin, le docteur Paul Mounet, qui passait, fortuit, en ces parages, ne put que constater la mort du brave artiste.

Hâtons-nous de rassurer les amateurs de fin comique : M. Coquelin Cadet laisse un neveu naturel qui l'imite à s'y méprendre et dont M. Claretie a signé l'engagement sur le cadavre pantelant encore de l'oncle.

Alas, poor Ernest !

P.-S. – Ai-je besoin d'ajouter que cette nouvelle était prématurée. M. Coquelin Cadet en fut quitte pour une semaine de repos.

À l'heure qu'il est (7 h 20), le sympathique sociétaire serait tout à fait bien portant, sans un diable de cor...

Imprudence des fumeurs

Je ne sais pas avec quelle autre maladie mon pauvre ami confondait l'encéphalite ; mais, à chaque instant, il invoquait cette inflammation pour expliquer ses fréquents petits malaises.

– Tu ne manges pas, Prosper !

– Non, c'est mon encéphalite qui me retombe sur l'estomac.

D'autres fois, Prosper exigeait de prendre une voiture pour une course insignifiante, parce que son encéphalite lui travaillait les pieds.

Prosper, d'ailleurs, adorait tous les mots qui sortent du répertoire commun et surtout les mots d'aspect scientifique.

Il proférait volontiers :

– Me voici ce soir à Montmartre et ce matin je déjeunais à Grenelle... Je suis un véritable *cosmopolite !*

Ou bien :

– Laissez-moi vous conter le dernier *anachronisme* de madame C... Elle a demandé à son architecte ce qui coûtait le plus cher : le mètre cube de gaz ou le mètre cube d'électricité.

Il s'esclaffait de rire et répétait :

– Le mètre cube d'électricité ! A-t-on idée d'un pareil anachronisme !

Un jour que je l'avais à peine blagué :

– Toi, me dit-il, tu es un bon garçon, mais *mitigé* de beaucoup de rosserie.

Prosper n'avait d'autre raison de vivre ici-bas que sa qualité d'inventeur.

Entre mille autres découvertes par lui baptisées d'appellation saugrenues, cosmopolites, anachroniques et mitigées, je citerai le *pyrocide*.

Le *pyrocide*, comme l'indique son nom baroque, fruit de l'incestueuse copulation d'un lapin grec et d'une carpe latine, est un liquide destiné à détruire le feu en général, et les incendies en particulier.

Chaque fois que nous traversions le jardin des Tuileries, Prosper ne manquait pas, montrant la place vide du palais, de déplorer :

– Dire qu'avec mon pyrocide !...

Il en avait toujours, dans ses poches, de son fameux pyrocide, et souvent il l'essayait devant nous, l'hiver, dans les petites réunions artistiques et littéraires où nous consommions notre studieuse jeunesse.

– Tenez, vous allez voir.

Il sortait de sa poche une fiole dont le contenu arrosait la houille flamboyante de la cheminée.

Résultat : un dégagement de vapeurs corrodantes à l'envi, expulsantes de chacun, sternutatoires et strangulatoires.

Peu après – hâtons-nous de l'ajouter – le feu flambait de plus belle en l'âtre joyeux.

Le pyrocide n'avait anéanti aucune combustion.

– Je ne suis pas encore bien fixé sur les proportions, expliquait Prosper.

Or, il arriva, un beau jour, qu'un jeune homme, fraîchement débarqué à Paris et titulaire d'un petit héritage, se laissa épater par les grands mots de Prosper et versa quelques billets de mille francs dans son entreprise de pyrocide.

Triomphal déjà, Prosper parlait de congédier les pompiers de Paris et de les remplacer par de simples employés à lui, chargés de la judicieuse distribution du pyrocide sur les incendies qui viendraient à se produire sur les points les plus variés de la capitale.

Tout entier à la réalisation de son rêve, il n'assista plus à nos petites réunions.

Quand nous le revîmes, un sombre désespoir, une amère tristesse se peignaient sur ses traits.

– Eh bien ! Prosper, quoi donc ?

– Ah ! mon pauvre ami, quel affreux malheur !

– Parle !

– J'avais installé, à Ivry, un entrepôt de mon pyrocide. Plus de trois mille hectolitres de ce liquide s'y trouvaient déjà réunis. Tout cela détruit, anéanti en moins d'une heure !

– Par quoi donc ?

– Par un incendie, mon pauvre ami !

L'École Scarron

Tous les économistes s'inquiètent, à bon droit, du sombre état où patauge l'agriculture française.

Le blé récolté chez nous ne peut soutenir la concurrence des blés de Russie, d'Amérique et d'Australie.

Les fermiers, ne gagnant plus d'argent, se voient dans l'impossibilité de payer leurs propriétaires. Ces derniers donnent impitoyablement congé à leurs fermiers et ne trouvent plus à louer leurs terres.

Dans beaucoup de districts, les champs, n'étant pas cultivés, tendent à se transformer en forêts vierges, ou tout au moins demi-vierges.

Ah ! tout cela n'est pas gai !

Les publications spéciales, journaux, revues, brochures, s'évertuent à chercher la cause du mal et à trouver le remède qu'il serait urgent de lui appliquer.

Paul Leroy-Beaulieu, un garçon remarquablement intelligent, est d'avis qu'on mette un gros impôt sur les produits agricoles étrangers.

Les campagnards français pourraient alors augmenter leurs prix de vente et, d'après le savant économiste, leurs bénéfices s'accroîtraient d'autant.

Le pain à vingt sous la livre, voilà l'idéal de P. L.-B. !

Quelques théoriciens ont attribué la crise à d'autres causes et proposent de sagaces réformes. Tous ces gens sont plus bêtes les uns que les autres. Le malaise dont souffre notre culture nationale ne date pas d'aujourd'hui. Déjà, Louis XIV, inquiet de la mauvaise tournure que prenaient les choses paysannes, avait, à cet égard, exigé des tuyaux de son vieux Sully, en qui il avait toute confiance, et Sully lui avait répondu, en imitant l'accent de Dupuis :

– Sire, l'agriculture manque de bras. Voilà de quoi elle manque, l'agriculture !

Je ne suis pas de ceux qui trouvent ce mot de Sully Prud'homme.

Au contraire, on ne saurait mieux mettre le doigt sur la plaie.

L'agriculture manque de bras.

Elle ne manque que de ça, mais elle en manque bien.

C'est pénétré de cette vérité qu'un groupe important de philanthropes vient de fonder l'École Scarron.

L'École Scarron, comme l'indique son nom, est instituée pour recevoir les jeunes culs-de-jatte français et leur fournir une instruction agronomique conforme aux vieilles traditions aussi bien qu'aux progrès les plus récents de la science moderne.

L'agriculture manque de bras, mais elle ne manque pas de jambes.

Les culs-de-jatte suffiront donc amplement, et sans déchet regrettable, au relèvement de l'agriculture en France.

Messieurs les fondateurs de l'École Scarron m'ont prié de faire part de leur entreprise à ma nombreuse clientèle. Voilà qui est fait.

Ajoutons que l'envoi du moindre cul-de-jatte sera accueilli avec reconnaissance.

Question de détail

LE PRESIDENT. – Accusé, je vous préviens que le système de mutisme dans lequel vous vous renfermez vous fera beaucoup de tort.

L'ACCUSE. – Heu !

LE PRESIDENT. – Entrez plutôt dans la voie des explications et dites-nous les motifs qui vous ont poussé à tuer cette pauvre femme.

L'ACCUSE. – Vous y tenez beaucoup, monsieur le président ?

LE PRESIDENT. – J'y tiens, au nom de la justice.

L'ACCUSE. – Allons-y !... Interrogez-moi.

LE PRESIDENT. – Vous voilà devenu plus raisonnable ! Dites-nous pourquoi vous avez d'abord tué votre concierge et pourquoi vous l'avez ensuite découpée en vingt-huit morceaux.

L'ACCUSE. – Parce que je ne pouvais pas faire autrement.

LE PRESIDENT, *un peu étonné*. – Vous ne pouviez pas faire autrement ?

L'ACCUSE, *cynique*. – Dame ! je ne pouvais pas la couper en morceaux d'abord, et la tuer ensuite.

LE PRESIDENT. – Accusé, vous jouez sur les mots.

L'ACCUSE. – Il n'y a guère que là-dessus que je puisse jouer, dans ma position.

LE PRESIDENT. – Si vous êtes décidé à n'être pas plus sérieux, brisons là.

L'ACCUSE. – Soit, je vais parler.

LE PRESIDENT. – Pourquoi avez-vous tué cette malheureuse ? Pas pour la voler, puisque vous êtes riche. Pas pour la violer, puisqu'elle vous dégoûtait. Aviez-vous un motif particulier de vengeance ?

L'ACCUSE. – Aucun.

LE PRESIDENT. – Alors, quoi ?

L'ACCUSE. – Cette femme détenait un genre de laideur que les plus énergiques efforts ne m'amenèrent jamais à supporter.

LE PRESIDENT. – On ne tue pas les gens, et surtout on ne les découpe pas en vingt-huit morceaux, parce qu'ils sont vilains.

L'Accuse. – Aussi, n'est-ce point pour cela seulement que je l'ai tuée et dépecée...

Le President. – Pour quel autre motif, alors ?

L'Accuse. – Cette concierge était si vilaine que j'en avais perdu le boire, le manger, le dormir et le reste. Partout où je me trouvais et à n'importe quelle heure, je pensais à sa laideur et m'en angoissais intolérablement. J'essayai de voyager. Les plus beaux paysages du monde ne purent me faire oublier – passez-moi le mot – la sale gueule de ma portière...

Le President. – N'aggravez pas votre position par des trivialités.

L'Accuse. – On me conseilla de tâter de la suggestion. Je me rendis chez l'excellent docteur Vivier...

Le President. – Un charmant garçon.

L'Accuse, *ironique*. – Charmant ! Ce praticien, au moyen de quelques passes magnétiques, me plongea dans l'hypnose la plus intense et me tint à peu près ce langage : « Votre concierge, pour l'œil d'un observateur superficiel, est laide à faire frémir. Mais essayez de la détailler et vous verrez, *vous verrez* qu'elle est charmante. » Sous l'empire de cette suggestion, je rentrai chez moi... *(L'Accuse se tait, en proie aux pénibles souvenirs.)*

Le President. – Achevez vos confidences.

L'Accuse, *passant sa main sur son front*. – Je rentrai chez moi, je pris un grand couteau de cuisine, je descendis chez la concierge et je fis comme le médecin m'avait dit...

Le President. – ? ? ?

L'Accuse. – Je la detaillai !

La question de la sécurité dans les théâtres en cas d'incendie est résolue

En sortant, l'autre soir, de la représentation du Cercle du Camélia, je me demandais, non sans angoisse :

– Si le feu éclatait, pourtant, dans cette modeste enceinte à dégagements plus modestes encore ?

Car ladite représentation du Cercle du Camélia avait lieu dans le Théâtre Moncert, minuscule endroit recelant environ cinq cents spectateurs et n'exigeant pas moins de quarante minutes pour les expectorer tous.

Un incendie, une panique subite, et voilà que de familles en deuil, grand Dieu !

Et dans quelles déplorables conditions de confortable, tous ces trépas !

... J'ai beaucoup étudié la question, en cas de catastrophe, des dégagements de théâtres et, plus généralement, de tous repaires à cohues.

La chose est plus compliquée que ne se l'imaginent certains ornithologues.

Disons même que cet important problème serait actuellement sans solution, si M. Raymond Préfontaine, le jeune et brillant échevin de Montréal (Canada), ne s'en était pas mêlé.

Dès les débuts de son enquête, M. Préfontaine s'aperçut que la largeur et la multiplicité des corridors de dégagement n'avait aucune espèce d'importance.

En cas de catastrophe, les corridors servent de goulot à ce bouchon qui s'appelle la foule.

Si le corridor est très large, la foule – matière éminemment élastique et dilatable – forme un plus gros bouchon, voilà tout !

De même, si vous avez beaucoup de corridors, vous avez beaucoup de bouchons : et voilà encore tout !

Ce n'était donc pas là que gisait la solution du problème (*hic non jacebat lepus*).

... L'heure avancée à laquelle j'écris ces lignes (j'ai du monde à dîner pour 7 heures, il est 8 heures moins le quart, et je burine ces mots sur un airain sis à vingt bonnes minutes de chez moi), l'heure avancée, dis-je, à laquelle j'écris ces lignes, me prohibe bien des développements et pas mal de superfluités.

Relatons donc, rapide comme la pensée, le résultat de notre ami Préfontaine, que 1527 Montréalais ont pu expérimenter sur eux-mêmes, à la dernière représentation du *Caraïb-Club* de la rue Craig.

Au premier cri de : *Au feu !* et en moins d'une minute, tous les assistants, hommes et femmes, étaient déshabillés.

Se saisissant d'une boîte en fer-blanc placée à sa portée, chacun s'enduisait largement et totalement de vaseline.

Une minute après, tous les spectateurs se trouvaient dans la rue Craig, sans qu'il y eût eu, grâce à cette matière lubrifiante, la moindre bousculade, le moindre accroc, dans les couloirs du Caraïb-Club. Voilà-t-il pas là un joli résultat et bien digne d'être généralisé ?

La vaseline pourrait, d'ailleurs, être remplacée, dans les endroits chic, par un justaucorps en peau de pêche.

Histoire de poils

– Je suis bien sûr que vous ne me reconnaissez pas, dit l'homme qui venait de me serrer la main.

– Mon Dieu ! monsieur, votre regard ne m'est pas inconnu, non plus que le timbre de votre voix, mais ma souvenance est dénuée de précision.

– Comment ! vous ne vous rappelez pas ?... Il y a deux ans, à l'écluse Saint-Julien, quand vous veniez me voir avec Mirbeau...

– Kariste !

– Lui-même !

– *Quantum mutatus ?*

– Vous me trouvez changé ?

– Dame ! Vos cheveux, où sont-ils ? eux, jadis si tumultueux ! Et votre barbe, comment dirai-je ? tant fluviale, naguère !

– Que diriez-vous donc, si vous voyiez mon âme ?

– Vous devriez la faire peindre, votre âme, puisque si curieuse ! Il y a des artistes pour ça, maintenant.

– Ah ! oui, les peintres de l'âme ! Croyez-vous, hein ?

– C'est une bonne idée que ces messieurs ont eue de s'adonner à cette spécialité. Dire qu'on n'avait jamais pensé à ça, avant eux !

– Moi (Mirbeau a dû vous le dire), je peins maintenant des têtes de vainqueurs sur les boîtes d'allumettes et de jolies petites bonnes femmes sur les émaux de Pennelier.

– Ça vaut mieux que d'aller au café ; mais, dites-moi, Kariste, en quels gouffres s'engloutirent vos cheveux, en quels abymes votre barbe ?

– C'est une étrange histoire que la disparition progressive de mon jadis opulent système pileux !... Étrange et comique à la fois !

– Kariste, vous n'allez pas me raconter *Champignol malgré lui.*

– Ni malgré lui, ni malgré un autre, ni malgré personne. On ne doit rien faire malgré personne, car si vous avez raison, les autres sont loin d'avoir tort !

– Votre bienveillance, charmante d'ailleurs, ne me dit pas le pourquoi de votre crâne tondu et de votre barbe rase aux joues.

– Cette aventure capillaire semble vous passionner tant et tant, mon ami, que je vais vous la dire.

– Vous m'obligerez.

... Et Kariste me conta sa petite histoire.

Quand il se fut aperçu de l'inanité de l'Art pour l'Art, quand il eut reconnu la pénible niaiserie d'essayer à figer sur des toiles la Nature, la belle, radieuse, fraîche, éclatante Nature, à la figer moyennant les fangeuses pâtes des marchands de couleurs, quand il eut... Mais assez, ne dites pas de mal de la peinture, mon garçon !

Alors, il se rangea et épousa la fille de son patron.

Stratagème d'autant plus roublard qu'il n'avait pas de patron et que son patron n'avait pas de fille.

La vérité, c'est qu'il épousa la fille du patron d'un autre.

Cette jeune personne exigea de Kariste qu'il fit, avant l'hymen, couper ses cheveux et sa barbe, et que sa garde-robe de désormais sortît de la *Belle Jardinière*, ainsi que celle des gentlemen vraiment dignes de ce nom.

Kariste s'engagea à tout ce qu'on voulut, mais, le jour de la noce, il s'amena froidement, sans avoir perdu, aurait dit Gambetta, une pierre des forteresses de sa chevelure, ni un pouce de terrain de sa barbe.

La demoiselle fit un nez ! et jura de se venger. Elle n'en eut pas le temps.

Huit jours après son mariage, l'excellent Kariste rencontrait, place Pigalle, une ancienne petite bonne amie à lui, chez laquelle il montait prendre une tasse de thé, la tasse de thé du souvenir !

Exquis, ce thé ! Et rappelant à Kariste d'anciens et si bons quarts d'heure !

Par malheur, la jeune personne au thé fleurait délicieusement le *cherry-blossom* et des relents de ce parfum s'attardèrent en la barbe du peintre, révélateurs incontestables.

Le pauvre garçon s'aperçut de cette malencontrosité juste au bas de son escalier.

D'un bond – ô génie déclenché par l'angoisse ! – Kariste était chez un coiffeur et le priait de lui rogner un millimètre de sa barbe et chevelure.

– Comme tu sens drôlement ! fit sa grincheuse et bourgeoise jeune épouse.

– Ah ! fit d'un air dégagé l'adultère Kariste, c'est probablement ce cochon de perruquier qui m'aura mis de l'odeur dans les douilles.

– Tu t'es fait couper les cheveux ?

– Un peu, tu vois.

– Ça n'est pas malheureux, enfin, que tu te décides !

– J'y retournerai demain, si tu veux.

– Tu me feras plaisir.

– Et après-demain.

– De mieux en mieux !

– Et tous les jours.

– Bravo !

Kariste fit comme on l'incitait.

Chaque jour, il alla chez son coiffeur se faire couper un tout petit bout de cheveux et de barbe.

Mais auparavant (la canaille !) il montait chez son ancienne petite bonne amie, laquelle lui servait d'excellent thé et des baisers au *cherry-blossom*.

Seulement, ce pauvre Kariste est bien embêté, aujourd'hui : sa femme n'aime pas beaucoup les gens à trop longs cheveux, mais elle a horreur des types à cheveux courts.

Alors, il trouve que la vie est bien compliquée, n'est-ce-pas ?

Trop de précaution nuit

Nous avions encore une grande demi-heure avant le départ du train.

Il faisait chaud.

Nous avions soif.

La terrasse d'un café voisin nous tendait ses bras.

Un garçon, plutôt dégoûtant, nous apporta deux verres de bière tiède, mais mal tirée.

À côté de nous, un monsieur sirotait une absinthe.

– Oh ! l'imprudent, fit mon ami Romarin d'un ton effrayé, me désignant le buveur.

– Pourquoi, imprudent ?

– On ne sait jamais ce qu'on risque à boire une absinthe à la terrasse d'un café de province.

– Tu m'épouvantes !...

– Ainsi, moi, il m'est arrivé deux fois dans ma vie de boire en public une néfaste absinthe. La première fois, j'y perdis une admirable situation.

– Et la seconde ?

– La seconde fois, je manquai un mariage superbe.

– Mon pauvre ami !

– C'est comme j'ai l'honneur de le dire. Il y a quelques années, très fortement recommandé, j'avais obtenu, en province, une place absolument inespérée, et, je l'avoue, en disproportion avec mes faibles mérites. Je devais, le lendemain, entrer en fonctions. La malencontreuse idée me vint de m'asseoir à une table extérieure d'un café de la ville et de m'y faire servir une absinthe. Mon futur directeur, passant par là, m'aperçut qui dégustais, non sans délices, la glauque liqueur. Il conclut de ce spectacle que j'étais un induré poivrot, et me fit savoir, le jour même, sa volonté bien arrêtée de se passer de mes services.

– Voilà qui est fort consternant, ma foi !

– Cette mésaventure me fit prendre en grippe le produit de

Pernod fils, et je demeurai longtemps sans en absorber la moindre goutte. Pourquoi n'ai-je point persisté dans cette belle attitude ?

– Oui, pourquoi ?

– L'année dernière, j'étais à deux doigts de l'hymen ! Ma famille m'avait découvert, à Rambouillet, une jeune fille charmante qui me plaisait fort et dont la dot était rondelette. Le seul inconvénient, à mes yeux, résidait dans l'excessive pruderie du papa de la demoiselle. Imagine-toi que ce vieux serin ne m'accorda sa fille qu'après mon serment de n'avoir jamais connu de maîtresse !

– Tu n'es pas dénué d'un certain culot, toi !

– Oh ! pour ce que ça m'a servi ! Enfin, tout allait bien, quand, la veille du jour du contrat, j'eus la malheureuse... la diabolique idée de prendre une petite absinthe à une terrasse de café...

– Ton beau-père vint à passer...

– Laisse-moi continuer. Je demandai donc une absinthe ; mais, me souvenant de ma première mésaventure, je demandai une absinthe blanche. Mon beau-père vint à passer, comme tu dis. Oh ! la tête qu'il fit ! Le soir même, je recevais de cet homme vertueux le conseil d'emprunter le train de Paris sans esprit de retour. Cet idiot, prenant mon absinthe blanche pour de l'orgeat, en avait tiré les conclusions que tu devines.

– Tous ces gens vertueux sont de vieux saligauds... Et la jeune fille, tu t'en consoles ?

– Aisément. Elle s'est mariée depuis avec un garçon beaucoup mieux que moi, sous tous les rapports, et qu'elle fait cocu, à bras raccourcis.

Indélicate façon de faire la connaissance d'un monsieur

La coïncidence des fêtes de la Pentecôte et du beau temps (un peu de vent, peut-être ?) avait incité mille Parisiens (je dis mille pour éviter d'être taxé de bluffage) à se donner de l'air vers la plupart des points cardinaux.

(Les points cardinaux sont des points, bien entendu, rouges, placés là pour apporter un peu de diversion aux fameux points noirs que les conservateurs timorés, tel Paul Leroy-Beaulieu, aperçoivent, non sans frémir, à l'horizon.)

Dimanche, lundi et même un peu mardi, il y eut au Havre – pour ne citer que ce port de mer – grand affluence de touristes arrivés de la capitale.

Parmi ces derniers, citons un nommé Ovide Durarluyr, rentier follichon, entre deux âges, et doué d'une séduisance plutôt contestable.

Une jeune et délurée demoiselle accompagnait, sans enthousiasme d'ailleurs, ce birbe.

Petite actrice dans un théâtre où l'on joue *Relâche*, cette enfant tenait pour le moment, chez ledit Durarluyr, l'emploi de grande amoureuse, rôle mal joué par elle, étant donné le partenaire.

Mais si puissante est, en notre siècle, la force de l'or, que des actrices acceptent, parfois, contre de l'argent, le sacrifice de leur corps adorable.

Tel était le cas de notre héroïne.

Quand j'aurai dit qu'elle portait le prénom – assez répandu en France – de Marie, j'en aurai fini avec le portrait physique et moral de cette mercenaire donzelle.

Lundi, Ovide et Marie déjeunaient à Frascati, en face de la Grande Grise, comme Maizeroy appellerait la Manche.

Une grouillante cohue s'agitait en ce restaurant, à telle enseigne que, sur le coup de midi et demi, pas une table ne se trouvait libre.

Juste à ce moment, un jeune gentleman se présenta.

Et quand je dis un *gentleman*, ce n'est pas par ridicule manie d'exotisme, mais bien parce que le nouveau venu était un Anglais.

S'il avait été un Espagnol, j'aurais dit un *caballero*.

S'il avait été un Italien, j'aurais dit un *signor*.

Et ainsi de suite.

Mais c'est un Anglais, alors je dis un *gentleman*.

Et comme il n'a pas beaucoup plus de vingt ans, je dis un jeune *gentleman*.

Je pourrais même dire *a young gentleman*, mais je ne suis pas payé pour écrire en anglais.

Cette digression polyglotte m'a pris beaucoup de place et je m'aperçois que s'il me reste trois centimètres de papier sur dix de large pour conter le reste de mon histoire, c'est tout le bout du monde.

Soyons donc cursif.

Le jeune gentleman, sur leur consentement, s'assit à la table d'Ovide et de Marie.

Il déploya, pour plaire à cette dernière (ah ! comme ce nom lui va bien : la dernière des dernières !), des trésors de grâce, d'esprit et de générosité.

Il était jeune, beau et riche.

Marie n'hésita pas à plaquer son compatriote.

Le soir même, le nouveau couple s'embarquait à bord du bateau de Southampton.

Esseulé, mélancolique, Durarluyr se promenait sur la jetée.

Un clair de lune splendide !

Un steam-boat superbe qui sort du port.

Du steam-boat, une voix forte vient qui crie, avec un accent fortement anglo-sardonique :

– Ohé ! Durarluyr ! Ohé !... Je suis enchanté d'avoir *fait* votre *connaissance* !

Et le pauvre Durarluyr comprit bien qu'il fallait prendre le mot *connaissance* dans son acception la plus biblique.

Et le mot *fait* aussi.

Un cérémonial fixé

Pour mon ami Comiot.

Entre les mille renseignements qu'on implore de moi, chaque jour, des quatre coins du monde entier (et auxquels, à mon grand regret, le loisir me manque de répondre), une demande m'a particulièrement, et à plusieurs reprises, frappé.

« Peut-on, non sans décence, assister à une inhumation en tenue de cycliste, et avec sa machine ? »

Après une longue, fatigante et minutieuse enquête, je suis en état de répondre.

Et je réponds : OUI.

De l'avis général recueilli sur 1123 points différents du globe, on peut assister aux inhumations en tenue de cycliste et avec sa machine (dessus ou à côté, selon l'allure du convoi).

Dans presque toute l'Australie, dans la partie Nord-Ouest de la Nouvelle-Zélande, on manufacture des bicyclettes spécialement destinées à cet emploi.

Ces machines sont rigoureusement noires, sauf les parties de métal composées exclusivement d'argent.

Le pneu est fabriqué d'un caoutchouc blanc (comme on l'obtient facilement par la vulcanisation à la magnésie).

La lanterne doit être allumée et voilée d'un crêpe.

(À San-Francisco, on admet comme deuil la lanterne à verre violet, mais cette coutume ne semble pas devoir s'implanter aisément dans les autres États de l'Amérique du Nord.)

L'insigne porté ordinairement à la boutonnière ou à la casquette, est sévèrement proscrit : il doit être remplacé par une grosse larme en argent.

Pour la tenue personnelle du cycliste, du noir, bien entendu.

Si le défunt ne faisait pas partie de votre famille, les bas en damiers noirs et blancs.

À l'enterrement d'un cycleman des îles Auckland, auquel

j'assistai, je fus particulièrement frappé d'un petit cérémonial que je verrais avec plaisir s'acclimater en France.

De même qu'aux obsèques des militaires les tambours voilés résonnent de n minutes en n minutes ; de même, à ces funérailles, les assistants cyclistes agitaient tous ensemble leurs grelots à des intervalles déterminés.

L'émotion ainsi obtenue est intense.

Au cas où le cher disparu pédalait lui-même (de son vivant, bien entendu), on fait suivre son cercueil de sa machine entièrement voilée et tenue à la main par un fidèle serviteur ou un ami dévoué.

... Tous les folliculaires vendus aux vieux partis trouveront, sans doute, superflus et frivoles ces détails funèbres.

Moi, je crois bien faire en fixant, dès maintenant, un cérémonial appelé – par trop souvent, hélas ! – à nous rappeler que les morts vont vite, même quand ils renoncent à la bicyclette.

Danger de la simultanéité du surmenage cérébral et de la passion amoureuse

Une charmante jeune femme, artiste dans un petit music-hall du quartier Saint-François, au Havre, me montrait récemment un poulet d'amour qu'elle venait de recevoir d'un de ses adorateurs.

Ce dernier, – car nécessaires les suivants détails – est un jeune homme de fort bonne famille, mais dans une situation modeste et qui prépare ses examens d'admission dans je ne sais plus quelle carrière.

Ces examens comportent une forte partie géographique et plus spécialement franco-géographique.

Aussi, notre jeune ami passe-t-il des nuits entières à l'étude des départements de notre France adorée, de leurs chefs-lieux et de ceux aussi d'arrondissement et de canton.

Un abrutissement lui vint de cette trop constante application et ses amis eurent, un beau soir, l'idée de le distraire un peu, moyennant une soirée, inaugurée dans les petits concerts dont pullule le Havre et terminée chez des filles du plus facile abord.

Ce fut dans l'une de ces petites boîtes à musique que notre jeune homme remarqua la charmante artiste mentionnée ci-dessus.

Il s'en éprit soudainement.

Rentré chez lui, garçon raisonnable, il essaya d'étouffer l'incendie qui commençait à flamber en son cœur. Inutilement !

Sur son atlas, l'image de la belle s'interposait entre ses regards et la carte de France.

L'étude des Possessions françaises ne lui amena pas davantage l'oubli.

Et, le lendemain soir, il revint à la contemplation de la jolie chanteuse.

C'en était fait !

Toute lutte devenait vaine.

Le pauvre garçon se décida bientôt à déclarer sa flamme, et voici un échantillon de l'étrange billet qu'il écrivit au cours d'une nuit de fièvre, après avoir cherché une dernière et inutile fois l'oubli dans l'étude de la géographie :

« Mademoiselle,

« Depuis que j'ai aperçu vos jolis yeux (Calvados), je ne vis plus et mon rêve serait de vous arracher à la scène inférieure (*chef-lieu* Rouen) où vous déployez tant de grâce (Alpes-Maritimes), et tant de talent (Doubs) ; malheureusement, je ne possède pas la forte somme (*chef-lieu* Amiens).

« Consentirez-vous à manger avec moi la soupe et le bœuf (Seine-Inférieure).

« Etc., etc.

« Pour vous, je me sens (Yonne) très capable de commettre un meurtre, mademoiselle (*chef-lieu* Nancy).

« M'autorisez-vous à vous voir (Doubs) ? Voulez-vous que je vous cause (Charente-Inférieure) ? Et quand (Calvados ?) Etc., etc. »

Quand j'eus terminé la lecture de cette douloureuse missive, je la remis silencieusement à sa piquante destinataire.

– Ça ne vous fait pas rire ? demanda la jolie sans-cœur.

– Fichtre non, car j'estime que ce pauvre garçon est appelé, dans pas bien longtemps, à devenir fou à lier !

– *Chef-lieu* Moulins.

Chacun prend son plaisir où il le trouve

Et tous les jours qui suivirent, il en fut de même.

C'était mathématique, comme disent les personnes qui ne connaissent pas la valeur exacte des mots.

Dès que sonnait la demie de sept heures du soir, nos voisins, ce monsieur et cette dame si réservés, si calmes jusqu'à ce moment, partaient d'un éclat de rire fou et semblaient en proie à une allégresse si désordonnée, que la gaieté des héros d'Homère eût semblé, près d'elle, un pâle sourire.

Le monsieur, un sexagénaire décoré, se mettait à gambiller sur le sable de son jardin.

La dame, une rondelette et grisonnante matrone, s'asseyait pour se tenir les côtes plus à son aise.

Jusqu'à la bonne qui se convulsait de joie en venant annoncer : « Madame est servie ! »

Il m'arrivait souvent, dans la journée, de rencontrer le couple par les allées du parc, et rien de son aspect n'indiquait les forcenés rigolos qu'allaient bientôt devenir ces dignes bourgeois.

À défaut d'autre explication, j'avais fini par mettre cet excès simultané sur le compte d'une triple loufoquite périodique.

Un jour, je devins fort inquiet.

Ma bonne, ma pauvre bonne, que rien pourtant ne semblait désigner à une telle névrose, ma bonne, elle aussi, éclatait de rire dès que sonnait la demie de sept heures du soir.

Et elle continuait à rire jusqu'à l'heure venue de se coucher.

Impatienté, je la pressai de questions :

– Me direz-vous, Augustine, de quoi vous riez si fort ?

– C'est les merles, monsieur, c'est les merles qui me font rire.

– Les merles ? Quels merles ?

– Les merles du monsieur et de la dame d'à côté.

Quand l'accès de ma bonne fut un peu calmé, je sus tout :

Le monsieur et la dame d'à côté logent, paraît-il, à Paris, dans une maison au deuxième étage.

Or, le locataire du premier étage possède un perroquet dont le tumultueux verbiage prohibe tout repos aux locataires de l'immeuble.

Réclamations, menaces de procès, rien n'a pu modifier cette nuisance.

Alors, les gens du deuxième étage (mes voisins de campagne) ont imaginé une terrible vengeance.

Avant de partir pour la mer, ils ont acheté une vingtaine de merles recrutés parmi les merles les plus tapageurs du quai de la Mégisserie.

Une vieille femme, demeurée seule dans l'appartement, a pour mission de nourrir ces infatigables jaseurs.

Toute la journée, elle tient les persiennes closes.

Dès que sonnent sept heures et demie du soir, elle ouvre tout grand l'éclairage électrique de l'appartement et distribue dans chaque pièce les cages de merles.

Et allez donc !

Les braves oiseaux, charmés par la factice lumière, attaquent les plus brillants morceaux de leur répertoire, et le concert dure jusqu'à neuf heures du matin.

– Alors, interrompis-je ma bonne, le monsieur et la dame d'à côté rient en pensant à la tête que fait le locataire d'en dessous à partir de sept heures et demie.

– Non, monsieur, ce qui les fait le plus rigoler, c'est de penser à la tête du perroquet.

Utilisation de certains résidus industriels

Un jeune ingénieur américain, M. Gym Nott, qui s'est fait une brillante et lucrative situation dans une grosse maison de publicité sous-marine, nous contait dernièrement quelques typiques anecdotes touchant l'industrie moderne.

Tous, nous l'écoutions, bouche bée, anéantis d'admiration.

Ah ! si notre vieux Brunetière avait été là ! regrettait chacun.

Parmi tous ces récits, malheureusement trop techniques pour être insérés en cette place, j'en ai retenu un, fort susceptible d'intéresser une grande partie des lecteurs et des lectrices de ce recueil.

Notre ami Gym Nott nous parlait des résidus industriels dont la science d'aujourd'hui sait tirer un si habile parti.

Car il est loin, le temps où les savonniers jetaient au ruisseau de profitables glycérines, où les chimistes du gaz ignoraient l'art d'isoler l'éclatante fuschine, charme de certains châtaux-margaux, et de quelques hauts-médocs, dont plus exacte serait l'appellation de bas-médiocres.

Un exemple, entre mille, de l'ingéniosité des fabricants non contemporains.

Cyclistes ou non, vous avez certainement entendu parler de la

SELLE SANS BEC

Comme l'indique son nom, cette selle est une selle dépouillée de tout bec.

Beaucoup de vélocipédistes la préfèrent à n'importe quelle autre, en dépit de son prix un peu plus élevé.

La fabrication de la *selle sans bec* est des plus simples : on prend une selle ordinaire et on lui enlève le bec.

M. L..., le fabricant de cet objet, eut, un jour, l'idée d'utiliser tous ces becs sans emploi, et il y réussit à merveille.

La principale propriété du bec, dans la salle, étant de déterminer une certaine inflammation, ce fut un jeu pour M. L..., un jeu d'enfant, de transformer cette simple inflammation en incandescence et de faire servir ses becs à l'éclairage.

Pour une idée lumineuse, voilà, n'est-ce pas, ce qu'on peut appeler une idée lumineuse.

Et c'est ainsi qu'on a, chaque jour, l'occasion d'admirer sur les murs de toutes les villes de France une affiche qui vante les mérites de la

SELLE SANS BEC

à côté d'une autre qui exalte l'éblouissante clarté du

BEC DESELLE

Vous me direz qu'il n'y a dans tout cela rien de bien extraordinaire.

Parfaitement, vous répondrai-je, mais encore est-il qu'il fallait y penser.

L'éternelle histoire de la brouette de Pascal !

Aérostation

La question de la navigation aérienne vient, si j'en crois le dernier compte rendu de l'Académie des Sciences, de faire un nouveau pas.

M. Langley, Américain déjà connu pour quelques idées ingénieuses, et secrétaire de la *Smithsonian Institution*, a communiqué à la savante compagnie le résultat de ses expériences.

Un oiseau à vapeur construit par lui, et pesant 12 kilogrammes, s'envola de lui-même et parcourut près d'un kilomètre en une minute et demie ; après quoi, il se décida à regagner le sol.

Voilà un résultat coquet et un début plein de promesses.

Travaillez, monsieur Langley, perfectionnez votre engin et revenez-nous à l'Exposition de 1900 avec un *aérodrome* (c'est ainsi que M. Langley dénomme sa machine) capable d'enlever M. Sarcey et de le trimballer sur l'aile des zéphyrs, telle une plume de tourterelle.

(Un joli spectacle, dites, mesdames !)

Ce problème de la navigation aérienne m'a toujours passionné.

À peine au sortir de l'enfance, j'expérimentais des parachutes.

Un jour, entre autres, il me souvient d'avoir attaché à un vieux parapluie un panier dans lequel j'avais délicatement posé le chat d'un jeune ami à moi.

Nous étions au grenier.

Tout à coup, vient à s'élever une jolie brise N.-N.-O., à qui je confiai mon aérostat.

Le tout alla se heurter contre le clocher de l'église voisine, au coq duquel le chat, non sans terreur, s'empressa de s'agripper, en attendant qu'un intrépide pompier vint le quérir.

Plus jamais je ne fut réinvité dans la famille de mon jeune ami.

Quelques années plus tard, j'eus l'occasion de faire un nouvel essai d'aérostation animale.

C'était au quartier Latin, en la chaude après-midi d'un dimanche d'été.

Nous nous trouvions, quelques amis et moi, dans une brasserie de la rue de Médicis, transformée depuis, mais alors servie par un petit lot de jeunes femmes dont les noms en diront plus que d'épais discours.

Ces créatures s'appelaient Totote, Titine, Tata et autres.

Une horrible vieille bonne femme dont le nez et le sens très vif des transactions révélaient l'origine hébraïque (ne s'appelait-elle pas, d'ailleurs, Rebecca Lévy ?), entra dans l'établissement.

Cette personne était de celles qui trafiquent de tout, dans le quartier des Écoles, de tout, depuis le collier à huit rangs de perles jusqu'au modeste bâton de rouge à dix centimes.

Toujours accompagnée d'un affreux et ridicule petit chien, cette retorse créature me dégoûtait abondamment.

Pendant qu'elle essayait de vendre un corset à Titine ou à Tata (je ne me souviens plus bien), j'aperçus à travers les vitres un marchand de ballons rouges qui passait.

Vous devinez le reste.

En moins de temps qu'il n'en faut pour l'écrire, j'avais débarrassé le bonhomme de sa légère marchandise.

Avec la rapidité de l'éclair, la subtile Totote m'avait remis, sous couleur de le caresser, l'odieux roquet.

Une lanière passée sous le ventre de la bête vint s'accrocher à la corde des ballons rouges, et vogue la nacelle !

Je le répète, il faisait terriblement chaud, ce jour-là, et les ballons, dilatés au maximum, jouissaient d'une force ascensionnelle peu commune.

– Mame Rebecca ! mame Rebecca ! Votre cabot qui s'envole.

La mère Rebecca, affolée, sort à la hâte.

Trop tard, hélas !

Notre aérostat, déjà à la hauteur d'un bon deuxième étage, file dans la direction de la rue Soufflot.

– Suivez-le en voiture, mame Rebecca ; il finira bien par retomber à terre !

La mère Rebecca sauta dans un sapin.

Fous de joie, nous sautons dans une autre voiture, Tata, Totote, Titine, deux amis et moi.

Et nous voilà partis, les yeux et les bras en l'air, galopant à la suite de la hurlante vieille.

– Cocher, par ici ! Non, par là ! Le voilà qui tourne à gauche ! Non, à droite !

Les ballons continuaient à filer, à filer vers des destinations mystérieuses.

Le pauvre chien, qui d'abord avait aboyé comme un putois, semblait se faire une raison.

Nous arrivâmes ainsi avenue des Gobelins, où se tenait, ce jour-là, une sorte de fête foraine.

Un camarade eut une excellente idée.

Il saisit un de ces fusils qui servent à tirer les faux pigeons dans les foires, et creva un ballon.

Alors, tout le système dégringola, pas trop fort, heureusement, car l'infortuné cabot en fut quitte pour la peur.

La mère Rebecca en fit une maladie, et ne me pardonna jamais les cinquante sous de voiture que lui coûtait ma si curieuse expérience.

Much ado

Heureusement, tout s'arrangea.

Il n'y avait, en cette affaire, qu'un simple malentendu, et nos relations diplomatiques avec la Chine purent reprendre plus cordiales que jamais.

Rappelons brièvement les faits.

Dans les différentes occasions où le vice-roi du Petchili se trouva en contact avec les notabilités françaises, lors de son voyage en notre pays, on ne fut pas peu surpris de s'apercevoir que ce Chinois ponctuait la conversation de bruits étranges, de petits tumultes incongrus, apanage ordinaire des gens mal élevés.

Certaines personnes se contentèrent d'en sourire : « Dame ! disait-on, un vice-roi du Petchili… ! »

D'autres messieurs prirent la chose plus au sérieux et prononcèrent les mots de *cochon* et *d'individu qui se f… de la France.*

M. Hanotaux fut tellement affecté de ces incidents qu'il en contracta une soudaine jaunisse, laquelle nécessita son départ immédiat pour Vichy.

Mais, si notre ministre était aux eaux, de fidèles émissaires suivaient l'homme d'État chinois en Angleterre et surveillaient son attitude.

Si le vice-roi du Petchili se tenait silencieux et congru devant Sa Gracieuse Majesté, la France avait le droit de se juger insultée.

Au cas contraire, l'honneur était sauf.

Cette dernière occurrence triompha, et le vent fut désormais aux bruits de paix, si j'ose m'exprimer ainsi.

Je trouve dans la *Cloche illustrée* (un journal havrais des plus intéressants et magistralement dirigé par M. Albert René) de curieux détails sur les incidents qui mirent fin à cette crise diplomatique dont pantelait l'Europe.

Tout d'abord, M. Jules d'Ingouville, le correspondant en Angleterre de la *Cloche illustrée*, relève une erreur commune à tous les Français.

On eut tort en France de prendre pour irrespectueuses les petites détonations de Li-Hung-Tchang.

Au contraire, il fallait les considérer comme autant de manifestations de bonne camaraderie. « Vous voyez, signifiait ce laisser-aller, je ne me gêne pas, je fais comme chez moi, je vous considère comme des copains. »

Et cela est si vrai que les Anglais, fort connaisseurs en mœurs chinoises, attendaient anxieusement et souhaitaient fort lesdites manifestations.

Par un sentiment de tact qui lui fait le plus grand honneur, Li-Hung-Tchang réserva la primeur de ses chinoises cordialités pour la famille royale.

C'était au cours de la visite détaillée que le vice-roi fit au château d'Osborne.

On en était aux écuries.

Très fier de ses canassons, le prince de Galles présenta tout d'abord le fameux *Parsimmon*, le crack de son écurie.

– Il a battu *Saint-Frusquin* d'une tête dans le Derby d'Epsom, dit le prince.

– Alors, il court très vite ?

– Très vite.

– Eh bien ! si vite que coure votre cheval, je parie qu'il ne rattrapera pas *celui-là* !

Celui-là !... Vous avez compris, n'est-ce pas, de quoi il s'agissait ?

La glace était rompue.

Victoria rit, à se tenir les côtes, de cette spirituelle boutade.

Le prince de Galles, tous ses enfants, les petits Connaugt et tous les mômes royaux ne s'étaient jamais tant amusés.

C'était plaisir que de voir rigoler ces jeunes princes comme de simples va-nu-pieds irlandais.

Une heure après, M. Hanotaux avisé de ces incidents, s'écriait devant plusieurs personnes que je pourrais nommer : « Beaucoup de bruit pour rien ! »

Un grand billard

Comme la pluie n'avait pas l'air décidé à ne plus choir, je fis au Captain Cap la proposition de jouer au billard, histoire, ajoutai-je, de tuer le temps.

– Hélas ! répliqua Cap, ce n'est pas nous qui tuons le temps, mais bien le temps qui nous tue !

– Alors, seulement, pour le faire passer.

– Hélas ! insista Cap, ce n'est pas nous qui faisons passer le temps, mais bien le temps qui nous fait passer !

On aurait pu aller loin avec ce système-là ; aussi, crus-je devoir n'insister point.

Et pourtant, j'insistai tout de même.

– Volontiers, obtempéra le hardi navigateur, mais où ?

– Ici même, Cap, au premier.

(Car je dois prévenir le lecteur, s'il en est temps encore, que cette scène se passait dans le petit café blanc de la rue Bleue, bien préférable, selon moi, au petit café bleu de la rue Blanche.)

Cap haussa les épaules :

– Un billard au premier ! Vous badinez, mon cher !

– Je...

– Un billard qui peut se loger dans un immeuble, si vaste soit cet immeuble, n'est qu'un joujou dérisoire, bon seulement pour garçonnets et fillettes.

– Ah !

– La dernière fois que j'ai joué au billard, tel que vous me voyez, mon cher Alphonse, c'était dans les Nouvelles-Galles du Sud.

– Ah !

– Et sur un tapis dont le petit côté ne mesurait pas moins d'un mille marin et demi (2 kil. 778 m.).

– Peste ! mon cher !

Et ma stupeur, l'avouerai-je, se coupa d'un doigt d'incrédulité.

– Parfaitement ! fit Cap de sa voix la plus tranquille.

Et quand ce diable d'homme m'eut conté son affaire, je reconnus – nom d'un chien ! – que la monstruosité de son dire n'était qu'apparente.

... En 1888, Cap, chargé par l'Institut libre de Bougival d'une exploration géologique dans les Nouvelles-Galles du Sud, s'aventura au creux d'une large vallée en laquelle la main de l'homme n'avait encore jamais fichu les pieds.

Aucune végétation ne s'épanouissait en ces lieux, pour cette excellente raison que la terre végétale y était remplacée par un formidable gisement de malachite.

Contrairement au vieux dicton, qui prétend que la malachite ne profite jamais, Cap tira un parti étonnant de cette richesse minéralogique.

En un rien de temps, il avait fait niveler horizontalement le bloc de malachite, et fondé à Pifpaftown (la plus proche cité du gisement) le *Grandiose Billard Club*.

Rien que pour le capitonnage des bandes de cet important billard, on eut recours à un peu plus de six mille quintaux de caoutchouc. Les billes – ingénieuse innovation – c'étaient d'énormes fromages sphériques dits de Hollande, et composés d'une pâte qu'un traitement assez simple (pyrolignite d'alumine) transforme en ivoire de tout premier cartel. Il ne fallait pas songer, bien entendu, avec une installation aussi démesurée, à se servir de queues, comme vous et moi.

Des canons montés sur des affûts roulant, eux-mêmes, sur de rapides *cable-cars*, du dernier modèle, circulaient autour de l'exorbitant billard, et projetaient les énormes boules sur la surface de la malachite.

L'habileté du joueur consistait alors autant à bien viser qu'à doser convenablement la charge de la gargousse.

Cap m'affirma qu'en peu de temps ce sport devenait passionnant.

Et je n'eus plus de peine à comprendre le mépris qu'il éprouvait pour nos pauvres petits ridicules billards européens.

Chanson

composée en collaboration avec M. Franc-Nonain,
à l'occasion de la venue en France de la Famille Impériale Russe
(septembre 1896).

Air : *Joséphine, elle est malade.*

1er couplet

Empereur-e de Russie
Tu fais bien de venir, car
Tu verras qu'on t'apprécie
Et de toutes parts,
Et de toutes parts,
Nous crierons : Vive le tsar !

2e couplet

Toi qui, de la beauté slave,
Noble tsarine, est la fleur,
Le Français, galant et brave,
Garde au fond du cœur,
Garde au fond du cœur,
L'image de ta splendeur.

3e couplet

Peuple russe, quand la France
Acclame tes souverains,

Vers vous tous son cœur s'élance.

Soldats et marins,

Soldats et marins,

Marchons les mains dans les mains !

4e couplet

Et toi, bébé moscovite,

Petit' grand'-duchesse Olga,

En France reviens-nous vite

Avec ton papa,

Avec ton papa,

Tu seras notre dada !

5e couplet

En l'honneur de sa nourrice,

Poussons un cordial bravo !

Choisie par l'impératrice,

Pour son bon lolo

Pour son bon lolo ;

C'est pas toujours rigolo !

6e couplet

À l'impériale voiture,

Grâce à un simple moujick

Jamais de mésaventure !

Crions donc : Hip ! Hip !

Crions donc : Hip ! Hip !

Hourrah au cocher Osip !

7e couplet

N'oublions pas le pilote
Desprès du port de Cherbourg !
À son bord, dame, ça ballotte
Plus qu'à Pétersbourg,
Plus qu'à Pétersbourg,
Dans les salons de la cour.

Méprise anglo-belge

On m'a montré, hier, au Concours hippique de Bruxelles, un monsieur auquel il est arrivé une bien drôle d'aventure.

Ce pauvre homme, que ses affaires appelaient à Londres, exprimait dans le salon d'une dame anglaise (il y a beaucoup d'Anglais à Bruxelles) sa vive appréhension de sa traversée prochaine et du mal de mer, qui ne manquerait pas de s'ensuivre.

– Oh ! fit la dame anglaise, vous êtes effrayé avec le mal de mer ?

– Oui, donc ! répondit le monsieur.

– Alors, je vais vous donner une bonne système, pour que vous êtes très tranquille sur la mer. Vous prenez à chaque quart d'heure un cuiller à café de lui, et voilà que vous êtes tout à fait bien.

Appelant la gouvernante de sa fillette :

– Miss Annie, allez, je vous prie, copier dans ma livre de recettes celui pour le mal de mer.

Et, pour donner plus de confiance encore, la dame ajouta :

– C'est un système que il me donnait un vieux, mon oncle, qui était un missionnaire dans les New South Wales, autrefois...

Miss Annie copia la recette et la remit au monsieur, qui la fit, dès le lendemain, exécuter à son *apotheck* ordinaire.

À son retour à Bruxelles, la première démarche du pâle voyageur fut pour la dame :

– Madame, je vous remercie beaucoup de votre aimable intention, mais je dois vous avertir que votre drogue contre le mal de mer a été précisément à l'encontre de votre but.

– Vous avez été malade ?

– Comme un monceau de vaches, madame.

– Aoh ! C'est étonnant !

– Et pourtant j'ai suivi vos instructions à la lettre : tous les quarts d'heure, j'ai pris une cuiller à café de cette préparation.

– Aoh !

– Si bien qu'avant d'arriver à Douvres, j'avais avalé tout le pot.

– Aoh ! Tout le pot !... Quel pot ?

– Mais donc le pot de la drogue !

– Aoh ! Cette chose ne devait pas être dans un pot !... Dans une bouteille, oui !

– Le pharmacien me l'a donnée dans un pot.

– Montrez-moi le papier que vous donnait miss Annie.

Le monsieur, après une courte investigation dans son portefeuille, retrouva le papier et le remit à la dame.

Celle-ci de s'exclamer :

– Aoh ! cette stioupide Annie !... Au lieu de la système pour le mal de mer, elle avait copié la recette pour la mayonnaise !

Le brave monsieur conclut philosophiquement :

– Ça est quand même heureux que miss Annie ne s'est pas davantage trompée. Voyez donc, si elle m'avait fait ingurgiter de l'encaustique pour jaunes chaussures !

Plaisir d'été

J'ai là, devant moi, sur mon bureau, un tas de lettres haut comme ça, sans exagérer.

Cette correspondance provient d'une portion de mes lecteurs qui semble s'être donné le mot, depuis la venue de la belle saison, pour me demander le même renseignement.

Ces lecteurs, gens établis et mariés, me prient de leur indiquer un divertissement inédit auquel ils pourront, cet été, goûter quelque plaisir, eux et leur famille.

Ce divertissement doit donc réunir les conditions qui caractérisent le divertissement de famille, savoir : une moralité rigoureuse et une dépense peu élevée.

Je ne saurais mieux faire qu'en indiquant à ces braves gens le passe-temps auquel je me livre moi-même et qui m'a déjà procuré quelques heures ineffables, doublées, ce qui n'est point à dédaigner, d'un rondelet petit profit.

Voici le détail de l'opération :

Il y a un mois, je me suis procuré un certain nombre de fioles, de ces bouteilles à étroit goulot qui servent aux pharmaciens à mettre leurs potions.

Dans chacune de ces fioles, j'ai inséré un petit colimaçon juste assez gros pour pénétrer.

Afin que le petit animal ne périsse point d'inanition, chaque jour, je lui envoie des feuilles fraîches de groseillier, de poirier et d'oseille (cette dernière en petite quantité).

Un bouchon, rustiquement fabriqué avec une feuille roulée, suffit à empêcher l'évasion de mes petits pensionnaires.

Ces derniers semblèrent, d'ailleurs, s'accommoder à merveille de leur transparente captivité, car on les vit grossir à vue d'œil.

Au bout de trois semaines, ils étaient devenus de bons gros escargots semblables à ceux de leurs confrères que les gens de cuisine accommodent à la mode bourguignonne ou à toute autre mode.

C'est à partir de ce moment que put se pratiquer ma spirituelle plaisanterie.

Reçois-je des amis dans ma coquette villa, alors je revêts mon air de rien et, habilement, au cours d'une promenade dans le jardin, je fais tomber la conversation sur les limaçons (pas de trop haut, bien entendu, car elle les briserait).

– On ne croirait pas, dis-je, comme la coquille du limaçon peut devenir élastique avec une légère chaleur… rien qu'en la chauffant dans la main, par exemple.

– Ah ! vraiment ? fait le pauvre monsieur… ou la pauvre dame.

– Mais oui… Ainsi, avec un peu d'habitude, on peut faire entrer une de ces bêtes dans une bouteille à petit goulot, à tout petit goulot.

– Allons donc !

– Mais, je vous assure !

– Je voudrais bien voir ça !

– Rien de plus facile !

Je crie à ma bonne (laquelle est dressée à ce genre de sport) :

– Virginie, apportez-moi une petite bouteille.

– Celle-ci est-elle assez grande ? s'informe d'un air innocent la rouée servante.

– Oui, elle ira bien.

Pendant ce temps, j'ai ramassé à terre un assez gros limaçon et, pour bien démontrer que ce n'est pas un limaçon en caoutchouc, je heurte, avec un bruit sec, sa carapace contre le verre.

Les yeux de mes visiteurs s'ouvrent démesurément.

– Alors, s'effare l'un d'eux, vous avez la prétention de faire entrer ce limaçon dans cette bouteille ?

– Voulez-vous parier cent sous ?

– Sans casser ni la carapace, ni la fiole ?

– Sans casser quoi que ce soit.

– Eh bien, je parie cent sous !

(Si mon interlocuteur n'est pas très riche, j'abaisse le taux de la gageure jusqu'à, parfois, cinquante centimes.)

Deux minutes après ce dialogue, et à la suite d'une habile

substitution, je montre au parieur ma petite bouteille avec, en son sein, un gros limaçon.

Neuf fois sur dix, le subterfuge n'est point découvert.

En ce cas, tout en jouissant de la stupeur de mes hôtes, j'empoche froidement le montant du pari, ce qui est autant de repris sur les petites dépenses que ces derniers m'ont occasionnées. Dam !

Un dernier détail tout à mon honneur et qui pourrait bien me valoir une médaille de la Société protectrice des animaux :

Chaque fois que mon truc réussit, je casse la fiole et rends la liberté à l'animal.

Dans le cas contraire, je brise le tout sous mon talon rageur... Voilà !

Les personnes qui voudraient s'amuser, cet été, au moyen de ce petit stratagème, devront s'y *prendre* dès maintenant pour être prêtes à la fin du mois.

Plaisir bête et cruel

Les personnes qui me font l'honneur de suivre les chroniques si documentées que je publie parfois dans ces colonnes, se souviennent peut-être d'un petit divertissement champêtre que je me permis de leur indiquer récemment.

Il s'agissait – rappelons la chose en deux mots – de petits colimaçons qu'on introduisait, à l'état d'enfance, dans des fioles à mince ouverture et qu'on laissait ainsi prospérer et grossir, à seule fin de déterminer la stupeur chez de naïfs invités et de provoquer des gageures profitables.

... On étouffe ici ! Permettez que j'ouvre une parenthèse.

Certains états météorologiques (encore mal déterminés) infacilitent parfois la nombreuse capture desdits.

Pour remédier à cet inconvénient, laissez-moi vous indiquer un système que je tiens, d'ailleurs, d'une des plus gracieuses lectrices, et qui pourra vous servir à l'occasion.

Aucun limaçon – le fait est connu – ne saurait résister à l'envie de prendre l'air après une bonne pluie d'orage.

Profitez donc des bonnes pluies d'orage pour faire vos provisions de limaçons.

Mais, me dites-vous, on n'a pas toujours une bonne pluie d'orage sous la main.

C'est là où je vous attendais, braves gens à l'âme simple.

Avez-vous quelquefois frémi à un orage, au théâtre ?

Fûtes-vous jamais assourdi par les plaques de tôle qu'agitent de frénétiques machinistes ? Ébloui par la fulguration du lycopode soudain flambé ?

Eh bien ! transportez en votre jardin ces procédés de spectacle, remplacez l'eau du ciel par un copieux arrosage d'eau légèrement tiédie au soleil, et vous obtiendrez un résultat suffisant pour illusionner le plus roublard des limaçons (et il en existe de diantrement malins dans le tas !)

Rien de comique alors comme de voir ces pauvres animaux

sortir en toute hâte de leur cachette et se diriger vers les feuilles mouillées avec une célérité qui ne semble point de leur apanage.

Car, ainsi que l'a observé Hippolyte Briollet, on dit toujours : *Lent comme un escargot !* C'est bête ! L'escargot ne marche-t-il pas ventre à terre ?

... Allons, bon, un courant d'air ! Si cela ne vous incommode pas, mesdames, nous allons fermer la parenthèse.

Je me fatiguai vite à mettre tant d'escargots dans des bouteilles, et bientôt je modifiai ce sport légèrement.

Aujourd'hui, c'est des papillons que j'inclus en mes transparentes prisons, et c'est beaucoup plus gracieux.

Je les prends à l'état de cocon (c'en est actuellement la saison) et j'agis avec ces cocons comme avec les petits limaçons.

Quelques jours d'attente, abolie la chrysalide et vive le papillon aux mille couleurs !

Ce qu'il y a de pénible à contempler un pauvre être, et si brillant, enfermé, s'oublie au curieux et jamais déjà vu du spectacle.

Mes jolis captifs, je les nourris avec des fleurs de réséda, qu'ils préfèrent à toutes autres.

Et je songe parfois, bêtement cruel :

– Si c'est vrai, pourtant, la métempsychose, et qu'en le frêle papillon que voilà, frissonne l'âme d'un vieil aventurier qui accomplit trois fois le tour du monde et dont les dangers firent le bonheur, comme il doit s'ennuyer dans cette petite bouteille dont la capacité ne dépasse pas un huitième de décimètre cube !

Le crocodile et l'autruche

FABLE SUD-AFRICAINE

Il y avait une fois un crocodile qui sommeillait au bord d'une rivière.

Vint à passer une autruche, une belle autruche, stupide de cerveau et fière des superbes plumes qu'arborait son derrière.

Quand elle aperçut le crocodile :

– Te voilà, toi, grand vaurien ! dit-elle avec l'insolence des volatiles de sa caste.

Vexé de cette désobligeante interpellation et furieux d'être ainsi réveillé inutilement, le crocodile répondit sur le ton de l'aigreur :

– D'abord, vous commencez à me raser, vous, avec vos façons de parler allig à tort et à travers : sachez que je ne suis pas un *grand vaurien*, mais bien un *grand saurien*, ce qui n'est fichtre pas la même chose !

– *Vaurien* ou *saurien*, peu importe. Vous n'en êtes pas moins un des plus vilains moineaux de toute la zone. Dieu, que vous êtes laid, mon pauvre ami !

Et en faisant ces mauvais compliments au saurien (car le crocodile est bien un *saurien*), la ridicule autruche se tournait et se retournait pour faire admirer les magnifiques plumes de son postérieur.

À ce moment, un nuage de poussière apparut à l'horizon :

– Alerte, alerte, fit le crocodile complaisant, voici venir des chasseurs d'autruches ! Filez, ma belle amie, ou gare les balles de ces messieurs ! Quant à moi, ma laideur est ma sauvegarde.

– Le fait est, répondit l'autruche, qu'on n'a aucun intérêt à vous tuer, vous, et à s'emparer de votre queue pour la mettre sur les chapeaux des belles dames anglaises, comme on fait de la mienne.

Au lieu de s'attarder à cette dernière insolence, l'autruche aurait mieux fait de filer, car au même instant, une balle venait la frapper en plein cœur.

Le crocodile eut, aussi, un grand tort, celui de se réjouir de ce résultat, car le bruit qu'il produisit, en se frottant les mains, fit se retourner un des chasseurs.

Une balle dans l'œil le foudroya.

Quelques mois après ces événements, dans un grand magasin de New-Bond-Street, une jeune femme, d'une rare élégance, extrayait de son portefeuille des bank-notes pour payer des plumes d'autruche qu'elle venait d'acquérir.

Or, ce portefeuille était fabriqué avec la peau de notre feu crocodile, et les riches plumes ne provenaient point d'une autre croupion que celui de notre regrettée autruche.

MORALITE

Soyez vilain ou soyez beau,
Pour la santé, c'est kif-kif bouricot.

Jujules a mangé les pruneaux

En entrant à l'improviste dans la salle à manger, j'entendis la porte du buffet qui se fermait brusquement et je surpris mon petit Jujules en train d'essuyer sa bouche avec sa manche.

M'apercevant, Jujules imprima à toute sa physionomie un air de candeur ineffable et ses yeux reflétèrent l'azur même du ciel.

Quand je vois mon petit Jujules arborer tant de sérénité, ma religion est fixée : Jujules vient de faire un mauvais coup.

Oui, mais quel mauvais coup ?

Sans l'espoir, d'ailleurs, d'une réponse sincère, j'interrogeai l'enfant :

– Qu'est-ce que tu viens de faire ?

– Rien, papa.

– Comment, rien ?

– Non, rien, je t'assure, papa !

– Tu as pris quelque chose dans le buffet ?

– Rien, papa.

– Tu l'as refermé quand je suis entré.

– Oui, papa, je l'ai refermé pour empêcher la poussière d'entrer.

– Tu l'avais donc ouvert ?

– Non, papa, il *y était* avant.

Ce qui m'agaçait dans les réponses de mon petit Jujules, ça n'était pas tant son mensonge, bien naturel en somme, que son air de se moquer de moi, dans les grandes largeurs.

Et je connais mon Jujules : quand il a cet air-là, Torquemada lui-même ne lui arracherait pas son secret.

Je résolus donc de procéder à une enquête personnelle et j'explorai les flancs du buffet, en vue d'y trouver quelques traces révélatrices du passage de Jujules.

Mon investigation ne fut pas longue.

Un compotier se trouvait là qui avait contenu des pruneaux.

Les pruneaux étaient absents, mais de la sauce s'y étalait encore.

Un détective de six mois aurait compris.

– Jujules, tu as mangé les pruneaux qui restaient du déjeuner ?

– Non, papa.

– Je te dis que si !

– Je te dis que non, moi !

– Où sont-ils alors, ces pruneaux ?

– Est-ce que je sais, moi ! Est-ce que tu m'as donné les pruneaux à garder ?

J'aime beaucoup mon petit Jujules, mais je pense que les enfants menteurs et obstinés ont besoin d'une correction.

J'allais donc châtier l'enfant quand mon épouse Brigitte, attirée par le bruit, entra dans la salle à manger.

– Qu'y a-t-il ? s'enquit cette dame.

– Il y a que Jujules vient de manger des pruneaux et qu'il ne veut pas l'avouer.

– Est-ce vrai, Jujules ?

– Non, maman, ça n'est vrai ! Je n'ai pas mangé les pruneaux ; pourquoi que j'aurais mangé les pruneaux, d'abord ?

Brigitte, mon épouse, est d'une faiblesse déplorable à l'égard de notre fils. Tout ce qu'il fait est bien fait.

Naturellement, elle prit parti pour Jujules contre moi.

– Pourquoi, mon ami, voulez-vous que cette enfant ait mangé les pruneaux ? S'il les avait vraiment mangés, il le dirait, n'est-ce pas, mon petit Jujules ?

– Oui, maman.

Et en disant ce *oui, maman*, le crapaud me regardait de son œil le plus narquois, semblant me dire : « Oui, c'est moi qui les ai mangés, les pruneaux ! Et puis, j'en mangerai encore ! Et puis, zut pour toi ! »

Une altercation des plus vives éclata entre Brigitte et moi.

Avez-vous vu une lionne au lionceau duquel on reproche d'avoir mangé des pruneaux en temps prohibé ?

Au cours de cette orageuse discussion, une idée lumineuse me jaillit soudain :

– Oui, m'écriai-je, c'est Jujules qui a mangé les pruneaux ! Et je vais vous le prouver.

– Ah ! mon Dieu ! clama la lionne, vous n'allez pas lui ouvrir le ventre, au moins !

– Non !

Quelques minutes après cette scène, la science comptait une application de plus.

Grâce au tube de Crookes, qui ne me quitte jamais, et un accumulateur d'une énergie peu commune, je photographiai Jujules, suivant le procédé dont se sert Rœntgen pour photographier à travers les substances opaques.

Le cliché confirma mes prévisions. On y apercevait clairement, dans l'estomac de mon petit Jujules, les sept noyaux de pruneaux qu'il avait dévorés.

Fort de ma découverte, je voulus confondre l'enfant.

Mais ce dernier, très au courant des découvertes modernes, me répondit cyniquement :

– La prochaine fois que je prendrai quelque chose dans le buffet, ce sera des substances insensibles aux rayons X.

Un curieux point de droit

La lettre suivante, trouvée dans mon courrier de ce matin, m'a laissé particulièrement rêveur, perplexe même.

Si quelque jurisconsulte de mes lecteurs trouvait une solution au problème posé, je lui serais vivement reconnaissant de me l'adresser, car il y a là une question d'intérêt public à laquelle les indifférents seront seuls à ne se passionner point :

Voici les passages essentiels de la lettre :

« Cher monsieur Allais,

» Vous, à qui les plus formidables points d'interrogation semblent jeux d'enfant ; vous, pour qui toute science est sans mystère, tirez-moi d'embarras.

» Je suis possesseur, dans les environs de Paris, d'un charmant pavillon entouré d'un parc qui mesure 134 mètres de long sur 87 de large.

» Mais ce qui me chiffonne au-delà de toute imagination, c'est que, connaissant la longueur et la largeur de ma propriété, j'en ignore la hauteur.

» Mon droit de propriétaire s'étend-il ou plutôt s'élève-t-il jusqu'aux étoiles, jusque par delà les étoiles (ô rêve !), ou bien s'il s'arrête quelque part ?

» Et où ?

» Les livres de droit que j'ai feuilletés sans relâche depuis quelques jours sont muets à cet égard.

» Y aurait-il lacune de la loi ?

» Ou bien le législateur aurait-il reculé devant une aussi grave question ?

» Quoi qu'il en soit, cher monsieur Allais, je suis horriblement tourmenté depuis que ce problème hante mon esprit.

» Précisons :

» Un ballon a-t-il le droit de passer sur ma propriété ?

» Évidemment, répondez-vous.

» Bon, mais à quelle hauteur?

» Bien sûr que si cet aérostat se contente de planer à un millier de mètres au-dessus de mon jardin, je n'aurai rien à dire.

» À cinq cents mètres, pas davantage.

» À trois cents mètres, non plus.

» Et même à cent mètres.

» Mais, voyez-vous ce ballon voletant à un mètre de mon sol ?

» N'allez pas crier à l'impossibilité d'un tel fait, car l'aventure m'est arrivée pas plus tard que dimanche dernier.

» J'avais quelques amis à déjeuner, des messieurs, des dames et des enfants.

» Comme le temps était fort beau, nous mangions dehors, sur la magnifique pelouse qui s'étale devant ma maison.

» On venait de servir le café quand un petit garçon de l'assistance s'écria : « Tiens ! un ballon ! »

» En effet, un ballon s'avançait dans notre direction.

» Tout à coup, cette sphère volante sembla se décider à regagner le plancher des vaches et nous la vîmes qui s'abattait assez rapidement sur notre tête.

» Elle n'en était plus qu'à quelques mètres ; nous distinguions parfaitement les deux messieurs dans la nacelle, quand l'un d'eux s'écria, nous désignant :

» – Ne descendons pas là, ces gens ont une trop sale gueule !

» (Excusez l'expression, elle n'est pas de moi.)

» L'autre répondit :

» – Tu as raison !... Tiens ! voilà pour sucrer leur café.

» Et, en même temps, il vida sur nous tous un plein sac de sable du plus désagréable effet.

» Délesté, le ballon remonta et disparut bientôt à l'horizon.

» Comme c'est agréable, n'est-ce pas !

» Comprenez-vous, maintenant, cher monsieur Allais, pourquoi je voudrais être fixé sur mes droits de propriétaire, en hauteur ?

» Je compte sur vous pour m'envoyer au plus tôt la solution de ce point de droit laissé, jusqu'à ce jour, dans l'ombre.

» J'ai l'honneur, etc., etc.

» *Signé :* Un fidele admirateur de votre beau talent. »

Moi aussi, me voilà bien embarrassé pour élucider un litige tant inouï.

En attendant que les hommes de loi aient prononcé leur sentence, si j'étais à la place du *fidèle admirateur de mon beau talent*, j'élèverais mes murs à 3 ou 400 mètres de hauteur de hauteur, et puis, sur le tout, je tendrais une belle toile métallique bien solide.

Et puis, je m'arrangerais pour ne plus inviter à déjeuner des gens dont la *gueule* dégoûte à ce point de braves aéronautes.

La belle inconnue

Il descendait le boulevard Malesherbes, les mains dans ses poches, l'esprit ailleurs, loin, loin (et peut-être même nulle part), quand, un peu avant d'arriver à Saint-Augustin, il croisa une femme.

(Une jeune femme dont la discrétion importe peu ici. Imaginez-la à l'instar de celle que vous préférez et vous abonderez dans notre sens.)

Machinalement, il salua cette personne.

Mais elle, soit qu'elle n'eût point reconnu notre ami, soit qu'elle n'eût point remarqué son salut, continua sa route sans marque extérieure de courtoisie réciproque.

Et pourtant, se disait-il, il l'avait vue quelque part, cette bonne femme-là, mais où diable ! et dans quelles conditions ?

En tout cas, insistait-il à part lui, c'était une bien jolie fille, avec laquelle on ne devait pas s'embêter.

Au bout de vingt pas, n'y pouvant tenir, obsédé, il rebroussa chemin et la suivit.

De dos aussi, il la reconnut.

Où diable l'avait-il déjà vue, et dans quelles conditions ?

La jeune femme remonta le boulevard Malesherbes jusqu'à la jonction de cette artère avec l'avenue de Villiers.

Elle prit l'avenue de Villiers et marcha jusqu'au square Trafalgar.

Elle tourna à droite.

Et lui, la suivant toujours, se disait :

– C'est drôle, j'ai l'air de rentrer chez moi.

Avec tout ça, il ne se rappelait encore pas où diable il l'avait déjà vue, cette jeune femme, et dans quelles conditions.

Arrivée devant le no 21 de la rue Albert-Tartempion, la dame entra.

Ça, par exemple, c'était trop fort ! La voilà qui pénétrait dans sa propre maison !

Elle prit l'ascenseur.

Lui, quatre à quatre, grimpa l'escalier.

L'ascenseur stoppa au quatrième étage, son étage !

Et la dame, au lieu de sonner, tira une clef de sa poche et ouvrit la porte.

Quelque élégante cambrioleuse, sans doute.

Lui, ne faisait qu'un bond.

– Tiens, dit la belle inconnue, tu rentres bien tôt, ce soir !

Et seulement à ce moment il se rappela où, diable ! il l'avait vue, cette jeune personne, et dans quelles conditions.

C'était sa femme.

Perroquet héritier

Quand Hérodote prétendait que les perroquets ont pour coutume de vivre fort vieux, cet estimable polygraphe n'avançait rien à la légère.

Les perroquets, en effet, ont pour coutume de vivre fort vieux, à moins pourtant qu'un persil meurtrier ne vienne faucher en sa fleur le fil de leurs ans jaseurs.

(Un persil, qui fauche un fil en sa fleur... quelle littérature !)

La longévité plus ou moins considérable des perroquets peut même amener certains litiges spéciaux, témoin ce procès curieux qui va se plaider jeudi prochain devant le tribunal de Pont-l'Évêque.

Rappelons brièvement les faits :

Le 27 mai 1868, une vieille fille, la demoiselle Marie Popette, mourait laissant la totalité de son petit avoir (2300 fr. de rentes) à son perroquet, antique oiseau que lui avait jadis légué un sien vieil oncle, et auquel elle avait voué un attachement véritablement maternel (au perroquet, bien entendu.)

Comme la loi française interdit formellement de remettre argent, valeurs ou titres ès-mains d'un oiseau quelconque, les petites rentes de la vieille fille furent confiées à une bonne qu'elle avait à son service, au moment de sa mort.

Le testament, en effet, portait que la légataire jouirait de cette fortune tant que vivrait son perroquet ; après quoi, les rentes s'en retourneraient aux héritiers naturels.

Ces derniers, vous voyez d'ici leurs sentiments à l'égard de l'oiseau rentier.

– Bah ! se consolaient-ils, cette volaille n'est plus de la première jeunesse. Patientons un peu.

Et ils patientaient.

Le perroquet en question était un perroquet fort mal élevé, un perroquet à vocabulaire grossier.

Son premier maître, un vieux soldat de la Révolution et de l'Empire, lui avait inculqué quelques clameurs dans ce genre : *M. pour les Bourbons !* pour saluer le passage d'un ecclésiastique : *Vive l'Empereur !* pour un militaire en uniforme : *Cochons d'Anglais !* pour les personnes à allures de touristes, quelle que fût, d'ailleurs, leur nationalité, etc., etc.

Or, à la grande rage des héritiers, le discourtois perroquet ne mourait pas souvent. Pourtant, d'après les calculs les plus raisonnables, il devait avoir au moins cent ans.

Ah ! la sale bête !

Un doute affreux envahit l'âme cupide des héritiers, ou plutôt l'âme cupide de leurs descendants, car les premiers, en désespoir de cause, s'étaient décidés à trépasser avant leur cohéritier à plumes.

Si le perroquet d'aujourd'hui, se disaient-ils, n'était plus le même que celui de 1868 !

En un mot, s'il y avait eu substitution !

Une enquête habilement menée vint confirmer les soupçons.

On apprit que la bonne femme chargée du soin de l'animal s'absentait souvent, emportant avec elle son précieux vert-vert.

Elle se rendait à la campagne, chez des parents à elle, qui possédaient eux-mêmes trois perroquets absolument semblables au héros de notre histoire.

Ces trois perroquets étaient sévèrement dressés à prononcer le répertoire du nôtre, savoir : *M. pour les Bourbons ! Cochons d'Anglais !* et autres urbanités analogues.

Comment ne pas avoir dans cette réunion d'oiseaux une réserve, un... comment dirai-je donc ?... un véritable Conservatoire de perroquets destinés au remplacement du manquant, au cas échéant ?

La justice fut aussitôt saisie de l'affaire.

Un vétérinaire commis à l'examen de l'oiseau litigieux ne put conclure nettement sur son âge probable. (Le perroquet n'offre pas, comme le cheval, la ressource du contrôle dentaire.) Les choses en sont là.

Je ne manquerai pas, jeudi, d'assister à séance du tribunal, et je télégraphierai aussitôt le verdict (par fil spécial).

Infâme calomnie

La première chose que je lus, aujourd'hui, en me réveillant, fut un article publié par un grand journal du matin et signé du nom de Graindorge (pseudonyme, m'a-t-on affirmé, de notre grand dramaturge national Alfred Capus).

Cet article n'était autre qu'un dialogue entre M. Bertillon et sa bonne, dialogue roulant sur la pantelante question de la dépopulation en France.

Cette conversation entre sa servante et le chef du service anthropométrique avait-elle eu lieu réellement, ou bien si elle n'était que le fruit de l'imagination de M. Graindorge ?

Voilà ce que je résolus sur le champ d'élucider.

Car les journaux les plus graves se sont mis, depuis quelques temps, à publier des badinages écrits parfois sur un ton sérieux auquel le lecteur bénévole – tel moi – se laisse prendre.

D'après l'article en question, la bonne de M. Bertillon, jeune fille fort dévouée à son maître, se serait décidée, de concert avec un aimable soldat, son cousin, à faire œuvre de chair dans le but de relever un tantinet (on fait ce qu'on peut) la courbe de la natalité française.

... Une heure ne s'était point écoulée et je sonnais à la grille de l'élégante villa qu'occupe à Auteuil l'infatigable mensurateur.

Une jeune servante, accorte à souhait, vint à la porte.

Tout d'abord (et peut-être parce qu'elle n'avait pas encore ouvert la bouche), je ne remarquai pas que la gentille bonne était lotie d'un fort accent alsacien.

Ce n'est qu'après.

M. Bertillon ? fis-je d'une voix insinuante.

– Il n'est pas ici, monsieur, il est à son affaire d'entrecôte aux pommes et de riz.

Je crus comprendre, comme aurait pu le faire n'importe quel Français adulte, que cette *affaire d'entrecôte aux pommes et de riz* cachait que M. Bertillon prenait sa matutinale pâture.

– Comment ! m'effarai-je un peu, M. Bertillon déjeune si tôt !

– Je ne vous dis pas que M. Bertillon déjeune, je vous dis qu'il est à son affaire *d'entrecôte aux pommes et de riz !*

– J'entends bien, mais...

Je n'achevai pas : j'avais compris !

La jeune enfant des chères provinces perdues voulait dire *anthropométrie !*

Brave fille, va !

Alors, n'ayant pas M. Bertillon sous la main, ce fut elle que j'interviewai.

La petite bonne lut attentivement l'article de M. Graindorge, que je lui tendis.

Elle entra dans une vive colère et s'exprima, sur notre confrère, avec une trivialité peu commune et un rare bonheur d'invectives. Cela, bien entendu, tempéré par la douce musique de sa prononciation alsacienne.

L'accent de la sincérité brochait sur le tout.

M. Bertillon, que je rencontrai lui-même peu après, m'affirma qu'il ne fallait voir en l'article de M. Graindorge qu'une aimable facétie, une *galéjade*, comme dit Auguste Marin.

Il ajouta même, sur le compte de sa jolie petite bonne, une réflexion personnelle non dénuée de piquant mais impossible à insérer dans un ouvrage qui se respecte.

C'est dommage !

Milton Keynes UK
Ingram Content Group UK Ltd.
UKHW050715181023
430769UK00009B/286

LYRICS TO LIVE BY

2

Further Reflections, Meditations & Life Lessons

Tim Bragg

Sycamore Publishing

This edition first published in 2020 – Copyright Tim Bragg

ISBN 978-1-8381963-0-1

John Loasby – Book Cover

Sycamore Publishing Ltd.

160 Kemp House,
City Road,
London
EC1V 2NX

SYCAMORE PUBLISHING

To: Annie & Harvey and Friends & Family Everywhere

This book belongs to YOU – because without YOU it would never have happened.

Special thanks to: JL, PH, GS, HJRB

Author Biography

Tim Bragg is a novelist and short-story writer. Occasionally he writes nonsense verse, more often poetry and from time to time articles on various topics. He is also a musician and singer-songwriter. Tim plays various instruments, including: drums, flute, guitar and the EWI (electronic wind instrument). He has recorded several CD albums and you can find his songs on-line.

Tim studied English and American Literature at Warwick University. He is married to a French woman and currently lives in France - they have one son.

Tim has always been interested in the way folk think and act: why we behave the way we do and how we can improve our lives.

Foreword

When I wrote the original 'Lyrics to Live by' I had no idea what its reception would be. Perhaps the cheeky (but relevant) inclusion of a set of my own lyrics also left me in some trepidation. As it turned out the response was great! On the back of that response I decided to write a 'follow-up' – what musicians might call 'that difficult second album'. This time around I haven't included any of my own lyrics but have stuck with another Dylan song (though a song I always associate with Jimi Hendrix) and another Bowie song 'Changes'. Given the amount of songs out there it might seem a little surprising that I chose to repeat two of the previous songwriters. But their inclusion was natural. I had this notion of using 'Changes' (the ideas behind the word) and my hunch seemed correct, as you'll see it grew in the telling and required two parts! 'All Along the Watchtower' (Dylan – but here referring to the Jimi Hendrix Experience's version) is a song I associate with strongly, from being a youthful non-musician to regularly performing it on stage as a working musician. I have sung this song fronting a band and played flute as a lead counter to guitar; I have also sung it from behind the drums – I have EVEN played rhythm guitar and sung. Without stressing the point to breaking, I have also multi-tracked this song – playing each individual part. The lead part being played by a curious instrument called the EWI (electronic wind instrument) – there's a video on YouTube if you're feeling inquisitive, which also includes photos of the EWI! The songs 'All Along the Watchtower' and Van Morrison's 'Moondance' have both become synonymous with my live playing.

The original 'Lyrics to Live by' contains lyrics suggested by Persevere Publishing (except for Paul Simon's 'Slip Sliding Away' and my own 'Some Answers') – but this time around (and with a new publisher) I have had more input. In fact all the song choices are mine except for those by Lou Reed and Peter Gabriel (which were suggested by the original publisher). This meant that my approach to the lyrics has been somewhat different. Originally I responded to the lyrical fragments in an immediate, almost automatic way – allowing my mind to be absorbed in all their possible meanings and connotations – frankly I had little idea where they would take me. I think this gave what I wrote a degree of energy - hopefully a freshness that often swept the reader along. I was also very mindful of the self-help aspect of the book. With this 'follow-up' I chose the lyrics for what they had to say and therefore what I wanted to write (the original publisher's picks aside). Therefore we get such themes as: the human condition/place and belonging/mental health/childhood/betrayal and more! This approach has been very interesting and has produced a different response in my writing. I had the idea, I had the lyrical fragment – but I still had to plunge in and allow my mind free reign. Occasionally there was a kind of conflict of direction between what I had planned to say and where my mind was leading me. Sometimes the themes allowed free expression, sometimes I really had to work at what I wanted to say. Because the themes are huge I was also aware of a responsibility to you the reader in any information I had to impart, but also the practical limitation of the number of words. As before, I wanted to enable each chapter to be consumed in one sitting (if required). If you write about what it is to be Human then that's tricky in a fairly short chapter! You'll be the judge of whether I have succeeded or not.

The genres chosen are as diverse as the original book with releases ranging from 1968 to 2016; from Americana to Prog Rock; Folk to Pomp Rock and Pop to Heavy Rock. If this book lives up to the first then maybe I'll venture into a wider range of genres and an even greater time span! I've also included two essays I wrote which used lyrics as their theme or inspiration. 'The Romantic Rocker – Some Thoughts on Phil Lynott' talks a little about one of my favourite songwriters and his lyrics while 'Futility and Expansiveness' utilises some of Van Morrison's lyrics while relating to themes I discuss in the book. Phil Lynott was the lead singer and bassist for Thin Lizzy – a song of theirs is included here and the essay on Phil might give some insight into 'Dear Lord'. Van also has a song included, 'Days Like This'. 'Futility and Expansiveness' is related to the chapter on 'Madness' (Queen). I realise that this word is stark and has been supplanted by 'mental health' but the lyrics I have chosen specifically talk about 'going slightly mad' as you'll read. Both essays were previously published by 'Counter Culture' (which can be found on-line) and also on MEDIUM, which is also on-line, and has many other of my essays.

I hope you'll get into the spirit of the book's cover and contents being likened to an old vinyl LP (Long Playing Record 33rpm) – with the chapters laid out carefully as sides 1 and 2. But there are also two 'hidden tracks' (the essays mentioned above and thus not so hidden in a book) which relate to music packaged as a CD and/or cassette. For those that don't know, there would be an extra song (or songs) that were unmarked on the CD/Cassette track listings and which would only be discovered if the CD and/or cassette was left to run. Humour me and play along with this hybrid idea. This also makes me think how modern technology works both for and against lyrics. When LPs had their huge sleeves, and often an inner booklet, the lyrics might well be printed out in full – or at least a particular song's. Glasses were often needed to read the small print on a lot of CDs but with song streams (streaming) there is, obviously, only audio – although Digital Booklets are available for downloading along with many of the tracks/albums. It's also easy enough to do a search on-line to locate not only the lyrics of the song but a band's full discography. I have to say I do like going down a few 'rabbit holes' when it comes to bands' histories. How did that Jefferson Airplane song go again? ('White Rabbit')

As we discuss modern technology – allow me this little pleasure of sharing a fragment of my own lyric from:

'The Night is Fallin' ':

The night is falling

The wires are singing

I can't get through to you

My heart is sinking

With all this thinking

I want to be renewed

With all this modern technology

You'd think we'd get from you to me

With all this modern technology

You'd think we'd get through

I trust I will get through to you!

Words and their language create the world we live in. We inhabit our thoughts and, of course, thoughts lead to ideas which lead to actions. Lyrics colour the world for us. Songs can give structure to our lives, marking our time upon this planet. Lyrics give meaning to and reflect the stages in our lives. They mark time. It is Modern Technology that allows us to listen to recordings made through the ages. Musicians who recorded in a studio across the globe decades ago can move our emotions **here and now**. How magical!

And with that, I hope you enjoy this BOOK – not at all new technology but still, perhaps, the best way to communicate ideas. I also trust that my reflections, meditations and life lessons contained within might, in some small way, help and improve both you and the life you lead.

Cheers! Tim Bragg

SIDE 1

1 **I'll Be Your Mirror -** Lou Reed

2 **I'm Going Slightly Mad -** Queen

3 **Human** - Rag 'n' Bone Man

4 **Dear Lord** – Thin Lizzy

5 **Days Like This –** Van Morrison

6 **Life is a Long Song –** Jethro Tull

SIDE 2

1 Changes - David Bowie (Parts 1 & 2)

2 The Logical Song – Supertramp

3 Our Town – Iris DeMent

4 Digging in the Dirt – Peter Gabriel

5 All Along the Watchtower – Bob Dylan

SIDE 1

1

I'll Be Your Mirror - Lou Reed

When you think the night has seen your mind
That inside you're twisted and unkind
Let me stand to show that you are blind
Please put down your hands
'Cause I see you I'll be your mirror

Artist: The Velvet Underground and Nico
Album: **The Velvet Underground & Nico**
Year: 1966 (single) 1967 (album)
Writer(s): Lou Reed

'When you think the night has seen your mind.' That's a powerful and chilling beginning. Have we things we wish to hide? Why aren't we afraid of the sun's light penetrating our deepest thoughts? The sun – a huge spotlight! But here we have fear of the night's paradoxical illumination. And I wonder by this if it is the 'Night of the Mind' that fears the night from outside.

Night is the loss of the sun and maybe the loss of the moon. In fact the moon often gives the night its particular character. A moonless night could be a night sky of stars and a feeling of wonder or it could be an oppressive slab of hard black metal enfolding us beneath. A moonless night can trap us psychologically and spiritually. It certainly can be oppressive – rendering us blind, feeling our way, vulnerable to its blanketing power. Night is the negation of light. A cloaking, whereby nefarious deeds can take place. Or illicit rendezvous. Night without moonlight or twinkling stars can link the earth and sky as if there is no divide.

A moonlit night is different. There is a faerie-tale quality to its reflected light. It is the time of deep dreams and hushed stories. Of adventure. Of eeriness and otherness. It is a time to feel the connection between this world and other realms. Everything is semi-illuminated – bringing the familiar into strange reality. It is a time when creatures are partly exposed and when hunting animals can stalk their prey. It is a silver light to the golden quality of the sun - when we can slip into a spiritual world or a world where spirits haunt and ghosts are imagined. Trees become sinister creatures. Nature becomes suspect, yet also magical.

Night-time is the time of death and the dead. Of witches and ghouls. Of ritual and magick. But it is also a time when we withdraw into homes and draw around a fire (if we're lucky) or turn inside and reflect. Fires become splintered embers of the sun. A human recreation. The night is introspective. It is hard-wired into our very souls that we become afraid with the sinking sun. As the sunset paints a final goodbye to the day we are left sightless and everything we take for granted becomes hidden or is utterly transformed. Night-time is a gateway, a symbolic transition between life and death. When many people finally slip away from this life.

The night is thus powerful and penetrating. Imagine therefore if your mind has been dwelling in darkness how it might fear exposure from Night's blind eyes. And further, that you believe it has seen that you are '*twisted and unkind*'. These are feelings you wish buried, lowered in coffins into the soily-skin of the earth; of your mind. And are you twisted? Are you unkind? Is there no hiding place for such base feelings? Can we fool the world?

'*Let me stand to show you that you are blind*' – is that 'stand up' or 'stand up to' or 'stand up for'? The act of standing is a measured move of intended action or power. '*Please put down your hands.*' Is this someone who is hiding their eyes – are they like a child who covers their face and imagines that no-one can see them? If their hands are physically covering their eyes and metaphorically blinding them – are they also deliberately placing themselves in the night? They do not wish a deep part of themselves to be uncovered, revealed, illuminated. In their darkness only Night can share their space, their interior. '*I see you.*' '*I'll be your mirror.*' It is as if it is Night personified. The night will see them and the night will mirror them.

By 'seeing' them or by being their 'mirror' we can interpret this in two ways. The darkest of night (the '*dark night of the soul*' – Van Morrison) robs us of sight. We are helpless. We need a guide or we will fall prey. If it is our twisted and unkind thoughts that has us hiding in shadows we will either be devoured or saved. How might that be? Is there a place for dark thoughts within? If we have dark thoughts what are we to do about them? Perhaps, to continue the metaphor, if we hide in the shadows or the blackness of a dense forest or cave we are allowing negative thoughts to both hide and thrive. Can the night see them? Under this blinding canopy dark thoughts can live and breed – even hunting us down. Our fear feeds them. The more we try to hide the more we are held captive.

But if we accept these thoughts and do not claim them, then by putting our hands from our eyes and face, we will begin to see. And to see is to have light. Did you create these thoughts and if so how? As thoughts come to you did you bid them or are you a passive or semi-passive receiver? Perhaps it is the human condition to be the prey of both dark and light thoughts and influence. If we accept dark thoughts as ours then we nourish them and give them credence. If we calmly accept that thoughts 'arrive' unbidden then we rob them of at least SOME of their power. We are not their creators.

Here's an experiment. Close your eyes and remain still. You will no doubt become more conscious of sounds and in some way you will feel withdrawn. Maybe you'll see interior images playing across your eyelids. If a thought comes to you – did you consciously create or invite that thought? Is it a product of spontaneous neuronal activity that you surely have no control over? Is it a product of everything you have ever seen or witnessed randomly firing in a single thought? Try now to consciously think of a thought (an odd expression in itself). Let's think of a tree – why? Because that idea popped into my head! Go. Okay – one second in and although I saw a tree an image of a childhood dog came into inner-sight! I certainly didn't command that thought. Now imagine if I had seen myself harm that dog (I didn't) – would I be responsible for that thought?

If that bad thought came as a result of a multitude of negative micro-decisions or maybe being exposed to violence or cruelty, or trying so hard to be good and have good thoughts that a bad one came up and bullied them away, or because of suppressed rage or a range of other things, then you might be tempted to see your own hand in their creation (to a greater or lesser extent). If, say, you choose to watch horror films there would surely be a psychological repercussion. If you have a choice of course. But even if SO – you can deny the thought its power. If you are inclined to goodness and trying to be better, you might even be MORE likely to accept the thought – because you feel guilty and responsible – thus demonstrating that the thought DOESN'T belong to you of course!

Regardless of the origin of thought (and I can only hint at that here) you still have a choice. Accept (take ownership of) the negative, unkind, twisted thought or let it pass by. It's a win-win situation if you let it pass. If the bad idea came from you it is also YOU who is pushing it away (or letting it pass) which shows you have redeeming qualities, or if the thought came from another source (and this idea for another time) then you are not responsible and do not need to act upon it or even feel shame for having it presented in thought. The bottom line is that you don't allow the negative thought to have any power. Recognise it. Accept it (let it pass). Turn your attention to something else – this being a conscious, intentional act, of course.

In the lyrics what or who would become the mirror? In literature we talk of 'holding up a mirror to the world'. Literature reflecting the life around itself – almost as a moral duty. Is the mirror here the mirror of their conscience? Who else could see them well enough for their guard (or protection) to be let down and for their inner life to be revealed? Or is it God? Or at least a manifestation of the Divine? The stumbling block for all these possibilities is that they who would hold up the mirror do so because the other is regarded as '*blind*'. In which case what will the mirror reflect?

Mirrors are in some way deceivers. They do not reflect accurately but turn things around (in a manner of speaking) – the reflection is direct. A right-handed parting of the hair becomes a left one. You see yourself in the mirror but it is not your true self. Here the person is 'blind' (metaphorically?) - so the mirror can only work psychologically. 'Mirror, mirror on the wall, who is the fairest of them all?' The mirror is coerced but it does not lie – completely. What would a psychological mirror be and/or reflect?

In the Swedenborgian tradition (based on the experiences of renowned 18th Century scientist, philosopher and Christian Mystic - Emanuel Swedenborg and his encounters in the spirit realms), when we die we go to the 'World of Spirits' where our true intentions are gradually laid bare and then we go either to Hell or Heaven. In fact everyone finds the state that suits and reflects them and their deep intentions. Even those who go to Heaven (there are three types of Heaven) have to find a community that resonates with them. They will live in harmony and resonance with their neighbours. In other words everyone IS judged but they are judged by their own earthly manufactured desires. It is not necessarily what they have DONE but what has been their INTENT. The mirror has been placed against their soul. Or if that is too much – then the mirror has been placed against their conscience.

In the lyrics we don't know if the mirror is a positive or negative 'judge'. The holder of the mirror KNOWS the other exactly. '*I see you.*' This can be interpreted as: 'I see inside you.' It may be that the mirror will show the person that their 'unkind' and 'twisted' thoughts (or state of mind) – is exactly that and thus the mirror will reflect and expose – or – the mirror will illuminate their psychological state and show them that they are being too hard on themselves. Many of us do indeed do that – don't we? How many of us believe we are unkind and twisted in a way that no other 'normal' human being could be? We alone shall carry our disgusting guilt. We alone will be weighed down by this guilt. Only we will know that the night reigns in our sub-conscious. In which case the mirror might allow even the blind to see that any evil state is also offset by good states and that, in fact, only these wild, stormy nights of violent and cruel thought are there for us to weather. Imagine being on a small boat (called 'Conscience') which has set sail for the coasts of Morality and Virtue to be tossed and pitched hither and thither by waves, wind and with lightning probing its fragile hull. We take in water. Our boat sinks a little. But – do we carry on? Do we allow our bad thoughts to drag us down? The pitch-black night is solely illuminated by sheets of lightning or its bony hands of fire pointing accusingly, reaching down to strike us.

If the mirror shows us that we are 'normal' and that all of us have these states of mind from time to time or carry dark and permanent shadows of the mind – then will that self-illumination, that self-awareness free us? Or protect us? Or at least fill our sails in times of greater calmness? When the night has passed and the sea washes against the wooden planks of the boat then knowing that we are also good and not wholly bad will be the inspiration for our sails to billow and push us onward. We will move with confidence towards those far-off shores and yet the sea will remain calm below us. At least until the next dreaded storm.

Will the mirror reflect our truth? Can we step through the looking-glass and enter a saner world? Is the mirror the *portal* to the next world? What would be our relationship with the holder of the mirror – they who 'see' us. They see that we are blind. Blind mortals maybe. All of us blind to our intentions; blind to our situation; blind to our psychological state; blind to the truth; blind, finally, to ourselves and blind to the holder of the mirror.

Maybe that's why great literature works so effectively. The greatest of writers held up mirrors to show us the way – to show us who we truly are. To lay bare our deepest insecurities. We fragile humans trying so hard to captain our little boats. Setting sail upon a vast sea of life. And though we choose to set sail on a calm day each of us MUST weather the storms that shall surely come. And the worst of those storms will fly upon us at night. When our souls will be bared. When unkind and twisted thoughts will take hold of us. And who can tell us that we are blind to these realisations? Who can tell us we don't know ourselves?

Let the mirror that is held up before you help show you who you are. But it is never wholly you. Understand yourself. Take the mirror yourself (even with blind hands) and stare into it (even with blind eyes) and take a long, deep look at your soul. Day becomes night and night becomes day. The sun sets and rises. The seasons pass. If you have thoughts that are evil then — as stated above — acknowledge them (let them guide you in a way) and let them pass. Actively turn your intentions to good thoughts. Actively decide what influences you allow into your life to shape those thoughts. Can you imagine the thoughts of a child that has never witnessed horror and evil? Perhaps as adults we need to have these storms of horror and dread to prove our steadfastness and goodness. Witness how life plays itself out and affects your narrative of what it is to be YOU and human.

'I'll see you' — NOT 'I'll see for you.' Perhaps it is US who sees and who carries the mirror and holds it up. Perhaps it is WE who are called upon to shine a light into the darkness and into the mind of those who wrestle with fear and guilt. Maybe it's down to us to show others that life (like the mirror) can distort reality and/or self-perception. It seems that we can be both and be so at different times. For those with faith then the mirror holder might be a guardian angel. For those without, perhaps the seer and the seen are but the same person. It is clear none of us is without sin. It is clear that any of us can fall victim to unwanted and unbidden thoughts. It is also clear that any of us can hold the mirror up to ourselves. And it is clear that we can all be kinder to ourselves too.

When you next pass a mirror, pause and look at yourself as if another. Look at your eyes. In that moment let your thoughts be free. What do you see and hear?

2

I'm Going Slightly Mad - Queen

I'm going slightly mad
I'm going slightly mad
It finally happened, happened
It finally happened, ooh wooh
It finally happened, I'm slightly mad
Oh dear

Artist: Queen
Album: **Innuendo**
Year: 1991
Writer(s): Freddie Mercury (but credited to Queen)

I sometimes think that being 'slightly mad' is a sign of sanity in this world. Yes paradoxical but this world is oft paradoxical too isn't it? There's the old adage that if you think you're mad you probably aren't. But then thinking you're mad could be a sign of madness too.

Firstly let me say that I am not going to use these lyrics to trivialise 'madness'. I'm interested in the human condition and the human psyche. I'm also going to address my own sense of sanity/madness as well as talk about the kind of problems we all face. Artists DO talk/write/sing about madness because, I think, there is a way of seeing the world as a creative person that stretches boundaries and stretches what we think of as 'normal'. A creative person can be normal (I presume) but they are not 'of the norm'. If they were to see things in exactly the same way as other folk see life, then they probably wouldn't be as creative. Being creative is being extreme. A creative person has to see the potential in nothingness. Or they have to view the world about them and find ways to create from that.

The world itself is a product of thought. Thought into words/ideas into action. Imagine being an early human – in a tribe – in search of food. There would be the Alpha Male and we would be either a male hunter or a female gatherer and child rearer. Yes, I know, it's probably a crass representation and wholly out of date – but you all get the picture. As a tribe we need to eat, have shelter, have a fire – and – more than likely - have a sense of 'otherness'. That otherness might have formed in our minds through the agency of thunder and lightning. I was camping with my wife and child about 15 years ago in a gorge in the south of France. There was a thunder storm (which our son slept through!) which woke us both up and we were at least mildly terrified. The noise was incredible and didn't seem to belong to this world, despite its very naturalness. My wife, more the practical one, was worried the small river close by was going to swell quickly and break its banks – threatening to swamp us and cut us off from the bridge leading to our car and safety. The bridge would have been consumed by the current and splashed into sticks. I was overcome by the sheer volume of noise and its inherent power. A twenty-first century man scared of a natural phenomenon, something scientifically known and understood. Can you imagine the effect of the sound of thunder reverberating through a gorge or valley or resonating on the walls of a cave would have had on an early human? (I even wonder how pre-nineteenth century soldiers must have felt hearing the boom and volley of cannon fire. Before the noise of industrialisation, thunder would have been their only preparation.) The river never did burst its banks by the way.

So there we are making our way through a valley (say), following a stream, with rock faces quite close by flanking us on either side. It is getting dark and there is some urgency. In the distance we hear thunder and it is ALWAYS terrifying and unbidden. The skies quickly darken transforming the landscape and it begins to rain. Our small tribe needs to find shelter – maybe a cave in the rocks to the side of us. The thunder gets closer and louder and now both forked and sheet lightning illuminates the sky. How terrified must we be? How do we make sense of this? Okay let's assume we're lucky enough to find a cave and retreat into its depths (always looking out for wild animals of course). In the darkness of the cave the thunder seems to bounce off the walls like a giant snarling wolf letting go a primitive deep howl. Lightning brings the blackness to life and in the instance of the flashes of light we become briefly aware of where we are and our fellow tribesmen. We see terror and wonder reflected in each of our faces. Mothers comfort children and men comfort their women. We are brought together as one. But is there among us someone that understands the thunder and lightning?

Obviously I am thinking about a Shamanic figure – or pre-Shamanic. Someone who can interpret the storm. Interpret God. Someone who can render the unknown and terrifying otherness into an understandable meaning. Someone who is different, who has a mystical insight and magical bearing. Both a creator and a conduit of the Great Creator. Okay, I'm taking short-cuts and using plenty of poetic license here – but you get my drift. Someone who is 'not normal' acts as an intermediary with the forces that surround us of which we have no idea. Now, a short comparison for you.

About a year ago I read parts of Joseph Campbell's '*Myths to Live by*' and this was brought for me by some friends who travelled to New Zealand to see family. They went into a second-hand book store there and saw the book's title and immediately thought of me and my '*Lyrics to Live by*'. I was drawn to the chapter: *Schizophrenia – the Inward Journey*. Part of this chapter drew an interesting comparison between the drug-induced, yogic or mystical state and that of the schizophrenic/psychotic. Campbell argues that LSD is an intentionally achieved schizophrenia (with an assumed end – at the finish of the 'trip' – which isn't always the case!) further arguing that in yoga there can be a mirroring of schizophrenia through detachment from the world and plunging oneself into an inward state with a range of visions concordant with psychosis. What, he asks, is the difference between these states. They all plunge into a deep inward sea; the symbolic figures encountered are often identical – but – the difference is a stark as between a diver and a non-swimmer! 'The mystic [or shaman], endowed with native talents for this sort of thing and following, stage by stage, the instruction of a master, enters the waters and finds he can swim;

whereas the schizophrenic, unprepared, unguided, and ungifted, has fallen or has intentionally plunged, and is drowning. Can he be saved?' Campbell calls these waters the 'universal archetypes of mythology' – Jung, the 'archetypes of the collective unconscious.'

Well I imagine you're thinking this is quite 'heavy' and the song lyrics talk of being 'slightly mad'. But I wanted to draw the comparison between those who live at the edge, perhaps, of human 'normality' and can travel inwards for meaning, guidance and inspiration and those who have slipped over the edge into unintentional insanity. And I will talk a little about drug use as that is something often correlated between artists and their creativity. But my story of a developing shaman above shows in a very rough sketch that there has always been a range of what is considered 'normal' and – by default – that which is considered 'mad'. A shaman is revered by his tribe/people. Someone who is mad is feared. So now I'm going to wind the scope of this discussion in. I'm no expert on human psychology but I have experienced 'other, induced states' and perhaps I'm not as 'normal' as the average folk.

I can imagine that you as readers, as a cross-section of society, will have been cursed by anxiety and depression, if anything at all. This quote comes from the Mental Health Foundation: *Common mental health problems such as depression and anxiety are distributed according to a gradient of economic disadvantage across society. The poorer and more disadvantaged are disproportionately affected by common mental health problems and their adverse consequences.*
There's not so much we can do about our economic position – but I presume there is a correlation between the dire struggle to survive and its affect on our health. The constant worry say of: how to pay the next rent or mortgage installment; how to feed one's children; being in a violent relationship; being surrounded by a hostile community – or being highly sensitive in a strata of society that certainly isn't. There are many, many examples.

In the lyrics quoted there is a slight whimsy (I can't divorce the lyrics from Freddie's vocal delivery) and 'madness' has a range as wide, I imagine, as 'normality'. I might be considered 'eccentric' at times or a little 'odd'. These, though a judgement upon me, are meant almost kindly. It is of course interesting how folk apply labels – is it for us (the labelled) or for them? Any oddness I might have is easily laughed off as I am a writer and musician. It is perceived as coming with the territory. And if it is known that I have partaken in some 'altered states' then that simply confirms my oddness. But aside from acquiring an air of eccentricity then being slightly 'other' is at best 'neutral'. Say you suffer from anxiety or depression or have OCD (obsessive compulsive disorder) then you are in a sizable percentage of the population and you KNOW it's not fun! It's not whimsy. It's not something you laugh about. Although – as they say – laughter is the best medicine (laughter is a loss of control). Finding your OWN amusement in your predicament might well be healthy. Someone with OCD, having to check the lock multiple times before they leave the house, can either LITERALLY go mad or laugh at themselves for this heightened compulsion. Elements of OCD are amusing and I once saw a comedian talk about his OCD and saying he didn't 'suffer' from it but rather 'enjoyed' it. There's some bravado there I'm sure. But if you can step slightly back from any condition then you're half-way to being released from it. Of course when in a state of anxiety or depression there seems little release. You are as much caught up in that state as a person with OCD is compelled to act out the same, unnecessary, ritual. (Is OCD an inherent need for humans to engage in religious rites?)

Is insanity 'normal'?! By which I mean that it has always been a part of the human condition or is it something that has come with civilization? Or has it just worsened as more and more folk become crammed into cities or feel lost in the remaining remote rural areas? For most people who find themselves unusually anxious or clinically depressed there is substantial hope of becoming fully well again – whilst those suffering from psychotic illnesses may never be totally re-integrated into society. I think the main problems faced by anyone experiencing mental illness is, obviously, how they cope with it but also how other folk relate to them. It might be that people are very afraid of something they feel ignorant of and thus deeply fearful of becoming ill in the same way. There are people who attack those they fear they may become. If the illness is severe then 'normal' folk may well approach the sufferer as they would a wild animal – unsure of any possible reaction. This relationship is – at least one way - very low trust. And the sufferer/patient might well learn very quickly to lose trust in their fellow humans. And I think folk might be suspicious of illnesses that are kept under control through medication as if the REAL person is not truly there.

IS the real person there who undergoes psychotic episodes? Is the REAL person there who through meditation travels into different worlds. Are we authentic if we take mind altering drugs? Are we MORE authentic? Well we know more about the hard-wiring of the brain these days and understand mental health problems so much better. But do we treat the authentic person? As stated above – more than one type of person can be plunged into an inner world of dreams and nightmares – but the approach, the traversing of these worlds and the ability to come up for air greatly differs. There are levels of illness and there are levels of suffering. Even if we know someone has grave problems we don't need to shy away from them. We can talk, smile, engage in life with them as best as we both can. I think it is important to be honest in these exchanges – honest and authentic.

Poets, writers, musicians, artists have succumbed to mental illness – and they have also worked despite or WITH their illness. Some feted artists might have fared differently at different times as a result of their mental health. Would you expect someone who is exalted through their art to be completely normal? Would you be disappointed? Would you find this appealing? Would you be more forgiving? What do we expect of ourselves and others?

Queen's lyrics also say '*it finally happened*'. For me this is a warning. Do we acquiesce to our problems? Don't let others label you – put you in a box. It doesn't '*finally have to happen*' and if it does then it doesn't have to be a life sentence. Things change. And we who understand what others might be going through – again need to step up to the mark and get involved. Just a word here or there –

some encouragement – the idea that you are there for someone else...these small things can have bigger consequences.

The mind is tricky and powerful. Sometimes we have to outsmart ourselves.

Finally, if you decide to put yourself in altered states (drug use) then be sure of your intent. Make sure there is someone with you who is 'straight' (if tripping). This person may or may not be able to help but can regulate sensory input at the very least. Alas drinking orange juice to 'come down' from a bad trip is a myth. But drinking such a soothing drink might alter the mind slightly and give reassurance. If you're going to alter the state of your mind then be reasonable with yourself - what can/could you take and feel comfortable with? Make sure everything you take is as pure as possible and start off with a low (or lower) dose. I'm not advising the taking of anything but rather pointing out simple, reasonable actions. Taking a drug might well be like being a pillion passenger on a motorbike – when the bike's being driven fast and you have no control then hang on tight to the rider and – counter-intuitively - lean into the corners. If you try and keep yourself upright it isn't going to go well. Enjoy the ride!

The final words '*oh dear*' are both whimsical and deflating. An almost off-hand reaction to 'losing it'. Perhaps we can all live with being 'slightly mad'. The world seems completely mad at times. Other people's perception of our actions and thoughts might label us 'mad' but in fact we are acting the MOST normally given the environment we find ourselves in. We are all in that huge cave listening to the thunder and seeing our faces and the rocks lit up by lightning. Some will be braver than others. Some will APPEAR braver than others. Some will enjoy the show (at some level). Some will immediately give comfort to others. We're all in the same cave and we're all different. If you are going through a hard time and feel yourself losing control of your mind slightly – that's really okay. The thunder will stop. The lightning will cease. Find yourself a place either to be alone (if that suits) or in communion. Warm yourself by the fire. Be that person who has creative ideas – paint the walls of the cave! Look into the embers of the fire and tell stories. The world is a better place because of folk who are or were 'slightly mad'. But if you can't live with this madness then please read my ideas below and most importantly talk to someone you can trust.

I have been there so you're not alone. Sometimes my mind takes control of me. I can use some of my obsessive traits to record (the need for intricate accuracy) and to write (the need for dedication and tenacity). My imagination can get the better of me though at times.

Madness blows into the cave like a howling wind. Many days are peaceful or even with a slight breeze that carries a sweet scent into the cave's depth.
Good luck and *bon courage mes amis.*

*   *   *   *

Without necessarily preaching what I don't practice here are some things to do or consider if you are suffering in any fashion or if you simply wish to maintain good mental health:

You are not alone. By which I mean whatever you are going through there are others experiencing the same or who *have* experienced the same. It's important to feel that hidden union especially if you are on your own.

Talk to someone you can trust. If there are no friends you wish to discuss your condition with then seek medical help – that's why it's there. These are professionals whose job it is to help you. There are also many counselling services you can use where people will listen to your problems.

There is no shame in being different or thinking differently. None of us know what any other is thinking or going through. Try not to compare yourself (easier said than done, I admit). Human beings have thought the oddest of things and behaved in all sorts of ways. Normality is really a grouping of shared behaviour – but if we could see into each other's minds how 'normal' would any of us be?!

Try not to isolate yourself. This is so important. The danger of being on your own is that your thoughts go inward. A trivial thing can be spun into a messy web of intrigue. If there is no real alternative to isolation then try and throw yourself into reading books or watching YouTube videos that enthral or immerse you. There are chat groups there where you can feel part of a live broadcast. Be anonymous and have your say. Comments sections are probably best avoided if you are feeling especially sensitive or vulnerable.
If you KNOW someone is isolated and having problems – do the right thing and engage with them!

Exercise/walk. Exercising is good for the brain and body – though I would avoid compulsive exercise where the act itself takes over. Walking is ideal as it gets you OUT. Out of the house, out of a problem. It has the curious effect of 'defragging' the brain. Unsolvable problems can be thought of objectively and perhaps even solved. The rhythm of walking briskly seems to heal. If you can get into the countryside that's even better. Being out in the open, breathing in cleaner air, being surrounded by fields, trees, with birds flying overhead; having an open sky above you and sensing the power of Nature can only help restore equilibrium and health.

Listening to music and/or playing music. Choose the music that makes you feel at ease. There are even songs (and playlists) out there chosen for relaxation. You might like to listen to binaural beats too or be put into a hypnotised state which utilises music. Music is THE great healer. And if you can play an instrument or buy yourself a *djembe* (say) to tap, you'd be surprised at how engrossing it is. It will take you out of yourself. Music is a shared pastime – this will put you in union with others and again get you out of your house and thoughts.

Association and faith. If you have a religion you are attracted to, that will immediately put you into communion with others and give an instant association. If your faith leads you to believe in a

God then that is a POWERFUL ally! There should also be a wonderful network of support within your religious network. Your association could be with all sorts of pastimes though – clock restoring, jam making (WI); chess groups; political groups (but be careful); creative writing classes etc.

Reading – but not reading about your perceived condition on the internet unless the site you are reading from is a recognised and trustworthy forum. I have mentioned reading above but it *is* such a powerful way to 'lose yourself' and your problems. Great literature understands the human condition. Great writers completely understand what we go through and have chronicled detailed, nuanced, human interaction. Though there is always more to read and writers and their ideas to discover. Maybe you could try writing too? I have also described this in fuller detail in the original '*Lyrics to Live by*'.

Education – learning is adding to yourself. By joining a course and studying you immediately become involved with others. Even if this is simply by sitting down next to someone or being in the same classroom as everyone. As a group you are directed at something beyond you. This is new information and – I trust – inspiring. You might study literature, or chemistry. You might learn a trade or craft. Maybe philosophy or music. There is something out there for all of you. One night at college a week might do you more good than you can imagine and who knows who you might meet and strike up a friendship with. Education is exciting. Choose wisely.

Light Meditation – allowing the mind to free itself from its shackles.

Diet – what we put into our bodies can directly affect our brains – or through lack of sustenance impoverish our bodies and then our brains. One thing for you to check is your DHA intake (a definition from the internet: Docosahexaenoic acid (DHA) is an omega-3 fatty acid that is a primary structural component of the human brain, cerebral cortex, skin, and retina). Have a look at your balance of omegas 3 and 6. Make sure you eat healthily and do not wreck your minds with too many and/or dirty drugs.

Fade out:

'Cause I'd rather stay here
With all the madmen
Than perish with the sad men roaming free
And I'd rather play here
With all the madmen
For I'm quite content they're all as sane
As me.'

(David Bowie – 'All the Madmen')

3
Human - Rag 'n' Bone Man

Take a look in the mirror
And what do you see
Do you see it clearer
Or are you deceived
In what you believe
'Cause I'm only human after all
You're only human after all
Don't put the blame on me
Don't put your blame on me

Artist: Rag'n'Bone Man
Album: **Human**
Year: 2016 (single) 2017 (album)
Writer(s): Graham/Hartman

Firstly, I realise this is the second reference to a mirror in this collection of lyrics – but my approach will be different between the two. Secondly, I recall hearing this song for the first time and enjoying it but it was really the lyric: '*I'm only human after all...Don't put the blame on me*' that jumped out at me. There is so much behind these words. Regarding the mirror imagery I shall reflect upon that in the sense of self-awareness: What does it mean to be human? What does it mean to be who we are?! Finally, I have played this song as a musician (and may do so in the future) and so have that intimate connection. Playing songs live truly integrates them into the psyche!

'*I'm only human after all.*' I am human and you are human. I sometimes ask provocatively: what are humans FOR? We're only human therefore we are not to blame. Not to blame for ANYTHING – how can we be blamed as we are ONLY human! This lyric is about the apportioning of blame and rebutting that. But again I ask: what are humans FOR? What are YOU FOR?

Isn't it obvious what a human is? And are we here simply to reproduce ourselves? We perpetuate our species through sex. Mostly men are attracted to women (and vice versa) and thus reproduce. It's fundamental and it's biological. The search for a mate or simply the sexual act itself may well take up much of our thoughts and desires. And to some extent that is natural. No-one can be blamed for wanting sex – why would they? But as with all the examples I'll use, I'm going to break the lyrics down and open them up. In this case I shall ask: How intrinsic is sex/reproduction to being human; how is it manifest between its higher and lower states and how do we view ourselves in terms of blame or holding ourselves accountable and our notion, say, of forgiveness? Is my terminology, even, simply 'applied morality' and so we must ask: Is it human to be moral? What IS intrinsically human? What role does spirituality play?

Fundamentally humans have to reproduce or we cease to exist. A FACT of LIFE. And yet caught up in this most basic of acts is a whole range of human emotions. Let's hold up the act of reproduction to the mirror and discover our beliefs and deceptions. Sex is instinctive. If you put a man and a woman on an island way out to sea – would they reproduce naturally? Are modern humans now incapable of this instinctual act – do we need to be shown (or learn) how to have sex?

Modern life is saturated with sex and sexual imagery. The desire for a mate, though varying, seems fairly intrinsic to being human. We want a mate and normally speaking we want sex with them. We may or may not want offspring – but the sexual urge is deep within. Sex is pleasurable and is designed as such so that we want to repeat it! Repeating the sexual act magnifies the potential for an offspring. Wanting and having sex is fundamentally human. Being human we have taken the sexual act to extremes. What is normal? What is acceptable? What is blameworthy? What carries guilt?

As humans we tend to complicate our social interactions; we tend to take anything we do and find every possible way of doing/exploring such. It's part of our 'natural' curiosity and inventiveness. And we also tend to apply a code to our actions — moral and religious, with the former often coming originally from the latter. Okay, so let's take a sub-example from the urge to reproduce and have sex. We'll take a young, single man who is alone. In fact we'll take TWO single men — for comparison. The first young man looks in the mirror (this is the mirror of his conscience and indeed consciousness). We shall assume he is fairly well educated with a sense of morality inculcated from his parents and also a sense of religious/spiritual ideas and beliefs about life. As a young man he desires sex. He wants to find a girl he can marry and have children with. He is bombarded by images and ideas pushing the sexual act in all sorts of scenarios. The second young man is not well-educated and has poor role models for parents. Let's say he has witnessed his father beating his mother - and his mother (understandably or not) drinking heavily throughout the day. He is somewhat neglected and there has been little or no impact on him from spiritual or religious ideas. Though he's not a bad person, *per se,* he approaches life in much more of an instinctive fashion.

This second young man wants sex and sees girls/young women as the means for HIS satisfaction. He doesn't dismiss his relationships with the opposite sex but his drive is selfish. Okay, let's assume he gets a girl pregnant. She tells him the news. He is shocked (having presumed the girl had taken the necessary contraception) AND divorces the act from any repercussions. The girl looks to him for a reasoned response and to 'step up to the mark' — to take responsibility. Her parents, being angry and acting impulsively, accuse him of taking advantage of their daughter. His parents are both angry and dismissive — what else would they expect from him?! The second young man feeling defensive and trapped falls back on the 'I'm only human' excuse. Don't blame HIM. He's only done what's natural. THEY have only done what's natural. From this there unfolds a series of actions which fall into responsible and irresponsible behaviour. Does the girl have the baby or terminate it? Does the second young man stick with her and his baby or flee? Do they marry? Does he do the 'right' thing? Does he absolve himself of all responsibility? Don't blame him. Don't put your blame on him. He's only human – don't you know?

The first young man looks in the mirror and wrestles with his conscience. He wants sex but doesn't find it easy talking to girls/young women. He tries to behave ethically but gets drawn into watching pornography as a release. He despises himself and the pornography he's watching but it draws him like an addiction. He is also quite aware of the contradiction between his behaviour and his sense of morality AND his sense of a religious/spiritual notion of a higher self. The very nature of society and the expectations of behaviour PLUS the expectations of the young women he is attracted to causes him to withdraw into shyness. Causes him to withdraw into a base expression of sexuality. Religious teachings frown upon his behaviour and he feels ashamed. He feels guilty. But he's only human. Don't blame him, don't put your blame on him.

What is it to be human and to have sex? Where do moral lines run? Why do we think the way we do? Are our morals OURS or those of others? Has sex evolved so that it's become as much an expression of humanity as a basic reproductive act? We have censored certain forms of sex and celebrated others. Has it been beneficial to society to elevate sex to such an extent? Well sex sells – doesn't it? We learn about sex through various mediums and we learn its hidden and overt codes of conduct. Sex is natural – we do it – how can we be blameworthy for it? Yet we can transgress the social codes and the LAWS set down by society. (Laws often based on religion.) Homosexuality was illegal. Now it's legal. Sometimes people are caught in highly compromising situations (and here I think about George Michael). But isn't he – a STAR – neither blameworthy nor blameless for his actions? Above the general moral code. Or is he ONLY human.

Are humans simply biological beings that have learnt to exist in such great numbers through societal/cultural ethics and laws? What if we made everything legal overnight – how would we behave then? Would we go wild and have sex in any which manner we could – or would we quickly revert to ruled behaviour? Is having rules/ethics/moral codes – and yes, RELIGIOUS codes inherently human? Other beings have sex to reproduce in the same manner they have always done. Natural. Instinctual. We have made sex a kind of godless religion.

We have to ask what it is to be truly human and in that way find out what humans are for. Further – if we know why we are, then the excuse of being 'only human' will not cut the mustard. (That's a curious phrase isn't it?) Is a human being simply something that eats, sleeps, defecates, has sex? Something that 'follows the leader'? Surely there is more to us – look at those early cave paintings where our distant relatives produced images of the animals they existed with and hunted, but also abstract paintings too (hybrid animals for instance) and images of the artists' hands. These paintings were done in the depths of caves. Why was that? And we have been burying our dead for hundreds of thousands of years and placing personal possessions in those graves. It seems early on there was both a sense of place and the abstract, plus the idea that we carried on in some way. We have never been rooted into this world in the same manner as the animals. We have always looked up at the stars and SEEN remarkable visions (Orion, The Great Bear and all the figures our ancestors imagined). We are recorders; we imagine; we tell stories; we see beyond the mundane; we believe. And of course we fight, torture, rape and kill. We are certainly curious beings!

We set standards to our behaviour too – and we certainly tell fables and stories regarding these. We tell epic adventures of heroes and heroines. Hollywood has codified these tales and made them accessible to current culture (in the English speaking world) but all tales embrace one or more of the seven archetypes: Overcoming the Monster; Rags to Riches; The Quest; Voyage and Return; Comedy; Tragedy and Rebirth.

I was lucky enough to go to University as a mature student and study English Literature where one of the genres studied was The Epic. I read Homer's *The Iliad* and *The Odyssey* – which would have been transmitted initially in the oral tradition and Virgil's *The Aeneid*.

The oldest known epic poem (and literature) is *The Epic of Gilgamesh*. There are, of course, religious works dating back thousands of years from across the globe. This is a testimony to human history, human accomplishment, human belief, human valour etc. And now in a world of digital information physical books are still huge (though authors' incomes are shrinking, in the UK at the very least). Interestingly (and information taken from the UK again) self-published books are rising rapidly, mostly as e-books. Overall book publishing in the UK dropped from 2011 to 2013 but has picked up again and the UK is the third largest publisher of books in the world. Current ranking by country (with latest year available as of 2020), is: China (2013), United States (2013), United Kingdom (2011) and Japan (2017).

People like to read stories about other people.

It is this urge we have to discover not only our own narrative in the world but others that leads to the quest to uncover everything that makes us human. And yet there continues this lingering self-doubt and uncertainty most of us feel about who we are and our position in the world that produces the '*I'm only human*' refrain: 'Can you do this?' 'You couldn't do that?!' Well – I'm only human. We are appealing to the frailty and weakness of humanity – and often, frankly, for most of us, the REALITY of being human. What do we expect? What do YOU expect? What do THEY expect? In a world flooded by extraordinary stories and amazing graphics with multi-billion dollar film industries – how are we meant to feel? In the world's narrative most of us count for nothing, we do not play on the international stage. Even most successful folk are but bit part players. And given that this world is a stage then humanity only came in less than a few minutes to Midnight with the clock beginning 12 hours previously! Our nanosecond would not even register!

Isn't it part of being human to make the absolute best of our potential?

Who is able to put blame on any other? Well if someone is at fault or has done wrong then are they not blameworthy? But who judges. 'Judge not and be not judged.' Yet this is the real world – can we navigate society without exercising judgement? Thus it's a question of degrees. Don't use 'being human' as an excuse if you can avoid it. It sounds weak. We're ALL human! Therefore weakness will be ascribed to us all. How about raising the bar - how about, I'm only human but I can do this and I can do that, in a sense of championing us all. I'm only human, there's no need to feel sorry for me because I am reaching for my full potential. Imagine a society where THAT is encouraged! Instead of blaming others let's look to our selves to be not JUST human but the BEST human we can possibly be.

I imagine I'm not alone when it comes to wanting to improve myself. That improvement can be spiritual, mental and physical. Physically I'm in reasonable shape but probably no where near as fit as I could be. I have determined to take a walk everyday (something I espoused in the original *Lyrics to Live by*). Walking improves the physique AND our mental well-being and I also believe it improves that mystical, and hard to define state, 'Spirituality'. Mentally I am determined to improve my thoughts and words and thus – my actions. There is a link between the three. In this sense we may also create our own reality. We LIVE in our thoughts. We LIVE in language. We ARE what we think. To be able to free ourselves from negative thoughts and actions we need discipline and determination. Often it is a matter of choice. Do we read something inspiring or flick through a cheap magazine; do we watch a YouTube video that is lightweight or something more intellectual and challenging? Or can we do both? What we DON'T want to be is boring or to bore others. I often have to check my enthusiasms and remind myself that other folk might not share them. We need to have a light touch even in the deepest of subjects. There can be laughter AND God.

Spirituality for me means acquiring or acknowledging a sense of something beyond the mundane. Feeling a connection with a higher power. Feeling a connection with a world that is close but hidden. It means setting higher standards and goals – living both as if there is a God or Great Creator and being part of this world. It's okay to enjoy this world and have fun! Enjoyment is a very human desire and it is contagious. Laughter is contagious. Maybe joy and laughter are closer related to spirituality than we might think. We needn't be too dour or sombre. Life is to be lived and loved – but done so in a thoughtful manner. Can you imagine life without joy? Spirituality is reaching for something just slightly out of our grasp or it's like 'dancing in the wind'. Or often for me – walking in nature and contemplating its beauty; looking at the clouds, the sunset, the colours of leaves. And there's a kind of spiritual element in the arts – but this can so often be clouded by ego. When I play music I want to be IN joy and give joy.

Human life is short and very often hard. Whether the spiritual is a balm or something deep within our DNA will eventually be revealed. Human life seeks to understand itself – our consciousness seeks its own explanation. There is more to life than meets the eye – that is for sure. So you are NOT 'only human' – you are POTENTIAL. You are full of potential. You are a spark of the original creative act that brought this world into being. How wonderful is that? For the moment being human is the most expressive form of consciousness. We need to celebrate that. Stop dishing out blame but rather lead by example. Don't put yourself down – look upwards!

Now take a look in the mirror – and what DO you see?

'Do you see it clearer
Or are you deceived
In what you believe.'

Be clear with yourself and others. Be who you are meant to be. Are you happy when you look into your eyes? Are you deceiving yourself about who you are, your humanity – or are you able to see clearly? Be clear. Be truthful. Be human. And know that you can change! People say that you can't change – but you can. It might take tremendous effort but do so slowly and calmly. If you are blamed for your faults – address them. Reach higher. You ARE human after all and it's a wonderful thing to be. You have everything you need at hand to blossom. You are connected through time and experience from the very first humans discovering this world to future humans far off and away. Whatever you do has an effect.

I will not blame myself for misdeeds or thoughts – rather I will make amends through my thoughts, words and actions NOW. So don't put your blame on me...

4

Dear Lord – Thin Lizzy

Dear lord this is a prayer
Just let me know if you're really there
Dear lord come gain control
Oh lord come save my soul

Give me dignity restore my sanity
Oh lord come rescue me
Dear lord my vanity is killing me
Oh lord it's killing me, it's killing me

Artist: Thin Lizzy
Album: **Bad Reputation**
Year: 1977
Writer(s): Gorham/Lynott

(This song is a co-write between guitarist Scott Gorham and Phil Lynott – the lyrics are typical of Phil and based on my knowledge of the man and his words I have credited him with their writing.)

Phil Lynott was the singer, bass player and principle songwriter of the rock group Thin Lizzy. He was born in the Midlands (England) but sent to Dublin as a very small child to be brought up by his grandmother, Sarah. Being of mixed-race (but identified as black) he would have been one of a handful of non-whites in Dublin in the late 1950s. Ostensibly Phil embraced his 'otherness' and used his looks and charms to get by in the world. If you don't know about Thin Lizzy they're very much worth checking-out. Phil tasted fame and had a major hit single with 'The Boys are Back in Town' in 1976 (and other hits throughout his career). Eventually his excessive lifestyle (true rock and roll) took its toll and Phil died in January 1986 aged just 36. This is obviously a very, very short introduction but will have a bearing on the lyrics quoted above.

'*Dear Lord this is a prayer*' – the lyrics open with a truly heartfelt declaration (there is no irony here) – '*just let me know if you're really there.*' The long cry of the human being throughout history. The plea. Just let us know if you exist. If you exist we then know we can bear anything. Answer this simple question and all will be fine. But of course life and Deity doesn't necessarily operate like that. Although some folk believe they can talk to God AND receive answers most of us fall into the following camps: atheists, agnostics or believers (who have faith but not direct answers). Further: God designed the universe; nothing designed the universe or the universe happened as a consequence of itself and through that, evolution (as we regard it), shaped the world and the modern humans we have now. Perhaps it is an either/or: the universe was created or it just 'is'.

Many of us will at times appeal to God (however we consider this being) regardless of faith or belief – it's almost as if a default setting. At our lowest and most vulnerable and frightened, God is the only one who can help. Now, if you are an atheist, please hang on in here as I hope what I have to write will make sense for you too, even if it is only to confirm your disbelief. I do think we can agree that when facing death we might well cry out to our mother or father or those around us – but ultimately God. And in such cases it would only be 'God' that could rescue us. If something extraordinary were to take place then God or 'luck' will be thanked. The point is we will make that appeal. And here, with the opening lines of these lyrics 'all' that is being asked is for revelation. Yet how and in which manner could that take place?

You may be like me and often sing around the house or when outside walking (or even in supermarkets!): I've noticed that the songs that spontaneously come to me are often lyrically a reflection of how I'm feeling. This means that, in fact, I reveal myself to a degree through song. Most days I go for a walk (and, as previously stated, have referred to the benefits of walking in the original 'Lyrics to Live by'). The walk is a pleasant circuit which is just long enough and just short enough to be engaged in daily – weather permitting. There are 'parts' to this walk and one such is when I leave a crossroads and begin to walk down a hill, with a wood to my right and open fields and woods to my left. At this point with a bold horizon before me and blue skies, clouds or stars above I find myself bursting into: '*Dear Lord this is a prayer, just let me know that you're really there.*' It's not a cry for help from a situation or particular problem (though it could be), rather it's a strong, deep and earthy desire to know if there really IS a spiritual dimension to this life and what I call a Great Creator.

Sometimes things come to me – ideas, poems and even solutions to problems - and sometimes nothing other than an appreciation of the countryside I find myself in. And sometimes I'll stress the '*come gain control*' '*come save my soul*' that Phil went onto sing. Come gain control. That's an interesting idea isn't it – what could possibly be meant by that? Haven't we often felt THAT kind of emotion? We're lacking in self-control, or we're lacking in direction, we're aimless, wandering and feeling washed-up. We are not slaves and yet not usually masters of our destiny either. We are often at the mercy of events – what we might call 'fate'. Therefore by asking the being that brought the whole of 'reality' into existence to take control is to some extent rational but also weak and/or showing a kind of lack of faith. It is wonderful to think of a higher being in control of our mind and body but also, frankly, a cop-out. Control is our responsibility. And what of saving our soul?

I truly understand Phil's appeal to God and for the help needed. We are on our own 'down here' on Planet Earth and even those with fame and fortune sometimes feel the hopelessness of the human condition. Naturally believing in God soothes this eternal spiritual wound – but we have to have faith (if so inclined) regardless of any manifestation from God. Often folk talk of a personal God – but it's also possible that this Great Creator created and then stepped back. And if you feel I'm being fanciful here then ask yourself – well where did our 'reality' come from? Always here, spontaneously here? A brief look at the conditions needed for life to exist on Earth are so remarkable and fine-tuned both in terms of physics and cosmology that some scientific investigation might incline one to a belief in God. This has happened to many scientists in fact. The macro and micro worlds are so astonishing that it is hard to think this is all a kind of 'chance'. Talking of a 'soul' of course is something quite different.

There is the 'hard problem' in science which for the moment (at least) cannot be answered. I have taken this following quote from Wikipedia:

The hard problem of consciousness is the problem of explaining why and how sentient organisms have qualia [a quality or property as perceived or experienced by a person] or phenomenal experiences—how and why it is that some internal states are felt states, such as heat or pain, rather than unfelt states, as in a thermostat or a toaster. The philosopher David Chalmers, who introduced the term "hard problem" of consciousness contrasts this with the "easy problems" of explaining the ability to discriminate, integrate information, report mental states, focus attention, and so forth.

I watched Anil Seth (a professor of 'Cognitive and Computational Neuroscience') talk about this and ask the question: why aren't we robots or philosophical zombies without any inner universe? I'll put it simply: why have we consciousness? What is this quality we have and why? Are we different from all other beings on the planet? And is there a relationship between consciousness and our ideas of the 'soul'?

Suffice to say that some believe in the soul, others not. Will the soul ever be proved by scientific method? Probably and hopefully not – and I say that because 'proof' might destroy its very essence. In the lyrics the narrator (Phil?) certainly believes in the reality and redemption of the soul. And then we are led into the specifics – *'give me dignity'* and *'restore my sanity'* which we can assume means the narrator feels himself to lack both qualities. Is there an intrinsic disparity between dignity and insanity? I discuss mental health in another chapter – but here at least we have someone who WAS mentally healthy and who desires dignity. To be lacking in sanity seems to be 'undignified' and that might often be the case. I'll only touch on this here but insanity (this word itself seems 'taboo') casts folk aside from 'normal dignified life'. Maybe it's also hinting at the indignities of drug dependency. How that life-style can lead to periods of what might be described as 'other-world sanity' and insanity itself. If you find yourself shooting up in a filthy, dimly-lit toilet there's not much further to fall. But also you might find certain drug-induced experiences challenging notions of sanity. Or notions of one's reliable consciousness – both in a good and bad way.

The final lines perhaps hint at the root cause of all the pleading and fear – '*my vanity is killing me*'. Vanity is a destroyer for sure. I recall when I was an idealistic youth and staying at the family home of a French girlfriend (in the Parisian suburbs). To this day I can see myself passing a mirror with my permed hair (don't be too hard on me it was the fashion!) looking like a hippy-afro. I could have been a member of the Jimi Hendrix Experience. As I passed by and turned to my reflection I can still hear the words that came to me: Pride before a fall. These words stuck, evidently. Not so many years after that my hair was falling out and thinning fast, changing the very nature of what I looked like and who I felt I was. Not helped by a lousy lifestyle of idealistic indolence, some drugs and a poor diet – coupled with severe existential angst; I was not healthy in any fashion. In fact that time in my life was exceedingly painful. Fortunately I was given a chance to 'get out' and go to 'college' (in fact Polytechnic – now a University) where I studied music formally for the first time. As I look back I wonder if it were a blessing? Vanity is a killer. I don't think I was especially vain but my life subsequently taught me humility.

What if life doesn't send you lessons for your vanity? What if you are a world-renowned musician? Your songs played on the radio and TV; folk falling over themselves to ingratiate themselves with you; drugs dispensed like a pharmacy on speed; beautiful girls throwing themselves at you – how could you refuse?; money to buy any want; all desires catered for. And. Well, then a point most of us reach – seemingly hard-wired into our passage through life - the questioning of what it's all about. The realisation that looks don't last; fame does not last; money can buy nothing from the grave; drugs become the problem not the solution; your body begins to 'give in' and parts even 'shut down'! Who then wouldn't cry out to their God? Those around you are in fact both effecting and exacerbating the problems you have. No-one will tell you the truth. Everyone buys in to the life-style. What else would you expect from a Rock Idol?

Maybe that same rocker has a sense of something deeper in life and has been brought up in a religious fashion. Maybe under all the bravado they have a romantic side that has been squashed. Who can they turn to? Family and friends have either been burdened enough or have fled long ago – they are left with the proverbial 'hangers-on'. Life has become an ACT. A facade. A dream slipping into a nightmare. A real nightmare with drug use altering consciousness. Who can they turn to if not God? And if we have been protected by the projected-dreams of others and then fallen into nightmares of our own doing wouldn't or couldn't God have the answer?

The metaphysical, the twilight of dreams, the shadows moving in the corner of your eye, the stillness of a wooded glade, the sea rolling in – breathing with the moon for an eternity – all these hint at an 'otherness' to this mundane world. Insights and intuitions, a sense of wonder (to quote Van Morrison!) a deep connection made, a feeling that arises and drifts above the ordinary. O yes, fanciful I know. But haven't you ever sensed this 'otherness'? And if you have and if you think there is more to life or that there is indeed a Great Creator (because we ARE the products of creation) then why not cry out for help – if vanity is killing you. Or drugs. Or alcohol. Or despair. Or... If you call out or even if you pray (*Dear Lord this is a prayer*) then maybe things can and will change.

I'm going to leave you with the following thought: when I was at my lowest (and yet still a young man) as I partly explained above, I would sleep for a long time. I used to half-joke that I would like to sleep for 23 hours, 59 minutes and 59 seconds a day and, if I could, I'd like to add that extra second. No-one really reacted to this and no-one clicked that I might have been depressed! During this time I was in fact counselling a girl who was threatening suicide and that took a LOT out of me. I eventually did get ill. I look back now at the squalor of that place where I lived - both a physical and spiritual squalor - and can see myself on the mattress on the floor gazing up at the high ceiling. In the midst of those feelings I was experiencing I weighed up futility on the one hand with action on the other. And I decided to make a decision – life might well have been futile (and it might well be) but I was going to give it meaning and even if I didn't believe in this 'meaning' I was going to pursue it. Yes the decision was made. Shortly after I heard about someone going for an interview in London to study music at polytechnic (mentioned above). And I decided I would apply too. I had been playing drums for about three years and flute two. I was self-taught except for a few lessons on the drums here and there. I was given an interview and duly travelled down to the 'Big Smoke' ('Here I go Again' – Thin Lizzy). It was naïve and perhaps 'brave' in its own way. I displayed my four-way independence rhythm utilising a Latin rhythm and played some Bach on the flute. I was allowed into the polytechnic and I would be able to study music modules in Year One and if I proved myself I was to study music in full in Year Two. And that is exactly what I did.

I travelled from rock bottom (pun slightly intended) to do some quite interesting things in London. Maybe more of that will come in future writing. But I made that decision way back in a room in a shared house in a small town. A decision made – truly – can set yourself off on a different and positive path. I had conquered vanity to a degree. I knew I had to LEARN. That learning and being creative were the keys. And I got my Diploma of Higher Education. Later I would read English and American Literature at a fairly prestigious university – and that might not have happened if I hadn't taken the plunge down to London.

Dear Lord this is a prayer – if you can't let us know you're there in an obvious fashion – then work on the small things both inside and outside of us. I think that will have to do and the most we can ask.

And we might be surprised at what happens and how our life might change!

Philip Parris Lynott left this earth in 1986. His music still touches souls (and I use that word advisedly). What a gift he had. In the lyrics at the beginning of this essay we can see he was a man in pain and turmoil. He knew exactly how his life was panning out and the trouble he was in. Did his Lord answer his prayer? Well the answer to that will depend on your own beliefs. But a soul who touched so many others would, I trust, have been treated kindly in the next world. And if his fate was to be annihilated, as an atheist would believe – then at least we got and get to hear a reflection of him through his music and words, with an insight into the man himself.

Dear Phil – thank you.

5

Days Like This – Van Morrison

When you don't need to worry there'll be days like this
When no one's in a hurry there'll be days like this
When you don't get betrayed by that old Judas kiss
Oh my mama told me there'll be days like this.

Artist: Van Morrison
Album: **Days Like This**
Year: 1995
Writer(s) Van Morrison

I've been a big fan of Sir Ivan Morrison's for some time now. He has (to quote a lyric of his) 'seen me through'. He is and has been a prolific songwriter - so I had a lot of lyrics to choose from. But it was this lyric from 'Days like This' that popped into my mind. I think it's the combination of joyous celebration with more than a hint of cynicism. And I wonder: did your mama (or papa) tell you there would be days like this?

Worry is a killer. It nags away at you, sucking out your *'joie de vivre'*. It shatters hope. It can steal from the future and poison the present. Worry is a destroyer. Yet it is not without some merit. Without worry would we be as careful and plan ahead? When we worry we project into the future – even when the worry is for something right here and now. Because it's always about consequence. 'I'm worried I'm not good enough.' For whom? Yourself? For others? Good enough for what? Let's have a look at some real life examples.

I'm worried I don't play flute well enough. Why do I worry about that? Well - I envisage a multiple of possibilities where I'll be called on to play flute and won't be able to cope. Are there any such possibilities? Well, there could be. What kind of possibilities? For instance, if I'm called on to play a jazz gig and I don't know the tunes or the 'head' of the tune (the melody you would recognise if you knew the song, which is usually played at the beginning and end of the tune). I am confident improvising over a song but not playing a smooth note-for-note rendition of the tune itself. So I worry. Okay. Let's break this down:

I play flute. I play fairly well. I am self-taught and can read music well enough to read most 'heads'. I am confident and good at improvising (on the whole).
Possible problem:
I am called on to play a jazz gig where I don't know which tunes will be called.

Potential unravelling:
I am presented with the music and subsequently counted-in. I would need the music close and have glasses to hand. Thus I worry about having glasses! There are technical concerns too – such as the arrangement of the piece (the music will be repeated at certain sections for soloing etc.); how good the microphone will be; if I can hear myself over the 'back line' (rhythm section); if I will play well enough (playing the tune and improvising); if people will like me; if I am respected; if I will be called upon again. (If I'll get paid!)

Thus – would/is there any point in worrying in this situation? Well, if I don't worry (even if slightly) I may go in with a blasé attitude and be over confident and play badly. Because I am not worried I wouldn't have bothered doing any 'homework'.

So, let's break it down further:
I am presented with the music. Firstly, is there any possibility of:

a/ Finding out which tunes are likely to be played beforehand
b/ If 'no' to the above – is it possible to see the band play live beforehand or check out any live performances on YouTube? Have they produced any CDs or streamed music I can listen to?
With my glasses to hand (and a spare pair in the car or in the bag with the flute stand etc.) I can have a quick glance at the music before I am counted in. This will be stressful if I don't know the tune. But I can minimise this SLIGHTLY by going over (practising)

well-known jazz tunes thus increasing/extending my repertoire. I can also practice 'sight-reading' – so that I am familiar with having unknown music put in front of me. Would I be worried? Yes. At this point (thus far) would worrying serve any useful function? No. No because worrying would result in a nervous, tight performance. The audience would pick up on this and I'd pick up on the audience's response. At this point I would have to rely on an 'in the moment' response to the music. I could certainly skip any difficult reading in the tune – and smile, knowingly. It is jazz after-all. (They say if you make a mistake when playing jazz – repeat it! The mistake thus becomes intentional!) If I mess up the 'head' I can compensate with my improvisation and I would be better prepared for the reprise of the head at the end. After that – given THIS scenario I am at the mercy of how well my flute sounds and if folk can hear it (any problem parts I can back-off the microphone!) and if I am at ease with the audience then I can carry them with me. If I worry throughout my playing the performance will suffer. Therefore we have two examples of worry – a worry that motivated and helps prepare for a situation and a worry that cannot help but only detracts from a performance.

If I have done my homework and am well-prepared and mentally 'ready' AND the tunes are familiar – then there would be no need to worry and as a result my playing would be fluent. Without the worry I can leave my mind free to allow the notes to arrive effortlessly. In which case it would indeed be a '*day like this*'. A great evening of shared music – shared on stage and shared with the audience.

Worry CAN be mitigated through preparation.

Being in a hurry. Being hurried constantly can also be a killer. Where are you hurrying to and why?

To hurry doesn't sound like a measured strategy. It sounds like 'catching-up'; it sounds slightly desperate; it sounds like life hasn't been planned well enough; it sounds like you are lacking something; it sounds kind of selfish, in a way. And when people hurry they might well push other folk out of the way. I was witness to a triathlon once when on holiday in Dinard, France. There had been the swim out to sea and then the competitors raced along the sea front and back again as a kind of circuit. Lots of tourists didn't seem to know what was going on and as I observed I saw a runner (who seemed exhausted) push an ambling girl out of his way. I thought about this – she was seemingly oblivious to the race (!); the race itself – at this point – wasn't marshalled (so there were also cars trying to park and a camper van blocked the road at one point) and the runner himself was obviously hurrying - well running - as fast as he could. His mind was obviously concentrated upon getting the fastest time possible. When he pushed the dawdling girl out of the way she appeared shocked.

We can hurry in so many ways. Some folk live their lives like that runner and some folk dawdle along in dream worlds. Well, in fact, you can't really hurry life. Age, circumstance, ability, attitude, money, family, all have an effect upon us. In the end we all get to the same finishing line – even if that line might be at different stages along the track. We're all hurrying along as if Old Nick himself was after us. Is there any point to this hurrying? Or NEED to hurry?

If we have deadlines to meet we might indeed hurry. But is that because the deadline is unreasonable or because we have procrastinated? The former case means that we have to hurry just in order to meet demands whilst the latter is because we have given ourselves too short a time through our own mismanagement. But also, isn't modern life seemingly generally FAST. Is there actually any need for it to be so? I recall watching a progamme on TV in the 60s/70s called 'Tomorrow's World'. There was always a sense that life in the future would become easier and more laid-back (when it wasn't talking about any doomsday scenarios). Machines and robots were going to do all the work – and yet – as time goes on we humans seem more and more to imitate headless chickens!

Hurrying also brings its own form of stress. Hurrying to catch a train or plane; stuck in traffic and then hurrying to make up time; hurrying to become better at some skill or task (rather than enjoying and savouring the process); hurrying to finish something to allow some more personal time - and many other examples. I'm a chap who walks fast and a chap who wants things finished as soon as they can be. I'm throwing myself into this book for instance. On this though you could argue that I AM hurrying but the gestation period has been LONG. Plus, I know full well that when a draft is finished it has to be put away and left – THEN revisited. Then you can see the metaphoric wood for all those typo-trees. (And it's rare to see them all!) So I do balance speed/haste with a measured outlook. If I have the energy I will apply myself and I'll no doubt feel in a hurry to get the next chapter finished (regardless of how much I am enjoying the writing). If everything flows well then I can't keep up with my hurrying mind.

How would it be if no-one WAS in a hurry? The lyrics say: '*When no one's in a hurry there'll be days like this.*' Imagine if everyone moved at the exact pace that was both of their choosing *and* necessary. People might move slowly or fast but there would be no sense of 'hurry', no sense of STRESS. Everyone allowing themselves enough time to be able to get anywhere or do anything. This would have a knock-on effect on everything. Can you imagine a scene in the stock-exchange, where, although folk are responding with alacrity, no-one is hurrying. This makes me put the idea into perspective for surely there are times when life demands that we hurry. Someone is drowning out a sea – well there's no planning for that and you MUST hurry. But I get Van's idea. A world that is much calmer and at ease with itself.

Being in a hurry can be mitigated by thinking (but not worrying) ahead and allocating enough time. Also – any task can be taken on for the PROCESS as much as the end result. Each sentence I write needs to breathe in its own time – and I must freely and unhurriedly give it that, then with every following paragraph and chapter. This book will only be finished once, so I need (and must) value every word on the page.

Unnecessary hurrying and therefore worrying is an unneeded stress!

More worrying leads to more hurrying which leads to more stress!

Van adds 'hurry' and 'worry' to the sense of 'Days like this' and the first two ideas seem linked. Now he changes tone somewhat with a truly dark line: '*When you don't get betrayed by that old Judas kiss.*' Oh yes. How many of us have felt this level of betrayal. A friend or loved one betrays you, your trust, your love. Judas was paid his thirty pieces of silver – but he knew what he had done and the price he paid was to hang himself. In this he at least paid his own price. The enormity of his betrayal reverberates throughout history. And yet, it was known to Jesus that Judas would betray him. And I have often wondered at the wilful role Judas actually played – or was he a necessary player in the unfolding tragedy (that eventually turned to the resurrection and atonement of all humanity).

I am also reminded, though in no way comparable, of the man in a concert audience shouting out 'Judas' at Bob Dylan for electrifying his music. Dylan was seen as a sell-out to the folk scene. People feel these kind of things at a very deep level. People can easily feel betrayed. To be truly betrayed (because this would be by someone we have trusted) is very painful. The consequence of the warm kiss of betrayal is for the betrayed to question life itself. Only a friend or lover, a trusted person, can betray; can turn that trust into poison. And in this example the world would indeed become as '*Days like this*' if betrayal was eradicated. Have you ever been betrayed? I certainly have and the occasions it has happened remain with me. It's difficult to completely move on.

Those of us who have been betrayed have been treated so wilfully badly (or of no consequence) that the very essence of love and trust has to be questioned. You have been played as a fool. A fool with no humour available to find strength in. Having given trust - and with that coming deep connection – to have it severed and become ridiculed as a consequence is heart-breaking. The worst of it is – is that you question yourself. The betrayer has long lost their moral compass at this point – acting for themselves; acting in an expedient fashion; dismissing you and your feelings entirely. And of course a betrayal – as with Jesus – can lead to death.

The psychological fallout for the betrayed is heavy. Was it something they did wrong – or not well enough? Could they have changed the situation? Well, of course, there is no need for this recourse to assumed guilt. The betrayed is always the victim – because there is never an excuse to betray.

What can you do if you have been betrayed? Well, it is often as if you must mourn your betrayer and yet know full well they are not dead. It is best not to seek vengeance despite its appeal. We are lowered down to their level (or close) if we do that. A betrayed person must – however difficult – retain dignity. Morally you are not to blame. Therefore you MUST remain as dignified as possible. No matter how much the pain is felt and how hard it hurts. Dignity and composure are the two things that can maintain a head held high and a back straight. YOU are not at fault and no matter how much your life is turned upside down (and I repeat) - you are NOT at fault. You are not at fault because a betrayed person is someone who gave their friendship, love and trust with truth and honour. They maintained their integrity. The betrayer lost their integrity exactly at the moment of the betrayal. If they have redeeming qualities they will eventually understand what they have done. Sadly, in my experience, I wouldn't necessarily expect an apology. Such is life.

There is no safeguard against betrayal – that is its very poison. You might be married and have devoted your life to your partner; you might have sacrificed a career to bring up a family; you might have made untold compromises to ensure the marriage has continued; you might have had to make practical concessions such as moving abroad; you would have done all this because you LOVE your spouse. But none of this will be considered if you find yourself betrayed. Betrayal has no memory. It has no guilt (certainly at the time). It is selfish and ego-driven. There is no excuse for it.

During war time there can be betrayals from within – undermining confidence and cohesion. A Fifth Column can bring a nation down. Propaganda can weaken a people's resolve. And here again, as with any betrayal, all that is important to the betrayer is their GOAL. The end certainly DOES justify the means when it comes to betrayal.

'My mama told me there'll be days like this.' There WILL be days like this. That is the optimism that runs through these lyrics. There might be worrying and hurrying and even betrayal NOW but there will come a time when Mama's words come true. There will be a *'day like this'*. It is not only optimistic of course but highly idealistic – and I get the feeling that, as ever, Van's 'spiritual' nature is coming to the fore. But worrying and hurrying and even betrayal alas seem to be inherent in human nature. Worrying robs us of the present as we project into the future; hurrying robs us of the present as we strive earnestly towards the future and betrayal robs us of our past as its reality rams into our present.

There are occasional *'days like this'* – when everything seems just right and as it should be – therefore we must learn to appreciate such times and savour them. Such days are fleeting – but can rest with us in our memories. I don't know about you but I feel like a 'day like this' is slightly overdue. I await with expectancy and gratitude.

6

Life is a Long Song – Jethro Tull

Life's a long song
Life's a long song
Life's a long song
If you wait then your plate I will fill

As the verses unfold
And your soul suffers the long day
And the twelve o'clock gloom
Spins the room, you struggle on your way

Well, don't you sigh, don't you cry
Lick the dust from your eye

Artist: Jethro Tull
Album: (Initially an EP, Extended Play – lead track, 1971); **Living in the Past**
Year 1972
Writer(s): Ian Anderson

Life is a long song indeed! But every song comes to an end. And when you're playing a song it seems over quickly. And a song is only alive when it is being played and sung. It is true that a song or tune can be written down and there are those who can look at the music and hear all the parts: melody, harmony and rhythm. Of course we can read song lyrics too! They can exist independently, in another art/communication form – writing. Though written music is also an art form, isn't it? Nevertheless if we use the song as a metaphor for life we have a beginning and an end. Within the song there will most likely be verses and choruses (the latter perhaps reflecting the repetition/routine of life) but also 'Middle 8s' (so called because they were often eight bars in length). A Middle 8 is a different aspect of the song, though related to the whole. A classic and

pertinent example is from The Beatles 'We Can Work it Out':
Life is very short, and there's no time
For fussing and fighting, my friend.
I have always thought that it's a crime,
So I will ask you once again.

This Middle 8 is in fact two sets of eight bars. Even MORE interestingly each set is divided into four bars of 4/4 time and four bars of 3/4 time. If that doesn't make sense have a listen and you'll hear the music go from 'straight' time to a waltz pattern. For the 3/4 time imagine a scene from an historical drama and men and women dancing together on the floor of a huge ballroom!

A song will also have 'Bridges' and to confuse matters here, this is what Americans call Middle 8s! But in Britain, at least, a bridge is a connecting section from one part of the music to another. There are Intros and Outros and, of course, instrumental sections and 'lead' breaks – typically where a guitar, saxophone or keyboard takes a solo (but there are examples of lead breaks being taken by just about all of the known instruments. I imagine there must be a Theremin lead break on a song somewhere! If you don't know what a Theremin is – it's worth searching for and checking out!).

Songs and tunes can have 'key changes' too and this reminds me of a possible emphasis on key, so that in music we have changes in the range of likely notes we'll play (the key of C major will differ from Bb minor) – but also HOW it is a KEY change – a notable change; how this can be extended to a non-musical sense. This has me thinking about life and how we experience KEY changes from time to time. More of this later. There are many components of a song and I'm not going to confuse you here. But I may well refer to this metaphor and extend it through this chapter. After all – life IS a long song.

'If you wait then your plate I will fill.'

I find this the key phrase in the lyrics. And I take from this two main meanings and perhaps things we can learn from. The first and most obvious meaning is that no matter what our circumstances and how little money, opportunities, pleasures etc. we might currently have, if we wait patiently, but still strive for, work hard and be open to opportunities, life will eventually deliver. Naturally and immediately I question this. History often paints a different picture. But it is also true that many who have worked so very hard towards a goal which never seems to arrive – DO eventually succeed. It's almost as if there is some hidden bargain between our fate and our allotted time of life. Given the lyrics themselves then let's focus on an optimistic reading. You hang on in there long enough and life pays out. But there is a warning, consider: the gambler who thinks the next roll of the dice will win him a fortune and he loses a fortune; the artist who goes to his grave a pauper; the inventor who never sees his patent come to fruition. But there are PLENTY of examples where folk have hung in, put in the work, and HAVE been rewarded. Besides what's the alternative – to abandon one's dreams?

The second idea I get is that of personal and relationship problems being sorted out through time. If I look back on my relationships I feel almost ashamed to recall how miserable I felt when a relationship ended. I use 'ashamed' here for a reason. My misery was because it wasn't me who ended the relationship but the other – and the circumstances surrounding and of that ending. A rational soul would have viewed the action and callousness (say) of the other and thought: I am very well out of this! But if you love someone and are caught up in that love then it's very hard TO be rational. Your previous life suddenly comes crashing against a hard wall. Common-sense gets knocked out. Of course in retrospect we can view things differently. And that's my idea here regarding the lyric – if you keep faith then you will find someone who is 'right' for you or even 'right enough'. At THAT point life has filled your plate, as it were. I am once again (see the original 'Lyrics to Live by') reminded of **Søren Keirkegaard's words**: 'Life can only be understood backwards; but it must be lived forwards.' We MUST live our lives forward and look forwards but meaning will only be found as we look back. In that way as we are in a settled relationship, or job, or have found some success, we can re-evaluate the times we felt MISERY and USELESSNESS and LACKING in success. I maintain that through keeping faith (the only thing we can do positively when we are in frustrated or stagnated circumstances) life might indeed 'fill our plates'. The natural process of life seems to reward patience, fidelity, tenacity, steadfastness and optimism. But you are only aware of that as you 'look back'. And, of course, looking back from a resolute and satisfied position.

This idea can also be applied to changing familial relationships. There can be much cruelty within families and even rooted and replayed cruelties through time. You might be criticised for choosing this job, or way of life, or partner and be seen as less than your siblings – or held in contempt by your parents. As life unfolds then – to use an example – the gloriously celebrated weddings of your sisters (say) in comparison to your own wedding, shunned because of your choice of partner, might slowly unravel. 'Vengeance is mine' according to God – and it's better not to seek or advocate vengeance. But let us continue. As you were marginalised and ridiculed and your sisters elevated and praised; as your partner was held aloof and your sisters' husbands welcomed into the bosom of the family; as you were pitied and they embraced – *life was also continually working*. Now at this point I can't continue without drawing a distinction between the plates of the genuine, authentic, and loyal folk and those who perhaps lack those qualities (to varying degrees). Bear this in mind – because, I would have to say, that not everyone's plate is filled by life – OR – the contents of the plate can be eaten too quickly, too greedily, too messily, too imprudently. The sister with scraps on her plate can wisely eke them out until life ladles a rich, fortified and sweet tasting broth.

The sisters' marriages fall apart. The husbands become non-husbands and fall from the history and thought of the family – unless ill-thought of. These admired men become cast-off to wait for their own plates to be filled or otherwise, in other situations. Slowly, the sister left outcast, derided and pitied is very, very gradually acknowledged as both wise and prudent and her marriage, which remains steadfast, is a continual reminder of the others' failures. What seemed like a dark cloud hanging over the 'poor' sister and her family is slowly blown away by warmer winds. Without malice on the sister's part she sees that life IS beginning to fill her plate. Her resoluteness, her faithfulness, her integrity slowly begins to blossom – like a flower blooming in a forgotten desert.

Of course this is all somewhat Romantic! But romantic endings do happen and I have witnessed through my life the gradual righting of wrongs and shifting personal dynamics. I have also seen entrenchment and refusal to accept change. Maybe the steadfast sister's happiness is held in contempt and jealousy by the rest of the family! What we must do is believe in life's capacity to replenish us and offer forth its fruits. Maybe the fruits won't come but that's no reason not to believe – as in this it is a matter of faith. Who would want to be the sort of person that bullies their way through life and grabs every possession possible; who overrides others sensibilities; who seeks fame and fortune at any cost? We have to make sense of our own journey through this life – and as Kierkegaard clearly saw – we must look back from the foothills of this journey to where we have come from and understand our travels and travails. From the mountain top we might get a clearer view of whose plates are being filled!

'As the verses unfold
And your soul suffers the long day.'

Returning here to the metaphor of life as a song – the verses (time passing) unfolding with our soul suffering the long day. Well there IS plenty of suffering in this life – that is an inescapable fact. We have to be clear if this suffering is of our own doing. Did we conspire within this suffering? Or are we boats at the mercy of angry seas to be smashed against granite rocks?

'And the twelve o'clock gloom
Spins the room, you struggle on your way.'

This notion of gloom reminds me of a book I have just finished for the second time about a man who goes totally blind in his mid-40s. I highly recommend: 'Notes on Blindness' by John M. Hull. There is also a film made of the same name (and I think the original publication of the book was titled: 'Touching the Rock'). His blindness is profound whereby he eventfully sees NOTHING! (Many folk registered blind can see something or even have light and colour sensation – John lost ALL connection with the world of sight.) John draws an analogy of him losing sight with being on a small railway truck, relentlessly burying deep into a mountainside. At first there is the light at the end of the tunnel (looking back) but he turns a metaphorical corner and is plunged into absolute blackness – or rather - consciousness. He exists in a world that is far more 'inside the head' than we sighted folk experience. The world can only be experienced primarily by what his body can touch or hear – his body being the interface, the extent of his reach within his surroundings. Sighted folk have a world beyond their touch or hearing. Blindness has the effect of drawing him deeper into his consciousness. The older one is, the harder it is to adjust to blindness and he found it very hard to make that adjustment to begin with (it took about 10 years for him to reach a point where he felt he could LIVE in a non-sighted world).

So this idea of gloom in the lyrics is like a twilight world – an in-between world. A transitional world. The gloom even '*spins the room*' – as if reality itself is set into confusion. And through this darkening day and confusion the soul must struggle on! Yet the lyrics admonish us to:

'Well, don't you sigh, don't you cry
Lick the dust from your eye.'

Licking the dust from our eye gives me the mental image of a lizard's tongue licking its eyeball! What can we do? We have to carry on despite it all – and maybe we'll find our way and our authentic destination – as John Hull eventually did. And also maybe with our souls covered in dust we can, like a cat, shake it off and perhaps too have our plate filled! How might we shake off this dust?

Keeping the song imagery, how about we imagine ourselves within the song, its arrangement and performance. The verses will unfold and indeed we might have annoying repetitive choruses to endure. Our intro to the world will be long gone but those opening bars of life might have more influence than we might imagine. This is a LIVE performance – and nothing can be repeated once played. Lick the dust from your eye – pick up that shiny silver flute or glittering guitar and get ready to rock through your youth. Wherever you are in the song you have the chance to make an impact. Think of the Middle 8 as Middle Age. It's a time to do something bold and different, perhaps. Keeping within the song but allowing yourself a little bit extra freedom. You can EVEN change key! Maybe you'll be the drum player during this time – your thunderous energy and sense of timing keeping you grounded; flurries of sticks and crashed cymbals demonstrating your creativity – but always linked with the roles of the other players. Maybe you'll be the bass player weaving a bass-line whose melody counterpoints the main theme of the song but hints at, points to and eventually comes home to its roots!

You can be a merry flute inspiring the band; a saxophone growling along its way, or a part of a horn section prodding at life and making itself known; a violin or string section pulling at heartstrings; a piano tinkling with life; the rhythm section strong, grounded, powerful allowing creativity to spring forth. I could go on! But I'll finish this with the idea of the singer – and that you could BE that singer. You could be the lyrics of the song; each word given meaning through the melody and rhythm – sitting upon the harmony that clothes its meaning with depth. Imagine being the lyrics sung out to an audience of devoted fans. I know words can be hard to hear at concerts but just as with listening to recordings, one of these words might well grab attention; the power of a repeated word; the power of the word itself; its message; its ability to give the song direction and context. Words bring the song into being. Of course instrumentals and genres such as Classical music work in their own right. But the words of a song have a way of defining our life. *'There are places I remember...'* *'I'm still in love with you...'* *'Are you reelin' in the years...'* *'Did you ever hear about Wordsworth and Coleridge...'* *'Help me to repay things I have done wrong...'* *'Oh Lord, please don't let me be misunderstood....'* All these lyrics have just come into my consciousness and each one conjures forth ideas and situations. (The Beatles/Thin Lizzy/Steely Dan/Van Morrison/Free/The

Animals — the latter first recorded by Nina Simone.) Lyrics furnish the narrative of our lives with their refrains, their ideas, their meaning.

And so it is we arrive at our Outro. We arrive there regardless of the plate being full or not. All the rhythms we have beaten, all the harmonies that have added depth to our life and being, all the melodies that we have rode upon, all the key changes and diversions into Middle 8s will (or should) inform our ending — with the need to RESOLVE. And with that resolution we arrive home.

Fade out:
Cue applause! Band takes a bow. Camera captures the mischievous and playful eyes of Ian Anderson. A nonchalant twist of the flute and Jethro Tull retire from the stage.

'That was a long song,' the drummer quips.
'Life's a long song,' Ian answers.

SIDE 2

1
Changes - David Bowie

I watch the ripples change their size
But never leave the stream
Of warm impermanence
And so the days float through my eyes
But still the days seem the same
And these children that you spit on
As they try to change their worlds
Are immune to your consultations
They're quite aware of what they're goin' through

Ch-ch-ch-ch-changes

Artist: David Bowie
Album: **Hunky Dory**
Year: 1971 (album) 1972 (single)
Writer(s): David Bowie.

Part 1

If you want to know how I'm feeling – listen to the song I'm
singing. And the song I'm singing will be directly influenced by
their lyrics. The lyrics and song will pop into my head almost as a
VU meter of my feelings at that time (think of a volume unit which
reads out the signal level in audio equipment – then think of the
needle pointing at various emotions across the arc!). Sometimes I
get the lyrics wrong and over time the wrong lyrics have become
the reflection of my mood not the correct ones. Bowie's 'Changes'
is a case in point. I have alternate lyrics for the chorus that are
simply stuck in my mind. That said it is the powerful stuttering of
'changes' that has accompanied me when either myself or life about
me has changed or is about to change radically. It is for that reason
that I added the first line of the chorus above – and as you'll
discover, that line gave rise to a whole PART of this chapter!

'I watch the ripples change their size/But never leave the stream.' This is very interesting imagery. From this we gather that ripples change, that THEY can change their size (Bowie could have used 'in' not 'their') and yet that they can never leave (or escape?) the stream. We are all caught up in the stream of life – it might be a cliché, it might be a tired metaphor – but it works. There is this sense of a never ending flow to and from. To death perhaps and from birth. This stream of life seems, when viewed from the bank to be both static and flowing at the same time. It always IS and it always CHANGES. Like the cows and sheep we see in the fields, they seem eternal to the landscape but they are NOT the same cows and sheep. Water constantly flows with its current – from the mountain spring to the vast ocean.

This is somewhat like the life we find ourselves in. Life is an eternal sea – we are but a drop of water. Life seems eternal even as we live it. But that is like us viewing the water from the soft bank of the stream. We can sense movement but as we look at the water it is both a stillness (an eternal repeating) and a flow. The ONLY way we could be with that flow is to move with the stream. Like the little tin soldier ('The Steadfast Tin Soldier') we might be placed in a paper boat and sail into our own eternity. The stream flows from the past and into the future but where we are is a kind of eternal NOW.

Ripples are created variously. I'm not a scientist but I imagine (and have seen) ripples occur when the current collides with stones; when the current is divided and then meets again (rather like the famous double-slit photon experiment); the wind blowing across the surface of the stream; fish breaking the surface or perhaps their vigorous action below the surface; eddies formed from the current; someone from without the stream throwing objects in. Maybe you can think of more. Some of these ideas could easily lead me down further 'rabbit holes' (or into a spiralling eddy to keep the metaphor precise) but I'm going to concentrate on the ripples never leaving the stream. Ripples, small wavelets, seem to have their own momentum and force (maybe they have?) but they will eventually either smooth out and re-join the flow of the stream OR they will be caught in their own endless rippling around stones or over gravel, say, in shallow water. The point being the ripples (that manifestation of) will never have the ability to leave the stream. Again I think of the stream as a metaphor for life. And I wonder here if the current represents the deep force of life that we are swept along by and though we are affected by many things (causing ripples) we are always a part of this fundamental existence. We cannot ripple against the tide – as it were. The stream is Nature manifest and no matter what it meets it will find its way. Only a dam will stop the flow (but this flow is always managed). If you try and dam Nature for too long then the consequences will be dire.

The lyrics '*of warm impermanence*' seem to argue against my metaphor, perhaps. But it is true that though the stream appears constant no part of it is permanent as such. It gives the impression only of permanence. And the ripples changing their size – is this a kind of act of will as opposed to a REACTION? Can Nature ever truly be changed? Using the adjective 'warm' is interesting. Does that suggest that existing for a short time only is a good thing? There is comfort in our short spell here in the stream of life. It will flow on regardless and always will. What appears constant is ever-changing.

'*And so the days float through my eyes / But still the days seem the same.*' Intentionally or otherwise, I find these words of Bowie's quite powerful. On the one hand we see and witness the passing of life (the stream) but it is as IF everything is the same, is constant, is everlasting. And it is also as if we are the passive observers of our own lives. It also hints at Time too. Is time linear (it seems not to be)? Is it organic (building upon itself in an organic manner)? Is there no Past or Future? We are the witnesses of the effects of time, of course. We see ourselves decaying. Is time but a human perception.

(I have written quite a lot about time but for this short essay it is enough to know that, as yet, there has been NO accurate measurement of time – including using atomic clocks. That time operates differently across space. Time moves slower as gravity increases. But it is all about our reference point towards it. Is there time without movement? Do we live in a perpetual NOW or do we live in a perpetual 'very slightly in the Past' but perceived as present NOW?)

'And these children that you spit on/As they try to change their worlds.'
I take these children to be the ripples in the stream! This might be considered fanciful but seems to make internal sense. Who spits on children? Who ARE the children (or the metaphorical ripples)? Here perhaps it is, at least potentially, all of us at one point in the stream making waves (ripples) – rebelling against the current (pun intended) and going against the flow. They are trying to change 'their worlds' – reinventing themselves watching the world float through their eyes. They try. Sometimes they might even succeed but for the most part, their youthful actions will be subsumed into the whole.

'Are immune to your consultations/They're quite aware of what they're goin' through.'

Are 'immune' is an interesting angle. Immunity in the sense that they have been inoculated (through experience) against what those consultations are likely to be! Many of us – young and old – are aware of what we're going through. Who is the YOU in this lyric? The establishment? The politicians? If that is the case then young, middle-aged and old are equally affected. WE are quite aware of what we're going through – but we long for some meaningful CHANGE if we can't lead a traditional life (linked through those of our forebears). Bowie was young when he wrote this; the young have valid ways of looking at the world and so have the old. The young bring enthusiasm and idealism while the old bring wisdom and empiricism.

Can the river of life be dammed? Can it be diverted? Can it burst its banks? Are we all children of its current?

Part 2

'*Ch-ch-ch-ch-changes*' – the lyric that hooked and still hooks me in! Changes. Notice how the word unfolds - stuttering.

We fear and welcome changes. We fear them when everything is on an 'even keel' and welcome them when we are desperate. No-one can resist actual change of course. Life is all about change. What would life be WITHOUT changes?! All around us we see the changes in nature – here (in this case, France) we are lucky to have four distinct seasons – this greatly increases my joy in life. Yes, that includes the winter. Psychologically the seasons prepare us and reward us. If we begin with spring then that is the great unfolding of Nature (this will also be its rebirth after the barren winter months – more of that later). Spring is optimism, new growth, potential. Life out of death. Wondrous! Gradually spring gives way to summer and – depending where you live – there is the heat (at times) of the summer months. Summer is most likely the time we go on holiday – its warmth and light brings us alive. Here in France I know that the heat can be so intense as to drain energy – though never for me! English summers are scented with wild flowers (when the diesel-fumed towns and cities are escaped), there is a peaceful, eternal feeling about the English (and Welsh) countryside. I haven't been to Ireland and Scotland has a different feel, I would argue. The Scottish countryside is wilder the farther you travel North (and West).

The English summer is wrapped up in poetic verses of the Romantic Poets; thatched cottages of the West and South-West; the ancient resonance of the East and is Kent sill the 'Garden of England'? I was brought up in the Midlands and lived in a city until I was 10. Last time I visited I was astounded by the changes I witnessed – housing estates being built around ancient, historic market towns and roads chock-a-block with cars. But there are still meadows to be found, undulating hills and fecund hedgerows.

Summer gives way to Harvest Time and autumn (Fall). Autumn is a mysterious time when colours blossom not from flowers but from the decaying leaves on trees. Mists roll in and cling to the treetops or the earth itself. The air smells different. Halloween and All Saints typify the thin veneer between this world and the next. Bonfire Night (or Guy Fawkes Night - of the Gunpowder Plot) fills the air with the sulphurous tang of fireworks. It foreshadows Christmas and brings forth what I call the 'Clear Season'. The shedding of leaves as winds gust and rain falls exposes previously hidden sights.

Winter is when we withdraw into our homes (except for those poor souls who have no shelter). I am lucky to have a log burner and its light, smell, crackling and movement delight the senses. Christmas distracts us from the cold with glowing baubles and scented pine trees. The months of January (*'sick and tired you've been hanging on me'* – Pilot) and February are colder but light slowly begins to return. *'The March winds do blow and we shall have snow'* as the poem goes – and yet come March 21st spring once again comes around (*'Till Spring comes round again'* – a lyric from one of my own songs). Spring flows from winter in Nature's ever cycling and changing seasons.

How should we face changes? We can't be expected to embrace every change – and as we change and get older we need to re-evaluate our lives. Our lives reflect the changing of the seasons. Each season we inhabit physically, mentally and spiritually will bring its own rewards and challenges. It is not only we that change but how we stand in relation to other generations: to our parents and children and beyond to grand-parents and grand-children. Who we ARE changes as we change.

The Seasons we Inhabit

Winter: as we move into winter we will need to adjust to changes within our body and our body's capabilities. There also needs to be a mental adjustment. (I'm starting with winter as it is the most challenging of 'seasons' – perhaps. Though you can read from the bottom up if you prefer.) Winter is a practical challenge for old folk – with the need for and cost of heating and the dangers of falling on slippery pavements and roads.

As we grow old we witness changes in our physical abilities and often in our mental alertness – plus we begin to focus on death and its and our relationship with the lives we have led. The challenges we face will be numerous – but we can meet them all and embrace many of the changes. I don't wish to diminish any of these changes/challenges though. The following will be sober reading but I am also going to add POSITIVE elements to each.

- Physical Weakness: not too many 80 year olds sprint down the road to catch a bus, or party throughout the weekend. People in their 70s can be very active, playing tennis for instance or walking long distances (my dad climbed Mont Blanc one of the difficult ways when he was 70 – having to use crampons on his ascent). We can keep ourselves as agile and supple as possible for as long as possible but there will always come a time when we will slow down. At the end of our life we may well become bed-bound. Should we as Dylan Thomas wrote: ...*not go gentle into that good night, Old age should burn and rave at close of day; Rage, rage against the dying of the light.*

  Or should we find peace with and within ourselves. We certainly need to support those who are dying and ease their passing – remember, hearing is one of the last senses to fade – talk to those near death. Be with them. I was able to be with my mother when she passed but my father died in a ward in a hospital – effectively alone.

- Mental impairment: this is certainly a great fear for many folk. Alzheimer's and generally dementia/senility prey upon the old (though sometimes the not-so-old). It's said that learning a foreign language keeps the brain active and perhaps mitigates against loss of memory and cognitive agility. Drinking raw fruit and vegetable juices is said to help. Sensible life activities such as regular exercise (jogging especially, apparently – though I suggest brisk walking, if possible); sleeping well; laughing (again laughter is the best medicine); reducing stress (easier said than done of course) and not smoking. There are other life-style decisions that will also help.

Vitamin K is said to be of benefit – check which foods are rich in this. (There is plenty of guidance on the internet.) We can only keep our brain as sharp as we possibly can and lead a wholesome life. But because of our genetics (our heredity) we may be more at risk. It would take another set of relevant lyrics (if they exist) or a complete book to examine and/or speculate the experience of the sufferer's mind. Perhaps we can take some solace from those who suffer, gradually losing hold of who they are – losing a sense of self - and though this will be painful to us, perhaps it eases their eventual passing. All I can advise is the fact that those with dementia often have glimpses of their former selves – occasional sparks of their usual mentality. It's worth recalling this when interacting with them. No matter how they may behave there might be a fragment of their former self surviving.

- Regrets: there have been films made or articles written chronicling folk close to death and their regrets. It seems that from reading about these regrets there is a sense that people wished to be more authentic – to live the life they wanted (and perhaps needed) to live. The advice that is out there: spend time with the people you love; worry less (and we have seen the possible consequences of stress); be honest with yourself and others; if possible work less and be with family more; live in the moment (again try not to worry so much or regret those things that cannot be changed); be clear about what is important to you and strive to be the best you can be and realise your full potential; forgive others and let that burden go (you don't have to forget what happened). Perhaps too – facing your fears. Fears imprison us. They eat away at a healthy life. They waste so much valuable time.

- Mortality: is a fact of life. Our death gives meaning to life. Can you imagine a book that has no ending? A painting that has no frame or border and thus the painting has no parameters, no focal point? A play that is performed for ever? A musical piece that NEVER resolves?

Death makes life worth living. And who is to say that death is the end of US. It may be the end of our body – and with that body our brain – but our consciousness may well carry on. And if you don't believe that then take comfort in your non-existence. This latter used to terrify me and made me think that I would rather wake one day each thousand years to know that I was dead than have my personality annihilated.

But I can not deny that I feel there is much more to us than meets the eye (literally). I have belief in another aspect to this life – a spiritual aspect. I just can't help myself and this feeling has always been there.

Autumn: for me the most mystical of seasons. The season of middle-age. The gathering in of life and celebrating its richness. The falling away of pretence. Self-fulfilment.

- Taking stock: there is no set point or time for the autumn of our life. I think it's a state of mind. A time when we feel we have 'arrived'. Perhaps it comes with a sense of being settled – with a wife/husband and children, perchance. With a sense of security – having a job and status. Having recognition for one's skills. Really feeling comfortable with oneself – but still having goals and aspirations. The autumn is a time to reflect. A person in the autumn of their life is content, to a degree, with one eye to the past (the struggles they've been through) and one eye to the future. What will happen as they age; when the children have all 'flown the nest'; when they retire?

- Fear: with one eye to the future the contentedness of middle-age is rocked with a sense of fear. The creeping fear of death; the fear of illness; fearful of divorce, say, or for the lives of children entering adulthood (even deeply in adulthood). Autumn heralds and passes into the 'clear season' and much can be seen that was hidden. This brings a sobering insight into the whole nature of life. We gain wisdom and apprehension in tandem.

- Mid-life crisis: is the way so many people deal with fear. It is a retreat into childhood – back to those idealised summer months or even the clean air of spring. Autumn is the time that death might come calling – to ourselves perhaps or to our ageing parents. We witness friends or relatives caught by horrendous diseases and watch their suffering. We undergo a crisis. A crisis of faith in this life. A crisis of our immortality versus mortality.

- Stability: is the state I have outlined above, to a degree. A stable life. Not switching careers and dwellings (so much); not feeling the need to prove anything to others, so much – but still proving ourselves! A feeling of being in the 'home as castle'. Of course life can always be UNSTABLE and the life/lives I have hinted at will still be as varied as there are human relationships and human self-awareness. The crop has been harvested, fruit is abundant and ready to be picked, Nature has done her work. Those in the autumn of their lives can rest back for a while – and acknowledge where they are and what they have become.

- Family: when our thoughts turn to our children (if we have any) and our parents. We find ourselves at the focal point of life. We are connected through the past, into the present and onto the future. Life is in a fragile balance.

Summer: when the days are long and there is a sense of things never-ending. Light and heat are its characteristics (though English summers can come and go without too much of either). Flowers are rich in colour and trees fully clothed in deep green leaves. Holidays and family outings are taken. Summers remind us of times past and link us through generations – there is a sublime quality to this season. We idealise our summers past. We look forward to future summers. We are in (ideally) the best of health – though there are cold and rainy summer days too.

- Becoming: who we are or who we want to be. This is a time when we learn our capabilities, our strengths and weaknesses. Our sexual power (or otherwise). We value others and we learn to accept that others value us!

- Changes: when everything begins to shift emphasis. We are still very much the focus of our world but gradually that gives way to long-term relationships, marriages, children, career opportunities and movement. This is the time when we make hay!

- Realisation: this is the ability to UNDERSTAND our position in the world and society. To realise is to comprehend. We see ourselves in relationship to the world and all others. Our sense of self is formed – though not fully formed.

- End of childhood: when the magical time of childhood and youth (when all seems possible) is waved goodbye – to a degree. It is always fine to be childlike at times – maybe not childish, with that word's connotations. Dependency gradually gives way to responsibility. Yet the summer is still full of magic too. The world opens up for exploration. We make our own decisions – taking up trades or studying at university (or in my case following idealistic and perhaps naïve dreams). Everything grows under the sun. There is much potential. But recall the Parable of the Sower – not all seeds are sown in fertile soil. As with the summer – some are scorched by the heat, or choked by weeds. The decisions we make at this time can have ramifications for the whole of our lives.

Spring: when life begins; when life is renewed. Hope is manifest or restored. There is boundless potential. The world is re-set. The scent of spring perfumes the air.

- Life: life in the womb, at birth and then the years of childhood amnesia. When we discover our senses and our minds slowly blossom into consciousness. Like seeds growing through the thawing soil of conception we head for the light! Springing into life – experiencing in such an innocent and open way. We are immortal!

Yet life is not always fair or seemingly just and can be cruelly curtailed. Our duty is to nurture life. Our duty, our natural responsibility, is to cherish and direct our children. Look how a baby is handed from arm to arm – it is protected from harm by its very being!

- Childhood: is a time when even the minutes and hours move slowly – and yet not through boredom (for the most part). To the child, childhood is never-ending. A child is both dependent and separate. The child needs love, care, guidance - but in itself it lives a life outside those of the adults. It truly inhabits a different world. When adults intrude into the world of children it can be shocking and life-changing. Adults and children need to interact and share their worlds but childhood should not be intruded upon or violated! When does childhood end? With responsibility? Sexual activity? Mind altering states? Or when our consciousness ceases to see the magical and wonder in life.

- Imagination: how wonderful it is to see children playing. Using an inner-world to decorate the mundane world. This world we live in is thought-created so imagine (or remember!) the world children inhabit. The power of their minds to visualise their imaginative world is like that of a poet's. Thankfully when adults 'play' they can re-live this lost world too. Play reminds us of our essence. Play provokes creativity.

- Education: when we begin to learn who we are and our relationship with others...when we are taught rather than quizzically discover. When it is decided what and how we are going to learn. When we socialise and break down barriers of the self. When we begin to learn the positives and negatives of our fellow child-beings.

Fade out:

I shall leave you with Shakespeare's very pertinent Sonnet 5:

Those hours, that with gentle work did frame
The lovely gaze where every eye doth dwell,
Will play the tyrants to the very same
And that unfair which fairly doth excel;
For never-resting time leads summer on
To hideous winter, and confounds him there;
Sap checked with frost, and lusty leaves quite gone,
Beauty o'er-snowed and bareness every where:
Then were not summer's distillation left,
A liquid prisoner pent in walls of glass,
Beauty's effect with beauty were bereft,
Nor it, nor no remembrance what it was:
But flowers distill'd, though they with winter meet,
Leese but their show; their substance still lives sweet.

2
The Logical Song – Supertramp

When I was young, it seemed that life was so wonderful
A miracle, oh it was beautiful, magical
And all the birds in the trees, well they'd be singing so happily
Oh joyfully, playfully watching me
But then they sent me away to teach me how to be sensible
Logical, oh responsible, practical
And they showed me a world where I could be so dependable
Oh clinical, oh intellectual, cynical

Artist: Supertramp
Album: **Breakfast in America**
Year: 1979
Writer(s): Rick Davies/ Roger Hodgson

A child often exists in a seemingly other world. Thank God for that! If a child is lucky it can inhabit this other world for many years. This other world is part cocoon and yet part all-seeing. The Romantic Poets were fascinated by childhood, William Blake's 'Songs of Innocence' carry these lines (spoken by the old folk watching the children play):

'Such, such were the joys
When we all, girls & boys,
In our youth time were seen
On the echoing green.'

As a child Blake had visions and saw angels and spoke with prophets – and once claimed to have seen a tree full of angels: *their bright wings bespangling the boughs like stars*. William Wordsworth and Samuel Taylor-Coleridge also wrote of childhood innocence and even its loss. Wordsworth equating the loss of childhood with our loss of Paradise/Eden. And life IS a miracle – and we are the sons and daughters of that miracle. A beautiful, magical time. And each of us who have a child or children have a duty to both protect that child and gradually prepare it for life one step away from the wonder of childhood.

'And all the birds in the trees, well they'd be singing so happily
Oh joyfully, playfully watching me.'

Childhood is also a time when there is a far greater, or perhaps more authentic, link with Nature. Children don't seem to see the barriers that arise when adulthood arrives. The world is a friendly place – for the lucky ones. Birds and animals are friends to most children. Birds in the trees PLAYING too. Life is a kind of a play isn't it – and we each its actors. Children and animals feeling conjoined - not one a prey upon the other.

'But then they sent me away to teach me how to be sensible
Logical, oh responsible, practical.'

I assume that these lyrics are – on the whole – meant to be negative. But in which manner should we teach children? Should children evolve on their own? Returning to the Romantic Poets, there was a belief that children entered this world *tabula rasa* – something which science disproves. We come into this world with many qualities hard-wired through our DNA. Not just physical qualities are passed on (obviously) but our temperaments can also be due to inheritance, between 20-60% influence. There is a growing idea that what our ancestors experienced will also be carried deep in our genes. We certainly are the products of our heritage – but not just our parents and grand-parents – our 'genetic memory'. Carl Jung, rather enigmatically wrote: '*Psychologically...the souls of the ancestors (potential factors, qualities, talents, possibilities, and so on, which we have inherited from all the lines of our ancestry) are waiting in the unconscious, and are ready at any time to begin a new growth.*'

This throws up some interesting ways of looking at childhood and both its joys and problems. In the lyrics above perhaps there is the sense of TIMING being misplaced. As the Santana song goes: *let the children play*.

We need to teach children how to be sensible don't we? Or is it more allowing the children to grow from childhood to adulthood with increasing measures of 'sensible behaviour'? Children learning to be sensible through osmosis – 'do as I DO not as I say' to switch the old criticism. But would children become sensible naturally? At one age SHOULD they become sensible – and is there anything wrong with being sensible? Perhaps it's – as with so many things – just a question of balance. A child doesn't need to be sensible all the time – it needs to be silly and irresponsible too (even if in order to learn lessons about WHY they need to be sensible!). At 18 years of age you'd expect the new adult to have a degree of sense and be sensible but still also to go a little 'crazy' at times. When is it necessary to be sensible and when not? Is it sensible to look upon the world with joy and wonder, for instance?

'Logical, oh responsible, practical.'

I have far more problems with the idea of children being 'logical' than 'sensible'. Logical assumes the ability to have clear, sound reasoning or to follow the rules of logic or formal argument. Children are developing their sense of the world, listening to many views (hopefully) and gradually forming their own opinions. Isn't it too much to ask them to be coldly rational – certainly in early childhood? Logic has a cohesive quality – the ability to see and argue clearly and systematically and to prove or disprove, perhaps, ideas and arguments. There is the sense through the lyrics too that there is a loss, as various things are taught (and the feeling of information being instilled). Being 'sensible', 'logical', 'responsible' and 'practical' sit upon and maybe displace the wonderful, beautiful, magical and even miraculous.

We don't expect children to be responsible. This ability/quality is fostered slowly. There are some children who are forced into responsibility – perhaps taking care of a disabled parent and/or looking after younger siblings. Being an 'adult' is as much about a state of being as an age – thus a child who has many responsibilities might be more of an 'adult' than an adult who is, say, reckless or completely dependent. Being responsible is a learnt or imposed process. A child might be helped to be responsible through the Scouting or Girl Guide movements, for instance. The idea of taking responsibility for one's own actions is lost on many adults. Even when adults HAVE responsibilities they might not BE responsible! The whole of society is rocked by parents not being responsible for their children. I imagine we all know mothers or fathers who have washed their hands of parental responsibility – tragic but true. If a child is not taught how to be responsible – will it become so automatically?

Practical – there's a word not oft associated with myself! I am not a practical man. And I think here we have a stark distinction made between the inner-life of a child, its imagination and created world(s) and the practical, down-to-earth outer-life of an adult. Practicality might be 'sensible' and necessary at times but do we expect this from children? It's all down to degrees and shifting emphasis. Let's say childhood is represented by the colour red and adulthood by blue: there is a huge purple patch before blue is attained and, in fact, there might never be a 'pure' blue for many adults. As children grow, mature and are faced with the reality of the world (the facts of life) then their RED state becomes bluer. It's totally natural. But many would argue that as adults we need some red in our lives too – the ability to be silly at times; to see the world as magical at times; to let go of a few cares and worries at times. Being irresponsible and wholly impractical I would argue a purely blue state as undesirable.

I realise I'm missing out a HUGE inference in the lyrics – that of being SENT AWAY and to a place where one is taught all these very adult ideas. This is as if childhood is being snatched away. There is nothing organic about this particular transition from red to blue! And it feels as if the heavy hand of the state is at 'play' too.

And look where the lyrics take us:

'And they showed me a world where I could be so dependable
Oh clinical, oh intellectual, cynical.'

Now we have the idea of the 'created adult'. The dependable adult. Again not necessarily such a bad thing – it would depend on the nature of this dependability. Are we being groomed as robotic units – consumers and workers; are we being managed to be docile and manipulable? *'They showed me a world'* – interesting! Showing the world as in a *fait au compli* – this will be your reality whether you like it or not - or as a form of power? We created this, you will fit in! And yet also, being dependable is essential to a high-trust society. The opposite is being unreliable. Maybe too a sense that one cannot be trusted. Again – surely it's a sense of BALANCE!

'Clinical' is another interesting word. Clinical gives the impression of cleanliness, sterility, coldness. There is the sense of being analytical or coolly dispassionate – and thus one would hope - the opposite of the child state of trusting and wonder. Clinical can also mean exact and exemplary of course. Clinical is then conflated with being intellectual and cynical. Cynicism is the opposite of the child's world. It is a mistrust of others sincerity or integrity. It is the belief that others are motivated only by self-interest. How different is this from the baby being passed arm to arm – or children brought up within a loving and caring family. Intellectual? The ability to reason and understand objectively. To comprehend the abstract. To be intelligent. To solve problems. To arrive at conclusions between what is true or false. Perhaps all these qualities of 'intellectual' belong in the adult world. And yet a child has the same potential intelligence to manifest in its adult state. Surely we must feed a child's intellect and satiate its curiosity?! Though a child's brain isn't fully formed we know its power of consciousness through imagination and creativity. If we left a child alone and without knowledge – its intelligence might well destroy it for lack of fulfillment; turning in on itself for stimulation. Such cruelties have been exacted on children with devastating and life-long results. Here I am particularly reminded of Genie (born in America in

1957) who is described as a 'feral child' although she was effectively abandoned and mistreated within the family house (not home!) suffering abuse, neglect and social isolation. It is a heartbreaking tale and Genie's (a pseudonym) life is not over. If you feel inclined search for her on the internet (keywords: 'Genie' and 'Feral'.). Her story is highly harrowing – I must warn you.

Clinical and cynical aside – we are dealing with words and ideas that are not bad in themselves. The question is the balance of these qualities within both adulthood and childhood. And how they are introduced and nurtured in and through childhood. And how these qualities within the two states respond to each other. Let me draw comparisons now and as you read ask yourself how much society allows/facilitates these states; how much it beats it out of us and what is the balance between the two, if any. Also how much is NATURAL and intrinsic to us and thus independent of conditioning:

- Wonder - to have a sense of wonder is to have a healthy openness and awareness of this life. Children naturally have this sense – look at how they react to things they have never seen or to things they love. We seem to become blunted in our sense of wonder as adults. (Maybe this is an example of the cynicism described in Supertramp's lyrics.) Wonder connects us to higher feelings. It elevates our spirit but grounds us too, so we reassess our sense of self-importance. And wonder also fuels our curiosity. Is it natural for us to lose wonder as we grow old and used to life? Or should we seek out the inspiration for wonder and actively strive to manifest it? Would we risk being seen as childlike – and is that a problem?

- Beauty – I wonder if we lose a sense of perspective re beauty as we get older. But I also wonder how children evaluate beauty. Beauty is a loaded word and we talk about beauty being 'in the eye of the beholder'. Does a child just accept that which it sees, hears and touches? Is beauty applied to the natural world from a human perspective?

- Magical – how much of this is adult 'sleight of hand'? How much is a deeply ingrained sense of otherness? The worlds children live in can be said to be magical, they are conjured from their minds – brought forth out of imagination and spontaneous creativity. When a child walks through woods, or climbs a hill, or sits gazing into a fire it might be far more magical than we understand or remember. Perhaps adults attempts at creating films (the 'Lord of the Rings' springs to mind) or theatre are their efforts to reproduce the magic of childhood. It becomes ever more spectacular for this magic to be re-created and those who are in the creative industries are given special license. As children we could all go within and bring forth magic. Now an elite does this for us – on their terms and with their ideas.

- Miraculous – the belief children have in the possibility for some incredibly unusual and counter-natural events to occur. As adults we seem to scorn any idea of miracles having taken place or any likelihood of them ever taking place. A child has a different kind of faith in this world. A child can believe in miracles because it hasn't been hemmed in by scientific fact or dogma. The child's consciousness is open. Having said that adults seem to believe in the rather miraculous and misnomered 'Big Bang' theory!

We can't spend our lives living in a child's world. That isn't what is required of us. We are surely here to grow and bring forth any potential or innate gifts we have. To nurture the next generations and keep them secure. Yes we need to let children play and explore – to encourage those wonderful childhood states where the child is so connected to everything around it. A child CAN talk with the animals. But we grow, develop, become adults and have responsibility. That is not to say that adulthood replaces childhood – it stems from it and is nourished by it. As adults we have a duty to children and we have a duty as an adult to keep the child in us alive and intact (I think here of Kate Bush's: 'The Man with the Child in his Eyes'). Nothing need be rushed – there is time to grow organically into adulthood, to gradually learn the skills of adulthood. There is a lot of pressure on children at the moment – not least-ways from the State regarding the introduction of sex and sexual identity and ideas into the education system. We have an incredible RESPONSIBILITY towards children. We make them the adults they become. We have to be wise. In fact in order to know how to develop children we have to both remember what it is to be a child but secondly to have an understanding of what kind of adults we want to be and/or create. If we know what qualities we want in adults we can help raise children in the best possible ways.

Some children don't get a childhood, as such. You will find them climbing rubbish heaps or collecting plastic, or any number of monotonous tasks to help the family income.
Some children throughout history have experienced many problems and pressures – from being forced up chimneys or pulling coal tubs down in the bowels of the earth through to being bullied, including contemporary 'social media bullying'. Things have got better for most but certainly not for all.
Most children will face challenges in their childhood regardless of where they live and which socio-economic background they come from.

(I heartily recommend the film 'If' directed by Lindsay Anderson set in a Public School - that's a PRIVATE school if you 're American - in England in the late sixties.)

Fade out:
I'll leave you with some lines from 'Frost at Midnight' by Samuel Taylor Coleridge, written about his baby boy (and I trust pertinent to what we have discussed):

...For I was reared

In the great city, pent 'mid cloisters dim,
And saw nought lovely but the sky and stars.
But thou, my babe! shalt wander like a breeze
By lakes and sandy shores, beneath the crags
Of ancient mountain, and beneath the clouds,
Which image in their bulk both lakes and shores
And mountain crags: so shalt thou see and hear
The lovely shapes and sounds intelligible
Of that eternal language, which thy God
Utters, who from eternity doth teach
Himself in all, and all things in himself.
Great universal Teacher! he shall mould
Thy spirit, and by giving make it ask...

3
Our Town – Iris DeMent

Now I sit on the porch and watch the lightning-bugs fly
But I can't see too good, I got tears in my eyes
I'm leaving tomorrow but I don't want to go
I love you my town, you'll always live in my soul

Artist: Iris DeMent
Album: **Infamous Angel**
Year: 1992
Writer(s): Iris DeMent

A friend of mine sent me a video of 'Our Town' being played and sung by Iris with vocal harmonies from Emmylou Harris. There was also accompaniment by a dobro guitar, 'fiddle' and double-bass. The setting seemed to be a front room or parlour – intimate and homely, which of course reflects the lyrics themselves.

The lyrics open with an evocation of a quintessential American homestead – someone is '*sit*[ting] *on the porch*' – an image that this Englishman recognises from so many films. The narrator is watching 'lightning-bugs fly' (known as fireflies in the UK and the East coast of America I believe). These are beautiful creatures that seem like tiny spirits from another realm – faeries, if you will. I know many of you reading this will live in urban areas and not everyone will have pleasing views through their windows, or countryside near at hand, where fireflies can be seen. In the twilight of warm evenings these tiny creature are truly magical.

The second line pulls us into the character: '*I can't see too good, I got tears in my eyes*'. I think there is a conflation here between an old folk with poor eyesight and someone moved to tears by their life experience – the two are not mutually exclusive of course. And we find out that this person is '*leaving tomorrow*' and that they '*don't want to go*'. They will be leaving the town they love; a town that is in their soul. How many of us live in a town we love? How many of us have had to leave such a place?

These poignant – and to me – moving lyrics highlight something very deep in the human psyche which is particularly relevant to so many of us today. Where do we belong? Many of us are lucky enough to be born into a stable home (no pun intended!) which becomes like an impressive prop as we act out our life. This prop might be left at adulthood or at some point sold on but its memories continue to live within. A family home, however humble, gives physical, mental and spiritual comfort. But only if we're lucky.

We all make our way through this life journey regardless of circumstance. Evidently some fall by the wayside or their road is cut short. For most of us life will mean moving houses as we progress, or meander, down our particular path. It is true to say that having somewhere to call home is of utmost importance and also belonging somewhere or to something is essential for our well-being. Continuity is bred into our genes – we are linked through, and to, the past. Some of us will stay rooted to a family home or town or area – but modern life has imposed a form of nomadic existence in which we must 'make a living'. I have moved many, many times.

If you 'sit on the porch' even if metaphorically (it could be a balcony in a high-rise apartment complex) there is the sense of comfort and control. You are here and now; observing the world. But how do you find that feeling of security living on the streets, or 'dossing down' on a settee at friends or feeling 'unwanted' as a grown child forced to stay with ageing parents? And what if you were born and soon orphaned or abandoned and brought up in children's homes? Where is the core sense of belonging then? Can we find structure and roots in this often deracinated society? How do we find – or maintain – a life that helps us to belong?

On the one hand communities are being severed and their continuity truncated and on the other hand there is seemingly no community at all. How do we – you – find our place? Well, the first thing is simply to recognise our current place in the world; in the country we live; in the surrounding 'community' and in our immediate neighbourhood. And not JUST our current physical state because we also have the 'belonging' that lies within. We bring with us to wherever we live our memories, our expectations, our forged mind-sets. On top of all this we are limited by Time, Circumstance, Money and for want of a better word – Luck. How much control can we possibly have?

Just let me say that I have experienced many types of 'home', from indeed being homeless and 'dossing down', to shared student housing, to veritable 'dens of iniquity', to international student dorms (as a teacher), to bedsits, to a cottage on the wing of a medieval manor house (freezing cold, poorly maintained and with a crazed landlady!), to thatched cottages (still poorly maintained) and many other examples before finally buying a house, when this was possible on a small income. I have many tales from these times – maybe they'll come out in other chapters. I find myself now, not only not in 'my town' but not in my country. I am in a kind of exile – and it's relatively pleasant but poses many challenges. If I were to sing about 'Our Town' there would be no actual town not even a 'My Town'. I don't write any of this to solicit any reaction other than the recognition that I've moved a LOT and that the experiences have been varied and many not at all good. One place I lived (and have written about previously) was a nightmare of low-level violence (though not always low) and noise. My mental health was certainly affected by this period as I imagine anyone else's would have been. I also know that many of you endure threat and violence or at least noise where you currently live.

So what can be done? What can be done on the individual level? Are we irrevocably scarred by early experiences? Is it all down to MONEY? How can we find community? How can we rehabilitate a soul that has been damaged through rejection from society and/or solitude? In some ways we are at the mercy of those around us.

How they perceive us is how we are interpreted. If we wish to avoid certain 'types' then that might foster further withdrawal – for our own well-being. Imagine you have (and maybe you have) just moved somewhere new – every interaction becomes exaggerated. Every expression or word might carry more weight than we could imagine. What if the place we have moved to is a last-resort, the bottom of our imagined barrel?

It's surprising what a friendly demeanour, a courteous manner and a smile can do. We might feel like withdrawing inside and indeed have a sullen attitude but that HAS to be transcended, the onus is on us. Prisoners of war could expect a better fate if they made a connection with their guards. Most people are hard-wired to have some empathy and understanding. A whole neighbourhood of psychopaths is unlikely. You say 'hello' to the dishevelled lady in the ground-floor flat (first floor if you're American). Maybe she never answers, maybe she grunts, maybe she's hostile – but you keep saying hello. And maybe one day she needs help and – in fact – you're the only person who has ever said hello to her. So she makes a connection.

You are polite and friendly to the chap in the local shop – he's an immigrant – blown in from a totally different home. You strike up some kind of relationship. People talk. 'He seems okay.' 'He seems friendly.' 'Maybe we can trust him.' Because wherever you have moved to is 'Their Town'. Things might be changing and the 'high-trust' society of the past has gone but given that most folk want to live in peace (at least for themselves) they are likely to welcome a pleasant human being however different you might be. I know it doesn't always seem like this but you have to play the hand you have.

How can you maintain optimism and well-being when you are truly an internal outcast? The wrong colour; the wrong religion; the wrong political view; the wrong physical appearance; the wrong mentality; the wrong income; the wrong language – the wrong spirit? The only way is to find some kind of home. At this point I stopped typing and two interesting things occurred: I happened to watch a video on YouTube about John 'Cougar' Mellencamp and his various travails on his road to stardom. He came from a 'small-town' and towards the latter part of his career his roots became important. His ancestors dying most surely had an impact and made him review his life. The next video I watched in my studio carried an interview with Wim Hof. Wim, also known as The Iceman, is a Dutch extreme athlete noted for his ability to withstand freezing temperatures. He has set Guinness world records for swimming under ice and prolonged full-body contact with ice, and still holds the record for a barefoot half-marathon on ice and snow (this I have shamelessly taken from the internet!). In the video, in his Dutch-accented English he said: The importance of community is simple, we are 'The Tribe'. He talked about energy being not only contained in the body but being transmitted from it too. 'We touch each other, we ignite oxytosin and different hormones for survival within. They [revitalise] and are good for our whole body.' Individualism, he argues, has contained us. I think he sees that being alone (my word) is a kind of killer. He says: 'Our natural being is to be together, to stand and feel oneness together... [it] makes us stronger.' Wim argues that 'hormonal secretions' and 'blood flow' is enhanced by being with 'our tribe'.

How important is community to our mental health? Wim talks about our biological health affecting our mental, and I presume spiritual, health. We have lived as tribal beings for aeons. That is our design. And yet some of us have existed and survived great lengths of solitude. (My novel 'Biting Tongues' is about a man held captive for seven years, seven months and seven days.) As discussed above though – we don't always find or feel ourselves in 'Our Town' let alone 'Our Tribe'. Being alone is a test. We are confronted by ourself. We must face ourself. In a small town we know people, especially if generations of our family have lived there. There is comfort in that. As mentioned above it is the way humans organise themselves and behave naturally. Yet now – with more humans on the planet than ever before – we often find ourselves more alone.

When I was a child I moved from a big city to a modern 'village'. The houses looked peculiar in their design – and it was as if everyone had been parachuted down *en masse*. It was something like a housing estate plonked into the countryside (in fact it was built on the site of a former army barracks). There was no 'community' as such but an attempt was made. One of these attempts was 'Am Dram' (Amateur Dramatics). Although I wasn't inclined towards acting, as my dad was involved I would get small parts in various plays. One of these plays was Thornton Wilder's 'Our Town' and I sometimes am taken back to those performances. It is as if I can see myself as a boy. I really did like the feel of this play and its evocation of small-town America and its intrinsic sense of continuity. It is only now that it seems strange for that play to have been chosen. Perhaps we were trying to form our own 'Our Town' or rather 'Our Village' – where life might imitate or be inspired by art. But all communities are forged through time. Across England (at least) in the 1960s. old and established communities were brutally wiped away with 'slum clearances'. The new houses were better but folk often became lost and isolated. Whisked up and away by a blast of modernistic wind and deposited in an unknown place surrounded by unknown people.

Lately I have been listening to 'Under Milk Wood' - Dylan Thomas's evocation of Welsh village, or small town life (with the fictional village 'Llareggub' – say it backwards and you'll certainly 'get it' if you're British). Although there is a 'comic' element to the extended poem, I am filled full of nostalgia when I hear the stories of the village folk – and those who have 'passed-on'. It seems full of references to artefacts and ways of life that are near-hidden and submerged in my deep sub-conscious and must be alien to young folk. It is an extraordinary piece of work infused with love. Richard Burton is cast as the narrator – see if you can find the version with this Welshman's rich voice on YouTube, should that latter medium exist as you read now. The poem demonstrates the life of humans for much of our history – you were born, married and buried in your town. You were inextricably linked to the present and the past – and through your actions to the future of where you once lived.

I understand what it is to be an outlier; what it is to be misunderstood and 'foreign'. What it is to be on the periphery of a community. There ARE things we can do though to survive and feel acknowledged and a part of something greater. I am lucky that as a musician I naturally belong to a community that is like a 'travelling circus' or to use a Sanatana record's title – a 'Caravanserai'. It is a loose and certainly odd community but we can find our place within. Well that's fine if you're a musician. But just as modern life has brought about a dissipation and loneliness it has also given us the new 'virtual community' and despite all its ills it too can offer a 'home'. A digital, and indeed oft surreal, 'Our Town'.

Humans seem to need community or a 'tribe' and some more so than others. I am reminded here of the many hundreds of thousands of old folk who find themselves living alone. After bringing up families and being married for many years (their children grown up and who have set up their own families, often being forced to move far from their initial community), the old folk's partners die and they are, quite suddenly, alone. This is a sad reality for many who end up living a solitary life in the family home. A home that was once alive. This new life can mean having very little contact with fellow humans. And other old folk have often led partner-less lives for many preceding decades. Yet others DO find community through hobbies or the church (or other religious bodies). Again it is how we react to becoming either solitary or rootless. There are few of us whose personality limits any form of communion.

Above I also talked about our attitude when moving somewhere new. We need both a positive state of mind and INTENTION. How people react to us once we have shown our goodwill and intention to be a part of THEIR community is ultimately down to them. Sometimes we will fit in, or be welcomed in, other times we might find ourselves ostracised. And then we have to look for a community or tribe beyond our immediate, physical surroundings. For most people these will be hobbies, sports, the pub and/or communities on-line. Again I don't wish to underestimate the latter – a sense of self-worth can be obtained by interacting with virtual groups – making comments during 'live chats' and comments on videos; gaining and cultivating friends on social media; frankly, also the ability to live in protected bubbles. Never before have our interior lives (which is what virtual communities are) had as much or more worth than actual social interaction. There are many foreseeable and probably unforeseeable problems we shall face in the future. But for the moment at least, folk CAN feel a sense of belonging. A hobby, sport, or visiting a local, or not so local, pub will literally take you out of yourself.

It is the real, substantial life we lead though that gives us its soul. Communities are important – they imbibe a feeling of belonging and safety – of identity. Our lives are short and meaning seems essential to our sense of self. Without meaning we become pointless and depressed. Look at lone gunmen, estranged from the world, without belonging or identity - we know what such figures are capable of. Therefore we must all help integrate lost souls. Keep an eye out for the depressed youth, the self-harming girl, the old person not seen for a few days, the person who seems 'other'. Community is forged through time and with that a sense of trust and an acknowledgement that we can see ourselves in the faces and actions of others. But neither can we force community on those who simply, at the end, do not belong. Those who dwell in the out-reaches should not be despised. They will have their reasons.

Modern life is bringing about pressures that perhaps only community and belonging can withstand. We need to open up to folk if we move into their town and give the benefit of the doubt to those moving into 'Our Town'. And when we leave the place we love and the town that dwells in our heart and soul then we can but keep that inner glow of being from 'somewhere'. Being from somewhere will guard us in exile.

There are many more things to say – but for now let's appreciate the narrative that drives our lives and that gives meaning to each and everyone's story. Those who have an 'Our Town' are the lucky ones. Those towns need walls (for protection) but each will have gates too. If you are a wanderer arrive at the gates with respect and humility – they will open easier than if you try and batter them down.

4
Digging in the Dirt – Peter Gabriel

Stay with me, I need support
I'm digging in the dirt
To find the places I got hurt
Open up the places I got hurt

Artist: Peter Gabriel
Album: **Us**
Year: 1992 (apparently recorded in 1989)
Writer(s): Peter Gabriel

Sad to say that life consists of so much hurt. Even the luckiest amongst us will experience hurt – it's as inescapable as death. Psychopaths are likely to feel hurt too – deep emotional pain. I imagine if you've been involved with a psychopath that that wasn't (or isn't) so evident. We get hurt because we are human, it's part of our condition. We feel things both physically and emotionally. Is being emotionally 'hurt' a by-product of self-consciousness, I wonder? I can't answer this question but it makes me wonder about any emotional lives of animals. We can see that animals feel pain when isolated or when abused, of course (and I'm not just talking about the physical pain here); for instance I think cows mourn for their calves when taken from them. Perhaps I'm answering my own question here. Is the ability to feel emotional hurt graded – so that the more sensitive we are the more we are likely to feel the pain? My final question being – have humans become MORE susceptible to hurt as we have become more 'civilised'? I use civilised loosely here - it might be simply a question of increasing numbers – and with numbers comes a greater amount of everything!

'Stay with me, I need support' – is a cry for help, evidently. Whenever we are going through pain and whatever that form of hurt is, it is easier to bear with the support of other sentient creatures (because here the company of an animal might well help bring relief too). I think there's a real sense of needing to share the experience. As humans we can talk to others and write down our thoughts – and

this becomes a cathartic act. By talking we engage and open ourselves to others. The hurt we are feeling is – to some extent – shared and thus, at the very least, slightly dissipated. It's very important, I think, if you are going through mental anguish NOT to be alone, not to be isolated if you can possibly help that. People who are lonely can adopt pets and in so doing turn their attention away from constant self-analysis or hurt to the needs and basic care and attention of an animal. Bonds can be formed. Also animals can force structure and exercise. But that is only a deflection of the hurt. If you write down your thoughts and experiences it is quite uncanny how this can begin to dissolve the very raw hurt you are feeling. It's odd but true. It gives objectivity. Write down everything you feel. Then later read what you have written. The former is like lancing a boil and the latter is like cleaning the wound so it can be seen and dealt with more efficiently.

There are different forms of hurt. Usually this hurt is as a direct result of another human's behaviour towards you. That is why the support of OTHER humans is so comforting. You are seeking answers for why you have been treated in the way you have. How could someone behave in that fashion?! Therefore having the company of others to listen to you (or even speaking over the phone) is so helpful. Another human being validates your feelings which have been hurt by another human being. Thus the ability for another to understand you mollifies the hurt. The ability of another to share your feelings (as much as they can) helps to sedate the pain. We are communal beings – though some of us can either be isolated and/or prefer our own company. We also tend to reference our own narrative of life with the narratives of others. What we do/say/think or the manner in which we act or respond to things is compared with the way others behave. This is why reading is also always a marvellous way to dispel hurt. Reading is a magical connection between our mind and the mind of the author. Squiggles represent words, which represent sounds, which we can see and 'hear' (or touch if in Braille – and then not squiggles but dots). We see the squiggles and hear and understand them in our own minds – a kind of unusual telepathy. Or perhaps a physically-aided telepathy! How well someone writes enables us to have a clearer interpretation of their fully intended meaning.

Reading great literature gives insight into the minds of geniuses – and minds that UNDERSTAND. If you read you 'lose' yourself to some degree (thus giving respite from the hurt) and you gain insight from the author's words. When you read, you are not alone. You are concentrated and free. Free from everything around you. So if you are experiencing hurt, support can take different forms. If you choose to speak about your feelings try and choose someone who can listen and understand – who is patient and has general empathy. But equally, sitting down, maybe stroking a pet with one hand, reading a book with the other, will ease your pain. I think it's important which book you read – though all good fiction will take you out of yourself. It might be counter-productive to read too much psychology – that would depend on you and your ways of dealing with your hurt. Knowing other case studies (of those affected by serious hurt) might flip you into the role of empathetic listener (reader) here and give insight into how to deal with your own pain.

'I'm digging in the dirt/ To find the places I got hurt' – nicely segues (to use a musical term) into this idea of self-discovery, self-analysis, self-understanding. The dirt is the hurt piled onto one's soul. To some extent we enter this world with clean souls (spirits or minds, if you will) and experience shovels dirt upon them. Past hurts can seriously affect and change us. This dirt (or dirty earth) can choke our souls, our spirits, our way of thinking. Think of the soul (or equivalent) here as a garden. We are born with a garden that is yet to be fully tended but the earth is ripe for being sown. As we grow we are given plants that can blossom into beautiful flowers, we are given plants that can produce nourishment. Our little gardens grow as we grow and normal life tends to this garden – sometimes there's too much rain and sometimes too much sun. At times the frost might come early and burn leaves or kill growth. Sometimes snow will fall and all will appear lost – and yet with its thaw – life becomes resplendent again. Now in this analogy hurt comes in the form of others who would come to your garden, not to give seeds or trade vegetables or admire flowers but to shovel rubbish, rubble

and filth. When this is shovelled over a patch of flowers they struggle to survive – and this is your hurt.

Why do folk do this to us – why do we allow them so close that they can hurt us so? Imagine your garden now with an area that grows nothing – like a scar on the body that appears dull and lifeless. To find out what your deep hurt is then you're going to have to dig and examine the dirt – if you're able or brave enough. '*I'm digging in the dirt*' gives me the impression of someone who is determined to find out the source of their suffering. This takes some courage because you don't know what's lying beneath the surface! My analogy doesn't quite fit the lyrics, as with the garden, we know the place but not what constitutes the dirt that stifles life and growth – in the lyrics it would be more like a blind gardener trying to find the places where dirt is covering, or perhaps, where insects blight growth or rabbits have eaten vegetables. Because in the lyrics (taken from the narrator's point of view) he's looking for the places where hurt is doing its work in order to understand and, to use another previous example, lance the boil. In this case digging in the very soul, spirit, mind. Digging is hard work and leaves its mark.

And the lyrics are then specific: to '*open up the places I got hurt*'. My garden analogy works again here as when the problem is found and the dirt raked away – the potential beneath is 'opened up' to the things that need to restore it, principally: LIGHT. And for the person who is hurt this is the light that illuminates the darkness at the pain's core. This is the breakthrough. Light flooding in – bringing love back to the damaged soul.

Perhaps you're feeling I'm being over-dramatic, perhaps that's what I'm thinking. But emotional hurt damages people at their core. Physical hurt (without emotional connotation) can heal. Emotional, mental hurt can twist our soul. Emotional hurt can disfigure us for life. That's why I celebrate the courage of digging out its roots – its germ. Finding exactly where it is in our psyche. We have to know and understand where this hurt has taken root and how it spreads and chokes our life and potential. Have you the courage to dig deep enough to discover where it is or they are? Because I think searching for these hurts will – for a time – give them more power. We can cover them up (and suffer a less acute pain) for as long as we live – and there are many who do this, some more successfully than others. Or we can seek them out and expose them to the light. This could kill their roots or feed them. You've got to be brave but also wise when dealing with deep hurt. There's the rub.

Time, like rain washing away rubbish shovelled onto the garden, always helps. The exposed soil is never quite the same but it brings forth flowers – even if they aren't quite as strong or beautiful as the others, or how they were previously. Time really is a healer. Friends and family can help you clear and tend the garden. A problem shared is a problem halved, as the saying goes. If you're digging alone then the support of someone who understands your toil, who brings you refreshment and nourishment, who listens to you and who offers to help (just the 'offer' is sufficient) then that is invaluable. You might call upon help through your faith; you might call upon help in the form of trained medical staff (a psychologist, a counsellor, or be referred to a psychiatrist). You might decide to do it alone. In the end you can only be guided to find the places where your hurt(s) lie. Only YOU know YOU!

Some of you will learn to live life with your hurt. The challenge then is how to modify or contain the effect of the hurt upon you as a person - on your character. We live in a world of damaged individuals. Some of these damaged folk are the nicest because they understand their vulnerability and thus are sensitive towards their fellow humans – learning through experience – empathy. They carry hurt, which they either allow buried or have witnessed, but cannot dig out and thus carry on with their lives in a kind of quiet and courageous fashion. They may not let on to others the source of the hurt they carry but it might be written upon their brow and evident in their eyes. Some might be damaged to a point where the hurt has worked on them so much that they cannot help hurting others – shovelling the dirt from their garden onto the flowers of a neighbour's. Others might try to further bury their hurt with artificial grass or dusty gravel: consuming alcohol, pornography, hard drugs or prescription drugs. Never looking for the roots of the hurt inside of themselves. Still others might not even recognise that they carry their hurt. And some may put on a brave but false face and refuse to accept that they either have been hurt or that their hurt affects them in any way.

We are curious beings. We have the capacity to love and be kind and yet to inflict pain and hurt. We can be hurt at such a deep level that we are seemingly compelled to visit that pain on others. In family histories the same cycle of hurt is often enacted upon each generation. Rather then seeing this pattern and the root of the hurt it is carried from the past into the future. And the whole process just rolls through the generations. It takes a wise and brave person to identify the source and point it out to the family members.

If you're going to find the places to dig then be aware of the possibility that the hurt might spread. You're going to need strength of mind and the ability to take a part of you away from this subjective hurt to view it objectively. Don't be afraid to ask for help at any time during this process. It will be like diving into a deep dark pool of water – and maybe from some height. The rewards of self-knowledge and understanding will justify your courage. But also you might find and accept the source of your hurt but be unable to take away the residual pain or its effect. It might be that the hurt has changed you irrevocably. In this latter case that might be like losing a sense – say sight - and having to nurture other senses to compensate. The hurt might have gone so deep as to rob you of a part of who you truly are or should be but even though you can't change that, you can let the light shine from all other parts of your being. You CAN even allow this hurt, like an underground furnace, to give extra power and heat to the light you summon.

You've been hurt in love – then love others better.
You've been hurt through betrayal – then show loyalty and honesty.
You've been hurt through malice – then offer goodwill, kindness and thoughtfulness to others.
You've been hurt through rejection – then accept and welcome others.

You've been hurt through spite and unkind words – then speak kindness and display goodwill.

Whatever it is that has hurt you – you can at the very least reflect its negativity as positivity. Turn around the feelings you have and let the world see your light.

Be courageous in whichever manner you can and in so doing light will be drawn to you. Look at folk you meet and search for their light. If they are hurting and negative, your interaction with them could pile on more dirt, or you might simply scrape away a tiny layer. Maybe just a few particles of dirt. A little more kindness and understanding can help those in pain shine forth pencil shafts of light. One day maybe light will pour out of them!

There may come a day when our souls are examined and our intentions laid bare. And when hurt is dispelled we can lie safely in the heat of the sun, a sun hanging low and powerful in the sky – lighting the meadows, fields, copses and woods. The sky clear and clean. Can you imagine the warmth and security flooding your body and irrigating your mind and soul. I have closed my eyes just now and done just that. To quote from another fragment of lyrics I have examined: '*life is a long song*'. There will come a day of peace and release. That is what I believe. Keep imagining that glorious, radiant sun.

Good luck.

5

All Along the Watchtower – Bob Dylan
(Covered and made famous by the Jimi Hendrix Experience)

There must be some way out of here
Said the joker to the thief
There's too much confusion, I can't get no relief
Businessmen, they drink my wine
Plowmen dig my earth
None of them along the line know what any of it is worth

No reason to get excited, the thief, he kindly spoke There are many here among
us who feel that life is but a joke
But you and I, we've been through that, and this is not our fate
So let us not talk falsely now, the hour is getting late

Artist: Bob Dylan (Covered by - Jimi Hendrix)
Album: **John Wesley Harding**
(Jimi Hendrix Experience: **Electric Ladyland**)
Year: 1967 *album* 1968 *single*
(Jimi Hendrix Experience: 1968)
Writer(s): Bob Dylan

Firstly let me say that the weight I have given to Hendrix's cover of this song
IS shared by Dylan – who said that when he sang it he felt like he was covering
Hendrix, and in fact changed his style of playing the song to reflect Hendrix's
version!

As a performer there have been certain songs one could associate with me. Recently Van Morrison's 'Moondance' would be the case but also, through the years, 'All Along the Watchtower'. It is Jimi Hendrix's version I'd sing and with his vocal inflections but I have gone back to the source with the lyrics above. I remember hearing this song for the first time (Hendrix version) during an English lesson at school – it left its mark. Not so long after that I swapped my single collection (45 rpm vinyl) for four albums (LPs – 'Long Players' 33 rpm). One of these was the double album 'Electric Ladyland' by Jimi Hendrix which contained his cover of Dylan's original. I also recall singing this once and making some lame joke about 'The Watchtower' (a Jehovah's Witness magazine). I'd heard a friend use the same joke and it simply spilt out of my mouth. As it happened there were some Jehovah's Witnesses watching, which was slightly odd, it being in a rural setting in France. They came to talk with me and I apologised for my dismissive remark. In fact they were fine with what I said and were happy that it led to us having a conversation. We had a good chat. For the record I have never turned any of these folk away from my doorstep. I invite them in and have had great conversations through the years including till very recently.

'There must be some way out of here/ Said the joker to the thief.'

How strange that this existential crisis is framed between a Joker and a Thief; though it is the joker who asks the thief the question. The joker is at liberty to ask any question he wishes – he has free license. A joker (as The Fool) can mock the king and speak truths that would otherwise lead him to be severely punished. I take it that the joker here is referring to this life – this experience we have on earth. And he believes there is a way out, or that there MUST be a way out! But why ask a thief? A thief can steal himself into places and also sneak his way out. A joker understands the abstraction of life – jokers can be the most serious of folk. 'The tears of a clown'.

Is there some way out of here? Well yes, there is – either through death or, perhaps, re-framing, re-directing our consciousness - our internal experience. This would mean that the notion of 'here' would be transformed. Both the conception of being HERE and the temporal 'reality' of HERE & NOW. In extreme examples we have people who have had to endure isolation both physically and/or mentally. How did they cope? Did they re-invent their interior narrative (monologue) to re-create their conscious existence? At a more basic level – lonely children, say, create imaginary friends. In this case we would need to understand how in the child's world their 'imaginary' friend might be as real as any other being.

On a level experienced by many of us, '*some way out of here*' could be a case of going within to navigate a difficult situation; withdrawing from this situation and living in an alternative consciousness deliberately created by us - whereby the power of our imagination can take us out of exterior 'reality'. Or it could be a case of re-imaging our 'reality'. This might simply be a case of looking at life (and our experience of it) in a different fashion. Thus we can either withdraw from a situation and let our minds play out an alternative inner-reality or we can re-write the narrative we seem to be living within. How do we do this?

Whereas the former state of withdrawal calls for a focussed and controlled mind, with a direct imagination, the latter is easier to create. Let's take being labelled 'You're a failure' as an example. But before going further I will not be talking about fellow beings who have committed horrendous crimes and continue to do so. They cannot re-invent the reality of these crimes other than through self-delusion. Delusion and awareness are opposites. They can ask for forgiveness (if religious) or redemption (from God or society) and they can eventually pay for their crimes. If they arrive at a point of understanding and self-awareness then they can also re-evaluate themselves and it is probably imperative that in order to become better humans that they must stop seeing themselves as a failure but rather as one who HAS failed but who will now re-create themselves in a wholly positive way (as much as they can or society will allow them to). Those who either do not SEE their acts as a failure of themselves or who persist in such acts are beyond the scope of this writing. Maybe this idea of justice/redemption/morality/guilt etc. is for another set of lyrics.

I am thinking of how we judge ourselves and our lives in terms of 'success' and 'failure' or how others are quick to label. Being a 'failure' is a subjective response to a perceived reality. It is qualitative and dependent on comparison. Could we ever be a failure if we were the only human alive? What then would constitute this failure? Here I must add that it is fine to FAIL! Many lessons are learnt through failure – but I draw a distinction between these concrete examples and a self-labelled subjective state. You can fail an exam and not be a failure. You can fail to win a race and not be a failure. Being a failure in this case is a self-realised state. You have judged yourself — or have allowed the judgements of others to influence how you judge yourself. I'll make it super-concrete: I might resort to self-pity and call myself a failure. It seems that way, to me, at times. First question: how am I (how are you) tangibly 'a failure'? I might say I have failed as a musician or writer or painter. In which way? And I demand complete honesty of myself here. Therefore:

1/ I haven't achieved a certain level of recognition.
2/ I haven't earned a certain amount of money.
3/ I haven't reached a certain level of expertise.

How much recognition or 'value' is enough for one to be a 'success'?
How much money is enough for one to relax and say, I have reached a successful level?
How close to PERFECTION does one have to get to feel successful?

Now, I don't wish to be disingenuous here, there are certain levels where one might feel a success and be termed a success. But even then is that a SET status? You can see in all of the above that the judgement is primarily from oneself and perhaps — to a degree — that of society. But even then there are differing levels in one's own judgement and society's!

Thus:
I haven't achieved ANY/ENOUGH or THE RIGHT KIND of recognition.
If we haven't achieved any recognition how do we know? Perhaps what we wish to be recognised for isn't actually what is being recognised. Therefore this becomes a judgment of oneself only. Because I am doing the judging and setting the criteria here. If I shifted from what I wanted judged to what IS being judged then I might not be a failure. If I shifted my obstinate attention then I could/would view myself differently.

I haven't earned a certain amount of money.

It's very easy, here in the West especially, to judge ourselves on income. Mozart was buried in a pauper's grave. Was he a failure? If he looked back at his life would he be able (even at the door of death) to evaluate his life in terms of money made? Look at Van Gogh and his paintings? How can you apply wealth (or lack of it) to an artistic creation? It seems rational to equate that which we have created to how much is paid for it or how much it earns. I nearly used 'worth' – but 'worth' is, again, subjective. Look at how much a Van Gogh painting is 'worth' now! Look at the legacy of Mozart. Would any of us describe these two men as failures? And yet THEY may have done. Was Beethoven a 'failure' when he dropped from popularity and then suddenly became a success when he was once again appreciated?

I haven't reached a certain level of expertise.

This is both subjective and objective. Often whatever skill we are working on we have particular goals or levels that we aim at. Once we have reached these we then re-set them to a higher standard. What I think happens is that we never sit back and view our progress objectively and say to ourselves – yes, I have succeeded in getting to the level I required. Rather we look at our progress subjectively and say – okay, I'm not good enough yet, I must work harder and get to the next level. This is also coupled with drawing constant comparisons with others. Just about anything you are trying to succeed at can be measured against the very best. If you do this you are likely to consider your status, your level, your progress, your abilities and skills as failures. Sometimes you really have to think back into yourself as a raw beginner. Then look at how far you've come. Not only this but others will view your progress in a much more objective way. Of course they will view subjectively but they will be able to see how you have improved. And with artistic skills you may never know the impact of them. We can't take these possibilities for granted - but imagine just ONE person being deeply moved or affected by what you have created.

All these examples point to how we perceive ourselves. We create failure and success within. Of course I expect folk to be self-aware

and rational – to have enough common-sense and understanding not to delve into delusion. A child might expect praise for everything it does – we need to have balance. But nevertheless we can view things in a positive not negative manner. And if you walk into a room with a smile on your face you will be received differently from walking in wearing a scowl. I don't like huge egos and folk who boast or show-off their skills – but there is a great difference between that and 'quiet confidence'; having an inner strength and an understanding of who and what we are.
We have to work on this!

'There's too much confusion, I can't get no relief.'

Well this is a confusing world! As I was writing the above I could feel all these nuances creeping in. Every thought and idea was expanding in my mind and I realised that I'd have to keep this tight and focussed upon my idea of 'you the reader'. The world is a hubble-bubble of things and thoughts! With modern technology driving us towards a Brave New World and with information 'Star Trek like' at our fingertips – we can easily become as headless chickens. We need relief – we need calm – we need focus – we need direction – we need peace. And again – how WE orientate ourselves within this world is the key. We must keep our sense of focus and write our own narrative in this jungle of words. A jungle is confusing for sure – we have to hack our way through: keep our mental scythe clean and sharp and be aware of those serpents dangling from trees. Relief CAN be taken but only – to keep this metaphor going – by stopping occasionally to look above the canopy of trees at whatever sky can be seen. Of resting against the bark of a tree. Of taking nourishment and cupping water from any streams or rivers crossing our way. Relief, in this sense, maybe through retreating. Think of those 'retreats' designed especially to take us out of the hustle and bustle of this life. Sometimes it might feel that if we don't keep hacking and making 'progress' that the jungle will entangle us, drag us to the floor and we will be consumed by its creepers and foliage. That's a nice little nightmare image to leave you with! But in other words – finding relief – is in your hands. Put your intention on that if at all possible.

'Businessmen, they drink my wine/Plowmen dig my earth.'

Despite its spelling as 'Plowmen' in the lyrics, I'll revert to 'Ploughmen' when discussing this word (being English, I can't help myself – forgive me Bob!).

My wine. My earth. Everybody's wine? Everybody's earth? Businessmen drink my wine – in which case are you a fool or a businessman? Okay – maybe this means that the businessman steals the wine - or controls wine production. Controls what is produced by the earth, this is further emphasised by ploughmen digging the earth. But who else WOULD dig the earth? Is the earth not to be ploughed? Who is the 'my' here? Ploughing the earth calls for dedication, energy and foresight. The earth must be ploughed for crops to be sown.

The following lines are taken from Khalil Gibran's 'The Prophet':

Then a ploughman said, Speak to us of Work.
And he answered, saying:
You work that you may keep pace with the earth and the soul of the earth.
For to be idle is to become a stranger unto the seasons, and to step out of life's procession that marches in majesty and proud submission towards the infinite.
[And]
Always you have been told that work is a curse and labour a misfortune.
But I say to you that when you work you fulfill a part of earth's furthest dream, assigned to you when that dream was born,
And in keeping yourself with labour you are in truth loving life,
And to love life through labour is to be intimate with life's inmost secret.

(In English, Khalil is often written/referred to as Kahlil.)

Should the earth be left alone? Maybe. In which case we would be plunged back into a kind of hunter-gatherer relationship with the world and to fall back to perhaps a more primitive, though authentic, time. Wine is a produce of the land – the blood of the vine. From crops came civilisation. We are also the blood of civilisation. Would we want to go back?

And then Bob gives us this killer line:

'None of them along the line know what any of it is worth.'

If this is a quasi-spiritual position then I can have some sympathy. Would it mean that ploughing/cultivating this earth, consuming its produce and buying and selling are all post-Fall? In Eden we lived in harmony with nature, in the Garden. But Eve ate the forbidden fruit from the Tree of Knowledge. Knowledge in this case certainly NOT setting us free except 'freeing' us from Paradise! And now in this confused and confusing world everything is consumed – the land is worked hard; businessmen consume, produce, consume etc. – no-one knowing what anything is really worth. Oscar Wilde is credited with the quote: *'The cynic knows the price of everything and the value of nothing.'* By 'value', meaning 'worth'. Aren't we all getting that way? The businessmen drinking their (or the narrator's?) wine might have chosen that wine on its price-tag rather than its taste – or at least been swayed by that price tag. (I have an image here of John Cleese, from Monty Python, acting as a waiter taking a bottle of wine away from dissatisfied customers at a restaurant – only to swap the label, re-introduce the bottle, as a better/more expensive type, and have the customers delighted!) The more the so-called 'price tag' or even 'reputation' the better the taste. Being exactly the SAME wine and thus taste, this becomes wonderfully ironic. There may well be a relationship between money and quality – but not always. And these guests knew all about the price or reputation of this 'new' wine but obviously NOT its true value or worth. Unless, of course, they were being deliberately snobbish by rejecting it in the first place. Another kind of irony I guess. Another great quote from 'The Prophet' goes:

And a merchant said, Speak to us of Buying and Selling.
And he answered and said:
To you the earth yields her fruit, and you shall not want if you but know how to fill your hands.
It is in exchanging the gifts of the earth that you shall find abundance and be satisfied.
Yet unless the exchange be in love and kindly justice it will but lead some to

greed and others to hunger.

This idea of the line – from working the land to the businessman selling the produce and, indeed, consuming the produce – seems cynical to me. It seems to implicate everyone! Doesn't the peasant scraping the soil to plant crops know its worth? Not just in a material sense but in a spiritual sense too? If you work the land you are intrinsically connected with Nature. It can be relentless and gruelling. But it is honest work. If we take the production of wine then it is an age-old process. The grapes must be grown and harvested. They will then be de-stemmed and crushed (this used to be done by folk with bare feet trampling the grapes) and then fermented and (for certain wines) pressed. Red or white wine is produced dependent on the whole of the grape being used or not during the fermentation process. Filtration, bottling and labelling follow and then the wine must be sold and marketed. This is a VERY brief overview! There is the selection of the original grape and the subsequent ageing process of the wine also to consider. Much experience is, and has been, applied. Everyone's livelihood 'along the line' is certainly at stake. Thus at the very end of this process comes those drinking the wine and understanding the subtleties and nuanced tastes. Those folk appreciating good wine and being prepared to pay for a great wine – know its true VALUE. Others might consider a cheap wine simply a cheap way to get drunk!

Extended FADE OUT:

'No reason to get excited, the thief, he kindly spoke There are many here among us who feel that life is but a joke
But you and I, we've been through that, and this is not our fate
So let us not talk falsely now, the hour is getting late.'

It is the thief that gets the joke (of life); who pacifies the joker; the thief who speaks kindly; the thief who offers the joker the hidden knowledge that life '*is but a joke*'.
You didn't know that, Joker!?
Then saying that this 'joke', this unstable jesting and craziness that runs through the world (*along the line?*), is something they have both been through – been through but yet it is – paradoxically - not THEIR fate!

Is it not their fate to keep repeating the joke of life, like a comedian being continuously looped? The Eternal Return perhaps - stuck in an ever repeating circle of life. A Tragedy not a Comedy. Yet time seems to be running out – don't speak falsely, speak the TRUTH – perhaps the truth WILL set them/you/us free. If you know the song then you'll know that two riders are approaching. Who might they be? And with that and the lyric from a 10cc song on my lips ('The Worst Band in the World' - Sheet Music):
Fade me/fade me...

HIDDEN TRACKS

The Romantic Rocker – Some Thoughts on Phil Lynott

What made Phil an 'outsider'? Well, was this rowdy rocker and party goer, really an outsider? I think so. Of course just the hue of his skin in Dublin at the time would have 'marked him out'. A black Irishman in the 50s and 60s – there was a novelty. Either he had to live up to that difference or retreat from it – Phil, ostensibly, lived up to it. In fact he had been born at West Bromwich in the West Midlands of England close to where I grew up. But Phil was sent to Dublin to live with and be brought up by his grandmother and family. He pays tribute to her in one of his songs titled 'Sarah'. He wrote another 'Sarah' for his first born.

Phil was 'black', living apart from his mother, with an estranged father. He was brought up in Catholic Ireland – so different at the time, say, from 'Swinging London' and more generally the 'swinging sixties' – the decade when he first began to play music. Phil was tall, very leggy and eventually grew an impressive 'Afro' hair cut. There was no mistaking him. But there was always a dichotomy about his nature. I met and talked with him a few times (I'm lucky to be able to say) even got to play drums along with him once! With his doleful eyes, lush Dublin brogue and gentle demeanour OFF-stage (I never witnessed his wild side) - this was contrasted with the posing rocker, 'eye-for-a-lady', 'jack-the-lad', 'twinkle in the eye' hard rocker ON stage. Thin Lizzy were a SUPERB live act. They made their reputation and career from their live performances. And they had (to quote a song and album title) a 'bad reputation'.

There was though, more to this rocker than one would expect. Yes he could write heavy songs with swagger such as 'The Rocker': *I am your main man if you're looking for trouble* - but also some of the most beautiful ballads, such as 'Still in Love With You': *Think I'll just fall to pieces/ if I don't find something else to do/ this sadness it never ceases/ I'm still in love with you.* Or there were the songs of yearning, 'Wild One' being an example with its lines: *How can we carry on, now you are gone, my wild one.* There were many songs imbued with Irish legend of myth and adventure and with more contemporary reference such as, 'Freedom Song': *I believe in the freedom song/ Long live liberty/ I believe in the freedom song/ Doesn't matter what you do to me.*

But there was also his religious/spiritual side. I'm writing these words now because the following lines often pop into my head, from the song 'Dear Lord': *Dear Lord, this is a prayer, just let me know if you're really there/ Dear Lord, come gain control, oh Lord, come save my soul/ Give me dignity, restore my sanity, oh Lord, come rescue me/ Dear Lord, my vanity, oh Lord, it's killin' me, it's killin' me.*

Phil had a sense of the Divine - a sense of the world beyond. I even think he had a sense of his impending mortality. This mix of rocker and romantic gave his songs a quality so often lacking from his contemporaries. Thin Lizzy's songs had this mixture of Rock; Romance; Celtic History; Religion/Spirituality.

Phil was an outsider by nature not by choice. He was 'Johnny' the character popping up in many of his songs – he was 'The Cowboy', his childhood reflecting children's awe then of the Wild West and he bringing these romantic adventures to life in the raw 1970s: *I am just a cowboy, lonesome on the trail...*

Well if you don't know, Phil succumbed to the effects of drugs and their long-term use in the mid-80s. Perhaps that was always going to be his destiny. Never to grow old. Always remembered as the rocker, the gypsy with his dangling, hooped earring. His playfulness and talent. But it's still such a great shame he's gone. These words reflect just a slight insight into the man and his songs. If you don't know him and Thin Lizzy check out their back catalogue. Some examples include:

'Vagabonds of the Western World' - a raw, solid, Irish, romantic flavoured album from the band as a three-piece; 'Nightlife' - a soulful peculiarity (and my favourite album); 'Jailbreak' is the 'Classic Line-up' at its height, containing their most famous hit song, 'The Boys are Back in Town'.

If you don't know Thin Lizzy and you like your rock delivered with feeling and intensity and yet with some beautiful slow ballads and thought-provoking lyrics – you will be highly delighted when you do. If you already know them – you'll understand everything I have written. Phil's life was a romantic-tragedy - with all the paradox that those two words combining bring. I'll leave you with this stanza from his song, 'Spirit Slips Away'. Written when he and the band were on the cusp of real stardom.

And when the music that makes you blue
Unfolds its secrets, the mysteries are told to you
May the angels sing rejoice to you
That fateful day when your spirit slips away

Futility & Expansiveness

Well there's Sartre and Camus, Nietzsche and Hesse
If you dig deep enough
You gonna end up in distress
And no-one escapes having to live life under duress
And no-one escapes the meaning of loneliness.

These lyrics come from Van Morrison's song: 'The Meaning of Loneliness'. I was trying to think of them after they came to me in fragments one morning. And I was pretty certain there was the phrase: existential angst. But that's not here it seems and rhyming 'angst' with these 'ess' sounds would be pushing it poetically. A futile pursuit, perhaps.

The night previously I'd had a strange dream, well aren't they all? But in this one I had entered a room where spirits were at play and I could feel their force pulling and pushing me about. As with any dream my recollection is hazy – but it did wake me up. Lying in bed, alone (my wife works away), and waking into blackness left me feeling uncomfortable to say the least. I felt a glow rush over my body – maybe all the tiny hairs were standing on end and rushing over my skin like a 'Mexican Wave'. That seems an odd analogy but it fits. I was somewhat ill at ease. And then another 'Mexican Wave' rushed across my neurons. Too much activity! It was a struggle to return to sleep.

In the morning I was still feeling uneasy - the dream had come back to me. So I thought I'd read before getting up. Picking up my book I noticed I must only have read two pages, at the most, before falling asleep the previous night. It's a really interesting read ('God's Undertaker: Has Science Buried God?' - John C. Lennox) and the part I had reached was looking at evolution and the arguments for and against God based on biology. But lying there I kept reading the same sentence over and over. No matter how much I wanted to read, my neurons were flushing with – well, a kind of existential angst.

You might think with such a book that 'existential angst' is inevitable. But it's uplifting (thus far) and very stimulating. No the reason was far more prosaic. In April (2020) I was to drum on a Big Band workshop. It's really good fun and challenging. I play drums and have had to learn how to read Big Band charts (an art I continue to learn). This time away is very important to me. But I have also been asked to play in England (I'm in France) at a gig the preceding week. And I have begun to panic about getting back from the gig to be able to play on the workshop. There's no reason for this panic as I have been reassured that I will get back in time. But those neurons began waving as if telling me they were drowning. That I was drowning. Drowning in a kind of self-doubt.

And if love is the seventh wave (cue Sting's lyric) this second one began overwhelming me with the futility of everything – neurons' spume flecking my mind and ideas crashing about my consciousness. I was freaking out. Losing confidence. And it all seemed so damn futile. That's a potent combination – fear and futility. I was fearful about travelling (!); fearful about making deadlines; fearful of everything and anything. And this fear left me addressing the futility of life. Despite all my beliefs I was left stranded. The wave had washed over and had now receded – having done its work. It was all quite odd. Was this a kind of panic attack? I had to put the book away. But I continued to lie there.

What if I were faced with a REAL concrete fear – like a terminal illness? Would my faith stand-up? (I have a kind of mystical belief system, brought into focus through the writings of Emanuel Swedenborg - a man born in Sweden in the late seventeenth century who had decades of interacting with the world of spirits and how, being a renowned scientist, meticulously detailed his experiences and lessons.) What or who am I that I could react so badly at the idea of doing a simple enough thing such as flying somewhere and flying back?! I'm not afraid of flying – I love it - I am (or was) afraid of participating: Participating in life being a kind of futility in itself. Participation. Being amongst others. Feeling healthy and secure amongst others. Feeling unafraid.

Now I don't like these kinds of feelings (who would?) and tried to think my way out. What was the opposite of 'futility'?

And it came to me – EXPANSIVENESS. This is my opposite. Futility is a driving (or diving) inwards.

We are communal beings. With the dark afternoons/evenings [this was written in November 2019], the coming cold and the isolation within another culture and language, I think it all got to me. I mean I love where I live and I love the dense colours of autumn and winter. The brooding skies - a hint at mysteries beyond the mundane. I love having a fire with its flames, its embers, its cracking and spitting, its smell. I love how building a fire and having its comfort and warmth unites human beings through the ages. We are taken back to a time of unity under the stars. The light of a television is the exact opposite of a fire's. But this is a time of closing in. Of going in. Perhaps of retreating.

Not only does this time of year draw us in but I also call it the 'clear season' – as the trees shed leaves and what was hidden becomes seen again. Revealing truth? I LOVE the inward moving of the mind and reflection upon life. And you'll be glad to know that I am moving towards that state once again. It is EXPANSIVNESS that gets us out from the drenching quality of futility. To creep inside and curl up inside our mind would only soak us. But to embrace life – in whichever fashion - brings hope. It is dark and cold but also magical with a feeling of being close to eternity.

I made the decision to LEARN and – as usual – I played drums (I play other instruments too but drums and flute are my main ones). Learning is not new (I relish it) but in my frame of mind might not have been easy. Sitting at the drums I just let myself go to explore whichever rhythm came. This was and is uplifting and liberating. There was a very natural feeling and ease of playing too. So then I decided I would study a piece of Big Band music and play-along with faceless but superb musicians (audio files!). The chart was challenging but it inspired me. My recent practising regime was paying off. Things came easier than I expected. My mind was expanding not contracting. I had an aim. In fact I have a number of instruments to practice and songs to write and essays to write! And always thoughts to put down. I was looking at life again in an expansive manner; I certainly could participate. It was a virtual participation but it was REAL!

This might sound as if the feelings of futility were easily transformed. In a way that's true. But they were profound and I sense that they may come back. They CAN be countered with 'opening out'. Taking thoughts that, like in my dream of spirits, want to throw me about, pushing and pulling, making a helpless puppet of me; scaring me with doubt and – yes – angst and then wilfully re-directing them outwards to things that I can do that will be constructive and purposeful. Yes I will continue to contemplate and go deep within – it is rather the MANNER that is important. In fact I will go DEEPER!

Van sings:
'If you dig deep enough
You gonna end up in distress'

But you might dig in a manner that brings self-realisation. Profundity. Awareness. Knowledge. And change.
Futility is remaining on that island after the wave has drenched and receded – expansiveness is rejoicing in the sky and the horizon and getting a raft together and no matter the outcome – setting forth. It is self-belief. It is FAITH. It is allowing one's destiny to become manifest. It is trusting in life and life's decisions.

You know – this simple (but not necessarily easy) act of writing down my thoughts and experiences has given purpose in itself and connexion with whomever reads. Maybe just connexion with myself.

'...no-one escapes the meaning of loneliness.'

That's an odd way for Van to express himself, don't you think? We can't escape the 'meaning'. Maybe not so odd. But understanding helps. And meaning and understanding might counter loneliness itself.

Life is futile if you give it that meaning – that label. And you can at times understand its futility. But life is to be lived. For that you have to step forward. Meet it. Expand your consciousness into it. Trust yourself. Trust life.

To push the raft out and to head for the horizon could be seen as futile. Or it could be seen as the very essence of living.

An afterthought:

I mentioned Mr Swedenborg earlier and a part of his message is that we are to be 'of service'. A while ago I looked up some synonyms and antonyms of 'futility'. Two antonyms were: fruitfulness and usefulness. Be fruitful in whichever manner you can be and be useful to your fellows. Be of service. And in that way you get to participate too.

Cheers.

An afterword!

Life is ALWAYS interesting it seems. As of the end of February (2020) I learnt that the Big Band sessions were cancelled as a result of the coronavirus. As I write now (March 2020) I am still doing the gig in England. My worry is not now getting back for the Big Band sessions but rather getting back at all!

By the time this book is published you'll all know the likelihood of my making it home okay or otherwise. And you'll know how the coronavirus pandemic panned out (pun intended). As I write I am also aware of the fear felt by many and of those, of course, who have died. We are faced with our mortality and our connexion with our fellow beings across the globe. And with the fine balance between 'freedom' and both governmental and self-imposed 'responsibility'.

These words seem an odd way to finish a book so I shall leave you with:
Keep faith and trust in yourselves – and if you can – be of service to others.
(Tim - March 9th 2020)

A **FINAL** word?

Well I didn't make it to England – but the gig has been rescheduled. Will that go ahead?
I *have* been creative through the 'lockdown' – with a co-written album recorded: *Tall Stories on Short Street* (released on 31-07-20) and a collection of poetry (not all written in 2020): *A Conversation of Trees* – to be released sometime in 2020.
(Tim – June 15th)

Well here you are reading this book and since last commenting it's even had a change of publisher! The gig has once again been rescheduled. 2020 has proved somewhat of an 'odd' year to say the least.

We'll survive and, I trust, thrive!
Cheers!
(Tim – August 10th)

Songs:

I'll be Your Mirror
Artist: The Velvet Underground and Nico
Album: **The Velvet Underground & Nico**
Year: 1966 (single) 1967 (album)
Writer(s): Lou Reed
Publisher: Sony/ATV Music Publishing LLC

I'm Going Slightly Mad
Artist: Queen
Album: **Innuendo**
Year: 1991
Writer(s): Freddie Mercury (but credited to Queen)
Publisher: Sony/ATV Music Publishing LLC

Rag 'n' Bone Man
Artist: Rag'n'Bone Man
Album: **Human**
Year: 2016 (single) 2017 (album)
Writer(s): Graham/Hartman
Publisher: Warner Chappel Music Ltd.

Dear Lord
Artist: Thin Lizzy
Album: **Bad Reputation**
Year: 1977
Writer(s): Gorham/Lynott
Publisher: Universal Music Publishing Group.

Days Like This
Artist: Van Morrison
Album: **Days Like This**
Year: 1995
Writer(s) Van Morrison
Publisher: BMG Rights Management

Life is a Long Song
Artist: Jethro Tull
Album: (Initially an EP, Extended Play – lead track, 1971); **Living in the Past**
Year 1972
Writer(s): Ian Anderson
Publisher: BMG Rights Management

Changes
Artist: David Bowie
Album: **Hunky Dory**
Year: 1971 (album) 1972 (single)
Writer(s): David Bowie
Publisher: Sony/ATV Music Publishing LLC, BMG Rights Management, DistroKid, TINTORETTO MUSIC

The Logical Song
Artist: Supertramp
Album: **Breakfast in America**
Year: 1979
Writer(s): Rick Davies/ Roger Hodgson
Publisher: Universal Music Publishing Group

Our Town
Artist: Iris DeMent
Album: **Infamous Angel**
Year: 1992
Writer(s): Iris DeMent
Publisher: Warner Chappel, ARESA, ASCAP, LatinAutor, UMPI

Digging in the Dirt
Artist: Peter Gabriel
Album: **Us**
Year: 1992 (apparently recorded in 1989)
Writer(s): Peter Gabriel
Publisher: Sony/ATV Music Publishing LLC

All Along the Watchtower
Artist: Bob Dylan (Covered by - Jimi Hendrix)
Album: **John Wesley Harding**
(Jimi Hendrix Experience: **Electric Ladyland**)
Year: 1967 *album* 1968 *single*
(Jimi Hendrix Experience: 1968)
Writer(s): Bob Dylan
Publisher: EMI Music Publishing Group & Dwarf Music

Other songs mentioned (with lyrics):

The Night is Fallin' - Tim Bragg (Publisher: CDBaby)
Album: **Revamped 3** (2014) (Bragg)

All the Madmen – David Bowie (Publisher: BMG Rights
Management, Sony/ATV Music Publishing LLC, TINTORETTO
MUSIC)
Album: **The Man Who Sold the World** (1970 USA/1971 UK)
(Bowie)

We Can Work it Out – The Beatles (Publisher: Sony/ATV Music
Publishing LLC)
Single (Double 'A' Side): **We Can Work it Out/Day Tripper**
(1965) (Lennon-McCartney)

Freedom Song – Thin Lizzy (Publisher: Universal Music Publishing
Group)
Album: **Fighting** (1975) (Gorham/Lynott)

Spirit Slips Away – Thin Lizzy (Publisher: Universal Music
Publishing Group)
Album: **Fighting** (1975) (Lynott)

The Rocker – Thin Lizzy (Publisher; Universal Music Publishing Group)
Album: **Vagabonds of the Western World** (1973) (Bell/Downey/Lynott)

Wild One - Thin Lizzy (Publisher: Universal Music Publishing Group)
Album: **Fighting** (1975) (Lynott)

Still in Love with You - Thin Lizzy (Publisher: Universal Music Publishing Group)
Album: **Nightlife** (1974) (Lynott)

The Cowboy Song - Thin Lizzy (Publisher: Universal Music Publishing Group)
Album: **Jailbreak** (1976) (Lynott/Downey)

Meaning of Loneliness – Van Morrison (Publisher: Exile Publishing Ltd / Universal Music Publishing Ltd.)
Album: **What's Wrong with This Picture** (2003) (Morrison)

Printed in Great Britain
by Amazon

50555094R00083

A GRIM ALMANAC OF

HEREFORDSHIRE

A GRIM ALMANAC OF

HEREFORDSHIRE

NICOLA SLY

ALSO BY THE AUTHOR

A Grim Almanac of Bristol
A Ghostly Almanac of Devon & Cornwall
A Grim Almanac of Dorset
A Grim Almanac of Somerset
A Grim Almanac of South Wales
Bristol Murders
Cornish Murders (with John Van der Kiste)
Dorset Murders
Hampshire Murders
Herefordshire Murders
More Bristol Murders
More Cornish Murders (with John Van der Kiste)
More Hampshire Murders
More Somerset Murders (with John Van der Kiste)
Murder by Poison: A Casebook of Historic British Murders
Oxfordshire Murders
Shropshire Murders
Somerset Murders (with John Van der Kiste)
West Country Murders (with John Van der Kiste)
Wiltshire Murders
Worcestershire Murders

First published 2012

The History Press
The Mill, Brimscombe Port
Stroud, Gloucestershire, GL5 2QG
www.thehistorypress.co.uk

British Library Cataloguing in Publication Data.
A catalogue record for this book is available from the British Library.

ISBN 978 0 7524 5999 8

Typesetting and origination by The History Press
Printed in Great Britain

CONTENTS

INTRODUCTION & ACKNOWLEDGEMENTS

Like all counties, Herefordshire has its share of horrible history and dark deeds, which I have collected over the years and kept on file for such a book as this. The true stories within are sourced entirely from the contemporary newspapers listed in the bibliography at the rear of the book. However, much as today, not everything was reported accurately and there were frequent discrepancies between publications, with differing dates and variations in names and spelling.

As always, there are a number of people to whom I owe a debt of gratitude for their assistance. The *Hereford Times* kindly gave me permission to use some of their archive pictures as illustrations. The staff at the Local Studies Centre in Hereford Library were particularly helpful, especially Marianne Percival, and a chance meeting there with Robin Price proved exceptionally useful, as he generously shared his encyclopaedic knowledge of the county. My husband, Richard, took many of the photographs and my brother-in-law and sister-in-law, John and Sue, kindly provided accommodation during my research visits to the county. I would also like to thank Matilda Richards, my editor at The History Press, for her help and encouragement in bringing this book to print.

Every effort has been made to clear copyright; however my apologies to anyone I may have inadvertently missed. I can assure you it was not deliberate but an oversight on my part.

Nicola Sly, 2012

JANUARY

Ross from the River Wye, 1950s. (Author's collection)

1 JANUARY **1892** Coroner Thomas Llanwarne held an inquest at Ross-on-Wye Cottage Hospital on the death of farm labourer John Sandford, who died on 31 December 1891, following an accident on 22 December.

The inquest was told that Sandford and Arthur Chamberlain were loading straw at a farm in Foy. Sandford was balanced on top of the straw in the cart and, when it was fully loaded, he asked Chamberlain to take the cart out of the barn so that the load could be roped down.

Chamberlain led the horse pulling the cart out of the barn, then went back to fetch the ropes. However, as he did, Sandford toppled off the cart on the opposite side. Although Chamberlain didn't see him fall, he recalled that Sandford had been feeling dizzy for the past couple of days, saying that his head was 'all on the whirl'.

Sandford complained of pain in his back and head and, by the time the doctor arrived to attend to him, Sandford was partially paralysed on his left side. Although he was initially conscious and rational, further bleeding into his brain soon left him completely paralysed and eventually proved fatal.

The inquest jury attributed Sandford's fall to an attack of giddiness, returning a verdict of 'accidental death'.

2 JANUARY **1892** Thirty-three-year-old labourer Charles Preedy was trimming hedges at Little Dewchurch when he decided that it might be more fun to trim the cattle grazing in the field. Preedy cut the tail completely off one cow and badly wounded two others and a bullock by slashing them with his billhook. One cow was cut inside her left hind leg, the second on her hip and the bullock on one side.

Charged with having maliciously maimed three cows and one bullock belonging to Margaret Raymond, Preedy appeared at the Herefordshire Assizes in March 1892, where he was found guilty and sentenced to seven years' penal servitude.

3 JANUARY **1893** When fifty-year-old cowman Peter Watkins didn't turn up for work as expected, a man was sent to his home in Withington to check on him. Since there was no response to knocks at the door, the man broke into Watkins's cottage and found him dead in bed, his wife unconscious by his side.

An inquest held by Thomas Llanwarne heard that the couple had placed a bucket of live coals in their bedroom when they retired for the night, in the hope of keeping warm. The bedroom had no chimney and was so tightly sealed against draughts that the fumes created by the burning coals could not escape. The inquest jury ruled that Watkins's death was caused by accidental suffocation.

4 JANUARY **1861** As the express train from Shrewsbury to Hereford travelled across an embankment near Moreton Station, about six miles outside Hereford, a wheel broke. The train ran off the rails and plunged into a deep dyke that ran alongside the track.

Although most of the passengers either swam to safety or were rescued, Sophia Lowe of Chester and Mary Jones of Breinton were drowned before help could reach them. At an inquest on their deaths held by city coroner Mr Warburton, the jury returned two verdicts of 'accidental death', recommending that the Shrewsbury and Hereford Railway Company should use a better quality iron for the wheels and tires of their rolling stock and that there should be some means of communication on trains between the guard and the driver.

1927   Coroner Mr L. A. Capel held an inquest at Hereford General Hospital on the death of John Thomas Clarke of Ullingswick.

In September of the previous year, Clarke fell 25ft from a pear tree, after the branch on which his ladder was resting broke. Clarke lay on the ground unable to move for some time until his shouts for help finally attracted the attention of some men working nearby.

Clarke remained in hospital paralysed from the waist down until his life was finally claimed by 'septic absorption' nearly four months after his fall. The inquest jury returned a verdict of 'accidental death'.

5 JANUARY

1928   Sixty-seven-year-old Dr Hamilton Symonds deliberately gassed himself in his surgery at Hereford.

At an inquest the following day, the doctor's brother explained that, although Symonds was a qualified surgeon, he had a deep-rooted, pathological objection to surgery and operations of any kind. On the day of the doctor's death, his son was due to undergo a minor surgical procedure and this, coupled with the fact that Symonds suffered from painful rheumatism, was thought to have triggered his suicide.

The inquest jury returned a verdict of 'suicide while of unsound mind'.

6 JANUARY

1892   Thirty-five-year-old Richard Johnson assaulted PC Verrill and PS Cupper at Hereford.

When he appeared at the Herefordshire Assizes on 12 March charged with feloniously, unlawfully and maliciously wounding the policemen, Johnson's guilt was not in question and the only thing to be considered by the court was his mental state at the time of the offence. The surgeon at Hereford Gaol, Henry Vevers, stated that he had observed Johnson at length during his incarceration in the run up to trial and believed that he was delusional.

The judge asked Vevers for an example of Johnson's delusions and Vevers explained that Johnson suffered from a persecution complex and was convinced that people were intent on harming him. However, Johnson insisted that Vevers was 'making it all up'. He denied suffering from any delusions and hoped that the court would accept that he was fully responsible for the offence.

7 JANUARY

High Town, Hereford, 1950. (Author's collection)

The judge announced his intention of adjourning for lunch.

'I don't want to go back in the cells,' Johnson piped up. 'They have got men down there to murder me and do away with me.'

'No they have not,' the judge replied soothingly.

'Yes they have and then they will have a verdict that I committed suicide,' Johnson insisted.

When Johnson returned to court alive and well after the lunch break, he was found guilty but insane and sentenced to be detained as a criminal lunatic.

8 JANUARY

1892 Seven-year-old Alfred Carl Griffiths and his nine-year-old brother Harry John Griffiths died while sliding on the ice in the deer park at Much Dewchurch.

At an inquest held by coroner Thomas Llanwarne, the main witness was the boys' elder brother, twelve-year-old Edwin. He told the inquest that they were sliding on a small pond together when the two younger boys wandered off. He had no idea where they were until he heard desperate shouts coming from the direction of a larger pool. When he ran towards the shouting, Edwin saw that the ice was broken about 20 yards from the bank and that his two younger brothers were struggling in the icy water.

Unable to assist them, Edwin ran for help but by the time he returned, there was no trace of Alfred and Harry. The pond was dragged and their bodies were recovered some time later.

The inquest jury returned verdicts of 'accidental death' on both boys.

9 JANUARY

1932 George Benjamin Parry sat in the kitchen of Hunter's Hall, Lea, a shotgun propped between his legs, dead from an apparently self-inflicted gunshot wound, which had severed an artery in his neck and blasted away the top part of one of his lungs. However, a closer examination showed that the gun's safety catch was engaged and, in addition, there was no blackening around Parry's wounds, indicating that the gun had not been fired at close range.

Believing that Parry had been shot by someone else, the police called in Home Office Pathologist Sir Bernard Spilsbury, who agreed with the conclusions reached by the local doctors. The only other person in the house at the time of Parry's death was arrested on suspicion of having murdered him.

She was widow Edith May Dampier and, when she was committed for trial at the Hereford Assizes, it quickly became apparent that her defence team intended to rely on proving that she was insane at the time of the shooting. Although the disease wasn't specifically named, it was intimated in court that Mrs Dampier was suffering from syphilis, which can lead to insanity in its later stages.

The jury accepted the medical evidence, finding Mrs Dampier guilty but insane. She was ordered to be detained during His Majesty's Pleasure and is believed to have died in 1956, while an inmate at Broadmoor Criminal Lunatic Asylum.

10 JANUARY

1849 Daniel Lloyd returned to his room at The Feathers Hotel, Ledbury, to find that his trunk had been broken into and £25 in Bank of England notes had been stolen. He instantly suspected commercial traveller James Jones, with whom he had struck up an acquaintance while staying at the hotel. Jones was tracked to Newent and when he was apprehended at The George Inn there, the stolen bank notes were found on his person.

Twenty-six-year-old Jones pleaded guilty to stealing the money at his trial at the Herefordshire Assizes in March 1849. His counsel asked the judge

to be merciful on account of the defendant's previous good character and indeed Jones's former employer travelled 200 miles to vouch for him. Even the prosecuting counsel and Jones's victim, Mr Lloyd, joined in with the recommendations for mercy.

Jones told the court that he had succumbed to temptation while undergoing extreme financial difficulties, an action he now deeply regretted. He promised that, if the judge treated him leniently, he would make sure never to be in the same situation again.

The judge stated that, had it not been for the defendant's character and undoubted remorse, he would have had no hesitation in sentencing him to be transported but it was still his duty to pass a severe sentence, regardless of previous character. He duly passed sentence of one years' imprisonment, with hard labour.

1880   Having received his wages of 30s, James Williams paid his rent then **11 JANUARY** went to the pub, where he stayed drinking until late at night. Since he was so drunk, Andrew Keggie (or Heggie), William Watkins (aka Morris) and James Davis (or Davies) offered to see him safely home and he was last seen at closing time, leaving The Red Lion Inn at Hereford in their company.

Several people heard sounds of a scuffle and shouts of 'Murder!' that night and, on 12 January, Williams's body was found in the River Wye. Although the cause of his death was drowning, his pockets were turned out and his watch, money and other small personal items were missing, suggesting that he had been robbed. The surgeon who conducted a post-mortem examination found what he believed to be swelling and faint marks on the dead man's throat.

As the last people to be seen with the deceased, Keggie, Watkins and Davis were questioned and Davis was found to have a silver watch in his possession, along with a large joint of pork, similar to one bought by Williams before his drinking binge. The watch wasn't the one stolen from Williams but the police were able to prove that Davis had sold Williams's watch to a publican, Richard Johnson, who then sold it on, giving Davis another watch to pretend to sell.

Keggie, Watkins and Davis were charged with wilful murder and Johnson with having harboured them in the knowledge that they had committed murder and with buying a watch, knowing it to be stolen.

They appeared before Mr Justice Hawkins at the Worcestershire Assizes, where Keggie, Watkins and Davis were first tried for murder. Several people testified that they had seen Williams being forcibly marched towards the river, all the while shouting 'Murder!' He had marks of violence on his neck and there were clear signs that a scuffle had taken place on the riverbank near to where Williams was found.

Yet, to the astonishment of the judge, the jury found the defendants not guilty. If there was no murder, then Johnson could not be an accessory and Hawkins empanelled a new jury to hear the case of robbery against the four defendants, who were found guilty.

Still apparently incredulous at their acquittal for murder, Hawkins sentenced each man harshly. Davis received ten years' penal servitude, while Watkins was awarded eight years. It was Keggie's first offence, hence Hawkins was slightly more lenient, sentencing him to just five years' imprisonment, while Johnson's punishment was seven years' penal servitude.

12 JANUARY

1893   A funeral was held at the church in Clodock, after which the mourners retired to The Cornewall Arms Inn in the village. There was music, dancing and a lot of drinking and, by closing time, several men were in the mood for a little frivolity. They began a series of practical jokes, one of which was to end in the tragic death of labourer William Prosser and a charge against six men for his manslaughter.

It had been snowing heavily and John Cross, a guest at the inn, was dragged outside, stripped almost naked and rolled in the snow. When the men tired of tormenting Cross, they went to the home of Edwin Chappell, breaking the windows with snowballs then forcing the door open. Chappell was marched outside and rolled down to the river, where he was ducked before the band of practical jokers headed for William Prosser's home.

The Cornewall Arms, Clodock. (© R. Sly)

Prosser suffered from a weak heart and the next morning, he was found suspended by what few clothes he wore from the palings outside his neighbour's home. A post-mortem examination, conducted by surgeon Leslie Thain, showed that his near-naked body was covered with scratches and grazes and his bare feet were frostbitten. Thain concluded that Prosser had died from either exposure or terror, stating that he believed that Prosser had tried to go to his neighbour for help, slumping to the ground exhausted outside the house and catching his clothing on the fence, which prevented him from moving.

The physical evidence supported Thain's conclusions. The windows of Prosser's house were smashed and his clothes were scattered between his house and his neighbour's home, as if he had fled in a state of panic, trying to dress as he ran. Farmer Philip Evans had been awakened by Prosser calling him during the previous night. 'Come quick, they are coming and will kill me,' Prosser shouted and, looking out of his window, Evans saw five men in his yard but, by the time he got downstairs, Prosser and his pursuers had gone.

Six of the pranksters were arrested and charged with manslaughter. William Davies, Leonard Miles, John Williams, Walter Griffiths, Thomas Jones and Charles Lewis appeared at the Herefordshire Assizes in March, where all pleaded guilty. Griffiths and Davies were sentenced to twelve months' imprisonment with hard labour, Miles, Williams and Jones to four months and Lewis to three days.

1860   Respectable farmer's wife Phoebe Dowding of Hill House Farm, Cradley, was plucking and dressing poultry for market when her neighbour, Thomas Orgee, called.

13 JANUARY

He demanded a drink but, seeing that he was already intoxicated, sixty-three-year-old Phoebe refused. Orgee said that he would have a kiss instead and although Phoebe warned him off, Orgee persisted in trying to kiss her until she eventually raised her hand to push him away. Unfortunately, she was holding a knife at the time and the blade entered Orgee's chest, near his left nipple.

Phoebe was brought before magistrates charged with stabbing. Orgee, a wealthy, influential farmer, insisted that he had done nothing to merit being stabbed and that Phoebe had thrust her knife maliciously into his breast with no apparent motive. Phoebe and her servants all swore that she had merely pushed her hand out to ward off Orgee's advances, forgetting that she was holding a knife at the time.

Magistrates committed Phoebe Dowding for trial at the next Hereford Assizes, although they allowed her to be out on bail until her trial, when the Grand Jury found no bill against her and she was released without penalty. At the Civil Court of the Hereford Assizes in August, Phoebe's husband James sued Orgee for damages for malicious prosecution, trespass and false imprisonment.

Of particular concern to Mr Dowding was the fact that Phoebe was suffering from rheumatic gout at the time of her arrest and her condition was much worsened by being transported eight miles to the Bromyard lock-up in an open cart at night. The court found in Dowding's favour and Orgee was ordered to pay £30 damages.

14 JANUARY   **1868**   Magistrates at Weobley heard evidence of ill-treatment towards a servant girl at Almeley by wealthy farmer Joseph Hankins and his family.

After taking twelve-year-old Sarah Ann Baker out of the Weobley Workhouse in March 1867 to be their farm servant, the Hankins family subjected her to a never-ending catalogue of abuse. She was kicked, her hair was pulled and she was variously beaten with a horse whip, a riding crop, a shoe brush, a holly branch and any other weapon that came to hand. More than once, Sarah was thrown in the trough in the yard and had cold water pumped on her and, although she ran away six times, she was always sent back to the farm to face more cruelty.

Eventually, her fellow servants spoke out and, finding the case proven, magistrates fined Mr and Mrs Hankins a total of £8 19s 6d, including costs.

15 JANUARY   **1843**   An inquest was held on labourer James Hodges, who died in an accident at work. On 13 January, John Rayne and Hodges were working in a gravel pit at Bodenham, when a bank fell onto Rayne.

His workmate immediately began to try and dig him out but his efforts caused a further fall, burying both men. 'Shout "murder",' Hodges told Rayne, who yelled as loudly as he could for almost two hours but, although there were men working in an adjacent field, Rayne couldn't make them hear.

Weobley, early 1960s. (Author's collection)

Former gravel pits,
Bodenham.
(© R. Sly)

Eventually, Rayne got his hands free, completely wearing away the ends of his fingers in the process. Having scraped the gravel from around his head, he remained buried up to his neck until his employer came to see where his workmen had got to.

Rayne was completely exhausted when extricated from the gravel but Hodges was dead, leaving a widow and four children. The inquest jury returned a verdict of 'accidental death'.

1917   Coroner John Lambe held an inquest on Dorothy Kathleen Davies, aged six, who died after being knocked down by a car on the afternoon of 14 January.

Kathleen, as she was known, who was one of triplets, had been out with her aunt, with whom she lived. They were walking home accompanied by Mabel Dawes and, when it came time for Mabel to leave them, Patience Davies stopped to shake hands with her friend.

Mabel suddenly exclaimed 'Oh!' and when Patience turned, she saw her niece being carried along on the front of a Morgan motorcar. Patience and Mabel chased after the car until Kathleen fell onto the road. A nurse who lived nearby took her into her house and treated a cut on her upper arm before sending Kathleen to hospital, where she died later that evening from internal injuries.

At the inquest, Mabel and Patience were adamant that they had merely paused to say goodbye and that Kathleen was standing close by them. Neither had been really aware of a car until it actually hit the child.

The driver of the car, Morgan Hussey, gave a different account. According to Hussey, the two women were so deep in conversation that they were oblivious to his presence, even though he sounded his horn more than once. The women and child stepped out into the road and appeared to be about to cross. Hussey made a split-second decision to pass behind them – between them and the kerb – but just as he did, the women stopped walking and Kathleen darted back towards the pavement.

16 JANUARY

The inquest jury felt that Hussey had not taken sufficient precautions in going around the corner and thought that he should have been driving more slowly. However, they did not believe that he had been criminally negligent and so returned a verdict of accidental death, adding that they hoped that this would act as a warning to Hussey and other drivers.

17 JANUARY   **1860**   After spending a few days in Gloucestershire visiting her parents, a respectable young lady from Hereford boarded a train at Mitcheldean Station.

When the train reached Ross-on-Wye, she was joined in the second-class carriage by a well-dressed gentleman with a black moustache and whiskers, who carried a carpet bag. As soon as the train left the station, the man pulled a bottle of what he said was brandy from his bag and offered the girl a swig. Although she declined, the man grew ever-more persistent and she eventually took a sip simply to appease him.

Within seconds, she was 'quite stupefied' and, when she fully regained her senses, she found herself in the waiting room at Barr's Court Station. Her bag containing two sovereigns and fifteen shillings in silver had vanished, along with her travelling companion and his 'brandy'.

18 JANUARY   **1864**   Thomas Watkins of Hennor refused to support his wife and family, leaving Mary Ann Watkins to work as a charwoman and take in washing to feed and clothe their two children. She was assisted by handouts from the parish but the Board of Guardians took a dim view of husbands who shirked their duties and, on 5 January 1864, Mary Ann was summoned before them to discuss her financial status.

Watkins was furious and, knowing that Mary Ann had a second appointment with the Board on 19 January, swore to anyone who would listen that she would never say anything against him again. On 18 January, Mary went charring for Mr Lane, who lived about a mile from her lodgings. That evening, she was found lying in a ploughed field on her route home. She had been viciously beaten and died from a fractured skull and brain damage.

Hennor. (© R. Sly)

Police officers were able to track footprints for miles across country, from near to where Mary was found to a cottage near Eardisland, where they apprehended her husband.

Tried at the Hereford Assizes, Watkins initially pleaded guilty to the wilful murder of his wife, but was persuaded to plead not guilty so that the case could be tried. In the event, his plea made very little difference to the outcome of the trial, since he was found guilty and sentenced to death. His execution on 5 April 1864 was the last public execution ever held at Hereford Gaol.

19 JANUARY

1938   An inquest was held on the death of seventy-eight-year-old Alice Taylor Powell of Ludham House, Madley.

When people realised that they hadn't seen the elderly widow for a couple of days, they checked and found that her chimney had blown down in a gale, falling onto a scullery roof and causing its collapse. After digging through the wreckage for ninety minutes, neighbours found the bodies of Mrs Powell and her beloved cat buried beneath rubble. A post-mortem examination showed that Mrs Powell had died instantly and the inquest jury returned a verdict of 'accidental death'.

20 JANUARY

1890   Coroner Thomas Llanwarne held an inquest at Pipe-cum-Lyde on the death of Louisa Prosser.

Two days earlier, labourer Henry Prosser was at work when a boy told him that there was a little girl on fire outside his house. Fearing for his two daughters, Henry ran home as fast as he could and, when he reached his cottage, he found nine-year-old Louisa lying dead on the path. With the exception of her shoes, all of the child's clothes had been burned off, and her body was charred from head to foot.

It emerged at the inquest that Louisa had been trying to light the fire at home, having borrowed a Lucifer match from a man who was hedging nearby. Soon afterwards, an eight-year-old neighbour, James Hinton, heard screaming and found Louisa on fire.

James told the inquest that he had dragged Louisa to the soft water tub in the garden and put out the flames. Louisa then walked indoors but, as she did, her still smouldering clothes burst into flames again and she ran about the garden in a panic. James, who burned his hands trying to put out the fire, said that Louisa told him that she had been using paraffin to try and get the cottage fire started, and a tin of paraffin with the stopper removed was later found on the kitchen floor.

The inquest jury returned a verdict of 'accidental death caused by the effect of burns.'

21 JANUARY

1890   At Bosbury, farmer James Williams went out at five o'clock in the morning to catch his horse. It was cold, dark and very windy and his wife grew concerned when he didn't return as quickly as she might have expected.

Eventually, Mrs Williams heard the sound of the horse clip-clopping towards the farmhouse. However, the hoof beats were accompanied by a strange groaning sound and, when she went to investigate, she found her husband with his throat cut from ear to ear.

Initially, it seemed as though Williams had cut his own throat, especially when his knife was later found covered in blood. Yet, once he was well enough to speak, Williams told a different tale.

The farmer swore that he was approached by two men, one of whom remarked to his companion, 'We'll settle the old *******.' The men then tripped Williams up and knelt astride him, searching through his pockets. When they discovered that he had nothing but a knife about his person, the men cut Williams's throat and left him for dead.

Although Williams is believed to have recovered from his injury, there does not appear to be any record of a prosecution for his attempted murder.

22 JANUARY 1875 Richard Mayor of Tarrington was slaughtering a pig for his neighbour, Edward Evans, and, having killed the pig and slit its throat, he carelessly tossed his knife onto the ground behind him. Unfortunately, Evans's dog was taking a close interest in the proceedings and the knife speared the animal, mortally wounding it.

On 27 January, Evans took Mayor before magistrates at Ledbury, claiming the value of the dog, which he set at £2. Mayor swore that the dog's death was a pure accident and the magistrates dismissed the case, although they intimated that Mayor had a moral responsibility to compensate Evans for the loss of his dog. Mayor eventually paid the court costs, totalling 11s.

23 JANUARY 1830 The Recorder for the City of Hereford happened to notice a strange piece of paper on the table of his parlour at home. Curiosity compelled him to pick it up and read it and he found to his astonishment that it was an important document, which had apparently been torn from the minute book of the City Council meetings.

The Recorder asked where the paper had come from and was told by his wife that it was used by a confectionery shop in the city to wrap gingerbread. The Recorder immediately began an investigation into how the shop had obtained the document and it was eventually established that, over a lengthy period of time, a number of important records had been stolen from the Guildhall, the City Sessions Rooms, the town clerk's office and from a store room. The culprit was a woman named Hester Garstone, who was employed to clean and light fires. Hester had purloined numerous records and sold them to shopkeepers for waste paper.

Although two and a half sacks of documents were recovered, it was impossible to estimate the extent of Hester's pilfering, which was described as 'considerable and irreparable'. She was tried at the Lent Assizes on three counts of larceny and, found guilty on all three, was sentenced to a total of five weeks in prison.

24 JANUARY 1928 The jury at the inquest on the death of nineteen-year-old Ada Frances Wall found that she had committed suicide, while of unsound mind.

Ada worked as a domestic servant at the Waverley Private Hotel in Ross-on-Wye. She was courting a soldier but was devastated when his correspondence abruptly ceased, crying bitterly when she arrived home on the evening of 20 January to find that there was no letter waiting for her. At some time during that night, she drank about four fluid ounces of carbolic acid, dying in agony. There was little doubt that it was a deliberate act, since Ada left a suicide note stating that she intended to take her own life.

On the morning that Ada was found dead, the long-awaited love letter arrived at her home.

Memorial card.
(Author's collection)

1853   James Addis from Much Dewchurch was walking along the railway line near the Gallows Tumps at Grafton when a train approached. The driver sounded his whistle and Addis stepped aside but, at the last moment, seemed to decide that there wasn't sufficient room for the train to pass him safely. He tried to dash to the other side of the line but the train was already upon him. An empty wagon preceding the engine knocked him over and the fire box pushed him several yards along the track, before the remaining wagons ran over him.

Although terribly mutilated, Addis was still alive. He was taken to the Hereford Infirmary, where he lingered until the next morning, before dying from his injuries. An inquest was held the following day, at which the jury returned a verdict of accidental death.

25 JANUARY

1881   As James Warren drove his trap from Eastnor into Ledbury, he spotted something lying in a ditch adjacent to Worcester Road. When he looked more closely, he realised that it was the dead body of a woman.

Although one side of her face had been almost entirely eaten away by animals, the woman was later identified as Mary Bozier (or Bouzer) of Birmingham, who had been missing for some time. Ten days earlier, Ledbury was affected by a severe snowstorm and it was assumed that Mary had fallen into the ditch during the bad weather, her body then being covered by snow and remaining concealed until the thaw.

26 JANUARY

1919   Coroner Colonel M.J.G. Scobie held an inquest at the Herefordshire General Hospital on the death of sixty-one-year-old Isaac Batten of Credenhill.

On 10 January, Batten was collecting blocks of wood, which had been cut using a circular saw, and throwing them into a cart. As he did, his employer farmer Edward Albert Hall saw him wince.

Hall asked if Batten was all right and Batten replied that he must have touched the saw. Hall inspected Batten's finger, which had a deep cut on a joint, and took him into the farmhouse, where he washed and disinfected the wound, bandaged it in clean linen and took Hall to the hospital. The cut was stitched and Batten was released, but by 23 January he was seriously ill with tetanus.

27 JANUARY

Credenhill. (Author's collection)

He was admitted as an in-patient and an anti-tetanus serum was injected, but it was too late and Batten died the next day. According to the doctors at the hospital, Hall had done everything right in washing and disinfecting Batten's cut with Lysol and the fact that Batten subsequently developed tetanus was just sheer bad luck.

The coroner, who sat without a jury, recorded a verdict of 'death from tetanus due to an injury.'

28 JANUARY 1840   The wooden spire of the church at Much Cowarne was struck by lightning. By the time the fire engine arrived, the whole of the tower was on fire and such was the intensity of the blaze that the six church bells completely melted.

The firemen concentrated on extinguishing the flames that had spread to the church roof. The storm continued to rage and the high winds blew sparks towards the thatched roofs of the village and the hay and straw stacks of neighbouring farms. Fortunately, there was a plentiful supply of water and the fire was confined to the church.

The damage was estimated at between £2,000 and £3,000 and the contemporary newspapers commented on the rarity of lightning strikes in January, while pointing out that a storm destroyed the steeple of a church in Somerset only two weeks earlier.

Note: Several different dates are given for the fire, although most sources agree that it occurred on a Tuesday.

Much Cowarne
church. (© R. Sly)

1917   Soldier Thomas Breen of the Royal Defence Corps was billeted at a fish and chip shop on Owen Street, Hereford, where he fell in love with the owner's daughter, Elfreda Wilson. Sadly for Thomas, Elfreda didn't return his feelings and he was eventually asked to leave his lodgings because of his unwanted advances towards her. On 29 January, in front of several witnesses, Breen returned to Owen Street and shot Elfreda, the bullet entering her left side, passing through her body in a downwards direction and exiting her right side.

29 JANUARY

Elfreda died from her injuries and Breen was charged with her wilful murder. Tried at the Hereford Assizes, his guilt was never in doubt, since the shooting was witnessed by several people, including some military policemen. However, while the jury agreed that he had shot Elfreda, they were unable to agree on his mental state at the time of the shooting. Eventually the judge was forced to discharge the jury and a new one was sworn in to retry the case the next day. This time, they found Breen guilty but insane and he was sentenced to be detained as a criminal lunatic during the King's Pleasure.

1903   John and Selina Prosser appeared at the Hereford County Police Court, charged with unlawfully and wilfully neglecting their five children. Magistrates were told that Clara Sophia (10), Mary Jane (8), William Henry (6), Edith May (4) and John Arthur (20 months) were infested with nits and fleas and covered with weeping sores from infected bites.

30 JANUARY

Numerous official visits to their filthy house, dating back as far as August 1902, had produced no improvement in the children's living conditions and it was agreed that the neglect by their parents was causing them unnecessary suffering.

John Prosser was said to be tidy, hard-working and sober. 'I have told my wife about it several times,' he claimed, telling magistrates that he handed over all of his wages to his wife, who spent it on drink. Selina Prosser denied drinking to excess, saying, 'I have always done my best for the children.'

Magistrates were unable to believe her, stating that they found her guiltier than her husband. John Prosser was therefore discharged, while Selina was sent to prison for one month.

31 JANUARY   **1879**   Forty-three-year-old Edward Saunders, who worked as a shunter for Great Western Railway, was knocked down by a train near Barr's Court Station. Nobody saw what happened and indeed, nobody even realised that there had been an accident until someone noticed a hand lamp lying on the ground and heard groans. Saunders had two broken legs and, although he was still conscious, he spoke only to complain of being cold and to ask the Almighty to have mercy upon him. Although he was taken straight to the Hereford Infirmary, he was dead on arrival. He left a widow and five children.

Saunders was known as a steady, respectable man and a first-class employee, who had worked for GWR for ten years. At the time of the accident, he was just finishing a nightshift and it was thought that, in an uncharacteristic moment of carelessness, he stepped in front of a moving train and was knocked down.

Coroner John Lambe determined that Saunders's death was 'a pure accident' and could conceive of no blame being attached to anyone.

FEBRUARY

Church Lane, Ledbury. (Author's collection)

1 FEBRUARY   **1851**   Isaac and Sarah Roberts went into Hereford for the day from their home in Kivernoll. As they left the city, they began quarrelling and Isaac stormed off in a huff, leaving Sarah to make her own way home. When she didn't arrive, he assumed that she had gone back to Hereford and went to bed.

At lunchtime the next day, Sarah was found drowned in a ditch about two miles from her cottage. At first, it was thought that she had simply strayed off the path but, when the scene of her death was investigated more closely, it quickly became evident that she had met with foul play.

The water in the ditch was less than 3ft deep and, although there were no external or internal marks of violence on Sarah's body, with the exception of a small scratch on her nose, the contents of the two baskets of shopping she was carrying were found scattered around on the road, which ran above the ditch. Sarah's bonnet lay on the bank and there were several footprints in the snow, all of which had been made by a man's boots. Furthermore, two witnesses who lived nearby claimed to have heard terrible screams and cries of 'Murder!' but had been prevented from going to the distressed woman's assistance by a deep flood that lay between her and their home.

It appeared as though somebody had carried Sarah from the road and put her into the water and, when the boot prints in the snow were found to match Isaac's boots, the coroner's jury returned a verdict of wilful murder against him.

Sarah was Isaac's third wife (the previous two having died from natural causes) and to all intents and purposes, theirs was a happy marriage. Isaac appeared extremely distressed when Sarah's body was found and, when taken to the ditch, he appealed to God to strike him dead on the spot if he was his wife's murderer.

He was spared God's wrath to appear at the Herefordshire Assizes in March, still protesting his innocence. Having considered the prosecution's evidence, the Grand Jury, whose job it was to review the prosecution's evidence and determine whether the case was sufficiently strong to be tried, found 'no bill' and Roberts was discharged. His wife's murder – if indeed it was a murder – remains unsolved.

2 FEBRUARY   **1829**   John Evans, aka Squire Smallman, was incarcerated in Hereford Gaol, awaiting his trial for countless robberies committed throughout Herefordshire. On his arrest in a public house in Montgomeryshire, he had more than £200 on his person and a search of his parents' home recovered dozens of stolen articles.

After exercise in the prison yard on 2 February, Evans managed to slip unnoticed up a flight of stairs leading to an upper level at the gaol. There were five cells on the top floor, only one of which was occupied – the doors to the others had been left open for ventilation and the bedding rolled into bundles, which lay on the iron bedsteads.

Evans secreted himself behind the doors of one of the cells, having primed his cell mate to answer for him at roll-call. When the prison was in darkness, he carefully removed two small bars from a leaded window. He then tied two sheets together, affixing the ends to the staples in the walls used for suspending hammocks. A blanket was tied to the centre of the sheets and the other end secured to the bars of the cell's window. In this way, Evans constructed a stable platform on which to stand to enable him to reach the top arch of the cell.

By removing bricks from the arch, he made a small hole, through which he wriggled to gain access to the roof space. He crossed to the opposite side of the gaol and removed several roof tiles, lowering himself to the boundary wall using a torn sheet. From there, he dropped to freedom, placing his shirt over his prison uniform so that it looked like a smock frock.

Evans spent the next few weeks living at inns throughout Herefordshire and Shropshire. However, in early March, while at The Boar's Head Inn at Bishop's Castle, he was recognised and when Edward Richards tried to apprehend him, Evans shot and wounded him.

Evans was eventually executed at Shrewsbury, having been found guilty of maliciously shooting Richards. He bequeathed his ill-gotten fortune to his sister, who offered all of the money to Richards if he didn't appear as a witness against her brother.

1927 Fifty-year-old Eva Butcher committed suicide by flinging herself from a balcony at her house at Bodenham Road, Hereford. It was not her first attempt at ending her life and she had shown signs of mental illness for several years, during which time she was cared for by her twenty-five-year-old daughter, Kathleen. After her mother's death, Kathleen went to stay with friends for a three-week holiday, returning home refreshed and apparently quite cheerful. **3 FEBRUARY**

On 14 March, her brother Alec George Butcher and sister Joan were at home when Alec saw Kathleen walk past the dining room window and climb a staircase on the outside of the house. Soon afterwards, he heard a thump and, when he went to investigate, he found Kathleen lying on the ground underneath the balcony from which their mother had jumped only weeks before.

'Are you hurt?' Alec asked his sister, who scathingly replied, 'Yes, of course I am.'

Dr Butler was sent for and diagnosed a broken ankle. However, even though her ankle was set, Kathleen failed to recover and was taken to hospital, where an X-ray showed an injury to her spine. Eventually, she developed chronic cystitis, from which she died on 16 April.

Having been given morphia to relieve her pain, at no time after her fall was Kathleen sufficiently rational to explain what had happened, although she mentioned a broken cord several times and a length of broken cord was found lying near to where she landed. Coroner Major E.A. Capel told the inquest jury that the probability was that Kathleen had thrown herself out of the window in a sudden fit of depression rather than having fallen by accident. However, if he found that she had committed suicide, he would be basing his conclusion on assumption alone and, in his opinion, the evidence didn't justify such a verdict.

All the evidence showed that Kathleen was a perfectly normal, stable woman and the coroner therefore suggested that the jury found an open verdict that she died in a fall from a window.

1843 Seventy-nine-year-old Elizabeth Webb died at Ledbury, having steadfastly refused to reveal how she came by the injuries that cause her death. **4 FEBRUARY**

Elizabeth lived with her two sons, George and John, and her bedridden daughter, Milborough, who was described as 'almost an idiot'. John, a thatcher, suffered from fits of insanity, which were particular prevalent in winter, although he had never before committed an act of violence.

On 16 January, John went into the bedroom that his mother shared with Milborough and attacked both women with an axe handle. Milborough managed to jump out of bed and run away but Elizabeth sustained a fractured skull, a compound fracture of the lower jaw and a black eye.

Forty-year-old John soon recovered his reason but appeared at the Hereford Assizes on 28 March 1843, where he was found not guilty of wilful murder due to insanity and sentenced to be detained as a criminal lunatic.

Strangely, Milborough had not spoken for several years prior to the night of the assault. The blow to her head restored her power of speech.

5 FEBRUARY **1933** As James Pritchard was delivering newspapers at West Hill, Ledbury, he suddenly felt a sharp pain in his neck. When he raised his hand to the site of the pain, he realised that his neck was bleeding.

Looking round, Pritchard spotted a young boy behind a tree with an airgun in his hand. 'Not a bad shot,' the boy remarked before running away. The following week, exactly the same thing happened again. 'Three good shots for a kill,' shouted the boy, before making himself scarce.

Pritchard knew the identity of the young sharpshooter and went to see his parents but, when they treated the incidents as a joke, he made a formal complaint to the police.

The thirteen-year-old boy appeared at Ledbury Children's Court on 2 March. He admitted to shooting Pritchard on the first occasion, claiming that he had hit him accidentally, not having aimed his gun at anything in particular. He vehemently denied the second shooting, saying that he wasn't even at home on the relevant date.

Since his parents refused to take their son's behaviour seriously, magistrates confiscated his gun and bound him over in the sum of £5 to behave for twelve months. His parents were ordered to pay 5s costs.

6 FEBRUARY **1851** John Addis was drinking in Lower Ballingham with Joseph Tyler, Mr Rosser and Mr Townsend and all were pretty drunk by the time they set off to walk into Hereford. After consuming yet more alcohol there, they left for home at around midnight.

Townsend had already parted from the group when a drunken squabble broke out and Addis challenged Rosser and Tyler to a fight. Tyler declined, which seemed to anger Addis, who lashed out at him with his knife, stabbing him in the arm. When Tyler cried out in pain, Rosser knocked Addis over and pinned him to the ground and in the ensuing scuffle Rosser was stabbed once in the belly and twice in the arm.

Addis was charged with stabbing Joseph Tyler with intent to do him grievous bodily harm. At his trial at the Hereford Assizes on 22 March, his defence counsel blamed the stabbing on a drunken spat, insisting that his client had never had any intention of inflicting harm and the jury apparently concurred, finding Addis guilty of the lesser offence of common assault.

He was immediately tried for cutting and wounding Rosser and again the jury found him guilty of common assault only, to the astonishment of the presiding judge. Drunkenness was no excuse for the use of a knife, stated Mr Justice Talfourd, announcing that he intended to punish Addis severely. He therefore sentenced him to twelve months' imprisonment with hard labour for each offence, the second sentence to commence at the end of the first.

7 FEBRUARY **1839** An itinerant hawker was selling goods at the Market Place in Ross-on-Wye, among which were some percussion caps. In demonstrating the efficacy

of the caps, the hawker accidentally placed one on a loaded pistol, which discharged into the crowd of onlookers.

Several people were injured and taken to Hereford Infirmary, although all were expected to recover in due course. One young man had most of his cheek blown off, while another man lost the sight in one eye. A little girl was hit in the leg by shot and part of the charge passed through a shop window, injuring the shopkeeper.

The hawker was deeply affected by the accident and offered to make whatever payments he could afford to put right the damage caused by his carelessness.

1838   Hereford coroner Thomas Evans presided over the first of two inquests, held on consecutive days.

8 FEBRUARY

The first was on the death of a forty-two-year-old farmer from Avenbury, who died after falling from his horse, while returning home from Bromyard market on 6 February. Thomas Payne junior's horse was found by a carter, who later came across Payne's body in Avenbury Lane. The carter rushed to alert his employer, who arranged for Payne to be taken by cart to Bromyard, where surgeons found that he had a severe wound on the back of his head and, while his skull wasn't fractured, there was an effusion of blood on Payne's brain, which was the cause of his death.

The second inquest was held at Leominster on the death of sixty-five-year-old William Bach (or Bache), another Hereford coroner. On 7 February, Bach was summoned to Bromyard to conduct the inquest on Payne but on his way he apparently fell into the river Lugg. When he didn't arrive at the inquest as expected, a search was made for him and his body was eventually found washed up against a hurdle by the flood gates at the mill pond at Leominster. Bach, who was known to have been in poor health for some time, was wearing a heavy greatcoat and it was surmised that he had slipped off an unfenced section of the footpath close to the bridge and, in his weakened state, was unable to extricate himself from the swollen river.

The juries at both inquests returned verdicts of 'accidental death'.

Market Day at
Bromyard, 1911.
(Author's collection)

9 FEBRUARY   **1933**   An inquest sat on the death of thirteen-year-old Basil Thomas Peduzzi. Basil and his brother Roy were a talented theatre juvenile double act, playing the piano and the violin, with accompanying humorous patter. On 7 February, while the boys were staying with their aunt and uncle at Holme Lacy, they borrowed a bicycle and were both riding on it through the country lanes when they met up with a herd of cows.

The cows were being moved along a road and all but one had passed through the gate into a field. According to witnesses, the Peduzzi brothers were not in control of their bicycle and they collided with the only cow still on the road, hitting the animal squarely between the back legs.

Basil suffered serious injuries and later died from a lacerated liver. The inquest jury returned a verdict of 'accidental death'.

10 FEBRUARY   **1878**   'I know you want your money, don't you?' Jane Hannah Jay remarked to Mrs Smith, who had just presented her with a bill for her stay at The Kerry Arms Hotel in Hereford. Miss Jay was a regular guest at the hotel and had been allowed to run up a large account, dating from November 1877. Promising Mrs Smith that she would get the money from her friends, Miss Jay left the hotel on 19 February, saying that she would return in three days time. However, the Smiths never saw her again and assumed that she had absconded without paying her debts.

More than three months later, badly decomposed human remains were found in Dinmore Wood and the corpse was eventually identified as that of Miss Jay. She had been dead for at least a month and had two skull fractures, which, given their position, were unlikely to have resulted from a fall. The surrounding area showed signs of a struggle and it appeared as if she had been dragged to her final resting place, where she lay with a single penny in her pocket and the ripped up hotel invoice scattered around her body.

Coroner Henry Moore opened an inquest on Miss Jay's death, at which the jury were asked to determine whether her death was natural or if it resulted from an accident, suicide or murder. Doctors found no suggestion that Miss Jay had been ill, and, although the body was badly decomposed, they described

The Kerry Hotel (formerly the Kerry Arms Hotel). (© N. Sly)

her as 'well nourished' and felt it unlikely that she had just succumbed to exhaustion, cold or hunger. Accidental death seemed unlikely since there were two separate skull fractures and doctors believed that these could not have been caused by a fall, unless Miss Jay had fallen from a great height. The head injuries also seemed to exclude suicide.

The jury agreed that Miss Jay was murdered, although they fell short of returning a verdict of wilful murder by person or persons unknown, instead returning an open verdict of 'found dead', adding that there was insufficient evidence to show how she met her death.

The police continued to treat Miss Jay's death as suspicious and, although arrests were made, nobody was ever tried for Jane Jay's murder – if indeed she was murdered. Only ten years earlier, Elizabeth Chandler died in woods in nearby Ludlow, Shropshire in almost identical circumstances and, as in Miss Jay's case, nobody was ever brought to justice for her murder.

A path in Dinmore Wood. (Author's collection)

11 FEBRUARY   1896   John Robinson died at the Kington Cottage Hospital and, on the following day, an inquest was held at The Sun Inn, Kington, by coroner Mr J. Moore.

On a train journey on 10 February, Robinson needed to change trains at Eardisley Station. For some reason, he got out of the train on the wrong side and, instead of alighting on the platform, he got onto the train's footboard and as it pulled out of the station, he fell off and was run over. His right leg was broken below the knee, his left foot was completely crushed and his right heel reduced to a pulp. Yet he was still conscious as he was carried to a waiting room, where he was seen by surgeon Mr Groom, who sent him to hospital.

The main priority for the inquest jury was to determine whether Robinson's death was due to his own carelessness or caused by negligence on the part of the railway. Witnesses stated that Robinson had admitted that he had got off on the wrong side of the train and that, when it was suggested to him that he was drunk, he replied firmly, 'Oh, no, I was not.'

The inquest jury ruled that Robinson's death was a pure accident and no blame could be attached to anyone.

12 FEBRUARY   1865   A locomotive was standing at Leominster Station when, without any warning, the boiler exploded. The walls of the Ladies' Waiting Room, which were 18 inches thick, were completely blown in, the furniture smashed, the doors blown from their hinges and the whole of the station buildings on the eastern side of the line were demolished.

Portions of the station walls were blown across fields, ending up lodged 50ft up in the trees, while a piece of iron, weighing 56lb, was blown 150 yards in the opposite direction. The force of the explosion, which was likened to that of an earthquake, was felt almost two miles away.

Fortunately, the explosion occurred at a quarter past two in the morning. 'The possibility of such an accident occurring at an hour when the station might have been thronged with people is truly terrific to contemplate,' commented the contemporary newspapers.

13 FEBRUARY   1849   At about eleven o'clock at night, a young man walking along Widemarsh Street spotted smoke issuing from the shop of hatter and hosier Mr H. Wheaton. He banged on the shop door until he roused Wheaton, who was sleeping above the premises with his family and servant.

Mrs Wheaton ran to the back of the house to try and escape through a window, completely forgetting that it was barred. She returned to the front of the house and was able to climb down a ladder that someone had put up to the window.

On hearing the alarm, Wheaton's niece, Miss Etheridge, raced upstairs to wake servant Charlotte Gough and, seeing his wife safely on the street, Wheaton set off after her. He picked up his niece and told Charlotte to follow him downstairs.

Wheaton managed to carry his niece to the window before being overcome by smoke and dropping her. He was too weak to lift her again, but called for help and a man shinned up a ladder and carried her to safety.

Wheaton then began to search for Charlotte, who, rather than following him as she was instructed, had gone back to her bedroom to get dressed. When he was unable to find her, he assumed that she had escaped from an upstairs window and went down the ladder himself. When he reached the street, he was told that Charlotte was safe and it was several minutes before he realised that the crowd had mistaken his niece for Charlotte and that the servant was still inside the burning building.

By then, the police had arrived with a fire escape and, seeing Charlotte at a window, PC William Lewis went to try and rescue her. He reached the window and called her to him but fear had frozen Charlotte to the spot and she was unable to move. Lewis managed to grab her and told her to put her arms around his neck but, even as she did so, somebody on the ground knocked against the fire escape and it swivelled round. PC Lewis almost fell and by the time he had repositioned the fire escape for a second rescue attempt, the fire was too fierce. Charlotte's remains were later found in an upper room of the house.

The cause of the fire was impossible to establish and, at a later inquest, the jury returned a verdict of 'accidental death' on Charlotte, recommending that PC Lewis should be nominated for an award for his gallant rescue attempt.

Widemarsh Street, Hereford. (© N. Sly)

14 FEBRUARY

1896   Police Constable Owen and Inspector Merchant of the Royal Society for the Prevention of Cruelty to Children visited the home of William and Elizabeth (or Eliza) Bridges in Gaol Street, Hereford. They found Eliza (12), Emily (11), William (5), Elizabeth (3) and four-month-old George in a filthy state. George weighed only about half of the normal weight for a child of his age and the children's hair was matted and alive with vermin. There was neither food in the house nor a fire in the grate.

The children's mother was drinking at The Lamb Inn and PC Owen had to go and fetch her to attend to her children. Her husband returned home drunk while Owen was there and the couple were warned about their conduct but when a second visit was made on 20 February, nothing had changed.

William and Elizabeth Bridges were brought before magistrates charged with neglecting their children. Each blamed the other, with Elizabeth saying that her husband refused to give her money and William arguing that, if he did, she drank it. Magistrates decided that both parents were parties to the neglect, but decided to give them one more chance. William was fined £1 with 15s 6d costs or twenty days hard labour, while Elizabeth was fined £2 or one month's hard labour.

15 FEBRUARY

1903   A seventeen-month-old girl died at Ledbury and the cause of her death was recorded as pneumonia. However, days later, the baby's older sister was taken to hospital suffering from unexplained vomiting and, on 5 March, a third sister, Doris Gertrude 'Cissy' Herbert, fell ill.

It was washing day and all six-year-old Cissy's busy mother gave her to eat was bread and butter. Cissy seemed fine all day, playing outside with her friends until bedtime, but soon after being put to bed, she complained of stomach ache. The following morning, she was still in pain and her parents took her into their bed and gave her bread and butter and tea.

Almost immediately, Cissy went black around her mouth and eyes, before vomiting a foul-smelling substance that looked like egg yolk. Her worried parents knew that their neighbour was expecting a visit from the doctor and left word for him to call, but Cissy died just minutes before he arrived.

Coroner Mr T. Hutchinson was left with a family who had experienced the death of two children from similar symptoms in quick succession and had a third child seriously ill in hospital. He ordered an analysis of Cissy's stomach contents and viscera, which revealed no traces of arsenic, antimony, mercury, zinc, lead or copper, or any vegetable poisons.

Cissy's baffled parents recalled that the two oldest girls had been playing with a tin of unidentified red powder, which was found in the house when they moved in and disposed of at the end of the garden. The girls found the tin and mixed the contents with water, covering their hands and pinafores with the red paste. The powder was analysed and found to be iron oxide and, although it contained minute traces of arsenic, there was insufficient to prove fatal, even if ingested by a child. Besides, the youngest child had not come into contact with the contents of the tin.

The only logical explanation for Cissy's death was ptomaine poisoning – a bacterial form of food poisoning thought to be caused by decomposing foodstuff. Elizabeth Herbert protested that her daughters were fed nothing but wholesome food at home but it was suggested that the children had picked something up while out playing. Since there was no question of foul play or culpable neglect, the inquest jury returned a verdict of accidental death.

16 FEBRUARY 1873   Sarah Lewis had worked as a servant at The Rectory, Orcop, for almost two years and was highly thought of by her employers as a respectable and well-conducted young woman. Yet, in September 1872, Reverend Arthur Gray began to suspect that she might be pregnant and sent her to a doctor in Hereford. Having examined her, the doctor pronounced that there was absolutely nothing wrong with her and consequently her employers put her swelling belly down to some sort of internal complaint.

On 16 February, Elizabeth Rooke, who was employed as a nurse to the family's children, heard a noise coming from a spare bedroom. She immediately recognised the cries of a newborn infant and went to investigate.

Sarah had locked herself in the bedroom and refused to open the door. Elizabeth called the Grays, who, unable to persuade their housemaid to admit them to the room, broke down the door with an axe. They found Sarah sitting on a box, her apron over her head and a baby lying in a pool of blood at her feet. The infant died almost as soon as it was picked up.

A doctor was called, who confirmed that Sarah had recently given birth and that her baby was fully developed. The child had multiple injuries – the umbilical cord had been savagely torn about 6 inches from the child's navel and it had numerous cuts to the face, tongue and throat, one of which had severed major blood vessels, causing the baby to bleed to death. A bloody table knife was found in Sarah's room and, in the opinion of the surgeon, could easily have inflicted all of the wounds.

Sarah was charged with murdering her baby and committed for trial at the next Herefordshire Assizes, where, in spite of the overwhelming evidence against her, she was found not guilty and discharged.

1903 Sixteen-year-old Alfred Bishop was employed as a 'spare man' on the traction engine owner by Messrs Ralph, Preece, Davis & Co. Brickworks. His duties were to help load and unload the engine and he was expected to obey the driver's orders at all times.

On 17 February, the traction engine was hauling two trucks and a trolley, all loaded with bricks, which were being transported from the brickyard at Holmer to Edgar Street in Hereford. They had just passed The Bridge Inn, when a passer-by drew the driver's attention to the fact that he had just run over Bishop.

James Davis immediately stopped the engine and found Bishop lying on his back about 5 yards behind the last truck, which weighed between 3 and 4 tons. The truck had passed over Alfred's legs, which were shattered.

The youth was still conscious and explained that he was walking alongside the truck when he 'ketched his foot' and stumbled under the wheels. He was taken to the Herefordshire General Hospital, where his broken bones were set. However, soon after the operation, he became delirious and, although he rallied briefly, he died the following morning.

The inquest, conducted by coroner John Lambe, returned a verdict of 'accidental death'.

17 FEBRUARY

1948 The two-day trial of Gilbert Charles Dundonald Griffiths for the wilful murder of his friend, Cyril Ronald Barnes, concluded at the Hereford Assizes.

Griffiths was a music teacher who, according to the counsel for the prosecution at his trial, was very much in love with Barnes. He was distraught when Barnes was called up during the Second World War and apparently even more so when Barnes was demobilised and found a girlfriend in his home town of Ledbury. In 1947, Barnes married his girlfriend and Griffiths seemed so jealous that the young man began to gradually distance himself from his old friend.

The relationship between the two men finished forever on 15 October 1947. As Barnes was tinkering with his motorcycle in a yard owned by Griffiths, a single shot rang out and Barnes fell dead. A few minutes later, Griffiths walked into Ledbury police station and confessed to shooting his best friend.

At his trial, Griffiths insisted that he knew nothing about guns and that the shooting had been a tragic accident. He had not consciously pulled the trigger and had no reason whatsoever for wanting to shoot Barnes. Nevertheless, the jury found him guilty and he was sentenced to death.

He was reprieved by the Home Secretary in March 1948 – whether this was because of insanity or due to Griffiths's poor health, or because of doubts about whether the verdict should have been one of manslaughter, is not known.

18 FEBRUARY

1874 Alfred Fearn (or Fern) was a man of intemperate habits, who was unable to support his wife and family. As a consequence, Elizabeth Fearn returned to her parents' home in St Weonards. Her husband, a deserter from the 19th Hussars, who worked as a fireman on a London steamer, went after her to try and persuade her to return, becoming enraged when Elizabeth's parents, Richard and Sarah Cator, would not allow him to stay under their roof.

19 FEBRUARY

Fearn lay in wait outside the Cators' home and, when Richard came out at five o'clock in the morning, he felled him with a blow from a hatchet. He then raced upstairs and attacked Sarah and Elizabeth.

Having hit Elizabeth on the head six times with the hatchet, Fearn went in search of a candle and his father-in-law's razor, with which he deliberately cut her throat. Elizabeth fought desperately to protect the baby she was holding at the time and eventually her sister, Harriet, managed to wrest the razor from Fearn, aided by her father who, having recovered his senses, seized a coal hammer with which to defend his family. Fearn was eventually overpowered and tied to a bedstead to await the arrival of the police.

All three victims were seriously injured and it was initially thought that Elizabeth and Richard would not survive. Yet they all recovered to see Fearn appear at the Herefordshire Assizes on 25 March, charged with malicious wounding with 'intent to kill and murder'.

Fearn protested that the attacks would never have happened had his in-laws allowed him to see his wife, but judge Mr Baron Cleasby had no doubt that Fearn had murderous intent when he committed the three brutal assaults, sentencing him to penal servitude for life.

20 FEBRUARY   1843   Coroner Peter Warburton held an inquest at Hereford Infirmary on the death of fifty-year-old James Eyles, who lost his life in an accident to the Cheltenham mail coach.

On 18 February, the coach left The Green Dragon Hotel as normal at five o'clock in the afternoon. It was a blustery evening and, although the St Owen's turnpike gate had been thrown open to allow the coach to pass through, it had not been secured. Just as the lead horse passed through the gate, it blew closed, hitting the horse and causing it to plunge excitedly. When the gate rebounded into the horse a second time, coachman Mr Eyles lost all control of his team, who galloped off as fast as they could.

Hereford Infirmary.
(Author's collection)

It was not clear whether Eyles jumped or fell from the coach but the vehicle was travelling at speed and, being somewhat stout, Eyles hit the road hard, knocking himself unconscious. He was taken to the Infirmary, where he died within hours from the terrible wounds on the back of his head.

Perhaps fortuitously for the guard and the passengers, the coach hit a bank and overturned, breaking the traces and releasing the horses. The guard, one outside passenger and two inside passengers escaped more or less unscathed.

The horses continued towards Tupsley at a tremendous rate, encountering two donkey carts on their way. The horses smashed both carts to pieces, injuring both of the drivers. One woman was severely cut and bruised, while a second was taken to the Infirmary with severe head wounds and, at the time of the inquest, 'remained in a very dangerous state'.

The inquest jury questioned the gatekeeper of St Owen's turnpike, John Whitmore, who told them that the gate had been open for an hour when the mail coach reached it and there was no hook to keep it open, since it would be impractical, if not impossible, to site one. In returning a verdict of accidental death on Eyles, the jury suggested moving the gatehouse from its present position to make it less dangerous.

1932   A meeting of the Herefordshire County Council was addressed by Alderman J.E. Cooke, in his capacity of chairman of the Diseases of Animals Committee.   **21 FEBRUARY**

Cooke confessed that veterinarians were no closer to solving the recent mysterious deaths of more than 500 head of cattle in the county. The cattle, many of them valuable pedigree animals, were stricken with paralysis soon after calving and quickly died. The disease was likened to meningitis but ongoing investigations suggested that the symptoms were caused by a blood disorder, with possible deficiencies of calcium and sugar.

County veterinary officer Mr R. Wooff stated that similar deaths were now being reported in other counties and could only advise farmers to give their cows a salt lick and to add sugar to their food.

22 FEBRUARY **1921** Katherine Armstrong died in Hay-on-Wye after a prolonged illness. Her husband, Major Herbert Rowse Armstrong, a prominent local solicitor, was hardly the grieving widower. He immediately took a holiday and, on his return, proposed marriage to a long-term female acquaintance.

Later that year, Armstrong was suspected of attempting to poison fellow solicitor Oswald Martin. The police conducted covert investigations and by December had sufficient evidence to arrest Armstrong and charge him with attempted murder. Yet, their investigations had aroused strong suspicions that Armstrong might also have poisoned his wife and, on 2 January 1922, Katherine's body was exhumed and examined by Home Office Pathologist Sir Bernard Spilsbury. When arsenic was found in Katherine's remains, Armstrong was charged with her murder.

Armstrong's trial for murder and attempted murder opened on 3 April 1922. It was shown that he had bought arsenic, which he used to destroy garden weeds, but the fact that he had access to poison didn't make him a killer. Indeed, it was suggested by his defence counsel that Armstrong was framed by the Hay-on-Wye chemist, John Davies, in conjunction with his son-in-law, Oswald Martin – the solicitor that Armstrong was accused of attempting to poison. The jury remained unconvinced by such conspiracy theories and convicted Armstrong, who was hanged by John Ellis at Gloucester Prison on 31 May 1922.

Broad Street, Hay-on-Wye, 1960s. (Author's collection)

Armstrong protested his innocence to the last, in spite of an offer of £5,000 from a contemporary newspaper for a confession of his guilt.

1903   Twenty-year-old Herbert Cecil Mason, a talented amateur footballer and cricketer, was working as a colour mill attendant at Messrs Godwins' Encaustic Tile Works at Lugwardine. His colleague, Arthur Powell, was in a storeroom nearby when he heard the machine that Herbert was tending make a strange noise, as if it needed water. Arthur went to see what wrong and found Herbert hanging about a foot off the ground, his head trapped between a cog wheel and the machine's timber frame, and his arm twisted three times around the main shaft.

Arthur hit the lever that stopped all the machines and supported Herbert's weight to take the strain from his neck. When Herbert was extricated from the machinery, he was bleeding from his mouth and nose and was found to have an eight-inch skull fracture and a compound fracture of his right arm, which was almost severed from his body. His workmates flagged down a passing goods train and he was taken to Hereford General Hospital, but died from shock and blood loss shortly after admission.

Part of Mason's work was to lift a muller (a grinding stone weighing half a hundredweight) clear of the tile manufacturing machinery, which was normally done by passing a rope over the machine shaft. It was discovered that Herbert had passed the rope around the shaft twice and that his fingers were trapped beneath the cord, drawing him into the machinery, and it was surmised that he had tried to gain more power to lift the muller and, finding that it was going too fast, grabbed the rope to try and slow it down, getting dragged into the machine.

An inquest was held on Mason's death by coroner John Lambe and, in returning a verdict of accidental death, the inquest jury questioned the firm's safety procedure and were told that, from now on, the muller would be raised by pulley block.

1857   Twenty-two-year-old Harriet Rudge was a respectable domestic servant, who was employed by Mr Hooding at Ledbury, but when Hooding realised that Harriet was pregnant, she was dismissed from her job, returning to live with her mother at Bosbury. On 24 February, she gave birth to a healthy baby boy, who she named James.

On 12 March, Harriet told neighbour Mrs Pritchard that she was taking James to Ledbury. She returned home later in the day without her son, having collected her outstanding wages from Mr Hooding.

When James Lane found the body of a baby boy in the canal about two miles from Bosbury on 1 April, it was immediately suspected that the infant was James Rudge, but Harriet insisted that her son was with a Mrs King in Ledbury. When the police could find nobody named King in Ledbury, or anyone in the area who had recently fostered a baby, Harriet was charged with wilful murder.

At her trial at the Hereford Assizes in July, the main question for the jury was whether or not the dead baby was James Rudge. By then, Harriet had confessed her guilt to the police and there were witnesses who had seen her near the canal on 12 March, both with and without her baby. Yet in spite of Harriet's confession and the overwhelming evidence against her, the jury were swayed by the fact that the dead baby could not be positively identified and gave her the benefit of the doubt. She was found not guilty of wilful murder and discharged without penalty.

23 FEBRUARY

24 FEBRUARY

25 FEBRUARY **1892** Coroner Henry J. Southall held an inquest at Puddlestone (or Puddleston) on the death of twelve-year-old Arthur Charles Grosvenor, who drowned in a brook the day before. The child's death looked like suicide – there were no marks of violence on his body, he couldn't have stumbled into the brook accidentally, and it was far too wide for him to have tried to jump it.

Arthur's parents produced a letter from the National School, Puddlestone, where Arthur was a pupil. It was written two days before his death by his teacher, Miss Luxton, informing the Grosevenors that Arthur's behaviour was disgraceful and that she had been obliged to punish him.

Arthur was not a great scholar and Bertha Mary Luxton described him as 'an exceedingly dull boy.' She told the inquest that Arthur refused to read aloud and then wouldn't hold out his hand for a stroke of the cane. According to Miss Luxton, Arthur then attacked her, although she insisted that she had not struck him.

Miss Luxton's testimony was immediately contradicted by Edith Staples, a pupil in Arthur's class. Edith stated that Miss Luxton spoke cruelly to Arthur when he made a mistake with his reading, then thrashed his legs with a cane. When Arthur snatched the cane and broke it, Miss Luxton got the headmistress (her mother) to hold him down while she fetched another and beat him around the head and shoulders. She then made him stand in the corner.

The foreman of the inquest jury, Reverend R. Bentley, took exception, saying that it was wrong to have some pupils appearing and not others. He then argued that the managers of the school should have been represented.

'Had I thought the inquiry would take the turn it has I should never have allowed you to be on the jury,' grumbled the coroner, although he did offer to adjourn the inquest and swear in another jury. Eventually, Bentley withdrew, an alternative juror was sworn and another member of the jury appointed foreman.

Pupil Frederick Price corroborated Edith's evidence, as did another schoolmistress, while headmistress Elizabeth Luxton denied having seen her daughter strike Arthur and said that she would never have held him down.

The coroner stated that it clearly seemed as if Arthur had drowned himself, most probably as a result of Miss Luxton's harsh treatment and, while corporal punishment was sometimes necessary, it should be proportionate to the offence and given only in cool blood.

The inquest jury returned a verdict of 'found drowned', adding a strong censure against Miss Luxton's methods of discipline.

26 FEBRUARY **1903** Seventy-one-year-old gardener Edward Lucas died as a consequence of an accident on 12 February.

Lucas was pruning a vine in the garden of Hampton Court when the box on which he was standing gave way and he fell a distance of 9ft, sustaining a compound fracture of his right ankle. Although the fracture was set, Lucas developed gangrene, necessitating the amputation of his foot.

Sadly, Lucas did not survive the operation and the jury at the inquest, held by coroner Mr Moore, returned a verdict of 'accidental death'.

27 FEBRUARY **1854** Edward Clewer appeared at the Bromyard Petty Sessions charged with profane cursing on a Sunday. Superintendent Marshall related that a number of local youths were in the habit of congregating to play 'pitch and toss' on Sundays. When Marshall civilly tried to move them on, Clewer became

Hampton Court.
(© R. Sly)

very abusive and told Marshall, '**** the Justices and all of their summonses', followed by suggesting that Marshall could '**** all the "peelers" in existence'.

An old statute permitted the magistrates to fine Clewer a maximum of 1s per oath, to which they added an additional 1s costs. They instructed Marshall to keep a sharp look out for any youths playing 'pitch and toss' on Sundays, indicating that they would deal with such heathens most severely.

1883 Edwin Lewis appeared before magistrates at Ledbury charged with assaulting his wife on 21 February.

28 FEBRUARY

Ann Lewis told the Bench that she had been married for more than twenty-five years and that she wanted an order of separation. She stated that Edwin had beaten her many times, the latest beating being a week earlier, when he had knocked her over just for asking him to pass her a knife and fork. When she got to her feet, he immediately knocked her over again, hurting her arm. Ann's account was corroborated by her sons, thirteen-year-old Stephen and eleven-year-old Percy. However, the local policeman had a very different view of the incident.

Called into the house by Edwin, PC Elsey said that he found Ann in a very excited state. There was smashed crockery all over the floor and, when questioned, Ann stated that if she could lay her hands on any more plates, she would serve them the same. Meanwhile, she punctuated her remarks by grasping her husband's whiskers with both hands and vigorously shaking him.

Magistrates refused to grant a judicial separation for the couple, since the correct period of notice had not been observed. They fined Edwin Lewis £5 or two months' hard labour for the assault on his wife, promising to pass judgement on a separation order in two weeks' time.

Ledbury High Street in the 1950s. (Author's collection)

29 FEBRUARY   **1896**   Thomas Gladwin appeared before magistrates at Hereford Guildhall charged with assaulting James Griffiths at Dormington on 20 February, with intent to do him bodily harm.

The two men both wanted to court the same girl and argued about which of them should have her, with Griffiths suggesting that they should toss a coin. They traded insults, before Gladwin hit Griffiths on the head with a helve stick (axe handle).

A doctor was called to attend to Griffiths the following day and found him in bed with a three or four-inch long wound on his head, which had severed his temporal artery. The surgeon had to stitch the wound and, when Griffiths complained to the police, Gladwin was arrested.

Magistrates forwarded the case to the Quarter Sessions, where Gladwin was found guilty and fined £10. Whether one of the couple eventually succeeded in wooing the girl is not recorded.

MARCH

Ewyas Harold. (Author's collection)

1 MARCH   1888   The three-day trial of Alfred Scandrett and James Jones opened at the Hereford Assizes. The two men were charged with the brutal murder of an eighty-seven-year-old man, Phillip Ballard, which took place at Tupsley during the night of 19/20 October 1887.

During the course of a robbery at his home, someone struck Mr Ballard twice over the head, causing his eventual death days later from a fractured skull and a severed temporal artery. Suspicion fell on Jones and Scandrett, who had recently been incarcerated together in Warwick Gaol. Jones was well aware of the rumours that Ballard kept large sums of money at home and was familiar with the house, having once called there to collect a bill on behalf of his uncle.

Both men were eventually apprehended and, while both were prepared to admit to robbing Mr Ballard, each blamed the other for the two fatal blows to the old man's head. Yet, regardless of which of them had actually struck the blows, each man was equally culpable in law for Mr Ballard's death and, found guilty, both were hanged at Hereford on 20 March by executioner James Berry.

2 MARCH   1803   The *Hereford Journal* printed the following notice:

Whereas on Thursday the 10th of February 1803 between five and six o'clock in the evening, I wantonly shot at and wounded Mr Harper's dog near his dwelling house at the hill in the parish of Leominster for which he has commenced prosecution against me but has forgiven me on my making this public declaration that I am sorry for it and will never offend again in like manner. Hope it will be a warning to all young sportsmen. James Parry, Witness W. Holmes.

3 MARCH   1924   Dr Dunlop of Ross-on-Wye finally managed to persuade Mary Stevenson of Pontshill, Weston-under-Penyard, that, for her own safety, it was in her best interests to commit her husband to an asylum. Dunlop drew up a lunacy certificate and got it countersigned by a second doctor, before arranging a bed for Thomas Blakesley Stevenson in Barnwood House Asylum in Gloucester. Yet even having agreed to section her husband, Mary continued to prevaricate and on 15 March, Thomas hit her over the head with a hatchet, killing her instantly.

Even the prosecution at the Hereford Assizes referred to the murder as 'a very tragic and pathetic case' and it was inevitable that Stevenson would be found guilty but insane. He was ordered to be detained during His Majesty's Pleasure.

4 MARCH   1886   Brothers John and William Imms ran a cabinet making business on High Street, Bromyard, living over the premises with their apprentice, John Charles Patterson.

In the early hours of the morning, Patterson woke John Imms to say that he could hear cracking noises coming from downstairs and, when Imms went to investigate, he found the workshop full of smoke. Before long, the workshop was blazing and, although Imms threw water on the fire, he was unable to douse the flames.

Imms ran to the front door to raise the alarm, while Patterson escaped through a window. The fire was too intense to allow anyone to get to William's bedroom on the second floor and a body was found that afternoon, once the fire was extinguished.

When coroner Mr H. Moore held an inquest on 6 March, the first priority for the jury was to determine whether the body was that of William Imms.

High Street,
Bromyard, 1950s.
(Author's collection)

The remains were so charred that John Imms could hardly recognise them as human and surgeon Mr Hinnings could only say that they were those of a man who was beyond middle age. Since William was known to have been on the premises at the time of the fire and nothing had been seen or heard of him since, the jury thought it likely that he had perished in the conflagration.

They then considered the cause of the fire, which was a more difficult conundrum. John Imms told the inquest that he was working in the workshop fitting keys to locks a few hours before the fire was first noticed, and could only theorise that his lantern had overheated some paper in the workshop, which had then spontaneously combusted some time later.

The coroner accepted the explanation, commenting adversely on the water supply in Bromyard, which was known to be poor, and hoped that the tragedy would prompt the provision of a better supply. A verdict of 'accidental death' was recorded.

1890   Thirty-six-year-old Elizabeth Jauncey (aka Williams) appeared before Mr Justice Hawkins at the Hereford Assizes charged with the wilful murder of her three-year-old daughter, Agnes Williams Jauncey.

On 18 February, Elizabeth arrived at the Bromyard Workhouse with her two illegitimate daughters, Agnes and three-month-old Mercy Jane Jauncey. She was given supper and admitted to the casual ward for the night.

The following morning, she was found standing on her bed, clutching a broom in one hand and Mercy in the other. Agnes lay dead beneath the bed and an inquest showed that her head had been repeatedly beaten, either against the floor or with the broom.

Elizabeth behaved very strangely at the inquest and it was obvious that she was of unsound mind. However, it was not the job of the inquest to rule on her mental state and the jury returned a verdict of wilful murder against her.

Medical witnesses testified at her trial that Elizabeth was not in a fit state either to plead or to defend herself and, when called to the dock, Elizabeth prayed, recited poetry, sang an obscene song and made a series of incoherent statements, the essence of which was, 'I gave my children to the nurse and have not seen them since.'

5 MARCH

When the jury found Elizabeth insane, Hawkins ordered her to be confined during Her Majesty's Pleasure.

6 MARCH 1933   When a Stretton Sugwas man went to his outhouse, he found that something inside was preventing the door from opening. When the door was forced, the obstruction was found to be the dead body of the man's forty-six-year-old neighbour. He had a large chunk of flesh missing from his cheek, the wound being almost 3 inches long and 1 inch deep.

Farm labourer Tracey Joshua Baldwin was last seen alive at his work at 3.30 p.m. on the previous day. Although it was first thought that he had suffered a heart attack and that his cheek had been gnawed by rats, a post-mortem examination confirmed that Baldwin had died from concussion, arising from an injury to the back of his head.

There was nothing to suggest how the facial wound or head injury had been caused. Doctors theorised that the injury to Baldwin's face was made by either a sharp instrument or by a blunt instrument moving quickly, but there was no trace of the missing flesh, thought to weigh almost two ounces, and it was impossible to tell whether the injury occurred shortly before or shortly after death. There were no bloodstains in the immediate area and Baldwin had no broken bones.

There was no reason for the dead man to be in the outhouse and, had he been injured in a car or other accident, he could just as easily have returned to his own home rather than going to his neighbour's shed. A dog was chained up in the building but it was on a short leash, which prevented it from reaching the body. Baldwin was very friendly with the dog, which had not barked at any time during the previous day and night.

With no ready explanation for Baldwin's death, coroner Mr E.L. Wallis adjourned the inquest for two weeks to allow the police time to make further enquiries. However, when the proceedings reopened on 21 March, the police were no closer to solving the mystery. The inquest jury eventually returned an open verdict that Baldwin died from concussion but that there was nothing to indicate how that concussion was caused.

7 MARCH 1876   John and Eliza Coldrick appeared before magistrates at Ledbury charged with wilfully neglecting to provide adequate food, medical aid and lodging for their child, whereby its health was severely injured.

The charges arose from an inquest held on 17 February at The Swan, Ledbury, on the death of nine-month-old Harriet Emily Coldrick. Although the inquest jury eventually returned a verdict of 'death from natural causes', they added a rider stating that the child's death was accelerated by 'neglect, want of care and bad treatment' from both of her parents and asked the coroner to bring the matter before the Board of Guardians.

The Guardians commenced proceedings against the couple, who were each sentenced to six months' imprisonment with hard labour by the magistrates.

8 MARCH 1903   An inquest was held on the death of a woman, whose body was found in a field near Kington on 6 March.

Labourer John Johnson related walking through the field and seeing something unusual in a hedge. A closer inspection revealed the body of Harriet Archer, a female tramp, who was last seen alive on 27 February.

There were no signs of a struggle anywhere near where the body was found and a post-mortem examination confirmed that there were no marks of violence on Harriet's body. Thought to be aged about seventy years old, she was emaciated and had simply died from the effects of old age, accelerated by exhaustion, poor nourishment and exposure.

Unusually, Harriet was found completely naked – all of her clothes had been neatly folded and lay beneath her body, which doctors theorised could have been symptomatic of hypothermia or low body temperature, since sufferers often feel too hot and remove their clothes.

Coroner Mr C.E.A. Moore recorded that Harriet died from natural causes.

1842   An unnamed baby died in Ledbury Gaol.   **9 MARCH**

Some weeks earlier, the infant's mother was summoned for cutting birch logs at Bosbury. In total, the amount of damage done was valued at one halfpenny but the magistrates insisted that she should face a hefty fine and, when she was unable to pay, sent her to Ledbury Gaol. Because the woman was breastfeeding, the baby went into prison with her, but so terrible were the conditions there that it caught a cold and died.

Although the inquest jury were satisfied with 'death from natural causes', in reporting the baby's death, the *Worcestershire Chronicle* wrote that the gaol was such a 'damp and filthy den' that it was a wonder that many more prisoners had not died. 'The feelings of this woman's persecutor, who sent her and her child to prison for such a venial offence as cutting a bit of birch are not to be envied,' stated the reporter.

1838   An un-named servant appeared at the Hereford Quarter Sessions,   **10 MARCH**
charged with robbing her master. A large amount of money and several valuable items were missing and, when the girl's belongings were searched, all of the stolen items were found concealed in her trunk.

The girl had already appeared before magistrates where, in spite of warnings that any statement she made could be taken down in evidence and used against her, she made a full confession, promising faithfully that her friends would make up the loss if the case could be dropped. However, when tried at the Quarter Sessions, the jury unaccountably found her not guilty, even after hearing from four independent witnesses, who were present when the stolen goods were found in her possession.

There was no alternative for the presiding judge but to discharge the girl. Several days later, her master received a solicitor's letter, demanding the return of all the stolen items and money that were removed from the girl's box. The letter also demanded that the master pay the cost of the girl's application to the solicitor for restitution of 'her' goods.

1896   At 7.45 p.m., Albert Andrews of Ross-   **11 MARCH**
on-Wye put his three youngest children to bed before going to work a nightshift at a brewery. His wife was out at the library, so he left his oldest daughter in charge of her younger siblings.

A little later, the girl heard desperate screams from upstairs. She went to see what the matter was and, as she opened the door to the bedroom, she saw several large rats jumping off the bed shared by her brothers and sister. Six-year-old James had been badly bitten on his nose, while three-year-old Annie had bites all over her body.

Baby Thomas, aged one year, had bites on his arm and a large chunk of flesh missing from his forehead.

12 MARCH **1856** At Kingsland, someone drawing water from a well retrieved a bandage. The well was prodded with a long pole but nothing was found until twelve days later, when the naked body of a baby girl floated to the surface.

An inquest was held at Kingsland on 26 March but there was nothing to suggest who the child was or how she had come to be in the well, and the inquest jury returned an open verdict of 'found drowned'.

Suspicion soon fell on twenty-seven-year-old servant Eliza Davis, who gave birth to an illegitimate daughter on 3 January 1856. Baby Elizabeth was put out to nurse but her keep cost Eliza a large proportion of her wages and on 11 March, she removed her daughter from her nurse's care, saying that she was taking her to live with the baby's father and grandmother.

After the body was found, Eliza's employer questioned her about Elizabeth's whereabouts and when she didn't receive satisfactory replies, Mrs Daw contacted the police. Both she and Elizabeth's former nurse positively identified the bandage from the well as one that had been worn by Elizabeth, and a piece of cotton fabric found in Eliza's bedroom matched the dress that the baby wore when she left her nurse for the last time.

Elizabeth's body was exhumed and shown to the nurse for identification. Since the body had decomposed, Ann Williams couldn't be absolutely sure but, based on the baby's sandy hair colour and the shape of her head, stated that she believed that the dead child was her former charge.

Eliza Davis was charged with wilful murder, appearing at the Hereford Assizes in July. However, according to surgeon Mr Watling, there were no marks of violence on Elizabeth's body and she did not appear to have drowned – instead, Watling believed that she died from a chest complaint.

After questioning from the judge, the counsel for the prosecution admitted that this was an unexpected twist and he felt that he had no alternative but to withdraw his case against Eliza Davis, who was duly acquitted. However, on 11 March, garments drying on the hedges near the well unaccountably

Kingsland. (Author's collection)

disappeared during the night. A chemise and a pair of black stockings were later found in a storeroom adjoining Eliza's bedroom and she was charged with having stolen them. Found guilty, she was sentenced to three months' imprisonment with hard labour.

13 MARCH

1892   Seventeen-year-old Tom Whiting died in Worcester Infirmary, having hurt himself the previous day while working as a gardener for Mr Canning in Colwall. Although he walked home from work, Tom claimed to be in agony. He was reluctant to talk about the nature of his injury but, when questioned by his mother, he told her that he had sat down on a box in the potting shed without realising that the lid was not properly closed and that there was a section of broom handle protruding from the top.

Tom's brother, George, went to the doctor that evening, asking him to visit. However, Mr Kirsch claimed to be too tired and instead gave George some ointment for his brother. When George consulted another doctor, Dr Dawson, at ten o'clock, he was advised to bathe the affected area in warm water and, if there was no improvement by morning, Tom would have to go to hospital.

When Dawson finally saw Tom at eleven o'clock the following morning, he realised that something had penetrated the youth's rectum and organised a carriage to take him to hospital. By the time Tom arrived, he was very seriously ill and died shortly afterwards.

Tom had given several conflicting explanations for his injury. As well as the broom handle story, he told the house surgeon and nurse at the Infirmary that he had sat down on a nail sticking up from a plank but told another nurse and the hospital pharmacist that he slipped while climbing over some railings and a spike had penetrated his bottom. A post-mortem examination showed that there were no external injuries, nor was there any damage to Tom's trousers. Nevertheless, something had obviously penetrated his rectum, perforating his bowels and causing peritonitis.

Coroner Mr W.B. Hulme opened an inquest on the death on 16 March, adjourning it so that further enquiries could be made. When the inquest reopened on 22 March, nobody had been able to establish how the boy sustained his fatal injuries.

The inquest jury returned a verdict that Whiting had died from an injury to his rectum, adding that there was insufficient evidence to determine how that injury was caused. They also asked the coroner to reprimand Mr Kirsch, believing him to be guilty of negligence in not visiting. As they believed that Whiting would have died anyway, regardless of whether or not he was given earlier medical attention, they felt unable to recommend more official censure.

14 MARCH

1952   Mrs Harris called at the Bungalow Stores in Clehonger to do some shopping but, although the door was unlocked, there was no sign of shopkeeper Maria Hill. Mrs Harris eventually left without making her intended purchases, resolving to return later.

When there was still no response on her third visit, Mrs Harris checked the living quarters at the rear of the shop. She found Maria Hill lying dead near the fireplace, her head and upper body badly burned. However, the cause of death was later established as blood loss – Mrs Hill had been strangled into unconsciousness then hacked seven times with something like a small axe.

House-to-house enquiries located what was believed to be Mrs Hill's last customer, who bought sweets from the little shop at around 7.30 p.m. on the night of 13 March. Mrs Hill's son, who lived away from home, confirmed that about £60 had been stolen and that Mrs Hill's pyjama trousers and part of the current *Radio Times* magazine were also missing – the remaining pages were screwed up, placed around Mrs Hill's body and lit.

Almost 2,000 people were interviewed, including a woman who claimed to have seen the murder happening in a dream. Although it was believed by many that the police knew the identity of the killer or killers, nobody was ever charged with Mrs Hill's murder, which remains unsolved.

15 MARCH   1852   Fifteen-year-old farm servant Elijah Brice of Rowlstone (or Rowelstone) decided to try an experiment with one of the farm's carthorses. He haltered the animal and tied a rope to the halter, securing the other end of the rope around his waist. He then asked a fellow servant to whip the colt.

Thrill-seeking Elijah's plan was that the horse would tow him around. However, when another of the farm horses approached, the horse that Elijah was attached to bolted, dragging him across the fields at breakneck speed. The horse eventually galloped through a hedge, at which point the rope came undone. However, by that time, Elijah was dead.

16 MARCH   1842   During the night of 5 March, a beehive went missing from Mr George Coleman's garden in Dilwyn and, on 16 March, Coleman's gardener happened to spot it in William Seale's garden.

The hive had a number of identifying marks on the outside and, when Seale appeared at the Hereford Assizes on 25 March charged with its theft, it was brought into court so that the jury might be shown the marks to better understand why the gardener was so certain of his identification. It was covered by a linen sheet and, as it was carried towards the jury box for their inspection, they realised to their horror that it was still full of bees, which could be heard buzzing angrily.

The jury nervously contemplated the covered hive, occasionally briefly lifting the very edge of the sheet and peering beneath it, as if playing peek-a-boo with the bees. However, they were reluctant to remove the cover altogether for fear of being stung and, after spending several minutes without being able to bring themselves to examine the hive at close quarters, they decided that there was insufficient legal proof against the accused and acquitted him.

17 MARCH   1895   Farmer Washington Taylor appeared at Herefordshire Crown Court charged with refusing to pay his tithe. Since he had also refused to pay the previous year, he now owed a grand total of £20 16s 8d.

Taylor maintained that, according to the Church of England, he was already damned but he added that he would be only too pleased to pay his dues in the next world if asked. He provoked laughter in court by asking for government protection from the 'sect who played this confidence trick', adding that it was an absolute disgrace that he was forced to pay his hard-working labourers such poor wages when he had to pay the Church so much for doing nothing.

The court found against him and Taylor made a parting comment that the government were soon to alter the state of affairs in Wales and, if he could sell his land, he would move there like a shot.

18 MARCH   1839   An inquest was held at Bromyard on the death of Ann Burton.

Ann was a married woman who was separated from her husband and lived with twenty-three-year-old Joseph Leddington. When Ann fell pregnant,

Leddington was not happy, since a baby would be expensive and motherhood would prevent Ann from going into service and earning money. Hence he gave her sixpence and told her to go and buy some arsenic to rid herself of the baby.

Ann did as she was told, going to a friend's house to take the poison. Soon afterwards she became violently ill and, although reluctant to implicate Leddington, when she was told that she was dying Ann made a statement saying that he had promised her that the arsenic would only kill the child and that no harm would come to her. Had she realised she might die, she would never have taken it.

The coroner told the inquest jury that, if they believed Ann's deposition, Leddington was plainly guilty of being an accessory before the fact of murder. The jury actually returned a verdict of wilful murder, although Leddington strongly denied having advised Ann to take arsenic or having given her the money to purchase it.

Leddington was tried at the Worcestershire Assizes on 13 July on the reduced charge of attempting to procure miscarriage. He continued to insist that Ann's story was false and, unable to believe that someone could take arsenic without understanding that they would probably die as a result, the jury gave him the benefit of the doubt and he was acquitted.

1723 Thomas Athoe and his son, also named Thomas, appeared at the Hereford Assizes charged with murdering George Merchant by 'beating and kicking him on the head, face, breast and privy members and therefore giving him several mortal wounds and bruises.'

19 MARCH

The murder, which occurred on 23 November 1722, actually took place at Tenby in Pembrokeshire. After a day at Tenby Fair, Thomas junior got into an argument with George Merchant and his brother, which deteriorated into a physical fight, which George won. When the Merchant brothers rode out of town, the Athoes followed them, saying that they meant to get their revenge. As well as a beating and kicking, the revenge also included Thomas junior tearing off one of George's testicles and biting off his nose, all of which they maintained at their trial was in self-defence.

Tenby in the 1950s.
(Author's collection)

Found guilty, the Athoes appealed the decision on the grounds that a man could not be found guilty in one county of an offence committed in another. The appeal went to the Court of the King's Bench in Westminster Hall, where the judgement against the Athoes was upheld. They were executed at St Thomas's Watering in Surrey on 5 July 1723, having failed in their attempt to bribe a turnkey to allow them to escape.

20 MARCH   **1788**   Thomas Walters (aka Reynolds) appeared at the Hereford Assizes charged with having been at large while under sentence of transportation. Waters, who was barely twenty, was a hardened criminal, whose first prison sentence was served before he was fifteen years old. In total, he had broken into more than 100 houses and broken out of two gaols.

'This unhappy youth afforded a melancholy instance of that state of ignorance and stupidity which the human mind, destitute of the knowledge of religious and moral obligation, naturally falls into,' commented the contemporary newspapers, although when Walters was executed on 4 April, they were pleased to report that the condemned man 'owned the justice of his sentence and behaved with as much penitence and decency as could reasonably be expected.'

21 MARCH   **1895**   Influenza claimed the life of Miss Eliza Phipps at Ross-on-Wye. Eliza's two sisters were visiting her at home when all three contracted the virus, and Eliza was actually the third sister to die in a four-day period. Emma Phipps died on 18 March, while her married sister, Mrs Wood, died the next day. The combined ages of the three sisters amounted to 243 years.

22 MARCH   **1851**   John Painter, Joseph Fisher, William Cooke, Charles Little, Ellen Cooke and Catherine Painter appeared at the Hereford Assizes charged with feloniously wounding and assaulting Thomas Woodhill, with intent to do him grievous bodily harm. For some weeks, a large group of gypsies had been roaming around Herefordshire, stealing and generally making a thorough nuisance of themselves. However, they were not apprehended until they reached Aberdare, when a barking dog alerted Thomas Woodhill to the presence of strangers on his farm.

Looking out of the window, Woodhill saw the group plundering his beehives and, with two of his labourers, set off in pursuit of the gang, who fled as soon as they realised that they had been spotted. However, as they neared the schoolhouse at Aberdare, the gang turned on Woodhill and attacked him. He was seriously injured and had it not been for the fact that bystanders intervened and apprehended the gang members, he might well have forfeited his life.

William Cooke and Joseph Fisher pleaded guilty but the jury found all of the defendants guilty and, after hearing that the women participated in the savage attack with as much enthusiasm as their husbands, Mr Justice Talfourd sentenced all six defendants to be transported for seven years.

23 MARCH   **1838**   Richard Hill appeared at the Herefordshire Assizes charged with the manslaughter of James Gritton.

Gritton was a skilled wrestler, who often travelled to fairs and feasts to demonstrate his prowess. On 15 October 1837, he fought several men at the Garway Feast, winning every bout. He was challenged to fight by Hill and initially refused, but Hill continued to badger Gritton, who eventually relented and agreed to take him on.

The fight was a lengthy one and, according to witnesses, Hill didn't fight fairly. He hit and kicked his opponent while he was down and, even after a handshake between the two combatants ended the bout, he suddenly lashed out at Gritton.

When Gritton died from injuries received in the fight, the inquest jury returned a verdict of manslaughter against Richard Hill and the two men who acted as seconds, William Prosser and Richard Harris, all of whom immediately fled. There is no evidence to suggest that the seconds ever stood trial for their part in Gritton's death, but Hill was found guilty of manslaughter and sentenced to four months' imprisonment.

1849 Thirty-five-year-old Samuel Garrett appeared at the Hereford Assizes charged with having feloniously fired a pistol at Ann Phillips, with intent to kill and murder her.   **24 MARCH**

Ann and her husband kept The Half Moon public house at Ross-on-Wye, where Garrett was a regular customer until he was barred. On 1 November 1848, angered at the landlord and landlady's repeated refusals to serve him, Garrett stood in the road outside the pub, pointed his pistol at Mrs Phillips and fired. He then placed the barrel of the pistol into his mouth and pulled the trigger.

Garrett's first shot just missed Mrs Phillips and the ball from his second shot passed through the roof of his mouth and disappeared. Surgeons were unable to say whether it had fallen out or whether it was lodged somewhere inside his head. Either way, Garrett was not too badly injured and, when informed that he had not shot Mrs Phillips, he remarked that he was only sorry he had not killed her outright.

At Garrett's trial, the jury deliberated for some time but were unable to reach agreement, some believing that the defendant was guilty and others wishing to acquit him for reasons of insanity. Told by presiding judge Mr Baron Platt that they must be unanimous in their decision, the jury deliberated further and agreed on a guilty verdict, with a recommendation for mercy. However, when questioned, they were unable to explain why they had recommended mercy and were sent out to deliberate still further. Before long, they returned a straightforward guilty verdict and Garrett was sentenced to fifteen years' transportation.

1874 Hoping to find a job, Anne Colley went to Bromyard 'mop' (a hiring fair).   **25 MARCH**
When she left in the evening to return to her father's home at Much Cowarne, she noticed two men following her and, after she passed through the Hereford turnpike, the men pounced and raped her. Anne reported the attack to the police, naming one of the assailants as Edwin Warburton and giving a description of the second that fitted Richard Cost, a known associate of Warburton's.

Both men were brought before magistrates at Bromyard, where Warburton insisted that not only had he not participated in any rape but that he was not even with Cost on the night in question. Cost corroborated his story, explaining that he walked home with Anne after the mop and she permitted him to take 'certain liberties' up to a point. When that point was reached, Anne suddenly punched him on the nose and, although Cost admitted to pushing Anne to the ground after she punched him, he insisted that he then walked away and left her.

Magistrates committed both men for trial at the Hereford Assizes, allowing bail for Warburton since the evidence against him was so weak. In the event, both men were found not guilty.

26 MARCH   **1878**   An inquest was held at Ledbury Cottage Hospital on the death of nine-year-old Reginald Alfred Bosley.

Reginald's father was dead and it was expected that he and his fifteen-year-old brother, Ernest, would help their mother on the family's small farm at Ledbury. On 23 March, Ernest went out with a gun, intending to shoot crows in the wheat field where Reginald was tending the crop. Ernest was only out for about fifteen minutes before he decided that he needed something from the house. Reginald walked back with him and, as the brothers passed through the orchard, Ernest left his gun lying on a small bank while he slipped indoors. He had only walked about 10 yards when he heard a loud bang and, looking back, realised that Reginald had been shot through the knee.

Ernest carried his brother inside and he was taken to the hospital, but he was so weak from loss of blood that he died later that evening.

The inquest heard that Reginald had not touched or even approached his brother's gun, which was thought to have simply fallen off the bank on which it was left and discharged. The coroner called the shooting 'a pure accident' and while he cautioned Ernest about leaving cocked and loaded guns unattended, he made it clear that he attached no blame to anyone. The jury returned a verdict of 'accidentally shot.'

27 MARCH   **1790**   Ann Jones of Clodock died in agony, having eaten a bowl of broth served by her husband William. A later post-mortem examination revealed the presence of a large quantity of arsenic in her stomach.

Unfortunately for William, the arsenic was a mixture of the white and yellow forms of the poison, which had been mixed by accident at the premises of a local apothecary. There had only been one such batch of mixed arsenic and the druggist was able to positively identify its purchasers as William Jones and his teenage lover, prostitute Suzannah Rugg. Keen to marry, the couple had hatched a plan to get rid of the only obstacle in their way by killing William's wife.

Tried and found guilty of wilful murder, Jones and Suzannah were hanged on the village green in Clodock.

28 MARCH   **1921**   Thirty-two-year-old John Hodges went on a railway excursion to Hereford Races. It was Easter Monday and the return train to Ledbury was crowded, with many passengers having to stand.

The Worcester train was already standing at Ledbury Station, hence the Hereford train pulled up about 100 yards distant to await clearance to proceed. Hodges obviously believed that the train was in the station as, before anyone could stop him, he opened the carriage door and got out.

The train had stopped on the Ledbury viaduct and Hodges simply stepped into space, falling to his death. He was found buried head down in the mud at the base of the viaduct, his skull fractured and his neck broken.

An inquest held by coroner Mr E.L. Wallis recorded a verdict of accidental death, the jury recommending that the sides of the viaduct should be fenced to prevent future tragedies.

29 MARCH   **1876**   Eighteen-year-old blacksmith, George Brown, appeared at the Hereford Assizes charged with four counts of arson, but the Grand Jury didn't believe that the prosecution had sufficient evidence to prove the case and gain a conviction, and thus found 'no bill' against him.

Ledbury viaduct.
(© R. Sly)

George was discharged but stupidly couldn't resist bragging to a friend that he actually had set the fires and had therefore escaped justice. On 29 July, the friend was the principal witness at Brown's second appearance at the Assizes, where he was tried, found guilty and sentenced to ten years' penal servitude.

1770 William Morris, William Spiggott, David Morgan, William Walter Evan, Charles David Morgan and David Llewellyn were hanged in Hereford, having been tried and found guilty of aiding and abetting the murder of William Powell at Llandilo. On 8 January, Powell was set upon by a gang as he sat in his parlour at home. He was badly beaten, receiving twenty wounds, of which eight were said to be sufficiently serious to kill him. **30 MARCH**

Several more men were tried for Powell's murder. Walter Evan (or Evans) turned King's Evidence, while John Spiggott, William Charles and William Thomas (aka Blink) were acquitted. (William Thomas and Walter Evan were later hung for unrelated crimes.)

The ringleader of the gang, William Williams, escaped justice altogether and fled overseas to France. Williams wished to marry Powell's wife and arranged to murder her husband so that she would be free. (His own wife alleged that he had tried to murder her twice, once by adding poison to her tea.) Williams was believed to have opened a school in France but is thought to have died in a boating accident, along with some of his pupils.

1876 Seventy-seven-year-old James Davies Kedward of Ewyas Harold went into his garden to shoot pigeons. His manservant, Samuel Exton, heard two loud bangs in quick succession, after which Kedward's setter dog came running towards him. **31 MARCH**

When Exton went to check on Kedward, he found him lying in a ditch in a pool of blood. Kedward's hat band and brim were up in a tree above him and,

when Exton looked closely, he realised that Kedward had shot away the back of his own head, destroying about a third of his brain.

Doctors determined that the position of Kedward's fatal injuries made suicide almost impossible. It was raining when Kedward's body was found and, when shooting in wet weather, he was in the habit of putting the flap of his coat over his gun to protect it from the rain. He was believed to have accidentally caught the trigger of his shotgun, causing both barrels to discharge almost simultaneously.

An inquest jury later returned a verdict of 'accidental death'.

Note: The contemporary newspapers variously give two dates for Kedward's death – either 24 or 31 March.

APRIL

The asylum, Burghill. (Author's collection)

1 APRIL 1816 Convicted murderer William Cadwallader was hanged outside Hereford Gaol, after which his body was handed to surgeons for dissection. Once the medical men had finished with Cadwallader, his skin was nailed to the door of St Peter's Church in Hereford. It was later cut into pieces and presented as gifts to the city's most prominent citizens.

Cadwallader was a blacksmith, whose wife, Mary, was bedridden through ill health. On 4 September 1815, he was very drunk and neighbours heard him shouting at his wife and her mother in the latest of a series of violent arguments. He knocked a pan out of his mother-in-law's hands and drove her out of the house, before turning on Mary, accusing her of being idle rather than sick and telling her that he would happily part with a guinea a week to be rid of her. Terrified, Mary called to her neighbours for help but, when they tried to intervene to protect her, Cadwallader turned his rage on them and they withdrew in fear.

The next morning, Cadwallader woke his apprentice early and sent him off to Leominster to repair a coach. It was a fool's errand – there was nobody at the premises when the boy arrived and he headed straight back again. Meanwhile, at Cadwallader's home, his next-door neighbour had made a startling discovery – Mary Cadwallader's dead body lay in a hedge between the two houses, as if she had fallen or been pushed from an upstairs window.

The neighbour's shouts brought people flocking to the scene, including a young boy who swore that he had seen Cadwallader in his garden at 6 a.m., shortly after sending his apprentice to Leominster. Soon the owner of the broken coach turned up to complain that it had not yet been repaired and stated that Cadwallader seemed very nervous and ill at ease. When it was noted that Mary Cadwallader's body and clothing were dry, in spite of the fact that it had rained heavily all night, her husband was charged with her wilful murder.

He appeared at the Hereford Assizes in March 1816, where he was found guilty in spite of his protestations of innocence. Although he freely acknowledged that he had lived a misspent life of drunkenness and debauchery, he insisted until his dying breath that he was innocent of the murder of his wife.

2 APRIL 1878 John Mills appeared before Mr Justice Denman at the Hereford Assizes charged with the attempted murder of Mary Ann Jones.

Mary Ann worked as a domestic servant in Hereford when she was seduced by Mills, a bailiff at Leominster County Court. In August 1877, she was dismissed from her job and went to live with Mills, who treated her abominably.

Mills took all of her money, pawned her watch and regularly beat her. Mary Ann's life was so miserable that, after yet another violent fight on 5 November 1877, she ran away from Mills and threw herself into the River Wye. Mills followed her to the riverbank and, having asked a boy standing nearby if he could swim, Mills stretched out his hand but was unable to reach Mary Ann, so he simply stood on the riverbank to watch her drown.

As Mary Ann was sinking for the third time, a boat bearing two men came along and one of the men managed to grab her and hold her head clear of the water. While the man supported Mary Ann, his companion steered the boat to the bank, shouting at Mills to come and help. Mills slid down and, leaning his arms on the bank, pressed his feet onto the gunwale of the boat almost capsizing it. When the men protested that he would upset the boat, Mills replied using foul language, saying that he didn't need the boat or the men but could have saved Mary Ann himself. Fortunately, another boat came to the aid of Mary Ann's rescuers.

Mills was charge with attempting to murder Mary Ann by upsetting the boat, but insisted that he was merely trying to assist with her rescue and was just a bit clumsy. When the jury found him not guilty, Mills was immediately charged with common assault in respect of the ill-treatment that prompted Mary Ann to throw herself in the Wye.

He was found guilty and, in passing sentence, Judge Denman commented that the law didn't permit his to prescribe the punishment that he believed Mills deserved. Instead, Denman had to be satisfied with a sentence of twelve months' imprisonment with hard labour.

1865   In the second heat of The Scurry Steeplechase Handicap, held at Leominster Races, the horse Wee Annie took a crashing fall, after getting her front leg caught in a drain. The following horse, The Fawn, stumbled over her and also fell, landing on Wee Annie's jockey and crushing his chest so badly that John (or Thomas) Jones died from his injuries later that evening. A post-mortem examination showed that his splintered ribs had perforated his lungs. An inquest held by coroner Mr Moore later recorded a verdict of 'accidental death' on the promising young jockey, who was just sixteen years old. **3 APRIL**

1817   *The Times* reported on the recent Herefordshire Assizes, where no fewer than nineteen people, including two women, were sentenced to death. Their crimes ranged from murder to housebreaking or stealing a variety of things including sheep, watches, clothes, lambs or horses. **4 APRIL**

Sixteen were reprieved but three were hanged at Hereford Gaol. Richard Underwood, who pleaded guilty to the murder of William Harris at Ledbury, was executed on 31 March, while Thomas Langslow and John Hardy were executed on 12 April, the former for cutting and maiming John Green at Kington, the latter for burglary in Carmarthenshire.

1864   James Skeggs of London and his wife were visiting her father at Cheney Longville in Shropshire and on 5 April, Skeggs suddenly went missing. He was known to be carrying a valuable gold watch and chain and at least 10s in cash and it was feared that he may have been a victim of foul play. Posters were printed and a reward was offered for any news of him. **5 APRIL**

Soon afterwards, a blue velvet cap was found on the banks of the river Lugg near Leominster. It was thought to belong to Skeggs and the river was dragged in the hope of finding his body. However, it was not until 22 April, when the men engaged in dragging the river were resting on a bridge and spotted a body floating slowly downstream, that Skeggs's whereabouts were finally revealed.

An examination revealed no marks of violence on the body. Skeggs still had his watch and chain and 7s in his pocket, suggesting that he had not been robbed. Coroner Thomas Llanwarne held an inquest on 23 April at The Red Lion, Wharton, but with no evidence on how Skeggs got into the river, the inquest jury returned an open verdict of 'found drowned.'

1834   At six o'clock in the morning, a dead body was discovered floating under one of the arches of Wye Bridge in Hereford. Although the body was badly decomposed, it was eventually identified as that of labourer William Dee. **6 APRIL**

Dee, who was around fifty years old, was known to have visited Hereford three weeks earlier on a shopping trip. Police found witnesses who had seen him in Hereford and heard him saying that he was setting off for home. At that time, he seemed quite cheerful and 'rather in liquor', but his body was discovered in a place that would indicate that he was travelling away from, rather than towards, his home in Sutton.

Dee's body was so decomposed that it proved impossible to determine the cause of his death. A post-mortem examination revealed that there were no skull fractures or other apparent head injuries, but surgeon John Griffiths believed that Dee was either unconscious or dead when he entered the water.

At the time of his death, Dee was wearing a new smock, in the pockets of which were found a cheap silver watch, which had stopped at eight minutes to ten o'clock, 2s 6d in silver, a few copper coins, some seeds and some tobacco. He was an exceptionally tall man and the police were told of several sightings of him in Bowsey Lane, then Hereford's red-light district. Some people spoke of witnessing a fight and of hearing a man saying, 'Damn his eyes, I have done him.' Another witness stated that he had seen a man lying face down on the street with two girls bending over him, who eventually dragged him away. However, drunken fighting was then so common on Bowsey Lane that nobody thought twice about what they had seen. Two days later, Dee's hat was found floating on the river and the police had the stretch of water dragged, but Dee's body was not found for a further three weeks.

After careful consideration of all the evidence, coroner Mr Cleave's jury returned a verdict that 'the said William Dee was found dead in the River Wye on the 6th April instant and that he was wilfully murdered by some person or persons to the jurors at present unknown.'

7 APRIL   1916   During the First World War, a group of Hereford women organised a benefit concert at The Garrick Theatre to raise funds for comforts for members of the Herefordshire regiment, who were on active duty in Gallipoli. Most of the performers were the children of serving soldiers and the audience was largely made up of their proud mothers and other relatives.

As the curtain fell on a sketch themed on a winter wonderland, featuring Eskimos, ice maidens and mock snowballs, there was a sudden piercing shriek, followed by shouts of 'Fire!' As the children left the stage, one of their cotton wool costumes caught fire. Panic stricken and engulfed in flames, the burning child blundered around and, as she bumped into other children, their costumes were also set alight.

People scrambled over seats in the auditorium to get to the stage and many people were burned as they tried to beat out the flames with their bare hands. Others made their way out of the theatre onto Widemarsh Street, where they frantically tried to find their children. The night ended with six children burned to death, two more dying from their burns within a fortnight.

The inquest on Winnie Mailes, Linda Illman, Phyllis White, Connie Bragg, Nellie Rutherford, Peggy Baird, Cissie Beavan and Violet Corey was told that there was no apparent fault with the electrical equipment in the theatre. One of the surviving children testified that a man in the audience had lit a cigarette and discarded the match without extinguishing it, but nothing could be found to substantiate this evidence and the inquest jury eventually returned verdicts of 'accidental death brought about through an outbreak of fire, the origin of which the evidence did not show.'

The children were buried in Westfaling Street Cemetery and the site of the theatre is now a multi-storey car park. The eight victims are commemorated by a green plaque at the entrance.

1833 Francis Good was doing some repairs to a first-floor window of a cottage near Ross-on-Wye when he slipped and fell. He landed heavily, fracturing two ribs and concussing himself. **8 APRIL**

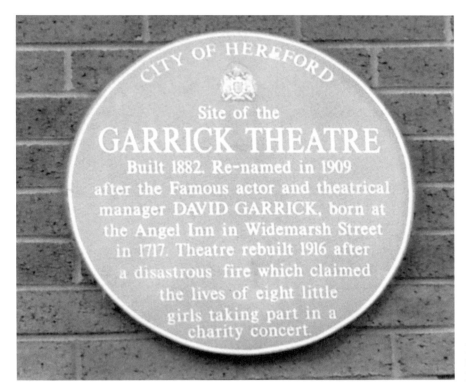

Plaque at the site of the Garrick Theatre, Hereford. (© N. Sly)

He was carried home and put to bed to recover. However, three days later, he became delirious and, before anyone could restrain him, he threw himself out of his upstairs bedroom window, causing yet more head injuries. Even so, Good was expected to recover, until he went down with smallpox just days later. The disease proved fatal within a week.

9 APRIL 1833 Seventy-five-year-old Sergeant-Major Bennett was an experienced turnkey at Hereford Gaol and, when he saw some of the prisoners huddled together in the yard whispering, he suspected that something was afoot. Although it was his evening off, he decided to take a walk around the prison that night and heard the sounds of hammering on one of the walls.

Summoning his fellow turnkeys, he went to the spot where the noise originated from and found a group of thirteen prisoners knocking a hole in the wall with an iron bar that they had wrenched from a fire grate. The men had broken through the wall and had almost made a big enough hole to escape through when they were discovered.

Bennett ordered them back to their cells and, for a moment, the men considered fighting. However, since Bennett was waving his army broadsword menacingly around his head, they thought better of it and meekly submitted to being chained and placed in solitary confinement.

10 APRIL 1854 Forty-two-year-old carpenter Francis Jones and thirty-three-year-old Mary Hodge (or Hodges) from Colwall were in love and the only thing that stood in the way of their future happiness together was Francis's wife. Mary Ann Jones was insane and confined to bed but when she died, doctors believed that she had been starved and she also had an unexplained head injury, suggesting that she was murdered.

A post-mortem examination, conducted by surgeons Mr Griffin and Mr Perry, found Mrs Jones to be extremely emaciated, her lower body covered in ulcerated bedsores. Although most of her organs were healthy, she had a serious injury to the left-hand side of her head, which the doctors believed could only have been caused by violence. They testified at the inquest that Mrs Jones was too weak to get out of bed – or even turn over and fall out – and could not have injured her head accidentally.

The inquest jury returned a verdict of wilful murder against Jones and Hodge and coroner Henry Underwood committed them for trial at the Herefordshire Assizes on 27 July. However, the Grand Jury found 'no bill' against the couple.

Because they had been committed on the coroner's warrant, the proceedings went ahead anyway, with the prosecution counsel declaring that, although he believed that the couple had ill-treated Mrs Jones, she would probably have died soon anyway, therefore he didn't intend to offer any evidence against the two accused. Jones and Hodges were acquitted.

Note: There is some discrepancy between various publications on the exact date of Mrs Jones's death, although most agree that it was 'in early April'.

11 APRIL 1853 Elderly matron Jane Wall brought her daughter-in-law Mary Ann Wall before magistrates at Bromyard.

Jane related that, on 5 April, she went to her son's house to ask for the return of some money that he had borrowed to pay his rent. She was met at the door by Mary Ann, who told her that her husband wasn't home. Jane didn't believe her and tried to barge past her daughter-in-law into the house but Mary Ann took exception. She thrust her hand into her mother-in-law's face, ripping off her cap and calling her 'a stinking outdacious hussy' [*sic*].

The magistrates were satisfied that an assault had been committed and fined Mary Ann 10s. However, Mary Ann had recently been before the Bench on a similar charge and, on that occasion, the Superintendent of Police had advanced the money to pay her fine to keep her out of prison. When Mary Ann refused to reimburse him, she was committed to gaol until all of her fines were paid in full.

1831 William Carwardine's body was found in the River Wye at Hereford. **12 APRIL** The dead man was last seen alive in Hereford on 24 March when, after attending the Assizes to pursue a lawsuit against his brother, he turned his thoughts to pleasures of the flesh and visited a brothel in Quaker Lane.

A post-mortem examination showed that Carwardine had head injuries and the brothel keeper, Susan Connop, was charged with his murder, while Joseph Pugh, in whose house the brothel was located, was charged with being an accessory after the fact.

They were tried at the Hereford Assizes on 6 August, but the judge dramatically stopped the trial on the grounds that the prosecution had insufficient evidence to sustain the charges against the defendants.

On 24 March 1832 – the first anniversary of Carwardine's death – Susan Connop appeared in court again, this time as the principal witness in the trial of Joseph Pugh, William Williams and John Mathews, for Carwardine's wilful murder.

The prosecution produced witnesses who had supposedly seen Carwardine scuffling with the three men on the night of his death. One of these was former prostitute Mary Ann Williams, who testified to seeing the three men robbing Carwardine, adding that she was beaten to ensure that she kept quiet about what she saw.

All three defendants denied murdering Carwardine. Pugh said that he was in bed all night with prostitute Susan Reignart, while Williams and Mathews both said that, had they been guilty of murder, they would have used the time before the body was found to flee the area. Mathews added that he had gone to the Mayor voluntarily, after hearing that he was a suspect.

All three men produced witnesses who provided them with alibis but since these witnesses were either related to the defendants or prostitutes, they were not believed and the jury found all three men guilty. They were executed in a triple hanging at Hereford, all three protesting their innocence to the last.

Williams was the second member of his family to hang for murder, his brother James having been executed in 1830 (*see 3 November*).

1855 Engineer Mr Connop was repairing a machine at a seed and corn mill **13 APRIL** on the river Arrow, when someone accidentally set the machinery in motion. Connop managed to run out of the way but his colleague, Thomas Caldicott, was not so fortunate and became entangled in the workings, suffering a broken thigh and cuts and bruises all over his body.

When extricated, Caldicott was bleeding heavily and medical assistance was immediately sent for. However it took three hours before surgeons reached the mill from nearby Leominster, by which time Caldicott had bled to death. An inquest jury returned a verdict of 'accidental death'.

Interestingly, records show the death of another engineer named John Caldicott at a mill in Lugwardine on 9 February 1834. The circumstances of the two deaths seem almost identical, although it was injury to the right arm which proved fatal in this case. It has not been possible to discover whether the two engineers were related.

14 APRIL

1829 Fifteen-year-old Mary Pullen worked as a servant at Much Cowarne and, as she was making beds on 14 April, labourer John Wainwright came into the bedroom and tried to give her a kiss. When Mary resisted, John threw her onto the bed and raped her. Mary managed to cry out 'Mistress!' three times but nobody heard her, even though the bedroom was directly above the kitchen, where people were eating a meal.

Once Wainwright had raped Mary, he went downstairs. Mary finished making the beds before she too went down and, when she went into the kitchen, her mistress Mrs Perry (or Derry) and labourer John Woodhouse noticed that she was crying. Mary refused to say what the matter was in front of Woodhouse but when Mrs Perry took her to a different room, she blurted out what had happened.

Mrs Perry thought it best for Mary to return home to her parents but although Mary arrived home tearful and distressed, it was a week before her mother took her to see a surgeon, by which time it was too late to find any physical evidence of violent intercourse. Even so, Wainwright was charged with rape, appearing at the Hereford Assizes in August of that year. By then, Mary was no longer working for the Perrys, having been replaced by a parish apprentice. Wainwright was still in the Perrys' employ and was given a glowing character reference by Nathaniel Perry, while Mary's character was maligned by every single witness.

Mrs Perry stated that she had not heard any cries for help or sounds of a struggle. Neither had her son, or John Woodhouse, both of whom had been eating in the room below the bedroom. Woodhouse stated that Mary had called Wainwright upstairs and accused her of 'romping' with all of the male servants and of being particularly attracted to Wainwright.

Labourer John Morris testified that Mary had told him that, for a guinea, she would drop the case against Wainwright and that she was very fond of him and was only prosecuting him because her parents insisted.

The jury found Wainwright not guilty and, as he was discharged from court, the judge warned him about his future conduct, reminding him that the slightest indiscretion could land him in serious trouble.

15 APRIL

1878 Coroner Mr Thomas Llanwarne held an inquest at Much Marcle on the death of a three-month-old baby girl from the village.

The inquest heard that the child's mother, Mrs Evans, had given birth to eleven children, two by her former husband and nine by her current husband. Of those, seven had died at about three months old and an eighth aged ten months. Only three of the children had survived babyhood.

The reason for this astonishing infant mortality was that Mrs Evans was unable to breastfeed her babies. Hence they were fed on a diet of boiled bread, with the occasional addition of an egg yolk and a little sugar, and all had died from malnutrition. A doctor who performed a post-mortem on the latest baby noted that she was emaciated and malnourished, with no food whatsoever in her stomach and intestines. He placed the blame for her death on Mr and Mrs Evans, especially as they had failed to consult a doctor about the baby that they described as 'weakly.'

In their defence, Mr and Mrs Evans claimed that they supported their family on labourer Mr Evan's weekly wage of 11s 6d, hence they could not afford to pay for the services of a doctor. The inquest jury returned a verdict of 'accidental death' and, although they added a rider to say that they held Mr and Mrs Evans responsible for not feeding their daughter properly and for not consulting a doctor, they fell short of recommending any criminal charges against the couple.

1852 At about four o'clock in the morning, Mrs Minett woke her husband to   **16 APRIL**
tell him that there was a lot of smoke in their bedroom. The Minett family and their servants occupied apartments in New Street, Ross-on-Wye, the ground floor of which were the offices of Hall & Minett and also a branch of the Ross and Forest of Dean Bank.

Mrs Minett opened the bedroom door and was met by a cloud of thick, choking smoke on the landing. Her husband slammed the door shut and smashed a window, shouting for assistance. His cries attracted the attention of three passers-by, who began searching for a ladder to try and rescue him and, when near-neighbour Mrs Holland shouted that there was a long ladder in her yard, the men soon had it erected below the Minetts' bedroom window.

Two of the Minetts' children were carried to safety and Mr and Mrs Minett followed them down. However, there were still four more children asleep at the back of the house, along with a governess, nursemaid and cook. With the aid of a borrowed blacksmith's hammer, Mr Minett managed to break a panel in the front door and rushed through to the back of the premises but the flames were too intense for him to be able to reach the other occupants.

By then, the commotion had attracted the attention of Mr Cutter, a gas lamp lighter working several streets away, who ran to the fire and, using his small ladder, managed to rescue the children and two of the servants from a window at the rear of the building. Now only the cook, Emma Bird, remained trapped.

She was seen at her bedroom window at the back of the premises and told to stay there while the long ladder was brought round, but, just as it was about to be lifted into position, Emma suddenly turned and ran away from the window. It proved impossible to locate her and, when the blaze was finally extinguished some hours later, a plait of hair attached to the back of a skull was found in the embers, being the only part of Emma unconsumed by the fire.

1933 At the Hereford Steeplechases, the main event was the Lutwyche Cup,   **17 APRIL**
in which there were just four runners.

Ziogoon, ridden by Mr C.H. Evans, fell while jumping a fence in front of the grandstand. Evans was unseated and, although he held onto the reins for some time, he was forced to let go when the horse regained its feet and set off at a gallop.

People scrambled for safety as Ziogoon plunged through the enclosure and a refreshment tent. Some tried to grab the reins and three women and a man were knocked over. Eventually, Ziogoon was confronted by the 7ft-high boundary fence to the racecourse.

A policeman on duty outside the racecourse knew nothing of the drama within until Ziogoon leaped the boundary and suddenly appeared in the air above him. He instinctively ducked and the horse's hooves missed him by inches.

The policeman was uninjured, jockey Mr Evans suffered from bruising and the man who was knocked over was well enough to return home. The women were taken to hospital and are believed to have made a full recovery but tragically, Ziogoon broke his back when he landed in the roadway and was later put down.

18 APRIL **1885** Labourers Sidney and James Smith spent the day working in the fields at Peterston with their father. The brothers argued and were still bickering when they returned home at a quarter-past six in the evening.

Eventually James punched his brother on the head. Sidney promptly ran into the house and seized the poker from the kitchen, then chased after James and struck him twice on the head. James fell unconscious, dying the next morning, and a post-mortem examination later revealed that he had a three-inch-long skull fracture.

An inquest jury and magistrates both returned verdicts of wilful murder against Sidney, who was committed for trial at the next Hereford Assizes, which opened barely a week later. Sidney claimed that he struck James in self-defence but the jury were not persuaded by this argument, since Sidney had chased his brother some distance up the turnpike road with the poker in order to 'defend' himself. Nevertheless, the jury found Sidney Smith guilty of the lesser offence of manslaughter and he was sentenced to six calendar months' imprisonment.

19 APRIL **1859** At Walthall, a stag belonging to Mr Collins's deer herd escaped from a paddock. As Mrs Collins tried to return it, the animal charged her and knocked her over.

Once she had recovered her breath, Mrs Collins tried to get up but, every time she moved, the animal charged again, butting her with its well-developed antlers. Mrs Collins lost consciousness and was eventually rescued by her husband's labourers, who carried her to safety.

So severe were the injuries to her abdomen that, in spite of the attentions of several surgeons, Mrs Collins died without regaining consciousness. The stag was slaughtered soon after the vicious attack.

20 APRIL **1907** Mary Willerton was staying with her friend Grace Gordon Jones at the dairy cottage at Whitney Court and, at around five o'clock in the morning, was woken by a strange man in her bedroom.

'I've finished Miss Jones,' the man said conversationally.

Mary ran for her life, returning to the cottage with the estate's coachman. They found Grace lying on her bedroom floor, with blood pouring from her face and neck, which the stranger was now attempting to staunch with towels. A broken razor and knife lay nearby.

Grace worked as the dairymaid at Whitney Court, a position she had held for almost two years. When she started the job, she shared the dairy cottage with Alphaeus John Jordan, who she said was her half-brother. Jordan was employed as a cowman but his work proved unsatisfactory and he was dismissed after just three months.

Although Grace eventually made a full recovery from the wounds to her head, throat, face and hands, Jordan was charged with wounding with intent to murder and appeared before Mr Justice Lawrence at the Herefordshire Assizes on 3 July. It emerged in court that the couple were not related but were lovers, who had met while working as servants in an asylum for epileptics in Chalfont

Left: Whitney Court. (Author's collection)

Below: Mr Justice Lawrence. (Author's collection)

St Peter. Grace's mother found out that they were living together at Whitney and insisted that Alphaeus was dismissed. For the next two years, he made secret visits to the cottage, sometimes staying for several weeks at a time.

The attack on Grace was apparently unprovoked, after the couple had spent the night together. In Jordan's defence, it was suggested that the crime was committed during an attack of temporary insanity and Mr Morrison, of the Burghill Lunatic Asylum, was called to testify that such an attack was possible. However, the jury found Jordan guilty, without any rider as to his sanity or otherwise and he was sentenced to fifteen years' penal servitude. The judge treated Jordan relatively leniently, since he had immediately tried to give first aid to his victim, without which she would most probably have died from her injuries.

1841   As waggoner Edward Weaver drove his team of horses along the road from Ledbury to Worcester, his dog began to bark frantically. Whatever was interesting the dog, it stopped dead and refused to follow the waggon any further, and Weaver was eventually forced to pull up his horses and walk back to see what had so transfixed the animal.   **27 APRIL**

Weaver's first thought was that there was a lamb lying on the road but, when he picked it up, he realised that it was a naked newborn baby girl, who was crying lustily. Unbelievably, Weaver left the baby where she lay and continued his journey. He passed several cottages but said nothing about his find until he reached the turnpike gate, a mile and a half away.

The turnpike keeper's wife was about to give birth herself and so her husband did nothing about the abandoned baby, who was not seen again until just after five o'clock in the morning by a Mr Hooper, who was walking to Hereford Fair.

Like Weaver and the turnpike keeper, Hooper too left the baby where she was and did nothing to assist her. He mentioned his find to a tramp some miles later and in turn, the tramp told the landlord of The Wellington Inn. Mr Bray sent his children to check on the tramp's story and, when they returned to say that they had found a dead baby, Bray fetched the tiny corpse back to the pub and contacted the police.

The baby's mother was quickly traced. Twenty-one-year-old Ann Walters was travelling by stagecoach when she unexpectedly went into labour. She left the coach and gave birth alone, at the side of the road, carrying her baby in her arms for almost a mile before abandoning it. She walked into Worcester then caught a coach to Hereford, where she was eventually apprehended. Although she denied having abandoned her baby, a medical examination proved that she had recently given birth and she was committed to the Assizes on the coroner's warrant, charged with manslaughter.

Tried at Hereford on 28 July, she was found guilty and sentenced to ten years' transportation.

22 APRIL **1903**   A grim discovery in a mill pond on the river Lugg finally put an end to weeks of speculation on what the press referred to as 'The Lugg-Side Tragedy'.

The people involved were two basket makers, twenty-five-year-old Ernest Webb and twenty-two-year-old James Wigmore, who were sent out on 27 March to cut willow withies in the Lugg meadows. The river was in a state of flood and it was impossible to reach the intended trees. The two men waded around in the mud and cold water, which infuriated Webb to the extent that he suddenly began slashing at his companion with his billhook.

Wigmore was found alive and taken to Herefordshire General Hospital, where he was treated for a fractured skull, a cut across the back of his neck, a broken left arm and numerous deep cuts on his head and body.

It was suspected that Webb had thrown himself into the river after his brutal attack on Wigmore but, with the river in flood, there was little hope of finding his body. The police began dragging the river and continued unabated until 22 April, when Webb's stinking and decomposed body was finally pulled from the water and taken to The Crown and Anchor at Lugwardine to await the attentions of coroner Mr T. Hutchinson.

There was no doubt in anybody's mind that Webb had committed suicide by drowning and the inquest jury reasoned that a man attacking another, without provocation, in the manner in which Webb attacked Wigmore, must be mad. They therefore returned a verdict of 'suicide while temporarily insane.'

23 APRIL **1849**   Mr Davis was the tenant of a farm at Preston-on-Wye, owned by the Dean and Chapter of Hereford Cathedral and, on the morning of 23 April, he had occasion to speak to one of the farm employees, fourteen-year-old John Jones. Davis was dissatisfied with Jones's work and demoted him, putting another youth in his place caring for the farm horses. Wanting revenge, Jones sneaked off after work and applied a Lucifer match to a hayrick at the farm. The resulting fire consumed outbuildings, barns and stables, causing damage to the value of £1,200.

Jones was suspected of setting the fire and Mr Davis's sister took it upon herself to question him, promising him that she would get her brother to forgive him if he told the truth. Jones confessed but, rather than receiving the anticipated pardon, was arrested and charged with arson.

When he was tried at the Hereford Assizes in July, there was little evidence to connect him with the destructive blaze other than his own statement. The judge told the jury that, since Mr Davis's sister had no authority to promise Jones a pardon in return for his statement, he was loath to admit it as evidence. Fortunately for the prosecution, Jones had made a similar statement to the police, without the inducement of a possible pardon, and this was admissible.

The jury found Jones guilty, although they recommended mercy on account of his age. He was sentenced to fifteen years' transportation.

1883 Coroner Thomas Llanwarne held an inquest on the death of farmer John Lloyd Davies.   **24 APRIL**

The jury heard that Davies was suffering from financial difficulties and had approached a Hereford moneylender, Mr Clements, who had made him loans against his farmhouse and stock. When Davies was unable to keep up his repayments, Clements sent in bailiffs to take possession of the farm.

As soon as the bailiffs moved in, Davies threw himself into the River Wye and was drowned. When his body was recovered, it was taken back to his former farmhouse to await an inquest. However, Clements was most unwilling to allow the body to be brought onto what was effectively his land, fearing that the presence of the former owner's body might affect his possession of the property. It was only when the local vicar and a magistrate assured him that his possession would not be affected that he permitted Davies to be brought home.

The inquest jury returned a verdict of 'suicide while suffering from temporary insanity' on twenty-four-year-old Davies, expressing indignation at the harsh and inhuman conduct of the moneylender.

1824 Sixteen-year-old farm labourer William Dickens of Welsh Newton   **25 APRIL**
came home from work complaining of pain in his head and, when his mother examined it, she found a huge lump. With difficulty, given her poverty, she managed to get her son some ointment, but could not afford to get him seen by a doctor and William died on 4 May.

The lump was at the site of a cut on William's head, sustained on 1 April, when he arrived home covered in blood and tearfully complained to his mother that his master, farmer Thomas Williams, had thrown a stone at him while he was ploughing a field with a horse-drawn plough. William's mother found a deep cut on her son's head and was so incensed that she kept him off work the following day and went to the magistrates, accusing the farmer of injuring him. Thomas Williams appeared before magistrates the next day, claiming that he had intended to throw the stone at the horse but accidentally hit his servant and the magistrates dismissed the case, telling William to return to work.

Now, Williams was charged with manslaughter but, at the Hereford Assizes, the defence counsel referred back to his appearance before magistrates, at which the deceased had admitted that the stone was thrown at the horse and had hit him by accident. On hearing this, Mr Justice Littledale called a halt to the trial and instructed the jury to acquit Williams.

26 APRIL   **1863**   While Mr and Mrs Panniers of Shelwick were at church, one of their servants borrowed Mr Panniers's shotgun and took it down to the river. On his return, he met housemaid Caroline Holt in the hallway of the farmhouse and there was some light-hearted banter between them.

As they chatted, the gun unexpectedly went off, the shot hitting Caroline in her side just below her heart and passing right through her body. In a panic, the servant ran for a neighbour, in whose charge he left Caroline while he ran on to Hereford to fetch a doctor. Dr Lane rushed to Shelwick and found Caroline still alive. However, when he removed her bodice to better inspect her wounds, it caused such a gush of blood that she died within minutes.

The young servant was so horrified by what had happened that he fled, taking the gun with him. For a time, it was feared that he had committed suicide, but he was eventually found two days later hidden in a drain, where he had concealed himself without food or drink since the shooting. By that time, an inquest jury had already returned a verdict of accidental death on Caroline Holt and it appears that her shooter faced no criminal charges in respect of her death.

Note: In various publications, the name of the shooter is given as Lloyd, Lyde, Hyde, Slyde and Price.

27 APRIL   **1873**   The funeral took place at Ross-on-Wye of thirty-six-year-old solicitor John Henry Skyrme. As befitted a respected businessman and prominent dignitary, who held many local offices such as Lieutenant of the Volunteers, every honour was paid him, with shops closing out of respect and the town officials following his coffin to the grave. Just days later, the townspeople began to realise that they had been victims of wholesale fraud or embezzlement.

Skyrme, a wealthy man who owned numerous properties, including a substantial country estate near Usk, had arranged sham mortgages, altered or forged property deeds to his own advantage, and siphoned off clients' funds for his own dubious investments. He was found to be £20,000 overdrawn at his bank and to owe large sums of money in Gloucester. In addition, most of the tradesmen in the town had assumed that his name was good and had therefore allowed him almost unlimited credit.

A funeral march.
(Author's collection)

Ross-on-Wye.
(Author's collection)

Almost universally beloved in the Ross area, Skyrme was believed to be sensible, pleasant, without pride or pretension, generous and open-handed to a fault. He always appeared particularly frank and open and nobody had ever entertained the slightest suspicions that he could possibly be engaged in anything underhand. It emerged that he made a will the day before his sudden death and, since he was due to meet with his creditors in Gloucester, people speculated that he had poisoned himself, at a time when his double dealing was sure to have been exposed. He left a wife and a young baby to face a succession of litigations.

1884   Twenty-one-year-old labourer George Morgan appeared at the Hereford Assizes, charged with 'unlawfully taking an unmarried girl, Elizabeth Taylor, under sixteen, out of the possession and against the will of her father at Dilwyn.' **28 APRIL**

The court heard from Elizabeth's father that his daughter, who was just fifteen, ran away from home on the morning of 7 April. Guessing that she was heading for Leominster, Alfred Taylor went after her and, when he couldn't find her, notified the police that she was missing. Knowing that his daughter and Morgan were 'keeping company', Alfred asked him if he had seen Elizabeth, but Morgan insisted that he hadn't.

Elizabeth eventually left Morgan and returned home, having found out that he had another girlfriend. Morgan was arrested on 11 April for her abduction and imprisoned to await his trial at the Assizes.

In court, Elizabeth explained that she ran away with Morgan simply because he asked her to. They spent the first night at Morgan's brother's house, which was where they were when Morgan spoke to Alfred Taylor and denied having seen his daughter. The following day, they rented a room at The Oxford Arms Inn, Hereford, and, having stayed there with Morgan overnight, Elizabeth found out that he was 'took' and left him.

Morgan swore that Elizabeth told him that she was seventeen and since she was tall and looked very mature, his story was credible. Even so, the jury found him guilty and he was sentenced to three months' imprisonment with hard labour.

29 APRIL 1892 Labourer George Watkins asked Arthur Till if he might have an advance on his wages to pay for his lodgings and was given 2s 6d. Till was standing in for his brother for a few days, managing Whitecross Farm at Bridstow, and was unaware that Watkins was actually sleeping in a barn on the farm.

Watkins was seen at a nearby public house that evening and was described as 'slightly in drink' when he left there at ten o'clock at night. He was next seen by PC Dance at between one and two o'clock in the morning of 30 April, when he was sitting at the roadside, wearing only his shirt and boots.

By that time, everyone at Whitecross Farm was busy trying to extinguish a burning barn, having been alerted to the fire at just after midnight. Watkins was seen by John Dix, walking out of the blazing building, his shirt and jacket on fire, but insisted that he had only been trying to rescue an in-foal mare housed inside. However, Dix had earlier seen someone smoking a pipe outside the barn and was convinced that the smoker was Watkins, who had been warned in the past for smoking about the farm.

PC Dance established that Watkins was badly burned on both legs and on his abdomen and back. He was taken to Ross-on-Wye Workhouse, where he died on 3 May, having given no further information about the cause of the fire. However, when Watkins's jacket was examined, one pocket was badly burned, as though he had put his pipe away while it was still alight.

30 APRIL 1927 Seventy-four-year-old retired farmer Thomas Herbert Joseph Bown lodged with the Vickress family at Marden and had apparently lent William Alfred Archer Vickress some money. Vickress seemed in no hurry to repay the £5 11s 2d that he owed his tenant and Bown grew increasingly angry about the outstanding debt, threatening Vickress and his family, 'I will pass judgement on you.' On 30 April, he made good his threat, shooting fifty-year-old Vickress and blowing most of his face away before turning the shotgun on himself. Bown died instantly, while Vickress died soon afterwards in hospital.

Although there was no outward evidence of any quarrel between the two deceased, at the inquest, coroner Mr E.L. Wallis revealed that 'scandalous' letters were found in Bown's pocket after his death and although the precise contents were not revealed, they intimated that if things went on as they were, he [Bown] would go mad.

The inquest determined that Bown had committed suicide while of unsound mind before sitting on Vickress's death. There were only eight jurors and Wallis asked the clerks to find four more people, adding 'women will do.' Once the required twelve jurors were present, they returned a verdict that Vickress died from 'gunshot wounds, feloniously inflicted.'

MAY

Wilton Bridge, Ross-on-Wye. (Author's collection)

1 MAY **1936** Walter Oliver (or Oswald) Vincent Cadic from Gravesend was performing at an air circus in Hereford, piloting a light 8hp 'Flying Flea'. Cadic flew the plane to a height of 500ft, where he apparently tried to perform a stunt. His aircraft appeared to stall and went into a spin, crashing to the ground and killing Cadic instantly. The crash landing occurred in a newly planted fruit orchard, only 100 yards from the crowd of spectators watching the display.

At an inquest held in Hereford on 6 May, the coroner discounted suggestions that Cadic killed himself by deliberately trying to perform the stunt too low in the air and the jury returned a verdict of 'accidental death'.

The little planes were designed to be simply constructed at home, their designer quoted as saying that anyone who could build a packing case and drive a car could construct and fly a Flea. However, they were notoriously unstable and several pilots crashed and died, leading to an eventual ban in Britain.

2 MAY **1874** A gang of between thirty and forty labourers left Yearsatt, near Bromyard, to continue working on the construction of Bromyard and Leominster Railway. The men were expecting to be collected by train but, when the engine didn't arrive at the appointed time, they jumped on a ballast truck to make their own way to work.

As the truck was proceeding at a fast pace down a steep incline, it met the engine sent to collect the men, travelling in the opposite direction. The engine driver spotted the approaching truck and quickly put his engine into reverse but his actions were not sufficient to avoid a collision.

Most of the labourers suffered some injury, although fortunately few were seriously hurt, with the exceptions of James Toplace, who died almost instantly and two other labourers, one of whom suffered a compound fracture of the left leg. Both are believed to have survived.

3 MAY **1869** City coroner Mr P. Warburton held an inquest on the death of labourer James Davies.

At his work in Hentland Court, Davies was feeding material into a steam-driven chaff cutter when his hand became entangled in the machine and was cut completely off at the wrist.

He was taken to Hereford Infirmary, where his arm was found to be so badly crushed that it was decided to amputate it at the elbow. Davies survived the operation and initially seemed to be progressing well but then infection set in and a little more of his arm was amputated. Eventually, after the arm was amputated at the shoulder, Davies gradually became weaker and died. The inquest jury returned a verdict of 'accidental death'.

4 MAY **1857** Travelling basket makers Thomas and John Bridges appeared before magistrates, Thomas charged with having feloniously wounded tinker's daughter Susannah Butler and his brother John with aiding and abetting him.

Six weeks earlier Thomas, a ticket of leave man, had asked Susannah to join him on the road and travel with him as his wife. Unfortunately, Thomas was living with another woman at the time and, when Susannah turned him down, she told everyone that he had asked her, causing some very awkward moments for Thomas, who vowed that he would 'someday give her a blow that should lay her to sleep.'

On 2 May, he seized his chance to do just that. Susannah's mother was walking along a lane at Colwall when she head John say to his brother, 'Tom, here is a knife, take it and put it into the bitch.' Mrs Butler then watched in horror as Thomas ran up to Susannah with a knife in his hand and tried to cut her throat. When he was unable to push her head back far enough, he slashed her arm twice. One cut barely penetrated her sleeve but the second left a deep, 2-inch gash on her arm that only just missed an artery. Susannah screamed and her brother ran to her rescue, knocking Thomas over and disarming him.

Surgeon Josiah King was called to tend to the wound in Susannah's arm, describing her as being 'in a dangerous state' through blood loss. Thomas and John Bridges were arrested later that day and taken before magistrates, where they were committed for trial at the next Hereford Assizes.

Found guilty of unlawfully wounding Susannah Butler, each brother was sentenced to fifteen months' imprisonment.

1847   The police heard of rumours being spread by a Mrs Mellin of Tarrington, who was telling everyone about a dream, in which she had 'seen' her neighbour burying a baby in the garden. Having confirmed that Ann Staunton had been pregnant but did not now appear to have a baby, Superintendent Sheed went to question her.   **5 MAY**

He first asked if she had been unwell lately, to which she replied that she had not. Sheed then informed her that he had heard that she had been pregnant, which Ann denied. At that moment, Ann's brother entered the room and threatened to take legal action against the police for their scandalous insinuations but, noticing that Ann was by now trembling violently, the Superintendent decided to search the house and garden.

Just as Mrs Mellin had visualised, the police found the body of a baby boy, wrapped in cloth and buried in a flower bed. Ann, who was watching the excavations, immediately offered the policeman £20 if he would say nothing.

Although the baby was thought to be full term, doctors were unable to state conclusively whether he was born alive or dead, hence when twenty-seven-year-old Ann appeared before magistrates at Ledbury Police Court, she was committed for trial at the Assizes charged only with concealing the birth of an infant. Found guilty, she was sentenced to one month's imprisonment.

1933   Reverend Thomas Oliver Charteris of Burghill appeared at the Hereford County Police Court charged with obstructing, molesting and hindering a collector of taxes and a bailiff in their duties. He was additionally charged with assaulting them.   **6 MAY**

The court heard that Charteris delayed paying his taxes until threatened with the bailiffs and that an inventory had already been taken of his assets by the time he finally got round to sending a cheque. However, his payment didn't include the extra sum added for costs.

When the tax collector and bailiff forced their way into his house, Charteris pinned the collector against a wall and threatened to 'knock his block off' before punching the bailiff in the face and knocking him over.

Charteris expressed regret in court, his defence counsel contending that he had every right to prevent the officials from entering his premises. Magistrates fined Charteris £32, commenting that they could see why he might have felt aggrieved.

1843   Twenty-year-old James Gomery was apprenticed to shoemaker Henry Chadd at Ledbury but when Chadd was imprisoned for debt, Gomery left his   **7 MAY**

employ. Henry's wife, Elizabeth, summoned him for absenting himself from his master's service, although she eventually agreed to drop the charges if Gomery returned to his position. When Chadd came out of prison, Gomery asked if he might buy himself out of his apprenticeship. He and Chadd agreed a sum of £3, but Gomery was unable to pay until he got another job and Chadd refused to release his apprentice from his indentures until he was paid, so Gomery had no choice other than to continue working for him.

At 11 p.m. on 7 May, the Chadds heard someone enter their house and walk upstairs. Suddenly, the bedroom door opened and the intruder pulled aside the bed curtains and fired a pistol at the couple. Fortunately neither was hit. They shouted 'Murder!' and, when their attacker had fled, Mrs Chadd ran to the window and distinctly saw James standing outside in the street.

He was apprehended by PC Joseph Daw in Dymock the following day and, as Daw disarmed him, Gomery pulled out another pistol and shot the policeman in the shoulder. Gomery was taken before magistrates at Ledbury and committed for trial at the next Hereford Assizes, where he appeared on 1 August charged with feloniously shooting at Henry and Elizabeth Chadd with intent to murder. (He was also charged with shooting with intent to wound, with intent to maim, with intent to disfigure and with intent to do grievous bodily harm.)

The prosecution called a neighbour of the Chadds, who heard their shouts and clearly saw Gomery leaving the house by the back door soon afterwards. The apprentice was crippled and also bow-legged and thus had a very distinctive and easily recognisable gait.

The prosecution also called the police officers who escorted Gomery to Hereford County Gaol and stated that he had confessed to the shooting.

Gomery's defence insisted that he only wanted to annoy and frighten the Chadds so that they would release him from his apprenticeship. Had he intended to murder them, he would have done so at a later hour as, given his lameness, there were too many people about for him to escape without detection.

Nevertheless, the jury found Gomery guilty of shooting with intent to murder. He was then tried for and convicted of feloniously wounding Joseph Daw and sentenced to fifteen years' transportation.

8 MAY   **1822**   Farmer Mr Purchas had a horse for sale for £20 at the Hereford May Fair and, after expressing an interest in buying it, a young man asked if he might ride it to show to his mistress, who was staying at a nearby inn. Purchas gave his permission and the man rode off on the mare, which Purchas never saw again.

Purchas identified John Brown as the horse thief and Brown, who was said to be a young man of respectable connections, was tried at the Hereford Assizes in August for horse theft, which, at the time, was still a capital offence.

The trial lasted for six hours and hinged on evidence of identification. The prosecution called a number of witnesses to identify Brown as the man who had stolen the mare, but the defence maintained that they were all mistaken.

Counsel for the defence produced a constant stream of witnesses who swore that, on the day of the fair, Brown was at Coddington all day, some seventeen miles away. By the time the defence got to the twelfth such witness, the presiding judge had heard enough and said that he thought that the jury were satisfied. The jury agreed, saying that they had long since made up their minds that Brown was innocent and he was pronounced not guilty and discharged.

The defence had no less than twenty-seven witnesses who were prepared to swear to an alibi for Brown.

1838 As gravediggers opened a grave in Staunton-upon-Arrow, they came across a coffin with a very decayed top. The skeleton inside lay on its side with one arm bent upwards so that the hand rested on the skull. **9 MAY**

In Christian burials, bodies were usually buried flat on their backs with their arms either extended by their sides or crossed on their chests. Thus it was inferred that the occupant of the coffin had been buried alive and must have then regained consciousness and struggled desperately to escape the grave, before dying the most horrible of deaths.

1873 A woman from Kyrle Street, Ross-on-Wye, was in the attic of her house, trying to rectify a smoking chimney. When she moved a skirting board, she was horrified to find the skeleton of a baby concealed behind it. **10 MAY**

The bones were well preserved, although the infant was missing its head, which was nowhere to be found. Nearby lay the soiled and rotten remains of a woman's chemise, but there were no other clues to the identity of the infant or its mother. It proved impossible to determine how long the child had been dead or even if he or she had been born alive.

The police were informed and, on questioning a former owner of the house, discovered that he had found the child's corpse in another part of the house five or six years earlier and had boarded them up in the attic because he didn't think that his discovery was worth mentioning to anybody.

1840 Magistrates at the Hereford Police Court made an order for Emma Porter to be removed from the Workhouse and taken to her husband's parish. **11 MAY**

Although still legally married to her husband, a Chelsea Pensioner, Emma had left him many years earlier and cohabited with another man, by whom she had several children. When her partner died, Emma found herself in the Workhouse but, under the terms of the unpopular New Poor Law Bill, her legal husband was responsible for the maintenance of his wife and, unable to prove conclusively that he was not the father of her children, would also be held accountable for their upkeep.

1869 After enjoying a few drinks, Henry Robert Wilkins, a commercial traveller from Birmingham, found himself wandering the streets of Ross-on-Wye, unable to remember either the name or location of the hotel in which he was staying. **12 MAY**

On his travels, he met George Inman, who was returning from band practice at the rifle corps, carrying his side drum. Wilkins asked Inman for help, describing the hotel as having a lamp burning outside the door. Inman named several hotels in the area and Wilkins thought he recognised The King's Head as the most likely contender, asking Inman if he would mind taking him there.

Inman was happy to oblige and when they reached the hotel, Wilkins asked him what he would like to drink, as thanks for his trouble. They were overheard by two men standing nearby, one of whom approached Wilkins and asked, 'What will you take?'

Rather unwisely, Wilkins replied 'What have you got?' at which the man jumped him and knocked him down. Inman tried to intervene and was also knocked down and, afraid that his drum would be damaged, he scrambled to his feet and ran away. As he looked back, he saw Wilkins on the floor, his attacker kicking and beating him.

Inman didn't report the attack to anybody but went straight home to bed. Fortunately, Wilkins was able to shout 'Murder!' and 'Police!' and his attackers eventually fled, but not before one of them had dipped a hand into Wilkins's breeches pocket and stolen the loose change there. (The robber didn't find his victim's purse in his breast pocket, which contained about £11.)

Two men were quickly arrested on suspicion of having committed the attack on Wilkins, which left him confined to bed with serious cuts and bruises. Brought before magistrates, Thomas Pember was discharged due to a lack of evidence against him, while his companion, Charles Symonds, was committed for trial at the next Herefordshire Assizes. Tried for 'unlawful wounding', Symonds was found guilty and sentenced to four months' imprisonment.

13 MAY **1921** In the early hours of the morning, Hereford police were alerted to a fire in Bewell Terrace. PC Harris and Inspector Smith bravely entered the burning house and found the sole occupant, Mary Ann Ballinger, struggling to open her bedroom window. The two policemen managed to get her outside and she was taken to hospital, but she was badly burned and died from 'septic absorption' on 21 May.

Mary Ann's partner, Thomas Henry Dean, told the inquest that Mary Ann was 'strange in her mind,' although doctors did not believe that she was sufficiently mad to merit being sent to the asylum. On the night of the fire, Mary Ann was feeling unwell and Dean left her in bed while he went to work the nightshift at the Corporation Gas Works.

A plate of uncooked bacon was found downstairs and it was surmised that Mary Ann felt hungry and decided to cook herself some food, accidentally setting fire to a feather-stuffed sofa. The inquest jury returned a verdict of 'accidental death'.

14 MAY **1910** John William Turner collected his wife, Mary Ann, and two step-children from Kington Workhouse, having been ordered to maintain them. The couple had been married for thirteen months and the children, Sidney and Cyril, were five-year-old twins. Since Turner was not their biological father, he could not comprehend that he was required to support them.

Turner placed his family in lodgings on Whitefriars Road, Hereford, paying the first week's rent of 5s. After that, he gave his wife no money whatsoever – she had to pawn her wedding ring to buy food and couldn't afford medicine for her children, both of whom had bad coughs.

On 27 July, Turner was brought before magistrates at Hereford Police Court, charged with cruelty to his two children. On hearing that he had previous convictions for theft, drunkenness and assault on a female child, magistrates sentenced him to six months' hard labour.

1869   Labourer Samuel Wood appeared before magistrates at Ross-on-Wye   15 MAY
charged with giving a false character to a domestic servant.

The Bench were told that auctioneer Henry Dowle hired a general servant based on a written reference supplied by Wood. The unnamed girl then stole a number of items of clothing and was eventually convicted of theft and sent to prison, at which Dowle summoned Wood for providing an untrue reference.

Wood pleaded guilty and was fined £20. When he was unable to pay immediately, he was sentenced to six weeks' imprisonment with hard labour in default.

1896   Labourer William Jones appeared before magistrates at Hereford Police   16 MAY
Court charged with having killed his wife, Kate, at Dinedor.

Jones was supposed to be digging the garden of his cottage but, rather than working, was drinking cider and gossiping with two of his neighbours. Kate came into the garden, a baby in her arms, and remonstrated with William about drinking too much and doing too little work.

Angry at being 'naggled' by his wife and humiliated in front of his neighbours, Jones threw the flagon of cider at her, hitting her on the temple. Kate staggered out of the garden into the road, bleeding heavily, and when her neighbour Mrs Gregory ran to tend to her, all Kate could say was, 'Take care of my baby. I am done for. I am dying.'

Kate was carried into the house and her husband went for a doctor, telling Dr Lane that his wife had fallen over in the garden. The Doctor rushed home with Jones but, by the time he arrived at Dinedor, Kate was dead. A later post-mortem examination showed that her skull was fractured and slivers of bone had been driven into her brain.

The inquest on Kate's death returned a verdict of manslaughter against William but, at the Police Court, it was suggested that the flagon had hit Kate on the thinnest, most fragile part of her skull and, had it hit her anywhere else, she would probably have suffered nothing more than a sore head. Magistrates committed Jones to the Assizes for trial but allowed him bail.

William Jones appeared before Mr Justice Hawkins at the Herefordshire Assizes in July 1896, where he pleaded guilty to the charge of manslaughter. He was sentenced to twelve months' imprisonment, with hard labour.

1876   Six-month-old David Harsent's father was blind and it was necessary   17 MAY
for his wife to accompany him whenever he went out. On 17 May, they left David in the care of his eight-year-old brother for four hours while they went out on business. On their return, they found the boy cradling his dead brother in his arms.

A post-mortem examination proved that David had died from suffocation, having been put to bed facedown. Coroner Thomas Llanwarne held an inquest at The Chase Inn at Colwall, where the inquest jury returned a verdict of 'accidental death'.

1869   Mrs Lechmere had an appointment in Hereford with her solicitor, John   18 MAY
Cleave, and Mr Apperley, a surveyor and land agent. As they dealt with their business, Mrs Lechmere's husband unexpectedly arrived at the solicitor's office and was shown into the meeting.

Thomas Lechmere was 'mad drunk' and, after using some very coarse language towards his wife, he demanded that she went home with him.

'No, dear Tom, I won't go home with you,' Mrs Lechmere told him, at which Lechmere aimed a ferocious blow at her, hitting her on the head and knocking her down.

Brought before magistrates at Hereford City Police Court the following morning, Lechmere had no explanation or excuse for his conduct. The magistrates heard evidence from the solicitor and land agent who had witnessed Lechmere's astounding brutality towards his wife, who was too ill to appear in court. On learning that Lechmere frequently used violence on his wife, they bound him over in the sum of £100 to keep the peace for the next twelve months.

Lechmere was more used to giving than receiving such penalties, since he was a landowner and county magistrate.

19 MAY **1888**   When Ellen Carless went to visit James Williams at Woolhope to ask for the repayment of some money that the farmer owed her, there was an altercation between them, which ended when Ellen was shot. Their dispute culminated at the Hereford Assizes in July, where Williams was charged with shooting with intent to maim.

Ellen, who had forty pieces of shot embedded in her hips and groin, insisted that Williams fetched his gun and shot her unprovoked, while the farmer's defence counsel maintained that Ellen attacked Williams with a stick and he snatched up his gun to try and frighten her away, shooting her accidentally.

The jury believed the defendant's version of events and acquitted him.

20 MAY **1847**   An inquest was held in Ledbury on the death of James Jones. Farmer Mr Grice of Quatsford, Ledbury, employed Jones to supervise some horses grazing in the hop fields, putting a halter on each of the horses so that they could be caught quickly if they looked to be in danger of damaging the hop bines. James tied the leading rope of one of the horses to his wrist and unfortunately, the horse took fright and bolted, dragging James along in its wake as it leaped gates and hedges on its way home. When it arrived at its stable, it was so exhausted that it immediately lay down, crushing the last vestiges of life from James, who had been quite literally dashed to pieces.

The inquest jury returned a verdict of 'accidental death'.

21 MAY **1831**   Dr Samuel Meyrick employed a team of men from Bristol to lay cast-iron heating pipes at Goodrich Court near Ross-on-Wye and treated them to cider to celebrate the King's birthday. As the men drank, there was a tremendous explosion, which Meyrick later discovered was caused by the foreman, who had cut a pipe in half and loaded each section with gunpowder to make an impromptu fireworks display.

Warned about the possible consequences of his actions, the unnamed foreman insisted that he knew what he was doing, having served in the Royal Artillery. However, the resultant explosion blew off half his head and shattered both his legs, embedding pieces of pipe in his torso. In spite of the severity of his injuries, he lived for some time after the accident. He left a widow and ten children and Meyrick, who paid for the man's burial, immediately launched a fund to support the deceased's family.

Goodrich Court.
(Author's collection)

1869 Twenty-four-year-old Stephen Butt appeared before magistrates at 22 MAY
Ross-on-Wye. Two days earlier, a young woman leaned out of an upstairs
window of The Nag's Head Inn in Ross screaming 'Murder!' and 'Police! Police!'
Several people rushed to her assistance and found that Butt, her stepbrother,
was running amok in the pub, threatening to kill everybody.

Stephen was the pub landlady's son by a previous husband and, having
come home drunk earlier that evening, he assaulted one of the pub's
customers. When his stepfather, Mr Preece, remonstrated with him, Stephen
became so violent that all of the customers fled the premises in terror, followed
by Stephen's mother, who locked the door behind her.

Preece and Stephen's stepsister were still in the pub, and while his stepsister
ran upstairs and raised the alarm by shouting through the window, Preece
took refuge in the bar, locking himself in. When the police arrived, Stephen
was smashing the bar door down with a poker to get to his stepfather, swearing
that he would kill him.

In the confusion, Stephen managed to evade the police by slipping out
through a back door. However, he was arrested the next morning and taken
before magistrates on 22 May, where his stepfather expressed a fear that either
he or his wife would be murdered in bed. According to Preece, Butt always
carried a butcher's knife strapped to his body and had threatened more than
once to run it through Preece's heart.

At Preece's request, magistrates ordered Butt to find two sureties of £50 each
to guarantee his good behaviour for the next twelve months and also to pledge
the sum of £100 himself. When Butt couldn't comply, he was committed to
Hereford Gaol in default.

1880 Ephraim Prosser and James Maddox decided to enlarge a well at 23 MAY
Maddox's property at Peterchurch. They rigged up a harness and, leaving a
man at ground level to raise and lower it, Maddox went down first, immediately
followed by Prosser. It quickly became obvious to the workman left on the
surface that there were no sounds of any activity in the well. He shouted down
to Maddox and Prosser and, when they did not reply, he ran for assistance.

PC Dyke was lowered into the well and brought up Prosser, who was unconscious but, when the policeman arrived at the surface, he was obviously too ill to attempt a second rescue. Maddox's young nephew volunteered to try and reach his uncle but was also badly affected by the foul air.

Although Dyke, Prosser and the young man eventually recovered, James Maddox was dead when he was brought up from the well and an inquest later returned a verdict of 'accidental death'.

24 MAY **1887**   Some surplices left in the vestry of Clehonger Church were damaged and police enquiries led them to nineteen-year-old William Pritchard, who was described in the contemporary newspapers as 'half-witted.'

William was promised that he would not be punished if he told the truth and readily admitted damaging the surplices. He was taken to see the vicar, but Revd E.J. Holloway refused to accept the youth's apology and insisted on involving the magistrates. William was ordered to pay damages of £3 10s, representing the value of the ruined surplices, but, feeling that this would penalise Pritchard's parents rather than the culprit himself, he was also ordered to be either whipped or imprisoned.

It was agreed that the Clehonger schoolmaster would administer the whipping and, rather than go to prison, William consented to his prescribed punishment. However, once the whipping started, William changed his mind and begged the schoolmaster to let him go. Ignoring the boy's screams, the master stripped off William's trousers and, in front of the entire school, gave him twenty-four strokes of the cane on his bare bottom. The vicar counted the strokes and used the experience as an opportunity to lecture the school pupils on the consequences of abusing God's house.

So severely was William beaten that he needed medical attention and was confined to bed for several days. As a result, his father sued the vicar, schoolmaster and chief magistrate for damages of £50.

The case came to Hereford County Court in July. It was stated that the whipping was done 'as a kindness' to Pritchard's parents and as a correction to William and it was pointed out that this was the second occasion on which he had damaged surplices and that an apology had been accepted on the first. The defence insisted that, since both William and his mother consented to the whipping, no assault was committed.

The court decided that, since William had been promised that he would not be punished if he confessed, he should not have been whipped. However, they recognised that William had consented to the punishment and so awarded him reduced damages of £10.

25 MAY **1857**   A team of workmen were engaged in enlarging Shobdon Court, the seat of Lord Bateman, and part of the construction process involved building a series of arches on the old foundations.

On 25 May, one of the arches collapsed, burying several workmen underneath tons of masonry. It took a lot of time and effort to clear the rubble and the groans of the trapped men beneath it were said to be 'piteous in the extreme.'

Eventually, Mr Winch, Richard Evans, Edward Morris, George Shore, William Bruce and another labourer whose name is not recorded were extricated. All were injured but it was thought that they would survive. Edward Ellis and Thomas Jones were not so fortunate and an inquest jury later returned verdicts of accidental death on both men.

1851   Coroner Mr N. Lanwarne held an inquest at The Oak Inn, Hope-under-Dinmore, on the deaths of William Allen and Joseph Chance.   26 MAY

The deceased were labourers, working on the construction of the Shrewsbury and Hereford Railway. While building a tunnel at Dinmore Hill, there was a sudden fall of earth and Allen and Chance were buried, along with two workmates. Although their colleagues were pulled out alive, by the time Chance and Allen could be rescued from beneath the rubble, both were dead.

It was the second such accident on the site, and just a few weeks earlier, another labourer met his death under almost identical circumstances. The jury returned verdicts of accidental death on Chance and Allen, adding that they attributed great blame to the contractor Francis Fieldhouse for failing to learn from the previous tragedy and for not taking the proper measures to protect his workmen from danger.

1896   An inquest was held on the death of Richard Walker of Mordiford. On   27 MAY
24 May, Walker was drinking in a public house in the village with a woodman from Tarrington named Matthew Richards. Both men were drunk when they left the pub together to walk home.

They had not gone far when they began to quarrel and Richards hit Walker in the face with his walking stick. Unfortunately, the stick's handle pierced Walker's eye, entering his brain and killing him almost instantly.

The inquest jury found a verdict of manslaughter against Richards, who was committed for trial at the next Hereford Assizes on 14 July. He was found guilty but, since Walker's death was due to an unlucky blow, he was sentenced fairly leniently to six months' imprisonment.

1842   After inheriting several properties from her late husband, Lucy Parker   28 MAY
of Westhope began a relationship with a much younger man. Even though Lucy's beau was her nephew and marriage between them was illegal, the banns were due for their third and final reading on 29 May.

On 28 May, a loud argument took place between Lucy, her fiancé William Powell and Powell's mother, Mary. Several people heard Lucy shouting 'Murder!' and heard Powell calling her a whore and threatening to kill her, but villagers were so used to the couple's violent arguments that nobody thought to intervene.

A caller at the house later found Lucy sitting in a chair, dazed and bleeding. According to Powell, she had fallen over and, when his efforts to rouse her proved unsuccessful, he walked to Leominster to fetch a surgeon and a magistrate. By the time he got back, Lucy was dead and a post-mortem examination indicated that she had been hit several times over the head with a blunt instrument such as a hammer, while pressure was applied to her throat to prevent her from screaming.

At the inquest, the jury returned a verdict of manslaughter against William Powell and his mother Mary, although the magistrates were later to amend the charge to one of wilful murder.

Tried at the Hereford Assizes on 30 July, the only evidence against Mary was that she too was covered in bruises and looked to have recently been in a fight. However, her bruises could well have been received as she tried to protect her sister and the jury acquitted her through lack of evidence.

It was alleged that the motive for murder was William's jealousy over a letter from an old flame of Lucy's, although Powell's defence counsel questioned why he should kill his future wife when they would be married just days later, at which point he would become heir to her considerable fortune. He also noted that the so-called fatal hammer blows to Lucy's head failed to break her skin. The jury eventually found William guilty of the lesser offence of manslaughter and he was sentenced to be transported for life, sailing on board *Maitland* for New South Wales on 26 August 1843.

29 MAY   1853   Labourer William Gladwin died in the Workhouse at Ledbury. Several days earlier, Gladwin was severely injured when a young horse that he was riding bolted and ran into a tree. After his fall, Gladwin staggered to a nearby barn, where he remained for several days, refusing to come out.

When the relieving officer for the Yarkhill district was notified, he went with the parish overseer to check on the injured man, but only Gladwin's clothes remained at the barn. Gladwin was eventually spotted crouching in a nearby field, wearing only his shirt and drinking filthy water from a ditch.

The relieving officer and overseer managed to persuade Gladwin back to the barn, where they dressed him before arranging for a cart to convey him to the Workhouse at Ledbury. It was obvious that Gladwin was suffering from inflammation of the chest, but so intense was his pain that surgeon Mr C. Lewis was unable to ascertain whether he had any broken ribs.

When Gladwin died two days later, Lewis told the inquest, held by coroner Henry Underwood, that he had died from injuries sustained in the riding accident, which were exacerbated by exposure to the night air. The inquest jury returned a verdict in accordance with the medical evidence.

30 MAY   1944   It was a very hot day and the sun streamed in through the windows at the Munitions Factory at Rotherwas. Workers happened to notice that a bomb in the sea mine section was smoking and immediately began to try and damp it down with sand and water. The buildings were quickly evacuated but, at just after six o'clock in the evening, the bomb exploded. Fire Officer F.A. Lewis was blown a distance of 30 yards, but immediately picked himself up and went back into the building.

Around thirty-one 2,000lb bombs and mines exploded, practically demolishing the buildings in which they were contained, and it took two hours to bring the resulting fires under control in what was said to be the biggest explosion in any munitions factory throughout the Second World War.

Wartime reporting restrictions make details of the explosion almost impossible to confirm – some accounts state that the explosion occurred on 20 May and there are varying reports that either one or two people died. (The only victim actually named is Arthur G. Morris.)

31 MAY   1903   Cuban Joseph Williams, described in the contemporary newspapers as 'a man of colour', was employed by Sanger's Circus, where he was in charge of a performing sheep. On 31 May, the circus appeared at Hereford and nineteen-year-old organ grinder William Watson began to tease the sheep. Williams protested and before long the two men were fighting.

Williams won easily but, once the fight finished, Watson suddenly pulled out a knife and stabbed Williams in the side. Mortally wounded, the sheep trainer lingered for a few days before dying.

Before his death, the prosecution decided to get a statement from him and Watson went to his bedside to witness his victim's dying deposition. Unfortunately, although Watson was present, he was not served with a formal, written notice to attend and, when Watson was tried for manslaughter at the Hereford Assizes, his defence counsel objected to this omission, saying that, as a consequence, the deposition should not be allowed as evidence.

Mr Justice Bigham eventually upheld the defence's objection and disallowed the deposition. Even so, the jury found Watson guilty, but, in view of his youth and previous good character, Bigham sentenced him leniently to three years' penal servitude.

JUNE

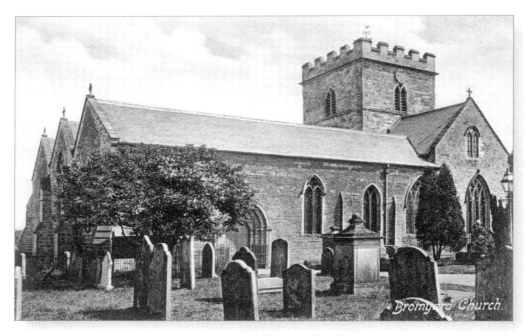

Bromyard church. (Author's collection)

1853 A club feast at the Anchor and Can Inn at Foy was attended by a large group of farm labourers. Drink flowed freely and, as it got towards closing time, the revellers were not keen for the carousing to end and tried to stop the pub's clock so that the landlord wouldn't realise how late it was.

The landlord was wise to such tricks and asked the men to leave. When they refused, he called in constables George Davis and his brother Charles to help him remove the men from the premises.

The two constables managed to turn the mob out into the street but, as soon as the doors were closed against them, the crowd began to pelt the pub with a fusillade of stones and bricks, breaking the windows and knocking down the door. More constables were summoned and the Davis brothers and their colleagues set about trying to restore order.

George Davis used his staff with gusto and the mob fought back. Before long, George was on the ground and was being beaten with sticks, stones, fists and any other weapons that came to hand. So severe were the injuries to his head that he died within twenty-four hours.

An inquest jury returned a verdict of wilful murder against six men who took a prominent part in the murderous attack against the constable, although magistrates later committed them to trial for manslaughter. Thus John Davis, Thomas Russell, Thomas Wilkes, Thomas Adams, James Rudge and Thomas Trilloe appeared at the Hereford Assizes indicted for both offences.

The case went on for more than seven hours before the jury agreed that there was insufficient evidence to convict the last four named. However, they found John Davis and Thomas Russell guilty of manslaughter.

The evidence showed that Davis was the main protagonist and that Russell had largely followed his lead. Calling the offence 'as close to murder as possible', the presiding judge sentenced Davis to seven years' transportation and Russell to eighteen months' imprisonment with hard labour. John Davis was the deceased constable's nephew.

1 JUNE

1872 Farmer Daniel Pearce junior returned home to Monkhall Farm at Much Dewchurch to find a man trying to climb into the house through a window. Pearce grabbed the man's collar and a desperate fight ensued.

The would-be burglar pulled out a fearsome knife and began to slash at Pearce, leaving him with at least eight separate wounds. One was a nine-inch-long, four-inch-wide gash in his thigh, which missed his femoral artery by only half an inch. In several places, the knife was deflected by Pearce's ribs or other bones and he was extremely fortunate not to be killed.

Philip Powell was quickly arrested and charged with the attack on Pearce. He had previous convictions for theft and magistrates committed him for trial at the Hereford Assizes. He appeared in court on 7 August, where he was found guilty of wounding with intent to do grievous bodily harm and sentenced to ten years' imprisonment.

2 JUNE

1899 An inquest was held near Bromyard on the death of six-year-old Gladys May Gurney.

The day before, the child's uncle came across a rabbit trapped in a wire, which he took home. The child's grandmother cooked the rabbit and Gladys and both of her grandparents ate it. Within hours, all were taken ill and Gladys died the following morning. Her sixty-year-old grandmother Maria died later that day and, at the time of the inquest, her grandfather was still in a critical condition.

3 JUNE

A post-mortem examination revealed that Gladys's stomach was inflamed but showed no trace of any specific poison and the inquest jury returned a verdict of death from inflammation, the cause of which being unknown. The jury at Maria Gurney's inquest reached a similar conclusion on the following day.

4 JUNE　**1846**　As James Ensoll sat on a rail next to a mill pond at Leominster, the rail suddenly broke, sending him plummeting head first into the water. Ensoll's head became embedded in the deep mud at the bottom, leaving him stuck fast upside-down and unable to extricate himself.

Fortunately for Ensoll, somebody saw the accident and was able to drag him free before he either suffocated in the mud or drowned.

5 JUNE　**1878**　An inquest was held at Tupsley on the death of eighty-five-year-old Joseph Williams, who died after being kicked by a horse.

In spite of his age, Joseph enjoyed good health and was always keen to help with the horses. On 1 June, he was with Joseph Jones, who worked for a local coal merchant. Jones went to turn out a dark brown horse, intending to catch a chestnut horse, which was already out at grass. As Jones secured the chestnut, he left Williams to hold the other horse and, without being asked, Williams removed its head collar. The horse immediately swung round and kicked up its heels. Unfortunately, Williams was in the way and the horse's hooves caught him on the shoulder and chest. Three of his ribs were broken, puncturing his lungs, and he had a deep wound on the outside of his shoulder. The accident was witnessed by the dead man's wife, Sarah, who told the inquest that she was watching through the window, being very nervous whenever her husband went to help with the horses.

Williams was carried home and a doctor called but he was seriously injured and he died two days later. The inquest, held by coroner Mr P. Warburton, recorded a verdict of accidental death.

6 JUNE　**1939**　During the month of May, James Archer and Joan Lewis travelled from Hereford to Gretna Green on his motorcycle, intending to get married there. However, when they arrived, they discovered that one of them had to have been resident in the area for at least three weeks.

James motored back to Hereford, where he had a job, leaving Joan in Gretna to fulfil the residency requirements. When he returned three weeks later, it was to find that Joan's passion towards him had cooled and she had courted and married somebody else in his absence.

7 JUNE　**1869**　William Williams arrived home late at night to find a man and woman having sexual intercourse on his doorstep! Williams, whose house was located in a passage off Widemarsh Street in Hereford, remonstrated with Thomas Griffiths, who protested that he had every right to be there. The two

Gretna Green,
1960s. (Author's
collection)

men began scuffling and their fight soon attracted a large crowd of spectators, including a man named Davies.

Earlier that day, Griffiths had lent Davies a walking stick and, seeing him in the crowd, Griffiths demanded his stick back. When Davies handed it to him, Griffiths promptly hit Williams on the forehead, fracturing his skull and lacerating his eyeball. Williams, who lost the sight of one eye, was fortunate to survive.

Griffiths was charged with felonious assault and unlawful wounding, appearing at the Hereford Assizes in August. He was found guilty of the latter charge only and sentenced to six months' imprisonment with hard labour.

8 JUNE

1875   Mrs Granette, the wife of the vicar of Allensmore, died at home from the effects of a tragic accident.

A few days earlier, she retired to her room after a party held at the vicarage. A candle burned in a dressing room adjoining her bedroom and, as she blew it out, she somehow set fire to the sleeve of her dress. Her terrified screams brought her husband and their servants running and they extinguished the flames by wrapping Mrs Granette in a mat. However, he arm was so severely burned that gangrene set in and she died in agony.

An inquest jury later returned a verdict of 'accidental death'.

9 JUNE

1875   A valuable race horse was sent by rail from Shrewsbury to The Swan Hotel, Ross-on-Wye and, on the following day, a railway employee visited the landlord, Mr Reece, to demand payment for the animal's carriage.

Reece was most indignant at being asked to pay before the horse had arrived, but the railway employee was insistent that the animal had been delivered to the hotel the previous evening. After much argument, it was decided to check the station, where the horse was found still tied up in the carriage, having been overlooked when the train was shunted into a siding. It had no food or water and had been confined for more than twenty-seven hours at Ross Station after its journey from Shropshire, leaving its limbs swollen and painful from spending so much time constrained in the same position.

Having settled the horse in the hotel stables and summoned a vet to attend to it, Mr Reece announced his intention of instituting legal proceedings against the railway and called in the Society for Prevention of Cruelty to Animals to investigate the case.

10 JUNE   **1915**   At the Herefordshire General Hospital, coroner John Lambe concluded inquests on the mysterious deaths of two young children.

On 6 May, Ellen Elizabeth Hancox and her children returned from India, where her husband was serving in the King's Shropshire Light Infantry. They went to stay with Mrs Hancox's sister, Elizabeth Harris, who lived with her family in Allensmore.

On the day after her arrival, Ellen developed sickness and diarrhoea and, over the next few days, all eleven occupants of the house were taken ill. On 14 May, two-year-old Reginald Harris died from convulsions. No inquest was held but, on 18 May, three-year-old Ronald Hancox died at Hereford General Hospital. There was no obvious cause of death, although metallic poisoning was suspected and the coroner opened and adjourned an inquest so that samples of Ronald's viscera and stomach contents, as well as the water from the household well, could be tested.

On 24 May, three-month-old Esmir Hancox died in hospital and, after analysis of her faeces, the cause of death was determined to be dysentery. The following day, five-year-old Alfred Percy Harris died after suffering from sickness and diarrhoea and once again, an inquest was opened and adjourned for analysis of samples.

The eleven victims of illness had only two things in common. Firstly, they had all been in contact with the Hancox family, who had recently arrived back in the country from India, and, secondly, they all drank water from the same well.

The analysis of samples from Ronald and Alfred showed that, like Esmir, they had died from dysentery. Investigations showed that it was possible for foul water from the house to seep into the well and, when the water was tested, it was found to contain high levels of the bacterium which caused dysentery. It was impossible to tell whether or not the disease had originated in India.

11 JUNE   **1870**   Students from Shrewsbury School and Cheltenham College held their ninth annual regatta on the River Wye at Hereford, a location chosen for its equidistance between the two institutions. Shrewsbury and Cheltenham had each won the contest four times and both teams were eager for victory.

During a race over a distance of one mile, the teams jockeyed for position, the lead changing hands several times until, within 30 yards of the winning post, one of the Shrewsbury crew fainted and

Shrewsbury School. (Author's collection)

their boat capsized. (Some spectators believed that the team's oars were fouled by a man in a punt near to the riverbank.)

One boy clung to the upturned boat and was rescued by a steamer but the other four struggled to stay afloat in the deep water and were eventually rescued in a state of exhaustion. The man who fainted, Mr Brook, was barely alive and was placed in a fly and taken to The Green Dragon Hotel, where he was said to lie 'in a helpless and hopeless condition.' He is, however, believed to have survived his ordeal.

1848   There was bad blood between Thomas Bennett and Samuel Taylor, **12 JUNE**
following a previous fight, which Bennett won by knocking Taylor down. Consequently, when the two met on the street, twenty-three-year-old Taylor was eager to have his revenge and challenged Bennett to another fight. Bennett, who was rather drunk, declined the challenge, at which Taylor punched him, knocking him to the ground. Bennett, who had his hands in his pocket at the time, was completely unable to defend himself.

When Bennett managed to get up again, Taylor lunged at him, punching him four times in quick succession. Bennett offered no resistance to the onslaught, other than pleading with his attacker to stop hitting him. However, Taylor took no notice, continuing to belabour his victim even as he lay insensible on the ground.

Taylor was eventually pulled away by William Cooke, who had been drinking with Bennett prior to the attack. Cooke then went in search of Bennett's wife and a doctor, but, by the time he returned to his friend, Bennett was dead. Surgeon Mr Goate later found that he was bruised all over his face, neck and chest but had died from pressure on his brain, there being almost twelve fluid ounces of blood trapped beneath his skull.

Taylor fled the scene but was arrested in Gloucester on 15 June and committed for trial at the next Hereford Assizes, charged with manslaughter. 'The prisoner appeared thin, pale and dejected,' reported the *Hereford Times*, adding, 'if, on the countenance, the sorrows of the heart are also portrayed, then there was unmistakeable evidence that the prisoner bitterly deplored the unfortunate catastrophe of which he had been the author.'

Mr Goate testified that the extraversion of blood on Bennett's brain was due to a rupture in one of the larger blood vessels, a condition that might have been the result of a blow or might have occurred spontaneously through intoxication or passion. After Taylor had received excellent character references, the jury struggled to reach a verdict, eventually deciding that they found him guilty of striking the blow but without intending to kill the deceased.

The judge would not accept that verdict, asking the jury whether they believed that Bennett died from the effects of the blow or from drunkenness or any other cause. When the jury agreed that it was a blow that killed him, the judge determined that Taylor was guilty of wilful murder.

In view of Taylor's previous good character and obvious remorse, he was sentenced very leniently to two months' imprisonment with hard labour.

1859   An inquest took place on the death of deaf and dumb labourer George   **13 JUNE**
Bull.

Bull and his workmate George Oakley were hoeing rows of potatoes in a field near Ledbury on 11 June when Joseph Collins asked Bull to add some lime to the rows as he worked, pointing to the heap of lime and communicating his instructions by a series of signs.

For some reason, the simple request seemed to offend Bull, who suddenly lashed out at Collins with his hoe, breaking the implement over his head. Collins ran off, with Bull chasing after him, and a couple of minutes later, Oakley saw both men return to the field, now fighting with sticks. Collins eventually knocked Bull down and hit him several times as he lay on the ground, taking no notice when Oakley begged him to stop.

When Bull later died from his injuries, a post-mortem examination revealed that he had several fragments of his fractured skull embedded in his brain, which, according to surgeon Mr Morris of Hereford, were caused by blows to his head while he was lying flat on the ground and should have killed him instantly.

The inquest jury returned a verdict of manslaughter against Joseph Collins, much to the consternation of the coroner, who believed that one of wilful murder was more appropriate.

Collins was tried at the Herefordshire Assizes on 1 August, where the judge instructed the jury to consider whether the fatal blow or blows were struck in self-defence, saying that, if this were the case, Collins must be acquitted. The jury believed that Collins was defending himself against a violent attack by Bull and found him not guilty.

14 JUNE   **1824**   George Turner lived with his mother, Ann, at Weobley, sharing the house with lodgers John and Maria Morgan. George, who was crippled and walked with two sticks, had also suffered several head injuries and was considered an imbecile, who was adversely affected by even the smallest amounts of alcohol.

On 14 June, George returned home drunk and asked John Morgan to smoke a pipe with him. The Morgans had already retired for the night and Maria objected, suggesting that George went to bed. George told her that he would fetch John out of bed to come and smoke with him, at which Maria slapped his face. George continued to demand Morgan's company and eventually Maria punched him. As she did, George waved his walking stick and it hit Maria, who was heavily pregnant. She immediately collapsed in pain, saying that she would probably miscarry.

George soon sobered up and went to apologise to Maria and the two shook hands. However, when Maria died a couple of days later, the inquest jury found a verdict of manslaughter against Turner, who was committed for trial at the next Herefordshire Assizes.

It was shown in court that Maria had forgiven Turner and, on her deathbed, expressed a wish that he should not be prosecuted. When surgeon Mr Lomax described Turner as 'a harmless, inoffensive man who, when under the influence of liquor, becomes quite deranged' and stated that he 'laboured under great irritation of temper' following an injury to his brain twelve years earlier, the jury found him guilty but strongly recommended mercy on the grounds of his previous head injuries. Accordingly, Turner was leniently sentenced to one month in the county gaol.

Note: Some publications give the date of the murder as 14 July 1824.

15 JUNE   **1887**   Enoch Wadley visited his sister-in-law, who was pulling weeds in a barley field near Much Marcle. He pointed out eighteen-year-old Hannah

Elizabeth Evans to Eliza Wadley, saying, 'I have a great love for that girl. Do you think she loves me?'

Later, Wadley volunteered to walk Hannah home and soon afterwards, Arthur Dyer saw them talking by a gate at Kempley. Minutes later, he heard three faint screams and, when he went to investigate, he found Hannah lying on her back, her clothes disarranged and saturated with blood. Hannah asked Dyer to pray for her, adding that she had been assaulted by Enoch Wadley. She was carried home, where she died almost immediately and a post-mortem examination revealed that she had been raped and also stabbed thirty-eight times.

After assaulting Hannah, Wadley ran off and was seen by a number of people behaving oddly, waving his arms excitedly and crying, 'Oh, Hannah' and 'Christ save me.' As he ran, he discarded his hat, coat and waistcoat, which were later found to be bloodstained. When he encountered PC Fleetwood, who knew nothing about the murder, he was arrested for being disorderly and a bloody knife was found in his pocket at the police station.

Twenty-seven-year-old Wadley was tried at the Gloucester Assizes on 15 July. That Wadley had committed the murder was indisputable and the main decision for the jury was whether or not he was sane at the time.

Wadley was a former soldier, who served in India until early 1887, when he became insane and was invalided home. On 14 May, he was admitted to Netley Hospital in Hampshire, where he was treated until 7 June and discharged as cured. However, he was not fit to rejoin his Army unit and went to stay with friends at Much Marcle to convalesce. Even so, two doctors who had examined him while he awaited trial were of the opinion that he was sane at the time of the murder.

The conflicting evidence resulted in a hung jury, who informed the judge that, while they were certain that the defendant had committed the murder, they couldn't agree on his mental state.

Judge Mr Baron Huddleston discharged them, saying that he would assemble an alternative jury and try the case the next day. In the event, Wadley's trial was postponed until November, to allow investigations to be made into his illness in India.

By his second trial before Mr Justice Hawkins, Wadley had written a long letter to Hannah's parents, detailing exactly how he murdered their daughter in a passion after she resisted his advances. This time, the jury needed only a brief deliberation to find him guilty and he was executed at Gloucester on 28 November.

Mr Justice Hawkins. (Author's collection)

1858 After Mrs Jones of Llangarren (or Llangarron) died, there was an inquest and a funeral and, to the irritation of her relatives, local policeman John Williams seemed to want to be in the thick of everything. While the men were at the funeral, he walked into the deceased's house in a state of intoxication and behaved so badly that the women refused stay in the house with him.

16 JUNE

As soon as the men returned from the funeral they were told about Williams's conduct and he was ordered to leave the house. A scuffle ensued between the constable and the mourners, which resulted in the prosecution of John Morgan, William Pugh Jones, George Symonds, William Taylor and Thomas Jones for feloniously assaulting Williams with intent to do him grievous bodily harm.

The men appeared at the Hereford Assizes in August 1858, when the court was told that Williams received several head wounds in the fight. He was knocked unconscious and initially there were fears for his life – even now, he was not fit to return to duty.

When the counsel for the defence cross-examined Williams they discovered that he was fired from the Worcestershire Constabulary in 1851 after alleging that another policeman had assaulted him and that he then joined the Herefordshire Police without revealing this. He was temporarily suspended when his superiors found out but reinstated after an investigation and had since been promoted to sergeant. Since 1851, he had incurred two 10s fines for assault and had also been summoned by his own wife for assaulting her. Finally, Williams admitted to drinking cider at several places on the day in question – he also admitted to striking the first blow.

The jury interrupted proceedings at this point to say that they found that there was no case against the prisoners and that all of the defendants were consequently not guilty.

17 JUNE   **1880**   As a luggage train passed over a bridge spanning a brook between Hay and Brecon, the structure gave way and, in the words of the contemporary newspapers 'the whole train fell in a confused heap into the water.'

Driver George Parker of Brecon was killed instantly. His body was found beneath the engine the following morning and was so mangled that it was removed from the scene in a sack. The guard escaped with minor cuts and bruises and was able to walk to Hay for assistance, while stoker John Williams was injured. (Various newspaper reports state 'it is not expected that he [Williams] can recover' and 'Williams suffered a broken arm' and 'he was found lying with his legs in the water and was to all appearances dead.')

It was judged extremely fortunate that the bridge didn't collapse earlier that day, when an excursion train crowded with people returning from the Herefordshire Agricultural Society's Show crossed. Had the bridge fallen then, it was estimated that between 500 and 600 people would have been killed or injured.

The bridge spanned a swiftly-flowing mountain stream that had become swollen after heavy rains and was believed to have undermined the bridge's foundations, causing its collapse.

18 JUNE   **1943**   Sergeant Willie Bullock was tried at the Hereford Assizes for the murder of Mrs Ruth Reeves, the wife of another soldier.

Thirty-two-year-old Bullock was intimately involved with Mrs Reeves, who became very upset when he received orders that his unit was to leave Leominster on 21 April. On the night of 20 April, Bullock and Mrs Reeves went to an inn at Leominster. When they retired to a bedroom together, Mrs Reeves grabbed Bullock's rifle and he heard her working the bolt.

Bullock and Mrs Reeves grappled for possession of the gun, which went off in the struggle, fatally wounding Mrs Reeves. Although Bullock maintained that the shooting was an accident, the jury at his trial found him guilty and he was sentenced to death.

Bullock appealed his sentence and his conviction was overturned by the Court of Criminal Appeal, who substituted a verdict of guilty of manslaughter and sentenced Bullock to seven years' penal servitude.

1869   Coroner Henry Underwood held an inquest on the death of John   **19 JUNE**
Careless (or Carless), who died at the Hereford Infirmary two days earlier following an accident with a thrashing machine at Wall Hills, near Ledbury, on 9 June.

Careless was helping with the harvest at Mr Lane's farm. The steam-powered thrashing machine had just been shut off and the leather strap that drove the wheel had been disconnected, slowing the machine almost to a standstill, when Careless reached for a stick and was dragged into the machinery, crushing his head and arms.

His colleagues sent for Dr Tanner of Ledbury, who took one look at Careless and, realising the severity of his injuries, arranged for him to be transported by train to the Infirmary, where he later died. Ironically, Careless had cautioned his fellow labourers earlier that day to keep well away from the thrashing machine and to treat it with extreme caution, having dreamed the previous night that somebody would be killed by it.

The inquest jury returned a verdict of 'accidental death'.

1839   One of the main attractions at Hereford Fair was a performing   **20 JUNE**
elephant, who was able to do a number of tricks, including taking a gold ring from its keeper in its trunk, then returning it to him on demand.

A large crowd watched spellbound as the elephant successfully repeated the trick time and time again, before one man stepped forward and asked the keeper to try with a large diamond ring, which he took from his finger.

The elephant took the ring and seemed to examine it for a few moments. Then, before anyone could react, it placed the ring in its mouth and swallowed it. When the incident was reported in the contemporary newspapers, the ring's owner was still hoping for the eventual return of his valuable item of jewellery via the usual channels.

1912   Gladys Wainscott appeared before magistrates at Hereford City Police   **21 JUNE**
Court charged with the wilful murder of her twelve-month-old son, Frederick Henry Wainscott. Three days earlier, coroner John Lambe concluded an inquest on Frederick's death, at which the jury returned a verdict of wilful murder against Gladys, who had apparently cut her child's throat before attempting to cut her own.

Gladys and her husband Walter had been happily married for nearly four years and Frederick was their first child, although Gladys was in the early stages of pregnancy with their second. On 21 May, Gladys was upstairs at their home in Richmond Street with Frederick when she suddenly shouted, 'Walter! Walter!' When her husband ran to see what she wanted, he found his son on the bed with a deep cut in his neck and Gladys sawing determinedly at her own throat with a razor. Walter was so shocked that he didn't think to take the razor from his wife but ran straight to his parents' house in Eign Street. When he returned home with his mother and a doctor, Gladys was standing at the top of the stairs cradling Frederick in her arms and still clutching the razor in one hand.

The proceedings at the magistrates' court sowed the seeds for an insanity defence when Gladys was tried at the Hereford Assizes. Dr W.B. Butler stated that pregnant Gladys was still breastfeeding Walter, a combination that might induce a nervous condition that could be a precursor to insanity. In Butler's opinion, Gladys was a devoted mother who had experienced a sudden attack of homicidal mania. When the wound in her throat healed sufficiently to permit Gladys to speak, she insisted, 'I was mad, mad,' explaining that something came over her and she was unable to resist. As further proof of Gladys's insanity, Butler pointed out that she had felt no bodily pain from the wounds to her throat, adding that Gladys was a woman who had always previously fainted at the sight of blood but was unaffected on this occasion.

As expected, Gladys was pronounced guilty but insane at her trial.

22 JUNE **1889**   When a group of four boys went to bathe in the River Wye at Hereford, they inadvertently chose a particularly treacherous place, where the riverbed suddenly dropped several feet. One boy named White was a slightly better swimmer than his companions and swam about halfway across the river. However, the steeply shelving bottom meant that, when he tired, he was well out of his depth and quickly sank.

Thirteen-year-old Edward Sadler went to his assistance but he too disappeared beneath the surface of the water before he could reach his friend. Passer-by Mr W. Brain heard the other two boys shouting for help and leaped into the river, spotting both White and Sadler lying on the bottom. He dived down and managed to retrieve White, dragging him unconscious to the bank before returning for Sadler but, although White was revived with artificial respiration, all attempts to resuscitate his friend failed. At an inquest held

The River Wye at Hereford. (Author's collection)

on his death by city coroner Mr J. Lambe, the jury returned a verdict of 'accidental death'. Lambe praised Brain's heroic efforts and said that he would be delighted to recommend him for a medal for gallantry.

1910   Baptist minister Reverend John Meredith was working in his study in Hereford when someone opened the door. Meredith looked up to find his twenty-five-year-old maidservant, Alice Maud Williams, standing quietly in the doorway, her clothes on fire.

23 JUNE

Meredith rolled the girl in a carpet and, once the flames were extinguished, he applied linseed oil to the burns and blisters on her arms, chest and back. The skin on her arms was completely destroyed but the worst burns were on her scalp and it was later established that she was wearing celluloid combs in her hair, which melted in the heat and welded themselves to her skin.

Alice had thrown paraffin onto a fire in the scullery to encourage it to burn but the resulting flare-up set fire to her clothing. She died on 25 June from septic poisoning and shock resulting from her burns and, in recording a verdict of accidental death, coroner Wilfrid T. Carless called for celluloid combs to be banned.

1842   Widow Milborough Trilloe denied that she was pregnant until her swelling belly eventually forced her to admit the truth. She made no preparation for the birth and seemed to believe that her baby would not survive, telling her housemate Sarah Scrivens that it seemed 'too restless' inside her.

24 JUNE

On 24 June, Milborough appeared to be going into labour. Sarah went to work shortly after five o'clock in the morning, leaving her in bed and, when Sarah returned at eight o'clock in the evening, Milborough was no longer pregnant. She told Sarah that she had suffered a miscarriage and that their landlord James Taylor had buried the dead baby for her.

This came as news to Taylor, who confronted Milborough as soon as he learned about his supposed involvement. When Milborough confessed to Taylor that she had buried her own baby, who she insisted was stillborn, he went straight to the village policeman.

Milborough told Sergeant Samuel Griffiths that she had buried the baby in a ditch but, when his digging revealed no corpse, she refused to reveal the location of her baby's makeshift grave and Griffiths was forced to search the entire area for signs of disturbance to the soil. He eventually found the full-term baby girl buried in a corner of James Taylor's garden and, when a post-mortem examination suggested that the baby was born alive, Milborough was charged with wilful murder.

Now, Milborough admitted that she had been in such severe pain that she had unwittingly grasped her baby by its neck to try and pull it from her body. According to Milborough, the baby gasped and died. Griffiths began to have severe doubts about Milborough's story, particularly questioning whether a woman who had so recently given birth would have sufficient strength to dig a grave. He arrested Taylor, although fortunately there was nothing to connect him with the baby's death or with the concealment of her body and he was quickly released.

Milborough appeared at the Hereford Assizes on 3 August. Much of the evidence presented at the trial was considered unfit for publication but it was evident that doctors believed that the cause of the infant's death was strangulation and that something flat had been pressed against her throat

Her Majesty Queen
Victoria. (Author's
collection)

with such force that her windpipe remained squashed and flattened after death.

While the prosecution presented Milborough as an evil baby killer, the defence saw her as a woman who was half-crazed with the pain of childbirth and accidentally killed her baby with an involuntary action.

The jury deliberated for ninety minutes before returning a guilty verdict, tempered with a recommendation for mercy. Milborough was sentenced to death and the date of her execution provisionally set for 24 November. However, after more than a year of legal wrangling, Queen Victoria exercised her royal clemency and Milborough's sentence was commuted to one of transportation for life. She sailed for Van Dieman's Land aboard the ship *Emma Eugenia* on 16 November 1843.

25 JUNE **1896** Coroner Thomas Llanwarne held an inquest on the death of thirty-five-year-old thrashing machine driver John Leach.

When John didn't report for work on 23 June, a colleague was sent to look for him and when he arrived at John's cottage in Bishopstone, he found him lying behind the front door, so badly burned that he was scarcely recognisable as a human being.

It was surmised that John suffered a seizure while locking his front door, before retiring to bed the previous night. The candle he was carrying was thought to have ignited his clothes, which were totally consumed by the flames, leaving only the soles of his socks intact.

John's mother testified that, until very recently, she had lived with her son and acted as his housekeeper. Mrs Leach told the inquest that John was diagnosed with heart disease six years earlier and that he had been advised not to drink alcohol. Yet lately he had been drinking heavily and, after he and his mother argued about his drinking and about a young woman, Mrs Leach refused to keep house for him any longer and moved out.

With no way of knowing for certain how John's death occurred, the inquest jury returned an open verdict.

26 JUNE **1919** Fourteen-year-old Peggy Smith died at her home in Ledbury. Some months before her death, Peggy underwent an operation to remove her tonsils. Now it was decided to remove her adenoids and, as was common practice at the time, the surgery was scheduled to take place at her home. Sadly, Peggy died from heart failure during the operation.

27 JUNE **1857** William Weaver, George Green and William Corbett went to bathe in a brook near Bromyard. Fourteen-year-old Corbett was first into the water, wading out until it reached his armpits. The other two boys were still undressing and Green called out to Corbett to come back – instead, Corbett began to swim away from the bank. He took only a couple of strokes before sinking, disappearing out of sight under the muddy water.

Leaving Weaver to keep a look out, Green ran for help, returning minutes later with two labourers to find Weaver in tears. The boy explained that Corbett had briefly bobbed to the surface several minutes earlier and hadn't surfaced again.

A man got into the water and, after ten minutes, succeeded in pulling Corbett out. Joseph Hyde insisted that Corbett was actually sitting on the bottom of the stream when he found him. At an inquest held by coroner Thomas Llanwarne, the jury returned a verdict of 'accidental death', having been unable to comprehend why Corbett had not struggled once he realised that he was out of his depth.

1896 Twenty-five-year-old grocer Samuel Lane went to bathe at Ross-on-Wye with three of his friends. The men hired a boat and rowed until they found a suitable place, where they undressed and got into the water.

28 JUNE

As Lane was pushing the boat in the river, he unexpectedly waded into a hole in the riverbed, where the water was almost 9ft deep. A poor swimmer, he disappeared beneath the surface and by the time his friends found him, he was unconscious. All efforts to revive him failed.

Samuel's funeral was held at the church where he was due to get married on 11 July.

1869 Coroner Henry Underwood held an inquest at The Royal Oak Hotel, Ledbury, on the death of waggoner George Lane.

29 JUNE

Sixteen-year-old George was sent to Ledbury with a consignment of wool, returning to Bromsberrow with a load of bricks. George's employer, Thomas Jones, was driving another cart a little way ahead, when the horses pulling George's cart approached at the gallop. When the runaway horses were halted, there was no sign of George and when Jones retraced his route, he found the youth lying dead in the road.

A post-mortem examination showed that George's third and fourth ribs were broken and had punctured his lungs. With no witnesses to his tragic demise, the coroner could only surmise that the horses pulling George's waggon had bolted and that George had been struck in the chest, possibly by the shafts of the cart, causing his almost instantaneous death.

1937 Twenty-year-old Doris May Gwilliam died at Herefordshire General Hospital.

30 JUNE

An inquest held by coroner Mr E.A. Capel heard that Doris was in service in Broad Street, Leominster and usually went home for a visit every Wednesday afternoon. On 9 June, having cleaned her bicycle, she rode it down the garden path at home and fell off.

Her only injury was a small graze on her wrist and she made no complaint of pain or discomfort. However the next morning, her employer Miss Lewis found her crying in pain.

Broad Street,
Leominster, 1910.
(Author's collection)

The wrist was very swollen and Miss Lewis assumed that Doris had sprained it. She bandaged it for her maid and within a few days it seemed much better.

On 21 June, Doris complained of cramp-like pain across her hand and, when Miss Lewis inspected her arm, she noticed a small lump near the graze. As a precaution, Miss Lewis sent Doris to her own doctor, who X-rayed the arm and ascertained that there were no broken bones, but, by 24 June, Doris was off her food and complaining of a stiff neck and the next day she was in so much pain that she was removed to hospital.

It was quickly established that Doris was suffering from tetanus and an anti-tetanus serum was administered but it proved too late to be effective. The inquest jury returned a verdict in accordance with the medical evidence that Doris died from tetanus, contracted after a fall from a bicycle onto a dirt path.

JULY

The River Wye at Symonds Yat. (Author's collection)

1 JULY   1841   A resident of Widemarsh Street, Hereford, was rudely awakened at half-past five in the morning by someone ringing his front door bell. After waiting in vain for his manservant to answer the door, the man got out of bed and looked out of his bedroom window.

Outside in the street was a stranger, who was holding the man's own horse, which was saddled and bridled. The householder opened his window and asked the man what he wanted, to be told that his manservant had fallen from the horse near the man's house and was currently lying there injured.

The householder sent a surgeon to attend to his manservant, who found him sitting in a chair in the stranger's house with no more serious injury than a small cut on his face. However, he seemed totally unable to communicate and, although his eyes were wide open and staring, he was obviously fast asleep.

The servant was led home and put to bed, where he slept until nine o'clock that morning, waking to ask, 'Where am I? What happened?'

He had retired to bed the previous night with the intention of going out to look at a cow for his master the next morning. With this on his mind, at some time during the night he got up, dressed himself, unbolted the front door, saddled the horse and rode it as far as the turnpike, fell off, was taken in by the labourer, examined by the surgeon and walked home again, all without waking up.

2 JULY   1833   Housekeeper Martha Wooding and gardener John Matthews had been left in charge of their master's home in Hom Green but when the house was let to a tenant, Matthews was given notice to quit.

There was bad blood between the gardener and the housekeeper, who strongly suspected that Matthews was conducting an illicit relationship with her niece. The gardener's dismissal added fuel to the fire and, on 2 July, as Martha was rebuking her niece for her unseemly conduct with Matthews, he shot her in the cheek, fortunately causing only a minor wound.

Matthews appeared at the Hereford Assizes charged with shooting Martha with intent to kill and murder her. However, at his trial Martha was adamant that the shooting was an accident, reasoning that Matthews was so experienced with pistols that, had he wanted to kill her, he could easily have done so.

So anxious was Martha to protect Matthews that the judge eventually directed the jury to acquit him.

3 JULY   1887   Emily Ridley and Charles Whitcomb had been living as man and wife for some time when Charles decided that he needed to look for work. He packed his bags, promising Emily that he would write to her and send for her as soon as he obtained employment.

Emily was not happy about Charles leaving her and became hysterical. She began to tear up Charles's clothes, begging him not to go. Charles tried to stop her and, as the couple tussled, the knife that she was using to shred his belongings penetrated his bowels.

Fortunately, Charles survived but Emily was charged with malicious wounding, appearing before Mr Justice Hawkins at the Herefordshire Assizes on 1 November. Emily maintained that the stabbing was an accident and, when Charles admitted to having dragged her downstairs by her hair shortly before she stabbed him, the jury acquitted her.

4 JULY   1884   Eighty-year-old Mrs Pugh lived with her son and daughter-in-law at The Bridge Inn, Michaelchurch Ecsley. In spite of her age, she was a healthy, mentally acute old lady, although slightly tottery on her legs. She was also prone to bouts of sleepwalking, so her daughter-in-law, Catherine, usually locked her in her bedroom when she retired for the night.

On 4 July, Mrs Pugh went to her room early, asking at seven o'clock if it was time to go to bed. When Catherine replied that it wasn't, Mrs Pugh announced her intention of sitting on her bed until it grew dark. In the early hours of 5 July, Catherine heard her mother-in-law walking about in her room. This wasn't unusual and Catherine would normally go and put Mrs Pugh back to bed. However, on this occasion, the noises ceased and Catherine dozed off again.

At three o'clock in the morning, William Alcott was leaving the inn to walk to Crasswall when he heard a voice shouting, 'Oh, dear! Take me home.' Alcott found Mrs Pugh lying in the pub garden beneath her bedroom window, which was open. He roused Catherine and between them, they helped Mrs Pugh to her feet and walked her back upstairs to her bedroom. She insisted that she wasn't hurt, just a little shaken, explaining that she was going for a walk and tumbled over and complaining that she had left one of her boots in the garden.

It was obvious that Mrs Pugh had walked out of her bedroom window, falling 8 or 9ft onto the grass below. Catherine gave her mother-in-law some brandy and summoned a doctor but just before he arrived, Mrs Pugh died. Surgeon Mr L.L. Thain could find no fractures or dislocations, nor any injuries apart from a small bruise on Mrs Pugh's left arm and was of the opinion that she died from shock.

1846   At the Ledbury Union Workhouse, Caroline Jones had very definite ideas **5 JULY** about being forced to attend chapel on Sundays and showed her displeasure by cavorting riotously around, exposing her private parts 'to all and sundry' and using profanity to Mr Law the Workhouse Master and to the porter summoned to remove her from the chapel.

She appeared at the Ledbury Petty Sessions on 8 July, where magistrates took an extremely dim view of her disgraceful behaviour and sentenced her to twenty-one days' imprisonment with hard labour.

1878   Servant Emma Wall (or Wale) was ticked off by her mistress, Miss Meek, **6 JULY** for getting her clothes dirty. She was then sent on an errand to the butcher's shop at Madley and, on her return, Miss Meek noticed that a shilling that the girl was carrying had turned black. When questioned, Emma explained that her perspiration always turned silver black.

A little later, Miss Meek took a dose of the medicine prescribed for her by her doctor. Fortunately, she noticed that it tasted different before she drank too much, since analysis later showed that between sixty and seventy grains of bi-chloride of mercury had been added to the liquid, a normal fatal dose being five grains.

Emma was aware that bi-chloride of mercury was kept in the farm kitchen for treating sheep affected with maggots and had been warned about its lethal properties. Since her father was a shepherd, she assured Miss Meek that she knew all about it and would never touch it. However the blackening of the shilling was thought to indicate that she had at least touched the dangerous chemical and, when the police were called, Emma made a series of conflicting statements, saying first that she had touched the medicine bottle, then shaken it and finally that she had added something that she believed was soda, to see if it would fizz.

Thirteen-year-old Emma was charged with attempted murder, appearing at the Herefordshire Assizes on 26 July. The jury found her guilty of the lesser offence of mixing poison in the medicine with attempt to annoy and, in view of her age, Mr Justice Manisty sentenced her fairly leniently to six months' imprisonment.

7 JULY   1896   Forty-three-year-old Charles Hankins worked in the lime kilns and quarry at Ledbury with William, one of his nine children. It was particularly hot on 7 July and the labourers drank cider as they worked. By late afternoon, Charles was beginning to show the effects of his consumption of alcohol.

He argued with William, hitting him and accusing him of not working quickly enough. William ran home but his father caught up with him and the argument continued. When Charles dragged William into their cottage by his shirt collar, the boy's mother urged him to get out of his father's sight until Charles's temper cooled. In fear of her husband, Harriett Hankins then picked up her baby and went to a neighbour.

Charles immediately fetched his gun and threatened to shoot some of the children, dictating a note for his nine-year-old son, Thomas, to take to his mother:

> Dear wife this is you bore nobody to blame but yourself i have telled you long ago if it didn't odds now this is a finishing off of my two little pets and myself. I owe Pritchet for the sack of flour and the sack of indian corn theres enough money in my box to pay for it. This is how they a stopping out half the night and i mustent say a word you runned away telling the tale you ant told no wrong tale. This is the finishing. Come to the gate witness this yourself, and when you have read the job will be over, don't say that i am drunk nor mad im in me right senses, thank god. [*sic*]

Thomas went to give the note to his mother but met her returning to the house. Before reading the note, she asked Thomas to go and fetch her hat and shawl and, when he arrived back home, his father sent him indoors. Both Thomas and Mrs Hankins then witnessed Charles shooting his seven-year-old son, Harry, and four-year-old daughter, Alice, before turning the gun on himself.

Charles was a quiet, well-conducted man, although he frequently quarrelled with Harriett and was described as 'excitable in drink'. At first it was feared that William had also been shot but he was later found sleeping in the woods, where he had fled his father's wrath. William was to testify at the inquest that he didn't believe that his father had consumed enough cider to make him drunk but his behaviour had been 'funny' all day long and that he seemed 'queer in mind and temper.'

Coroner Mr Lanwarne advised the inquest jury to consider whether Charles Hankins was in his right mind when he killed his children and committed suicide. The jury decided that he was not, returning verdicts of murder and suicide while suffering from temporary insanity. Not long after her husband's death, Harriett gave birth to another daughter, May.

8 JULY   1869   Ann Gaines appeared at Hereford Police Court charged with stealing £24 from farmer Thomas White of Kington.

The court heard that Ann, a prostitute, met White in The Nag's Head Inn in New Market Street, while he was visiting the Hereford Fair. She persuaded White to buy her a drink and, after they had consumed a jug of porter, he accompanied her home, paying her *2s* for what was described as 'a business transaction.' However, Ann's price was *2s 6d* and, when she asked White for the extra money, he claimed to have no change, so Ann helped herself to his purse containing a £10 note and fourteen sovereigns. She threw the purse under her bed and, when White demanded its return, she refused to give it back.

When he left the house, White's purse was returned to him by another girl but it now contained no money. White reported the theft to the police and Inspector Griffith accompanied him back to the house to identify the perpetrator.

White quickly picked out the girl who had stolen his purse. However, that girl was not Ann Gaines and he later changed his mind and accused Ann of robbing him. Even as he was giving evidence before the magistrates, White seemed unclear about what had happened and, at times, gave contradictory statements.

The Bench took the view that White seemed unsure about precisely who had robbed him and so dismissed the case. Since White had a wife and family, one can only wonder at his wife's reaction to the reports of the case in the local newspapers.

1929   An inquest was held at Ross-on-Wye on the deaths of two day-trippers to the area.   **9 JULY**

On 7 July, AA patrol motorcyclist Ernest Rowles was riding behind a car on the Ross to Gloucester road. As the car went round a bend, Rowles heard a crash and, as he rounded the bend himself, he saw that the car had mounted the roadside bank, overturning and trapping the occupants inside.

Rowles managed to free one person, a woman. However, it was obvious that she was very seriously hurt. As more people arrived at the scene of the accident, they managed to free the second occupant of the vehicle, a man, who seemed shocked but otherwise free from injury.

The woman died at the roadside and her companion explained to the police that she was twenty-eight-year-old Gladys Lambert of Lancaster. Since Miss Lambert was driving the car and her passenger, fifty-two-year-old Silas Clarke, stated that they had intended to return home that night, he was not detained. However, later that evening, Dr John Armstrong-Hartley received a call to The Swan Hotel at Ross, where he found that Clarke had committed suicide by cutting his throat.

The inquest held by coroner Mr E.L. Wallis determined that Miss Lambert died after the car she was driving skidded on the wet road and mounted the bank. The cause of her death was given as shock and haemorrhage.

The coroner told the jury that they would be glad to learn that Mr Clarke and Miss Lambert had no intention of spending the night together and were planning to return to Bolton that evening. Even so, the nature of their trip was clandestine, given that Clarke was a married man and the coroner theorised that shock and worry had made him too afraid to return home. The jury returned a verdict of suicide on Silas Clarke, adding that there was nothing to suggest that his mind was unhinged at the time.

1885   Publican William Holden of Kington appeared at the Herefordshire Assizes charged with attempting to murder his wife. On 31 May, the couple argued, retiring to bed in a far from loving mood. Some hours later, Mrs Holden was found unconscious, a handkerchief tied tightly around her neck.   **10 JULY**

Surgeon Mr Cuthbert managed to revive Mrs Holden who, on regaining consciousness, turned to her husband and admonished him: 'You naughty man – you did this.' Cuthbert contacted the police to inform them of his patient's allegations and, when Mrs Holden was interviewed, she told Superintendent Edwards that it had taken three men to tie the handkerchief around her neck in an attempt to strangle her.

Mrs Holden was prosecuted for attempting to commit suicide and appeared at the Hereford Quarter Sessions but, since she seemed determined to incriminate her husband, she was eventually discharged without penalty and he was arrested. However, there was absolutely no evidence against him other than the vague allegations by his wife and he was found not guilty.

11 JULY 1840   Farmer Mr Chamberlain of Cradley emptied an 800-gallon vat of cider and, wanting to make sure that it was sound enough to be used again when a fresh batch of cider was made, sent a ten-year-old boy named Bannister into the vat to inspect it.

The boy had only been in the vat for a matter of seconds when he cried out faintly for help. Chamberlain sent another, slightly older boy to rescue Bannister but he too was overcome by the 'mephitic vapour' that had accumulated in the vessel.

Chamberlain was able to reach into the vat and pull out the older boy but was unable to rescue Bannister who 'was found in the bottom of the vat a corpse.'

12 JULY 1873   Although seventy-two-year-old Caroline Clive had suffered a stroke and was confined to a wheelchair following accidents in 1860 and 1863, she remained a successful poet and authoress of several books, including the sensational novels *Paul Ferroll* and *How Paul Ferroll Killed his Wife*.

As she sat writing at her bureau in the library of her Whitfield home on 12 July, a spark from the fire ignited her dress and, unable to save herself, she was terribly burned, dying the following morning. Caroline was survived by her husband Reverend Archer Clive, the chancellor and prebendary of Hereford Cathedral.

13 JULY 1833   Quoting from the *Hereford Times*, *The Poor Man's Guardian* printed an article about the hazard to coach passengers posed by donkeys, which lay down in the middle of the public roads 'with all the sang froid imaginable.'

They related a recent incident when a coach sustained three violent shocks on a journey between Chester and Shrewsbury, causing the lead horse to stumble and fall. When the guard jumped down to assist the horse to its feet, he discovered that the coach had run over three donkeys and that there were several more lying 'most dangerously' on the road.

14 JULY 1864   Phoebe Harris was suffering from a tumour in her throat and was walking through fields at Kingsland on her way to consult a doctor when she was approached by John Jones.

Jones was a married man, whose wife was in the advanced stages of pregnancy, and on several previous occasions he had made advances towards Phoebe, which she had always rejected. Now she noticed him walking parallel to her.

This continued for some distance until he eventually fell into step with Phoebe and asked her where she was going. Phoebe explained the purpose of her journey but before long, Jones unexpectedly seized her and kissed her hard. Phoebe fought for her honour and Jones threw her down and began to paw under her clothes.

His weight on top of her prevented Phoebe from drawing breath and she found herself feeling faint. Just when she was about to black out, Jones stood up and begged her to forgive him before running away.

Soon after the assault, Phoebe met a female friend, who commented that her dress was torn and her bonnet crushed. Surprisingly, Phoebe said nothing to her friend about the attack at the time, an omission seized upon by Jones's defence counsel when he appeared at the Hereford Assizes later that month charged with assault with intent to ravish, indecent assault and common assault.

The jury found Jones guilty of indecent assault and he was sentenced to nine months' imprisonment with hard labour.

1928 An inquest was held at Symond's Yat on the death of James Caldicott, the son of a police official from Newport, Monmouthshire. **15 JULY**

Caldicott was drowned while swimming in the River Wye, a tragedy which the jury attributed to his decision to bathe after eating a big meal on a hot day. One of the chief witnesses at the inquest was ex-army officer William Hattendorf, who owned a boarding house at Symond's Yat and had helped to recover Caldicott's body. As Hattendorf stood to take the oath before testifying, the inquest was interrupted by the arrival of a messenger, who gave him the sad news that his sixteen-year-old daughter, Rosina, had just drowned in the same river, while bathing with her school friends.

1876 Eighteen-year-old Caroline Dale was sent by her mother with a message for her brother, who was working in the hay field on the family farm at Tillington. As she returned home, she was followed by labourer George (or James) Goodwin (aka Phillips), who threw her to the ground and attempted to rape her. **16 JULY**

Two farm labourers heard Caroline's terrified screams and raced to her rescue, managing with great difficulty to pull her away from Goodwin, who immediately fled. Caroline's brother and another labourer immediately set off after him, pursuing him across the countryside for two miles before they finally caught up with him and, after a desperate struggle, secured him on a hurdle, on which they carried him to the police station.

Goodwin was charged with assaulting Miss Dale with intent and appeared at the Herefordshire Assizes later that month. Although he pleaded not guilty, the evidence against him was indisputable and, when the jury found him guilty, he was sentenced to two years' imprisonment with hard labour.

17 JULY 1852   It was the second polling day for the election in the county of Herefordshire and one of the polling stations was at Ross-on-Wye, where William Palmer, who was campaigning on behalf of the Conservative candidate, approached a group of eighteen navvies and offered to treat them to cider if they stayed away from the polls. They were taken to The Weston Cross Inn at Weston-under Penyard, where they were kept well supplied with bread, cheese and cider.

As the man sat drinking peaceably, a carriage drove up, filled with people armed with pike staves and bludgeons. They came into the bar and asked if there were any voters and, told that there weren't, returned to their carriage. They were on the point of leaving when another two carriages pulled up.

According to Palmer, the men from the second carriage deliberately set out to attack him. A volley of stones was thrown at the pub, the windows were smashed and a large quantity of crockery and glassware was destroyed. The riot lasted only about ten minutes before the men piled back into their carriages and left for Ross.

Palmer recognised the ringleader of the rioters as John Trigg, who was tried for riot and assault at the next Hereford Assizes. Although several witnesses testified to having seen Trigg at the inn and stated that he took an active part in the rout of the inn, the jury found him not guilty.

18 JULY 1896   Coroner Thomas Llanwarne held an inquest at Dorstone on the death of forty-one-year-old Sarah Annie Palmer, a servant of Mr and Mrs Davies at The Great House.

The inquest heard that Sarah was one of six people who had become very ill after eating some leftover duck. The duck had been served to the Davies family the previous evening and they had eaten it with no ill effects but when their servants ate the remains of the meal the next day, all quickly showed symptoms of poisoning. One, a six-year-old boy, died two days later, while Sarah lingered for almost a week, in spite of medical treatment.

A post-mortem examination showed that Sarah's intestines were very inflamed, so much so that her colon was gangrenous. The surgeon determined that she had died from 'ingesting cadaveric alkaloid poison' or, in other words, food poisoning, caused by bacterial putrefaction in the decomposing duck.

19 JULY 1878   As a 2,000-gallon tank of creosote was transported by rail between Birmingham and South Wales it suddenly burst at Hereford and its contents ran into the River Wye.

Thousands of salmon, pike, trout, eels and coarse fish died as the pollution spread down river and it was reported that several tons of dead fish were taken out of the water between Hereford and Monmouth. It was said that 'the working classes' turned out *en masse* to catch the dying fish, which proved a valuable and free source of food for many.

The River Wye
at Symonds Yat.
(Author's collection)

1825 In the midst of a heatwave, temperatures in Herefordshire peaked at 95 degrees in the shade, which, at the time, was the hottest temperature since records began.

20 JULY

At least six people dropped dead from the effects of the heat, particularly those who were foolish enough to drink cold water to try and cool down. Those making hay or picking fruit in the fields were particularly badly affected and three valuable horses belonging to the proprietor of The Green Dragon Inn in Hereford also succumbed to the heat.

The weather was so hot that those who died decayed rapidly and were putrefied within hours.

1898 'You and me are not meant for partners...' wrote Francis Frederick Williams to his fiancée Millbrow Miles of Clehonger.

21 JULY

> It would be far better to part now. When I had my head told yesterday, the man said I should not marry the girl I was now courting. Of course, I laughed at him. He said if I did get married it would be a speedy one. It is useless writing a lot as, no matter what you say I could not love you again. If you are wise, you will go your own way, as I should be a ruination to you; because now I have started I will have my way. Seek yourself another and be happy. Don't think of me, I am too jealous and suspicious for you. And now I wish you a last farewell, hoping you will be more successful in the future. I remain yours FRANCIS WILLIAMS. Good-bye. Fare thee well! [*sic*]

Soon after writing the letter, Williams married a widow with three children from Abergavenny and, on 21 July, Millbrow brought him to Hereford Police Court on a charge of breach of promise. Williams had no defence against the action and Millbrow was awarded £25 damages.

1889 Two large hayricks burned down at a farm in Belmont, near Hereford, keeping the city fire brigade busy for more than eleven hours as they tried to prevent the blaze spreading to nearby farm buildings.

22 JULY

As the firemen and their machines reached Blackmarston on their return to Hereford, the horses took fright and bolted. They raced past the steam fire engine, which was leading the way, reaching Wye Bridge, where they narrowly avoided a collision with a passing waggon. A little further on, the manual engine collided with a lamp post, which was broken by the impact.

The horses fell and all of the firemen were thrown off the engine. Edwin Errington collided with the broken lamp post, receiving head injuries, while a young fireman named Preece fell underneath the engine and was run over. They were taken to the Hereford Infirmary and both appeared to have survived their injuries, although there was considerable damage to the fire engine as a result of the accident.

23 JULY   1931   Fourteen-year-old Albert Thomas Pritchard of Leominster went to a farm at Eyton, where his father was employed cutting hay. While his Dad worked, Albert borrowed a gun and went off shooting pigeons.

As he climbed through a hedge, a twig caught the shotgun's trigger and it went off, discharging into Albert's torso, just beneath his left armpit. Mortally wounded, Albert crawled almost 70 yards towards the farmhouse in search of help before dying. His body was later found by his father.

Coroner Henry J. Southall opened an inquest at Leominster then adjourned it on the grounds that Albert's father was too distressed to give evidence. When the inquest eventually concluded, the jury returned a verdict of 'accidental death'.

24 JULY   1901   A sudden downpour of rain caused a drain to overflow, resulting in a flood in the kitchen of Tillington Court Farm, near Hereford. Farmer's wife Ellen Shute and her brother Levi Newman, who lived and worked on the farm, frantically moved things out of the way of the water, including a large flagon of carbolic acid, used for cleaning, which normally stood behind the kitchen door.

The following morning, Ellen was getting water at the pump when Levi suddenly barged past her and began gulping water.

'What makes you so thirsty?' Ellen asked, to which Levi replied, 'My mouth's so hot.'

Ellen asked him what he had been drinking and Levi muttered something about a bottle before suddenly becoming paralysed. Ellen guessed that Levi had mistaken the carbolic acid for cider. She shouted for her husband, Edwin, and having sent someone for the doctor, the couple tried to induce Levi to vomit with salt water and mustard.

The doctor tried to dose Levi with a mixture of skimmed milk and oil but he was unable to swallow it and an injection of ether did nothing to improve his condition. Within a short while, Levi died from the effects of carbolic acid poisoning.

At an inquest held by coroner Mr T. Hutchinson, the jury learned that sixty-five-year-old Levi had lately become extremely forgetful. It was he who had moved the carbolic acid to its place on a press in the kitchen and, in the past, a jar of cider had been kept there. The coroner was certain that Levi had no intentions of committing suicide but had merely drunk from the unlabelled bottle of carbolic under the mistaken impression that it was cider. Accordingly the jury returned a verdict of 'accidental death'.

25 JULY   1891   Castle Green in Hereford was a favourite place for children to play and on hot days the ancient elm trees provided very welcome shelter from the sun.

On 25 July, without any warning, there was a loud cracking noise and a 30ft-long bough fell from one of the trees. Ten-year-old Annie Drinkwater and her

three-year-old brother Ernest were crushed by the falling timber, their skulls shattered. Their seven-year-old brother, William, was slightly scratched and bruised and a little girl, who was sitting under the tree with her baby brother in his pram, escaped without so much as a scratch, as did her brother, although his pram was completely crushed.

The inquest, held by coroner John Lambe on the deaths of Annie and Ernest, heard that the trees were regularly inspected and any unsound limbs were either sawn off or wired up. The fallen bough had recently been checked and was thought to be sound, although it was noted that elm trees had an unfortunate tendency to shed branches in hot, dry weather.

The inquest jury returned verdicts of 'accidental death' on both children, recommending more frequent safety inspections of the trees.

26 JULY

1856   Thirty-eight-year-old Ann Gwillim appeared at the Hereford Assizes in a state of near collapse to answer to a charge of endeavouring to conceal the birth of her child. She pleaded guilty.

When she became pregnant, Ann was employed as a nurse at the Weobley Union Workhouse and, on the day of her confinement, she walked six miles from her workplace to give birth in secret then walked back to work. The trial judge determined that she had placed herself in a state of weakness and disease while trying to conceal her condition and sentenced her to three calendar months' imprisonment.

27 JULY

1942   At around six o'clock in the morning, as the night and day shifts at Rotherwas Munitions Factory were changing over, a lone German Dornier 17 plane flew over the factory. It was said that the aircraft was flying so low that it was possible to see the pilot grinning maniacally as he dropped two 250kg bombs on the works. The first bomb hit a shed and killed seventeen people, injuring a further twenty-four, while the second bounced to the factory perimeter and hit a house, killing all five occupants. Although reports of the bombing are somewhat sketchy due to wartime reporting restrictions, it is thought that the plane was later shot down, crashing in Gloucestershire.

28 JULY

1837   Eighteen-year-old Thomas Jones appeared before Mr Justice Coleridge at the Hereford Assizes charged with 'burglariously breaking into the house of

Mary (or Ann) Powell with intent to commit a capital felony upon one Sarah Mason.'

The court heard that near midnight on 18 May, Jones was returning from a wedding in Brimfield when he broke through a window and assaulted Sarah, a thirty-two-year-old woman described as being 'of unsound mind, having lucid intervals'.

Those who responded to her desperate cries of 'murder' saw her grappling with Jones, who immediately released her when assistance arrived, allowing her to escape his clutches by scrambling through the broken window into the garden.

The attack robbed Sarah of what little reason she had and she was unfit to appear in court as a witness against her attacker. Because of this, the prosecution felt unable to proceed with the capital felony indictment and instead aimed for a conviction for aggravated assault. However, with little evidence against Jones, the jury found him guilty of the lesser charge of common assault and he was sentenced to twelve months' imprisonment.

29 JULY 1835 The Honourable Anna Maria Yorke was returning from a visit to Ross-on-Wye in her Irish Jaunting Car, accompanied by her daughter and another young lady. As they neared Upton Bishop, a beggar suddenly jumped in front of the horse-drawn vehicle, soliciting alms by waving his hat.

Startled, the horse leaped into bushes at the side of the road, catching its bridle in the branches. As it threw up its head to try and escape, the bit was yanked from its mouth, leaving the coachman with no means of controlling the animal.

Thinking quickly, he ordered everyone out of the car and the two younger women climbed out immediately. Sadly, sixty-one-year-old Mrs Yorke was not quick enough and the horse bolted along a footpath, eventually galloping into some trees. Mrs Yorke and her coachman were thrown out and she died from her injuries soon afterwards. (Although badly injured, the unnamed coachman is believed to have survived the accident.)

The inquest jury returned a verdict of 'accidental death'.

Irish jaunting car.
(Author's collection)

1843 Thirty-six-year-old journeyman carpenter James Tyler died at Ledbury, **30 JULY** leaving a wife and six small children totally unprovided for.

A few days earlier, James had been fashioning hurdles when he was asked to help with building a hayrick. He willingly scrambled up a ladder with a forkful of hay but as soon as he had deposited it on top of the rick he fell off the ladder, landing on the ground on his head. He was carried home concussed and later died.

Coroner Thomas Evans held an inquest at The New Inn, Ledbury, where the jury determined that Tyler fell 'in consequence of giddiness or some fit or seizure'.

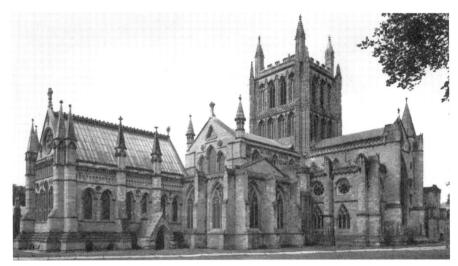

Hereford Cathedral.
(Author's collection)

1823 Reverend Hopkins performed a wedding ceremony between a seventy- **31 JULY** year-old groom and his thirty-seven-year-old bride at Hereford Cathedral. When the couple reached the point of exchanging rings, the groom took a ring from his pocket and his bride extended her hand to receive it. As she did, the groom fell backwards in a fit and expired within minutes.

The bride was taken home in a state of grief, while her husband was taken to a nearby public house, where an inquest was held later that evening and the jury determined that the bridegroom died 'by visitation of God.'

Unfortunately for the bride, the incomplete ceremony was not considered legal and she could not inherit his considerable fortune. Even more unusual was the fact that this was the second man who had dropped dead on the point of marrying her.

AUGUST

John Kyrle Gateway, Ross-on-Wye. (Author's collection)

1843 Thirty-one-year-old William Roberts committed suicide at Moreton by hanging himself from a beam in a barn.

Roberts worked as a bailiff for Mrs Yeomans and had stolen a payment of £57 18s made to his mistress for some wheat. When the theft was discovered, Roberts promised that his uncle would repay the stolen money in full but the following morning, he tied a cord around his neck and hanged himself. A note found in his hat read: 'Dear friends and fellow creatures, I am gone to glory. God bless you all.'

An inquest jury later determined that Roberts committed suicide whilst temporarily insane.

1861 Thomas Savaker and his sons Thomas junior and John appeared at the Hereford Assizes charged with feloniously shooting at Samuel Davis with intent to murder him. (They were also charged with shooting Davis with intent to do grievous bodily harm.)

There had been a long-standing family dispute about the legal title to a farm in Brilley and the Savakers moved in and took possession of the property, even though another member of the family, William Davis, claimed to be the rightful tenant.

On 21 May, William asked Samuel Davis to remove a horse from the farm and take it to the pound. Samuel and three other men arrived at the farm to find that the Savakers objected to the removal of the horse. While the two parties argued the matter, John Savaker stood at a window of the farmhouse with a double-barrelled shotgun, which he suddenly fired, peppering Samuel's head, face, chest and shoulders with shot. Fortunately for Samuel, although the wounds bled copiously, he was not seriously injured.

Mr Justice Keating determined that there was no case to answer against Thomas Savaker senior and junior and the jury found them not guilty, finding John guilty of wounding with intent to do grievous bodily harm. All three were immediately tried for shooting at Walter Powell, another member of the party, both with intent to murder and to do grievous bodily harm.

After Samuel Davis was shot, Thomas Savaker junior ran away and was pursued by Powell. At one point in the pursuit, Thomas junior turned on Powell and fired a pistol at him. There was a bang but Powell was not injured and Thomas immediately called for his father to bring his shotgun, so that he might 'blow his [Powell's] brains out.'

Thomas senior came out with a double-barrelled shotgun and a struggle ensued, during which he was knocked over. John rushed to protect his father, firing his shotgun at Powell and wounding his arm, permanently depriving him of the use of his thumb and fingers.

Although his defence counsel argued that John had fired in defence of his father, the jury found him guilty of shooting with intent to do grievous bodily harm, acquitting the other two defendants. However, Thomas junior was then tried for pulling a trigger with intent to murder Walter Powell and with intent to do grievous bodily harm. Keating ruled that there was nothing to prove that Thomas's pistol had been loaded and ordered the jury to acquit him.

Thus only John was convicted and even though he had once been admitted to a lunatic asylum for being 'nervous and excitable', Keating sentenced him to fifteen years' penal servitude.

Note: It is not clear whether William and Samuel Davis are related or whether they just share a surname.

The Royal Hotel,
Ross-on-Wye.
(© R. Sly)

3 AUGUST 1869   At the Herefordshire Assizes, James Hutton, John Jones, Frederick Smith, William Bundy, Harry Ingles, Thomas Burgham, Thomas Guy and Osman Cooper were tried for 'unlawfully, riotously and routously assembling with force and arms together with other evil-disposed persons and making a riot and disturbance at Ross-on-Wye on 12 July.' [*sic*] On the advice of their legal counsel, all of the defendants pleaded guilty to a single indictment charging them with 'rout'.

The cause of the uprising was an attempt to use the gardens attached to The Royal Hotel. The gardens were bequeathed for the benefit of the town by a man named John Thyrle (or Kyrle), otherwise known as 'the man of Ross'.

In an effort to reclaim the land for the townspeople, almost a thousand marched on the hotel, ripping up fences and destroying gates. They demanded the key to the billiard room, which was a separate building, and, when this was denied them, they smashed the doors and windows, dancing on the billiard tables and 'conducting themselves in a most disorderly manner.' As the evening wore on, the mob destroyed the vegetable gardens, uprooting plants and piling up benches, tubs, fences and pea and bean sticks to make bonfires.

The police were powerless to deal with the angry crowd and magistrates armed them with cutlasses and sent coaches and fours to Hereford to collect detachments of city and county police, who unfortunately didn't arrive in Ross until long after the mob had dispersed.

All the defendants were respectable men and all apparently believed that they were acting to secure what was rightfully theirs. Since the prosecution were satisfied that all of the defendants had pleaded guilty to the least serious offence of rout, the judge advised the prisoners against taking the law into their own hands. He then bound each man over to the sum of £25, warning them that they would be called for judgement in the event of any future transgressions of the law.

4 AUGUST 1848   Bandsman William George Homes and drummer Thomas Smith were tried at the Hereford Assizes for the manslaughter of Morris Bridgman at Weston-under-Penyard on 30 March.

The accused were members of 87th regiment, which was stationed at Newport, Monmouthshire, during 1847. While they were there, a dispute arose with a local shoemaker over a bill of £17 that the tradesman believed was outstanding and the pay-sergeant swore he had already paid. The pay-sergeant was accused of forging a receipt for the money and was eventually arrested and imprisoned pending trial at the next Monmouth Assizes.

By that time, the regiment had moved to Nottingham but Homes, Smith, Bridgman and a fourth soldier named Armstrong were sent to Monmouth to supply character references for the accused sergeant. However, on the very day of his trial, Homes, Armstrong and Smith were arrested and charged with Bridgman's wilful murder. (The charge against them was later reduced to one of manslaughter.)

The four soldiers were seen drinking in a public house and were consequently quite drunk when an argument broke out between them and Bridgman was run through by a sword, dying almost immediately from internal bleeding from the blood vessels around his heart.

Witnesses had seen two of the party fighting and had heard the clash of steel before seeing Bridgman fall – however, they were too far away to identify his assailant. Police investigations eliminated Armstrong and, from the size of the wound and the corresponding cut in Bridgman's coat, it seemed most likely that Smith's sword had caused the fatal injury, although no blood was found on its blade.

Only Smith was defended at trial and his counsel reminded the jury that there was disagreement among the medical witnesses as to the cause of death, with one surgeon believing that Bridgman's wound may have been caused by a bayonet rather than a sword. If this were true, then it was possible that the deceased had died from falling onto his own bayonet.

Although the presiding judge's summary of the evidence for the jury was unfavourably biased against Smith, the jury found that the prosecution had not successfully proved their case against him and acquitted both prisoners.

Weston-under-Penyard, 1920. (Author's collection)

5 AUGUST   **1862**   The inhabitants of Kington were rudely awakened at four o'clock in the morning by a series of explosions, which shattered their windows and blew in the doors of their houses. Miraculously, nobody was killed or even seriously injured, although many buildings in the town had their roofs blown off or their chimneys demolished.

Believing that there had been an earthquake, people ran out into the streets, most in their nightclothes but some completely naked. It soon became apparent that a shed to the rear of The Oxford Arms Hotel was on fire, along with a number of hayricks, barns and outbuildings nearby.

The shed belonged to an ironmonger and manufacturer of agricultural tools and was used to store gunpowder used for blasting, as well as the ammunition for the Radnor Rifle Corps. The building, which was 'blown to atoms', contained at least fourteen barrels of gunpowder and several thousand blank and live cartridges, which flew about in all directions after the initial explosion.

It was determined that some lime had become overheated and caused the ricks of hay to ignite. The resultant fire caused the storage shed to heat up, resulting in the catastrophic explosion of its contents.

6 AUGUST   **1900**   Deputy coroner Mr T. Hutchinson held an inquest at Little Garway Farm on the death of thirty-six-year-old Mary Baker. Mrs Baker, from Bridgwater, Somerset, was a widow with four children and, for the past month, she and her children had been staying with her brother Walter Morgan at his farm in Garway.

On 4 August, Morgan got up early and went out with his gun, hoping to bag a couple of wood pigeons. He was unlucky and replaced the gun in its usual corner of the kitchen without bothering to unload it

Nine-year-old Douglas John Baker decided to pick the gun up and put it on the table but, as he did, the gun went off. Mary Baker was eating her breakfast at the time and the gun blew off the top of her head, scattering her brains in all directions and killing her instantly.

The inquest jury returned a verdict of 'accidental death' placing no blame for the tragedy on little Douglas, who was naturally beside himself with grief.

7 AUGUST   **1832**   Twenty-four-year-old James (or John) Gammon was tried at the Hereford Assizes for the rape of seven-year-old Charlotte Powell.

Gammon, who worked as a manual labourer at the factory where Charlotte's father was the supervisor, was trusted to take Charlotte and her siblings out for a walk. Having taken the four children across the River Wye in a boat, Gammon somehow contrived to be alone with Charlotte, luring her into an empty house and brutally raping her.

It was not the first time that Gammon had been accused of similar offences and consequently, when he was found guilty, he was sentenced to death. Gammon, who could neither read nor write, was extremely penitent as he waited for his sentence to be carried out, telling his wife that he deserved to die. He was hanged at Hereford on 25 August.

8 AUGUST   **1878**   At Bedwellty Workhouse in Tredegar, South Wales, sixty-three-year-old inmate Sarah Brewer found it increasingly difficult to live with her conscience and made a statement confessing to the murder of her three children in Herefordshire many years earlier.

The first was an illegitimate baby, born at Kington when Sarah was just eighteen years old. A week after giving birth, Sarah visited the local druggist and purchased Godfrey's Cordial – a patent mixture of opium, treacle, water and spices – with the intention of killing her baby.

'I gave it a large dose and it went to sleep and never woke up,' admitted Sarah.

Freed from the confines of motherhood, Sarah went into service at Stoke Edith and eventually married her first husband, a carter named John Philpots. However, soon after their marriage, John damaged his back falling from a cart and was unable to work for about eighteen months. During that time, Sarah gave birth to two more children and, unable to afford to keep them, Sarah deliberately killed both with Godfrey's Cordial. According to Sarah's confession, one of the babies was seen by a doctor and the cause of death was given as inflammation of the lungs.

'I cannot rest any longer and hope God will forgive me for what I did to my children,' she stated, adding that she later gave birth to another two children, both of whom were alive and well.

Sarah is believed to have died soon after making her confession.

1828 Fourteen-year-old Elijah Faulkner appeared at the Hereford Assizes charged with feloniously killing and slaughtering nine-year-old John Manwaring (or Mainwaring) by drowning him. **9 AUGUST**

The court heard that Elijah and John went with friends to bathe in a pool at Aymestrey and, once in the water, began to engage in friendly horseplay, during which Elijah briefly ducked John. The boys carried on larking about until one of them realised that John had not surfaced after his ducking.

The water was only shallow and John's friends carried him out of the pool. Although there was water running from his nose and mouth, the boys didn't realise that John was dead until they were unable to rouse him, when they ran away in a panic, leaving his body on the bank to be discovered by a passer-by.

The inquest on John's death recorded a verdict of manslaughter against Elijah, who appeared at the Assizes on the coroner's warrant.

The only person who had actually witnessed Elijah ducking John was a seven-year-old boy and the prosecution could offer no evidence to suggest that there had ever been any quarrel between the boys or that there was any malice intended by the ducking. It was obvious to all that John's death was a tragic accident and the judge instructed the jury to acquit Elijah.

1862 Forty-one-year-old excavator William Gibbons and thirty-one-year-old well sinker Richard Wall were working at Whitbourne Court in Worcester. Having collected their pay neither arrived for work after the weekend and it was assumed that they were off drinking somewhere. **10 AUGUST**

Sure enough, they were at The Live and Let Live Inn at Bringsty Common, arriving at breakfast time and continuing to drink all morning. In the early afternoon, they were sitting on a bench in the garden, when the landlord's daughter passed them on the way to the well.

Gallantly, Wall offered to draw the water for her but as he leaned over the well, his cap fell off. Wall decided that he would retrieve it and, grabbing the rope, lowered himself to the bottom. Within seconds he was overcome by foul air and shouted for help. Before anyone could stop Gibbons, he lowered himself into the well to help his friend. Predictably, he too was affected by the foul air and began shouting for someone to rescue him.

Both men could be seen clinging to the bucket in the well. Labourer Henry Hookey offered to go down but was prevented from doing so by concerned

bystanders. An attempt was made to wind up the bucket but the handle refused to move and, as people strained to turn it, the rope suddenly snapped.

Gibbons and Wall let go of the bucket and were seen scrabbling at the well's walls to gain a handhold. However the walls were smooth and wet and the two men sank below the surface several times.

As they struggled to keep afloat, someone fetched a long ladder, which was lowered into the well by ropes. William Pritchard, a brother-in-law of Wall's, volunteered to make the descent and, at the bottom of the well, he found that the ladder was actually resting on Gibbons, pinning him under water. With difficulty, Pritchard got a rope around Gibbons's waist and he was pulled to the surface, followed minutes later by Wall. However by that time, both men had been in the water for almost an hour and all trace of life was extinct.

An inquest determined that Wall and Gibbons were 'pretty far gone in liquor, if not actually drunk' and, returning two verdicts of 'accidental death', the jury decided that this was a contributory factor. Gibbons was a widower and left two orphaned children, while Wall left one child and a widow, who gave birth to the couple's second child just days after his death.

11 AUGUST

1871 James Merrick worked as a gardener at The Rectory, Kingsland, which was occupied by Reverend William Goss and his unmarried sister, Fanny. Miss Goss asked Merrick to place some lime in a blocked toilet but, knowing that the sewage discharged into a river, Merrick decided not to do so, for fear of killing the fish. Instead, he tried to clear the blockage manually, finding the body of a newborn baby jammed into the drain. A post-mortem examination revealed a string tied tightly around the infant's neck, suggesting that it had died by strangulation.

Coroner Mr H. Moore opened an inquest, which he adjourned until 28 August to allow the police to make enquiries and identify the child's mother. The police decided that all females connected with The Rectory should be medically examined and, when surgeons Barnett and Chattaway arrived, they found Fanny on the verge of leaving for a holiday in Barrow-in-Furness. Informed that she must be medically examined, she locked herself in her bedroom, refusing to see the surgeons until her brother came home from Hereford.

The two surgeons strolled around the gardens waiting for Reverend Goss to come home and were alarmed to hear Fanny crying out, 'Oh, dear, what shall I do?' from her bedroom. They ordered a ladder to be put up to her window but while awaiting its arrival, Chattaway found that it was possible to enter Fanny's bedroom through her brother's room.

He found Fanny lying dead on her bed, having determinedly hacked at her left arm with a razor, draining the blood into a bowl, which was later found to contain ninety fluid ounces. A post-mortem examination proved beyond all doubt that she had recently given birth.

Nobody at The Rectory had any idea that Fanny was pregnant, not even the servants who attended her while she was ill in bed after the birth. Surgeon Mr Chattaway was later to tell the inquest that she had consulted him, complaining of 'uterine derangement', for which he recommended a change of air.

At the resumed inquest, the jury found that Fanny Goss had 'committed suicide while labouring under temporary insanity.' They fell short of accusing her of killing her baby, finding instead that she had concealed the birth and absolving Reverend Goss of any blame for the tragedy.

1864 Tramp John Brown appeared at the Leominster Petty Sessions charged with breaking into the house of Joseph Jones. **12 AUGUST**

On 6 August, PC Baynham spotted Brown behaving suspiciously close to Jones's home. The constable searched him and found that he was carrying a number of food items, which were later identified by Mr Jones as his property, stolen after Brown had forced an entry to the house through a window. Brown had been released from Shrewsbury Gaol only that morning, having served time for a similar offence.

Magistrates committed Brown for trial at the next Herefordshire Assizes, where he was found guilty and sentenced to six months' imprisonment.

1924 An inquest was held on the death of a four-month-old baby. **13 AUGUST**

The inquest heard that the child's mother was walking along the Hereford to Abergavenny road, carrying her baby wrapped in a shawl. When she called at a house in Wormbridge to ask for a glass of water, two clumber spaniels ran out into the garden barking furiously.

Terrified, the woman ran away and, as she fled, one of the dogs jumped up and bit the baby on the head. The dog caused three wounds, two only half an inch long but the third almost 5 inches in length and the baby subsequently developed meningitis, dying in Hereford Hospital.

The spaniel was eleven years old and had never before bitten anybody until the woman's nervous reaction in running away excited it and prompted it to bite the baby. The coroner ruled that the dog's owner was perfectly entitled to keep a guard dog for her own protection, particularly since the main road on which she lived was used by a lot of tramps. In finding in accordance with the medical evidence that the child died from meningitis resulting from dog bites, the coroner exonerated everyone from blame.

1884 An inquest was held at Bromyard on the death of farmer Henry Davis. **14 AUGUST**

The previous evening, Davis left home at about eight o'clock, saying that he was going rabbit shooting. When he didn't return, his servants went to look for him, finding him dead in a ditch.

Bromyard, 1911.
(Author's collection)

The farmer's chest was riddled with shot and he had died from a gunshot wound to the heart. His shotgun lay on the opposite side of the hedge and it was surmised that, after scrambling through or over the hedge, he was pulling his gun after him when it went off, shooting him in the heart.

Davis's death seemed like a tragic accident and the inquest jury concurred. However, most mysteriously, the sum of £20 was missing from Davis's pocket and, in spite of police investigations, the fate of the money was never discovered.

15 AUGUST   1801   Thomas Jones was hanged at Hereford Gaol.

Jones and two accomplices entered a dwelling in Clifford and attacked the owner, who was asleep in bed at the time. They then forced his female servants to hold lights for them, while they ransacked the house.

Arrested soon after leaving the premises, all three were taken to Hereford Gaol but managed to escape by making a ladder from their blankets, with which they climbed over the perimeter wall. Jones took refuge in a wheat field on Eign Hill, where he spent all day hidden in the corn, removing the chains that fettered him. Searchers passed within feet of him several times before finally finding him and taking him back to prison, where he was executed. His two accomplices, William Gullen and George Davies, evaded capture.

16 AUGUST   1862   After an evening spent drinking, William Morris and Thomas Granger quarrelled and agreed to settle their differences by fighting.

They met in a field near the Hereford Infirmary in the early hours of the morning of 17 August, by which time both had lost their appetite for violence and had shaken hands. However, William Preece, who had been recruited to act as a second for Granger, urged them to have at least one round and the two men reluctantly stripped to the waist and fought.

Granger was knocked out in the seventh round and Preece, Morris and another man, Shadrach Davies, wheeled him to Preece's house in a barrow, dumped him unconscious on the floor and left him. Preece went upstairs to bed and, when his father got up the following morning, he found Granger dead in his kitchen.

Preece, Morris and Davies were charged with wilfully slaying Granger and appeared at the Assizes on 25 March 1863. Although all three were found guilty, the judge recognised that there had been no intent to hurt Granger and sentenced Morris and Preece to one week in gaol and Davies to two days.

1873   At Newtown, Ledbury, a group of boys were shooting at a penny piece with a pistol when it went off accidentally. The bullet hit nine-year-old John William Bosley in the right eye and he immediately dropped to the floor, insensible.

17 AUGUST

A doctor was called but by the time Dr Wood arrived, John was dead and a post-mortem examination showed that the bullet had passed through the boy's right eye and into his brain, causing instant death.

Coroner Henry Underwood held an inquest on 20 August at the boy's father's house at which William Evans tearfully related that the pistol had gone off at half cock, accidentally shooting John. The jury returned a verdict of accidental death and cautioned Evans against playing with firearms in future. They and the coroner seemed particularly concerned by the fact that the offence took place on a Sunday.

1831   The trial of John and Ann Davies at the Hereford Summer Assizes was reported in several contemporary newspapers. Mr and Mrs Davies of Pembridge were charged with the manslaughter of their servant, Sarah Williams, by various acts of cruelty.

18 AUGUST

After the prosecution counsel related the couple's extensive ill-treatment of Sarah, the defence countered with a parade of character witnesses, who insisted that the two defendants were kind and humane people. Much to everyone's surprise, the jury found Mr and Mrs Davies not guilty, leaving the judge no option but to discharge them. However, in doing so, he commented that he believed that their method of punishing Sarah for any wrongdoing was 'improper', having heard that their preferred means of chastisement was to fasten the girl to an iron chain and suspend her from the ceiling.

1895   Fourteen-year-old Daniel Connell appeared before magistrates at Bromyard, charged with stealing four apples with a value of *2d* from an orchard owned by Mr J.J. Browne.

19 AUGUST

Browne stated that he saw Connell stealing the apples and chased him. When he caught up with him, Connell threw the apples into some long grass and denied having taken them. Asked for his name and address, he quickly gave a false one.

Magistrates adjourned the case for a fortnight, ordering Daniel's father to give him 'a good beating' in the presence of the Superintendent of Police.

1850   Eighty-year-old tramp Elizabeth Eggerton scraped a meagre living by hawking cotton, lace and various other trinkets and, on 20 August, had reached Castle Frome, where she was given permission to sleep overnight in a farmer's barn.

20 AUGUST

Early the next morning, she was wakened by a man shaking her and demanding her money. As Elizabeth begged him not to hurt her, Thomas Bridges stole 14s in silver as well as the contents of her basket and, even though the frail old woman offered no resistance, he struck her on the side of her face with his stick, knocking her unconscious and severely injuring her right eye. Elizabeth was already blind in the other eye and, for a time, it was feared that she would lose her sight completely.

When reports of the savage attack were publicised, Thomas's common-law wife was so disgusted that she turned him in and went on to give evidence for the prosecution at his trial at the Hereford Assizes. Found guilty of attacking and robbing Elizabeth, he was sentenced to be transported for ten years.

21 AUGUST **1807**   An inquest was held in Hereford on the death of twelve-year-old Sarah Pugh. Sarah's mother, who was named either Sarah or Susannah, lodged in Gaol Lane, Hereford, with her daughter but was too poor to pay her rent and was under notice of eviction. As young Sarah lay in bed, two women sleeping in the same room noticed that her mother had a razor in her hand, with which she was trying to cut her own throat.

As the women grappled with her mother, young Sarah woke to find that her throat had been cut while she slept. She sprang out of bed and ran naked to nearby Bye Street, where her sister lived, but, finding herself unable to speak, returned home again, collapsing on the floor as she entered her room and dying within minutes.

The inquest jury returned a verdict of wilful murder against Sarah Pugh senior, who was later convicted at the Assizes and hanged on 28 March 1808.

22 AUGUST **1679**   John Kemble was born in 1599 into a Catholic family, of whom four were priests. He was ordained in 1625, in a period of history during which Catholicism was barely tolerated.

Kemble went quietly and discretely about his business until 1670, when he was suspected of being involved in a plot devised by Titus Oates, who planned to assassinate Charles II so that his Catholic brother, who later became James II, would take the throne.

Eighty-year-old Kemble was forcibly taken from his parish in Herefordshire to London to be questioned and, although there was nothing to connect him to the plot, he was found guilty of treason by being a Catholic priest. He was sentenced to be hung, drawn and quartered and returned to Hereford so that his flock might see him punished.

Unlike many Catholics who were executed for their faith, Kemble was hung before being drawn and quartered. His body was buried at St Mary's Church, Welsh Newton and one of his hands was preserved in St Francis Xavier Church, Hereford, where it is said to have been responsible for several miraculous cures.

Kemble was beatified in 1929 and canonised on 25 October 1970 by Pope Paul VI. His slow, unhurried walk to the gallows, before which he insisted on praying, finishing his drink and smoking a last pipe, has given rise to the Herefordshire sayings 'a Kemble pipe' or 'a Kemble cup', meaning a last smoke or drink before leaving.

23 AUGUST **1867**   Aside from intoxication, an unfortunate effect of drinking too much traditional Hereford cider was griping stomach pains and loose bowels. Hence, when farm labourers throughout the county were afflicted by cramps, spasms, nausea and partial paralysis, they cut down their consumption for a few days and quickly recovered.

In August 1867, around twenty men were harvesting at Mrs Burlton's farm at Lyde. Each was given a daily allowance of five quarts of cider and each suffered from stomach ache and vomiting. As one, they agreed that the cider was 'bad' but continued to drink it anyway, without complaint to Mrs Burlton.

On 23 August, Henry Davies became so ill that he had to stop work. He complained of cramps in his feet and legs and pain in his stomach and head, which he likened to having swords thrust through him. When Davies died three days later, a post-mortem examination suggested that he died from lead poisoning and the cider was suspected of being contaminated. A sample sent to analyst Professor Herapath confirmed an unusually high lead content, bordering on a toxic level.

When it was shown that the cider was not drawn through lead pipes or stored in leaded cisterns, investigations focused on the barrels in which the cider was stored and it was discovered that poisonous white lead had been used between the staves.

Mrs Burlton's barrels were part of a consignment of 200 or 300 from either London or Liverpool, which were sold by auction at Hereford Market the previous autumn. The coroner summoned the assistance of both farmers and doctors countywide to try and trace all of the tainted barrels so that they could be destroyed.

24 AUGUST

1869 Labourer Henry Richards appeared before magistrates in Ross-on-Wye charged with assaulting Superintendent Cope. The Bench heard that on 21 August, Richards was drunkenly beating his father in the street. Cope tried to intervene, at which Richards swore that no one policeman was going to take him to the police station. He was correct in his statement, since it took several policemen, more than one of whom were injured as Richards fought, kicked and bit all the way there.

Said to be 'a promising youth', Richards was appalled by his own conduct when he sobered up, particularly after magistrates sentenced him to six weeks' imprisonment.

25 AUGUST

1950 A two-day court martial concluded at RAF Hereford on Flight Sergeant Bertram Stanley Grenville Henson. Henson was charged with several offences, including disgraceful conduct in respect of a WRAF police corporal, improper assault on two aircraftwomen, acting with undue familiarity towards them and improper behaviour towards a NAAFI employee.

Henson was in charge of special police at the RAF station and was in the habit of keeping a late-night watch for courting couples around the camp buildings. When he found them, he would take the woman into custody and threaten to charge her – and make sure that her parents got to know about her behaviour – if she didn't agree to his improper suggestions.

Found guilty of most of the charges against him, Henson was sentenced to eighteen months' imprisonment, reduction to the ranks and an ignominious discharge from service.

26 AUGUST

1858 Mary Ann Prophet was travelling by train from Swansea to Much Dewchurch to visit her parents. As the train pulled up at Fawley Station between Gloucester and Hereford, it was discovered that the thirteen-month-old baby that she was nursing in her arms was dead.

A post-mortem examination established that the child was emaciated and was suffering from measles and the jury at the subsequent inquest ruled that the baby had died from natural causes.

27 AUGUST **1896**   At about five o'clock in the evening, a party of gypsies arrived at Bosbury for the annual hop-picking. They went straight to The Bell Inn and asked for drink but, believing that they were already drunk, the landlady refused to serve them.

The six men went to The New Inn in the village but didn't stay there and were soon back at The Bell, where Sarah Lewis again refused them drink. This time, the men protested violently. Tables were overturned, windows were smashed, glasses and bottles were broken and Henry Edwin Bramley, who was helping Mrs Lewis in her husband's absence, was punched several times in the face. When Edward Lane happened to walk into the bar, the gypsies fled but not before Lane had time to see them kicking and beating Bramley unmercifully.

Only one of the gang was apprehended and he was brought before magistrates charged with assault. Twenty-year-old William Hyde professed to be very sorry for what happened but maintained that Bramley had tried to eject him from the bar in a rough way and that he had merely retaliated. Although Hyde was not prepared to name his accomplices, he also protested that it was not fair that he should take the punishment for all of them.

The magistrates saw the offence as a motiveless aggravated assault rather than self-defence and sentenced Hyde to one month's imprisonment with hard labour, ordering him to pay the court costs.

28 AUGUST **1869**   John Kinnersley and Sarah Jane Langford of Kimbolton had been sweethearts for six years. Yet, although they were engaged to be married, it appeared as though the attraction between them was far stronger for John than for Sarah, who left the village in May 1869 to take up a place in service at Halesowen. John, a carpenter and wheelwright, promptly joined the Worcestershire Constabulary so that he might be near her. When Sarah left her job and returned to Kimbolton, John resigned from the police force and followed her.

Meanwhile, Sarah had been corresponding with a farmer's son from her home parish and seemed to be paying him far more attention than her fiancé. Fearing that he may be losing Sarah to his rival, John went into a decline. He lost weight and became morose and sullen, telling his worried mother that it was all because of his love for Sarah, adding that she could not have behaved worse to him if she had blown his brains out. His despondency came to a head on 28 August when he concealed himself behind a tree near Sarah's parents' cottage and shot her as she filled a flower pot with earth in the garden.

Sarah ran indoors badly injured, running out through the back door with her mother into a field behind the cottage, well out of range of John's shotgun. John placed his foot into a loop of string that he had tied to his gun, leaned over the muzzle and pulled the trigger with his foot. The gun discharged into his chest, the shot exiting his back and he immediately fell to the ground. Although mortally wounded, he lingered in agony for nineteen hours before finally dying. Coherent to the last, he insisted that he had never intended to kill Sarah only himself, claiming that 'it was all through love.'

Sarah had numerous shotgun pellets lodged in her neck, hands, face and side and narrowly escaped death. At an inquest into twenty-eight-year-old John's death, held by coroner Mr H. Moore, the jury determined that he had committed suicide 'while labouring under temporary insanity'.

29 AUGUST **1828**   As Mr Preece rowed up the River Wye at Hereford to collect his eel baskets, he found the dead body of a woman floating near Castle Green. Preece towed the body ashore, where it was identified as that of Ann Andrews, a servant from a respectable Hereford family. A few days earlier, Ann's mistress reprimanded her for not doing her work properly and soon afterwards, Ann was seen leaving the house by the back entrance, which was close to the River Wye. When she didn't return, a search was instigated but, since there was no sign of her, it was assumed that she had gone off in a huff after her ticking-off.

A post-mortem examination on Ann's body revealed a length of cord tied to her left wrist, with a noose at the other end. There were no marks of violence on her body and she had apparently died from suffocation due to drowning.

Coroner James Eyre opened an inquest on Ann's death, at which a manservant living close to where her body was found related hearing a woman's voice crying, 'Oh, don't; Oh, don't; Oh, God, don't!' The desperate cries came from the bark and timber yard close to the back entrance of Ann's employer's house and were heard shortly after she was seen leaving.

The manservant went to investigate the cries and saw a man in dark clothing walking from the spot from where the shouts originated. The servant challenged the man, who took no notice of him and walked on, disappearing into the night, and, after looking round and finding nothing untoward, the servant went back indoors.

There was absolutely nothing to indicate whether Ann ended up in the river accidentally, whether she deliberately threw herself in or whether someone else put her there. There was no explanation for the cord on her wrist, nor was there any proof that the shouting woman heard on the night of her disappearance was Ann. With no facts to go on, the inquest jury returned a verdict that Ann Andrews was found dead in the River Wye at Hereford, making no suggestions as to how or why her death occurred.

1874   Alice Powell had an illegitimate daughter, Elizabeth, who was eighteen months old and was boarded with Alice's mother, Mrs Jones, while Alice worked in domestic service near Stroud.   **30 AUGUST**

On 6 August, Alice arrived at her mother's home to visit her daughter and said that she wanted to take Elizabeth out to see a friend. Mrs Jones persuaded her that it was too late but the following morning, she went out to work and, as she was returning home at about midday, she met Alice on the road with Elizabeth, carrying a bundle. She didn't return to her mother's home for two days, when she told Mrs Jones that she had given Elizabeth up for adoption to a woman named Manwood at Stanton-on-Wye.

On 30 August, the body of a little girl was found in Hunt's Pool near Hereford, less than 500 yards from the spot where Alice was last seen with her daughter. A post-mortem examination found no marks of violence on the child but noted that her mouth, throat and gullet were stuffed with stiff clay. Thus it was determined that the baby had asphyxiated rather than drowned and that her death resulted from foul play.

Questioned by the police, Alice denied murdering her daughter, insisting that Elizabeth had been adopted, but when nobody named Manwood, or anyone who had recently adopted a child was located at Stanton-on-Wye, Alice was charged with wilful murder.

She appeared at the Herefordshire Assizes, where it was pointed out that nobody had conclusively identified the tiny corpse as Elizabeth Powell and that, even if the child were Elizabeth, there was little to connect Alice with her death. In the face of the weakness of the prosecution's case, the jury acquitted Alice Powell, who was discharged.

31 AUGUST   1821   Just before five o'clock in the afternoon, John Lilwall was driving a post-chaise from Eardisley to Leominster, bearing Thomas Perry, the former Sheriff for the county of Herefordshire. There had lately been some very violent thunderstorms and, as the vehicle approached the small stream at Dilwyn's Newton, Lilwall noticed that the water level was unusually high.

Having proceeded a little way across the ford, the water grew deeper and the two men briefly discussed whether to turn round. They eventually decided to carry on, opening the doors of the post-chaise to allow the water to flow through it. However, the water soon reached the seat and its strength forced the horses and chaise off the road and downstream into a hedge.

Perry climbed out of the front of the chaise and managed to grasp a small tree branch and haul himself onto the hedge bank. By now, the horses were all but submerged and, when Perry looked for Lilwall, he had disappeared. Perry supposed that he had been swept away by the water, the weight of his heavy greatcoat preventing him from saving himself.

Perry clung desperately to the tree for fifteen minutes, all the while shouting for help, trying to make himself heard above the deafening roar of the water. He was eventually rescued, as were the horses, and Lilwall's body was recovered soon afterwards. Mr W. Bach held an inquest at Dilwyn, at which the jury returned a verdict of 'accidental death', attributing the unprecedented height of the water to a 'burst cloud'.

SEPTEMBER

Hop pickers, 1906. (Author's collection)

1 SEPTEMBER 1832 Coroner Thomas Evans held an inquest on the death of thirteen-year-old William Marrett Hollings of Lyde Cross, near Hereford. The execution of Gammon for a criminal assault on a child (*see* 7 August) was widely reported in the local newspapers and was a compelling topic of conversation for most of the county's population. It proved particularly fascinating to William, who remarked to his mother that hanging must be a very easy death and cause very little suffering. Days later, while William's parents were out, he attempted to demonstrate to his sister exactly how Gammon was hanged. Neighbours found him dead, hanging by the neck, while his three-year-old sister stood patiently watching.

The inquest jury returned a verdict of 'accidental death'.

2 SEPTEMBER 1912 An inquest was held at Hampton Bishop on the death of Reverend Charles Vincent Gorton, whose body was found in the River Wye the previous day.

The jury heard that Gorton suffered from a chronic progressive nervous complaint that left him partially paralysed. On 20 August, he was sitting in his garden, in a deckchair. His nurse left him briefly and when she returned Gorton was nowhere to be found. The River Wye, which ran along the bottom of the garden, was in flood and although Gorton's son plunged into the water he was unable to find any trace of his father.

The inquest jury returned a verdict of 'found drowned.'

3 SEPTEMBER 1895 Coroner Mr Hutchinson held an inquest at Ledbury on the death of six-year-old Thomas Bayliss, who drowned the previous day.

One of the chief witnesses at the proceedings was eight-year-old Walter Hodgetts, who recounted playing with Bayliss and another boy named John Smith in a field. Some months earlier, a well was sunk in an attempt to find a new water supply for the town of Ledbury but it was later abandoned and, as Thomas bent to pick up a stone, he overbalanced and fell into the well.

His companions ran to the nearest farm for help but Mrs Tustins arrived just in time to see Thomas sink, leaving just his cap floating on the surface of the water. A farm labourer lowered some barbed wire into the well and managed to snag the child's body but by the time he was pulled from the water, Thomas was dead.

The inquest jury returned a verdict of 'accidental death', expressing the strongest disapproval that the well had not been filled in, covered or fenced off. The matter was raised at a meeting of the Urban Council that evening and it was agreed that the well should be securely covered the very next morning.

4 SEPTEMBER 1878 The body of a baby girl was found in the River Wye at Hereford and Mr Jennings suspected that it might be his sister-in-law's daughter. When Jennings questioned Ellen Blount and she gave conflicting accounts of her baby's whereabouts, he took his suspicions to the police.

In late June or early July, Ellen gave birth to an illegitimate baby at her brother-in-law's house in West Street, Hereford. On the afternoon of 2 September, Ellen went out and returned without little Alice Maud, saying that she had given the baby to be nursed by a Mrs Bruton of Bath Street. After hearing Mr Jennings's concerns, a sergeant took Ellen to Bath Street, where she pointed out the house where Mrs Bruton was supposed to live. Police enquiries revealed that no Mrs Bruton lived there and, moreover, the house had been empty for some time.

West Street,
Hereford, 1907.
(Author's collection)

A post-mortem examination was conducted on the dead baby by surgeon Mr Vevers, who determined that the infant was about two months old and had been in the water for around three days. There were no unusual marks on her body, but the child's hands were clenched into fists, which might have resulted from either convulsions, suffocation or drowning. However, had the baby drowned, Vevers would have expected to find water in her lungs and stomach and there was none. The baby's blood was dark and fluid, which was indicative of either fever or suffocation and there were signs of disease in the lungs and bowels.

Vevers was at a loss to determine a cause of death but stated at the inquest that, without any information indicating otherwise, he would have assumed that death arose from natural causes, adding that he would have been prepared to issue a death certificate to that effect. However, when it was pointed out to the inquest jury that Alice's birth was no secret to anyone and, had she died a natural death, her mother had no excuse for secretly disposing of the body, they returned a verdict of wilful murder against Ellen, who was committed for trial at the next Hereford Assizes on 29 October 1878.

Having heard the medical evidence, the trial jury didn't even feel that they needed to hear from the counsel appointed by the judge to defend Ellen. They found her not guilty and she was discharged.

Note: Some sources state that the trial took place at the Gloucester Assizes not the Hereford Assizes.

1884   Waggoner Henry Rudge from Bosbury set off for the Forest of Dean with an empty cart, to collect coke for drying hops. He was accompanied by John Fawke and fourteen-year-old Thomas Weaver. **5 SEPTEMBER**

As they neared Aylton, Weaver, who was walking with the leading horse, complained of feeling tired and tried to climb onto the shaft. As he did, he fell backwards onto the road and the cart wheels passed over his torso.

The boy was obviously badly injured, although he said that he wasn't in too much pain. Rudge comforted him as Fawke ran to a nearby house to see if he could get a pony and trap to take Weaver to Ledbury.

When they were unable to procure a faster conveyance, Rudge and Fawke loaded Weaver onto their cart and took him to The Oak at Much Marcle. There, PC Baynham advised them to continue to The Walwyn Arms, where they might get a trap to hospital.

PC Baynham and the servant at The Walwyn Arms took Weaver to the Cottage Hospital at Ledbury but found it closed due to the absence of the matron through illness. From there, they went to Dr Wood, who suggested that they took Weaver to Dr Hill, the medical officer for the Bosbury District. Hill sent the boy to the Ledbury Workhouse, where staff sent for Dr Wood but, when he arrived, Wood argued that Weaver was a Bosbury case and should therefore be treated by Dr Hill.

While the doctors bickered about who should be treating Weaver, the boy slipped into a state of shock. When it was eventually agreed that Wood should examine him, it was determined that Weaver had no broken bones but the cart wheels passing over his lower body had caused internal bleeding.

Weaver died from his injuries three days later and the inquest jury returned a verdict of 'accidental death', placing no blame on the doctors for their delayed treatment of his injuries.

6 SEPTEMBER **1838** Forty-year-old Thomas Roberts, fifty-one-year-old Edward Allen and Thomas Stevens, aged forty-eight, were employed to sink a well at Lucton. At about seven o'clock in the morning, Roberts descended into the well, which was about 38ft deep. He neglected to first let down a lighted candle – a standard precaution for detecting foul air – and was almost immediately overcome by 'carbonic acid gas'.

When Roberts fell unconscious, Allen went down to try and help him. A female servant threw a rope down to the two men, before Stevens was lowered to assist his two colleagues. He too began to feel the effects of the accumulated gas and was heard to tell Allen, 'We shall all be dead together.'

The alarm had been raised and passer-by John Martin courageously went into the well, quickly falling victim to the toxic atmosphere. Now there were four men lying unconscious at the well bottom and Lucton schoolmaster Charles Forde Walker was the next to attempt a rescue. He managed to tie a rope around Martin's waist and the two were hauled to the surface together.

Although badly affected by the noxious gas, Walker went back into the well and secured a rope around Roberts's legs. By the time Roberts was out in the fresh air, Walker was almost completely overcome and quite incapable of making a third descent.

It was more than half an hour before Allen and Stevens were brought to the surface, by which time both were dead. Roberts also succumbed to the effects of the gas, although Martin made a full recovery.

In returning verdicts of accidental death on all three victims, the inquest jury heaped praise on Mr Walker for his courage, pointing out that, as well as facing the toxic gas, Walker had risked almost certain death had the rope broken. John Martin, who was at the inquest as a witness, was especially effusive in his gratitude.

7 SEPTEMBER **1927** An inquest was held at Mathon on the death of Emily Layton, who was found dead in bed on 5 September with gunshot wounds to her chest.

It was obvious that the wounds were self-inflicted and that the cause of Mrs Layton's death was suicide. The inquest heard that she suffered from terrible dreams in which she imagined that she was dead or that she was being attacked by snakes and a doctor stated that, had she lived, she may well have gone out of her mind.

Distressingly, the body was found by Mrs Layton's twelve-year-old son, Leonard, who told the inquest that his mother had sent him to do some shopping and that he returned to discover that the door was locked. After climbing through a window, he found his mother dead in her bloodsoaked bed.

The inquest jury returned a verdict that the deceased shot herself while of unsound mind.'

1896 The first of many performances by a phantom organist was reported at the now derelict church in Avenbury. Over the years, countless people heard the sounds of an organ recital coming from the empty church, including the then vicar, who first heard the sounds in 1901. On most occasions, the sounds died down as people approached the church and found the doors firmly locked.

When the church was decommissioned in 1933, the three bells were bought by St Andrew-by-the-Wardrobe church in Queen Victoria Street, London. One of the bells, which dated from the fifteenth century, was inscribed 'I have the name Gabriel, sent from heaven' in Latin and, although it weighed 9cwt, it was said to have tolled by itself when the last two vicars of Avenbury died.

Avenbury church, now deserted. (© R. Sly)

1896 An inquest was held on the death of labourer John Evans, who died in excruciating agony, following an accident on 7 September. As Evans was brewing beer at Leintwardine, he accidentally slipped off the ladder on which he was standing, plunging into a vat of boiling ale. Although he was quickly rescued, he was so badly scalded that his flesh was practically cooked and fell away from his body when his clothes were removed. Even so, Evans survived for more than twenty-four hours before succumbing to his injuries.

The inquest jury returned a verdict of 'accidental death'.

1901 There was some jealousy among the hop pickers at Bosbury when Thomas Hunt was appointed 'pole puller', a more highly paid, less physically arduous position in the hop fields.

At eleven o'clock at night, Thomas O'Shea came into the sleeping shed and woke Hunt up. When Hunt complained, O'Shea challenged him to a fight. As Hunt got out of bed, O'Shea fled, although he returned minutes later with

William Mack and James Kilroy and the three proceeded to beat Hunt and kick him with their heavy hobnailed boots, while the other occupant of the shed, an elderly man, cowered under his bed in terror.

The three men later appeared at Ledbury Police Court charged with assault, where O'Shea admitted striking Hunt but claimed that it was in self-defence. Although Kilroy and Mack denied having been involved in the fight they were found guilty and were each fined 5s or seven days' imprisonment in default. O'Shea, who was seen as the ringleader, was given ten days' hard labour.

To add insult to injury, there was one more occupant in Hunt's sleeping hut, known only as 'Cockney'. While Hunt was being brutally kicked and beaten, Cockney helped himself to his coat, money and groceries and ran off.

11 SEPTEMBER   1838   Twenty-four-year-old pauper Mary Evans gave birth to an illegitimate daughter at Tenbury Union Workhouse on 2 August. Although she was described as 'of weak intellect', Mary appeared devoted to the baby, whom she named Emma. However, when Mary went to visit her brother on 11 September, she arrived without Emma and, when questioned, stated that the child had died in the Workhouse and had already been buried.

Mary's story was accepted until 12 September, when an angler found the body of a baby girl partially submerged in the river Teme. The man went to Mary's brother's house to ask for a basket to put the little corpse in and, hearing that a body had been found, Mary readily admitted that it was that of her daughter.

The police were informed and Mary was taken into custody. She showed no concern whatsoever about her situation and seemed excited to have the opportunity of travelling in a horse-drawn gig. She confessed to having thrown Emma into the river, adding that the little girl was alive when she threw 'it' in. Mary had no idea why she had killed her baby and stated that she had not planned to do any such thing when she left the Workhouse.

Mary was committed to the Hereford Assizes, where she was tried for the wilful murder of her infant daughter by drowning. The crux of the case seemed to be the cause of baby Emma's death – when found, her body lay on a rock, only partly submerged in the water. Presiding judge Mr Justice Erskine informed the jury that the indictment against Mary specified that she had murdered her daughter by drowning, yet there was insufficient medical evidence to prove that the child did not die from exposure or from striking a rock when thrown into the river. Thus, given the precise nature of the charge against Mary, the jury had no choice other than to acquit her, since the prosecution had failed to prove their case against her.

1880 An inquest was held at Leominster on the death of an eighteen-year-old girl, Mary Ann Wilson.

Soon after accidentally banging her head on a door post, Mary Ann began to cry and complained of a terrible headache. Her parents sent her to bed but she began vomiting and quickly fell unconscious.

Even though a doctor was called to attend her, she died at half-past five the next morning, without regaining consciousness and a post-mortem examination determined that she died from an effusion of blood on the brain following the bang on her head, which had caused a blood vessel in her brain to burst. The inquest jury returned a verdict in accordance with the medical evidence.

1880 At Bredwardine Petty Sessions, blacksmith Thomas Rudge was committed for trial at the Hereford Assizes for the manslaughter of labourer Thomas Price.

The charge arose from an incident following a wedding at Preston-on-Wye, where around 400 villagers gathered to welcome Mr Tudge and his bride home from their honeymoon on the continent. The Tudge family laid on food for the celebration with plenty of drink, which was freely imbibed by the villagers.

During the merriment, Rudge and Price became involved in a fight after Price allegedly tore Rudge's shirt. Price was knocked unconscious by a punch and died soon afterwards from concussion of the brain and, at the subsequent inquest held by coroner Thomas Llanwarne, the jury returned a verdict of manslaughter against Rudge.

By the time Rudge appeared at the Assizes, the charge against him had been reduced to one of common assault. It was obvious that he had no intention of killing Price, who had been felled by a single unlucky blow. Rudge was discharged on his own recognisance to appear to receive justice if called upon to do so in future.

1855 A letter was received at Hereford post office addressed: 'For that girl I don't no her name they cals 'the galoper' and lives somewhere in Bowsey-lane, Hereford, Herefordshire. Shure don't give this to any girl but that girl.' [*sic*]

Since Bowsey Lane was Herefordshire's red-light district at the time, Post Office officials contacted the police for advice. Officers recognised the nickname 'galoper' as one given to one of the prostitutes and were thus able to ensure that the letter was correctly delivered to its intended recipient.

1937 An unnamed girl appeared at Hereford Juvenile Court, alleged to be out of her father's control. The girl's mother died two years earlier and her father's work often took him away from home, leaving her in the care of her older sister.

The sixteen-year-old girl's distraught father told the magistrates that, on 30 July, he happened upon his daughter in a cornfield with a man. Both were naked and, when the father shouted, both fled in opposite directions. The girl was eventually persuaded to dress and return home but would not reveal the name of her companion.

The police were aware of the girl, having received numerous complaints that she was stopping cars and going off with the occupants and, when interviewed by PC Lucas, she admitted to going to building sites with men but denied that anything improper had ever occurred.

Deciding that she was 'getting into bad ways' and needed some supervision, magistrates ordered her to be sent to an approved school.

16 SEPTEMBER 1937   Philip Thomas Payne set off from his smallholding at Upton Bishop, bound for Ross-on-Wye market. It was pouring with rain and a bicycle suddenly appeared around a left-hand bend in the road wobbling wildly and careened into Payne's pony and trap.

There were two little girls on the bicycle, one pedalling and the other perched precariously on the carrier at the front. The impact threw both girls from the bicycle, one landing on the road and the second on the grass.

The child who landed on the road was unhurt but the one on the grass was ominously still and, when Payne checked, he saw that she had horrific head injuries. He shouted for help and before long there were several villagers on the scene. Albert Blockley carried the child into his cottage, while Payne drove to the post office, from where he telephoned the doctor.

'Get her to Ross hospital as quickly as possible,' ordered Dr W.H. Cann.

When eight-year-old Florence Haynes arrived at the hospital at noon, Cann was horrified to see that the front of her skull was shattered and splinters of bone had been driven into her brain. He removed the splinters, along with a fragment of wood, but Florence died that night without regaining consciousness.

The inquest heard that she had collided head-on with the trap's shaft, which had driven straight into her brain. Since the trap was almost at a standstill at the time of the collision, the inquest jury exonerated Payne from any blame and, after being reminded by the police that it was a criminal offence for two people to ride on one bicycle, the jury returned a verdict of 'accidental death'.

17 SEPTEMBER 1887   Coroner Thomas Llanwarne held an inquest at St Weonard's on the death of William Clarke Hughes.

On 15 September, Hughes rode to Ross-on-Wye market on a young horse. On his way home that evening, he called at The New Inn, Hentland, leaving there at just before ten o'clock at night. Nothing more was seen or heard of him until five o'clock the next morning, when a farmer found his body lying in a turnip field, about 500 yards from his home.

There were signs that a great struggle had taken place between Hughes and his horse. Hughes's clothes were torn and dirty and several of his garments had teeth marks on them. He had bites all over his body, including his forehead, shoulder, chest, right knee and wrist and a bite on the front of his neck, which had taken out most of his windpipe and ultimately proved fatal.

The inquest jury returned a verdict of accidental death on the thirty-nine-year-old farmer, who left a widow and four children. His horse, which was found about a mile away, was later destroyed.

18 SEPTEMBER 1869   Having been paid, twenty-five-year-old Isaac Vernon of Eastnor went on a pub crawl with two acquaintances and, in the early hours of the following morning, he was found lying flat on his back in Upper Cross, Ledbury.

Vernon was completely insensible and, since they were unable to rouse him, the police locked him up for being drunk and incapable. He appeared before magistrates the next day and was discharged but spent the entire hearing complaining about pain in his head and even collapsing. Since he

was obviously unwell, the magistrate suggested that he was taken to the Workhouse Infirmary.

After four days, Vernon was considered to have recovered sufficiently to be released from the hospital and his wife collected him in a donkey cart and drove him home. At nine o'clock that evening, Vernon suddenly collapsed and died.

There were suggestions that he had suffered some form of brutality, either from the police or from Hawkins and Tustins, his drinking companions on the night of his arrest, so coroner Henry Underwood ordered a post-mortem examination.

Dr Symonds found no injuries, bruises or any marks of violence on Vernon's body but concluded that he died from congestion of the brain brought on by heavy drinking and the inquest jury returned a verdict in accordance with the medical evidence. Vernon's relatives were not at all satisfied with the verdict and applied to the magistrates at Ledbury for a summons against Joseph Hawkins of Ledbury for manslaughter. Although the application was granted, there is no evidence that Hawkins ever stood trial.

1819 Although Mr Price of Byester's Gate, Hereford, had already prepared for bed, he decided that he felt peckish and needed a snack before finally retiring for the night. He was hacking a piece of cold meat off the bone when the knife suddenly slipped and penetrated his left side.

19 SEPTEMBER

Twenty-four-year-old Price had just enough time to say 'Send for a surgeon', before dying from a self-inflicted stab wound to his heart. The coroner's jury returned a verdict of 'accidental death' at the subsequent inquest on his death.

1869 Margaret Bucklee appeared before magistrates at Hereford Police Court charged with breaking eighteen window panes at the home of James Powell.

20 SEPTEMBER

Margaret, a respectable young woman, who had been married for nine years, stood in the dock with a baby in her arms. She tearfully explained to the magistrates that James Powell's wife was her husband's aunt and that Mrs Powell was continually trying to persuade Margaret's husband to leave her on the grounds that she was little better than a common prostitute.

Margaret denied all of the allegations against her, saying that she was fond of a drop of drink now and again but was always a good and faithful wife. She explained that, on the day that the windows were smashed, Mrs Powell plied her nephew with porter then did everything in her power to set him against his wife. Margaret arrived just in time to overhear Mrs Powell trying to persuade her nephew to end his marriage and, in a fit of anger, Margaret picked up a handful of stones and threw them at the window.

The magistrates called Margaret's husband as a witness and heard that they had four children, two of whom were living.

'Haven't you a tidy home and a decent wife?' the magistrates asked Mr Bucklee, who admitted that he had. After advising Bucklee to take no notice of his aunt, the magistrates discharged Mrs Bucklee without penalty, although they ordered her to pay to replace the broken windows.

1859 Close to St Devereux Station, an express train with six carriages travelling on the Newport, Abergavenny and Hereford Railway began to judder alarmingly. The driver applied the brakes but the train jumped off the rails and skidded for 80 yards.

At that point, the train reached a 12ft-high embankment and the engine fell down, landing upside down at the bottom. The driver and fireman were thrown clear and, fortunately, the coupling between the engine and the carriages broke and the carriages didn't fall.

When the train first began swaying and juddering it was travelling at 40mph and a female passenger was so alarmed that she opened a carriage window and threw her two-year-old son out. With a baby in her arms, she was restrained by other passengers as she tried to open the carriage door to follow him. Amazingly, the toddler sustained only a small cut on his temple.

21 SEPTEMBER

1832 The *Hereford Times* printed an account of a young parish apprentice named Jones, who was unhappy in his work and wished to run away. When he was entrusted with carrying a parcel of money from Weobley to Hereford, he seized his chance.

The parcel contained a sovereign and half-a-crown. Jones spent 12s on a new jacket and waistcoat, 6s on new shoes, 2s 3d on a cap, 6d on a whip and 1s 3d on a pair of worsted stockings. This left him 6d, which he unwisely spent on a quart of beer.

Having drunk the beer, he became so intoxicated that he fell asleep in a stable and was soon apprehended and taken to Hereford Gaol. He later appeared at the Hereford Assizes, where he was sentenced to six months' imprisonment for larceny.

22 SEPTEMBER

1903 Rabbit catcher William Grainger spent half an hour drinking at The Foley Arms, Tarrington. Also at the pub were George Stanley and his wife and son, who were in the area from Merthyr Tydfil for the hop picking. Grainger and the Stanleys were complete strangers and were drinking in separate parts of the pub.

23 SEPTEMBER

The Tarrington Arms, Tarrington, formerly The Foley Arms. (© R. Sly)

All were very drunk when Grainger left the pub, followed shortly afterwards by the Stanley family, who headed for the hop-pickers' camp at Garbrook where they were to spend the night.

George Stanley fell a little behind his wife and child and as Mrs Stanley and her son walked, they were startled by Grainger suddenly leaping out of a hedge brandishing a shotgun. He mumbled something about wanting the man, not the woman, then walked towards George Stanley, who was ambling along, singing tipsily. Mrs Stanley and her son took cover in the hedge as Grainger fired at George Stanley, who cried for help before dying from close-range gunshot wounds. Grainger walked off, threatening to shoot a passer-by and was later found crouching in a field clutching his shotgun, which had a broken stock.

Mr Justice Bigham. (Author's collection)

When Grainger was apprehended, he denied having shot anyone but instead claimed to have been the victim of an attack by three strangers, who he alleged broke his gun by hitting him over the head with it and stunning him. However, the fact that his hat was found near Stanley's body seemed to belie his explanation and, at his trial at the Hereford Assizes, the jury found him guilty of manslaughter.

Mr Justice Bigham placed the blame for the offence on drink and commented on the danger of firearms in the hands of those 'given to the habits of drunkenness' before sentencing Grainger to seven years' penal servitude.

24 SEPTEMBER

1841   Susannah Went was an epileptic, who suffered from frequent seizures. On the evening of 24 September, Susannah of Norton, near Bromyard went to her next door neighbour to 'borrow some fire' and soon afterwards, her neighbour on the other side, Mary Perkins, noticed that her cottage was on fire. Having extinguished the blaze with a bucket of water, she ran outside to find Susannah's cottage enveloped in flames.

So fierce was the conflagration that the neighbours were unable to get into the house to rescue Susannah and her two daughters. The fire engine was sent for but the cottage had been razed to the ground long before its arrival. Susannah Went's body was found in the chimney corner and the corpses of her daughters, Mary Ann and Susannah junior, were raked from the ashes.

At the inquest held by coroner Mr N. Lanwarne, neighbours spoke of observing a large quantity of pea stalks in the hearth a couple of days earlier. It was surmised that Susannah was seized by a fit as she tried to light her fire, igniting the dried pea stems as she fell.

Norton village.
(Author's collection)

1865 As butler Mr Driscoll was polishing silver at Whitney Court, the other staff heard him exclaim gleefully, 'I have done it: I have it.' When one of the valets went to see what Driscoll had done, they found him bleeding from multiple stab wounds in his stomach.

Driscoll was carried to his bed and a surgeon summoned to attend to him. He had four serious wounds and it was initially feared that he would die from blood loss. When questioned, Driscoll explained that the devil had tapped him on the shoulder and, after a lengthy conversation, suggested that if Driscoll stabbed himself he would become immortal. Driscoll picked up a carving knife and wedged the handle against the wall, deliberately leaning onto the point four times.

'I shan't try it on again,' Driscoll vowed, but just days later, the devil was once again tempting Driscoll with promises of everlasting life and he was taken to a lunatic asylum and placed under restraint.

1864 Mrs Lewis was returning to Hereford with her two children on the Hereford, Hay and Brecon Railway, after an excursion to Hay-on-Wye. They shared a carriage with three men, two mature ladies and Charles Kearn (aka Price), who was very drunk.

Kearn quickly began to make a nuisance of himself, trying to sit on the laps of all the ladies. When the other three men disembarked at the first station after leaving Hay, Kearn's behaviour grew ever more obnoxious. He threw himself on the floor and tried to peer up the ladies' skirts and, when they reprimanded him, he punched one woman in the eye before attempting to let off some fireworks. Although the women called the guard, Kearn jumped off the train at Creden Hill Station, picking up a stone and throwing it at Mrs Lewis, hitting her in the mouth.

Brought before magistrates at Hereford, Kearn was committed for trial at the next Assizes, although he was allowed to remain out on bail until the start of the proceedings. Tried on 25 March 1865 for 'endangering the safety of persons being conveyed on a railway by an unlawful act', he was found guilty as charged and sentenced to three calendar months' imprisonment.

27 SEPTEMBER 1887   'Secretary wanted' announced the advertisement in the *Daily Telegraph*. The advertisement went on to briefly detail the salary and working hours, asking applicants to write to a Box Number at the newspaper.

There were several applicants, each of whom received a letter from the advertiser saying that they were on a shortlist of three candidates and asking them to send £1 10s towards expenses. Many did, but not one of them was offered a job and the police received several complaints.

Their investigations led them to twenty-two-year-old schoolmaster Ulysses Victor Hounsell, who lived and worked at Ross-on-Wye and, when police searched his lodgings, they unearthed more than 700 replies to similar advertisements.

On 1 November, Hounsell appeared at the Worcestershire and Herefordshire Assizes charged with obtaining money by false pretences. He pleaded guilty to one count, expressing great contrition for his behaviour and asking the court to deal with him leniently, since he hoped to continue with his job as a teacher. When the jury found him guilty, Mr Justice Hawkins told him that he had played a cruel trick on needy people and that he personally could see no mitigating circumstances. He sentenced Hounsell to twelve months' hard labour.

'I hope someone will write to the Home Secretary on my behalf,' Hounsell quipped as he was taken away to start his sentence.

28 SEPTEMBER 1735   Justice of the Peace John Skipp ordered the reading of the Riot Act to an estimated crowd of more than 100 men, who descended on the town of Ledbury with the aim of destroying the turnpikes (toll roads). The rioters were armed with guns, swords and axes and many had disguised their identity by wearing women's clothes or blackening their faces.

The rioters warned Skipp in advance by letter that they would be attacking the town that day, setting out their aims. This allowed him to assemble a band of men to deal with the uprising but even so, several people were killed and dozens more were injured in the pitch battle, which lasted until the early hours of the following morning and led to the arrest of eleven people.

Note: Some sources give the date of the riot as 21 September 1735.

29 SEPTEMBER 1855   A new sewage works was being built at Hereford and the red-light district acted like a magnet to the construction workers, who had plenty of ready money to spend on drink and prostitutes.

On 29 September, Hannah Downes took John Wilson back to a brothel in Bowsey Lane. Wilson fell asleep and woke to find Hannah rifling through the pockets of his discarded clothes. As he leaped out of bed, Hannah fled, taking his coat and boots. Her victim's angry bellows disturbed brothel owners Sarah Lloyd and Charles Holmes, who tried to eject him but Wilson, who had paid for a night with Hannah, violently resisted.

As the fight spilled onto the streets, the commotion attracted a group of navvies, who sided with Wilson and administered a severe beating to Charles Holmes, who was eventually dragged inside by a neighbour. The navvies were left baying for blood.

Priscilla Morgan lived next door to the brothel and, while her boyfriend went in search of a policeman, Priscilla made a valiant attempt to defuse the situation, telling the angry mob, 'There's good men, go home. We don't want any row here tonight.' Her words inflamed the men, one of whom rushed at her with a rolling pin and hit her above her left eye. Priscilla fell backwards, hitting her head hard on the edge of the door and falling unconscious to the floor.

When Priscilla died from a fractured skull, five of the navvies were arrested. A sixth, Charles Smith, was later apprehended in Worcester but discharged after the inquest, since there was little evidence to connect him with Priscilla's death. The other five were committed to stand trial at the next Assizes for manslaughter. However, the mayor of Hereford ordered the re-arrest of Charles Smith and all six men were brought before magistrates, where the charge against them was upgraded to one of wilful murder. Two more men were later arrested and charged.

Before their trial at the Hereford Assizes on 15 December, the Grand Jury reduced the charge to one of manslaughter. However, even though eight men were charged, only one of them – Steven Williams – had actually used any violence against Priscilla Morgan.

It was dark at the time of the offence and, although there were numerous witnesses, most were prostitutes and brothel keepers, whose evidence was deemed unreliable. All of the defendants were acquitted.

1881   George Rowberry (aka Mavern) and John Gurney were working as a navvies on the Ross and Ledbury Railway, filling wagons with earth from a cutting. They hacked soil from a 4ft 8in-high bank, undermining it as they worked and before long, the bank collapsed. **30 SEPTEMBER**

Rowberry and Gurney ran for safety but Rowberry tripped over a shovel and fell, ending up buried beneath half a ton of earth. The weight crushed his chest, fracturing three ribs, which punctured his lung. In spite of every possible treatment by doctors, Rowberry died at Ledbury Cottage Hospital on 15 October from inflammation of the lungs.

Coroner Thomas Llanwarne held an inquest at the hospital and the jury were told that the contractors and sub-contractors took every possible safety precaution against such accidents and that no one could be blamed for forty-two-year-old Rowberry's death. The jury returned a verdict of 'accidental death'.

OCTOBER

Leintwardine. (Author's collection)

1847 Brothers James and John Beavan attended a dance at The Swan Inn, Leintwardine. The two young men were respectable farmers and were on the best of terms.

Both James and John appeared to be enjoying the evening and both were sober when they began to tease each other good-naturedly. The teasing led to mock hostility and horseplay between the two, which terminated suddenly when James dropped dead at his brother's feet.

Since John had hit his brother immediately before he fell, albeit without any force or malice, an inquest found him guilty of manslaughter and he was committed for trial at the Hereford Assizes in March 1848.

There, John tearfully pleaded guilty to having killed and slain his brother. Having acquainted himself with the facts of the case, the judge stated that there was nothing to suggest that there was any malice behind the unfortunate blow that killed James Beavan. John was therefore sentenced to spend the rest of the day in prison.

1910 Hop picker Mary Summers appeared before magistrates at Hereford Guildhall charged with being drunk and disorderly in Hereford on 30 September. PC Neighbours testified that she was 'beastly drunk', saying that her conduct was disgraceful and her language foul. Willing to be lenient, Neighbours told Mary to go home but she was incapable of doing so and he had no choice but to arrest her.

Mary admitted drunkenness but vehemently denied using profanity. She was fined 10s plus costs, with the option of serving fourteen days in prison if she couldn't pay. Mary, who had thirteen living children, chose to be imprisoned, saying that it would be as good as a rest.

1875 In the early hours of the morning, three men walking from Hereford to Grafton came across Charles Williams, a well known local poacher. Williams had three dogs with him, which attacked the three men, who beat them off in self-defence. This enraged Williams, who pulled out a butcher's knife.

Mr Evans sustained a knife wound on his face, slashed down to the bone between forehead and nose. A 2-inch gash to his throat narrowly missed his jugular vein and he was also cut on his chest, wrist and back.

Evans shouted that he was being murdered and Williams ran away, with Evans's companions in hot pursuit. They caught up with Williams by the Newport and Hereford Railway and the poacher fought desperately against being apprehended, even trying to throw himself and his pursuers under a passing goods train. After a prolonged struggle, Mr Cook and Mr Davies finally managed to subdue Williams and, having tied him up, dragged him to Hereford and handed him over to the police. They then went back for Evans, who was by then unconscious through lack of blood. Fortunately, he survived the attack.

Williams was charged with wounding with intent to do grievous bodily harm, appearing at the Hereford Assizes on 29 March 1876. Found guilty, he was sentenced to ten years' imprisonment.

1868 Mr Jelley of Hereford had run away with a young lady, leaving his wife and children with no means of support. His business creditors swooped on his assets, leaving Mrs Jelley with no option but to appeal to the Hereford Board of Guardians.

The Guardians directed Mrs Jelley to the Hereford City Police, who established that Jelley and his young lady were living in London and paid him a visit.

Jelley was flabbergasted to have been found and, when the police officer told him that he was under arrest, he asked for a couple of minutes to change his coat. Permission was denied and, as Jelley was taken back to Hereford, he confessed to his police escort that, had it been granted, he would have committed suicide.

On his return to the city, Jelley was immediately taken before the Mayor charged with leaving his wife and family dependent on the Hereford Union. He was remanded in custody for forty-eight hours but later that evening, he suddenly collapsed and died almost instantly. A post-mortem examination showed that he had died from heart disease and, whereas a man's heart would normally weigh between 10 and 12ozs, Jelley's weighed almost 32ozs and was said to be the biggest that the surgeons had ever seen.

5 OCTOBER 1869   Henry Johnstone was hanging around in Linton with a group of youths when Maria Sisain walked past on her way home from the village shop.

Henry asked Maria if he could take her home and, when she remonstrated with him for his forwardness and over-familiarity, he pushed her and knocked her down. Johnstone was brought before magistrates at Ross-on-Wye Police Court, who sentenced him to spend fourteen days in Hereford Gaol for assault. He appeared in court sporting a black eye, since, when he knocked Maria over one of his companions immediately punched him for his cowardly and ungentlemanly conduct towards a woman.

6 OCTOBER 1863   The effects of an earthquake, with its epicentre in the Golden Valley, south-west of Hereford, was felt over most of England and Wales and even extended as far as France.

Fortunately, damage to property was minimal but, in the following days, numerous people wrote to *The Times* to describe their experiences. The rector of Thruxton described a noise like a loud clap of thunder, after which the whole house shook violently for almost a minute. Writer Charles Dickens felt the shock in Kent and his letter described it 'as if some great beast had been crouching asleep under the bedstead and were now shaking itself and trying to rise.'

On the following Sunday, the vicar of Leominster claimed in his sermon that the earthquake was God's warning to the number of heathens in the area.

7 OCTOBER 1869   William Tudor appeared at the Hereford City Sessions charged with 'unlawful and malicious wounding'.

On 2 August, William's father John returned home from a hard day's work on his farm at Hereford and found twenty-one-year-old William lying drunk in the farmhouse garden. 'This is a fine thing for a father who has been at work all day to see a son in such a state,' remarked John sorrowfully, at which William went absolutely berserk.

Struggling to his feet, he snatched up a poker and hit his father on the head, inflicting such a serious wound that John's life was despaired of. William then rampaged around the house, smashing door panels and breaking windows – cutting his arm badly in the process – and assaulting the farm servant.

William was brought before magistrates at the Hereford Police Court on 4 August and remanded until it was known whether his father would live or die. When it became apparent that John would survive he was charged with unlawful and malicious wounding. Found guilty as charged, he was sentenced to six months' imprisonment.

1879   At about four o'clock in the afternoon, a fire broke out at an oil and colour shop in Eign Street, Hereford. Although the fire engines were quickly on the scene, the flames were so intense that any hope of saving the shop was abandoned and the firemen concentrated their efforts on preventing the fire from spreading to adjoining properties. Within an hour, the shop was burned to the ground.

The proprietor, James William Morgan, gave conflicting statements about the cause of the blaze but his porter Henry Hall told police that, during an argument with his wife, Morgan poured benzoline onto the floor and set light to it with a match. Morgan was arrested and charged with arson to a dwelling house, persons being therein.

He appeared at the Hereford Assizes on 30 October, where the court heard that Morgan's wife and children were in the premises when he allegedly set the fire and that once the fire was discovered, he made no attempt to extinguish the flames. Although Morgan's family were rescued from the blaze, two actors appearing at the nearby St George's Hall were injured as they tried to save furniture at The West Midland Inn, next to the burning shop.

Morgan's stock was insured by his father-in-law for the sum of £1,000, which was believed to have been his motive for arson. Presiding judge Baron Pollock told the jury that there was little doubt that Morgan had set the fire, asking them to consider whether there was wilful intent – in other words, did he mean to harm his family?

After much deliberation, the jury returned to say that they found Morgan guilty of setting fire to his house whilst in a fit of passion but added that they were unsure if this verdict was adequate since they appreciated that this was not an ordinary case of arson.

Morgan's defence counsel immediately claimed that the jury meant that his client was not guilty but Pollock checked with the jury who reiterated their guilty verdict. After considering his sentence until the next morning, Pollock sent Morgan to prison for three months, with hard labour.

Eign Street, Hereford. (Author's collection)

9 OCTOBER **1888** Coroner Mr H. Moore opened an inquest on the mysterious death of Joseph Pearce.

As the mail cart travelled down Dark Lane in Leintwardine at half-past five on the morning of 7 October, the horse suddenly shied. Driver Charles Perry dismounted and found a young man lying on the road. Perry told the man to move so that the cart could pass and the man obligingly crawled to the verge before collapsing again. Perry made no effort to check on his welfare but continued on his journey, passing the police station and stopping at the post office without mentioning the man to anybody. Two hours later, gardener Edwin Cole was walking to work at Leintwardine and found the man dead.

A post-mortem examination revealed extensive head injuries, with fractures to the base of his skull and above his eyes. His right eyeball was split and his entire head and face were severely bruised. Dr Cartwright, who performed the examination, was at a loss to explain the cause of the man's injuries. Forced to conjecture, he discounted punches or kicks and theorised that the deceased had been hit several times on his head with a stout stick.

The corpse was quickly identified as Joseph Pearce and the inquest established that on 6 October, Pearce was drinking with a group of friends and, on leaving Leintwardine to walk home at about ten o'clock, got into a minor argument with Phillip Tipton, who accused him of taking liberties with his ten-year-old sister. Although Tipton took off his coat and squared up to Pearce, both his friends and Pearce's swore that Tipton did nothing more violent than push his chest before Pearce ran off. One man who was drinking with Pearce told the inquest that Pearce had fallen over twice before Tipton even approached him. Pearce still had £1 4s 10d in his pockets when his body was found, which seemed to discount robbery as the motive for his killing. The only thing that was missing was the hazel stick that Pearce was carrying when he left the village.

The coroner adjourned the inquest to allow further enquiries to be made into the circumstances behind Pearce's death but when it resumed two weeks later, the police were no further forward. The jury returned a verdict of 'wilful murder against person or persons unknown' and the coroner censured mail driver Mr Perry for failing to assist Pearce or to report his plight to the authorities.

Leintwardine.
(Author's collection)

1852 Young Isaac Jones was delivering coal to the brick factory at Dinmore Hill when he lost his way near Bodenham. When two men approached, Jones stopped to ask them for directions but on realising that he was alone in an isolated area, the men attacked Jones with the intention of robbing him. They threw him onto the road and rifled through his pockets but quickly discovered that the boy was not carrying any money whatsoever.

Angry and frustrated, the men tore off all of Isaac's clothes and tied his hands behind his back. They then frogmarched him to a nearby stile and bent him over it, tying his legs together and roping his neck to his legs, before leaving. Any effort that Isaac made to try and get free simply tightened the rope around his neck until he almost strangled.

It was several hours before he was found and released.

10 OCTOBER

1844 Coroner Thomas Llanwarne held an inquest at Avenbury, near Bromyard, on the death of Edward Holloway.

The inquest heard that, on 9 October, Holloway and another man rode to the village on business. Once their business concluded, both men drank large quantities of gin and water before returning home.

Holloway's horse was a very spirited animal and, as he galloped homewards, Holloway fell off. He was taken home but did not appear injured – rather he appeared intoxicated and, in spite of complaining of a headache and nausea, he was put to bed to sleep off his excesses.

Holloway died the following morning and the inquest jury returned a verdict that he 'died from injuries received from a fall from his horse, whilst in a state of intoxication.'

11 OCTOBER

1869 Tanner Thomas Davis was brought before magistrates at Ross-on-Wye charged with assaulting his wife, Charlotte.

Two days earlier, Davis went home drunk and began arguing with Charlotte. In the course of the argument, Davis ripped her clothes from her back but, as he did so, he lost his balance. He grabbed at Charlotte for support but only succeeded in pulling her over with him and, once she was on the floor, he kicked her several times.

In spite of this, Charlotte implored magistrates not to send her husband to prison, saying that she just wanted him bound over to keep the peace. On hearing that Charlotte had already summoned Thomas three times for assault the magistrates sentenced him to twenty-one days' imprisonment with hard labour.

12 OCTOBER

1845 For about eighteen months, twenty-one-year-old Ellen Davies of Byford had been the recipient of numerous letters signed 'Owen'. The correspondence, which was obviously written by someone more educated than the misspellings would suggest, told of the writer's desire to possess Ellen, who was an especially beautiful young girl. Often Owen included expensive gifts, such as shawls or dresses and once, he lay in wait for Ellen and tried to bundle her into a gig, only releasing her when two passing labourers heard her screams and ran to assist her.

After this, Owen went quiet and Ellen and her family were beginning to believe that they had heard the last of him. Then, one evening, someone tapped on Ellen's bedroom window and thrust a note at her:

13 OCTOBER

Tremble girl, thy old tormentor is near thee – Fear him now – 'Tis thy turn – make the most of thy time. T'will soon be over – you shall make no more wretches the inmates of madhouses – no more shall you make seek the grave. No-one will I call wife but thee and no other shall you call husband or in death – I will have thee at last – I await – but the chance. Girl I know what have been told thee. I know – you conpemp for me but that one shall tremble – he has served the I will serve him – good night a littel time and I am with the. A wretch not far of his journey's end. [*sic*]

On 13 October, while the Davies family were at supper, Ellen went outside to the cider house. It was a bright, moonlit night and she was horrified to see her tormentor standing in the lane outside her home. She ran screaming into the house and her mother, sisters, and all the house servants raced outside to give chase. As Ellen watched them run up the lane, 'Owen' suddenly bounded over the fence and, with the assistance of a local boy, who Ellen had always believed was her friend, dragged her off in the opposite direction.

They had gone almost 100 yards when their way was blocked by wooden rails. The men tried to pull Ellen through the fence but, when they were unable to do this, Owen became frantic and took out a pistol. His accomplice threw himself at Ellen with the intention of protecting her and Owen fired. 'You have shot me,' shouted the young man and Ellen felt his blood trickling down her neck and fainted.

The sound of shots brought her family to her rescue and, finding her alone, unconscious and soaked in blood they carried her home and put her to bed. Although not physically injured, the trauma brought on an attack of 'brain fever' that almost robbed her of her reason.

When the man the Davies family referred to as 'the Demon' was still writing to Ellen at the end of October, her father offered a £50 reward for his arrest. There is no evidence that the reward was ever claimed.

14 OCTOBER 1864 Thirty-nine-year-old Joseph Morris was a ne'er do well, who had deserted from the Hussars no less than four times. During one absence, he committed a robbery at Eardisland and, when caught, was sent to prison for nine months, before being returned to his regiment. His military history led to him being branded with the letter 'D' and, after his last desertion he faced a court martial and one year's imprisonment. On his release, he was drummed out of the Army and tramped around the country for a fortnight before going to see his wife, Elizabeth, who had moved back to her parents' home in Kinsham.

One of his first acts on arrival was to steal a shilling from his father-in-law's waistcoat pocket. Elizabeth was furious and threatened him with the police, so Joseph went out drinking for the day to avoid her. When he returned at five o'clock, he promised Elizabeth that he would return the shilling and another one if she would go into a field with him.

Elizabeth refused and began to walk towards Presteign but had not gone far when Joseph popped out from behind a hedge, brandishing a gun. Elizabeth was frightened but Joseph promised that he wouldn't hurt her. However, as she knelt at a brook to wash her hands, he placed the gun behind her ear and pulled the trigger.

Luck was definitely with Elizabeth, who bent forward to wash her face just as the trigger was pulled, thus the shot neatly removed her scalp, rather than blowing her head to pieces. Joseph fled and Elizabeth's screams attracted the attention of a passer-by, who, luckier still, just happened to be the village doctor. Although her wounds were serious, the prompt medical attention saved Elizabeth's life.

Joseph remained at large until 27 December, when he was arrested and taken to prison. He immediately tried to hang himself with his handkerchief but was cut down. He appeared at the Hereford Assizes in March 1865, charged with feloniously shooting Elizabeth with intent to murder her and, found guilty, was sentenced to twenty years' penal servitude.

15 OCTOBER

1855   When a charwoman arrived for work at the Oxford Arms Hotel in Kington, she was surprised to find the door wide open. Landlord Mr Evans assumed that one of his guests had gone out shooting early but the only people missing from the hotel were his wife, Elizabeth, and their new baby.

Evans immediately began a search for his wife and child but it wasn't until that evening that their bodies were found in the nearby River Arrow. Elizabeth was dressed in her nightclothes and had drowned herself and her baby in water less than 2ft deep.

She had returned from visiting her sister in Birmingham only the day before her death and had not been well. She took a sleeping draught, prescribed by her doctor, shortly before retiring to bed.

It was surmised that Elizabeth was exhausted following the birth of her child and struggling to cope with the demands of breastfeeding and sleepless nights. A verdict of 'murder and suicide while temporarily deranged' was recorded at the subsequent inquest.

Note: Some sources record the incident as having occurred on 18 October.

16 OCTOBER

1873   Carter James Williams regularly carried the mail between Glasbury in Breconshire and Kington in Herefordshire but, on 16 October, he was a little late leaving Glasbury and so drove faster than usual.

When he was less than three miles from Eardisley, Williams overtook a cider mill, which was being transported along the road by cart. Williams's horse shied as it passed the mill and bolted, banging the wheel of the cart against the wheel of the other vehicle. Williams was thrown out of his cart but, instead of landing on the floor, his foot caught between the step and the spring, leaving him being dragged along at speed, with his head and shoulders on the road.

He was dragged right into the village of Eardisley before someone managed to stop the horse. By then, Williams was dead, his head and upper body completely smashed and a trail of blood, brain matter and remnants of torn clothing marking his two-and-a-half mile journey.

At an inquest held by coroner Mr E. Cheese, the jury heard that neither of the vehicles was using lights, even though both vehicles had them. The cider mill was in the middle of the road and, in returning a verdict of accidental death, the jury censured its owner, who had been fully aware that the mail cart was due along the road before he even started his journey and could have waited until it passed before setting off. The jury also recommended that the mail cart should always use lamps, given that the driver had to go at such a great pace, covering more than sixteen miles in two hours and seventeen minutes, including stoppages.

17 OCTOBER

1887   Thomas Pitt of Bosbury went out for an evening's shooting and, when he didn't return as expected, a search party went to look for him. He was found dead in a field close to his home.

An examination of the body suggested that Pitt was carrying his shotgun over his shoulder when it accidentally discharged, shooting away most of the back of his head. The jury at the subsequent inquest returned a verdict of 'accidental death'.

18 OCTOBER 1867 When the 5.10 p.m. train from Hereford arrived at Shrewsbury, porter Henry Owen noticed a box underneath the seat of a second-class carriage. The box was labelled 'Mr Corbett, Edinburgh Station, Scotland. Till called for' [*sic*].

Owen reported his find to the station master at Edinburgh but the box sat unclaimed in the lost property office until January 1868, when according to railway regulations, it was opened to determine its contents, so that its owner might be traced. To Owen's horror, the box contained the decomposed body of a baby.

Owen contacted the police, who asked surgeon Mr J.D. Harris to examine the baby. The box in which the body was contained appeared to have been used as a money drawer in a shop and had a keyhole, which was stuffed with pieces of cork. The box was then wrapped in paper and tied with string, its label apparently written by someone who was not very literate. There was absolutely no doubt that the box was placed on the train at Hereford.

Inside the box, the baby was covered by a piece of quilt, the *Worcestershire Herald* of 18 August 1862 and the magazines *Legal Observer*, *Legal Circular* and *Welcome Guest*. The dimensions of the box were smaller than the length of the infant, whose body had been folded so that it fitted inside the box. It was a full-term baby and had definitely been born alive but was too decomposed for the surgeon to be able to establish a cause of death.

There was nothing to identify either the child or its mother, who, according to the coroner at the subsequent inquest at Shrewsbury, had committed the crime of concealment of birth, if not wilful murder. The jury returned an open verdict of 'found dead' to allow the police to continue with their enquiries but there is no evidence to suggest that the child's killer was ever brought to justice.

19 OCTOBER 1932 Arthur Baldwin appeared before magistrates charged with attempted murder. He and twenty-year-old Eva Hughes were employed by Mr and Mrs Farr of Walterstone, Eva as a servant and Baldwin as a farm labourer. While Mr and Mrs Farr were at Abergavenny Market on 18 October, Baldwin borrowed Mr Farr's shotgun, something that he had been expressly forbidden to do.

When Eva protested and refused to allow him into the farmhouse with the gun, Baldwin threatened to shoot her. Terrified, Eva ran outside but did not go far before stopping. Baldwin deliberately aimed the gun at her and fired, striking her in the left arm, left breast and on the left-hand side of her face and head. She was taken to Hereford General Hospital, where it was feared that she would lose the sight of her eye.

Baldwin was committed by magistrates to stand trial at the Hereford Assizes. By the time he appeared before Mr Justice MacKinnon on 3 November, he was judged unfit to plead and ordered to be detained during His Majesty's Pleasure.

20 OCTOBER 1833 The Michaelmas Fair at Hereford attracted more than the usual number of pickpockets and confidence tricksters. One woman bought several cheeses from various vendors, paying for each of her purchases with counterfeit sovereigns.

A man was robbed of a fine chestnut mare, having agreed to sell her to two men for the sum of £19. One man mounted the horse, saying that his companion would accompany the seller to his hotel, where he would hand over the money. As the purchaser rode off, his companion managed to give the seller the slip, leaving him with no horse and no money.

However, the most audacious con was perpetrated against the buyer of some cattle. The purchaser asked the vendor to call at his hotel to collect his money and, in due course, a man turned up at the hotel and was paid the purchase price of £120. It was only when the real vendor arrived some time later that the buyer realised that he had been duped and had handed over his money to a complete stranger.

21 OCTOBER

1828   Coroner Mr W. Pateshall held an inquest at Whitfield on the deaths of labourers William Fisher and William Roberts.

On the previous day, the men were asked to open up a 9ft deep ice mound, which had been constructed in February. An identical mound had been opened a week earlier but when Fisher jumped into the bottom of this excavation, he found no ice there. He bent forward to make absolutely sure and, as he stooped, he inhaled the 'carbonic acid' gas, which had accumulated at the bottom of the hole. Fisher was instantly overcome by the noxious fumes and fell backwards without speaking.

Roberts and gardener Mr Lockwood rushed to his assistance and Roberts scrambled down to Fisher, intending to carry him out into the fresh air. When he reached Fisher, Roberts barely had time to exclaim 'Poor Bill' before he too began to be affected by fumes. He reached up to Lockwood and grasped his hands but as Lockwood was pulling him out of the pit, Fisher suddenly released his grip and fell dead. Lockwood and several other men experienced considerable difficulty in recovering the bodies and they too were affected by the foul air, one man almost dying in the attempt.

The inquest jury returned verdicts of 'accidental death' on both men.

22 OCTOBER

1855   Boatman Edmund Crompton took his wife and nephew out for an evening pleasure trip along the River Wye to Belmont. On their return, as the skiff neared Hunderton, Crompton stood up in the boat, which overturned, spilling its three passengers into the river.

Although Crompton and his nephew were able to swim, Mary Crompton was not and immediately sank. In spite of prolonged efforts to save her by her husband and nephew, she was drowned.

An inquest later returned a verdict of 'accidental death'.

23 OCTOBER

1851   The home of the Nicklin family at Oldbury, Worcestershire, was burgled by two men who stole both money and property, shooting farmer David Nicklin and leaving him with serious head and facial injuries. The same men were believed to have committed other robberies and a large reward was offered for their apprehension.

Their description was circulated to all neighbouring police forces and, on 5 November, Superintendent McCrohan (or McRohan) was walking through Leominster when he saw two men in Mr Davies's druggist's shop. Thinking that one of the men matched the description of the burglars, McCrohan went to see what they were buying and, finding that they had purchased gunpowder, he and a Special Constable named Parker followed them.

The two policemen caught up with the two men on the outskirts of Leominster and McCrohan seized one and asked what he was carrying. The two men refused to be searched, standing determinedly with their backs against the wall, as if planning to resist arrest. Both men were wearing smocks and one lifted his arms as if preparing to take off his smock. As he did, McCrohan saw a pistol tucked in his waistband. Realising the futility of trying to arrest two armed men, McCrohan thought quickly and asked them where the woman who had been with them was. Naturally, the men denied the presence of any woman and McCrohan told them that he and Parker would go and find her.

The two policemen summoned their colleagues and armed themselves before going in search of the fugitives. Before they were safely in custody, one prisoner was shot and wounded, as was PC Davies.

Once under lock and key, the men were searched and were found to be carrying four pistols and hundreds of ball cartridges, as well as money and items stolen from homes in Shropshire, Oxfordshire and Worcestershire. As well as PC Davies and David Nicklin, the men had shot and wounded John Checkley at Cornwell, Oxfordshire, in the course of a burglary on 14 October.

They gave their names as George Hanks and George Jones. However, the police quickly realised that they were notorious burglars Charles Rock and Joseph Moss, the former an escapee on the run from Dartmoor Prison. Tried at the Oxford Assizes, both were found guilty of burglary and of assault with intent to murder John Checkley and both were sentenced to be transported for life.

Dartmoor Prison, Devon, 1952. (Author's collection)

24 OCTOBER 1910   Alfred Powell brought his nine-year-old brother, Wilfred, home from school complaining of a headache. According to the brothers, a boy named Tom Miles had thrown a half-brick at Wilfred, hitting him on the head.

Wilfred's father could see a cut on his son's head but the boy screamed in pain if he tried to clip the hair around the wound or wash it. Wilfred complained of being hungry and thirsty and was given some cocoa, which he vomited up shortly afterwards and, before too long, he lost consciousness. He died from concussion of the brain on 26 October.

At the inquest held by coroner Mr T. Hutchinson, several schoolchildren said that they had seen eleven-year-old Tom Miles throw the half-brick at Wilfred, although they added that it was after Tom was thrown into a ditch by a group of boys, of which Wilfred was one.

Tom was cautioned by the coroner that he was not obliged to answer any questions and initially denied having thrown any stones but, when pressed by his father to tell the truth, he tearfully admitted throwing the half-brick at Wilfred, saying that he had not intended to hit him.

Coroner Mr Hutchinson took great pains to explain to the jury how far a child could be held responsible in law for the death of another, saying that, when the child was more than seven years old, responsibility hinged on whether or not that child could discern good from evil.

Since Tom Miles clearly wasn't the brightest of children, the inquest jury returned a verdict of 'death by misadventure', although they asked the coroner to administer a good ticking off to Tom and to admonish his parents to look after him better in the future. The coroner obliged, reminding Tom how lenient the jury had been and stressing that a child had died through his wickedness and he could easily have found himself at the Assizes charged with manslaughter. He then turned to Mr and Mrs Miles, saying that he held them at least partly to blame for their son's actions and suggesting that Tom should be properly punished.

1855   Farmer John Fox turned his three valuable horses out to graze at Wigmore, near Hereford. When his labourer went to fetch them the following morning, he found one of the horses dead.

25 OCTOBER

The horse had been bitten by an adder and the snake then crawled down the horse's throat. When the animal was opened up, the large snake was found alive and well in its stomach.

1854   Seven-year-old Charles Henry Evans of Goodrich was left tending the furnace that brewed the beer at the village inn. As he perched on the edge of the mashing tub, he accidentally toppled backwards, falling into the boiling hot mixture.

26 OCTOBER

Charles was so badly scalded that his skin stuck to his clothes when they were removed and he was described as looking as though he had been flayed alive. Even so, he survived in extreme agony until the following day.

The jury returned a verdict of 'accidental death' at a later inquest held by coroner Henry Underwood.

1842   Thirty-six-year-old Edward Fincher was said to be 'a fine strapping fellow.' In around 1829, he was arrested for an assault on his father and, rather than go to prison, he joined the Grenadier Guards.

27 OCTOBER

He deserted less than a month later and managed to evade capture for six months before he was caught and punished. Eighteen months later, on a visit home, he lost his bayonet and was again punished on his return to his unit. According to Fincher, the punishments were so severe that he deserted again.

This time, he spent eleven years working as a farm labourer in South Wales. However, he was terrified of being caught and, tired of constantly looking over his shoulder and worrying, he handed himself in at the Hereford Guildhall to face his punishment. He was sent to Hereford Gaol, while the authorities waited for instructions on what to do with him.

While in prison, Fincher cut himself and the prison surgeon found the first joint of his thumb hanging by a thread of skin. Fincher told the surgeon that he had accidentally slipped while whittling a piece of bone to use as a toothpick but the nature of the injury made a mockery of his explanation. In the yard beneath Fincher's cell window, warders found a piece of blood-covered iron hoop, which had been notched and sharpened to make a rudimentary saw. It was evident that Fincher had systematically sawed off the top of his own thumb, in order to make himself unfit for a return to the Guards. Prison officials estimated that it would have taken at least twenty minutes of determined sawing.

The contemporary newspapers were almost gleeful in reporting that, while Fincher would not be fit for bearing arms, there were other less honourable duties in army life, for which he was more than fit.

28 OCTOBER **1848** An inquest held by coroner Nicholas Lanwarne at The New Inn, Brilley, on the death of Elizabeth Whitford returned a verdict of wilful murder against her husband, Thomas.

One of the principal witnesses was the dead woman's cousin, Mary Price, who had last seen Elizabeth on the evening of 25 October. Thomas was there at the time and, to Mary, his manner seemed a little strange but Mary related that Thomas had a history of 'strangeness'. However, his behaviour was such that Elizabeth had fears for her own safety and had told a couple of neighbours, 'Thomas has a spell and I must get it removed, cost what it might.'

When Mary and Elizabeth parted company, it was agreed that Mary would call on Elizabeth early the next morning to drop off some goods for Hay-on-Wye market but when Mary arrived, she found the door locked against her. Sensing that somebody was inside, Mary knocked and knocked until eventually Thomas called out, 'Betty is dead on the bed. She cannot come to you.'

Thomas claimed that he couldn't find the door key so Mary sought help and when neighbours forced the door they were met by a scene of carnage. The cottage was liberally splattered with blood, brain matter and fragments of bone

and Elizabeth lay naked on the kitchen floor, her head literally smashed to pieces. Thomas was rambling incoherently, seemingly under the impression that he had fought an epic battle with the Great Goddess Diana in the depths of a bottomless pit.

When the police were called, Thomas insisted on reciting Psalm 109, which was universally known as 'the cursing psalm', repeated since medieval times by dying men who wished to bring death and destruction to their enemies:

Let his days be few: and let another take his office. Let his children be fatherless; and his wife a widow. Let his children be vagabonds and beg their bread. Let the extortioner consume all that he hath, and let the stranger spoil his labour. Let his posterity be destroyed: and in the next generation, let his name be clean put out.

Thomas freely admitted to the police that he had killed his wife, insisting that, had he known it was Elizabeth, he would never have attacked her. He repeated his assertions about Diana, telling PC James Bromage that he was acting in accordance with the Scriptures.

Although the inquest jury expressed their opinion that Whitford was not in his proper senses, his sanity or otherwise was a matter for the court. Even so, it was a foregone conclusion that he would be acquitted on the grounds of insanity and, on 24 March 1849, presiding judge Mr Baron Platt ordered that Whitford be detained as a criminal lunatic during Her Majesty's Pleasure.

1878   Twenty-two-year-old John Bentley appeared at the Hereford Assizes charged with causing the death of John Richard Box by stabbing him.   **29 OCTOBER**

On 16 August, some games were held at the village of Bishop's Frome, which both Bentley and Box attended. After the games, both returned to their home village of Bromyard, Bentley walking and Box in a cart with two or three of his friends.

As the cart overtook Bentley on the road, the driver flicked his whip. Whether it was aimed at the horse or at Bentley was not clear but Bentley accused the driver of hitting him and began to swear at the men on the cart. Box got out of the cart and pushed Bentley, knocking him over. Bentley threatened to have Box up before the magistrates and Box then pushed Bentley again, shoving him into a hedge, at which Bentley drew his knife and stabbed Box in the side.

Box was placed on the cart and taken to Bromyard, where his wound was found to be very serious. He died the following day and an inquest returned a verdict of manslaughter against Bentley.

At his trial, he pleaded guilty to manslaughter and was sentenced to seven years' penal servitude.

High Street, Bromyard. (Author's collection)

30 OCTOBER **1837**   Thirty-six-year-old Ann New was brought to the Guildhall in Hereford in a dying state. When questioned, Ann said that she originated from Staffordshire but had recently been claiming relief in the parish adjoining the city of Hereford. When Ann became ill, the relieving officer put her onto a horse, which he led into the city, setting Ann down in the middle of the street outside the Guildhall and riding off.

The magistrates sent for the Hereford relieving officer, who stated that since she was not usually resident in the area Ann could not be admitted into the Workhouse. As 'casual poor', she could only be sent to the Vagrant House.

She was taken there immediately and seen by a doctor but died early the next morning.

31 OCTOBER **1856**   An inquest was held at Much Birch on the death of nineteen-month-old Henry Porter. The previous day, Henry was playing with a knife when he was frightened by a sheep. As he ran away, he stumbled and fell onto the knife, which stuck into his throat.

His mother immediately pulled the knife out, at which blood flowed from Henry's throat 'like a pot boiling'. Surgeon John Morris was sent for but, although he came quickly, the knife had severed Henry's carotid artery and he bled to death before the surgeon's arrival.

The inquest jury returned a verdict of 'accidental death'.

NOVEMBER

Bosbury, 1960s. (Author's collection)

1 NOVEMBER **1841** While Hereford Fair was in full swing, printer Mr McAlister left his office and went for breakfast. He returned shortly after nine o'clock in a very distressed state.

When asked what had so upset him, he replied, 'I have witnessed a most brutal spectacle. I have been walking through the cattle fair when, in King Street, I saw a man with a knobbed stick strike an ox on the back of the head.' McAlister went on to describe the animal's death. 'It has made me quite sick,' he complained.

Within minutes, McAlister collapsed. A surgeon was called to his offices and he was placed in a cab and conveyed home, where yet another surgeon was called. In spite of their combined efforts, McAlister gradually grew weaker and weaker and by three o'clock, he was dead.

Surgeons determined that the cruel sight he had witnessed had proved such a shock to his nerves that 'his system could not regain its equilibrium and consequently death ensued from gradual effusion of serum on the brain.'

2 NOVEMBER **1935** Twenty-seven-year-old Herbert Hughes appeared at the Hereford Assizes charged with the murder of his niece, Edith Ann Nicholls.

On 19 July, Edith went to feed the chickens in the orchard of her family's cottage at Shobdon. When she didn't return, her mother went to look for her, finding her dead in a pool of blood.

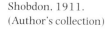

A bloody axe was found concealed in nettles at the edge of the orchard and a post-mortem examination suggested that Edith had been hacked with it, causing wounds on her head, neck and arms. Her death resulted from the complete severance of her spinal column.

Within hours, police arrested Edith's uncle, and charged him with his niece's murder. However there was little evidence against him and the trial jury eventually found him not guilty. The murder remains unsolved.

Shobdon, 1911.
(Author's collection)

Edith Nicholls' grave at Shobdon cemetery. (© N. Sly)

1829 Francis Wellington of Lugwardine went to Hereford to collect his quarterly pension as an 'out pensioner' of Greenwich Hospital. After spending the day drinking, Wellington arrived home at five o'clock the following morning, drenched in blood and without his money. He had four serious wounds on his head, which, he alleged, were caused by three men attacking him as he walked home through Tupsley. He identified his assailants as James Williams, Robert Floyd and John Roberts.

Wellington suffered from consumption and, when he died on 3 March 1830, a post-mortem examination suggested that although the cause of his death was lung disease, previous brain damage had accelerated Wellington's demise. Although Wellington was known to have suffered a head injury while serving in the Royal Navy some years earlier, Robert Floyd was charged with his wilful murder, while Williams and Roberts were charged with aiding and abetting him. They appeared at Hereford Assizes on 31 March 1830.

Having heard the medical evidence, the jury felt unable to decide whether the brain damage resulted from the wounds allegedly inflicted by the defendants or the injury from Wellington's Navy days. If they could not be sure that a murder had been committed, there was no point in continuing and the case was dismissed but the defendants were immediately charged with assault and highway robbery and all three were found guilty and sentenced to death.

John Roberts was only seventeen and his sentence was later commuted to one of transportation for life. He and James Williams both swore that Robert Floyd had taken no part in the attack, thus it was only James Williams who was executed for highway robbery on 17 April 1830 at Hereford Gaol.

4 NOVEMBER 1887   Porter Anthony Probert was helping to shunt Post Office vans at Barr's Court railway station in Hereford. He was riding on a step on one of the engines and, as it passed a siding into which a number of vans had already been shunted, the step made contact with a footboard at the rear of one of the vans, which had been left jutting out onto the main line track.

The impact dislodged Probert who slipped and was crushed between the engine and the wagon. Although he was taken to hospital, he died within the hour, leaving a wife and six children.

An inquest jury later returned a verdict of 'accidental death'.

5 NOVEMBER 1925   Richard Louis Wreford-Brown appeared at the Hereford Assizes charged with the wilful murder of his father-in-law, Dr Walter Carless Swayne.

Although Wreford-Brown made it safely back from the front during the First World War, his stint on active service left him a much changed man. By 1925, his wife was so concerned about his physical and mental state that she and Richard's mother went together to see his doctor. Dr Green suggested that Wreford-Brown's wife should consult her father, Dr Walter Carless Swayne. He and his son-in-law had always got on well and Swayne was only too pleased to visit to see if he could help.

Swayne arrived on 13 August and the family spent a pleasant evening together. Hours later, as the household slept, Wreford-Brown suddenly burst into his brother-in-law's bedroom screaming that the room was full of gas. As Richard Swayne tried to placate the delusional man, Wreford-Brown fired two shots into the ceiling then ran across the landing to his father-in-law's room, where he shot Dr Swayne in the thigh and stomach. Swayne died from internal bleeding soon afterwards.

The outcome of Wreford-Brown's trial was a foregone conclusion – his mind damaged by the horrors of war, he was found guilty but insane and ordered to be detained during His Majesty's Pleasure.

6 NOVEMBER 1869   Coroner Henry Underwood held an inquest at The Red Lion Inn, Ledbury, on the death of platelayer William Clinton.

The previous day, Clinton's body was found on the railway lines near the Ledbury viaduct. One arm was ripped from his body and he had injuries to his jaw and one knee.

It was obvious that he had been hit by a train and the coroner speculated that, in trying to avoid an oncoming train, Clinton might have unwittingly stepped into the path of another. With no concrete evidence to suggest how or why Clinton died, the inquest jury returned a verdict of 'accidental death'.

7 NOVEMBER 1885   John Hill and John Williams appeared at the Hereford Assizes charged with the wilful murder of Ann Dickson.

Thirty-two-year-old Ann was hop picking at Dilwyn and, on 30 September, she and Mary Ann Farrell walked into Weobley, where Ann was hoping to meet her husband at The Red Lion Inn. Hill and Williams were already in the pub and made a play for the two hop pickers. Both violent bullies when drunk, they were charm personified as they plied the women with drink but their expenditure was intended to produce results and both men grew peeved as their sexual advances were spurned.

Eventually Ann accepted that her husband wasn't coming and decided to walk back to the farm. By then, it was dark and Hill gallantly offered to escort them.

Mary Ann Farrell (from a sketch in court).
(Courtesy of the *Hereford Times*)

John Hill (from a sketch in court).
(Courtesy of the *Hereford Times*)

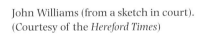

John Williams (from a sketch in court).
(Courtesy of the *Hereford Times*)

Ann and Mary Ann spotted John Williams lurking outside the pub when they left and Mary Ann suggested reporting him to the police, saying, 'I do not like the look of that man.' However Ann was made of sterner stuff – and was also full of Dutch courage – and told her not to be so soft.

The two women chatted as they walked back to Dilwyn, with John Hill trotting behind them, still trying to curry sexual favours. After walking for half a mile, Mary Ann stepped forward to open a gate and was suddenly hit hard on the head. She slumped to the ground and, when she recovered her senses, she found John Williams on top of her, with the obvious intention of raping her.

Mary Ann was carrying her baby and Williams threw it across the field in temper, threatening to kill it if she didn't submit to his demands. Thinking quickly, Mary Ann persuaded Williams to let her pick up the baby so that its cries did not attract attention. She then suggested that they would be more comfortable in the barn at the hop farm and led Williams there, breaking free at the last moment to run for help.

While Mary Ann escaped her attacker, Ann Dickson wasn't so fortunate and her dead body was found the following morning. Her skull was smashed like an eggshell and she had evidently been raped.

After Mary Ann gave a statement, John Williams was arrested later that day, his clothes still plastered in mud and blood. However, Williams insisted that he had been with Mary Ann rather than Ann and had therefore played no part in her murder. Hill had absconded but was arrested on 2 October at Newport, when his clothes including the inside of his trousers were still stained with blood, and the front of his shirt was smeared with excrement from Ann's evacuation of her bowels at the point of death.

Both men were found guilty and although efforts were made to secure a reprieve for John Williams, both were hanged by James Berry on 23 November 1885.

8 NOVEMBER **1843** In the early 1840s, farms in Madley and Eaton Bishop were frequently subject to arson attacks, which were particularly prevalent in 1843. The arsonists, or marauders as they were known, struck at Wormhill during the night of 8/9 November, destroying hay and straw ricks and farm outbuildings.

Unfortunately, a few days before the conflagration, a tinker named Peregrine 'Perry' Morgan had asked farmer Mr Bennett for permission to sleep in his outbuildings and, when the fire finally burned out, Perry's charred remains were found amongst those of ten pigs who also died in the blaze.

The fire that claimed Perry's life was undoubtedly set deliberately, since spent matches were dropped near the burned-out buildings. As far as could be established, nobody had any quarrel with Mr Bennett and, since there was nobody with any possible motive to kill Morgan, it was probable that whoever set the fire was unaware that he was asleep in the pig barn. Regardless, an inquest jury returned a verdict of wilful murder by some person or persons unknown although there is no evidence that anyone was ever charged with either murder or arson in respect of Morgan's death.

9 NOVEMBER

1824 Mr Burlton of Shelwick woke to find that his house had been burgled during the night. The thieves entered the property not through a door or window but by making a large hole in the kitchen roof. Once inside, they found nothing of any interest apart from a large, locked chest of drawers.

Unable to open the drawers, they hoisted the chest through the hole in the roof and carried it to the yard. There they forced the locks, making off with 36s in silver coins and some linen. Amazingly, they managed to accomplish all of this without disturbing the sleeping occupants of the house.

10 NOVEMBER

1886 James Strangward (or Strangwood) was out ferreting with a group of friends at Hennor, near Leominster. A rabbit suddenly bolted out of a warren and Strangward made an attempt to grab it as it ran past him. Unfortunately, he had a butcher's knife in his pocket and the sudden movement plunged the knife into his thigh, severing a number of major blood vessels.

Strangward bled to death before medical assistance could reach him and, at the subsequent inquest, the jury returned a verdict of 'accidental death'.

11 NOVEMBER

1785 In the parish of Kilpeck, Susannah Minton allegedly set fire to a barn belonging to farmer Paul Gwatkin. Susannah was tried for arson at the Hereford Lent Assizes, found guilty and sentenced to death for the crime. However, she claimed that she was pregnant; hence her execution was deferred until 16 September 1876, by which time it was obvious to all that she wasn't.

She was hanged in front of a large and very enthusiastic crowd.

12 NOVEMBER

1862 Seventeen-year-old Bessy Willey worked as a nursemaid for Reverend Temple of the rectory, Welsh Bicknor. In order to get from the house to the village, it was necessary to cross the River Wye.

Bessy wanted to go to the village but there was no sign of the boatman. Impetuously, and against the advice of her fellow servants, she decided to row the small ferry boat across the river herself.

The river was running very fast and the current immediately swept Bessy downstream before she gained control of the boat and managed to point it in the right direction. She rowed hard until she reached the opposite bank but had passed the landing stage and found herself among overhanging trees. As she approached the bank, Betsy grabbed a branch to try and stop the boat but the sudden check forced it to capsize and she was immediately submerged beneath the water.

The alarm was raised immediately by her colleagues, who had been anxiously watching her progress. It was two hours before her body was recovered and, although artificial respiration was attempted, she was beyond all assistance. An inquest jury later returned a verdict of death by drowning.

Note: Some sources suggest that Bessy died on 5 November.

13 NOVEMBER 1852   Days of incessant rain caused the rivers Wye, Lugg and Froome to burst their banks, leading to widespread flooding across almost the entire county. The city of Hereford was surrounded by flood water and completely cut off.

The mail coach from London usually arrived in Hereford between five and six o'clock in the morning, having travelled from Gloucester. However, shortly before daybreak, as it was crossing a bridge over the River Froome in the parish of Dormington, the bridge collapsed and the coach was washed away. Three of the four horses pulling the coach were drowned.

There were three passengers, as well as the coachman and guard, who clung desperately to trees and bushes to save themselves from drowning. All were eventually rescued, cold and exhausted, but Hereford solicitor Thomas Hardwick, died within minutes, in spite of the best efforts of surgeon Mr Williams from Lugwardine.

14 NOVEMBER 1849   Servant Thomas Weaver was caught smoking in a tallet (hay barn) at Tarrington and his employer, William Jones, was so incensed that he prosecuted Weaver.

Once the charge against him had been proved, magistrates at Ledbury Police Court ordered the sum of £1 to be deducted from Weaver's outstanding wages to defray the expense of his prosecution. They also deemed that he should be dismissed from his job without a reference. In reporting the case, *Berrow's Worcester Journal* highlighted an earlier fire on a farm in Bromsberrow, which destroyed large quantities of wheat, barley and straw, as well as the farm buildings. No explanation could be found for that fire, other than the fact that a female tramp slept in the buildings the preceding night.

1894   An inquest was held at The Workman's Hall, Colwall, on the death of thirty-six-year-old Frederick Gardener. The inquest was told that Gardener's lodger, William Tandy, left the house to go to work and literally tripped over Gardener, who lay dead on his own doorstep.

Gardener was known to suffer from epileptic fits and the inquest concluded that a seizure occurred as he returned home the previous evening. It had been a very wet, windy night and any noise or cries for help would most probably have been drowned out by the weather.

Surgeon Mr Green was of the opinion that death was caused by a fit, accelerated by exposure and the jury returned a verdict of 'death from natural causes'.

1827   Twenty-eight-year-old Elizabeth Farmer, a servant at Moreton Jeffries, rose early to milk the cows. Having eaten her breakfast of broth and cheese, she complained of nausea and she continued to vomit as she worked in the dairy, until servant Ann Morgan found her lying in the straw, obviously very poorly. She was carried indoors and, although a doctor was called, she died soon afterwards. A post-mortem examination established two facts – Elizabeth was pregnant and she died from arsenic poisoning, having ingested almost a quarter of an ounce of white arsenic.

At an inquest on her death it was suggested that the father of Elizabeth's unborn baby was John Bishop, a servant at a nearby farm. Bishop initially denied ever having slept with Elizabeth, although he eventually agreed that they had been intimate but only a week earlier. Unusually, John rose early on the morning of Elizabeth's death and none of his fellow servants saw him until he appeared for breakfast some time later. Questioned about his whereabouts, John said that he had been in the stables but nobody could confirm or deny his statement.

The inquest jury returned a verdict that Elizabeth died from taking arsenic but, from the evidence before them, they were unable to determine whether she took it of her own accord or if it was administered by some other person, with intent to cause death. Magistrates favoured the latter scenario and Bishop was charged with administering poison and committed to Hereford Gaol to await his trial at the next Assizes. Tried on 20 March 1828, it was impossible to prove that Bishop was responsible for administering the poison that killed Elizabeth and he was acquitted.

1879   At Hereford Police Court, Olive Blackwood pleaded guilty to stealing a coat worth 17s 6d from a shop doorway. As the magistrates deliberated on how to punish her, Olive's husband asked if he might speak on her behalf.

Mr Blackwood, who walked on crutches, explained that he was a former policeman and that both of his legs had been injured in the execution of his duty, preventing him from working. The Blackwoods had eight children, four of whom were under nine years of age and one of whom was crippled.

Olive suffered from 'white leg' – a circulatory condition – and had been in a weak state of health for a number of years. The family had previously lived in Lancashire but had moved to Herefordshire on their doctor's advice for a warmer climate for Olive, who was now showing signs of dementia.

The magistrates were sympathetic but they could not entirely ignore the offence. Olive was sentenced to fourteen days' imprisonment and, as a concession to her ill health, they omitted hard labour from the sentence.

18 NOVEMBER **1881**   Samuel Daniels was on bad terms with William Hall and, after meeting at The White Horse Inn, Bromyard, the two men decided to go outside and fight. They fought for some time and during the bout, Daniels fell onto his back, pulling Hall over on top of him.

Eventually, the two combatants were separated by their friends and both went home. When Daniels got to his lodgings, he complained to his landlady of pain 'in his bowels'. When the pain worsened, a doctor was summoned and Daniels was taken to the Cottage Hospital, where he was found to have sustained internal injuries. It was decided to operate but although Daniels survived anaesthesia by chloroform and the actual surgery, he died the following day. At the inquest held at Bromyard by coroner Mr Moore, the jury returned a verdict of manslaughter against Hall, who was committed for trial at the next Hereford Assizes.

At his trial on 31 January 1882, Hall was acquitted, the jury finding that Daniels was most likely injured accidentally by Hall falling on top of him and landing heavily on Daniels's stomach.

19 NOVEMBER **1832**   As the Bristol to Liverpool mail coach travelled from Hereford to Leominster, the reins became tangled and, when the coachman climbed down from the coach to untangle them, he lost his footing and the horses set off without him. He managed to hang onto the reins for some time but was eventually forced to let go after falling and being dragged along the ground. The guard, who had also climbed down from the coach ran after it but was not fast enough to catch it.

There were three passengers on the coach at the time, all of whom were faced with the dilemma of whether or not to jump off. In the end, all three jumped, one sustaining a broken arm, one cuts and bruises and the third escaping injury.

Meanwhile, the horses continued at their usual pace, passing through three turnpikes and negotiating the tricky Dinmore Hill. They arrived at their normal stop at The Red Lion, Leominster, at the expected time, causing great consternation among the staff there when the coach turned up with no coachman, guard or passengers.

20 NOVEMBER **1849**   At Bromyard Police Court, Mr Dent junior summoned Mr J. Brown junior for assault, claiming £5 damages.

The charge arose from an incident several weeks earlier when Dent was out shooting rabbits on his father's land. A fox ran past and almost instinctively Dent shot it. At the time, the fox was being closely pursued by the Hereford Fox Hounds and the hunt didn't take too kindly to the abrupt cessation of their sport. Brown rode up to Dent and asked if he had shot the fox and, when Dent replied that he had, Brown horsewhipped him.

In court, Brown's defence counsel alleged that Dent had aimed his gun at Brown and threatened to shoot him too, but Dent insisted that he had done nothing more than hold his gun across his body to protect himself from Brown's whip.

The jury eventually found in support of Dent but rather than awarding him £5 damages, they settled at the more modest sum of just one farthing.

1892 Twenty-six-year-old Harry Smith Sainsbury was out hunting with the Ross Harriers when his horse jumped a fence rather awkwardly. There was a tree branch overhanging the fence and Sainsbury's hand hit it, bending his little finger right back and damaging the joint and causing terrible pain.

He consulted a doctor the next morning, who found that the joint was badly inflamed and full of pus. Although several doctors treated the injury, blood poisoning set in and Sainsbury was forced to have his finger amputated. Some years ago, he had suffered from rheumatic fever, which left his heart damaged and, although he survived the amputation, he grew weaker after the operation and died.

Coroner Thomas Llanwarne held an inquest and was assured by the medical witnesses that death occurred from blood poisoning, as a direct result of Sainsbury's accident in the hunting field. The inquest jury returned a verdict of 'accidental death'.

1903 Edwin Nutt was found dead on the railway line at Dinmore.

Coroner Mr Moore opened an inquest the next day at which the jury heard that Edwin had been for a drink on the night of 21 November and, as was his habit, took a shortcut home from the pub by walking through the railway tunnel at Dinmore.

The Bodenham police constable, PC Williams, had actually spoken to Nutt after he left the pub when, according to the policeman, he was quite sober. 'Are you going up through the hole again?' Williams asked Nutt, referring to the Dinmore tunnel. When Nutt confirmed that he was, Williams warned him that he was trespassing on the Shrewsbury and Hereford Joint Railway and that his route was extremely dangerous. 'It's all right, I've been through there hundreds of times,' Nutt reassured the constable, but, on this occasion, Nutt was unlucky. As he passed through the dark tunnel without a lantern, he was struck by a train. Both of his legs were badly broken but the actual cause of his death was trauma to his brain.

The inquest jury returned a verdict of 'accidental death'.

1848 The body of four-year-old James 'Jem' Bishop was spotted floating in the canal at Hereford.

The child was alive only fifteen minutes earlier, when he was seen walking towards ten-year-old John Rock and a little girl named Williams, who were standing together on the canal bank. When Rock was questioned about the tragedy, he gave conflicting answers.

'I'll be damned if I did it,' he assured George Evans but, only half an hour later, he told Mrs Anne Bowen, 'If I tell you who did it, they will hang me.'

'You had better tell the truth; they are sure not to hang you,' said Mrs Bowen and Rock admitted, 'I was by the side of the canal and I took hold of him and pushed him.' Minutes later, he denied having pushed Jem, insisting that the boy accidentally fell into the water.

An inquest on Jem's death returned a verdict of manslaughter against John Rock, who was committed to prison to await his trial, which took place on 22 March 1849. The Grand Jury found no bill against him and he was discharged.

1326 Hugh Despenser (or De Spenser) was an extremely powerful and influential man, who enjoyed a close – possibly homosexual – relationship with Edward II. By his manipulation of the weak-willed King, Despenser came to almost control the country until Edward's wife, Isabella, determined to put an end to his malign influence.

Despenser was captured at Neath and tried at Hereford, where he was found guilty of being a traitor and a thief. As soon as the verdict was reached, four horses dragged Despenser to his place of execution. He was stripped naked, and Biblical verses denouncing arrogance and evil were written on his skin. He was then hanged from a gallows 50ft high, but cut down before death.

He was tied to a ladder and, while still conscious, his penis and testicles were sliced off and burned. Next, his entrails were slowly removed and he finally died when his heart was cut out and thrown onto a fire. Despenser's butchered corpse was beheaded and his body cut into four pieces, his head later being mounted on the gates of London. The entire process was watched by an enthusiastic crowd, who delighted at his animalistic howls of pain.

25 NOVEMBER   **1843**   The subject of Wesleyan minister Reverend C.W. Vibert's sermon at the Methodist Chapel, Weston near Ross-on-Wye, was the ever-present threat of death and the need to always be spiritually prepared to 'meet one's maker'. As the vicar intoned the words 'the voice of God to every fallen child of man is dust thou art and unto dust thou shalt return,' a member of the congregation suddenly pitched forward off his pew.

Although he was apparently in perfect health at the start of the service, John Morgan left the chapel a corpse.

26 NOVEMBER   **1846**   Having given birth to an illegitimate baby, William, on 5 November, Susan George left the Workhouse at Leominster in the company of another pauper, Susan Mifflin.

The two women parted at about three o'clock in the afternoon, when Susan George went into a pub. She stayed for nearly an hour feeding William, who ate nearly a cupful of food, but later that evening when she arrived at The Bull's Head public house, she had no baby with her.

Having stayed at the pub overnight, Susan left the next morning, saying that she was heading for Kingsland. On her way she met an acquaintance, Mary Barrar, who asked after William and was told that he had died in the Workhouse. However, Susan later contradicted herself, telling Mary that William had died from convulsions in her arms and that a stranger had seen her crying and had taken William from her, promising to bury him.

On 6 December a baby boy was found in a brook, his arms and legs contracted and his fists clenched. A post-mortem examination showed his lungs to be collapsed, his brain effused with blood and his stomach full of undigested food.

According to surgeon Mr Watling, who performed the post-mortem, the collapsed lungs and distended brain were indicative of death by convulsions, while the undigested food in the stomach and the contracted limbs suggested death by drowning. If he had not known that the body was found in a stream, he would have attributed the death to convulsions but, on balance, he believed the baby was drowned. Since the infant was too young to place himself in the stream, it was obvious that he had been murdered.

Susan George was soon identified as the dead baby's mother and was charged with his murder. Tried at the Hereford Assizes on 1 April 1847, the court heard that Mr Watling's opinions differed considerably from recognised medical literature on the symptoms indicative of death by drowning and the jury gave Susan George the benefit of the doubt, finding her not guilty.

1858   As a group of four navvies worked on the construction of the Worcester and Hereford Railway, there was a sudden fall of earth, burying two of the men. By the time their workmates dug them out, George Davenport was dead and Joseph Stevens was so severely injured that his life was despaired of.

Coroner Mr W.S.P. Hughes opened an inquest at The Gun Tavern, Newtown, but immediately adjourned the proceedings, having received an anonymous letter complaining about a ganger connected with the work.

When the inquest resumed, the first two people to give evidence were Jenkins and Nichols, who were working with Davenport and Stevens at the time of the landslip. Neither Jenkins nor Nichols made any complaint about the ganger but William Hall, who followed them into the witness box, spoke of being threatened because he refused to work in what he considered dangerous conditions. The fall of earth that killed Davenport was attributed by most to recent frost and rain but Hall believed that no more than two men should have been excavating, one at each side of the embankment.

The jury chose to ignore Hall and returned a verdict of 'accidental death' on Davenport. They generously donated their fees to Joseph Stevens's wife.

1903   William Haywood appeared at the Hereford Assizes charged with the wilful murder of his wife, Jane.

On 11 July, Haywood was walking at Mortimer Cross, near Leominster, when passers-by noticed that the wheelbarrow that he was pushing appeared to contain a corpse. When the police were called, Haywood tried to throw himself into the River Lugg and, prevented from doing so, he told the police that his wife's death was a tragic accident.

He explained that he was throwing stones out of the quarry where he worked and one accidentally hit Jane on the head. However, Jane's body told a different tale – she was covered from head to toe in bruises and had a broken right arm

Mortimers Cross Inn.
(© R. Sly)

and left leg, along with a serious head wound. A search of the quarry revealed a bloody billhook, which had caused the wound in her head and doctors believed that her other injuries resulted from a thorough kicking. Haywood had a history of violence towards his wife and had argued with her only the previous day, when she 'embarrassed him' by fetching him out of the pub for his dinner.

At Haywood's trial, his counsel relied on an insanity defence but medical witnesses were unable to agree on his mental state at the time of the murder and eventually the jury found him guilty, with no rider about his sanity. He was executed on 15 December 1903 by Henry Pierrepoint and John Ellis.

29 NOVEMBER **1845** As John and Jane Stallard walked a footpath across a ploughed field near Bosbury, they heard the unmistakeable sound of a crying baby. They followed the cries until they found a naked infant, lying about 4 yards off the footpath.

Jane picked up the baby, noticing that it felt freezing cold and was barely moving. The couple rushed to the nearby home of Reverend Edward Higgins, where the baby was placed in a bath of warm water until it seemed to recover slightly, when it was taken to the Ledbury Workhouse.

At the Workhouse, the baby was recognised as the son of former inmate Harriet Bowkett, who gave birth there on 12 November. Nine days later, Harriet announced her intention of leaving the Workhouse but the matron would not allow her to take her son away unless he was clothed and would not permit Harriet to take any of the clothes that the institution had provided after her son's birth. The matron offered to send a porter to Harriet's mother's house to collect some clothes but Harriet had no garments for her child and eventually swaddled him in some of her own clothes. Before leaving, she told the Master of the Workhouse that she intended to lay her baby at someone's door, in the hope that he would be taken care of.

When Harriet was apprehended, she admitted leaving her child exposed to the elements, claiming to be so poor that she was simply unable to provide

Bosbury. (Author's collection)

clothes for him or support him. She appeared before magistrates, who were of the opinion that she was an unfit mother hence the baby was kept at the Workhouse, where it died of exposure on 30 December. Unsuitable feeding was a contributory factor to the boy's death, since he was fed on bread and milk and arrowroot after he was separated from Harriet, who had until then been breastfeeding him.

On 30 March, Harriet appeared at the Hereford Assizes charged with 'having left her male illegitimate child exposed to the inclemency of the weather, by the side of a certain road, without clothing, with intent to commit murder.' The jury found her guilty of the exposure but acquitted her of the intent to murder, finding that extreme poverty rather than malice had prompted her actions. She was sentenced to one month's imprisonment, without hard labour.

1824   The melting of a recent heavy fall of snow left much of the area around Ledbury flooded and, as Mrs Ann Cale returned home to Bosbury from Ledbury Market in the evening, she had to cross Leadon Brook. The normally tranquil ford was treacherous, the water deep and fast flowing. As Mrs Cale rode her horse into the stream, it was swept away by the force of the water, unseating its rider, who was carried for some distance downstream before sinking without trace. By the time she was pulled from the water, she had sadly drowned.

Less than thirty minutes later, John Ward rode up to the brook and remarked that he intended to ride through it 'for a frolic'. Although he was informed of the terrible fate of Mrs Cale, he ignored the entreaties of those persons present, belittling their concerns for his safety.

Ward suffered the same tragic end as Mrs Cale before him. At an inquest held at Bosbury by coroner Mr Pateshall, the jury returned verdicts of 'accidental death' on both victims.

30 NOVEMBER

DECEMBER

Broad Street, Hereford, 1920s. (Author's collection)

1824 Brothers Joseph and Robert Hooper of Dymock and a boy were travelling home with a load of coal on a cart pulled by a team of four horses. As they reached Leddington, they had to cross a ford, made almost impassable by the heavy rains.

They had begun to cross when the cart wheel collided with a post on the side of the road and the two brothers dismounted to try and extricate the cart, leaving the boy perched on top of the coal.

Joseph climbed onto the back of the leading horse, which struggled to keep its feet in the fierce current. 'Good God, we are all lost,' shouted Joseph, telling his brother to unhitch the horses. Robert managed to do so but as he did, Joseph was swept away by the water. Robert and the horses were also carried away by the force of the current, leaving the boy sitting on the coal in the cart.

The horses and the two brothers were swept through a culvert. One horse was rescued by a man who waded into the floodwater up to his chin but the remaining three perished, as did eighteen-year-old Robert and twenty-eight-year-old Joseph. An inquest conducted by coroner John Cooke returned verdicts of 'accidental death' on both brothers.

1892 Thirty-three-year-old George Pritchard appeared at the Herefordshire Assizes charged with attempting to have carnal knowledge of a child aged between thirteen and sixteen years at Hereford on 28 August.

Mr Justice Day described the case as 'a most shocking one', particularly since the mother of fourteen-year-old Elizabeth Powell had recently married Pritchard in the full knowledge that he was about to stand trial for the offence against her daughter.

When the jury found him guilty, Day sentenced Pritchard to twenty calendar months' imprisonment, taking into account the fact that he had already been incarcerated for four months while awaiting the commencement of his trial.

1926 Forty-five-year-old Charles Houghton was hanged at Hereford Gaol by Thomas Pierrepoint.

Although Houghton had served the Woodhouse family at Burghill Court for twenty-two years, first as a footman, then as a butler, in September 1926 his employment was about to come to an end. Spinster sisters Elinor and Martha Woodhouse had given him notice, believing that he had recently turned to alcohol and that his work was suffering as a result.

On 7 September, Houghton served breakfast as normal, although he seemed a little preoccupied. Then, after clearing away the dishes, he picked up a shotgun from the pantry and shot the Misses Woodhouse dead.

There were guests staying at the house at the time and, on hearing gunfire, they ran from the house and summoned the police. When the police arrived, Houghton was nowhere to be found and a search of the house revealed that he was locked in his bedroom, having attempted to commit suicide by cutting his throat. Taken to hospital, his wounds proved superficial and he was well enough to be tried for two counts of wilful murder.

At the Hereford Assizes on 5 November, his defence counsel tried to persuade the jury that the murders were committed while Houghton was in the throes of an epileptic fit. However, the jury found him guilty and Houghton was sentenced to death. Although his original execution date was postponed while his defence counsel petitioned the Home Secretary with new evidence pertaining to their client's epilepsy, Houghton eventually hanged on 3 December.

Burghill Court. (© N. Sly)

The grave of Elinor Drinkwater Woodhouse at Burghill. (© N. Sly)

The grave of Martha Gordon Woodhouse at Burghill. (© N. Sly)

4 DECEMBER

1832 Feeling a little peckish, a man pulled a turnip from a field near Ledbury and was astonished to find that it was shaped exactly like the right hand of a man, minus the thumb. Rather than eat it, he decided to take it home to show his family and friends, thus sparking an uncanny tale of the supernatural.

Almost six years earlier, a toll keeper named Gurney was murdered, his body supposedly found on the very spot where the turnip was pulled. The only suspect was a waggoner named Powell, who had lost his right thumb in an accident. Although Powell was arrested for Gurney's wilful murder, there was insufficient evidence to prove the case against him and he was discharged, immediately leaving the country.

The turnip was said to be an exact replica of Powell's right hand, even down to a wart on one of his fingers.

5 DECEMBER

1822 A three-day inquest concluded at Leominster into the suspicious death of Ann Moore, a servant of merchant Mr W. James.

Ann died on 23 November, having previously given birth to illegitimate twins, both of whom were born dead. The inquest jury determined that Ann was poisoned, although they found that there was insufficient evidence to determine what kind of poison was used or how, when or why she had taken it. They returned an open verdict 'that the said Ann Moore came to her death by poison but by whom the same was administered is not known.'

6 DECEMBER

1845 An inquest was held at Little Dewchurch on the sudden death of two-year-old Marian Grainger.

Marian had picked up some Lucifer matches and had chewed the heads from several of them. A doctor was called when her parents noticed that she was vomiting up a luminous matter that smelled strongly of phosphorous but, in

spite of the doctor's treatment, Marian became drowsy and soon fell into a coma, dying within hours from phosphorous poisoning.

In recording a verdict of 'accidental death' on the toddler, the coroner hoped that the tragedy would serve as a grim warning to parents to keep matches out of the reach of children.

7 DECEMBER **1893**   The two-day trial of George Hatton for wilful murder concluded at the Hereford Assizes.

On 21 July, news reached the police station at Drybrook that there was some sort of problem at The New Inn in Knightingfield, Weston-under-Penyard. PCs Seabright and Dance were sent to investigate, arriving to find the pub locked up and in darkness. At the rear of the premises, they were met by Thomas Hatton, the father of the landlord, George, who handed over the keys and, when the policemen gained admittance, they found George's wife, Jane, lying dead in a pool of blood on the kitchen floor. She had been shot in the lower face and neck.

Thomas told the police that George was at his house, with his two daughters, aged four and six years old, adding that George had told him that he shot his wife accidentally after an argument.

When George was arrested for Jane's wilful murder, he stuck by this story, saying that Jane was nagging him because he had taken the children out without first changing them into clean clothes. George maintained that he had no idea that the gun was either loaded or cocked but had waved it at Jane to frighten her into shutting up and it had gone off. As soon as he realised what he had done, George took his children and his gun to his parents' home, asking his father to smash the gun to smithereens so that nobody could ever use it again.

At his trial, thirty-year-old Hatton continued to insist that the shooting was a tragic accident and his defence counsel called several character witnesses, all of whom testified that he was a quiet, respectable and inoffensive man, who was subjected to constant nagging from his wife.

It took the jury less than fifteen minutes to find Hatton guilty of the lesser offence of manslaughter and he was sentenced to twelve years' penal servitude.

8 DECEMBER **1871**   On 9 November, Maria Llewellyn gave birth to her second illegitimate child in Ross-on-Wye Workhouse, a son whom she named Wallace. On 8 December she left the Workhouse with Wallace and her three-year-old child, saying that she was going to visit her father. She arrived at her father's house without her baby and, when asked where the infant was, she explained that she had left him with his father.

On 9 December, a dead baby boy was found at Brompton Abbotts. There were marks of strangulation around the child's neck but it appeared to have died by drowning. It was noted that the baby was dressed in a white calico robe with grey sleeves, like those issued to babies born at the Workhouse and, when Maria was questioned, she broke down and admitted throwing her son through the ice on a frozen pond, then fishing his body out of the water, wrapping it in a shawl and concealing it under leaves and nettles in a nearby hedgerow.

An inquest was held by coroner Henry Underwood but the jury could not reach agreement, eleven being in favour of returning a verdict of wilful murder against Maria, the remaining two holding out for an open verdict. Underwood reminded his jury that Maria had confessed, before sending them to deliberate further. They eventually reached a verdict of 'wilful murder' and Maria was sent for trial at the next Hereford Assizes.

At her trial in March 1872, she was amazingly found not guilty.

1848 Coroner Mr Lanwarne held an inquest at Thornbury, Bromyard, on the deaths of a brother and sister. Edward and Mary Pritchard were five and three-years-old respectively and, while their parents were at work, they were usually left in the care of their older sister, who was eight.

While the children were playing outside, Mary got cold and asked if she might go indoors and warm herself by the fire. She was given permission to do so but had only been gone for a few minutes when her siblings heard screams from within the cottage. They rushed in to find Mary's clothes on fire.

As soon as the cottage door was opened, Mary ran outside in a panic, the fresh air fuelling the fire. Edward tried desperately to beat the flames out with his bare hands but soon his clothes were ablaze and both children were so badly burned that they died within hours.

The inquest jury returned verdicts of 'accidental death' on both children.

9 DECEMBER

1845 Elizabeth Hoare appeared before magistrates at Ledbury Police Court charged with having deserted one of her children.

The Bench heard that about eight weeks earlier, Elizabeth brought her little boy to Ledbury and tied a label round his neck, which she addressed 'To the Governor of the Union Workhouse'. She then abandoned her son on the road leading to the Workhouse, where he was later found by a passer-by and taken to the destination on his label.

Once traced, Elizabeth was committed to Hereford County Gaol for twenty-one days.

10 DECEMBER

1894 After several adjournments to allow the police more time to investigate, coroner Mr Moore finally concluded an inquest at the Weobley Workhouse on a body found covered in straw in a farm building on 5 November.

Dr Walker carried out a post-mortem examination on the decomposed body and noted the presence of two distinct injuries – the man had a wound just above his left eye, apparently inflicted by a blunt instrument, which would have rendered him unconscious, and a stab wound piercing his liver. The doctor also found clumps of reddish beard hair clutched in the man's right hand.

After a painstaking police investigation, the corpse was eventually identified as sixty-five-year-old Joseph Mitchell from Mytholmroyd, near Halifax, who had been tramping and begging around the area for several months. Mitchell's son, Herbert, positively identified the velvet jacket that the corpse was wearing, along with a magnifying glass and some spectacles from the pockets.

Although the body was thought to have been in the barn for between ten and eleven weeks, Mitchell was known to have been in the Workhouse Infirmary at Leominster between 29 July and 7 September, when he was treated for the effects of exposure and fits. He was then seen in the neighbourhood for several weeks and was said to have made a nuisance of himself by begging in an aggressive way or even just snatching food and drink when he wanted it.

The police found no clues to the identity of Mitchell's killer(s). The inquest jury returned a verdict of wilful murder by some person or persons unknown and the murder remains unsolved.

11 DECEMBER

12 DECEMBER   **1893**   Twenty-four-year-old Rosa Marianna Banks from Kington was visiting Hergest when her dog ran off in pursuit of some chickens. As Rosa ran after it, she trod on the concealed cover of a well. The rotting wooden planks gave way and Rosa plummeted 50ft into a few feet of water.

Her fall proved fatal and, because of the presence of foul air, it took two hours to remove her body from the well's depths. At the inquest on her death, the jury returned a verdict that 'Rosa Banks met with an accidental death by falling into a disused well, death being due to injuries received in falling and to suffocation by water.'

The jury commended Rueben Munslow and William Howells for their bravery in risking their own lives to descend into the well to try and rescue Rosa. They also added a rider recommending that all wells in the neighbourhood should be checked to ensure that they were adequately protected.

13 DECEMBER   **1921**   The coroner at an inquest at Abbey Dore told the jury that he was getting sick and tired of recording verdicts of suicide while of unsound mind, believing that this verdict was often used solely to save the feelings of the deceased's relatives or to permit clergymen to carry out a proper burial service.

Yet the members of the inquest jury investigating the death of twenty-three-year-old William Edgar Badham found themselves unable to contemplate any other verdict. After a family argument, Badham borrowed a sporting gun and was later found shot, a photograph of an unidentified woman lying at his feet.

The jury were told that Badham had an uncontrollable temper and had twice before threatened to shoot his father. However, the deciding factor for the jury on the subject of Badham's sanity was that, on the day before his death, he was seen to amuse himself by tying two cats together and thrashing them so that they ran up and down a meadow.

14 DECEMBER   **1849**   It was once widely believed that a thief could be detected using a Bible and a key. The key was placed on a particular passage in the Bible, which was then bound tightly shut with string. When a list of suspects was read aloud, the key was supposed to turn within the Bible when the thief's name was spoken. Consequently, when a man from Hereford lost a fowl, he and his friends resorted to this primitive method to expose the culprit.

The key supposedly turned at the mention of the name of a female neighbour and, when the police were informed, they gave the amateur detectives' efforts sufficient credence to order a search of her home. When a plucked and dressed chicken was found, the woman was immediately arrested and charged with theft, in spite of her insistence that she had bought the chicken several days earlier.

Luckily, when her neighbour heard of her arrest, she went to the police station and made a statement that she had helped to dress the bird on the previous Thursday, two days before the fowl was stolen. Furthermore, the plucked bird was a small pullet, whereas the stolen bird was a large cockerel.

'We had hoped that this foolish superstition of a dark age had long since been exploded,' commented the *Hereford Times*.

15 DECEMBER   **1903**   As preparations were made in Hereford for the execution of convicted murderer William Haywood (*see* 29 November) the authorities realised that the chimney of the Merton Hotel, which stood directly opposite the gaol, was undergoing repairs and the scaffolding erected by the builders offered an uninterrupted view of the place of execution.

The Under Sheriff of Herefordshire negotiated with Messrs Lewis & Son, builders, offering to compensate them if they delayed starting their day's work until after the execution had taken place. The builders were happy to oblige and on the morning of the execution a police guard was stationed at the base of the scaffolding to prevent people from trying to take advantage of the chance to watch the condemned man's last moments of life.

1901   Janette James appeared before magistrates in Bromyard charged with attempting to steal goods from her mother's house on 10 December, which she planned to sell to buy drink. When Ann James tried to stop her daughter from plundering her home, Janette banged her mother's head against the wall three times, bit her and raked her face with her fingernails.

16 DECEMBER

Janette was found guilty and, hearing that she had only just been released from prison for a similar offence, magistrates sentenced her to eight days' hard labour.

She was then immediately charged with stealing items from a stranger's house in Bishop's Frome on 14 December. There, Janette knocked on the door and told the occupants that she was ill, asking for brandy. She was given a glass and allowed to sit and rest, eventually leaving with stolen clothing and boots valued at £1 5s. This time the magistrates sentenced her to six weeks' hard labour.

1852   At just after midnight, the landlord of The Boughton Arms, Peterchurch, left The Dog Inn at Blackmarston to ride home. He had not ridden far when he fell from his horse.

17 DECEMBER

Somehow, John Gwynne's feet remained in the stirrups and he was dragged along. He was found unconscious hours later by a farm labourer on his way to work, the horse grazing quietly nearby, with the off-side stirrup and leather hanging over the saddle on the near-side.

Gwynne was carried to a nearby public house and a doctor summoned to attend him. Mr H.J. Jenkins found that Gwynne's right shoulder was terribly injured, having scraped along the road for a distance of almost three miles. The injury was severe enough to cause Gwynne's death two days later and, although he briefly recovered consciousness in the intervening period, he was unable to describe how the accident happened. Gwynne's untimely death left two children orphaned.

1837   Bailiff Edward Lawrence was brought before the Mayor of Hereford to explain his behaviour towards a Herefordshire couple two days earlier.

18 DECEMBER

Lawrence was sent to extract goods in lieu from a married couple named Kinnersely, who had fallen behind with their rent. He barged into their cottage and, when Mrs Kinnersley asked him what he had come for, he pushed her over, answering 'for that'. When Mr Kinnersely tried to defend his wife, Lawrence floored him too.

Lawrence then took the couple's bed, blankets and sheets and pawned them for the outstanding rent, leaving them with nothing to sleep on and no bedclothes to protect them from the bitterly cold weather. Not surprisingly, Mr Kinnersley made an official complaint about Lawrence's boorish behaviour.

'Bailiffs are the greatest scoundrels on earth,' commented the Mayor. He announced his intention of prosecuting Lawrence but offered him an alternative to charges being pressed against him. Rather than face prosecution, Lawrence redeemed the goods he had pawned at his own expense and returned them to the Kinnersleys. He then paid off their outstanding rent in full and gave them 5s compensation.

19 DECEMBER **1843**   James Hart was asleep in a boat on the Hereford and Gloucester Canal near Ashperton, when he was rudely awakened by labourer Richard Higgins.

Noisily, Higgins told Hart that he had been drinking, adding, 'Damn my eyes, I'm drunk.' Hart advised Higgins not to walk through the tunnel but Higgins ignored him. He appeared to be walking well and shouted back to Hart, 'All's right,' as he disappeared into the tunnel. Hart heard him singing then there was silence and Hart went back to his bed.

The following morning, Higgins was found drowned in the tunnel. Surprisingly, since Hart had heard absolutely no splashing or cries for help, he seemed to have struggled desperately to get out of the canal. An inquest jury later returned a verdict of 'found drowned.'

20 DECEMBER **1853**   Labourer Henry Arrowsmith died in Hereford Infirmary after an accident at work at the cider mill at Grosmont.

The mill was not an ordinary cider mill but had two heavy stone rollers which were driven by the machinery that operated the corn mill. As Henry leaned over to place more apples in the hopper, his apron became entangled with the connecting rod that powered the rollers and Henry's entire body was whirled around at great speed.

When the machinery was stopped, Henry had a compound dislocation of his left shoulder, the bone protruding through his clothes at the back. He had an extensive wound in one armpit and a dislocated right shoulder, as well as badly torn muscles and bruising in his chest.

Henry was taken to the hospital and given chloroform, while his left arm was amputated at the shoulder. However, a few days later, infection set in and he died.

Coroner Mr P. Warburton held an inquest at the Infirmary on 21 December, at which the jury reached a verdict of 'accidental death'.

21 DECEMBER **1843**   Somewhere in Hereford, an anonymous woman sat down to write a letter in a neat and elegant hand, which began:

> Hereford, Dec 21, 1843
>
> Madame,
> Being a respectable housekeeper in this city and knowing you, though not personally acquainted, I deem it an act of duty to do all the good I can to my fellow-creatures. I therefore apprise you that your female domestic, in whom I believe you place much confidence, is a very disreputable person and probably some time or another your house may be robbed by the low class of fellows she admits there; and frequently, after you are retired to rest, she is walking the streets for hours, in fact is often out for the whole night; her character previous to leaving Mr Davies was that of a common prostitute, and I am surprised that you should have been so long imposed upon. I would recommend your strictly interrogating your man servant as he appears a very well-conducted person but probably withheld from stating these facts through fear of being supposed a mischief-maker... [sic]

The letter was signed 'A SINCERE FRIEND' and was sent to Mrs Brickenden at Richmond Place.

Mrs Brickenden immediately interrogated her maid, Ann Howells, who was courting a local man, to whom she was shortly to be married. Although on occasions she had sneaked out of the house to meet her intended, she had never been out all night and had an irreproachable character. Nevertheless, Mrs Brickenden was prepared to accept the word of the anonymous letter writer over Ann's and dismissed her maid forthwith.

Ann was so distressed by the allegations made in the letter and by the loss of her job that she threw herself into the River Wye and drowned.

At the inquest on her death, the jury found that she had committed suicide while in a state of temporary derangement, adding that they believed that the unidentified letter writer was wholly to blame for the girl's tragic death.

1870   It was customary in many parts of Herefordshire to celebrate the feast day of St Thomas on 21 December by walking from house to house, drinking cider. Eighty-two-year-old Samuel Holmes, who lived near Ross-on-Wye, had spent most of the day doing exactly this and, by evening, was more than a little drunk.

At five o'clock, he was seen by a young boy and made a passing comment about the bitterly cold weather and wanting to get home as quickly as possible. Sadly, he never made it and was found at seven o'clock in the morning of 22 December, lying stiff and cold in a roadside hedge, his body covered in hoar frost. It was later determined that he had frozen to death.

22 DECEMBER

1871   Thomas Fairfax Fletcher Carlyle had just finished his studies at Oxford and was destined to follow his father into the Church. When he went to stay with his maiden aunts, the Misses Fletcher, at Stansbatch, he was obviously overwrought and completely exhausted, with a disturbing wildness about his behaviour.

Shortly after midnight on 23 December, when Carlyle was alone in his bedroom, his aunts heard him making a noise. Eliza Fletcher went to see if she could calm her nephew down but, when she entered his room and saw that he had a shotgun, she sent her housekeeper to fetch Thomas Price, the family's long-serving coachman.

By the time Price arrived in Carlyle's room, the young man had the gun in his hands. As Price approached him, Carlyle threatened, 'Stand back, Price, or I will shoot you,' raising the weapon to his shoulder.

As he did, the gun struck the bedpost and clattered to the floor. Both Carlyle and Price scrambled to pick it up but Carlyle got there first, shouldering the gun again and pulling the trigger.

The gun was pointing straight at Price's chest. As he saw Carlyle pull the trigger, Price threw up his arm, knocking the barrel downwards and taking the full discharge of the gun in his right thigh. Price died from his wounds on 3 January 1872 and, at an inquest on his death, the jury returned a verdict of manslaughter against Thomas Carlyle.

He appeared at the Herefordshire Assizes on 25 March 1872, where the court heard that he had overworked himself to such an extent that he was unable to sleep and depended on sedatives to get some rest. When the gun was examined after the shooting, a 2ft length of ribbon was found tied to the trigger, with a loop at the other end and it was supposed that Carlyle had intended to commit suicide by placing his foot in the loop, when he was interrupted by Price.

23 DECEMBER

As soon as Carlyle realised that he had shot Price, he was devastated and seemed to recover instantly from the temporary insanity that had led him to consider suicide just moments earlier. The jury seemed to regard Price's death as a tragic accident and Carlyle was acquitted.

24 DECEMBER 1895 Emma King, the wife of a labourer from Hereford, gave birth to a small but healthy baby boy, who she named William. It was Emma's ninth confinement – she already had three living children and had lost two babies to measles, a third to bronchitis and a fourth to teething convulsions. She had also given birth to a stillborn child.

Within weeks, William sickened. He developed a nasty cough, which sent him black in the face and seemed to be wasting away. His mother rubbed goose grease into his chest and gave him cod liver oil and, when that didn't improve matters, consulted a doctor. Dr Lilley prescribed two different kinds of medicine and William was also seen by his locum, who recommended yet another mixture. However none of the treatment seemed to help and eventually Lilley told Emma that there was nothing more that he could do.

William continued to decline and by the end of May 1896, he appeared close to death. He was seen by the parish relieving officer, who requested Dr Lilley to visit, which he did three times, the last occasion being on 27 May. After William died on 3 June, there were certain aspects of Emma King's parenting that coroner John Lambe found questionable and he expressed grave doubts about whether or not Lilley could issue a death certificate.

Lambe ordered a post-mortem examination, which was conducted by Dr Lane, who had also visited baby William at home shortly before his death. At the subsequent inquest, Lane testified that when he visited the Kings' home with an Inspector from the Society for the Prevention of Cruelty to Children, Emma King was blind drunk. Nevertheless, she was breast feeding William, as well as giving him brandy, sherry and port wine.

The post-mortem indicated that William died from marasmus – a severe wasting disease, often caused by improper feeding. On his death, he weighed only about a third of the normal weight for a child of his age and was actually 2lbs lighter than he was at birth.

The inquest heard from Dr Lilley, who insisted that he had no recollection of being consulted about William until he was requested to do so by the relieving officer, shortly before the baby's death. By that time, William was so emaciated that he was beyond medical assistance.

Emma King categorically denied drinking any alcohol at all in the weeks prior to William's death. The police had been called to the house on more than one occasion and Emma insisted that she had called them to deal with her husband who was 'very good when sober but excited when in drink.' The police told a different story, suggesting that Charles King was not the drunkard that Emma made him out to be and that they were called to deal with Emma rather than her husband.

Finally, Lambe was also concerned because William King was insured, although Emma was quick to explain that she insured every one of her babies.

Having heard all of the evidence, Mr Lambe and his jury discussed the extent of Emma King's culpability in her son's death. Although Dr Lane was quite specific about the cause of the baby's death, he could not be absolutely certain that the marasmus that killed William did not result from an organic disease rather than from improper feeding. Reluctantly, the jury decided that they could return no stronger verdict than that 'death was caused by marasmus, aggravated by improper feeding produced by the intemperate habits of the mother.'

Note: Some sources give William's birthday as 23 December.

1843   In the early hours of the morning, a fire broke out in the stables of The Green Dragon Hotel in Broad Street, Hereford. More than thirty tons of hay and straw was stored in the building and the fire took hold very quickly.

Trying to save the building was a hopeless task, so fire fighters focused on trying to prevent the fire from spreading to adjacent premises and on trying to rescue the seventeen valuable horses housed belonging to the London-Bristol Mail Company stabled there.

Four were literally roasted alive and another three were so badly burned that they were unlikely to survive. The remaining ten were rescued, although all had lost their manes and tails and had most of their coats singed completely away.

25 DECEMBER

The Green Dragon Hotel, Hereford, 1940s. (Author's collection)

1843   Twenty-year-old Eliza Fisher was attending a Christmas party in Ross-on-Wye. Described as 'beautiful, accomplished, amiable of disposition and apparently in robust health', Eliza joined a group of people singing around the piano then sat in a chair, conversing with Mrs Edwards, the wife of the host.

Suddenly, in mid-sentence, Eliza leaned back in her chair and died. There was more than one doctor attending the party but even immediate medical attention could not bring her back to life. She had not been exerting herself by dancing or even by conversing in a lively manner and the doctors could only theorise that a ruptured blood vessel was the cause of death.

26 DECEMBER

1885   The wedding of George Matthews and his fiancée Miss Bowers took place at Leominster Priory Church. However, the celebrations were short-lived, since Matthews was arrested at the reception, which was being held in Leominster, at the home of some friends of the bride.

Convicted thief George Matthews desperately needed money and stole a horse, saddle and bridle from Tenbury Wells in Worcestershire to raise funds for his wedding. He then sold the horse for £8 and the tack for 3s 6d.

27 DECEMBER

Tried at the Worcestershire Assizes on 4 January 1886, Matthews was found guilty and thus spent the first fifteen months of his married life in prison.

28 DECEMBER 1875 A spirited game of 'bandy' – an early form of ice hockey – took place between some young boys at Ledbury. An argument developed between two ten-year-olds, William Fleetwood and John Cheetham, which eventually degenerated into a physical fight.

As Cheetham stormed off in a temper, Fleetwood threw a stone after him, which cut him below his ear. When Cheetham got home, his mother cleaned and dressed the wound but didn't consider it serious enough to warrant consulting a surgeon. He went to bed as normal but when his mother went to check on him before retiring for the night herself, she found him dead in bed.

An inquest was held by coroner Thomas Llanwarne at the New Inn, Ledbury, at which the jury returned a verdict of accidental death and William Fleetwood was severely reprimanded.

29 DECEMBER 1922 Twelve-year-old Evan Hicks was spending Christmas with his grandparents at Pembridge and, as he played outside, he saw a man arriving at the house next door where Mrs Wilhelmina Sainsbury lived with her adopted daughter, Winifred Buckeridge and Winifred's daughter, Hilda. Minutes later, Mrs Sainsbury appeared at the cottage door shouting, 'Murder!' and asking for someone to fetch the police, saying, 'this man is shooting us all.'

When the police arrived, the man had thrown away his pistol and ammunition and was calmly waiting outside for them. Inside the cottage, Mrs Sainsbury lay dead and from upstairs came the sounds of groans and a child crying.

Twenty-eight-year-old Winifred had been shot in the chest but was still alive, whereas four-year-old Hilda was unharmed but became hysterical at the sight of the gunman, begging the police, 'Take that horrid man away.'

The man was Winfred's estranged husband, George, the father of little Hilda, and from the outset there seemed to be conflicting evidence concerning George's feelings for his wife. George's mother and several of his acquaintances believed that George was distraught at the end of his marriage. Yet George had visited Pembridge before the shootings and, in conversation with several villagers, mentioned that he was trying to get evidence against her for a divorce.

At Buckeridge's trial at the Hereford Assizes, his counsel relied on an insanity defence but the prosecution insisted that he was completely sane. In his summary of the case for the jury, presiding judge Mr Justice Avory stressed that, in the eyes of the law, a man was assumed to be sane unless proven otherwise and the jury found Buckeridge guilty, although they recommended mercy.

Buckeridge was sentenced to death and was later refused leave to appeal his death sentence. However, he was not executed and was most probably detained as a criminal lunatic.

1865   In the early hours of the morning, chemist Mr Duggan was awakened by someone repeatedly ringing the doorbell of his shop in Broad Street, Hereford. When he answered it, Mrs Atkinson and her stepson Robert, who ran a grocery next door to Duggan's shop, informed him that their premises was on fire.

30 DECEMBER

Duggan woke his assistant, Mr Meredith, and sent him for the fire engine. The police were on the scene within minutes and Superintendent Davies went into the Atkinsons' premises to see if he could find the seat of the fire. He discovered that a trapdoor leading to a cellar was open and that the ceiling of the cellar, which extended beneath Duggan's shop, was smouldering. A closer examination revealed several casks full of chopped wood, which had been smeared with paraffin, along with piles of faggots, bundles of tallow candles, a packing case full of straw and shavings, a dish of rancid butter and a box of Lucifer matches, wedged between two pieces of coal.

As Davies rummaged around in the cellar, Robert Atkinson came down and Davies saw him remove something from one of the casks. Davies asked Atkinson what he had taken and Atkinson replied 'Nothing' but, when he was later searched, he was found to be carrying a bottle of paraffin.

It emerged that Atkinson had recently tried to insure his stock and furniture. On 11 September, he applied to an agent for the Scottish Fire Insurance Company to insure his stock for £1,000 and his furniture for £100. The agent inspected the stock and determined its true value at around £250, declining to issue the policy but on 12 October, Atkinson succeeded in insuring his stock and fittings for a total of £500 with the Westminster Fire Office.

Robert Atkinson and his stepmother were charged with unlawfully and maliciously setting fire to a dwelling house and sent for trial at the Herefordshire Assizes. In March 1866 the Grand Jury ignored the bill against Mrs Atkinson so Robert stood trial alone.

Several character witnesses were called to speak for Atkinson, whose defence counsel insisted that the flammable items found in the cellar were simply part of his stock, which had become soaked in paraffin after a bottle was knocked over by water playing from the firemen's hoses. However the jury found Atkinson guilty, although they recommended mercy on account of his previous good character. He was sentenced to seven years' penal servitude.

31 DECEMBER **1823** When John Penny and his family woke, it was obvious that their house in Bredwardine had been burgled during the night. Several items were stolen, including a cloak, a watch, a shawl and an umbrella.

Unusually, the thief or thieves had gained entrance to the house via the chimney and Penny recalled that it had recently been swept by an itinerant sweep. Suspecting that he was the culprit, Penny and some friends set off to find him.

Penny successfully tracked down John Hart and William Williams and the two men were arrested and charged with breaking into the house and stealing various articles. However, the pursuit of the culprits proved too much for Penny, who contracted a cold and died from severe inflammation. Thus, when Hart and Williams were brought to the Hereford Assizes, only Mrs Penny remained to testify against them.

Unfortunately, Mrs Penny was both deaf and dumb and doubts were raised by the prosecution about her ability to act as a witness. Mrs Penny's eighteen-year-old daughter, Silvia, immediately offered to interpret for her mother. Using sign language, Mrs Penny was able to give sufficiently clear evidence for the jury to find both defendants guilty as charged.

Since they used no violence in the commission of their offence, they were spared the death penalty but were instead sentenced to be transported for the rest of their natural lives.

BIBLIOGRAPHY

Berrow's Worcester Journal
Bristol Mercury
Champion and Weekly Herald
Court
Daily Mail
Daily News
Daily Telegraph
Era
Guardian / Manchester Guardian
Hereford Chronicle
Hereford Journal
Hereford Times
Illustrated Police News
Jackson's Oxford Journal
Leicester Chronicle
Lloyd's Weekly Newspaper
Morning Chronicle
Morning Post
Poor Man's Guardian
Reynolds's Newspaper
The Times
Western Mail
Worcester/ Worcestershire Chronicle

INDEX